I0354795

www.ingramcontent.com/pod-product-compliance
Lightning Source LLC
Chambersburg PA
CBHW081437070526
44586CB00019B/2152
* 9 7 8 1 5 9 5 8 4 8 6 6 6 *

**Ferdowsi's Shahnameh 5**
Subject:Ferdowsi's Shahnameh
**Poet: Abolqasem Ferdowsi**
**Editor: Fereydoon Joneydi**


Copyright © 2025 by: **Fereydoon Joneydi**
All right reserved.


First Edition: 2025

**شاهنامه فردوسی جلد ۵**
موضوع: شاهنامه فردوسی
شاعر: حکیم ابوالقاسم فردوسی
ویراستار: فریدون جنیدی
۱٤۰٤ خورشیدی - ۲۰۲۵ میلادی

No part of this book may be reproduced in any manner without the express written consent of the author, except in the case of brief excerpts in critical reviews or articles.
For information about permission to reproduce selections from this book, write to Permissions @ ketab Corporation

The Library of Congress Cataloging-in-publishing Data is available upon request.

ISBN: 978-1-59584-866-6
Ketab Corporation:
12701 Van Nuys Blvd., Suite H,
Pacoima, CA, 91331, USA
www.ketab.com

1 2 3 4 5 6 7 8 25

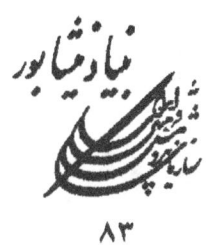

۸۳

# شاهنامهٔ فردوسی

## (۵)

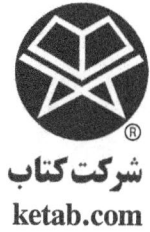

شرکت کتاب
ketab.com

ویرایش: فریدون جنیدی

فهرست

| | |
|---|---|
| رزم خاقان چین با هیتالیان | ۹ |
| پیام فرستادن خاقان چین به کسری | ۱۷ |
| پاسخ نامهٔ کسری از خاقان چین | ۲۴ |
| فرستادن انوشیروان مهران‌ستاد را برای دیدن و آوردن دخت خاقان | ۲۷ |
| بازگشتن خاقان، و کشیدن انوشیروان از گرگان به تیسفون | ۳۴ |
| سخن گفتن بزرگمهر پیش انوشیروان | ۴۲ |
| داستان در نهادن شترنگ | ۵۳ |
| نامهٔ کسری به رای هند | ۵۸ |
| داستان پدید آمدن شترنج در هندوستان | ۶۳ |
| رزم تَلْخَند | ۷۲ |
| پیام فرستادن تلخند به گو | ۷۹ |
| گفتار اندر آوردن داستان کلیله و دمنه | ۸۸ |
| اندر آزارِ کسری از بزرگمهر | ۹۵ |
| آوردن فرستادهٔ قیصر، دُرجی بسته و پرسیدن دربارهٔ آن | ۹۹ |
| گفتار اندر توقیعات نوشیروان | ۱۰۳ |
| نامهٔ کسری به هرمزد | ۱۱۳ |
| سخن پرسیدن موبد از کسری | ۱۱۷ |
| آگاهی یافتن کسری از مرگ قیصر روم | ۱۲۴ |
| داستان موزه‌فروش با کسری | ۱۲۹ |
| پوزش خواستن قیصر از نوشیروان | ۱۳۱ |
| گزیدن کسری هرمزد را به جانشینی خود | ۱۳۵ |
| پادشاهی هرمزد دوازده سال بود | ۱۴۳ |
| کشتن هرمزد وزیران و یاران پدرش را | ۱۴۶ |
| آمدن بهرام پورگشسب نزد هرمز | ۱۶۳ |
| کشیدن بهرام پورگشسب لشکر را بجنگ ساوه شاه | ۱۶۹ |
| فرستادن بهرام سرِ ساوه شاه را بنزد هرمز | ۱۸۹ |
| آگاه شدن پرموده از کار ساوه‌شاه | ۱۹۱ |
| رسیدن نامهٔ بهرام پورگشسب به هرمز | ۱۹۲ |
| رسیدن نامه هرمز به بهرام و خشم گرفتن بهرام بر پرموده | ۲۰۲ |
| آمدن خاقان به نزد هرمز | ۲۰۸ |
| بازگشت خاقان | ۲۱۱ |
| نامهٔ سرزنش هرمز بهرام و فرستادن دوکدان و جامهٔ زنان برای او | ۲۱۱ |
| پوشیدن بهرام، جامهٔ زنان را و نمودنِ آن بسران سپاه | ۲۱۲ |
| دیدن بهرام زنی را در کاخ و آگاهی دادن او از پیشامدها | ۲۱۴ |
| درم زدن بهرام بنام خسرو | ۲۲۸ |
| آگاه شدن هرمز از کار بهرام و گریختن خسرو از تیسفون | ۲۲۹ |
| بند کردن هرمز گستهم و بندوی، خالان خسرو را | ۲۳۱ |
| فرستادن هرمز آیین‌گشسب را به نزد بهرام | ۲۳۲ |
| شکستن ایرانیان زندان هرمز را | ۲۳۵ |

| | |
|---|---|
| پادشاهی خسروپرویز | ۲۳۷ |
| نشستن خسرو بر تخت شاهی | ۲۳۸ |
| آگاهی بهرام از کور شدن هرمز و لشکر کشیدن او بجنگ خسرو | ۲۴۰ |
| پند دادن گُردیه برادرش را | ۲۵۹ |
| سگالش کردن خسرو با سران سپاه خود | ۲۶۲ |
| رفتن خسرو بنزد پدر و کشته شدن هرمز | ۲۶۷ |
| گریختن خسرو با گستهم و بندوی | ۲۷۰ |
| پادشاهی بهرام پورگشسپ یکسال و شش ماه بود | ۲۷۹ |
| چارهٔ بندوی با بهرام سیاوشان در کشتن بهرام و گریختن او | ۲۸۰ |
| گریختن خسرو | ۲۸۴ |
| آگاهی دادن راهب خسرو را از آینده | ۲۸۹ |
| پاسخ نامه خسرو و پیمان | ۳۰۲ |
| تُنبل ساختن قیصر و گشادن خُرّاد بُرزین، آنرا | ۳۰۴ |
| گزارش دادن خراد برزین از دین هندوان و پند دادن او به قیصر | ۳۰۷ |
| فرستادن قیصر لشکر و دختر خود را نزد خسرو | ۳۱۰ |
| آگاهی بهرام پورگشسب از آمدن خسرو از روم | ۳۱۶ |
| رزم خسرو با بهرام و کشته شدن کوت رومی | ۳۱۹ |
| دودیگر رزم خسرو با بهرام چوبینه و شکست خسرو | ۳۲۵ |
| گفتار فردوسی در سوگ فرزند | ۳۴۳ |
| رفتن بهرام پورگشسب بنزد خاقان | ۳۴۴ |
| کشته شدن مقاتوره بر دست بهرام چوبینه | ۳۴۷ |
| کشتن بهرام چوبینه شیر را و دادن خاقان دختر خود را باو | ۳۴۹ |
| آگاه شدن خسرو از کار بهرام و نامه نوشتن بخاقان | ۳۵۴ |
| فرستادن خسرو، خُرّاد برزین را برای چاره گری در کارِ بهرام | ۳۵۷ |
| چاره‌جویی خُرّاد برزین در کشتن بهرام | ۳۶۰ |
| کشتن قلون پهلوان ایران را | ۳۶۴ |
| آگاهی خاقان از کشته شدن بهرام و بر باد دادن خان و مان قلون را | ۳۶۸ |
| آگاه شدن خسرو از کشته شدن بهرام و نواختن وی خراد برزین را!. | ۳۶۹ |
| خواستار شدن خاقان گُردیه را | ۳۷۰ |
| رای زدن گُردیه با بزرگان سپاه | ۳۷۲ |
| آگاه شدن خاقان از گریختن گردیه و ایرانیان | ۳۷۴ |
| نامهٔ گُردیه به گردوی برادر خود و کشتن خسرو بندوی را | ۳۷۶ |
| برانگیختن خسرو و گُردوی گُردیه را بکشتن شویش گستهم | ۳۷۹ |
| رفتن گردیه بنزد خسرو و بزنی خواستن خسرو، وی را | ۳۸۲ |
| هنر نمودن گُردیه پیش خسرو | ۳۸۴ |
| فرستادن خسرو مرزبان بدسرشت را به ری | ۳۸۵ |
| و تنگ کردن او زندگی را بر مردمان | ۳۸۵ |
| بازی ساختن گُردیه و بخشیدن خسرو مردمان ری را | ۳۸۷ |
| بخش کردن خسرو سپاهیان را بر چهار سوی کشور | ۳۸۸ |

| | |
|---:|:---|
| ۳۹۱ | زادن شیرویه فرزند خسرو از دختر قیصر |
| ۴۰۱ | داستان خسرو و شیرین |
| ۴۰۲ | آیین شکار خسرو و دیدن او شیرین را |
| ۴۰۵ | پند دادن بزرگان خسرو را در کار شیرین |
| ۴۰۶ | پاسخ خسرو بایرانیان دربارهٔ شیرین |
| ۴۰۷ | کشتن شیرین، مریم را و بندکردن خسرو شیروی را |
| ۴۱۱ | ساختن خسرو تختِ تاقدیس را |
| ۴۱۵ | داستان باربدِ خنیاگر |
| ۴۱۸ | ساختن خسرو ایوان مداین را |
| ۴۲۲ | گفتار دربارهٔ خسروپرویز |
| ۴۲۶ | فریب خسرو در کار گراز و قیصر |
| ۴۳۰ | رها کردن سران شیرویه را |
| ۴۳۲ | غوغا کردن بر پادشاهی شیروی |
| ۴۳۴ | گرفتار شدن خسرو |
| ۴۳۸ | پادشاهی شیرویه |
| ۴۴۳ | پاسخ خسرو مر شیرویه را |
| ۴۵۴ | رای زدن قباد با بزرگان دربارهٔ خسرو |
| ۴۵۵ | زاری کردن باربد بر خسرو |
| ۴۵۸ | کشته شدن خسرو بر دست مهرهرمزد |
| ۴۶۱ | کشتن شیرین خود را و کشته شدن شیرویه |
| ۴۶۶ | پادشاهی اردشیر شیروی |
| ۴۷۰ | پادشاهی گراز نامبردار به فراین |
| ۴۷۳ | پادشاهی پوراندخت |
| ۴۷۵ | پادشاهی آزرمیدخت |
| ۴۷۶ | پادشاهی فرخزاد |
| ۴۷۷ | پادشاهی یزدگرد |
| ۴۷۸ | تاخت کردن سعد وقّاص بایران و فرستادن یزدگرد رستم فرخزاد را بجنگ او |
| ۴۸۴ | نامه رستم فرخزاد به سعد ابی وقّاص |
| ۴۸۵ | پاسخ سعد وقاص بنامهٔ رستم فرخزاد |
| ۴۸۸ | جنگ رستم فرخزاد با سعد وقاص و کشته شدن رستم! |
| ۴۸۹ | رای زدن یزدگرد با ایرانیان و رفتن بسوی خراسان |
| ۴۹۳ | نامهٔ یزدگرد بمرزبانان توس |
| ۴۹۸ | برانگیختن ماهوی سوری بیژن را بجنگ یزدگرد |
| ۵۰۰ | شکست یزدگرد و گریختن او اندر آسیا |
| ۵۱۳ | بر تخت نشستن ماهوی سوری |
| ۵۱۵ | آگاه شدن بیژن از کشته شدن یزدگرد و لشکر کشیدن او بجنگ ماهوی سوری |
| ۵۱۷ | گرفتار شدن ماهوی سوری و کشته شدنش بفرمان بیژن |

# رزم خاقان چین
## با
# هیتالیان

چنین گفت پرمایه دهقان پیر — سخن هرچه زو بشنوی یاد گیر[1]
که از نامداران با فرّ و داد — ز مردان جنگی به فرّ و نژاد[2]
چو خاقان چینی نبود از مهان — گذشته ز کسری به گرد جهان[3]
همان تا لب رود جیهون ز چین — بر او خواندندی به داد آفرین[4]
سپهدار با لشکر و گنج و تاج — به گلزرّیون بود زان روی چاج[5]
سخن‌های کسری، بگِردِ جهان — پراکنده شد، در میان مهان
بمردیّ و دانایی و فرّهی — بزرگیّ و آیینِ شاهنشهی
خردمند خاقان، بدان روزگار — همی دوستی جُست، با شهریار
یکی چند بنشست با رایزن — همه نامداران شدند انجمن[6]
بدان دوستی را همی جای جست — همان از رد و موبدان رای جست[7]
یکی هدیه آراست پس، بیشمار — همه یادکرد، ازدرِ* شهریار
ز اسپان چینی و دیبای چین — ز تخت و ز تاج و ز تیغ و نگین
طرایف که باشد به چین اندرون — بیاراست از هر دری بر هیون[8]
ز دینار چینی ز بهر نثار — بگنجور فرمود، تا سی هزار؛[9]
بیاورد و با هدیه‌ها بار کرد — دگر را همه بار دینار کرد[10]

---

۱ - دوباره از سخنگوی یاد می‌شود، اما اینجا دهقان پیر است، و لت دویم را، پیوند با لت نخست نیست.

۲ - «نامداران با فر» با «مردان جنگیِ به فر» ناهمخوان و نادرست است.

۳ - اگر فرهمندی چون خاقان چین در جهان نبود، پس نوشروانِ افزایندگان که بود؟

۴ - سخن بازگونه است. و بایستی «از» چین تا رود جیهون یاد شود.

۵ - کدام سپهدار؟ بایستی روشن شود که خاقان چین...

۶ - نمونه‌ها: یکی چند، بیک چند، به پیکند، آورده‌اند (شاهنامه مسکو ۱۵۶-۸) اما: «یکی» در این رج با «یکی هدیه» در رج دویُم پس از این همخوان نیست.

۷ - دوستی را جای جُستن نادرست است.

* - سزاوارِ

۸ - سخن پریشان و نادرخور است.

۹ - چون در رج پیشین از (طرایف چین اندرون) یاد شده بود، یاد کردن از دینار چینی نادرخور است.

۱۰ - سخن سست که در رج پیشین از سی هزار دینار یاد شده بود، و در لت دویم این رج دوباره از بار دینار سخن می‌رود!

سخنگوی مردی، بجُست از مهان	خردمند و، گردیده گِردِ جهان؛
بفرمود، تا پیش او شد دبیر	ز خاقان یکی نامه‌ای بر حریر
نبشتند برسان ارژنگ چین	سوی شاه، با سد هزار آفرین

*

گذر، مرد، را سوی هیتال بود	همه ره، پر از تیغ و کوپال بود
ز سُغد اندرون، تا به جیهون، سپاه	کشیده رده، پیش هیتال شاه
گَوی، غاتفر نام، سالارشان	برزم اندرون، نامبردارشان

*

چو آگه شد از کارِ خاقان چین	اُزان هدیهٔ شهریار زمین
ز لشکر جهاندیدگان را بخواند	سخن؛ سر بسر، پیش ایشان براند
چنین گفت با سرکشان، غاتفر	که: «ما را بد آمد، از اختر بسر
اگر شاه* ایران و خاقان چین	بسازند، وز دل کنند آفرین؛
هراس است، زین دوستی، بهرِ ما	بر این روی، ویران شود شهر ما
بباید یکی تاختن ساختن	جهان، از فرستاده، پرداختن!»

*

ز لشکر یکی نامور برگزید	سرافراز و جنگی، چنانچون سزید
بتاراج داد، آن همه خواسته	هیونان و اسپان آراسته
فرستاده را سر بریدند؛ پست	ز گردان چینی سواری نَجَست

*

چو آگاهی آمد بخاقان چین	دلش گشت پردرد و، سر پر ز کین
سپه را ز قُجغارباشی براند	به چین و ختن، نامداری نماند
ز خویشان ارجاسپ و افراسیاب	نپرداخت یک تن به آرام و خواب[1]
برفتند یکسر به گلزریون	همه سر پر از خشم و، دل پر ز خون[2]

---

* - سخن را پیوند «که» باید: **«که‌گر شاه...»**.

۱ - **یک:** لت نخست بدآهنگ است. **دو:** افراسیاب (توران) نزدیک به دو هزار سال پیش از این داستان بدنبال یک سرمای سخت از میان رفته بود... و بازماندگان آنان با نام هیونان که پادشاهشان ارجاسب نام داشت نیز از میان رفته بودند، و هپتالیان بازماندگان آنان بودند پس در آنزمان از خویشان افراسیاب و ارجاسب کسی در جهان نمی‌زیست...

دریغا، که زود باشد که با بیهودگی اندیشهٔ نوشروان، همین هپتالیان آریایی که چون دیواری استوار میان ایران و تیره‌های زردپوست (که بدشت‌های مرکزی آسیا ره گشوده، و کم‌کم همگی خود را ترک خواندند) بر دست خاقان ترک از میان برداشته شود، و مرزهای ایران، و پسان مرزهای جهان، بروی ترکان گشاده شود که پیامدهای سهمگین آن هنوز بر جان و روان، سنگینی افکنده است!

۲ - گلزریون یک شاخهٔ رود است که امروز بنام زرگل بدریاچهٔ **ایسی کول** می‌ریزد.

نبرد هیتالیان و خاقان

سپهدار خاقان چین سنجه بود     همی بآسمان برزد از خاک دود[1]
ز جوش سواران، به چاچ اندرون     چو خون شد به رنگ آب گلزریون[2]
چو آگاه شد غاتفر، زان سخن     که خاقان چینی چه افکند بُن؛
سپاهی ز هیتالیان برگزید     که گشت آفتاب از جهان ناپدید
ز بلخ و ز شُکنان و آموی و زم     سلیح و سپه خواست و گنج درم[3]
ز شومان و ز ترمذ ویسه‌گرد     سپاهی برآمد ز هر سوی گرد[4]
ز کوه و بیابان و از ریگ و شخ     بجوشید لشکر، چو مور و ملخ[5]
چو بگذشت خاقان به رودِ برک     تو گفتی همی تیغ بارد فلک[6]
سپاه انجمن کرد بر مای و مرغ     سیه گشت خورشید چون پرّ چُرغ[7]
زبس نیزه و تیغ‌های بنفش     درفشیدن گونه گونه درفش[8]
بخارا پر از گرد و کوپال بود     که لشکرگه شاه هیتال بود[9]
بشد غاتفر با سپاهی چو کوه     ز هیتال گرد آوریده گروه[10]
چو تنگ اندر آمد، ز هر سو، سپاه     ز تنگی ببستند بر باد، راه
درخشیدن تیغ‌های سران     گرایدن گرزهای گران[11]
تو گفتی که آهن زبان داردی     هوا گرز را ترجمان داردی[12]
یکی باد برخاست و گردی سیاه     بشد روشنایی ز خورشید و ماه[13]
کشانی و سغدی، شدند انجمن     پر از آب رو، کودک و مرد و زن[14]
که تا چون بود کار آن رزمگاه     که را بر دهد گردش هور و ماه[15]
یکی هفته آن* لشکر رزمجوی     بروی اندر آورده بودند، روی

---

۱ - سنجه نام دیوی از دیوان مازندران بود. لت دویم نیز نادرخور است.
۲ - **یک:** چاچ بس دور از گلزریون است. **دو:** جوش سواران به چاچ یا بگلزریون؟
۳ - **یک:** لت دویم بدآهنگ است. **دو:** بلغ در دست هیتالیان نبود.     ۴ - لت دویم نادرخور است.
۵ - در رج پیشین همین سخن آمده بود.     ٦ - تو گفتی...
۷ - خورشید، هیچگاه بجزاز هنگام خورشیدگرفتگی سیاهرنگ نمی‌شود.     ۸ - از نیزه و تیغ و درفش،
۹ - ...بخارا پر از کوپال بود؟ لت دویم را نیز می‌بایستی در آغاز سخن آوردن.
۱۰ - (سپاهی) نادرخور است، زیرا که ناشناس (نکره) است باز آنکه پیشتر دربارهٔ آن سخن رفته بود...:«غاتفر با سپاه». **دو:** در لت دویم نیز «گرد آوریده گروه» نابهنجار است.     ۱۱ - سخن را پایان نیست.
۱۲ - تو گفتی... زبان آهن و ترجمان گرز نیز سخنان نادرخورند.     ۱۳ - لت نخست بدآهنگ است.
۱۴ - کودکان و زنان را شایستی گریستن اما مردان را که در میدان بودند، چرا گریستن؟
۱۵ - پس گریستن برای پیش‌بینی آیندهٔ جنگ بوده است!؟
* - همهٔ نمونه‌ها «آن لشکر» آورده است که درست نمی‌نماید، زیرا که دو لشکر بوده‌اند! از سویی زمان یک هفته چندان دراز نمی‌نماید که در رج ۳۹۶۲۵ گفته آید؛ هرگز جنگی چنین با درنگ ندیده‌ایم... . و بر این بنیاد، لت نخست چنین می‌نماید:

**«چو یکچند دو لشکر جنگجوی»**

بهر جای بر، توده‌ای کشته بود    ز خون، خاک و سنگ، ارغوان گشته بود[1]
ز بس نیزه و گرز و کوپال و تیغ    تو گفتی همی سنگ بارد ز میغ[2]
نهان شد به گرد اندرون آفتاب    پر از خاک شد چشمِ پرّان عقاب[3]
بهشتم سوی غاتفر، گشت، گرد    سیه شد جهان، چون شب لاژورد[4]
شکست اندر آمد به هیتالیان    شکستی که بستنْش تا سالیان،[5]
ندیدند و، هرکس کزیشان بماند    به دل در همی نام یزدان بخواند[6]
پراکنده بر هر سویی خسته بود    همه مرز پر کشته و بسته بود[7]
همی این بدان، آن بدین گفت: «جنگ    ندیدیم هرگز چنین بادرنگ
همانا نه مردم بُدند آن سپاه    نشایست کردن بدیشان نگاه[8]
به چهره همه دیو بودند و دد    به دل دور ز اندیشهٔ نیک و بد[9]
ز ژوپین، وز نیزه و گرز و تیغ    تو گفتی ندانند راه گریغ[10]
همه چهرهٔ اژدها داشتند    همه نیزه بر ابر بگذاشتند[11]
همه چنگ‌هاشان بسان پلنگ    نشد سیر دل‌شان تو گویی ز جنگ[12]
یکی زین ز اسپان نبرداشتند    بخفتند و بر برف بگذاشتند[13]
خورش بارگی را همه خار بود    سواری بخفتی دو بیدار بود[14]
نداریم ما تاب خاقان چین    گذر کرد باید، بایران‌زمین
گر ایدونکه فرمان برد، غاتفر؛    ببندد بفرمان کسری کمر؛
سپارد بدو شهر هیتال را    فرامش کند گرز و کوپال را؛
اُگرنه خود از تخمهٔ خوشنواز    گزینیم جنگاوری سرفراز
که او شاد باشد، بنوشیروان    بدو دولتِ پیر گردد، جوان

*

۱ - کُشته را باگَشته پساوا نیست.    ۲ - تو گفتی...    ۳ - لت دویم سخت نادرخور است.
۴ - در رج ۳۹۶۲۵ سخن بگونه‌ای دیگر می‌آید.    ۵ - لت دویم وابسته به رج پسین است.
٦ - **یک:** «ندیدند»، نادرخور است شکستنی که تا سالیان، بسته (نشد)... **دو:** این دو رج نادرست است زیرا که در رج دهم پس از این هنوز ازسگالش هپتالیان در جنگ و نبرد، سخن می‌رود!    ۷ - سخن پسین نه چنین می‌گوید.
۸ - «آن سپاه» را در لت نخست آن سپاهیان باید در لت دویم و «ایشان» نادرخور است.
۹ - همان سخن بازگویی شده است.    ۱۰ - لت نخست را با لت دویم هیچ پیوند نیست.
۱۱ - از دیو، به اژدهاگردیدند.    ۱۲ - و... پلنگ... تو گویی...
۱۳ - **یک:** کجا بخفتند؟ **دو:** جنگ در زمستان رخ نداده بود که سخن از برف رود!
۱۴ - **یک:** مگر اسپ را توان خوردن «خار» هست؟ **دو:** لت دویم نیز سخت نادرخور است، و افزاینده خواسته است بگوید که یکی از آنان می‌خفت، و دو سوار از آنان بیدار بود(ند)، و بدینسان همواره آنان در میدان جنگ بودند... اما با همهٔ این افزوده‌ها، شاهنامه، تازه بسگالش هیتالیان می‌رسد!

بگوید بدو کار خاقان چین — جهانی بر او بر، کنند آفرین[1]
که با فرّ و برز است و بخش و خرد — همی راستی را خرد پرورد[2]
نهاده‌ست بر قیصران باژ و ساو — ندارند با او کسی زور و تاو»[3]
ز هیتالیان کودک و مرد و زن — بر این یک سخن بر، شدند انجمن

*

چغانی، گوی بود فرّخ‌نژاد — جوانی جهانجوی با تخت و داد
خردمند و نامش فغانیش بود — که با گنج و با لشکر خویش بود[4]
بزرگان هیتال و خاقان چین — به شاهی بر او خواندند آفرین

*

پس آگاهی آمد، بشاه بزرگ — ز خاقان، که شد نامداری سترگ
ز هیتال و گُردان آن انجمن — که آمد ز خاقان بر ایشان شکن[5]
ز شاه چغانی که با بختِ نو — بیامد نشست از برِ تختِ نو
پر اندیشه بنشست شاه جهان — ز گفتار بیدار کارآگهان[6]
بایوان بیاراست جایِ نشست — برفتند گردانِ خسروپرست[7]
ابا موبد موبدان اردشیر — چو شاپور و چون یزدگرد دبیر[8]

*

همان بخردانِ نماینده راه — نشستند یکسر برِ تخت شاه
چنین گفت کسری که: «ای بخردان — جهان‌گشته و کاردیده ردان
یکی آگهی یافتم؛ ناپسند — سخن‌های ناخوب و ناسودمند
ز هیتال و از ترک و خاقان چین — اُزان مرزبانان تورانزمین
بی‌اندازه لشکر شدند انجمن — ز چاچ و ز چین و ز ترک و ختن
یکی هفته○، هیتال، با ترک و چین — ز اسپان، نبرداشتند ایچ زین
بفرجام، هیتال برگشته شد — دو بهره مگر خسته و کشته شد[9]
بدان نامداری که هیتال بود — جهانی پر از گرز و کوپال بود[10]

---

۱ – لت نخست سخن دربارهٔ کسی است که می‌خواهند برگزینند، تا با نوشروان سخن گوید، و لت دویم دربارهٔ نوشروان است.
۲ – لت دویم بی‌پیوند و بی‌گزارش است. ۳ – در لت دویم «کسی» را «ندارد» باید.
۴ – چگونه کسی را که نامش «چغانی» است می‌توان «فغانیش» خواندن؟
۵ – **یک:** از هیتالیان در رج پسین یاد می‌شود. **دو:** در لت دویم دوباره نام خاقان می‌آید.
٦ – سخن در لت نخست بپایان می‌رسد، و گفتار لت دویم، با از «ز» آغاز می‌شود که دوباره‌گویی «ز» در رج پیشین است، و با یکدیگر همخوان نیستند. ۷ – ایوان شاه، همواره آراسته است. ۸ – چو شاپور... نادرست است.
○ – چنانکه پیشتر گذشت **«چو یکنچد»** درست می‌نماید. ۹ – گشته را با کُشته پساوا نیست.
۱۰ – بدان نامداری که نادرخور است: «با آن نیرو که هیتالیان را بود...».

شگفت است کآمد برِیشان شکست — سپهبد مباد ایچ با رای پست [1]
اگر غاتفر داشتی نام و رای — نبردی سپهر آن سپه را ز جای [2]
چو شد مرز هیتالیان پر ز شور — بجُستند از تخم بهرام گور [3]
نوآیین یکی شاه بنشاندند — بشاهی بر او آفرین خواندند
نشسته‌ست خاقان بدان روی چاج — سرافراز با لشکر و گنج و تاج
ز خویشان ارجاسپ و افراسیاب — جز از مرز ایران نبیند به خواب [4]
ز پیروزیِ لشکر غاتفر — همی برفرازد به خورشید سر [5]
سزد گر نباشیم همداستان — که خاقان بخواند چنین داستان [6]
که تا آن زمین پادشاهی مراست — که دارند ازو چینیان پشت راست [7]
همه زیردستان از ایشان به رنج — سپرده بدیشان زن و مرد و گنج [8]
چه؟ بینید یکسر؛ کنون، اندرین — چه؟ سازیم با ترک و خاقان چین!»

*

بزرگان داننده برخاستند — همه پاسخش را بیاراستند
گرفتند* یکسر بر او آفرین — که: «ای شاه نیک‌اختر و پاکدین
همه مرز هیتال اهریمن‌اند — دو روی‌اند و این مرز را، دشمن‌اند
بر ایشان سزد، هر چه آید ز بد — هم از شاه، گفتار نیکو سزد
ازیشان اگر نیستی کین و درد — جز از خون آن شاه آزادمرد [9]
بکشتند پیروز را ناگهان — چنان شهریاری، چراغ جهان
مبادا که باشند یک روز شاد — -که هرگز نخیزد ز بیداد، داد-
چنین است پاداَفرهِ دادگر — همان بدکنش را، بد آید بسر
ز خاقان اگر شاه رانَد سخن — که دارد به دل کین و درد کهن [10]
سزد گر ز خویشان افراسیاب — بدآموز دارد دو دیده پر آب [11]

---

۱ – لت دویم را پیوند درست با لت نخست نیست.

۲ – **یک:** غاتفر را «نام» بود. **دو:** رای نیز داشت زیرا که رای، آهنگ کاری را کردن است، و اگر کسی رای بگریز گیرد، باری «رای دارد». **سه:** «آن سپه» روشن نمی‌کند که کدام سپه را گوید.

۳ – از نژاد بهرام گور نجستند، که از نژاد خشنواز، پادشاه برگزیدند.

۴ – **یک:** دوباره از خویشان ارجاسب و افراسیاب سخن می‌رود. **دو:** و لت دویم را نیز پیوند درست با لت نخست نیست.

۵ – سخن چنین می‌نماید که غاتفر پیروز شده است باز آنکه وی راشکست پیش آید...: «از پیروز شدن بر سپاه غاتفر».

٦ – خاقان، داستان نخوانده است.

۷ – تا کدام زمین؟ که چینیان را پشت بدان راست دارند؟

۸ – زیردستان چه کس؟ اگر زیردستان مردان‌اند، چرا از نامشان با نام زنان و گنج یاد می‌شود.

* – «**بخواندند**» نیز شاید.

۹ – نام آن شاه آزادمرد در رج پسین می‌آید.

۱۰ – کین و درد کهن را چه کس دارد؟ خاقان یا نوشروان؟

۱۱ – خویشان افراسیاب!

دگر آنکه پیروز شد دل گرفت    اگر زو بترسی نباشد شگفت[1]
ز هیتال و از لشکر غاتفر    مکن یاد و، تیمار ایشان مخوَر
ز خویشان ارجاسپ و افراسیاب    ز خاقان که بنشست ازآن روی آب[2]
بروشن‌روان کار ایشان بساز    تویی در جهان شاه گردنفراز[3]
فروغ از تو گیرد روان و خرد    انوشه کسی کاو، روان پرورد
تو داناتری از بزرگ انجمن    نبایدت فرزانه و رایزن
ترا زیبد اندر جهان تاج و تخت    که با فرّ و برزیّ و، با رای و بخت
اگر شاه سوی خراسان شود    ازین، پادشاهی، هراسان شود؛
هر آن گه که بینند، بی‌شاه؛ بوم    زمان تا زمان، لشکر آید ز روم؛
از ایرانیان باز خواهند کین    نماند بر و بوم ایرانزمین
نه کس پای بر خاک ایران نهاد    نه زین پادشاهی ببد کرد یاد[4]
اگر شاه را رای کین است و جنگ    ازو رام گردد به دریا نهنگ»[5]

*

چو بشنید ز ایرانیان شهریار    ز بزم و ز پرخاش و از کارزار[6]
کسی را نبُد گردِ رزم آرزوی    ببزم و بناز اندرون، کرده خوی
بدانست شاه جهان کدخدای    که اندر دل بخردان چیست؟ رای!
چنین داد پاسخ که: «یزدان سپاس    کزو دارم اندر دو گیتی هراس*
که ایشان نجستند جز خواب و خورد    فرامشت کردند گرد نبرد[7]
شما را بر آسایش و بزمگاه    گران شد چنین‌تان سر از رزمگاه[8]
تن‌آسان شود هر که رنج آورد    ز رنج تنش ناز و گنج آورد
بنیروی یزدان سر ماه را    بپیچیم یکسر، همه راه را
بسوی خراسان کشم لشکری    بخواهم سپاهی ز هر کشوری
جهان از بدان پاک بی‌خَو کنم    به داد و دهش کشوری نَو کنم»

*

۱ - سخن سست است: «دیگر آنکه پس از پیروزی بر غاتفر، پشتش بنیرو شد».
۲ - خویشان ارجاسپ و افراسیاب!
۳ - این سخن، رودرروی گفتار پسین می‌ایستد.
۴ -کنش «نهاد» نادرخور است، «نهاده است».
۵ - باژگونهٔ آن سخن است که: «اگر سوی خراسان شود».
٦ - ایرانیان از پرخاش و کارزار یاد نکرده بودند.
* - بپایان زمان ساسانیان نزدیک می‌شویم و هراس از خداوند، و دو گیتی، بجای گیتی و مینو پدیدار می‌شود.
۷ - ایشان کیانند؟ فرامشت بجای فراموش، اگرچه یکبار در گفتار افزوده به دیوان رودکی آمده است: «نزدیک خداوند، بدی نیست فرامشت» اما ریشهٔ کهن ندارد، و در زبان پهلوی نیز بگونهٔ «فَرَمُش» آمده است.
۸ - «شما را» در لت نخست با «چنین‌تان» در لت دویم همخوان نیست.

همه نامداران فرو ماندند ... به پوزش بر او آفرین خواندند
که: «ای شاهِ پیروز با فرّ و داد ... زمانه بدیدار تو شاد باد
همه نامداران ترا بنده‌ایم ... بفرمان و رایت سر افکنده‌ایم»
هر آن‌گه که فرمان دهد کارزار ... نبیند ز ما کاهلی شهریار»[۱]
ازان پس چو بنشست با رایزن ... بزرگان و کسری شدند انجمن[۲]
همی بود ازین‌گونه تا، ماه نو ... برآمد، نشست؛ از برِ گاه نو
تو گفتی که جامی ز یاقوت زرد ... نهادند بر چادر لاژورد[۳]
بدیدند بر چهرهٔ شاه، ماه ... خروشی برآمد ز درگاه شاه*

*

چو برزد سر از کوه رخشان چراغ ... زمین شد بکردار زرّین جناغ
خروش آمد و نالهٔ گاودم ... ببستند بر پیل، رویینه‌خم
دمادم به لشکرگه آمد سپاه ... تبیره‌زنان برگرفتند راه
به درگاه شد یزدگرد دبیر ... ابا رایزن، موبد اردشیر
نبشتند نامه به هر کشوری ... به هر نامداریّ و هر مهتری
که: «شد شاه، با لشکر؛ از بهر رزم ... شما، کهتری را، مسازید بزم»
بفرمود نامه بخاقان چین ... فغانیش را هم بکرد آفرین[۴]
یکی لشکری از مداین براند ... که روی زمین جز به دریا نماند[۵]
زمین کوه تا کوه یکسر سپاه ... درفش جهاندار، در قلبگاه[۶]

*

یکی لشکری سوی گرگان کشید ... که گشت آفتاب از جهان ناپدید
بیاسود چندی ز بهر شکار ... همی گشت در کوه و در مرغزار
به سُغد اندرون بود خاقان، که شاه ... بگرگان همی رای زد با سپاه
ز خویشان ارجاسپ و افراسیاب ... شده سغد یکسر چو دریای آب[۷]
همی گفت خاقان: «سپاه مرا ... زمین برنتابد کلاهِ مرا»[۸]

---

۱ – از فرمانبرداری در رج پیشین یاد شده بود.
۲ – **یک:** همان انجمن، انجمن بزرگان ایران بود، دیگر کدام بزرگان؟ **دو:** «بزرگان» را «رایزنان» باید.
۳ – **یک:** تو گفتی... **دو:** چهرهٔ شاه را بیاقوت زرد همانند کردن!؟
* – هنوز نیز در باور مردمان هست که پس از دیدن ماه نو، بچیزی چون آینه، یا فیروزه یا چهر کسی بنگرند.
۴ – فغانیش نادرست است. ۵ – دنباله گفتار. ۶ –لشکر دریامانند، کوه تا کوه راگرفت.
۷ – خویشان ارجاسب و افراسیاب!! ۸ – سپاه مرا؟ یا کلاه مرا؟

از ایدر سپه سوی ایران کشیم — وز ایران به دشت دلیران کشیم[۱]
همه خاک ایران به چین آوریم — همان تازیان را بدین آوریم[۲]
نمانم که کس تاج دارد نه تخت — نه اورنگ شاهی نه از تخت بخت»[۳]
همی بود یک چند با گفت و گوی — جهانجوی با لشکری جنگجوی[۴]

## پیام فرستادن خاقان چین
## به
## کسری

چنین، تا بیامد ز شاه، آگهی — کز ایران بجنبید، با فرهی[۵]
اُزان بخت و پیروزی و دستگاه — ز دریا بدریا، کشیده سپاه؛[۶]
بپیچید خاقان چو آگاه شد — برزم اندرون راه، کوتاه شد
پر اندیشه بنشست با رایزن — بزرگان لشکر شدند انجمن
سپهدار خاقان به دستور گفت — که: «این آگهی، خوار نتوان گرُفت*
شنیدم، که کسری بگرگان رسید — همه روی کشور، سپه گسترید
ندارد همانا؟ ز ما آگهی! — اُگر، تارک، از رای دارد تهی!
ز چین تا به جیهون سپاه من است — جهان زیر فرّ کلاهِ من است
مرا پیش او رفت باید بجنگ — بپوشد درنگ، آتش نام و ننگ[۷]
گماند کزو بگذری، راه نیست! — اُگر در زمانه جز او شاه نیست[۸]
بیاگاهد اکنون چو من، جنگجوی — شوم با سواران چین پیش اوی»[۹]

*

خردمند مردی، بخاقان چین — چنین گفت که:«ای شهریار زمین

---

۱ – دشت دلیران کجا است؟ که آنسوی ایران جای دارد!
۲ – شگفتا که افزایندگان خواسته‌اند برای تازیان بت‌پرست چاره‌اندیشی کنند! اما آنانرا چگونه ازکیش تازیان آگاهی رسیده بود؟
۳ –کنش «دارد» نادرخور است: «داشته باشد». ۴ – جهانجوی آغازین لت دویم نادرخور است.
۵ – «از شاه آگاهی رفت» باید. ٦ – سپاه نوشروان از کدام دریا، بکدام دریا کشیده شده بود؟
* – در زبان نیشابور گرفت راگروفت می‌خوانند، و در سروده‌های عطار نیشابوری نیز چنین آمده است:

گر نبودی در جهان، امکانِ گفت — کی توانستی؟ گل معنی شکُفت
پاکرُو داند، که در اسرار عشق — بهتر از ما راهبر نتوان گرُفت

۷ –لت دویم راگزارش نیست. ۸ –لت نخست بی‌گزارش است.
۹ – بیاگاهد، واژه‌ای نادرست است: «آگاه شود».

تو با شاه ایران، مکن رزم؛ یاد　　مده پادشاهیّ و لشکر، بباد
ز شاهان نجوید کسی جای اوی　　مگر تیره باشد دل و رای اوی[1]
که با فرّ او، تخت را، شاه نیست　　بدیدارِ او، در فلک، ماه نیست
همی باژ خواهد ز هند و ز روم　　ز جایی که گنج است و آباد بوم

*

خداوند تاج است و زیبای تخت　　جهاندار و بیدار و پیروز بخت،[2]
چو بشنید خاقان ز موبد سخُن　　یکی رای شایسته افکند بُن
چنین گفت با کاردان، راهجوی　　که: «این را چه؟ بیند؛ خردمند، روی!
دو کارست پیش اندرون ناگزیر　　که خامش نشاید بُدَن خیره‌خیر[3]
که آن را به پایان جز از رنج نیست　　به از بر پراکندن گنج نیست[4]
ز دینار پوشش نیاید نه خورد　　نه گستردنی روز ننگ و نبرد[5]
بدو ایمنی باید و خوردنی　　همان پوشش و نغز گستردنی[6]
هر آن کس که از بد هراسان شود　　درم خوار گیرد، تن‌آسان شود»
ز لشکر سخنگو؛ یکی برگزید　　که گویند و دانند، گفت و شنید
یکی نامه بنبشت با آفرین　　سخنگوی چینی بر آیین چین

*

برفت آن خرد یافته ده سوار　　نهان پُر سخن تا درِ شهریار[7]
به کسری چو برداشتند آگهی　　بیاراست، ایوانِ شاهنشهی
بفرمود تا پرده برداشتند　　ز درگاهشان شاد بگذاشتند
برفتند هر ده برِ شهریار　　ابا نامه و هدیه و بانثار[8]
جهاندار چون دید بنواختشان　　ز خاقان بپرسید و بنشاختشان
نهادند سر پیش او بر زمین　　بدادند پیغام خاقان چین
بچینی یکی نامه‌ای بر حریر　　فرستاده بنهاد پیش دبیر

*

---

۱ - **یک:** جای اوی، نادرست است: «گاه اوی». **دو:** دل را تیره بودن شاید، اما «رای» آهنگ کاری را کردن است و تیره نتواند بود.
۲ - سخن از تخت پیش از این رفت.　　۳ - پیش را «اندرون» نیست.
۴ - **یک:** اگر چاره در دو کار است، پس رنج از برای چیست؟ **دو:** بر پراکندن نیز نادرست است. پراکندن، را خود، پیشوند اوستایی [illegible] پَرَ (= دور) است، و آنرا با پیشوند دیگری نتوان همراه کردن.　　۵ - دنبالهٔ گفتار.
۶ - سخن سخت نادرخور است، و افزاینده را، رای بر آن بوده است که بگوید که: «نوشروان را بیگمان بایستی کردن که با وی جنگ نخواهم کرد، و از آنپس خوردنی بنزدش بفرستیم» خوانندهٔ آگاه را، خود، از این گفتار سست بایستی سنجیدن که افزایندگان چگونه بشاهنامهٔ ما دست درازی کرده‌اند.　　۷ - لت نخست را گزارش نیست.
۸ - همان ده سوار در سخن افزوده.

پیام خاقان به کسری

دبیر؛ آن زمان، نامه خواندن گرفت     همه انجمن ماند، اندر شگفت
سرِ نامه بود از نخست، آفرین     ز دادار، بر شهریار زمین
دگر سرفرازیّ و گنج و سپاه     سلیح و بزرگی نمودن بشاه
سدیگر سخن، آنکه فغفور چین     مرا خواند، اندر جهان، آفرین
مرا داد، بی‌آرزو؛ دخترش     نجویند، جز رای من، لشکرش
اُزان هدیه کز پیش، نزدیکِ شاه     فرستاد و، هیتال بستَد ز راه
بران کینه رفتم من از شهر چاج     که بستانم از غاتفر گنج و تاج[1]
بدان گونه رفتم زِ گلزریون     که شد لیلگون آب جیهون ز خون[2]
چو آگاهی آمد به ماچین و چین     به گوینده بر خواندیم آفرین[3]
ز پیروزیِ شاه و مردانگی     خردمندی و شرم و فرزانگی[4]
همه دوستی بود، اندر نهان     که جوییم، با شهریار جهان

*

چو آن نامه بشنید و گفتار اوی     بزرگیّ و مردیّ و بازار اوی
فرستاده را جایگه ساختند     ستودند بسیار و بنواختند
چو خوانِ مَی آراستی، میگسار     فرستاده را خواستی شهریار
ببودند یک ماه نزدیک شاه     بایوانِ بزم و، بنخچیرگاه

*

یکی بارگه ساخت روزی بدشت     ز گرد سواران هوا تیره گشت
همه مرزبانان زرّین کمر     بلوچی و گیلی به زرّین سپر[5]
سراسر بدان بارگاه آمدند     پرستنده، نزدیک شاه آمدند
چو سیسد ز پیلانِ زرّین ستام     ببردند و، شمشیرِ زرّین نیام[6]
درخشیدن تیغ و ژوپین و خشت     تو گویی که زرّ اندر آهن سرشت[7]
به دیبا بیاراسته پشتِ پیل     بدو تختِ پیروزه، همرنگِ نیل
زمین پر خروش و هوا پر ز جوش     همی کرّ شد مردم تیزگوش[8]

---

۱ - پیوسته برج پسین.
۲ - گلزریون چنانکه گذشت نام رودی بود که بدریاچهٔ ایسی کول می‌ریزد، و اکنون زرگل نامیده می‌شود.
۳ - سخن را پیوند بگفتار نیست.
۴ - کدام پیروزی شاه؟ سخن را پیوند بگفتار نیست.
۵ - **یک:** سخن را پیوند با رج پیشین نیست. **دو:** سپر گیلی با چوب بافته می‌شد و زرین نبود. **سه:** سپر زرین خود بکار جنگ نمی‌آید.
٦ - **یک:** چو سیسد... نادرست است. **دو:** پیل را با شمشیر چه کار است؟
۷ - خَشت را با سرشت پساوا نیست، و خود، سخن بیمایه و سست است.
۸ - لت دویم بدآهنگ است.

فرستادهٔ بردع و هند و روم ز هر شهریاری ز آباد بوم[1]
ز دشت سوارانِ نیزه‌گزار برفتند یکسر سوی شهریار[2]
بچینی نمود، آنکه شاهی کراست! ز خورشید تا پشت ماهی کراست![3]
هوا پُر شد از جوش و گردِ سوار زمین پُر شد از آلت کارزار
بدشت اندر، آوردگه ساختند سواران جنگی همی تاختند[4]
بکوپال و تیغ و بتیر و کمان بگشتند گردنکشان یک زمان
همه دشت، ژوپین زن و نیزه‌دار بیکسو پیاده، بیکسو سوار
فرستادگان را ز هر کشوری ز هر نامداریّ و هر مهتری[5]
شگفت آمد از لشکر و ساز اوی همان چهره و نام و آواز اوی[6]
فرستادگان، یک بدیگر، براز بگفتند ک:«ین شاهِ گردنفراز،
هنر جوید؟ و هیچ پیچد؟ عنان! بگردانِ لشکر نماید؟ سنان!
هنر گر نمودی بما شهریار ازو داشتمانی به دل یادگار[7]
چو هر یک برفتی برِ شاه خویش سخن داشتی یار همراه خویش[8]
بگفتی که: چون شاه نوشیروان به دیده نبینند پیرو جوان»[9]

*

سخن هر چه گفتند، اندر نهان، بگفتند با شهریار جهان
بگنجور فرمود پس شهریار که آرد بدشت، آلتِ کارزار
بیاورد خفتان و خود و زره بفرمود تا برگشاید گره
گشاده برون کرد زورآزمای نبرداشتی جوشن او ز جای[10]

---

۱ – «بردع» تازی شدهٔ «برته» است، آنجا که ارّان بود و امروز جمهوری آذربایجانش خوانند و چون همواره، آنجا بخشی از ایران بوده است، «فرستاده» نمی‌توانستند، فرستادن. اما فرستاده از کشورهای دیگر را در گرگان چکار؟ اگر چنین بود، آنانرا می‌بایستی با نوشروان از تیسفون همراه شدن، که پیش از این یادی از آن نشده است!

۲ – از دشت تازیکستان هم فرستاده بگرگان آوردند!

۳ – هنوز زمان هنرنمایی نوشروان نرسیده است.

۴ – روز نمایش بود، نه روز جنگ که آوردگاه (ساخته) شود!

۵ – **یک:** تنها از سوی خاقان، فرستاده آمده بود. **دو:** هر کشوری و هر نامداری و هر مهتری همخوان نیست زیرا که اگر بپذیریم از کشورها فرستاده آمده بود، نامداران و مهتران که بودند، که آنان نیز فرستاده بنزد نوشروان داشتند؟

٦ – دنبالهٔ همان گفتار است. و گیریم که از چهره و ساز و آواز و لشکرش شگفت زده شده بودند از نام او شگفتی، چرا؟

۷ – سخن سست و بیمایه.

۸ – هنوز فرستادگان نبرد (نه به بر) شاه خویش بازنگشته‌اند، اما افزاینده را زبان فارسی بوده است، وی می‌خواسته است بگوید: که چون از ایران بنزد شاه خود رویم، بتوانیم...

۹ – بازگفتن! این رج نیز سخت نادرخور است.

۱۰ – سخن نادرخور است... اما افزاینده را رای بر آن بوده است که نوشروان از مردان زورآزمای خواست که زره او را از جای بردارند، و آنان نتوانستند!... اگر چنین سخن را براست داریم، پس کوشش و آزمایش هزارهٔ نیاکانمان را که از آهن و مس و روی، مفرغ برآوردند، تا زره سبک‌تر شود، و کارِ رزم‌آزمای را آسانتر سازد،... همه بیهوده بوده است، اما، بیهوده، اندیشه افزایندگان است که با هیچ یک از ویژگیهای نبرد و جنگ‌افزار آشنایی نداشته‌اند، و چنین داوریها کرده‌اند.

نامه کسری بخاقان

همان خود و خفتان و کوپال اوی     نبرداشتی جز بر و یال اوی[1]
کمانکش نبودی بلشکر چنوی     نه از نامداران چنان جنگجوی[2]
به آوردگه رفت چون پیل مست     یکی گرزهٔ گاوپیکر بدست
به زیر اندرون بارهٔ گامزن     ز بالای او خیره شد انجمن[3]
خروش آمد و نالهٔ کرّنای     هم از پشت پیلان، جرنگِ درای
تبیره‌زنان پیش بردند سنج     زمین آمد از سمّ اسپان به رنج[4]
شهنشاه با خود و گبر و سنان     چپ و راست، گَردان و پیچان عنان
فرستادگان خواندند آفرین     یکایک نهادند سر بر زمین

*

بایوان شد از دشت، شاه جهان     یکایک برفتند با او مهان
بفرمود تا پیش او شد دبیر     ابا موبد موبدان، اردشیر
به قرطاس * بر، نامهٔ خسروی     نویسنده بنوشت بر پهلوی
قلم، چون دو رخ را، به انبر بشست     سرِ نامه کرد آفرین از نخست
بران دادگر، کاو، سپهر آفرید     بلندیّ و تندیّ و مهر آفرید○
همه بندگانیم و، او پادشا است     خرد، بر توانایی او؛ گوا است
نفس جز بفرمان او نگذرد     پَیِ مور، بی او، زمین نسپَرد
ازو خواستم تا مگر آفرین     رساند ز ما، سویِ خاقان چین
نخست آنکه گفتی ز هیتالیان     کزان گونه بستند، بد را؛ میان
به بیداد بر، خیره، خون ریختند     به دام بلا، اندر آویختند
اگر بدکنش، زور دارد چو شیر     نباید که باشد بیزدان دلیر
چو ایشان گرفتند راهِ پلنگ     تو پیروز گشتی بر ایشان به جنگ[5]

---

۱ - **یک:** دنبالهٔ همان سخن... **دو:** و کوپال پاره آجری بوده است که در کف دست، جای می‌گرفت، و چگونه توان از گرانی آن یاد کردن؟

۲ - سخن از جنگ‌افزار وی می‌رود، و هنوز هنرنمایی او انجام نگرفته است.

۳ - زیر را «اندرون» نیست، و مگر تا آنهنگام «بالای» نوشروان را ندیده بوده‌اند؟

۴ - سنج، خود یکی از ابزارهای بانگ و آوای است، و چگونه آنرا با جنبش تبیره‌زنان به پیش بردند؟ لت نخست از گفتار فردوسی برگرفته شده است:

تبیره‌زنان، پیش بردند، پیل     برآمد یکی گرد، چون کوه نیل

* - نام دیگر کاغذ کُراسه یا کرتاس است که تازیان آنرا بگونه قرطاس درآوردند، و می‌باید در شاهنامه بهمین گونهٔ «کرتاس» آید.

○ - سپهر در فرهنگ ایران «خودآفریده» است، اما این رج را با پیوند «بر» [که پیوند میان دو رج پیشین و پسین است] در آغاز نمی‌توان زدودن.

۵ - سخن باژگونه است و چنگ، هیچگاه، ناآگاه یورش نمی‌برد:

پلنگ آنزمان پیچد از کین خویش     که نخجیر بیند، ببالین خویش

دیگر که گفتی ز گنج و سپاه … ز نیروی فغفور و تخت و کلاه
کسی؛ کز بزرگی زند داستان … نباشد خردمند، همداستان؛[1]
تو تخت بزرگی ندیدی نه تاج … شگفت آمدت لشکر و مرز چاج[2]
چنین، با کسی گفت باید، که گنج … نبیند؛ نه لشکر، نه رزم و، نه رنج
بزرگان گیتی مرا دیده‌اند … کسان، که‌م؛ ندیدند، بشنیده‌اند
که دریای چین را ندارم به آب … شود کوه از آرام من در شتاب[3]
سراسر زمین، زیر گنجِ من است … کجا آب و خاک است، رنج من است
سدیگر، کجا؛ دوستی خواستی … به پیوندِ ما، دل بیاراستی
همی بزم جویی* مرا نیست رزم … نخرّد کسی رزم هرگز به بزم
دیگر که با نامبردار مرد … نجوید خردمند، هرگز؛ نبرد
بویژه که خو کرده باشد به جنگ … گهِ رزم جستن نجوید درنگ[4]
بسی دیده باشد گهِ کارزار … نخواهد گهِ رزم آموزگار[5]
دل خویش باید که در جنگ سخت … چنان رام دارد که با تاج و تخت[6]
ترا یار بادا جهان آفرین … بماناد روشن، کلاه و نگین
نهادند، بر نامه بر، مُهر شاه … بیاراست آن خسروی تاج و گاه[7]
به رسم کیان خلعت آراستند … فرستاده را پیش او خواستند[8]
ز پیغام هرچه‌ش بدل بود، نیز … به گفتار، بر، نامه بفزود نیز[9]

*

بخوبی برفتند ز ایوانِ شاه … ستایش‌کنان، برگرفتند راه
رسیدند پس، پیش خاقان چین … سراسر زبان‌ها، پر از آفرین
جهاندیده خاقان، بپرداخت جای … بیامد برِ تختِ او، رهنمای
فرستادگان را همه پیش خواند … ز کسری فراوان سخن‌ها براند
نخست از هش و دانش و رای اوی … ز گفتار و دیدار و بالای اوی!
ز داد و ز بیداد و از کشورش … هم از لشکر و گنج و از افسرش

---

۱ - کننده (فاعل) در لت نخست؛ «خاقان» است و در لت دویم «خردمند».
۲ - کنش «ندیدی» نادرخور است: «ندیده‌ای» نیز «آمدت» در لت دویم.
۳ - اگر کوه از شتاب او شتاب گیرد گزافه‌ای بزرگ است، اما از آرام او چگونه شتاب در کوه پدید آید؟
* - نمونه‌ها چنین اند، نمونهٔ I شاهنامه مسکو: «جویم» و درست چنین می‌نماید: **«تو چون بزم جویی»**.
۴ - این سخن را پیوند بایسته با رج پیشین نیست، چه کس خو کرده باشد؟
۵ - گهِ کارزار آمیزه‌ای نادرست است: «کارزار»، «آوردگاه»...
۶ - سخن بی‌پیوند و بی‌گزارش است.
۷ - در لت نخست کننده (= فاعل) نویسنده است، و در لت دویم نوشروان چنین می‌کند! و گاه و تاج خسروی از پیش آراسته بوده است.
۸ - دنبالهٔ گفتار.
۹ - هرچه در دل داشت در نامه نوشته بود.

انجمن مهیستان خاقان ۲۳

دگر گفت: «چندست؟ با او سپاه! ازیشان که؟ دارد نگین و کلاه!»

*

فرستاده، گویا زبان، برگشاد همه دیده‌ها پیش او کرد یاد
بخاقان چین گفت ک :«ای شهریار تو او را، بدین زیردستی، مدار
بدین روزگاری که ما نزد اوی ببودیم شادان دل و تازه‌روی
به ایوان و بزم و برزم و شکار ندیدیم هرگز چنو شهریار
به بالای سرو است و همزور پیل به بخشندگی همچو دریای نیل[1]
چو بر گاه باشد سپهرِ وفا است به آوردگه بر، نهنگِ بلا است
اگر تیز گردد بغرّد چو ابر وز آواز او، رام گردد؛ هُژبر
أُگر مَی گسارد، به آواز نرم همی دل ستاند به گفتار گرم
خجسته سروش است بر گاه و تخت یکی بارور شاخ زیبا درخت[2]
همه شهر ایران سپاهِ وی‌اند پرستندگانِ کلاهِ وی‌اند
چو سازد به دشت اندرون بارگاه نگنجد همی در جهان آن سپاه
همه گرزدارانْش، زرین کمر همه پیشکارانْش با زیب و فر
ز پیل و ز بالا و از تخت آج از اورنگ و از یاره و توغ و تاج[3]
کس آیین او را نداند شمار بگیتی، جز از، دادگر شهریار[4]
اگر دشمنش کوه آهن شود بِر خشم او چشمِ سوزن شود[5]
هر آن کس که سیر آید از روزگار شود تیز و با او کند کارزار»[6]

*

چو خاقان چین آن سخن‌ها شنید بپژمرد و شد چون گل شنبلید
دلش زان سخن‌ها بدو نیم شد وز اندیشه مغزش پر از بیم شد[7]
پر اندیشه بنشست با رایزن چنین گفت با نامدار انجمن
که: «ای بخردان! رویِ این کار، چیست؟ پر اندیشه و خسته ز آزار، کیست؟
نباید که پیروز گشته بجنگ همه نامِ ما، باز گردد، بننگ»

---

۱ – چون (به) بالا گفته شود، بایستی (با) زور پیل آید.

۲ – ترکان، سروش را نمی‌شناختند که نوشروان را بدو همانند سازند، آنگاه درخت را برتر از سروش دارند، و سخن را با نام او بپایان برند.

۳ – وابسته به رج پسین. ۴ – «آیین» را در شمار، نتوان آوردن!

۵ – برداشتی سخت سست و کودکانه از این گفتار شاهنامه دربارهٔ افراسیاب:

شود کوه آهن، چو دریای آب اگر بشنود نام افراسیاب

۶ – دنبالهٔ همان گفتار... و فرستادگان را آن پایگاه نیست که بجز از دیده‌های خویش این سخن را بیفزایند و خاقان را بهراس افکنند.

۷ – سخن درست، در رج پسین می‌آید.

ز هر گونه‌ای موبدان خواستند ... چپ و راست گفتند و آراستند[1]
چنین گفت خاقان که: «اینست راه ... که مردم فرستیم نزدیک شاه[2]
به اندیشه در کار پیشی کنیم ... بسازیم با شاه و خویشی کنیم[3]
پس پردهٔ ما، بسی دخترند ... که بر تارکِ بانوان افسرند
یکی را بنام شهنشه کنیم ... ز کار وی، اندیشه کوته کنیم!
چو پیوند سازیم با او بخون ... نباشد کس او را، ببد، رهنمون»

*

بدو نازش و سرفرازی بود ... وز او بگذری جنگ و بازی بود»[4]
ردان را پسند آمد، این رایِ شاه ... به آواز گفتند که:«این است راه!»
ز لشکر سه پرمایه را برگزید ... که گویند و دانند گفت و شنید[5]
در گنجِ دینار بگشاد و گفت ... که: «گوهر چرا باید اندر نهفت[6]
اگر، نام را باید و ننگ را!! ... دگر، بخشش و رزم و آهنگ را»[7]
یکی هدیه‌ای ساخت کاندر جهان ... کسی آن ندید از کهان و مهان[8]

## پاسخ نامهٔ کسری
## از
## خاقان چین

دبیر جهاندیده را پیش خواند ... سخن هرچه بودش به دل در، براند
نخست آفرین کرد بر کردگار ... توانا و دانا و پروردگار
خداوند کیوان○ و خورشید و ماه ... خداوند پیروزی و دستگاه
ز بنده نخواهد جز از راستی ... نجوید به داد اندرون، کاستی
از او باد، بر شاهِ ایران درود ... خداوند شمشیر و کوپال و خود
خداوند دانایی و تاج و تخت ... ز پیروزگر، یافته؛ کام و بخت

---

۱ - **یک:** هر گونه موبد، چگونه باشد؟ **دو:** لت دویم نیز سخت سست است.
۲ - **یک:** خاقان، خود سخن می‌گفت و دوباره یاد کردن از او نادرست است. **دو:** مردم فرستیم در لت دویم نیز نادرخور است.
۳ - سخن از خویش در گفتار آینده می‌آید.
۴ - جنگ و بازی را چگونه کنار هم آوردن؟
۵ - هنوز گاه گزینش فرستاده نرسیده است.
۶ - سخن نادرست نیست، اما هنوز خاقان نامه بانوشیروان ننوشته است.
۷ - نام و ننگ یکی نیستند.
۸ - سخنی که بارها در افزوده‌ها آمده است.
○ - بایستی «**کیهان**» بوده باشد، زیرا که کیوان، خود یکی از ستارگان گروه خورشیدی است و نامش را پیش از خورشید نشاید آوردن!

*

بداند جهاندار خسرونژاد — خردمند با فرّ و با رای و راد
که مردم، بمردم، بوَند ارجمند — اگر چند باشد بزرگ و بلند [1]
فرستادگانِ خردمند من — که بودند نزدیک و پیوندِ من
ازان بارگه چون بدین بارگاه — رسیدند و گفتند چندی ز شاه
ز داد و خردمندی و بخت اوی — ز تاج و سرافرازی و تخت اوی
چنان آرزو خاست، کز فرّ تو — بباشیم در سایهٔ پرّ تو
گرامی‌تر از خون دل، هیچ نیست — هنرمند فرزند، با دل؛ یکیست
یکی پاکدامن، که آهسته‌تر — فزون‌تر بدیدار و، شایسته‌تر
بخواهد ز من، گر پسند آیدش — هماناکه این، سودمند آیدش
نباشد جدا؛ مرز ایران، ز چین — فزاید ز ما، در جهان، آفرین

*

پس اندر نبشتند چینی حریر — ببردند با مُهر پیش وزیر [2]
سه مرد گرانمایه و چرب‌گوی — گزین کرد خاقان ز خویشان اوی [3]
برفتند، زان بارگاهِ بلند — بایران بنزدیک شاه، ارجمند [4]

*

چو بشنید کسری بیاراست تاج — نشست از برِ خسروی تخت آج [5]
سه مرد گرانمایه و هوشمند — رسیدند نزدیک تخت بلند [6]
سه بدره ز دینار چون سی‌هزار — ببردند و کردند پیشش نثار [7]
ز زرّین و سیمین و دیبای چین — درفشان‌تر از آسمان بر زمین [8]
فرستادگان را چو بنشاختند — به چینی زبان آفرین ساختند
سزاوار ایشان یکی جایگاه — هم آنگه بیاراست، دستورِ شاه

*

بگشت اندرین نیز، یک شب، سپهر — چو برزد سر از کوه، تابنده مهر

---

۱ – **یک:** «مردم» یگانه است (برابر با انسان تازی)، و در گروه «مردمان می‌شود، پس کنش «بوند» برای مردم یگانه کاربرد ندارد. **دو:** خاقان را پایگاه آن نبود که به نوشروان پند دهد.      ۲ – دبیر، پیش خاقان خوانده شد، آنگاه نامهٔ نوشته شده را نزد وزیر بردند؟!

۳ – از خویشان اوی نادرست است: «ز خویشان خود».

۴ – ارجمند در پایان گفتار را روی نیست زیرا که سخن چنین می‌نماید که خودشان ارجمند بوده‌اند.

۵ – تاج شاهان همواره آراسته بوده است.

۶ – افزایندگان را پافشاری بر همان سه مرد است، باز آنکه شاهنامه در گفتار آینده از فرستادگان یاد می‌کند.

۷ – دنبالهٔ گفتار.      ۸ – دنبالهٔ گفتار.

۲۶ کسری

نشست از برِ تخت، پیروز شاه | ز یاقوت بنهاد؛ بر سر، کلاه
بفرمود تا موبد و رایزن | برفتند با نامدار انجمن
چنین گفت کان نامهٔ بر حریر | بیارند و بنهند پیشِ دبیر
همه نامداران نشستند گِرد | خرامان برِ شاه شد یزدگرد[1]
چو آن نامه بر، شاه ایران بخواند | همه انجمن در شگفتی بماند
ز بس خوبی و پوزش و آفرین | که پیدا بد از گفتِ خاقانِ چین؛
همه سرفرازان پرهیزگار | ستایش گرفتند بر شهریار[2]
که: «یزدان سپاس و بیزدان پناه | که ننشست یک شاه بر پیشگاه[3]
به پیروزی و فرّ و اورند شاه | به خوبیّ و نرمیّ و پیوند شاه[4]
همه بیم زان لشکر چاج بود | ز خاقان، که با گنج و با تاج بود[5]
به فرّ شهنشاه شد نیکخواه | همی راه جوید به نزدیک شاه[6]
هر آنکس که دارد ز گُردان خرد | تن‌آسانی و راستی پرورد[7]
چو دانست خاقان که، او تاوِ شاه | ندارد، به پیوند او، جست راه[8]
نباید بدین کار کردن درنگ | که کس را ز پیوند او نیست ننگ[9]

*

ز چین تا بخارا سپاه وی‌اند | همه مهتران نیکخواه وی‌اند
چو بشنید گفتار آن بخردان | بزرگان و بیداردل موبدان»
ز بیگانه ایوان بپرداختند | فرستاده را پیش بنشاختند[10]
شهنشاه بسیار بنواخت‌شان | بنزدیکی تخت بنشاخت‌شان[11]
پیام جهاندار بگزاردند | بر اسپ سخن پای بفشاردند[12]
چو بشنید شاه آن سخن‌های گرم | ز گردان چینی به آواز نرم[13]

---

۱ - سخن درست در رج پیشین آمد. ۲ - رویداد زمان راسرفرازان، پرهیزگار نتوانند بود!

۳ - **یک:** یزدان را «را» باید: «یزدان را سپاس». **دو:** پناه بر خدا، چرا؟ ۴ - نرمی و پیوند شاه راگزارش نیست.

۵ - بیم ازلشکر بود؟ یا از خاقان؟

٦ - **یک:** سخن را پیوند بایسته با رج پیشین نیست، چه کس نیکخواه شد؟ **دو:** لت دویم نیز پیوند با لت نخست ندارد: «با این پیشنهاد... راه جوید». ۷ - سخت سست بی‌پیوند.

۸ - **یک:** «او» در لت نخست، نادرخور است: «چو خاقان بدانست که تاوِ شاه...». **دو:** و «او» در لت دویم به نوشروان بازمی‌گردد.

۹ - دوباره گویی «او».

۱۰ - بیگانه نادرخور است: «بیگانگان» آنگاه کدام بیگانگان که همه بزرگان ایران بودند.

۱۱ - چه کسان را بنواخت؟ فرستادگان در آن انجمن نبودند «... موبد و رایزن برفتند با نامدار انجمن».

۱۲ - **یک:** خاقان، نامه نوشته بود، و پیام نداده بود. **دو:** کودکانه‌ترین گفتار در لت دویم.

۱۳ - دنبالهٔ همان گفتار. این چهار رج میان چو بشنید گفتار آن... و چنین داد پاسخ... جدایی افکنده است.

چنین داد پاسخ که: «خاقان چین — بزرگ است و با دانش و آفرین
بفرزند، پیوند جوید همی — رخِ دوستی را، بشوید همی
هر آنکس که دارد روانش خرد — بچشم خرد کارها بنگرد؛[1]
بسازیم و این رای، فرّخ نهیم — سخن هر چه گفته است پاسخ دهیم
چنان باید اکنون، که خاقان چین — دل ما کند شاد، بر، به گزین*
کسی را فرستم، که دارد خرد — شبستان او، سر بسر بنگرد
یکی برگزیند که نامی‌تر است — بخاقان چین بر، گرامی‌تر است[2]
ببیند که تا چون؟ بود مادرش! — بود؟ از نژاد کیان گوهرش!
چو این کرده باشد که کردیم یاد — سخن را به پیوستگی داد داد»

*

فرستادگان خواندند آفرین — که از شاه؛ شاد است، خاقان چین
که در پرده، پوشیده‌رویان اوی — ز دیدارِ آن کس، نپوشند روی!
یکی را ز فرزانگان برگزین — که آید به نزدیک خاقان چین[3]
که در پرده پوشیده‌رویان اوی — ز دیدار آن کس نپوشند روی
شهنشاه بشنید ز ایشان سخن — بر او تازه شد روزگار کهن[4]

## فرستادن انوشیروان
### مهران‌ستاد را
## برای دیدن و آوردن دخت خاقان

نویسندهٔ نامه را پیش خواند — ز خاقان، فراوان سخن‌ها، براند
بفرمود تا نامه پاسخ نبشت — گزیده سخن‌های فرّخ نبشت
نخست آفرین کرد بر کردگار — جهاندارِ پیروز و پروردگار
بفرمان اویست گیتی بپای — همویست بر نیکوی رهنمای

---

۱ - یک: لت نخست برگرفته از گفتار بزرگمهر است:
چنان دان هرآنکس که دارد خرد — بدانش روان را همی پرورد
دو: لت دویم نیز نادرخور است: «کارها را با خرد بسنجد».
* - به گزین: خواستاری که، بهترین دختر خاقان را می‌گزینند.
۲ - چهار رج افزوده است که میان رج ۳۹۹۲۹ و رج ۳۹۹۳۴ جدایی می‌افکند.
۳ - دو رج بی‌پیوند دیگر.
۴ - روزگار کهن را چه روی باشد؟ مگر نوشروان از روزگارِ کهن چه در یاد داشت؟

کسی را که خواهد کند ارجمند　ز پستی برآرد به چرخ بلند
دگر، مانده اندر بد روزگار　چو نیکی نخواهد بدو کردگار[1]
به هر نیکی از وی شناسم سپاس　اُگر بد کنم زو دل اندر هراس[2]
نباید که جان باشد اندر تنم　اگر بیم و امّید ازو بر کنم[3]
رسید این فرستادهٔ بآفرین　ابا گرم گفتارِ خاقان چین[4]
شنیدم ز پیوستگی هر چه گفت　ز پاکان، که او دارد اندر نهفت
مرا شاد شد دل ز پیوند اوی　بویژه ز پوشیده فرزند اوی[5]
فرستادم اینک یکی هوشمند　که دارد، خرد، جان او را ببند[6]
بباید بگوید همه راز من　ز فرجامِ پیوند و آغاز من[7]
همیشه تن و جانْتْ پر شرم باد　دلت شاد و، پشتت به ما گرم باد

*

نویسنده چون خامه بی‌کار گشت　بیاراست قرطاس و اندر نوشت[8]
همان چون سرشک قلم کرد خشک　نهادند مهری بر او بر ز مشک[9]
بر ایشان یکی خلعت افکند شاه　کزان ماند اندر شگفتی سپاه[10]
گزین کرد پیری، خردمند و راد　کجا نام او بود مهران‌ستاد[11]
ز ایرانیان نامور سد سوار　سخنگوی و شایسته و نامدار[12]
چنین گفت کسری به مهران‌ستاد　که: «رو؛ شاد و پیروز، با مهر و داد
زبان و گمان بایدت چرب‌گوی　خرد رهنمای و، دل، آزرمجوی[13]
شبستان او را نگه کن نخست　بد و نیک باید که دانی درست
به آرایش چهره و فرّ و زیب　نباید که گیرندت اندر فریب
پس پردهٔ او یکی دختر است　که با فرّ و بالا و با افسر است[14]
پرستارزاده نباید بکار　اگر چند باشد، پدر، شهریار

---

۱ - سخن را پیوند درست با رج پیشین نیست و درهم است...: «و آنرا که نخواهد...».
۲ - **یک:** سپاس (شناختنی) نیست، (گزاردنی) است. **دو:** لت دویم را نیز پیوند با لت نخست نیست.　۳ - سخن سست کودکانه!
۴ - این فرستاده نادرست است زیرا که فرستادگان آمده بودند.
۵ - **یک:** هنوز نوشروان فرزند او را ندیده است. **دو:** پوشیده فرزند نیز نادرست است.
۶ - لت دویم نادرخور است.
۷ - فرجام پیوند و آغاز من نادرخور است. هنوز که پیوند بسته نشده است که بتوان از فرجام آن سخن گفتن.
۸ - گَشت را با نِوِشت پساوا نیست.　۹ - سخن بی‌پیوند و بی‌گزارش　۱۰ - بر چه کسان؟
۱۱ - رادی (دست‌ودلبازی) فرستاده کاری از پیش نمی‌برد! چنان فرستاده را همان خردمندی بس می‌نمود.
۱۲ - این رج میان سخنان پیشین و پسین جدایی می‌افکند.　۱۳ - گمان را چربگوی نشاید خواندن.
۱۴ - نوشروان را از پس پردهٔ خاقان چه آگاهی بود.

فرستادنِ خواهان ۲۹

نگـر تـا کـدام است بـا شـرم و داد ز مـــادر، کـه؟ دارد، ز خـاتون؛ نـژاد
نــبیره‌ی جــهاندار فــغفور چــین ز پشت ســـپهدار خـــاقان چــین[1]
اگــر گــوهرش، خــود، بـود بـا نـژاد جـهان زو شــود شــاد و، او نـیز، شـاد»[2]
چــو بشــنید مـهران‌ستاد ایـن ز شـاه بسـی آفـرین کـرد بـر تـاج و گـاه[3]
بــرفت از بــرِ گــاهِ گــیتی‌فروز بـه فـرخـنده فـال و بـه خـرداد روز*

*

بخــاقان چــو آگــاهی آمـد ز راه پــذیره فــرستاد، چــندی سـپاه
چــو آمـد بـنزدیک خـاقان چـین زمـین را بـبوسید و خـوانـد آفـرین
جـهانجوی، چـون دیـد، بـنواختش یکـی نـامور جـایگه، سـاختش

*

ازآن کـار، خـاقان پـر انـدیشه گشت بسـوی شـبستان خـاتون گـذشت
سـخن‌های نـوشیروان بـرگشاد ز گـنج و ز لشکـر بسـی کـرد، یـاد
بـدو گـفت کـ :«ایـن شـاه نـوشیروان جـوان است و بـیدار و بـختش جـوان
یکـــی دخــتری داد بــاید بــدوی کـه مـا را فـزایـد بـدو آبـروی[4]
تـرا در پسِ پـرده یک دخـترست کـجا بـر سـرِ بـانوان افسـرست
مـرا آرزویست از مـهر اوی کـه: «دیـده نـبردارم از چـهر اوی
چـهارست نـیز از پـرستندگان پـرستار و بـیداردل بـندگان
از ایشـان یکـی را سـپارم بـدوی برآسایم از جنگ و از گفت و گـوی»
بـدو گـفت خـاتون کـه: «بـا رای تـو نگـیرد، کس انـدر جهان، جـای تـو»

*

بـر ایـن گـونه یک شب بپیمود خواب چـنین تـا بـرآمـد ز کـوه آفـتاب
بـیامد بـه درگـاه، مـهران‌سـتاد بـرِ تـخت او رفت و نـامه بـداد
چـو آن نـامه برخـوانـد خـاقان چـین ز پـیمان بـخندید و از بـه گـزین
کـلید شـبستان بـدو داد و گـفت: «بـرو تـا کـه را بـینی انـدر نـهفت»

*

1 – سخن بی‌پیوند است. 2 – از گوهر (=نژاد) دختر در رج پیشین یاد شد!
3 – «این ز شاه» نادرخور است: «سخنان شاه را».
* – مسکو «به فرخنده فال و» خاورشناسی و نمونه‌ها IV و I چاپ مسکو: «به فرخنده هنگام و» پیدا است که همهٔ گاهها از دید ایرانیان فرخنده بوده، و ایرانیان همهٔ زمان و زروان راستایش می‌کرده‌اند، و این گفتار می‌باید چنین بوده باشد: **«بفرخنده هنگامِ خرداد روز».**
4 – سخن از دختر در رج پسین می‌آید.

پرستار با او بیامد چهار — که خاقان بدیشان بدی استوار[1]
چو مهران‌ستاد آن سخن‌ها شنید — بیاورد با استواران کلید[2]
درِ حجره بگشاد واندر شدند — پرستندگان داستان‌ها زدند[3]
که: «آن را که اکنون تو بینی به داد — ستاره ندیده‌ست و، خورشید و باد»[4]
شبستان بهشتی بُد آراسته — پر از ماه و خورشیدِ پر خواسته
پریچهره برگاه بنشست پنج — همه بر سران تاج و در زیر گنج[5]
مگر دخت خاتون که افسر نداشت — همان یاره و توغ و گوهر نداشت
یکی جامهٔ کهنه بُد بر برش — کلاهی ز مشک، ایزدی، بر سرش
زکرده، به رخ بر، نگارش نبود — جز آرایش کردگارش نبود

*

یکی سرو بد بر سرش ماهِ نو — فروزان ز دیدارِ او گاهِ نو[6]
چو مهران‌ستاد اندر او بنگرید — یکی را، بدیدار، چون او ندید
بدانست بینادل، از راهِ داد — که دورند خاقان و خاتون، ز داد*
به دستار و دستان همی چشم اوی — بپوشید° و، زان تازه شد، خشم اوی
پرستنده را -گفت: «نزدیک شاه- — فراوان بود یاره و تاج و گاه
من این راکه بی‌تاج و آرایش است — گزیدم، که این، اندر افزایش است

*

به رنج، از پی به گزین آمدم — نه از بهر دیبای چین آمدم»[7]
بدو گفت خاتون که: «ای مرد پیر — نگویی همی یک سخن دلپذیر
تو آن راکه با فرّ و زیب است و رای — دل‌افروز گشته، رسیده بجای
ببالای سرو و، برخ چون بهار — بداند پرستیدن شهریار؛

---

۱ - **یک:** پرستار چهار نادرست است: چهار پرستار. **دو:** چهار پرستار راکنشِ «بیامدند» باید.
۲ - **یک:** کدام سخن‌ها را شنید؟ **دو:** چون کلید در شبستان را بکسی دهند، بدو استوارند، و استوارِ دیگر نمی‌باید.
۳ - **یک:** مشکوی شاهان، یک هجره (اتاق) نبود که چند سرای را در بر می‌گرفت. **دو:** داستانها نادرخور است، زیراکه از سوی افزایندگان (یک سخن) که آنهم در رج پسین آمده است گفته شد.
۴ - خورشید و ماه را توان گفتن اما باد را نشاید، زیراکه باد را چشم نیست، و بهمه جان جهان می‌وزد.
۵ - **یک:** پریچهره پنج نادرست است: «پنج پریچهره». **دو:** گنج را چگونه زیر آنان نهاده بودند؟
۶ - گاه نو چیست؟ و چگونه فروزان می‌شود؟
* - دوبار یاد کردن از «داد» در یک سخن، آنراسست می‌نماید، و از نمونه‌ها نیز ره بجایی نتوان بردن چنین پیدا است که گفتار فردوسی در لت نخست نزدیک بدین بوده است: **«بدانست بینادلِ پاکزاد»**.
° - در همه نمونه‌ها «بپوشید» آمده است، و **«بپوشند»** درست است (=دانست که خاقان و خاتون با دستار و دستان چشم او را (مهران‌ستاد) را می‌پوشند، تا وی فرزند خاتون را نشناسد!
۷ - مهران‌ستاد، خود، به گزین بود...

همی کودکی نارسیده بجای    بر او، برگزینی؟ نیی پاکرای»

*

چنین پاسخ آورد مهران‌ستاد    که: «خاقان، اگر سر نپیچد ز داد؛
بداند□ که شاهِ جهان کدخدای،    بخواند مرا، پیرِ ناپاکرای!
من این را پسندم که بر تختِ آج    ندارد ز بُن، یاره و توغ و تاج
اگر مهتران، این، نبینند رای    چو فرمان بود، باز گردم بجای»

*

نگه کرد خاقان بگفتار اوی    شگفت آمدش رای و کردار اوی
بدانست کان پیرِ پاکیزه‌مغز    بزرگ است و شایستهٔ کار نغز
خردمند، بنشست با رایزن    بپالود ز ایوان شاه انجمن[1]
چو پردخته شد جایگاهِ نشست    برفتند با زیج رومی به دست[2]
ستاره‌شناسان و گنداوران    هر آن کس که بودند زیشان سران[3]
بفرمود تا هر که را بود مهر    بجستند یکسر شمارِ سپهر[4]
همی کرد موبد، به اختر نگاه    ز کردار خاقان و پیوند شاه
چنین گفت فرجام ک:«ای شهریار    دلت را ببد، هیچ رنجه مدار
که این کار، جز بر بهی نگذرد    به بد رای دشمن جهان نسپرد[5]
چنین است راز سپهر بلند    همان گردش اختر سودمند
کزین دخت خاقان و از پشتِ شاه    بیاید یکی شاه، زیبای گاه
بر او شهریاران کنند آفرین    همان پرهنر سرفرازان چین»
چو بشنید خاقان دلش گشت خوَش    بخندید، خاتونِ خورشیدفش

*

چو از چاره، دل‌ها* بپرداختند    فرستاده را پیش بنشاختند
بگفتند چیزی که بایست گفت    ز فرزند خاتون که بُد در نهفت
بپذرفت مهران‌ستاد از پدر    بنام شهنشاهِ پیروزگر
میانجی بپذرفت خاقان بداد    همان را که دارد ز خاتون نژاد[6]
پرستندگان با نثار آمدند    به شادی برِ شهریار آمدند

---

□ - این رج را نیز پیوند درست نیست، و «**نخواهد**» در لت نخست درست می‌نماید؛ خاقان نخواهد که شاه مرا ناپاکرای خواند.

۱ - خردمند کیست؟ اگر «شاه» است، نام بردن از «ایوان شاه» در لت دویم نادرخور است.    ۲ - زیج رومی نزد ترکان!

۳ - **یک:** گندآوران (جنگاوران و پهلوانان) را با ستاره‌شناسان نمی‌باید گردآوردن. **دو:** لت دویم سست است.

۴ - مهر به چه‌کس داشتند؟    ۵ - سخن از «بد» در رج پیشین گذشت!

* - «**دل را**» درست می‌نماید.    ۶ - پیشتر از پذیرفتن یاد شد! لت دویم نیز بی‌پیوند است.

اُزان پس یکی گنج آراسته بدو در، ز هر گونه‌ای خواسته [1]
ز دینار و از گوهر و توغ و تاج همان مهر پیروزه و تخت آج
یکی دیگر از عود هندی به زر بر او بافته چند گونه گهر
ابا هر یکی افسری شاهوار سد اسپ و سد استر به زین و به بار
شتر بار کرده ز دیبای چین بیاراسته پشت اسپان به زین
چهل را ز دیبای زربفت‌گون کشیده زبرجد به زر اندرون
سد اشتر ز گستردنی بار کرد پرستنده سیسد پدیدار کرد
همی بود تا هر کسی بر نشست بر آیینِ چین با درفشی به دست
بفرمود خاقان پیروز بخت که بنهند بر کوههٔ پیل تخت

*

بر او بافته شوشهٔ سیم و زر به شوشه درون چند گونه گهر [2]
درفشی درفشان، بدیبای چین که پیدا نبودی ز دیبا زمین [3]
به سد مردش از جای برداشتند ز هامون به گردون بر افراشتند [4]
ز دیبا بیاراست، مَهدی به زر به مَهد اندرون، ناپسوده گهر *
چو سیسد پرستار با ماهروی برفتند شاداندل و راه‌جوی [5]
فرستاد فرزند را نزد شاه سپاهی همی رفت، با او، براه
پرستنده پنجاه و خادم چهل بر او بر گذشتند شادان به دل [6]

*

چو پرداخته شد زان، بیامد دبیر بیاورد مشک و گلاب و حریر
یکی نامه بنوشت، ارتنگ‌وار پر آرایش و بوی و رنگ و نگار [7]
نخستین، ستود آفریننده را جهاندارِ بیدارِ بیننده را
که هر چیز، کاو سازد اندر بَوِش بدانسو بود، بندگان را روش
شهنشاه ایران، مرا؛ افسر است نه پیوند او، از پَیِ دختر است
که تا، من شنیده‌ستم از بخردان بزرگان و بیداردل موبدان؛
ز فرّ و بزرگی و اورندشاه بجُستم همی راهِ پیوند شاه
که اندر جهان سر بسر دادگر جهاندار، چون او، نبندد کمر [8]

---

۱ – هشت رج گفتارهای پایان‌ناپذیر افزایندگان دریوزه‌گر.
۲ – شوشهٔ سیم و زر را بر تخت نمی‌توان بافتن!
۳ – آن چه درفش بوده است که، زمین را می‌پوشانده است؟
۴ – یکسد مرد برای برداشتن آن هم‌نیرو شدند؟
* – دخترِ ناپسودهٔ خاقان
۵ – چو سیسد نادرست است.
٦ – **یک:** چون سپاه بهمراه دختر خاقان گسیل شد، نام بردن از پنجاه پرستنده و چهل خادم، روا نیست. **دو:** لت دویم سخت نادرخور است.
۷ – «ارتنگ‌وار» نادرست است.
۸ – «دادگر»؟ یا «جهاندار»؟

بازگشت مهران ستاد با دختر خاقان ۳۳

بمردیّ و پیروزی و دستگاه — بفرّ و بنیرو و تخت و کلاه[1]
برادی و دانش به رای و خرد — ورا دین یزدان، همی پرورد[2]
فرستادم اینک، جهان‌بینِ خویش — سوی شاه کسری، بآیین خویش
بفرموده‌ام تا بود بنده‌وار — چو شاید، پسِ پردهٔ شهریار[3]
خرد گیرد از فرّ و فرهنگ اوی — بیاموزد آیین و آهنگ اوی
که بخت و خرد رهنمون تو باد — بزرگیّ و دانش ستون تو باد

*

نهادند مُهر از برِ مشک چین — فرستاده را داد و کرد آفرین
یکی خلعت از بهر مهران‌ستاد — بیاراست، کان، کس ندارد بیاد[4]
که دادی کسی از مهان جهان — فرستاده را آشکار و نهان[5]
همان نیز یارانش را هدیه داد — ز دینار و از مشک‌شان کرد شاد[6]
همی رفت با دختر و خواسته — سواران و پیلان آراسته
چنین، تا لبِ رود جیحون کشید — بمژگان همی از دلش، خون کشید[7]
همی بود تا رود بگذاشتند — ز خشکی بدان روی برداشتند
ز جیهون دلی پر ز خون بازگشت — ز فرزند، با درد، انباز گشت

*

چو آگاهی آمد ز مهران‌ستاد — همی هر کسی، مژده را، هدیه داد
یکایک همی خواندند آفرین — اَبَر شاه ایران و سالار چین
دلی شاد با هدیه و با نثار — همه مهربان و همه دوستار[8]
ببستند، آذین؛ بشهر و براه — درم ریختند از برِ دخت شاه
به آموی و راه بیابانِ مرو — زمین بود یکسر چو پرّ تذرو[9]
چنین تا به بستام و گرگان رسید — تو گفتی زمین آسمان را ندید[10]
ز آیین که بستند بر شهر و دشت — به راهی که لشکر همی برگذشت[11]

---

۱ – از «فرّ» پیش از این سخن رفت.

۲ – کیش ترکان، ازکیش ایرانیان جدا بود.

۳ – اگر شایستهٔ آمدن به پردهٔ شهریار باشد.

۴ – سخن بزمانِ روان (= زمان حال) برگشت.

۵ – سخن در رج پیشین بپایان رسیده است.

۶ – دنبالهٔ همان گفتار.

۷ – از دل پر خون در گفتار آینده یاد می‌شود.

۸ – «دلی» در لت نخست با «همه» در لت دویم همخوان نیست.

۹ – **یک:** سخن بی‌پیوند است اگر گفته می‌شد: «(از) آموی تا (مرو)». **دو:** بیابان مرو نداریم، بیابان، بیابان خوارزم است که بالای گذر پیشین آمودریا بوده است، و امروزه از آنِ قزاقستان است.

۱۰ – **یک:** چون از مرو به بستام روند، راه را دور کرده‌اند، وگذرِ آیندهٔ آنان بگرگان نمی‌رود که از بستام به دامغان و ری می‌رسند. **دو:** تو گفتی.

۱۱ – دنبالهٔ همان سخن است. بر شهر؟ یا دشت؟ یا راه؟ کدامیک؟

وز ایران همه کودک و مرد و زن     به راه بتِ چین شدند انجمن[1]
ز بالا بر ایشان گهر ریختند     به پی زعفران و درم بیختند[2]
بر آمیخته تشت‌های خلوق     جهان پُر شد از نالهٔ کوس و بوق[3]
همه یال اسپان پر از مشک و می     شکر با درم ریخته زیر پی[4]
ز بس نالهٔ نای و چنگ و رباب     نبُد بر زمین، جای آرام و خواب
چو آمد بت اندر شبستان شاه     بمهد اندرون، کرد کسری نگاه
یکی سرو دید از برش گرد ماه     نهاده به مه بر، ز انبر، کلاه
کلاهی بکردار مشکین زره     ز گوهر کشیده گره بر گره[5]
گره بسته از تار و برتافته     به افسون یک اندر دگر بافته[6]
چو از غالیه بر گل انگشتری     همه زیر انگشتری مشتری[7]
در او شاه نوشیروان خیره ماند     بر او، نام یزدان؛ فراوان بخواند
سزاوار او جای بگزید شاه     بیاراستند از پَیِ ماه، گاه

## بازگشتن خاقان، وکشیدن انوشیروان از گرگان به تیسفون

چو آگاهی آمد بخاقان چین     از ایران و از شاه ایرانزمین
اُزان شادمانی، بفرزند اوی     شدن شاد و خرّم، به پیوند اوی؛
بپَردَخت سغد و سمرقند و چاج     به قُجغارباشی، فرستاد تاج
ازآن شهرها، چون برفت آن سپاه     همه مرزبانان فرستاد، شاه

*

جهان شد پر از دادِ نوشیروان     بخفتند بر دشت پیر و جوان
یکایک همی خواندند آفرین     ز هر جای بر شهریار زمین

---

۱ – وز ایران نادرخور است: «ایرانیان».
۲ – از کدام بالاگهر ریختند... از آنجا که راهی دراز پیموده‌اند، می‌بایستی «می‌ریختند» آوردن.
۳ – **یک:** تشت خلوق راهیچکس گزارش نتوان کردن، که چگونه برآمیخته بودند؟ **دو:** لت دویم را با لت نخست پیوند نیست.
۴ – باز از مشک و می بر یال اسپان سخن می‌رود که سخت نادرخور است، وشکر زیر پای اسپان ریختن نیز بدور از آیین ایرانیان بود، که دادهٔ خداوند را بزیر پای گیرند.
۵ – دربارهٔ کلاه (گیسوی دختر) در رج پیشین سخن رفت.
۶ – سخن را در این رج هیچ گزارش نیست.
۷ – همچنین...

بازگشت به تیسفون

همه دست برداشته بآسمان — که: «ای کردگار مکان و زمان[1]
تو این داد بر شاه کسری بدار — بگردان ز جانش بدِ روزگار[2]
که از فرّ و اورند او در جهان — بدی دور گشت آشکار و نهان»[3]
به نخچیر چون او به گرگان رسید — گشاده کسی روی خاقان ندید[4]
بشد خواب و خورد از سواران چین — سواری نبرداشت از اسپ زین[5]
پراکنده شد ترک سیسد هزار — به جایی نبُد کوشش کارزار[6]
کمانی نبایست کردن به زه — نه کِه بُد از ایدر نه چینی نه مه[7]
بدین سان بود فرّ و برز کیان — به نخچیر آهنگ شیر ژیان[8]
که نام وی و اختر شاه بود — که هم تخت و هم بخت همراه بود[9]
اُزان پس بزرگان شدند انجمن — از آموی تا شهر چاچ و ختن[10]
بگفتند که: «این شهرهای فراخ — پر از باغ و میدان و ایوان و کاخ؛[11]
ز چاچ و برک تا سمرقند و سغد — بسی بود ویران و آرامِ جغد[12]
چغانی و سومان[13] و خَتلان و بلخ — شده روز بر هر کسی تار و تلخ
بخارا و خوارزم و آموی و زم — بسی یاد داریم با درد و غم[14]
ز بیداد و از رنج افراسیاب — کسی را نبُد جای آرام و خواب[15]
چو کیخسرو آمد برستیم از اوی — جهانی برآسود، از گفت‌وگوی[16]
ازانپس چو ارجاسپ شد زورمند — شد این مرزها پر ز درد و گزند[17]

---

۱ - **یک:** به شهریار آفرین خواندند؟ یا دست بر آسمان برداشتند؟ **دو:** لت دویم نادرخور است، و درباره مکان و زمان در اندیشهٔ ایرانیان، پیشتر سخن رفته است.
۲ - لت نخست سست و بی‌پیوند است.
۳ - در جهان بدی دور گشت نادرست است: «بدی (از) جهان دور گشت».
۴ - مگر ایرانیان خاقان را می‌دیدند که روی او گشاده است یا نه!
۵ - سخنان بی‌پیوند، بدنبال همان گفتار.
۶ - ترک سیسدهزار، نادرست است: «سیسدهزار ترک». در لت دویم کنشِ «نبد» نادرست است: «نیست».
۷ - سخنان بی‌پیوند بدنبال هم.
۸ - **یک:** فرّ کیانی را با «برز» نتوان همراه آوردن، مگر آنکه کسی را «فرّ و برز» باشد! **دو:** لت دویم را نیز پیوند با لت نخست نیست.
۹ - سخن پریشان و بی‌پیوند.
۱۰ - نوشروان، خود بدان شهرها مرزبان فرستاده بود، و اکنون بزرگان در آن انجمن می‌کنند؟
۱۱ - اگر آن شهرها پر از باغ و میدان و ایوان و کاخ بود،
۱۲ - **یک:** چرا بایستی نشیم جغد گردد؟ **دو:** سمرقند و چاچ، خود از سرزمین سغد هستند و نشاید (از سمرقند، تا سغد) گفتن.
۱۳ - **یک:** در نمونه‌ها «سومان» آمده است، و درست «شومان» است. ویرانه‌های این شهر هنوز در نزدیکی دوشنبه پایتخت تاجیکستان دیده می‌شود. **دو:** ترکان به بلخ و شومان و ختلان نرسیده بودند. **سه:** لت دویم را پیوند بایسته با گفتار نیست.
۱۴ - دنبالهٔ همان گرفتار
۱۵ - کسی را در کجا آرام و خواب نبود؟
۱۶ - نه چنین است و با بر تخت نشستن کیخسرو و بارها و بارها کین کشی، چند بار ایرانیان را شکست‌های سنگین رخ نمود! افزاینده آن بخش از شاهنامه را نیز نخوانده است.
۱۷ - نبردهای ارجاسپ هیونان خدای با گشتاسپ، سرانجام بپیروزی گشتاسپ انجامید.

از ایران چو گشتاسپ آمد بجنگ — نديد ايچ، ارجاسپ، جای درنگ [۱]
برآسود گیتی ز کردار اوی — که هرگز مبادا فلک یار اوی [۲]
ازانپس چو نرسی، سپهدار شد — همه شهرها پر ز تیمار شد [۳]
چو شاپور هُرمزد بگرفت جای — ندانست نرسی سرش را ز پای [۴]
جهان سوی داد آمد و ایمنی — ز بد بسته شد دست آهرمنی [۵]
چو خاقان جهان بستد از یزدگرد — بتدبیر دستی برآورد گرد [۶]
بیامد جهاندار بهرام گور — ازو گشت خاقان پر از درد و شور [۷]
شد از داد او شهرها چون بهشت — پراکنده شد کار ناخوب و زشت [۸]
به هنگام پیروز چون خوشنواز — جهان کرد پر درد و گُرم و گداز [۹]
مبادا فغانیش فرزند اوی — مه خویشان مه تخت و مه اورند اوی [۱۰]
جهاندار کسری کنون مرز ما — بپذرفت و پرمایه شد ارز ما [۱۱]
بماناد تا جاودان، این، بر اوی — جهان سر بسر چون تن و، چون سراوی [۱۲]
که از وی زمین داد بند کنون — نه بینیم رنج و، نه ریزیم خون» [۱۳]
ازآن پس ز هیتال و ترک و ختن — به گلزرّیون بر، شدند انجمن [۱۴]
به هر سو که بُد موبدی کاردان — ردی پاک و هشیار و بسیاردان [۱۵]
ز پیران هر آن کس که بُد رایزن — بر او بر، ز ترکان شدند انجمن [۱۶]
چنان رای دیدند یکسر سپاه — که آیند با هدیه نزدیک شاه [۱۷]
چو نزدیک نوشیروان آمدند — همه یک دل و یک زبان آمدند [۱۸]
چنان گشت ز انبوه درگاه شاه — که بستند بر مور و بر پشه راه [۱۹]

---

۱ - آمد بجنگ نادرست است: «بجنگ آنان رفت».
۲ - چگونه از چرخ گردون توان خواستن که یار ارجاسپِ مرده نباشد!
۳ - از پس گشتاسپ و ارجاسب تا نرسی بسا داستان که بر ایران رفته بود.
۴ - سروپای این سخن پیدا نیست، که شاپور و نرسی هر دو ایرانی بودند. ۵ - دنبالهٔ سخن
۶ - دست گردِ آوردن راگزارش نیست، و خاقان بدانهنگام بمرزهای ایران نرسیده بود. ۷ - دنبالهٔ گفتار.
۸ - کار، پراکنده شدنی نیست. ۹ - سخن را پایان نیست.
۱۰ - فغانیش نیز نامی نادرست است. ۱۱ - مرز ما را «را» باید.
۱۲ - **یک:** این بر اوی سخت نادرخور است. **دو:** در لت دویم نیز چون تن و چون سر اوی...
۱۳ - لت نخست بی‌گزارش است.
۱۴ - گلزریون یک شاخه رود است که بدریاچه ایسی کول می‌ریزد، که امروز آنرا **«زگل»** می‌خوانند.
۱۵ - به گلزریون انجمن شدند؟ یا بهرسو؟ ۱۶ - بر چه کس انجمن شدند؟
۱۷ - آنان بگفتهٔ افزاینده سپاهی نبودند که موبد کاردان، و ردِ بسیاردان، و پیران رایزن بودند! ۱۸ - دنبالهٔ گفتار
۱۹ - خرد نمی‌پذیرد که چندان مرد از جایهای دور همه با هم بدرگاه شاه آیند، آنان می‌توانستند از سوی خویش چند تن را بنزد وی بفرستند.

بازگشت به تیسفون

همه برنهادند سر بر زمین　　همه شاه را خواندند آفرین[1]
بگفتند که: «ای شاه ما بنده‌ایم　　به فرمان تو در جهان زنده‌ایم[2]
همه سرفرازیم با ساز جنگ　　به هامون بدرّیم چرم پلنگ»[3]
شهنشاه پذرفت ز ایشان نثار　　پرستند پاک از بدِ روزگار[4]
از ایشان فغانیش بُد پیشرو　　سپاهی پسش جنگ‌سازانِ نو[5]
ز گردان چو خشنود شد شهریار　　بیامد به درگاه سالارِ بار[6]
بپرسید بسیار و بنواخت‌شان　　به هر برزنی جایگه ساخت‌شان[7]
⇐ اُزان پس شهنشاه یزدان پرست　　بخاک آمد° از جایگاهِ نشست
ستایش همی کرد بر کردگار　　که: «ای برتر از گردش روزگار
تو دادی مرا فرّ و فرهنگ و رای　　تو باشی بهر نیکی‌ای رهنمای
هر آنکس که یابد ز من آگهی　　ازین پس نجوید کلاه مهی
همه، کهتری را؛ بسازند کار　　ندارد کسی، زهرهٔ کارزار
بکوه اندرون مرغ و، ماهی برآب　　چو من خفته باشم، نجویند خواب
همه دام و دد پاسبان من‌اند　　مهانِ جهان، کهترانِ من‌اند
که را برگزینی تو، او، خوار نیست　　جهان را جز از تو جهاندار نیست
تو نیرو دهی، تا مگر؛ در جهان　　نگردد ز من، مور؛ خسته روان»
چنین پیش یزدان فراوان گریست　　نگر تا چنین در جهان شاه کیست[8]
بتخت آمد از جایگاه نماز　　ز گرگان، برفتن گرفتند ساز
برآمد خروشیدن گاودُم　　ز درگاه و، آواز روینه‌خم
سپه بر نشست* و بنه بر نهاد　　ز یزدان نیکی‌دهش کرد یاد
ز دینار و دیبا و تاج و کمر　　ز گنجِ درم هم ز درّ و گهر[9]
ز اسپان و پوشیده‌رویان و تاج　　دگر مهد پیروزه و تخت آج[10]
نشستند بر زین پرستندگان　　بت‌آرای و هر گونه‌ای بندگان[11]

---

۱ – دنبالهٔ همان گفتار
۲ – **یک:** بَنده را با زِنده پساوا نیست. **دو:** بایستی افزودن که بندهٔ توایم.
۳ – موبدان و پیران... سرفرازان جنگ شدند، و درندهٔ چرم پلنگ!
۴ – آنان با خویش «نثار» نیاورده بودند.
۵ – فغانیش نام دروغین است.
۶ – دنبالهٔ گفتار
۷ – سالارِ بار را بپرسید؟ بپرسید یگانه است و بنواختشان گروه! یا بپرسید و بنواخت، یا بپرسیدشان و بنواختشان.
○ – از تخت فرود آمد.
۸ – چنین گفتارها با گریستن همراه نبود، و یزدان در اندیشهٔ ایرانی، پیشگاه نیست.
* – **«برنشاند»** درست است.
۹ – سخن را در این رج،
۱۰ – و این رج، پایان نیست.
۱۱ – لت دویم سخت نادرخور است.

فرستاد یکسر سوی تیسفون      شبستان چینی به پیش اندرون[1]
به فرخنده فال و به روز آسمان      برفتند گرد اندرش خادمان[2]
پسِ موبدان بود، مهرانِ ستاد      بشد با شبستان خاقان نژاد
سوی تیسفون رفت گنج و بنه      سپاهی نماند از یلان یک تنه[3]
همه ویژه گردان آزادگان      بیامد سوی آذرآبادگان[4]
سپاهی بیامد ز هر کشوری      ز گیلان و ز دیلمان لشکری[5]
ز کوه بلوچ و ز دشت سروچ      گرازان برفتند گردان کوچ[6]
همه پاک با هدیه و با نثار      به پیش سراپردهٔ شهریار[7]
بدان شهر شد شهریار بزرگ      که از میش کوته کند چنگ گرگ[8]
به فرّ جهاندار کسری سپهر      دگرگونه‌تر شد به کین و به مهر[9]
به شهری کجا برگذشتی سپاه      نیازاردی کِشتمندی به راه
نجُستی، کسی از کسی؛ نان و آب      بِرَه بر، بیاراستی جای خواب
برینسان، همی؛ گِردِ گیتی بگشت      نگه کرد هر جای، هامون و دشت
جهان دید یکسر پر از کِشتمند      در و دشت، پر گاو و پر گوسفند
زمینی که آباد هرگز نبود      بر او بر، ندیدند، کشت و درود[10]
نگه کرد کسری بَرومند یافت      بهر خانه‌ای، چند فرزند یافت[11]
خمیده سر از بار، شاخ درخت      به فرّ جهاندار بیداربخت
به منزل رسیدند نزدیک شاه      فرستادهٔ قیصر آمد به راه[12]
ابا هدیه و جامه و سیم و زر      ز دیبای رومی و چینی کمر[13]

---

۱ - «پیش» را «اندرون» نیست.

۲ - **یک:** روز آسمان نادرخور است «آسمان روز». **دو:** و خادم را در گفتار فردوسی جای نیست.

۳ - بُنه را با تَنه پساوا نیست.      **۴** - لت نخست راگزارش نیست.      **۵** - سپاهی؟ یالشکری؟

۶ - **یک:** کوه بلوچ در جهان شناخته شده نیست: «بلوچستان». **دو:** افزاینده که پیش از این بلوچان را همراه با کوچان(؟) از دم شمشیر انوشیروان گذرانده بود، اکنون آنانرا گرازان،      **۷** - با «هدیه و نثار» بسراپردهٔ شهریار می‌فرستد!

۸ - **یک:** آذربایجان شهر نیست و بخشی از ایران است. **دو:** مگر از سوی چه کس، بر آذربایجانیان ستم رفته بود؟ که نوشروان می‌خواست چنگ گرگ را (از میش) کوتاه کند!      **۹** - سپهر را چه کین است که دگرگونه‌تر شد؟      **۱۰** - چه کس ندید؟

۱۱ - کسری از کجا می‌دانست که آنجا راکشت و درود نبوده است، و اکنون بَرُومند شده است. و در یکسال گذشته، چگونه در زمین بی‌بر، خانه نیز ساخته شد، چنانکه چند فرزند نیز در آن خانه‌ها دیده می‌شد!

۱۲ - سخن چنین می‌نماید که «شاخ درخت» (بمنزل) رسیده است، اما افزاینده را رای بر آن بوده است که بگوید چون (بمنزل) رسیدند، فرستادهٔ قیصر نیز رسید!

۱۳ - **یک:** باز سخن چنین می‌نماید که سیم و زر، از دیبای رومی ساخته شده بود،... **دو:** کمر چینی را ندانستم که چگونه بوده است. اما رومیان چگونه بکمر چینی دست پیدا کردند؟

نثاری که پوشیده شد روی بوم　　چنان باژ هرگز نیامد ز روم[1]
ز دینار پر کرده ده چرم گاو　　سه ساله فرستاده شد باژ و ساو[2]
ز قیصر یکی نامه‌ای با نثار　　نبشته سوی نامور شهریار[3]
فرستاده را پیش بنشاندند　　نگه کرد و نامه بر او خواندند[4]
بسی نرم پیغامها داده بود　　ز چیزی که پیشش فرستاده بود[5]
کز«زین پس فزون‌تر فرستیم چیز　　که این ساو بُد باژ بایست نیز»[6]
بپذرفت شاه آنکه او دید رنج　　فرستاد یکسر همه سوی گنج[7]
اُزان تخت شاه اندر آمد به اسپ　　همی راند تا خان آذرگشسپ[8]
چو از دور جای پرستش بدید　　شد از آب دیده رخش ناپدید[9]
فرود آمد از اسپ برسم به دست　　به زمزم همی گفت و لب را ببست[10]
همان پیش آتش ستایش گرفت　　جهان آفرین را نیایش گرفت[11]
همه زرّ و گوهر فزونی که برد　　سراسر به گنجور آتش سپرد[12]
پراکند بر موبدان سیم و زر　　همه جامه بخشیدشان با گهر[13]
همه موبدان زو توانگر شدند　　نیایش کنان پیش آذر شدند[14]
به زمزم همی خواندند آفرین　　بران دادگر شهریار زمین[15]
اُزان جا بیامد سوی تیسفون　　زمین شد ز لشکر گُهِ بیستون[16]
ز بس خواسته کان پراگنده شد　　ز زرّ و درم کشور آگنده شد[17]

---

**۱** - لت نخست را پیوند درست نیست...: «که (از آن) روی زمین پوشیده شد» اما کدام زمین؟ اگر نوخواننده به آتشکدهٔ آذرگشسب رفته باشد، و دشت پهناوری که آنجا را در آغوش گرفته است، دیده باشد، می‌داند که سخن سخت گزافه است. **دو:** لت دویم نیز نارسا است: «هرگز نیامد(ه بود)».　**۲** - دنبالهٔ گفتار.　**۳** - چند بار نثار　**۴** - لت دویم بی‌پیوند است.

**۵** - سخن چنین می‌نماید که از چیزی (چیزها) که پیشش فرستاده بود، پیغام‌های نرم بسیار داده بود!!

**۶** - پیشتر سخن از آن رفت که «چنان باژ هرگز نیامد ز روم» و اینجا سخن دگرگون می‌شود.

**۷** - آنکه او دید رنج، چه را خواهد نمودن؟

**۸** - افزاینده فراموش کرده است که در رج بیست و دویم پیش یکبار دیگر او را به آذرگشسب فرستاده بود:

همه ویژه گردان آزادگان　　بیامد سوی آذر آبادگان

**۹** - دنباله گفتار.

**۱۰** - **یک:** سخن چنین می‌نماید که وی بهنگام سواری «برسم» بدست داشته است، و با آن، از اسپ پیاده شده است. **دو:** «همی گفت» را با «ببست» همخوان نیست. **سه:** اگر لب را ببست چگونه می‌گفت؟　**۱۱** - دنبالهٔ گفتار.

**۱۲** - **یک:** «فزونی» در لت نخست «افزون» بشمار می‌آید. همه زر و گوهر را... **دو:** «همه» در لت نخست با «سراسر» در لت دویُم یکیست.

**۱۳** - اگر همه را بگنجور سپرد، پس آن چیزها را که میان موبدان پراکند، از میان زر و گوهر برده شده جدا کرده بود و چون چنین شود، «همه» در رج پیشین، نادرست می‌شود.　**۱۴** - آنان پیش آذر بوده‌اند.

**۱۵** - زمزم نیایش خداوند است، بهنگام خوردن خوراک که آنرا «واژِ خوردن» نامند، و آفرین از آن جدا است.

**۱٦** - لشکریان را که در دشت می‌گذرند، نشاید بکوه همانند کردن.

**۱۷** - **یک:** کان (که آن) در لت نخست نادرخور است. **دو:** افزاینده را فراموشی افتاد، که همهٔ زر و گوهر را که آورده بود، بگنجور

←

اُزان شهر سوی مداین کشید — که آنجا بُدی گنج‌ها را کلید[1]
گلستان چین با چهل اوستاد — همی راند در پیش مهران‌ستاد[2]

*

⟸ چو کسری بیامد برِ تخت خویش — گرازان و انباز، با بخت خویش
جهان چون بهشتی شد آراسته — ز داد و ز خوبی پر از خواسته
نشستند شاهان ز آویختن — به هر جای، بیداد و خون ریختن
جهان پر شد از فرّهٔ ایزدی — ببستند گفتی دو دست از بدی[3]
ندانست کس غارت و تاختن — اُگر، دست سوی بدی آختن[4]
جهانی بفرمان شاه آمدند — ز کژّی و تاری براه آمدند
کسی کاو بره بر، درم ریختی — ازآن خواسته، دزد؛ بگریختی
ز دیبا و دینار بر خشک و آب — به رخشنده روز و به هنگام خواب[5]
بپیوست نامه بهر کشوری — به هر نامداری و هر مهتری
ز بازارگانان ترک و ختن — ز سقلاب و هر کشوری انجمن[6]
زبس نافهٔ مشک و چینی پرند — از آرایش روم و ز بوی هند[7]
شد ایران بکردار خرّم بهشت — همه خاک انبر شد و، زرّ خشت[8]
جهانی بایران نهادند روی — برآسوده از رنج و از گفت و گوی
گلاب است گویی هوا را سرشک — برآسوده از رنج و درد و پزشک[9]
ببارید بر گل، بهنگام، نم — نبُد کشت‌ورزی ز باران دژم[10]
جهان گشت پر سبزه و چارپای — در و دشت، گل بود و، بام و سرای
همه رودها همچو دریا شده — به پالیز گلبن ثریا شده[11]
بایران، زبان‌ها بیاموختند — روان‌ها*، بدانش، برافروختند

---

⟵ آتشکدهٔ آذرگشسب داده بود... و اگر همه را داده بود. این «زرّ و درم» که در لت دویم از آن یاد شده است، از کجا آمد؟

۱ - از تیسفون بسوی مداین؟!! چشم افزایندهٔ دریوزه‌گر را از زر و گوهر و گنج سیری نیست.

۲ - باز افزاینده فراموش کرده است که در رج ۴۰۱۵۰، در گفتار درست شاهنامه دختر خاقان بهمراه مهران‌ستاد رفته بود!

۳ - فرّه ایزدی در جهان پراکنده نمی‌شود، و سخن دربارهٔ آرامش و آشتی، در رج پسین می‌آید.

۴ - همین سخن در رج دویم پیشین بگونه‌ای دیگر گذشت.

۵ - سخن را پایان نیست، و گفتار درست همان بود که در رج پیشین گذشت.

۶ - این سخن پریشان، در گفتار درست شاهنامه در رج سیوم پس از این می‌آید.

۷ - پرَند را با هِند پساوا نیست، و بوی هند راگزارش نباشد.

۸ - لت دویم بدآهنگ، و دروغ است.

۹ - «است» لت نخست، با «نهادند» در رج پیشین همخوان نیستْ و لت دویم نیز نادرخور است، از آنجا که در یک کشور همواره بیمار هست و همواره پزشکان نیاز است.

۱۰ - لت دویم نادرخور است، زیرا که کشاورزان از باران شادمان می‌شوند.

۱۱ - سخن در هر دو لت سست است.

* - **روان «را»** درست می‌نماید.

ز بازرگانانِ هر مرز و بوم ‌‌‌ ‌ ‌ ز ترک و ز چین و ز سقلاب و روم
ستایش گرفتند بر رهنمای ‌ ‌ ‌ فزایش گرفت، از گیا، چارپای○
هر آنکس که از دانش آگاه بود ‌ ‌ ‌ ز گویندگان، بر درِ شاه بود
رد و موبد و بخردان، ارجمند ‌ ‌ ‌ بداندیش، ترسان، ز بیم گزند
چو خورشید، گیتی؛ بیاراستی ‌ ‌ ‌ خروشی ز درگاه برخاستی؛
که: «ای زیردستانِ شاهِ جهان ‌ ‌ ‌ مدارید یک تن، بد، اندر نهان
هر آن کس که از کار، دیده‌ست، رنج ‌ ‌ ‌ نیابد به اندازهٔ رنج، گنج
بگویند یکسر به سالار بار ‌ ‌ ‌ کز آن کس کند مزد او خواستار
اُگر فامخواهی* بیاید ز راه ‌ ‌ ‌ درم خواهد از مردِ بی‌دستگاه
نباید، که یابد؛ تهیدست رنج ‌ ‌ ‌ که گنجور، فامش، بتوزد ز گنج
کسی کاو کند در زنِ کس نگاه ‌ ‌ ‌ چو خصمش بیاید به درگاه شاه[1]
نبیند مگر چاه و دار بلند ‌ ‌ ‌ که با دار تیر است و با چاه بند[2]
اُگر اسپ یابند جایی یله ‌ ‌ ‌ که دهقان به در بر، کند زان، گله
بریزند خونش بران کِشتمند ‌ ‌ ‌ بَرَد گوشت، آن کس که یابد گزند
پیاده بماند سوارش ز اسپ ‌ ‌ ‌ به پوزش رود نزد آذرگشسپ[3]
عَرض بسترد نام دیوان اوی ‌ ‌ ‌ به پای اندر آرند ایوان اوی[4]
گناهی نباشد کم و بیش ازین ‌ ‌ ‌ ز پس‌تر بود آنکه بُد پیش ازین[5]
نباشد بران شاه همداستان ‌ ‌ ‌ به در بر نخواهد جز از راستان[6]
هر آن کس که نپسندد این راه ما ‌ ‌ ‌ مباداکه باشد به درگاه ما»[7]

---

○ – رمه‌ها از بسیاری گیاه سبز افزایش گرفتند.

* – در زبان پهلوی «اَپام» در فارسی بگونه‌های اوام، فام، وام... فامخواه (= طلبکار).

۱ – (در) زن نگاه کردن نشود: «بزن کسی». ۲– و چنین کار، از روی داد نیست که با یک نگاه کسی را بکشند.

۳ – باز، داد نیست که چنین کس، که اسبش در کشتزار دیگران کشته شده است، از جایی چون قندهار، یاسمرقند پیاده به آذربایجان و آتشکدهٔ آذرگشسب رود.

۴ – بدتر از همه آنکه خانهٔ وی را نیز بر سر زن و فرزندانش فروریزند!! افزاینده را، اسپ ستایش، برداشته است!

۵ – سخن درهمریخته

۶ – سخن پریشان است، اما گونهٔ درست آن در گفتار شاهنامه آمده بود:

هرآنکس که از دانش آگاه بود ‌ ‌ ‌ ز گویندگان، بر در شاه بود

۷ – راه (پسندیدنی) نیست، (رفتنی) است.

## سخن گفتن بزرگمهر
### پیش
## انوشیروان●

جهاندار یک روز بنشست شاد  بزرگان داننده را بار داد
سخن گفت خندان و بگشاد چهر  بر تخت، بنشست بوزرجمهر
یکی آفرین کرد بر کردگار  خداوند پیروز و پروردگار
چنین گفت که:«ای داور تازه‌روی  که بر تو؛ نیابد؛ سخن، زشتگوی
خجسته شهنشاه پیروزگر  جهاندار با دانش و با گهر
نبشتم سخن چند بر پهلوی  اَبَر دفتر و کاغذ خسروی
سپردم بگنجور، تا روزگار  برآید بخواند مگر شهریار
بدیدم که این گنبد دیرساز  نخواهد همی لب گشادن، به راز!
اگر مرد برخیز از تخت بزم  نهد بر کف خویش، جان را؛ برزم
زمین را بپردازد از دشمنان  شود ایمن از رنج اهریمنان
شود پادشا بر جهان، سر بسر  بیابد سخن‌ها، همه، دربدر
شود دستگاهش، چو خواهد؛ فراخ  کند؛ گلشن و باغ و میدان و کاخ
نهد گنج و فرزند گرد آورد  بسی روز، بر آرزو بشمَرَد
فراز آورد لشکر و خواسته  شود کاخ و ایوانش آراسته[1]
گر ایدونکه درویش باشد به رنج  فراز آرد از هر سویی نام و گنج[2]
ز روی ریا هرچه گرد آورد  ز سد سال بودنش بر نگذرد[3]
شود خاک و بی‌بر شود رنج اوی  به دشمن بماند همه گنج اوی

● - خوشبختانه این بخش از شاهنامه با نام **«یادگار بزرگمهر»** هنوز با دبیرهٔ پهلوی، در دست است و داستان آن نیز گفت‌وگوی میان کسری و بزرگمهر نیست، که در آن پرسش‌ها از خودِ بزرگمهر است، و پاسخ‌ها را نیز خود می‌دهد اما چنین پیدا است که انوشه‌روانان، ماخ، ماهوی خورشید، یزدان‌داد، شادان برزین، در ترجمهٔ خویش آنرا بگونهٔ پرسش و پاسخ میانِ کسری و بزرگمهر آورده‌اند، و فردوسی جاودان نیز آنرا بهمان گونه پیوسته است.

۱ - فرازآوردن لشکر در گفتار درست پیشین «زمین را بپردازد از دشمنان» آمده بود، و فراز آوردن خواسته و کاخ... نیز در گفتار رج‌های پیشین گذشت.

۲ - سخن از درویشی نیست و گفتار بزرگمهر برآنست که هر چند گردآوری، پایان آن رفتن بزیر خاک است.

۳ - «ریا» را در گفتار فردوسی راه نیست.

نه فرزند ماند نه تخت و کلاه     نه ایوان شاهی نه گنج و سپاه
چو بنشیند آن جَستن و باد اوی     ز گیتی نگیرد کسی یاد اوی

*

بدین کار چون بگذرد روزگار     ازو، نام نیکو بود یادگار
ز گیتی دو چیز است جاوید و، بس!     دگر هر چه باشد نماند بکس
سخن گفتن نغز و کردار نیک     نگردد کهن، تا جهان است؛ ریک*
بدین سان بود گردش روزگار     خنک مرد با شرم و پرهیزگار
مکن شهریارا، گنه، تا توان     گناهی کزو شرم دارد روان
بی‌آزاری و سودمندی گزین     که این است فرهنگ و آیین و دین
ز من یادگارست چندی سخن     گمانم که هرگز نگردد کهن»[1]

*

چو بگشاد، روشن دلِ شهریار     فراوان سخن کرد زو؛ خواستار
بدو گفت: «فرّخ، کدام؟ است مرد     که دارد دلی شاد و، بی بادِ سرد!»
چنین گفت ک :«ان کاو بود بیگناه     نبرده‌ست اهریمن او را ز راه»
بپرسیدش از کژّی و راه دیو     ز راه جهاندار گیهان خدیو
بدو گفت: «فرمان یزدان بهی است     که اندر دو گیتی ازو فرّهی است
در بدتری راه اهریمن است     که مرد پرستنده را دشمن است
خُنُک در جهان، مردِ پیمان‌منش●     که پاکی و شرم است پیراهنش
چو جانش، تنش را، نگهبان بود     همه زندگانیش آسان بود
بماند بدو، رادی و راستی     نکوبد درِ، کژّی و کاستی
هر آن چیز کان بهرهٔ تن بود     -روانش پس از مرگ روشن بود-[2]
ازین هر دو چیزی ندارد دریغ     که بهرِ نیام است، گر، بهرِ تیغ[3]
کسی کاو بود، بر خرد پادشا     روان را ندارد براهِ هوا
سخن مشنو از مرد افزون‌منش     که با جان روشن، بود بدکنش
چو خستو نباشد، بدیگر سرای     هم ایدر پر از درد ماند بجای!
کزین○ بگذری سفله آن را شناس     که از پاک یزدان، ندارد سپاس

---

* - ریک: (میراث) مرده ریک (= مرده‌ری): چیزی که از مرده بازمی‌ماند.

۱ - سخنانِ وی پس‌ازاین می‌آید.

● -کسیکه کار را با پیمانه و اندازه بانجام می‌رساند، و در کارها (افراط و تفریط) نمی‌کند.

۲ - سخن بی‌پیوند است، و گفتار درباره تن، و بهرهٔ تن، در رج‌های آینده می‌آید.

۳ - دنبالهٔ همان گفتار بی‌پیوند.

○ - نمونه‌ها همه: «کزین» آورده‌اند، و «چو زین» درست است.

دریــغ آیـدش، بـهرهٔ تــن؛ ز تــن       شــود، ز آرزوهـــا، بــبندد دهــن
هـمان بـهر جـانش کـه دانش بـود       نــدانــد نــه از دانشــی بشـنود»

*

بـپرسید کسـری کـه: «از کـهتران       کــه؟ را بـاشد انـدیشهٔ مـهتران!»
چنین گفت کـ :«ان کس کـه دانـاترست       بــه هــر آرزو بــر، تـوانـاترست»
«کـدام؟ است دانـا!» بـدو شاه گـفت       : «کــه دانش بـود، مـرد را، در نـهفت»
چنین گفت کـ :«ان کـاو بـفرمان دیـو       نــبرّد دل از راهِ گــیهان خــدیو
دهانـد اهـرمن هـم بـه نـیروی شیر       کــه آرنـد جـان و خـرد را بـه زیـر»[1]
بـدو گـفت کسـری: «رهِ دیـو چیست؟       کـزیشان، خــرد را؛ بـباید گـریست»
چــنین داد پــاسخ کــه: «آز و نــیاز       دو دیـــوند بـــا زور و گـــردنفراز
دگر خشم‌ورشگ است و ننگ‌ست و کین       چـــو نـمّام* و دوروی و نـاپاکـدین
دهــم آنکـه از کس نـدارد سـپاس       بـنیکی و، هـم نـیست یـزدان‌شناس»
بـدو گـفت: «ازیـن دیـوها، بـا گـزند       کــدام؟ است اهــریمن زورمـند!»
چـنین داد پـاسخ بکسـری کـه: «آز       سـتمکاره دیــوی بُــوَد دیـرساز
کــه او را نــبینند، خشـنود، ایـچ       هــمه در فــزونیش بـاشد پسـیچ
نــیاز، آنکـــه او را ز انـــدوه و درد       هــمی کــور بینند و رخسـاره زرد
چو زیـن بگـذری بـاشد آن، دیـوِ رشک       یکـی دردمـندی بُـوَد بـی پـزشک
اگــر در زمــانه، کســی، بـی‌گزند       بــبیند، شــود جـانِ او دردمــند
دگـر نـنگ، دیـوی بـود پـر سـتیز       هــمیشه بـبد، کـرده چـنگال، تـیز
دگر دیو کین است، پـر خشـم و جـوش       ز مــردم بـتابد، گـهِ خشـم؛ هــوش
نــه بـخشایش آرد بکس بـر، نـه مـهر       دُژ آگـــاه دیـــوی، پـر آژنگ چـهر
دگــر دیــو نــمّام کــاو جـز دروغ       نــدانــد، نــرانـد سخن، بـا فـروغ[2]

---

۱ - **یک:** شمارش نادرست است: «ده اهریمن‌اند». **دو:** در گفتار بزرگمهر «دیو» آمده است نه اهرمن! آنگاه نیروی اهریمن را با شیر سنجیدن سخنی سخت کودکانه است، و اهریمن، یا دیو را توانایی آن نیست که «خرد رابزیر کشد، زیرا که خداوند، با دادن خرد به مردمان، آنانرا توان ایستایی روبروی نیروهای بد باشد!

* - در نمونه‌ها «نمّام» و «رمام»(؟) آمده است (شاهنامه مسکو ۱۹۶-۸) اما چنانکه در پاسخ پسین، که کار دیوان بیشتر گزارش می‌شود، «سخن چین» آمده است. در نوشتهٔ پهلوی یادگار بزرگمهر نیز از **درجکنوهد** «سپزگیه» یاد شده است که سخن چینی باشد. واژه تازی نمّام نیز بهیچ روی در گفتار فردوسی پذیرفته نمی‌شود، بویژه با افزودن «چو» بآغاز آن، که به هیچیک از دیوان دیگر چون خشم و ننگ و آز... افزوده نشده بود، و بر این بنیاد گفتار درست فردوسی چنین بوده است:

**«سخن‌چین و دوروی وناپاکدین»**

۲ - دیگر بار، افزایندهٔ خام گفتار از نمامِ خودساخته یاد می‌کند، باز آنکه رج پسین دربارهٔ سخن‌چین، سخن می‌رود!

نماند○ سخن‌چین و دوروی دیو     -بریده دل از بیم گیهان خدیو-
میان دو تن کین و جنگ افکند     بکوشد که پیوستگی بشکند
دگر دیو بی‌دانش و ناسپاس     نباشد خردمند و نیکی‌شناس
بنزدیک او، رای و شرم اندکیست     بچشمش بد و نیک هر دو یکیست»

*

ز دانا بپرسید پس، شهریار     که: «چون دیو با دل کند کارزار؛
به بنده● چه؟ داده‌ست گیهان خدیو!     که از کار، کوته کند، دستِ دیو!»
چنین داد پاسخ که: «دستِ خرد     ز کردار اهریمنان بگذرد
خرد باد جان ترا رهنمون     که راهی دراز است پیش اندرون [1]
ز شمشیرِ دیوان، خرد جوشن است     دل و جان داننده، زو؛ روشن است
گذشته سخن، یاد دارد؛ خرد     بدانش روان را همی پرورد
دگر خویرا*، آنکه خوانیم، خیم     که با او ندارد دل، از دیو، بیم
جهان خوش بود بر دل نیکخوی     نگردد به گردِ درِ آرزوی
سخن‌های باینده گویم کنون     که دل را بشادی بود رهنمون [2]
همیشه خردمندِ امّیدوار     نبیند بجز شادی از روزگار
نیندیشد از کار بد، یکزمان     ره راست گیرد نگیرد کمان▣
دگر، هر که خشنود▣ باشد -بگنج     نیازد- نیارد، تنش را برنج
کسی کاو بگنج و درم ننگرد     همه روز او بر خوشی بگذرد
دگر دین یزدان‌پرست است و بس     به رنج و به گنج و به آزرم کس [3]
ز فرمان یزدان نگردد سرش     سرشتش بر اینست‌و، هم گوهرش [4]

---

○ - دیو سخن‌چینی و دورویی (از پای در نمی‌ماند) تا میان کسان جنگ و کین افکند.

● - در یادگار بزرگمهر «مردم» آمده است، و بر این بنیاد گفتار فردوسی چنین آراسته می‌شود:

**«بمردم چه داده‌ست گیهان خدیو»**

۱ - **یک:** سخن روی به نوشروان کرد. **دو:** پیش را نیز «اندرون» نیست. **سه:** این رج میان گفتار، که دربارهٔ «خرد» بود جدایی می‌افکند.

* - بیشتر نمونه‌ها: «وگر خود بود»، خاورشناسی «وگر خویرا»، و پیدا است که بزرگمهر از خوی دیگری که «خیم» باشد یاد میکند، و من گونهٔ درست آنرا آوردم: **«دگر خوی را»**. «خیم» بتنهایی در گفتار امروز فارسی کاربرد ندارد، اما بگونه دُژخیم = بدخوی هنوز روان است بجای این واژه، امروز اخلاق تازی را بکار میگیریم بداخلاق و خوش‌اخلاق. بجای خوش‌خیم و بدخیم.

۲ - گفتار افزاینده، از سوی فردوسی می‌نماید، باز آنکه گفتار بزرگمهر دربارهٔ خرد، هنوز بپایان نرسیده است.

▣ - نمونه‌ها: «رهِ تیر گیرد، نجوید کمان» «تیر گیرد، نگیرد» «تیر گیرد براه کمان»، (شاهنامه چاپ مسکو ۱۹۷-۸) ژول مول: «رهِ تیر گیرد نه راه گمان»، و پیدا است که، این واژه گمان (= شک) است، و درست چنین است، **«رهِ راست گیرد نگیرد گمان»**.

▣ - این واژه در یادگار بزرگمهر بگونهٔ «خرسند» آمده است (= قانع تازی) که در زبان فارسی نیز با همین کاربرد دیده می‌شود: «درویشی و خرسندی» و بیگمان بجای خشنود، می‌بایستی خرسند را بکار گیریم: **«دگر هر که خرسند باشد، بگنج نیازد...»**.

۳ - سخن بی‌پیوند و بی‌پایان است.     ۴ - دنبالهٔ همان سخن

برین همنشان است، پرهیز، نیز　　که نفروشد او، راهِ یزدان، بچیز»[1]
بدو گفت «از این دَه، کدام است؟» شاه　　«سوی نیکوی‌ها، نماینده راه»[2]
چنین داد پاسخ که «راه خرد　　ز هر دانشی بیگمان بگذرد[3]
همان خوی نیکو که مردم بدوی　　بماند همه ساله با آبِ روی[4]
اُز این گوهران گوهر استوار　　تن خشندی دیدم از روزگار[5]
اُز ایشان، امیدست آهسته‌تر　　برآسوده از رنج و شایسته‌تر[6]
اُز این گوهران آز دیدم به رنج　　که همواره سیری نیابد ز گنج»[7]

*

بدو گفت شاه: «از هنرها چه؟ بِه　　که گردد بدو، مردِ جوینده مِه!»
چنین داد پاسخ که «هر کاو ز راه　　نگردد، بود با تنی بی‌گناه[8]
بیابد ز گیتی همه کام و نام　　از انجام فرجام و آرام و کام»[9]
بپرسید ازو نامبردار گو　　که«زین ده کدامین بود پیشرو؟»[10]
چنین داد پاسخ به آواز نرم　　سخن‌های دانش به گفتار گرم[11]
«فزونی نجوید بر این بر خرد　　خرد بی‌گمان بر هنر بگذرد»[12]
اُزان پس ز دانا بپرسید مه　　که «فرهنگ مردم کدام است به؟»[13]
چنین داد پاسخ که: «دانش به است　　خردمند، خود بر جهان بر، مه است
که دانا، نیارد بلندی؛ بگنج!　　تن خویش را دور دارد ز رنج»
ز نیروی خصمش بپرسید شاه　　که «چون جست خواهد همی دستگاه؟»[14]
چنین داد پاسخ که «کردار بد　　بود خصم روشن‌روان و خرد»[15]
ز دانا بپرسید، پس، دادگر　　که: «فرهنگ بهتر بود؟ گر گهر!»
چنین داد پاسخ بدو رهنمون　　که: «فرهنگ باشد ز گوهر فزون

---

۱ - پرهیز نفروشد؟... سخن نادرست است، و در یادگار بزرگمهر نیز نیامده است.
۲ - دیوها یا خویهای یاد شده، هیچیک بسوی نیکی ره نمی‌نمایند.
۳ - «راهِ خرد» نادرخور است، در رج دوازدهم پسین سخن درست می‌آید.　　۴ - هیچ چیز را نمی‌توان بر «خرد» افزودن.
۵ - گوهر استوار راگزارش نیست، و نیز تن خشندی؟!
۶ - سخن دربارهٔ امید، در رج یازدهم پیش از این آمده بود.
۷ - سخن کودکانه! آز در رنج نیست که آزورزان همواره همراه با رنج‌اند!　　۸ - از کدام راه نگردد؟
۹ - سخن درهمریختهٔ بی‌سرانجام!　　۱۰ - از «کدام ده» سخن می‌رود!
۱۱ - **یک:** در پاسخ بایستی نام یکی از «آن ده» بیاید. **دو:** «به آواز نرم» نادرخور است. **سه:** سخن‌های دانش همچنین!
۱۲ - سخن پریشان و ناهماهنگی که از گفتار بلند فردوسی برگرفته شده است:

چنین داد پاسخ که راه خرد　　ز هر دانشی بیگمان بگذرد

۱۳ - کدامست به نیز دوباره‌گویی رج ششم پیش از این است.
۱۴ - هنوز سخن دربارهٔ دانش و فرهنگ بپایان نرسیده است که در رج دویم پس از این می‌آید!　　۱۵ - دنبالهٔ همان سخن.

گهر بی‌هنر زار و خوارست و سست — بفرهنگ باشد، روان، تندرست»
بدو گفت «جان را زدودن به چیست — هنرهای تن را ستودن به چیست؟»[1]
«بگویم کنون» گفت «من سر بسر — اگر یادگیری همه در بدر،[2]
خرد مرد را خلعت ایزدی‌ست — ز اندیشه دور است و دور از بدی‌ست[3]
هنرمند کز خویشتن، در شگفت — بماند، هنر؛ زو نباید گرفت
همان خوش‌منش مردم خویشکار° — نباشد بچشمِ خردمند، خوار
اگر بخشش و دانش و رسم و داد — خردمند گرد آورد با نژاد[4]
بزرگیّ و افزونی و راستی — همی گیرد از خوی بد کاستی»[5]

*

ازآنپس بپرسید کسری از اوی — که: «ای نامور مردِ فرهنگجوی
بزرگی بکوشش بود؟ گر ببخت! — که یابد جهاندار ازو، تاج و تخت!»
چنین داد پاسخ که: «بخت و هنر — چنان‌اند! چون جفت با یکدگر
چنانچون تن و جان، که یارند و جفت — تنومند، پیدا و جان، در نهفت
همان کالبد مرد را پوشش است — اگر بخت بیدار در کوشش است[6]
بکوشش نیاید بزرگی بجای — مگر بخت نیکش بود رهنمای
دودیگر که گیتی فسانه‌ست و باد — چو خوابی که بیننده دارد بیاد[7]
چو بیدار گردد نبیند بچشم — اگر نیکویی دید، اگر درد و خشم»[8]

*

دگر پرسشی برگشاد از نهفت — به دانا، «ستوده کدام؟ است» گفت
چنین داد پاسخ که: «شاهی، که تخت — بیاراید و زور یابد ز بخت
اگر دادگر باشد و نیکنام — بیابد ز گفتار و کردار کام*»
بدو گفت ک:«اندر جهان مستمند — کدام است؟ بدروز و ناسودمند!»[9]

---

۱ – «جان را زدودن» گزارش ندارد.
۲ – سخن سست بی‌دروپیکر که یک گفتار در آن سه بار بکار رفته است: سربسر، همه، دربدر!
۳ – لت نخست زیبا است، اما گفتار دربارهٔ خرد بپایان رسیده بود، و اکنون سخن از فرهنگ و گوهر (نژاد) می‌رود.
○ – خویشکار، پایکار، در زبان امروز «کارگر».
۴ – **یک:** رسم چیست؟ که بایستی خردمند آنرا گردآورد. **دو:** دربارهٔ گوهر و هنر پیشتر سخن رفت.
۵ – سخن را هیچ پیوند و گزارش نیست.
۶ – افزاینده، بر بنیاد خواست خویش، جان را به بخت برگردانده است!!
۷ – سخن از بزرگی و بخت وکوشش بود، نه ازگیتی که چون باد و افسانه است!
۸ – «چو» در آغاز این رج با «چو» آغاز لت دویم از رج پیشین همخوان نیست.
* – بگفتار و کردار می‌ستایندش.
۹ – بدروز و ناسودمند، نادرخور است.

چنین داد پاسخ که «درویشِ زشت    که نه کام یابد نه خرم بهشت»[1]

*

بپرسید و گفتا که: «بدبخت کیست؟    که هموارش از درد، باید گریست!»
چنین داد پاسخ که: «داننده مرد    که دارد ز کردارِ بد، روی، زرد»
بپرسید ازو گفت: «خرسند کیست؟    به بیشی ز چیز، آرزومند، کیست؟»[2]
چنین داد پاسخ که: «آن کس که مهر    ندارد بر این گرد گردان سپهر»

*

بدو گفت: «ما را که؟ شایسته‌تر!    چنین گفت، که:«ان کس که آهسته‌تر»
بپرسید ازو، گفت «آهسته کیست؟    که بر تیز مردم بباید گریست!»
چنین داد پاسخ که: «از عیب‌جوی    نگر، تا که؟ پیچد، سر از گفت‌وگوی!
بنزدیک او شرم و آهستگی است    هنرمندی و رای و شایستگی است»

*

بپرسید ازو نامور شهریار    که: «از مردمان کیست؟ امّیدوار!»
چنین گفت که:«ان کس که کوشاتر است    دو گوشش بدانش نیوشاتر است»

*

بپرسید ازو شهریار جهان    از آگاهی نیک و بد، در نهان!
چنین داد پاسخ که: «از آگهی    فراوان بود گفت و، مغزش تهی
مگر آنکه گفتند خاک است جای    ندانم! چه؟ گویم ز دیگر سرای»

*

بدو گفت کسری که: «آباد شهر    کدام؟ است و ما زو چه؟ داریم بهر!»
چنین داد پاسخ که: «آباد جای    ز داد جهاندار باشد بپای»

*

بپرسید کسری که: «بیدارتر؛    پسندیده‌تر مرد و، هشیارتر؛
بگیتی کدام؟ است با من بگوی    که بفزاید از دانشی آبروی»
چنین داد پاسخ که: «دانای پیر    که با آزمایش، بود، یادگیر»

*

بدو گفت کسری که: «رامش که؟ راست    که دارد بشادی، همی، پشت راست»
چنین داد پاسخ که: «هر کاو ز بیم    بود ایمن و، باشدش زرّ و سیم»

---

۱ – از کجا پیدا است که درویش زشت ناکام است، و داوری دربارهٔ بهشتی که هنوز نیامده است نادرست است.
۲ – یک: «بیشی ز چیز» نادرست است: «بیش خواهی». دو: لت دویم رودرروی لت نخست است.

یادگار بزرگمهر ۴۹

❊

بدو گفت: «ما را ستایش بچیست — به نزدیک هر کس پسندیده کیست؟»[1]
چنین داد پاسخ که: «او را نیاز — بپوشد همی رشک با ننگ و آز[2]
همان رشک و کینش نباشد نهان — پسندیده او باشد اندر جهان»[3]
ز مردِ شکیبا، بپرسید شاه، — که از صبر دارد بسر بر، کلاه
چنین گفت کـ :«ان کس که نومید گشت — دل تیره رایش○ چو خورشید گشت
دگر آنکه روزش بباید شمرد — بکار بزرگ اندرون، دست، برد»

❊

بدو گفت «غم در دل کیست؟ بیش — کز اندوه، سیر آید از جانِ خویش!»
چنین داد پاسخ که: «آن کاو ز تخت — بیفتاد و نومید گردد* ز بخت»

❊

بپرسید ازو شهریار بلند — که: «از ما که؟ دارد دلی دردمند!»
چنین گفت کـ :«ان کاو خردمند نیست — توانگر؛ که‌ش از بخت، فرزند، نیست»

❊

بپرسید شاه از دل مستمند — نشسته به گُرم اندرون، با گزند!
بدو گفت: «با دانشی پارسا — که گردد بر او، ابلهی پادشا»
بپرسید: «نومید تر کس، کدام؟ — که دارد توانایی و نیک نام»
چنین گفت کان کو، ز کار بزرگ — بیفتد، بماند نژند و سترگ
بپرسید ازو شاه نوشیروان — که «ای مرد دانا و روشنروان[4]
که دانی؟ که بی‌نام و آرایش است — که او ازدرِ مهر و بخشایش است؟»[5]
بدو گفت: «مردِ فراوان گناه — گنهکار درویش و بی‌دستگاه»[6]

❊

---

۱ – پیوند درست میان لت دویم با لت نخست نیست.

۲ – پاسخ از پرسش بی‌پیوندتر است... در رج پیشین از «ستایش ما» سخن رفته بود، و در این رج از «نیاز او»!

۳ – دنبالهٔ همان سخن

○ – نمونه‌ها سخت پریشان و درهم‌اند: خاورشناسی: «ز بخت او و جانش»، نمونهٔ I: «ز تخت و ز خانش» «ز بخت و ز جانش»، امیربهادر «شب تیره رایش»، مسکو، اینچنین! من به یادداشت‌های سی سال پیش خود نگریستم، بر روی شاهنامه امیربهادر نوشته‌ام: **«ز بخت و، زُخانش...»** در یاد ندارم که چنین گونه را از جایی برداشته‌ام، یا از اندیشهٔ خودم بوده است، و هرچه می‌نگرم همین ویرایش درست است. پاسخ این پرسش که چه‌کس شکیبا است: ۱–کسیکه از بخت، نومید شد، اما زُخانش چون خورشید می‌درخشد... ۲–کسیکه بکاری بزرگ دست یاخته است، و می‌باید زمان را برای رسیدن به آرمان بزرگش بگذراند، که نمونهٔ درست آن، فردوسی است...

* – **«نومید باشد»** درست می‌نماید. ۴ – وابسته بگفتار پسین ۵ – همچنین...

٦ – **یک:** چرا مردِ فراوان گناه، از درِ (شایستهٔ) مهر و بخشایش باشد؟ **دو:** در لت دویم نیز از درویش گنهکار یاد می‌شود!!

بپرسید و گفتش که: «برگوی راست / که تا از گذشته پشیمان که؟ راست»●
چنین داد پاسخ که: «آن تیره‌ترگ / که بر سر نهد، پادشا روزِ مرگ
پشیمان شود دل کند پرهراس / که جانش به یزدان بود ناسپاس
اُ دیگر که کردار دارد بسی / بنزدیک آن ناسپاسان کسی»
بپرسید و گفت: «ای خرد یافته / هنرها، یک اندر دگر، بافته[1]
چه دانی کزو تن بود سودمند / همان بر دل هر کسی ارجمند»[2]
چنین داد پاسخ که: «ناتندرست / که دل را جز از شادمانی نجست[3]
چو از درد روزی به سستی بود / همه آرزو تندرستی بود»[4]

*

بپرسید و گفتش که: «از آرزوی / چه؟ بیش است پیدا کن ای نیکخوی!»
بدو گفت: «چون سرفرازی بود / همه آرزو، بی‌نیازی بود
چو با بی‌نیازی، بود تن؛ درست / نباید جز از کامِ دل، چیز جست»
ازانپس چنین گفت با رهنمون / که: «در دل چه اندیشه آید فزون؟»[5]
چنین داد پاسخ که: «این را سه روی / بسازد خردمند با راهجوی[6]
یکی آنکه اندیشد از روز بد / مگر بیگنه، بر برش، بد رسد[7]
بترسد ز کار فریبنده دوست / که با مغز جان خواهد و خون و پوست[8]
سدیگر ز بیدادگر شهریار / که بیگار بستاند از مردِ کار[9]
چه نیکو بود گردش روزگار / خردیافته مردِ آموزگار[10]
جهان روشن و پادشا دادگر / ز گردون نیابی فزون زین هنر»[11]
بپرسیدش از دین و از راستی / کزو دور باشد بد و کاستی
بدو گفت: «شاها بدینی گرای / کزو نگسلد یادکردِ خدای

---

● - این‌پرسش در یادگار بزرگمهر چنین آمده است: «که پشیمان‌تر؟» و پاسخ: خودخواه، چون بفرجام کار رسد (مرگش نزدیک شود): و روانشناسِ دروغ‌ورزِ پس‌خرد و بی‌نیاز، که برای ناسپاسان‌کوشش بسودمندی کند (برای ناسپاسان بکوشد) اما پیدا است که این لت اندکی دگرگون شده است، و می‌باید چنین بوده باشد که: از کارهای گذشته (پشیمانی) که راست؟ یا پشیمان کیست؟ اما نمونه‌های ما، ره بجایی نمی‌برند.

۱ - وابسته به گفتار پسین

۲ - **یک:** کزو تن بود سودمند نادرست است: «که از آن بتن سود می‌رسد»! **دو:** همان و هرکس در یک سخن آنراسست می‌کند.

۳ - لت دویم را با لت نخست همخوان نیست.

۴ - ناتندرست ناتندرست است، نه تنها «یک روز».

۵ - پرسش نادرخور است، زیرا که برای هر کس اندیشه‌ای دیگرگون پیش می‌آید.

٦ - «سه روی بسازد» نادرست است: «این را سه روی است».

۷ - لت دویم نادرست است: «مبادا که...»

۸ - سخن را هیچ گزارش نیست.

۹ - **یک:** بیگار نادرست است: بیگاری (= کار بی‌مزد). **دو:** مرد کار نیز نادرخور است: مرد کارگر.

۱۰ - سخن را پیوند نیست لت دویم را آغازگرِ «بر مردِ» باید.

۱۱ - هیچیک از نامبرده‌ها را هنر نتوان شمردن.

همان دوری از کژّی و راه دیو / بترس* از جهانبانِ گیهان‌خدیو
به فرمان یزدان نهاده دو گوش / وز ایشان نباشد کسی باخروش»
ازان پس بپرسید زو، پادشا / که؟ فرمانروایست بر پارسا،[1]
کـ:«ز ایشان کدام است پیروزبخت / که باشد به گیتی سزاوار تخت؟»[2]
چنین گفت کـ:«ان کاو بود دادگر / خرد دارد و رای و شرم و هنر»[3]
بپرسیدش از دوستان کَهُن / که باشند هم پیشه و یک سَخُن
چنین داد پاسخ که: «از مردِ دوست / جوانمردی و، داد دادن نکوست
نخواهد بتو بد، به آزرمِ کس● / بسختی بود یار و فریادرس»

*

بدو گفت کسری: «که را بیش، دوست؟ / که با او یکی بود از مغز و پوست»[4]
چنین داد پاسخ که: «از نیکدل / جدایی نخواهد جز از دلگسل[5]
دگر آن کسی کاو نوازنده‌تر / نکوتر به کردار و سازنده‌تر»[6]
بپرسید: «تا جاودان دوست کیست؟ / ز درد جدایی که خواهد گریست؟»
چنین داد پاسخ که «کردار نیک / نخواهد جدا بودن از یار نیک»[7]
«چه ماند» بدو گفت «جاوید، چیز / که آن چیز کمّی نگیرد بنیز؟»[8]
چنین داد پاسخ که «انبارمزد○ / نه کاهد، نه سوزد، نه ترسد ز دزد!»

*

بدو گفت کسری: «چه؟ روشن‌تر است / که بر تارک هر کسی افسر است»
چنین گفت کـ:«ان جان دانا بود / که بر آرزوها توانا بود»

*

بدو گفت شاه: «ای خداوند مهر / چه؟ باشد به پهنا، فزون از سپهر!»
چنین گفت کـ:«ان شاهِ بخشنده دست / دودیگر دلِ مردِ یزدان‌پرست»

*

---

* - همهٔ نمونه‌ها چنین‌اند، و پیدا است که «**به ترس**» درست است (= دینی که با ترس از خداوند، به دوری از کژی فرمان دهد). نمونهٔ اندیشهٔ دینی پایان زمان ساسانی. زیرا که در اندیشهٔ کهن ترس از خدای، جای نداشته است و بجای آن «مهرِ خدای» روان بوده است.

۱ - بر پارسا، هیچکس فرمان نمی‌راند.

۲ - **یک:** «که» آغاز این رج با «که» آغازین لت دویم از رج پیشین همخوان نیست. **دو:** لت دویم را نیز داوری همان است، زیرا که بر پارساکس فرمان نتواند راندن.

۳ - پاسخ در پاسخ!

● - برای آزرم (احترام) کسی بر تو بدی نخواهد.

۴ - **یک:** «یکی بود» نادرست است و سخن را بگذشته می‌پیوندد! **دو:** نشاید که دوکس هم مغزشان یگانه بود، هم پوستشان!

۵ - پاسخ را هیچ پیوند با پرسش نیست.

٦ - سازنده‌تر را گزارش نیست.

۷ - کردار نیک از مردمان جدا نمی‌شود، نه از یار نیک.

۸ - بنیز نادرست است.

○ - در یادگار بزرگمهر: انبار کرفه: یا نیکویی را بر رویهم انباشتن: نیکی کردن در جهان.

بپرسید و گفتا: «چه؟ با زیب‌تر        کزان برفرازد، خردمند، سر»
چنین داد پاسخ که: «ای پادشا        مده گنج هرگز به ناپارسا
چو کردار با ناسپاسان کنی        همی خِشت خام، اندر آب افکنی»

*

بدو گفت: «اندر چه؟ چیزست رنج!        کزو کم شود مرد را آزِ گنج!»
بدو داد پاسخ که: «ای شهریار        همیشه دلت باد چون نوبهار
پرستندهٔ شاهِ بدخو، ز رنج        نخواهد تن و زندگانیّ و گنج»

*

بپرسید و گفتش: «چه؟ دیدی شگفت!        کزان برتر اندازه نتوان گرفت!»
چنین گفت با شاه، بوزرجمهر        که: «یکسر شگفت است کار سپهر
یکی مرد بینیم با دستگاه        کلاهش رسیده به ابر سیاه
که او دست چپ را نداند ز راست        ز بخشش فزونی نداند، نه کاست
یکی گردش آسمان بلند        ستاره بگوید که چون است و چند!
فلک، رهنمونش بسختی بود؛        همه بهرِ او شوربختی بود!»

*

«گران‌تر چه دانی؟» بدو گفت شاه        چنین داد پاسخ که: «سنگ سیاه»[1]
بپرسید ک:«ز بتّرین کارها        ز گفتارها هم ز کردارها[2]
کدام است؟ با ننگ و با سرزنش        که خوانند هر کس ورا بدکنش!»
چنین داد پاسخ که: «زفتی ز شاه        ستیهیدن مردم بیگناه
توانگر که تنگی کند در خورش        دریغ آیدش پوشش و پرورش
زنانی که ایشان ندارند شرم        بگفتن ندارند آواز نرم
همان نیک‌مردان که تندی کنند        أگر تنگدستان بلندی کنند[3]
دروغ آنکه بی‌رنگ و زشت است و خوار        چه بر نابکار و چه بر شهریار»[4]

*

«به گیتی ز نیکی چه؟ چیز است» گفت        : «که هم آشکارست و هم در نهفت
کزو مرد دانده، جوشن کند!        روان را بدان چیز، روشن کند»
چنین داد پاسخ که: «کوشان به دین        بگیتی نیابد جز از آفرین

*

1 - سخن نادرخور        2 -پرسش دربارهٔ «بدترین کارها» است، و سه رج پاسخ دربارهٔ «کسان» است.
3 - تُندی را با بلَندی پساوا نیست.        4 - دروغ بیرنگ و زشت را گزارش نیست.

دگر آنکه دارد ز یزدان سپاس / بود دانشی‌مرد نیکی‌شناس»[1]
بدو گفت کسری که: «کرده چه به؟ / چه ناکرده؟ از شاه و از مردِ مِه!»[2]
چه بهتر؟ کزو بازداریم چنگ / گرفته، چه بهتر، ز بهرِ درنگ[3]
چه بهتر ز فرمودن و داشتن؟ / اُ گر مرد را خوار بگذاشتن!»[4]
به پاسخ «نگه داشتن» گفت: «خشم / که از بی‌گناهان بخوابند[5] چشم
دگر آنکه بیدار داری روان / بکوشی تو در کارها تا توان[6]
فروهشته کین، برگرفته امید؛ / بتابد روان، زو، بکردار شید[7]
ز کار بزه چند یابی مزه / بیفگن مزه دور باش از بزه»[8]
سپاس از خداوند خورشید و ماه / که رَستم ز بوزرجمهر و ز شاه!
چو این کار دلگیرت آمد به بُن / ز شطرنج باید که رانی سخُن[9]

## داستان
### در
## نهادن شترنگ

چنین گفت موبد که یک روز شاه / به دیبای رومی بیاراست گاه[10]
بیاویخت تاج از برِ تخت آج / همه جای آج و همه جای تاج[11]
همه کاخ پر موبد و مرزبان / ز بلخ و ز بامین و ز کرزبان[12]
چنین آگهی یافت شاه جهان / ز گفتارِ بیداز کارآگهان
که: «آمد فرستادهٔ شاه هند / ابا پیل و چتر و سواران سند

---

۱ - تنها دانشمندان نیستند که سپاس یزدان، بجای می‌آورند.
۲ - رودرروی شاه، نبایستی «مردِ مه» آوردن، که او خود «مردِ مه» است: «شاهان و زیردستان» باید.
۳ - سخن لت دویم سست می‌نماید.
۴ - فرمودن با داشتن یکی نیست.
۵ - همه نمونه‌ها «بخوابند»، اما پیدا است که «بتابند» درست است.
٦ - پاسخِ پرسش پیشین نیست.
۷ - کین و امید، همیستار یکدیگر نیستند.
۸ - سخن سخت سست
۹ - گفتار بسوی نویسنده بازگشت.
۱۰ - **یک:** شاه ایران را هیچگاه شایسته نبود که آرایش روم را بکار بَرَد. **دو:** روم را دیبا نبود، تا بدانزمان که مارکوپولو، آنرا از ایران بروم بردا
۱۱ - **یک:** تاج شاهان همواره از آسمانه (سقف) آویخته بود، و آنان بزیر آن رفته می‌نشستند. **دو:** لت دویم نیز سخت نادرخور است.
۱۲ - **یک:** «بامین» شناخته نشد. «بلخ بامیان» (=بلخ بامیک؛ بلخ روشن). **دو:** کرزبان نیز شناخته نیست، و تنها برای پساوای مرزبان آمده است.

شتروار، بار است با او، هزار    همی راه جوید برِ شهریار

*

همان گه چو بشنید بیدار شاه    پذیره فرستاد چندی سپاه[1]
چو آمد برِ شهریار بزرگ    فرستادهٔ نامدار و سترگ[2]
به رسم بزرگان نیایش گرفت    جهان آفرین را ستایش گرفت[3]
گهر کرد بسیار پیشش نثار    یکی چتر و ده پیل با گوشوار
بیاراسته چتر هندی به زر    بدو بافته چندگونه گهر
سرِ بار بگشاد در بارگاه    بیاورد یکسر همه نزد شاه
فراوان به بار اندرون سیم و زر    چه از مشک و انبر چه از اود تر
ز یاقوت و الماس و ز تیغ هند    همه تیغ هندی سراسر پرند
ز چیزی که خیزد ز قنّوج و رای    زده دست و پای آوریده بجای
ببردند یکسر همه پیش تخت    نگه کرد سالار خورشیدبخت
ز چیزی که برد اندران رای رنج    فرستاد کسری سراسر به گنج

*

بیاورد پس نامه‌ای بر پرند    نبشته به نوشیروان رای هند[4]
یکی تخت شطرنج کرده، برنج    تهی کرده از رنجِ شطرنج، گنج[5]
بیاورد، پیغام، هندو، ز رای[*]    که: «تا چرخ باشد تو بادی بجای
کسی کاو بدانش، بَرَد رنج بیش    بفرمای تا تختِ شترنج پیش
نهند و ز هرگونه رای آورند    که این نغزبازی بجای آورند
بدانند هر مهره‌ای را بنام    که چون؟ رانْد بایدش و خانه، کدام؟
پیاده بدانند و پیل و سپاه    رخ و اسپ و رفتار فرزین و شاه[6]
گر این نغزبازی، بجای آورند    در این کار، پاکیزه‌رای آورند؛
همان باژ و ساوی که فرمود شاه    بخوبی فرستم بدان بارگاه
اُگر نامداران ایران گروه    ازین دانش آیند یکسر ستوه

۱ - یک: «همانگه» و «چو» هر دو یک سخن را می‌گویند. دو: چندی سپاه نیز نادرخور است.
۲ - سترگ لجوج بود و بی‌آزرم و شرم: لغت فرس اسدی.
۳ - یک: رسم را در گفتار فردوسی جای نیست. دو: بزرگان در این گفتار به فرستاده بازمی‌گردد. هشت رج سخنان افزایندگان دریوزه‌گر و همه سست، همه نابجای...
۴ - هِند را با پَرَند پساوا نیست.
۵ - لت دویم سست است، از آنجا که برای یک تخته شترنگ، گنج یک کشور تهی نشاید شدن.
* - فرستادهٔ هند از رای (شاه) هند پیام آورد.
۶ - افزایندهٔ خام‌اندیش، خود، همهٔ نامها را بداستان افزود! باز آنکه پرسش چنان بود که نام هر مهره را بدانند و...

چو با دانش ما ندارند تاو / نخواهند زین بوم و بر، باژ و ساو
همان باژ باید پذیرفت نیز / که دانش، به از نامبردار چیز»

*

دل و گوش؛ کسری، بگوینده داد / سخن‌ها بر او کرد، گوینده یاد[1]
نهادند شترنج نزدیک شاه / به مهره درون، کرد، چندی نگاه!
ز تختش یکی مهره از آج بود، / پر از رنگ پیکر، دگر، ساج بود[2]
بپرسید ازو شاه پیروزبخت / ازان پیکر و مهره و مُشک و تخت[3]
چنین داد پاسخ که: «ای شهریار / همه رسم و راه ازدرِ کارزار[4]
ببینی چو یابی به بازی‌ش راه / رخ و پیل و آرایش رزمگاه»[5]
بدو گفت: «یک هفته باید زمان / بیاریم؛ هشتم، به روشن روان!»

*

یکی خرّم ایوان، بپرداختند○ / فرستاده را پایگه ساختند
رد و موبدانِ نماینده راه / برفتند یکسر بنزدیک شاه
نهادند پس، تخت شترنج؛ پیش / نگه کرد هر یک، ز اندازه بیش*
بجستند و هر گونه‌ای ساختند / ز هر دست یکبارش انداختند[6]
یکی گفت و پرسید و دیگر شنید / نیاورد؛ کس، راهِ بازی پدید!
برفتند، یکسر، پرآژنگ چهر / بیامد برِ شاه، بوزرجمهر
ورا زان سخن نیک ناکام دید / به آغازِ آن رنجِ فرجام دید[7]
به کسری چنین گفت ک:«ای پادشا / جهاندار و بیدار و فرمانروا
من این نغزبازی، بجای آورم / خرد را بدین، رهنمای آورم»
بدو گفت شاه: «این سخن کار تست / که روشن روان بادی و تندرست
کنون رای قنّوج گوید که شاه / ندارد یکی مرد جوینده راه[8]
شکست بزرگ است بر موبدان / به درگاه و بر گاه بر بخردان»[9]

*

---

۱ – دوباره‌گویی... ۲ – **یک:** ز تختش راگزارش نیست، که تنها یک تخت بوده است. **دو:** «پر از رنگ پیکر» نیز نادرست است.
۳ – **یک:** پرسیدن را جای نبود! رای هند از ایرانیان خواست که پاسخ دهند! **دو:** لت دویم نیز درهم و بی‌گزارش است.
۴ – **یک:** «رسم» در آیین گفتار فردوسی نیست. **دو:** و افزاینده، بخش دیگری از پاسخ را به انوشیروان آموزش داد!
۵ – سخن درهمریخته و بی‌گزارش است. ○ – پرداختن: پاک کردن، گردگیری کردن.
* – نمونه‌ها همه چنین است، چون «هر یک» بیاید کنش «کردند» باید. بر این بنیاد **«هرکس»** درست می‌نماید که با «نگه کرد» همخوان است. ٦ – سخن نادرخور و بی‌گزارش.
۷ – **یک:** «ناکام» را نشاید با «نیک» همراه کردن. **دو:** آن سخن نبود. گزارشِ کار شترنگ بود. **سه:** لت دویم نیز نادرخور است.
۸ – پس از آرزوی تندرستی برای بزرگمهر سخن نباید! ۹ – سخن سست

بیاورد شترنج، بوزرجمهر — پر اندیشه بنشست و بگشاد چهر
همی جست بازی چپ و دست راست — همی راند تا جای هر یک کجاست[1]
بیک روز و یک شب چو بازی بیافت — از ایوان، سوی شاه ایران شتافت
بدو گفت که: «ای شاه پیروزبخت — نگه کردم این مهره و مُشک و تخت[2]
بخوبی همه بازی آمد بجای — به بختِ بلندِ جهان کدخدای[3]
فرستادهٔ شاه را پیش خواه — کسی را که دارند ما را نگاه[4]
شهنشاه باید که بیند نخست — یکی رزمگاه است گویی درست»[5]
ز گفتار او شاد شد شهریار — ورا نیک‌پی خواند و به‌روزگار[6]
بفرمود تا موبدان و ردان — برفتند، با نامور بخردان
فرستادهٔ رای را پیش خواند — بران نامور پیشگاهش نشاند
بدو گفت، گوینده بوزرجمهر — که: «ای موبدِ رایِ خورشیدچهر[7]
ازین مهره‌ها رای با تو چه گفت؟ — که همواره با تو خرد باد جفت-»[8]
چنین داد پاسخ که «فرخنده رای — چو از پیش او من برفتم ز جای[9]
مرا گفت کین مهرهٔ ساج و آج — ببر پیش تخت خداوند تاج[10]
بگویش که با موبد و رایزن — بنه پیش و بنشان یکی انجمن[11]
گر این نغزبازی بجای آورند — پسندیده و دلربای آورند[12]
همین بدره و برده و باژ و ساو — فرستیم چندانکه داریم تاو[13]
اُگر شاه و فرزانگان این بجای — نیارند، روشن ندارند رای[14]
نباید که خواهد ز ما باژ و گنج — دریغ آیدش جان دانا به رنج[15]

---

۱ - «چپ و دست راست» نادرست است. «دست چپ و دست راست»، یا «چپ و راست» اما بازی شترنگ را تنها بچپ و راست، جنبش نیست، و بیشتر رو به پیش دارد! ۲ - دوباره از مهر و مَشک و تخت نام می‌رود!! ۳ - وابسته بگفتار است.

۴ - لت دویم نادرخور است: «آن کسان را که بایستی در کار ما داوری کنند».

۵ - چون سخن از «گویی» می‌رود پس هنوز، استوار بدانستن بازی نیست.

۶ - لت دویم نادرخور است، ازیرا که آنکس که نیک پی است، از آغاز نیک پی بوده است، نه پس از دریافتنِ بازی شترنگ.

۷ - پیوسته به گفتار افزودهٔ پسین.

۸ - فرستادهٔ «رای» سازندهٔ شترنگ بوده است که دربارهٔ آن با فرستاده سخن گوید!

۹ - لت دویم سخت نادرخور است... «از پیش» و «ز جای» یکیست، و برفتم نادرخورتر، زیرا که از پیش رای آمده است و نرفته است!

۱۰ - **یک:** مهره نبود: «مهره‌ها». **دو:** بجز از مهره تخته شترنگ نیز بود.

۱۱ - **یک:** سخن سست. **دو:** «بنه پیش» بسنده نیست، «این تخته و مهره‌ها را».

۱۲ - «پسندیده و دلربای» را برای انجام بازی، درخور نیست.

۱۳ - «همین» در لت نخست، با «چندانکه داریم تاو» در لت دویم هماهنگ نیست.

۱۴ - از شاه بگذریم... «فرزانگان ایران» باید. «رای»، آهنگ کاری راکردن است و (داشتنی) نیست.

۱۵ - لت دویم را پیوند درست، با لت نخست نیست. افزاینده خواسته است بگوید، چون دانایان این بازی را پدید آورده‌اند و دانایان شما را توان گشودن آن نیست، پس نبایستی دانایان ما از دادن باژ رنج برند!!

ساختن نیوارد شیر

چو بیند دل و رای باریک ما — فزونتر فرستد به نزدیک ما»[1]
بر تختِ آن شاهِ بیداربخت — بیاورد و بنهاد شترنج و تخت
چنین گفت با موبدان و ردان — که «ای نامور پاکدل بخردان[2]
همه گوش دارید، گفتار اوی — هم آن رای هشیار سالار اوی»[3]
بیاراست دانا یکی رزمگاه — بقلب اندرون ساخته جای شاه
چپ و راست صف برکشیده سپاه — پیاده به پیش اندرون، رزمخواه[4]
هشیوار دستور، در پیش شاه — برزم اندرونش، نماینده راه
مبارز که اسپ افکند بر دو روی — بدست چپش، پیلِ پرخاشجوی[5]
وز او برتر اسپان جنگی بپای — بدان تا که آید به بالای رای[6]
چو بوزرجمهر آن سپه را براند — همه انجمن در شگفتی بماند
غمی شد فرستادهٔ هند سخت — بماند اندر آن کار هشیار بخت[7]
شگفت اندر او مرد جادو بماند — دلش را به اندیشه اندر نشاند[8]
که این، تخت شترنج هرگز ندید — نه از کاردانان هندی شنید[9]
چگونه فراز آمدش رای این — بگیتی نگیرد کسی جای این[10]
چنان گشت کسری، ز بوزرجمهر — که گفتی بدو، بخت، بنمود چهر
یکی جام فرمود پس شهریار — که کردند پرگوهر شاهوار[11]
یکی بدره دینار و اسپی به زین — بدو داد و کردش بسی آفرین[12]

*

بشد مرد دانا به آرام خویش — یکی تخت و پرگار بنهاد پیش
به شترنج و اندیشهٔ هندوان — نگه کرد و بفزود، رنج روان[13]
خرد با دل روشن انباز کرد — به اندیشه بنهاد، بر تخت، نرد

---

۱ - لت نخست سخت نادرخور است، و دنبالهٔ همان سخن است؛ چون نوشروان دریابد که دانایان ما؛ بدانش برترند، باژ و ساوی فزونتر از آنکه ما به ایران می‌فرستیم، بهندوستان فرستد!!
۲ - وابسته به رج پسین
۳ - رایِ هشیارِ سالار را هیچ گزارش نیست، و این دو رج میان دو رج پسین و پیشین جدایی می‌افکند.
۴ - پیش را «اندرون» نیست، و این سخن میان رج‌های پیشین و پسین جدایی می‌افکند.
۵ - (مبارز) اسب افکن... در این رج،
۶ - با اسبان جنگی در این رج همخوان نیست.
۷ - لت دویم راگزارش نیست.
۸ - دل را (باندیشه اندر نشاندن) نشاید!
۹ - پیوند درست ندارد... کسیکه شترنگ را هرگز ندید(ه است)... شنیده است؟
۱۰ - **یک:** رای، آهنگ کاری راکردن است، و با این سخن پیوند ندارد. **دو:** «این» در لت نخست به شترنگ بازمی‌گردد، و در لت دویم به بزرگمهر!
۱۱ - «که کردند» در لت دویم نادرخور است. که آنرا پر از گوهر (کنند).
۱۲ - در میان تالار کاخ چگونه اسپ بزین را به بزرگمهر دادند... «فرمود تا اسپی بزین او را بدهند».
۱۳ - کاری که بزرگمهر آغاز بدان کرده است ساختن «نیواردشیر» (= تخته نرد) است و هیچ پیوند به شترنگ ندارد.

دو مهره بفرمود کردن ز آج — همه پیکر آج همرنگ ساج[1]
یکی رزمگه ساخت شترنج‌وار — دو رویه بر آراسته کارزار[2]
دو لشکر ببخشید بر هشت بهر — همه رزمجویانِ گیرنده شهر
زمین‌وار، لشکرگهی چارسوی — دو شاه گرانمایه و نیکخوی[3]
کم و بیش دارند هر دو بهم — یکی از دگر برنگیرد ستم[4]
بفرمان ایشان، سپاه؛ از دو روی — به تندی بیاراسته جنگجوی
یکی را، چو تنها؛ بگیرد دو تن — ز لشکر، براین یک تن، آید شکن
بهر جای پیش و پس اندر سپاه — گرازان دو شاه اندران رزمگاه[5]
همی این بران آن بر این برگذشت — گهی رزم کوه و گهی رزم دشت[6]
بر این گونه تا بر که بودی شکن — شدندی دو شاه و سپاه انجمن[7]
بدین سان که گفتم بیاراست نرد — برِ شاه شد یک به یک یاد کرد[8]
اُزان رفتن شاه برترمنش — همانش ستایش همان سرزنش[9]
ز نیروی و فرمان و جنگ سپاه — بگسترد و بنمود یک یک بشاه
دل شاه ایران ازو خیره ماند — خرد را به اندیشه اندر نشاند
همی گفت ک:«ای مرد روشن‌روان — جوان بادی و روزگارت جوان»

## نامهٔ کسری به رای هند

بفرمود تا ساروان دو هزار — بیارد شتر تا در شهریار[10]
ز باری که خیزد ز روم و ز چین — ز هیتال و مکران و ایران زمین[11]

---

۱ - آج را به ساج همانند کردن، از ارزش آن می‌کاهد.

۲ - **یک:** تخته نرد شترنجی نیست. **دو:** «شترنج‌وار» نیز خود؛ نادرست است.

۳ - **یک:** زمین‌وار... **دو:** دو پادشاه را در تخته‌نرد با یکدیگر می‌جنگند، چگونه نیکخوی توان نامیدن؟

۴ - **یک:** لت نخست را گزارش نیست... «هر دو برابر هم». **دو:** در لت دویم یکی از دگر نادرست است: «یکی از دیگری».

۵ - پیش اندر، و پس اندر.

۶ - **یک:** برگذشت نادرست است: «برمی‌گذرد». **دو:** در بازی تخته نرد (رزم کوه) نیست.

۷ - کنش بود نادرخور است: باشد. شدندی نیز نادرست است.

۸ - سخن از سوی افزاینده و از زبان فردوسی!

۹ - سخن را هیچ گزارش نیست.

۱۰ - سخن نادرست است زیرا که هر ساروان را ده شتر بوده است و یک ساروان را توان آوردن دو هزار شتر نیست.

۱۱ - گیریم که از همه جاهای نامبرده بار بر شتران کردند، اما ساخته‌های چینی را نشایستی... زیرا که چین آنسوی هندوستان است و هند را زودتر دسترسی بدانها هست.

ز گنج شهنشاه کردند بار / بشد کاروان از در شهریار[1]
چو شد بارهای شتر ساخته / دل شاه زان کار پرداخته[2]
فرستادهٔ رای را پیش خواند / ز دانش فراوان سخن‌ها براند[3]
یکی نامه بنوشت نزدیک اوی / پر از دانش و رامش و رنگ و بوی[4]
سرِ نامه کرد آفرین بزرگ / به یزدان پناهش ز دیو سترگ[5]
دگر گفت ک :«ای نامور شاه هند / ز دریای قنّوج تا پیش سند[6]
رسید این فرستادهٔ رایزن / ابا چتر و پیلان بدین انجمن[7]
همان تخت شترنج و پیغام رای / شنیدیم و پیغامش آمد بجای[8]
ز دانای هندی زمان خواستیم / به دانش روان را بیاراستیم[9]
بسی رای زد موبد پاک‌رای / پژوهید و آورد بازی بجای[10]
کنون آمد این موبد هوشمند / به قنّوج نزدیک رای بلند[11]
شتروار بار گران دو هزار / پسندیده بار ازدرِ شهریار[12]
نهادیم بر جای شترنج، نرد / کنون تا ببازی که آرد نبرد؟[13]
برهمن فراوان بود پاک‌رای / که این بازی آرد به دانش بجای[14]
ز چیزی که دید این فرستاده رنج / فرستد همه رای هندی به گنج[15]
ور ایدون کجا رای با رهنمای / بکوشند بازی نیاید بجای[16]
شتروار باید که هم زین شمار / به پیمان کند رای قنّوج بار[17]

---

۱ - «ز» آغازین این رج با «ز» در رج پیشین همخوان نیست.
۲ - کاروان در رج پیشین بشد (= برفت)! ...اما هنوز بارهای شتر ساخته(؟) نبوده است. ۳ - لت دویم سست است.
۴ - **یک:** نامه به فرستادهٔ رای بازمی‌گردد. **دو:** نامه را چگونه پر از رامش توان کردن؟
۵ - **یک:** آفرین، آفرین است و بزرگ و کوچک ندارد. **دو:** پناهِ چه کس؟ **سه:** نام دیو سترگ چه بود؟
۶ - **یک:** در نامه، نشاید «دگر گفتن». **دو:** لت دویم که پهنای هندوستان را(؟) نشان می‌دهد، به هند باز نمی‌گردد که به شاه هند بازمی‌گردد! **سه:** قنوج یکی از کشورهای میانهٔ هندوستان بوده است، و با دریا همسایگی نداشته است.
۷ - «این فرستاده» نادرست است: «فرستادهٔ تو»، و فرستاده را رایزن نتوان نامیدن، زیرا که رایزنان همواره در دربار و نزدیک شاه هستند.
۸ - **یک:** «شنیدیم» در لت دویم، هم به تخت شترنگ و هم به پیغام رای بازمی‌گردد، و درست نیست. **دو:** پیغام رای نادرخور است: «پیغام تو».
۹ - **یک:** دانای هندی نیز نادرخور است: «از او» یا «از فرستاده». **دو:** لت دویم از گفتار فردوسی گرفته شده است: «بدانش روان را همی پرورد». ۱۰ - بزرگمهر چنانچه در داستان گذشت با هیچکس رایزنی نکرد.
۱۱ - در نامه‌ایکه در تیسفون نوشته می‌شود. نشاید گفتن کنون آمد: «او را فرستادیم».
۱۲ - **یک:** شتروار را اندازه پدیدار است، و بار گران افزوده بدانست. **دو:** در یک رج سه بار از «بار» سخن رفته است. شتروار (= شتر (بار)، بار گران، بار از درِ. ۱۳ - لت دویم بی‌گزارش است.
۱۴ - فراوان بود، نادرست است: «فراوانند».
۱۵ - کدام فرستاده؟ فرستادهٔ رای، یا فرستاده کسری؟ اگر فرستادهٔ نوشروان است بایستی «فرستادهٔ ما» آید.
۱۶ - سخن سست ۱۷ - پیمان آنست که میان دو تن بسته شود، نه از یکسوی!

کند بار همراه با بار ما     چنین است پیمان و بازار ما[1]

*

چو خورشید رخشنده شد بر سپهر     برفت از در شاه بوزرجمهر[2]
چو آمد ز ایران به نزدیک رای     برهمن به شادی ورا رهنمای[3]
ابا بار با نامه و تخت نرد     دلش پر ز بازار ننگ و نبرد[4]
چو آمد به نزدیکی تخت اوی     بدید آن سرِ افسرِ بخت اوی[5]
فراوانش بستود بر پهلوی     بدو داد پس نامهٔ خسروی[6]
ز شترنج و ز راه و ز رنج رای     بگفت آنچه آمد یکایک بجای[7]
پیام شهنشاه با او بگفت     رخ رای هندی چو گل بر شکفت[8]
بگفت آن کجا دید پاینده مرد     چنان هم سراسر بیاورد نرد[9]
ز بازیّ و زِ مهره و رای شاه     اُ زان موبدانِ نماینده راه[10]
به نامه درون آنچه کردەست یاد     بخواند بداند نپیچد ز داد[11]
ز گفتار او شد رخ شاه زرد     چو بشنید گفتار شترنج و نرد[12]
بیامد یکی نامور کدخدای     فرستاده را داد شایسته جای[13]
یکی خرم ایوان بیاراستند     می و رود و رامشگران خواستند[14]
زمان خواست پس نامور هفت روز     برفت آنکه بودند دانش‌فروز[15]

---

۱ – دوباره از پیمان یکسویه، سخن می‌رود!

۲ – کاروانیان در بیابانهای ایران، از برای تابش خورشید، آسیب نبینند و تشنگی؛ اشتران و اسپان و مردمان را آزار نرساند، در بامداد سخت پگاه که هنوز آسمان تیره است براه می‌افتادند، نه با بر آمدن خورشید.

۳ – **یک:** «چون بنزد رای رسید». **دو:** لت دویم بی‌پیوند است.

۴ – **یک:** فرستاده را باید نخست؛ با نامه آمدن! نه با بار! **دو:** چرا ننگ؟ که دل را پر از نبرد نیز نتوان خواندن. **سه:** بازار در زبان پهلوی واچار؛ آشکار و نمایان است. سخن عطار نیشابور: «هر آنچ اندر نهان دارید، در بازار بنمایید» و بر این بنیاد، آنچه که در دل است، پنهان است و بازار نیست. ۵ – افسر، تاج است، و تاج شاهی شاید گفتن، و تاج بخت را پیشینه در زبان فارسی نیست.

۶ – ستودن بر پهلوی نادرست است، زیرا که فرستاده را «ستودن» باید، و بیگمان ترجمانان در گاه گفتار وی را بهندی ترجمه می‌کردند.

۷ – **یک:** از «راه» یاد کردن را، روی نیست مگر آنکه رای، از وی بپرسد. **دو:** «راه» میان شترنج و «رای» جدایی افکنده است. **سه:** رای در ساختن شترنج، رنج نبرده بود، و بزودی در داستان پدید آمدن شترنج خواهیم دید. **چهار:** «آنچه آمد» نیز نادرخور است: «آنچه که پیش آمده بود». ۸ – پیام شهنشاه را، که دو برابر باژ هر ساله را از هندوستان می‌خواست، چه جای چون گل شگفتن بود!

۹ – **یک:** «بگفت» در این رج با «بگفت» در رج پیشین همخوان نیست. **دو:** «پاینده مرد» کیست. مرد پاینده در جهان نبوده و نیست. **سه:** باری پاینده مرد، چه را دیده بود؟ **چهار:** لت دویم سخت نادرخور است.

۱۰ – از بازی، از مهره، از موبدان نماینده راه، چه را می‌نمایاند؟

۱۱ – چه کس یاد کرده است؟ لت دویم نیز سست است.

۱۲ – **یک:** پیشتر رخش چون گل شکفته بود!! **دو:** بزرگمهر دربارهٔ شترنج سخن نگفته بود.

۱۳ – **یک:** برای چنین کار، کارگزار پیش می‌آید، نه کدخدای (= وزیر) نامور! **دو:** لت دویم نیز سست می‌نماید.

۱۴ – **یک:** سخن دوباره. **دو:** تازه از راه نرسیده، می‌رود؟

۱۵ – **یک:** نامور کیست؟ نامور به آن کدخدای بازمی‌گردد. **دو:** «برفت آنکه» را با «بودند» همخوانی نیست.

ساختن نیواردشیر ۶۱

به کشور ز پیران شایسته مرد — یکی انجمن کرد و بنهاد نرد[1]
به یک هفته آن کس که بُد تیزویر — ازان نامدارانِ برنا و پیر[2]
همی باز جستند بازیّ نرد — به رشک و به رای و به ننگ و نبرد[3]
به هشتم چنین گفت موبد به رای — که «این را ندانند کسی سر ز پای[4]
مگر با روان یار گردد خرد — کزین مهره بازی برون آورد»[5]
بیامد نهم روز بوزرجمهر — پر از آرزو دل، پر آژنگ چهر[6]
که: «کسری نفرمود ما را درنگ — نباید که گردد دل شاه تنگ»[7]
بشد موبدان را ازان دل دژم — روان پر ز غم، ابروان پر ز خم[8]
بزرگان دانا به یکسو شدند — به نادانی خویش خستو شدند[9]
چو آن دید بنشست بوزرجمهر — همه موبدان برگشادند چهر[10]
بگسترد پیش اندرون تخت نرد — همه گردش مهره‌ها یاد کرد[11]
سپهدار بنمود و جنگ سپاه — هم آرایش رزم و فرمان شاه[12]
ازو خیره شد رای با رایزن — ز کشور بسی نامدار انجمن[13]
همه مهتران آفرین خواندند — ورا موبد پاکدین خواندند[14]
ز هر دانشی زو بپرسید رای — همه پاسخ آمد یکایک بجای[15]
خروشی برآمد ز دانندگان — ز دانش‌پژوهان و خوانندگان[16]
که: «اینت سخنگوی داننده مرد — نه از بهر شترنج و بازیّ نرد»[17]
بیاورد زان پس شتر دو هزار — همه گنج قنّوج کردند بار[18]

---

۱ – **یک:** پیران شایسته را «مرد» نمی‌باید! **دو:** بنهاد نرد نیز کمبود دارد، نرد را پیش آنان نهاد.

۲ – **یک:** از میان آنان که شایسته بودند، «آنکه تیزویر بود» نشاید گفتن، چون همگان اینچنین بوده‌اند. **دو:** برنا کودک پنج تا ده ساله است.

۳ – بازی نرد را رشگ و ننگ نباید.

۴ – انجمنی از شایستگان بدین کار نامزد شده بودند نه یک کس!

۵ – **یک:** روان را بکار این جهان کار نیست. **دو:** از مهره بازی برون آوردن نیز نادرخور است: «شیوهٔ بازی نرد را دریابد».

۶ – **یک:** رای هفت روز زمان خواسته بود، نه نُه روز. **دو:** آرزومند را چهره پر آژنگ نمی‌شود.

۷ – دنبالهٔ گفتار

۸ – دل دژم نمی‌شود که غمگین می‌گردد.

۹ – بیشتر از ناتوانی آنان در، یافتن راه بازی نرد سخن رفته بود.

۱۰ – بیدرنگ دل دژم و روان پر غم آنان به «چهرِ گشاده» بازگردید!

۱۱ – پیش را اندرون نیست.

۱۲ – **یک:** سپهدار را «را» باید. **دو:** فرمان شاه در بازی تخته نرد، چگونه است؟

۱۳ – **یک:** بزرگان دانا و پیران شایسته مردا و موبدان، «رایزن» گشتند. **دو:** انجمن‌های کشور، چگونه بدان زودی از کار بزرگمهر آگاه شدند؟

۱۴ – و چگونه هندیان که کیش هندو دارند، و دین و آیین‌شان نه بر آیین ایران بوده است، بزرگمهر را موبد پاکدین خواندند؟

۱۵ – «هر» آغازین را با «همه» و «یکایک» در لت دویم همخوانی نیست.

۱۶ – خوانندگان را در آن میان چه جای بود؟

۱۷ – **یک:** اینت سخنی نادرست است، و در شاهنامهٔ فردوسی پیشینه و کاربرد ندارد، مگر در گفتارهای افزایندگان بشاهنامه. **دو:** لت دویم را پیوند با گفتار لت نخست نیست.

۱۸ – **یک:** چه کس شتر دو هزار(؟) آورد؟ دانندگان؟ **دو:** گنج قنوج را «را» باید. **سه:** و خرد نمی‌پذیرد که همه گنج(های) یک کشور را ←

ز اود و ز انبر ز کافور و زر … همه جامه و جام پیکرگهر[1]
ابا باژ یک ساله از پیشگاه … فرستاد یکسر به درگاه شاه[2]
یکی افسری خواست از گنج رای … همان جامهٔ زر ز سر تا به پای[3]
بدو داد و چند آفرین کرد نیز … به یارانش بخشید بسیار چیز[4]
شتر دو هزار آنکه از پیش برد … ابا باژ و هدیه مر او را سپرد[5]
یکی کاروان بُد که کس پیش ازان … نه راند و نه بُد خواسته بیش ازان[6]

*

بیامد ز قنّوج بوزرجمهر … برافراخته سر به گردان سپهر[7]
دلی شاد با نامهٔ شاه هند … نبشته به هندی خطی بر پرند[8]
که: «رای و بزرگان گوایی دهند … نه از بیم کز نیک‌رایی دهند[9]
که چون شاه نوشین روان کس ندید … نه از موبد سالخورده شنید[10]
نه کس دانشی‌تر ز دستور اوی … ز دانش سپهرست گنجور اوی[11]
فرستاده شد باژ یک ساله پیش … اگر بیش باید فرستیم بیش[12]
ز باژی که پیمان نهادیم نیز … فرستاده شد هر چه بایست چیز»[13]
چو آگاهی آمد ز دانا به شاه … که با کام و با خوبی آمد ز راه[14]
ازان آگهی شاد شد شهریار … بفرمود تا هر که بُد نامدار[15]
ز شهر و ز لشکر خبیره شدند … همه نامداران پذیره شدند[16]
به شهر اندر آمد چنان ارجمند … به پیروزیِ شهریار بلند[17]

---

← بار کرده بکشوری دیگر فرستند!

۱ - **یک:** اَنبر بخشی از جگر گونه‌ای نهنگ است که از دریابار افریقا و حبشه می‌آید، نه از هندوستان! **دو:** جام را نمی‌توان از گوهر برآوردن؟

۲ - از پیشگاه را چه گزارش است.

۳ - **یک:** از گنج رای، یا «از گنج خویش»؟ **دو:** جامه را نشاید از سر تا بپای زرین بودن!

۴ - **یک:** چند آفرین نادرست است، آفرین آفرین است و شمار نمی‌پذیرد. **دو:** «کرد نیز» نیز نادرخور است.

۵ - شمارش نادرست است و سخن نیز: «دو هزار شتر را که آورده بود».

۶ - نه راند در لت دویم نادرخور است: «ندیده بود»، «نرانده بود»... اما کار بزرگمهر ساروانی نبود که کاروان را براند.

۷ - دنبالهٔ گفتار

۸ - **یک:** دلی را «با» باید: «با دلی شاد». **دو:** هِند را با «پَرَند» پساوا نیست.

۹ - **یک:** در گفتار پیشین از چنین نامه، یاد نشده بود. **دو:** «بیم» همیستار «نیکرایی» نیست.

۱۰ - **یک:** از راه دور چگونه شاید چنین گواهی دادن؟ **دو:** و سخن نیز نادرخور است: «از موبدان سالخورده».

۱۱ - **یک:** دانشی‌تر نادرست است: «دانشمندتر». **دو:** از دستور او؟ یا از گنجور او؟ هندیان را چگونه شایستی، دربارهٔ گنجور کسری (که در ایران بود) داوری کردن!

۱۲ - لت دویم سست است.

۱۳ - دوباره سخن از باژ می‌رود، با گفتاری سست‌تر.

۱۴ - دنبالهٔ داستان.

۱۵ - «آگهی» در این رج را با آگاهی رج پیشین همخوانی نیست.

۱۶ - خبیره یا چیره را چه گزارش است.

۱۷ - لت دویم نادرخور است، زیرا که وی، خود با پیروزی بازگشته بود!

به ایوان چو آمد به نزدیک تخت　　بر او شهریار آفرین کرد سخت[1]
به بر در گرفتش جهاندار شاه　　بپرسیدش از رای و ز رنج راه[2]
بگفت آن کجا رفت بوزرجمهر　　ازان بخت بیدار و مهر سپهر[3]
پس آن نامهٔ رای پیروزبخت　　بیاورد و بنهاد در پیش تخت[4]
بفرمود تا یزدگرد دبیر　　بیامد برِ شاه دانش‌پذیر[5]
چو آن نامهٔ رای هندی بخواند　　یکی انجمن در شگفتی بماند[6]
هم از دانش و رای بوزرجمهر　　ازان بخت سالار خورشیدچهر[7]
چنین گفت کسری که: «یزدان سپاس　　که هستم خردمند و نیکی‌شناس[8]
مهان تاج و تخت مرا بنده‌اند　　دل و جان به مهرِ من آکنده‌اند[9]
شگفتی‌تر از کار بوزرجمهر　　که دانش بدو داد چندین، سپهر[10]
سپاس از خداوند خورشید و ماه　　کزویست پیروزی و دستگاه[11]
برین داستان بر سخن ساختم　　به تلخند و شترنج پرداختم[12]

## داستان پدید آمدن شترنج
### در
## هندوستان

چنین گفت شاهوی بیداردل　　که‌ای پیر دانای و بسیاردل[13]
⇐ ایا مرد فرزانه و تیزویر!　　ز شاهویِ پیر، این سخن یادگیر*

---

۱ – **یک:** پیش از آفرین شهریار نماز بردن بزرگمهر باید. **دو:** آفرین را سخت و سست نیست.
۲ – «شاه» در این رج با «شهریار» در لت دویم از رج پیشین همخوان نیست.　۳ – لت دویم را پیوند با داستان نیست.
۴ – «بیاورد» نادرست است، زیرا که فرستاده، نامه در دست به پیشگاه شاه می‌رسد.
۵ – **یک:** بفرمود، گفتارِ شاه است: «شاه بفرمود که بنزد شاه بیاید». **دو:** سخن نادرخور است: «بفرمود تا بنزدیک تخت آید».
٦ – رای هندی نادرست است: «نامهٔ رای را».　۷ – چون لت نخست با «هم» آغاز می‌شود. لت دویم را نیز آغازگرِ «هم» باید.
۸ – خردمند بزرگمهر بود، یا او؟
۹ – کس را نتوان بندهٔ «تاج و تخت» دیگری خواندن، چون تاج و تخت را روان و اندیشه و فرمان نیست، تا بندگان آنرا بجای آورند!
۱۰ – لت دویم بازگونه است، و افزاینده را رای بر آن بوده است که بگوید سپهر بدو دانش داد(ه بود) اما دانش از سپهر به کس نمی‌رسد که باکوشش او بجای می‌آید.　۱۱ – از گفتار شاهنامه برگرفته شده است.
۱۲ – هنوز بداستان شترنج نپرداخته است.
۱۳ – **یک:** شاهوی کیست؟ که از وی بگونهٔ شناسا (معرفه) یاد می‌شود. **دو:** بسیار دل نادرست است، و پیر دانا نیز کیست؟
* – تاکنون هیچگاه خواننده را فرزانه و تیزویر نخوانده‌اند، زیرا که روشن نیست خواننده تیزویر (= با حافظه) نیز باشد. از آمیختن این دو رج که هر دو، سست می‌نماید، این رج برمی‌آید:

**یکی پیر دانای دانش‌پذیر　　چنین گفت: فرزانهٔ تیزویر؛**

←

که در هند، مردی سرافراز بود — که با لشکر و خیل و باساز بود
خُنیده به هر جای جمهور نام — به مردی به هر جای گسترده کام[1]
چنان پادشا گشته بر هندوان — خردمند و بیدار و روشن‌روان[2]
ورا بود کشمیر تا مرز چین — بر او خواندندی بداد، آفرین
بمردی جهانی گرفته به دست — ورا سندلی بود جای نشست[3]
همیدون بُدش تاج و گنج و سپاه — همیدون نگین و همیدون کلاه[4]
هنرمند جمهور فرهنگ‌جوی — سرافراز با دانش و آبروی[5]
بدو شادمان، زیردستان اوی — چه شهری، چه از درپرستان اوی

*

زنی بود*، هم گوهر و، هوشمند — هنرمند و با دانش و بی‌گزند
پسر زاد، زان شاه، نیکو؛ یکی — که پیدا نبود از پدر اندکی
پدر چون بدید آن جهاندار نَو — بفرمود تا نام° کردند گَو
بر این، بر نیامد بسی روزگار — که بیمار شد ناگهان شهریار
به کدبانو اندرز کرد و بمرد — جهانی پر از داد، گَو را سپرد
ز خردی نشایست گَو؛ تخت را — نه تاج و کمر بستن و بخت را
سران را همه سر پر از گرد بود — ز جمهورشان دل پر از درد بود[6]
ز بخشیدن و خوردن و داد اوی — جهان بود یکسر پر از یاد اوی[7]

*

سپاهی و شهری شدند انجمن — زن و کودک و مرد، شد؛ رای‌زن
که: «این خُرد کودک نداند سپاه — نه داد و نه بخشش نه تخت و کلاه
همه پادشاهی شود پُرگزند — اگر شهریاری نباشد بلند
به دنبر؛ برادر بُد، آن شاه را — خردمند و شایستهٔ گاه را

---

→ در رج پسین نیز دو بار بندِ «که» نادرخور است و در لت دویم «ابا لشگر» درست می‌نماید و چون چنین باشد، این دو رج با رج ۴۰۶۴۲ شاهنامه پیوند می‌یابد.

۱ – جمهور نامی هندی نیست.

۲ – پیوند درست میان لت نخست با لت دویم نیست، و سخن درست در رج پسین می‌آید.

۳ – **یک:** «جهانی بدست گرفته» نادرخور است، زیرا که در رج پیشین مرز پادشاهی وی پدیدار است.

۴ – پیدا است که پادشاه را تاج و گنج و سپاه باید...

۵ – سخن بی‌پایان است.

* – **«زنش بود»** درست می‌نماید.

○ – نمونه‌ها، هم اندر زمان نام کردند، بمردی ورا نام کردند، بهندی ورا نام، بهر دو ورا نام بفرمود تا نام... و پیدا است که همه را کمبودی است. «بفرمود تا نام» از شاهنامهٔ امیرکبیر (امیربهادر) است، و اگر «ش» بپایان آن افزوده شود، سخن آراسته می‌گردد:

**«بفرمود تا نامش کردند، گو»**

۶ – **یک:** سر پر از گرد را روی نباشد. **دو:** از جمهور، یا از مرگ جمهور؟

۷ – سخن سست

کـجا نـام آن نـامور مـای بـود — بـه دنـبر نشسـته دلارای بـود[1]
جـهاندیدگان یک بـه یک شاه‌جوی — ز سـندل بـه دنـبر نـهادند روی[2]
بـزرگان کشـمیر تـا مـرز چین — بـه شـاهی بـدو● خـواندند آفرین
ز دنـبر بـیامد سـرافـراز مـای — بـه تـخت کـیان انـدر آورد پـای[3]
هـمان تـاج جـمهور بـر سـر نـهاد — بـه داد و بـه بـخشش در انـدرگشاد[4]
چو بـا ساز شد، مامِ گـو را بـخواست — بـپرورد و بـا جـان هـمی داشت راست
پـریچهره* آبسـتن آمـد ز شـاه — پسـر زاد ازآن نـامور پـیشگاه؛
ورا پـادشا، نـام؛ تـلخند کـرد — روان را پـر از مـهر فـرزند کـرد
دو سـاله شد این خرد و گَو هفت سال — دلاور گـوی بـود بـا فـرّ و یـال[5]
پس از چـندگـه مـای○ بـیمار شد — دل زن بـر او، پُـر ز تـیمار شد
دو هـفته بـرآمـد، بـه زاری؛ بـمرد — بـرفت و جـهان دیگـری را سـپرد
هـمه سـندلی زار و گـریان شـدند — ز دردِ دلِ مـای بـریان شـدند[6]

*

نشسـتند یک مـاه، بـا سـوگِ شاه — سـرِ مـاه یکسـر بـیامد سـپاه
هـمه نـامداران و گـردان شـهر — هـر آنکس کـه او را خـرد بـود بـهر[7]
سـخن رفت هـرگونه در انـجمن — چـنین گـفت فـرزانـه‌ای رایـزن؛
کـه: «ایـن زن کـه در حُکم جمهور بود — هـمیشه ز کـردار بـد دور بـود[8]
هـمه راسـتی خـواستی نـزد شـوی — نـبود ایـچ تـا بـود جـز دادجـوی[9]
نـزادی‌ست ایـن سـاخته داد را — هـمه راسـتی را و بـنیاد را[10]
هـمان بـه، کـه ایـن زن بـود شـهریار — کـه او مـاند زان مـهتران یـادگار»!
بگـفتار او، رام گشت انـجمن — فـرستاده، شـد نـزد آن پـاکـتن

---

۱ – شایسته نیست که دوباره، نام از دنبر آید! و «مای» و «دنبر» نام دو شهر است که در برخی نوشته‌های باستانی، و بیشتر در شاهنامه، نامشان با هم می‌آید: «دنبر و مای و سند» پس «مای» نام سرزمینی است و نشاید که نام مرد باشد. [در نوشته‌های بابلی نام مای بگونهٔ «ماگان» آمده است، که از آنجا تیرهای ستون و آسمانه (سقف) برای بابل و سومر می‌برده‌اند]

۲ – دنبالهٔ گفتار

۳ – پادشاهان هند از کیانیان نبودند.

● – «**بر او**» درست می‌نماید.

۴ – همان تاج نادرخور است: تاج جمهور را.

* – «**پریروی**» درست می‌نماید.

۵ – سخن درست در رج پسین می‌آید: «پس‌از چند گه...».

○ – نمونه‌ها همه «مای» آورده‌اند، و از آنجا که تاکنون همه جای «مای» از افزوده‌ها بشمار رفت. در این رج نیز بجای مای، «**شاه**» پیشنهاد می‌کنم!

٦ – **یک:** همه «سندلیان» باید... **دو:** مای درگذشته است، و او را دردِ دل نشاید داشتن.

۷ – نامداران و گردان را می‌بایستی (از) خرد بهر بوده باشد.

۸ – «حکم» را در گفتار فردوسی ره نیست، افزاینده خواسته است بگوید که این زن، همسر جمهور بوده است.

۹ – لت نخست، روی بزن دارد، و لت دویم روی بجمهور!

۱۰ – سخن پریشان و سست

که: «تخت دو فرزند را، خود بگیر … فزاینده کاری‌ست، این، ناگزیر
چو فرزند گردد، سزاوارِ گاه … بدو ده بزرگی و گنج و سپاه
ازانپس هم، آموزگارش تو باش … دلارام و دستور و رایش تو باش!»[1]
بگفتار ایشان، زنِ نیکبخت … بیفراخت تاج و بیاراست تخت
فزونیّ و خوبیّ و فرهنگ و داد … همه پادشاهی بدو گشت شاد[2]
دو موبد گزین کرد پاکیزه‌رای … که باشند، مر هند را، کدخدای[3]
بدیشان سپُرد آن دو فرزند را … دو مهترنژاد خردمند را[4]
نبودی ازیشان جدا، یکزمان … بدیدار ایشان بُدی شادمان

*

چو نیرو گرفتند و دانا شدند … بهر دانشی بر، توانا شدند
زمان تا زمان، یک ز دیگر جدا … شدندی برِ مادرِ پارسا
که: «از ما کدام؟ است شایسته‌تر! … بدل مر ترا، نیز؛ بایسته‌تر!»
چنین گفت مادر به هر دو پسر … که: «تا از شما، با که؟ یابم هنر؛
خردمندی و رای و پرهیز و دین! … زبان چرب و گوینده و بآفرین!

*

چو دارید هر دو ز شاهی نژاد … خرد باید و شرم و پرهیز و داد»[5]
چو تنها شدی سوی مادر یکی … چنین هم سخن راندی اندکی[6]
که: «از ما دو فرزند کشور کراست؟ … به‌شاهی و، این تخت و افسر کراست؟»[7]
بدو مام گفتی که: «تخت آنِ تست … هنرمندی و رای و بخت آنِ تست»[8]
به دیگر پسر هم ازین سان سخن … همی راندی تا سخن شد کهن[9]
دل هر دوان، شاد کردی بتخت … بگنج و سپاه و بنام و ببخت
رسیدند هر دو، بمردی، بجای … بدآموز، شد هر دو را، رهنمای
ز رشگ اوفتادند هر دو، برنج … برآشوفتند از پی تاج و گنج

---

۱ – چون فرزند سزاوار تخت و کلاه شود، به آموزگارش نیاز نیست، و مادر را نشاید دلارام فرزند بودن، و «رای» نیز پاژنام شاهِ هندوستان بوده است، و چون فرزند، شاه شود باری «رای» هموست!

۲ – سخن را پیوند نیست.

۳ – چگونه دوکس کدخدای (وزیر) کشور توانند شد.

۴ – **یک:** (آن) دو فرزند، نادرست است: دو فرزند را... **دو:** فرزندان هنوز بگاه «خرد» نرسیده‌اند که آنان را خردمند توان نامیدن.

۵ – لت دویم را پیوند درست با لت نخست نیست...: «شما را خرد باید».

۶ – **یک:** پیشتر نیز آنان «زمان تا زمان، یک ز دیگر جدا» نزد مادر می‌رفتند! **دو:** لت دویم سخت سست و بی‌پایه است.

۷ – دنبالهٔ همان سخن سست

۸ – از سوی مادر، سخنِ دروغ، در شاهنامهٔ ما، روان کرده‌اند، باز آنکه به آنان گفته بود که: «تا از شما، باکه یابم هنر».

۹ – دنبالهٔ همان گفتار دروغ.

همه شهر ز ایشان بدو نیم گشت ‌‌‌‌— دل نیکمردان، پر از بیم گشت
ز گفتِ بدآموز، جوشان شدند — بنزدیک مادر خروشان شدند
بگفتند ک:«ز ما که؟ زیباتر است؛ — که؟ بر نیک و بر بد، شکیباتر است!

*

چنین پاسخ آورد، فرزانه زن؛ — که: «با موبدی یکدل و رایزن
شما را بباید نشستن نخست — به آرام و؛ با کام، فرجام جست
ازآن پس، خُنیده بزرگان شهر — هر آن‌کس که او دارد از رای، بهر[1]
یکایک بگوییم با رهنمون — نه خوب است، گرمی، بکار اندرون[2]
کسی کاو بجوید همی تاج و گاه — خرد باید و رای و گنج و سپاه[3]
چو بیدادگر پادشاهی کند — جهان پر ز گُرم و تباهی کند»[4]
به مادر چنین گفت پرمایه گَو — ک:«زین پرسش؛ اندر بهانه مَرَو
اگر کشور از من، نگیرد فروغ — بکژّی مکن هیچ، رای دروغ
به تلخند بسپار گنج و سپاه — من او را یکی کهترم نیکخواه
اُگر من بسال و خرد مهترم — هم از پشت جمهور گنداورم[*]
بدوگوی تا از پی تاج و تخت — نگیرد به بی‌دانشی، کار سخت!»

*

بدو گفت مادر که: «تندی مکن — بر اندازه باید، که رانی سخن
هر آنکس که بر تخت شاهی نشست — میان بسته باید، گشاده دو دست
نگه داشتن؛ جانِ پاک از بدی — به دانش سپَردن؛ رهِ بخردی
هم از دشمن آژیر بودن به جنگ — نگه داشتن بهرهٔ نام و ننگ
ز داد و ز بیداد شهر و سپاه — بپرسد خداوند خورشید و ماه
اگر پشّه، از شاه یابد ستم — روانش به دوزخ بماند دژم
جهان از شب تیره تاریک‌تر — دلی باید از موی باریک‌تر
که از بد کند جان و تن را رها — بداند که کژّی نیارد بها
چو بر سر نهد تاج، بر تختِ داد — جهانی ازان داد باشند شاد
سرانجام بستر ز خشت است و خاک — اُگر سوخته گردد اندر مغاک

1 - سخن را پایان نیست.
2 - همچنین!
3 - **یک:** لت دویم را کمبود است: (او را) خرد باید و رای! **دو:** گنج و سپاه پدرشان برجای است.
4 - در «بندهای» لت پیشین، سخن از داد و بیداد نرفته بود.
* - جمهور... شاید بودن که سخن چنین بوده باشد: **«هم از پشت آن شاهِ گند آورم»**.

ازین دودمان شاه جمهور بود — که رایش ز کردار بد دور بود[1]
نه هنگام بُد مردن او را، بمرد — جهان را بکهتر برادر سپرد[2]
ز دنبر بیامد سرافراز مای — جوان بود و بینادل و پاکرای[3]
همه سندلی پیش او آمدند — پر از خون دل و شاهجو آمدند[4]
بیامد بتخت مهی برنشست — میان تنگ بسته، گشاده دو دست[5]
مرا خواست، انباز گشتیم و جفت — بدان تا نماند سخن در نهفت[6]
اگر زانکه مهتر برادر تویی — بهوش و خرد نیز برتر تویی؛
همان کن که جان را نداری به رنج — ز بهر سرافرازی و تاج و گنج
یکی از شما، گر کنم من گزین — دل دیگری گردد از من بکین
مریزید خون از پی تاج و گنج — که بر کس نماند سرای سپنج»

*

ز مادر چو بشنید تلخند پند — نیامدْش گفتار او سودمند
به مادر چنین گفت ک:«ز مهتری — همی از پی گو، کنی داوری
بسال ار برادر ز من مهتر است — نه هر کس که مهتر بود، بهتر است
بدین لشکر من فراوان کس است — که همسال او بآسمان کرگس است[7]
که هرگز نجویند گاه و سپاه — نه تخت و نه افسر نه گنج و کلاه[8]
پدر گر بروز جوانی بمرد — نه تخت بزرگی، کسی را سپرد
دلت جفت بینم همی سوی گو — بر آنی که او را کنی پیشرو[9]
من از گل بر این گونه مردم کنم — مباداکه نام پدر گم کنم»[10]
یکی؛ مادرش، سخت سوگند خورد — که: «بیزارم از گنبد لاژورد
اگر هرگز این آرزو خواستم — ز یزدان و، بر دل بیاراستم
مبر زین سخن، جز بنیکی گمان — مشو تیز با گردش آسمان
که آن را که خواهد دهد نیکوی — نگر، جز به یزدان بکس نگروی[11]

---

۱ - یک: جمهور... . دو: لت دویم برگرفته از شاهنامه است.
۲ - سخن باژگونه است، نه هنگام مردنش بود.
۳ - مای... پیدا است که جوان بوده است و دوباره‌گویی در کار نیست.
۴ - همه سندلیان... پیش او رفتند؟ یا آمدند؟
۵ - دنبالهٔ گفتار
۶ - سخن بدآهنگ است، لت دویم را نیز گزارش نیست... افزایندهٔ خام گفتار، در لت دویم با چنین سخن چنان می‌گوید که مرا با برادر پدر تو مهر بود، و از برای آنکه این داستان پنهان نماند با یکدیگر پیمان همسری بستیم!!!
۷ - کرکس را زمان زندگی، بیش از مردمان نیست، که بتوان پیری را با زمان او سنجیدن.
۸ - نجویند را در لت نخست، با «او» در رج پیشین همخوانی نیست.
۹ - دلت را، با گو، مهربان ببینم، «جفت بینم سوی گو» سخت نادرخور است.
۱۰ - سخن سست و بی‌گزارش!
۱۱ - یزدان را باکس (= مردمان) همتراز دانستن از سستی اندیشهٔ افزاینده است.

من انداختم*، هرچه آمد ز پند
اگر نیست پندِ منت سودمند؛
نگر تا چه؟ بهتر ز کار، آن کنید
اُ زین پندِ من، توشهٔ جان کنید»

*

اُ زان پس همه بخردان را بخواند
همه پندها پیش ایشان براند
کلید در گنج دو پادشا
که بودند با دانش و پارسا
بیاورد و کرد آشکارا، نهان
به پیش جهاندیدگان و مهان
سراسر بر ایشان ببخشید راست
همه کام آن هر دو فرزند خواست

*

چنین گفت زان پس، به تلخند، گو
که: «ای نیکدل نامور یارِ نو
شنیدم که جمهور چندی ز مای
سرافرازتر بُد بسال و برای [1]
پدرت آن گرانمایهٔ نیکخوی
نکرد ایچ ازآن پیش، تخت آرزوی [2]
نه، ننگ آمدش هرگز از کهتری
نه، جُست ایچ بر مهتران مهتری [3]
نگر تا پسندد؟ چنین، دادگر!
که من پیش کهتر ببندم کمر!
نگفته‌ست مادر، سخن جز بداد!
ترا دل چرا؟ شد ز بیداد شاد!
ز لشکر بخوانیم چندی مهان
خردمند و برگشته گرد جهان [4]
ز فرزانگان چون سخن بشنویم
به رای و به گفتارشان بگرویم»
ز ایوان مادر بدین گفت و گوی
برفتند و، دلشان پر از جست و جوی

*

بر این بر نهادند هر دو جوان
ک:«زان پس ز گُردان و از پهلوان [5]
ز دانا و پاکان سخن بشنویم
برآنسان که باشد بدان بگرویم [6]
کز ایشان همی دانش آموختیم
به فرهنگ دلها برافروختیم» [7]
بیامد دو فرزانهٔ رهنمای
میانشان همی رفت هرگونه رای [8]
همی خواست فرزانهٔ گو که گو
بود شاه در سندلی پیشرو [9]
هم آن کس که استاد تلخند بود
به فرزانگی هم خردمند بود [10]
همی این بر آن برزد و آن بر این
چنین تا دو مهتر گرفتند کین

---

* - انداختن: طرح کردن.

۱ - شنیدم نادرخور است، زیرا که همگان آنرا می‌دانسته‌اند.

۲ - نکرد، راکمبود است «نمی‌کرد...».

۳ - بر مهتران نادرست است: «بر برادرِ مهتر».

۴ - برگشته نادرست است: «گشته گردِ جهان».

۵ - گُردان را پهلوانان باید، وگرد و پهلوان یکیست.

۶ - **یک:** پاکان را دانایان باید. **دو:** لت دویم نیز سست است.

۷ - وابسته به رج پیشین.

۸ - دو فرزانه را «بیامدند» باید.

۹ - لت دویم راگزارش نیست.

۱۰ - همچنین... و سخن را پایان نیست.

نهادند زان پس در ایوان، دو تخت … نشسته بتخت آن دو پیروز بخت؛
دلاور؛ دو فرزانه، بر دست راست … همی هر یکی از جهان، بهر خواست
گرانمایگان را همه خواندند … به ایوان چپ و راست بنشاندند
زبان برگشادند فرزانگان … که: «ای سرفرازان و مردانگان[1]
ازین نامداران فرخ نژاد … -که دارید رسم پدرشان به یاد-[2]
که خواهید بر خویشتن پادشا؟ … که دانید زین دو جوان پارسا؟[3]
فرو ماندند اندران موبدان … بزرگان و بیداردل بخردان[4]
نشسته دو شاه جوان بر دو تخت … به گفتِ دو فرزانهٔ نیکبخت[5]
بدانست شهری و هم لشکری … کزان کار، جنگ آید و داوری
همه پادشاهی شود بر دو نیم … خردمند ماند، برنج و به بیم

*

یکی ز انجمن سر برآورد راست … به آوا سخن گفت و بر پای خاست
که: «ما از دو دستور و دو شهریار … چه؟ یاریم گفتن که آید بکار!
بسازیم فردا یکی انجمن … بگوییم با یکدگر، تن به تن
اُ زان پس فرستیم یک یک پیام … مگر شهریاران بیابند کام»
برفتند ز ایوان، ژکان و دُژم … لبان پر ز باد و، روان پر ز غم
بگفتند کاین کار، با رنج گشت … ز دست جهاندیده اندر گذشت[6]
برادر ندیدیم هرگز دو شاه … دو دستور بدخواه در پیشگاه[7]

*

ببودند یک شب* پرآژنگ چهر … بدانگه که بر زد، سر از کوه، مهر
برفتند یکسر بزرگان شهر … هر آن کس که‌شان بود، زان کار؛ بهر
پر آواز شد سندلی چارسوی … سخن رفت هرگونه بر آرزوی[8]
یکی را ز گُردان، به گَو بود رای … یکی، سوی تلخند بُد رهنمای
زبان‌ها ز گفتارشان شد ستوه … نگشتند همرای، با هم، گروه
پراکنده گشت آن بزرگ انجمن … سپاهی و شهری همه تن به تن
یکی؛ سوی تلخند پیغام کرد … زبان را ز گَو، پر ز دشنام کرد

1 - **یک:** زبان برگشودن، دشنام دادن است. **دو:** لت دویم نیز سست می‌نماید.
2 - سخن را پیوند با رج پیشین نیست، لت دویم نیز سست است.
3 - همچنین لت دویم بی‌گزارش است.
4 - دنباله سخن.
5 - دوباره‌گویی دربارهٔ نشستن بر دو تخت.
6 - از دست جهاندیده اندرگذشتن را گزارش نیست.
7 - لت دویم را آغازگر «با» باید.
* - «**آن شب**» درست می‌نماید.
8 - سخن بی‌پیوند است: چهار سوی شهر، پر آواز شد.

دگر؛ سوی گَو رفت با گرز و تیغ — که از شاه، جان را ندارم دریغ
پرآشوب شد کشور سندلی — بدان نیکخواهی و آن یکدلی[1]
خردمند گوید که در یک سرای — چو فرمان دو گردد نماند بجای[2]

❋

پس آگاهی آمد به تلخند و گو — که: «هر برزنی با یکی پیشرو؛
همه شهر ویران کنند از هوا — نباید که دارند شاهان روا!
ببودند زان آگهی پرهراس — همی داشتندی شب و روز پاس
چنان بُد که روزی دو شاه جوان — برفتند بی‌لشکر و پهلوان
زبان° برگشادند یک با دگر — پر آژنگ روی و، پر از جنگ سر
به تلخند گفت: «ای برادر مکن — کز اندازه بگذشت ما را سخن
بیارام و برخیره چیزی مجوی* — که فرزانگان، آن؛ نبینند روی
شنیدی؟ که جمهور تا زنده بود — برادر ورا، چون یکی بنده بود[3]
بمرد او و من ماندم خوار و خرد — یکی خرد را گاه نتوان سپرد[4]
جهان پر ز خوبی بُد از رای او — نیارست جُستن، کسی جای اوی[5]
برادر ورا همچو جان بود و تن — بشاهی ورا خواندند انجمن[6]
اگر بودمی من سزاوار گاه — نکردی به مای اندرون، کس، نگاه[7]
بر آیین شاهان گیتی رویم — ز فرزانگان، نیک و بد؛ بشنویم
من از تو بسال و پدر مهترم — تو گویی که: من کهتر و بهترم!
یکی ناسزا، تخت شاهی؛ مجوی! — مکن روی کشور، پر از گفت‌وگوی»

❋

چنین پاسخ آورد تلخند: «پس[▣] — به افسون، بزرگی نجُسته است کس!
من این تاج و تخت از پدر یافتم — ز تخمی که او کِشت، بر، یافتم
همه پادشاهی و گنج و سپاه — ازین پس بشمشیر دارم نگاه»

❋

---

۱ - سخن سست است، و کشور سندلی نادرست... کشور هندوستان.

۲ - چه چیز بجای نمی‌ماند؟ سخن را کمبود است.

○ - «سخن برگشادند» درست می‌نماید.

❋ - این لت را در نمونه‌ها، بگونه‌های بسیار آمده که از هیچیک سخن درست بر نمی‌آید. نوشته، برابر با شاهنامهٔ امیربهادر است.

۳ - «شنیدی» نادرخور است: «شنیده‌ای»، یا «نشنیدی».

۴ - لت دویم را پیوند بایسته نیست.

۵ - سخن درست نیست، زیرا که برادر او را بجای او...

٦ - ...بشاهی برگزیدند، و نه «خواندند».

۷ - «مای اندرون» نادرست است، زیرا که کس را توان نگریستن به اندرون دیگری نیست.

▣ - همهٔ نمونه‌ها پایانوند، لت نخست را بگونهٔ «پس» آورده‌اند، اما پیدا است که «بس!» بوده است: «پاسخ داد که بس کن!».

ز جمهور و از مای چندی مگوی    اگر آمنی تخت را، رزم جوی»[1]
سرانشان پر از جنگ بازآمدند    بشهر اندرون، رزمساز آمدند
سپاهی و شهری همه جنگجوی    بدرگاه شاهان نهادند روی
گروهی به تلخند کردند رای    دگر را به گو بود، دل؛ رهنمای
بر آمد خروش از در هر دو شاه    یکی را نبود اندر آن شهر، راه

## رزم تَلْخَند

نخستین؛ بیاراست، تلخند، جنگ    نبودش بجنگ دلیران□، درنگ
سرِ گنجهای پدر برگشاد    سپه را همه ترگ و جوشن بداد
همه شهر، یکسر پر از بیم شد    دل مرد بخرد، بدو نیم شد
که تا چون؟ بود گردش آسمان!    که؟ را برکشد زین دو مهتر، زمان!
همه کشور آگاه شد زان دو شاه    دمادم بیامد ز هر سو سپاه[2]
بپوشید تلخند جوشن، نخست    بخون ریختن چنگها را بشست[3]
بیاورد گو، نیز، خفتان و خود    همی داد، جان پدر را درود
بدان تندی از جای برخاستند    همی پشت پیلان بیاراستند[4]
نهادند بر کوههٔ پیل، زین    تو گفتی همی در نوردد زمین[5]
همه دشت، پر زنگ و هندی درای    همه گوش، پر نالهٔ کرّنای
به لشکرگه آمد دو شاه جوان    همه بهر بیشی نهاده روان[6]
سپهر اندران رزمگه خیره شد    ز گرد سپه چشمها تیره شد[7]
برآمد خروشیدن گاودم    ز دو رویه آواز رویینه‌خم[8]
بیاراست با میمنه میسره    تو گفتی زمین کوه شد یکسره[9]
دو لشکر؛ کشیدند صف، بر دو میل    دو شاه سرافراز، بر پشت پیل
درفشی درفشان ببر بر، بپای    یکی پیکرش ببر و دیگر همای[10]

---

۱ - سخن را گزارش نیست.
□ - نمونه‌ها چنین آورده‌اند، اما پیدا است که **«جنگ برادر»** درست است.
۲ - سخن از (همه شهر) پیش از این آمده بود.
۳ - دوباره‌گویی رج پنجم پیشین است.
۴ - برجای ننشسته بودند که برخیزند.
۵ - تو گفتی... چه کس، یا چه چیز زمین را درمی‌نوردد؟
۶ - **یک:** دو شاه را «آمدند» باید. **دو:** لت دویم را هیچ گزارش نیست.
۷ - هنوز نبرد آغاز نشده بود.
۸ - هنوز دو سپاه، رده برنکشیده‌اند!
۹ - میمنه و میسره را در آرایش جنگی فردوسی، راه نیست. تو گفتی...
۱۰ - نام از دو درفش را نشاید با «درفشی» بردن.

پیاده به پیش اندرون* نیزه‌دار  سپردار و شایستهٔ کارزار
نگه کرد، گَو، اندران دشت جنگ  هوا دید چون پشتِ جنگی پلنگ[1]
همه کام خاک و همه دشت خون  به گرد اندرون نیزه بُد رهنمون[2]
به تلخند هر چند جانش بسوخت  ز خشم او دو چشم خرد را بدوخت[3]

*

گزین کرد مردی سخنگوی، گو  -کزان مهتران او بدی پیشرو-
که: «رو پیش تلخند و او را بگوی:  به بیداد، جنگ برادر؛ مجوی
که هر خون که باشد به کین، ریخته  تو باشی بدان گیتی آویخته!
یکی، گوش بگشای، بر پند گَو  بگفتارِ بدگوی، غرّه مَشَوْ
نباید که از ما، بدین کارزار  نکوهش بود در جهان یادگار
اُز این؛ کشور هند، ویران شود  کنام پلنگان و شیران شود
بپرهیز ازین جنگ و آویختن  به بیداد، بر خیره، خون ریختن!
دل من بدین آشتی شاد کن  ز فام خرد گردن آزاد کن
ازین مرز تا پیش دریای چین  ترا باد چندانکه خواهی زمین
همه مهر، با جان، برابر کنیم  ترا بر سرِ خویش افسر کنیم
ببخشیم شاهی، بکردار گنج  که این تخت و افسر نیرزد به رنج
اُگر چند بیداد جویی همه  پراگندن گرد کرده رمه[4]
بدین گیتی اندر نکوهش بود  همین را بدان سر پژوهش بود[5]
مکن ای برادر، به بیداد، رای!  که بیداد را نیست، با داد، پای»

*

فرستاده چون پیش تلخند شد  زبان و روانش، پر از پند شد
چنین داد پاسخ که: «او را بگوی  که در جنگ، چندین بهانه مجوی
برادر نخوانم ترا من، نه دوست  نه مغز تو از دودهٔ ما نه پوست[6]
همه پادشاهی، تو ویران کنی!  چو آهنگ جنگ دلیران کنی[7]

---

* - نمونه‌ها پیش‌اندرون آورده‌اند و «**پیشِ سپه**» درست می‌نماید.

۱ - بدشت نگاه کرد، و هوا را چون پشت پلنگ دید؟

۲ - هنوز نبرد آغاز نشده، خاک بر کام لشکریان ننشسته است.

۳ - **یک:** جان نمی‌سوزد که «دل بر کسی می‌سوزد». **دو:** «او» را در لت دویم، کاربرد نیست. **سه:** «دو چشم» نیز نادرخور است، و «چشم» بسنده است.

۴ - سخن بی‌گزارش و سست است.

۵ - سخن سست بی‌پیوند

٦ - **یک:** چون دوست با «نه» همراه است. بخش نخست آن نیز بایستی «نه» برادر خوانمت، نه دوست! آید. **دو:** در لت دویم کنش «است» باید «از دودهٔ ما (است)».

۷ - **یک:** او که نخست آهنگ جنگ نکرده بود!... **دو:** جنگ دلیران نیز شایسته نمی‌نماید: «جنگ برادر».

همه بدسگالان بنزد توأند    به بهرام روز اورمزد توأند[1]
گنهکار هم پیش یزدان تویی    که بدنام و بدگوهر و بدخویی[2]
ز خونی که ریزند، زین پس؛ بکین    تو باشی بنفرین و من بآفرین
دودیگر که گفتی ببخشیم تاج    هم این مرزبانی و این تخت آج
هر آنگه که تو شهریاری کنی    مرا مرز بخشی و یاری کنی؛
نخواهم که جان باشد اندر تنم    اُگر چشم، بر تاج و گاه افکنم
کنون جنگ را برکشیدم رده    هوا شد چو دیبا، به زر، آزده[3]
ز تیر و ز ژوپین و نوک سنان    نداند کنون، گو، رکیب از عنان[4]
برآوردگه بر، سرافشان کنم    همه لشکرش را خروشان کنم[5]
برآنسان سپاه اندر آرم بجنگ    که سیر آید از جنگ، جنگی پلنگ»
بیارند گو را کنون بسته دست    سپاهش ببینند هر سو شکست[6]
که از بندگان نیز با شهریار    نپوشد کسی، جوشن کارزار»[7]

*

چو پاسخ شنید آن خردمند مرد    بیامد همه، یک بیک، یاد کرد
غمین شد دل گو چو پاسخ شنید    که تلخند را رای پاسخ ندید[8]
پر اندیشه، فرزانه را پیش خواند    ز پاسخ؛ فراوان سخن‌ها براند
بدو گفت که:«ای مرد فرهنگجوی    یکی چارهٔ کار، با من بگوی
همه دشت خون‌ست و بی‌تن سراست    روان را گذر بر جهانداور است[9]
نباید کزین جنگ، فرجام کار    بما باز ماند بدِ روزگار»

*

بدو گفت فرزانه که:«ای شهریار    نباید ترا پند آموزگار
گر از من همی بازجویی سَخُن    بجنگ برادر درشتی مکن
فرستاده‌ای نیز؛ نزدیک اوی    سرافراز با دانش و نرم‌گوی

---

۱ – اورمزد، روز نخست هر ماه است، و بهرام، روز بیستم هر ماه، و نمی‌توان گفتن که در روز بیستم - روز نخست ماه تواند!
۲ – هر دشنام را توان ببرادر دادن، و نتوان از او، بنام بدگوهر (= بدنژاد) یاد کردن.
۳ – دیبا را نشاید برز آزدن (= آژدن؛ آجیدن؛ فروکردن).
۴ – «کنون» در لت دویم این رج، با «کنون» در لت پیشین همخوان نیست.
۵ – (بر)آوردگه سر افشاندن چنان می‌نماید که از آسمان بر دشت جنگ سر می‌افشانند!
۶ – **یک:** هنوز جنگ آغاز نشده «کنون» گفتن نادرخور است. **دو:** «شکست بینند» نیز... **سه:** لت دویم را پیوند «و» در آغاز باید، و «از» در میانه: «(و) سپاهش ببینند (از) هر سو شکست».
۷ – **یک:** بجای پیوند «که»، «تا» باید (تا) از بندگان (کسی) با شهریار. **دو:** لت دویم را نیز بایسته نیست، «به جنگ نیاید»!
۸ – دو «پاسخ» در یک سخن نشاید آوردن.
۹ – هنوز جنگ آغاز نشده است.

ببـاید فـرستاد و دادن پـیام    مگـر گـردد او، انـدرین جنگ، رام
بدو ده همه گنجِ نابرده رنج    تو جان برادر گزین کن ز گنج
چو باشد ترا تاج و انگشتری    به دینار، با او مکن داوری!
نگه کردم، از گردش آسمان    بدین زودی او را سر آید زمان
ز گردنده هفت اختر اندر سپهر    یکی را ندیدم بدو رای و مهر
تبه گردد او، هم؛ بدین دشتِ جنگ    نباید گرفتن خود این کار، تنگ
مگر شهر شاهی و تخت و کلاه    بدان تات، بددل نخواند سپاه [1]
ز تو هر چه خواهد ز اسپ و ز گنج    بده تا نباشد روانش به رنج
تو گر شهریاری و نیک اختری    بکار سپهری توانا تری»

*

ز فرزانه بشنید شاه این سَخُن    دگر باره، رای نو افکند بُن
ز درد برادر پر از آب، روی    گزین کرد، نیک اختری چرب‌گوی
بدو گفت گو: «پیش تلخند شَوْ    بگویش که پر درد و رنج است گَوْ
ازین گردش رزم و این کارزار    همی خواهد از داور کردگار؛
که گرداند اندر دلت هوش و مهر    بتابی ز جنگ برادر؛ تو چهر
به* فرزانه‌ای کاو بنزدیک تست    فروزندهٔ جان تاریک تست
بپرس از شمار ده و دو، و هفت    که چون؟ خواهد این کارِ بیداد، رفت!
اگر چند، تندی و گنداوری    هم از گردش چرخ، بر نگذری
همه گرد بر گرد ما دشمن است    جهانی پس از مردم ریمن است [2]
همان شاه کشمیر و فغفور چین    که تنگ‌ست از ایشان به ما بر زمین [3]
نکوهیده باشیم ازین، هر دو روی    هم از نامداران پرخاشجوی [4]
که گویند کز بهر تخت و کلاه    چرا ساخت تلخند و گو رزمگاه [5]
به گوهر مگر همنژاده نی‌اند    همان از گهر پاکزاده نی‌اند [6]
ز لشکر، گر آیی بنزدیک من؛    درفشان کنی جان تاریک من؛

---

۱ – سخن سست است، و سخن از تاج و انگشتری در رج چهارم پیش از این گذشت.

* – همهٔ نمونه‌ها، «بفرزانه‌ای» آورده‌اند، اما پیدا است که **«ز فرزانه‌ای»** درست است: از فرزانه‌ای که نزدیک تست، بپرس...».

۲ – **یک:** چنین نیست، و آنانرا در هیچ جای دشمن نبود... **دو:** افزاینده را برای پساوای دشمن نیاز به «ریمن» بوده است، و همگان را ریمن خواند!

۳ – کشمیریان در داستان همراه آنان بودند...

۴ – **یک:** «از این» راگزارش نیست. **دو:** «هم» آغازین لت دویم را یک «هم» دیگر در رج نخستین بایستی «هم از... هم از...».

۵ – تلخند و گو را «ساختند» باید.

۶ – **یک:** هم‌نزاده نادرست: «هم‌نژاد». **دو:** گوهر و نژاد یکیست، و چون از «گوهر» نام رود، «نژاد» نمی‌باید. **سه:** لت دویم نیز سست و بی‌پیوند است.

ز دینار و دیبا و از اسپ و گنج ... ببخشم نمانم که مانی به رنج
هم از دست من کشور و مهر و تاج ... بیابی همان یاره و تخت آج[1]
ز مهتر برادر، ترا نیست ننگ ... مرا با تو، خود، آرزو نیست جنگ●
اگر پند من سر بسر نشنوی ... بفرجام، زین بد، پشیمان شوی»

*

فرستاده آمد چو باد دمان ... بنزدیک تلخندِ تیره‌روان
بگفت آنچه بشنید و بفزود نیز ... ز شاهیّ و از گنجِ دینار و چیز
چو بشنید تلخند، گفتار اوی ... خردمندی و رای و دیدار اوی
ازآن، کآسمان را، دگر بود راز ... بگفتِ برادر نیامد فراز

*

چنین داد پاسخ که: «گَو را بگوی ... که هرگز مبادی جز از چاره‌جوی
بریده زوانت به شمشیر بد ... تنت سوخته ز آتش هیربد[2]
شنیدم همه خام گفتار تو ... نبینم جز از چاره، بازار تو
چگونه؟ دهی گنج و شاهی بمن ... تو خود کیستی؟ زین بزرگ انجمن!
توانایی و گنج و شاهی مرا است ... ز خورشید تا پشتِ ماهی مرا است*
همانا زمانت فراز آمده‌ست ... که‌ت اندیشه‌های دراز آمده‌ست
سپاه ایستاده چنین بر دو میل ... ز آورد مردان و پیکار پیل[3]
بیارای لشکر، فراز آر جنگ ... به رزم اندرون، چیست؟ رای درنگ!
چنان بینی اکنون ز من دستبرد ... که روزت، ستاره بباید شمرد○»
ندانی جز افسون و بند و فریب ... چو دیدی که آمد به پیشت نشیب[4]
از اندیشه‌ای دور و ز تاج و تخت ... نخواند ترا دانشی نیکبخت»

*

فرستاده آمد، سری پر ز باد ... همه پاسخ پادشا، کرد یاد

---

۱ - کشور را نمی‌توان (با دست) دادن، (از دست) یافتن!!

● - برابر با شاهنامهٔ سپاهان است. نمونه‌های دیگر: مگر آرزویت، جز از جنگ نیست، مرا با تو خود آرزو، مرا آرزو؛ خود جزاز جنگ، ترا آرزو خود جز از (شاهنامه مسکو ۲۳۱-۸).

۲ - «شمشیر بد» چگونه شمشیری است! در رده‌های موبدان، هیربد «آموزگار» بود نه آتش سوز!

* - در باور هندوان زمین بر شاخ گاوی استوار بود، و آن گاو نیز بر پشت ماهیی که در دریای گیهانی شنا می‌کرد، و گزارش این لت، آنست که همه چیز جهان از آن منست.

۳ - «آورد مردان» آمیزه‌ای نادرست است. و سپاه ایستاده را با پیکار پیل پیوند نیست.

○ - روزت چونان شب سیاه خواهد شدن.

۴ - **یک:** سخن آغازین باژگونه است: «دور از اندیشه هستی». **دو:** دانشمند، بجای دانشی.

داستان پیدایی شترنگ

چنین تا شب تیره بنمود روی ... فرستاده آمد همی، زین، بدوی
فرود آمدند اندرآن رزمگاه ... یکی کنده کندند، پیشِ سپاه
طلایه همی گشت بر گرد دشت ... بدین‌گونه تا آن شب، اندر گذشت
چو برزد سر از برج شیر آفتاب ... زمین⊡ شد بکردار دریای آب
یکی چادر آورد، خورشید؛ زرد ... بگسترد بر کشور لاژورد
برآمد خروشیدن کرّنای ... هم، آوازِ کوس از دو پرده‌سرای
درفش دو شاه نو آمد پدید ... سپه میمنه میسره برکشید[1]
دو شاه سرافراز، در قلبگاه ... دو دستور فرزانه، بر دستِ شاه
به فرزانهٔ خویش فرمود، گو ... که گوید به آواز با، پیشرو
که: «بر پای دارید یکسر درفش ... کشیده همه تیغ‌های بنفش
یکی از یلان، پیش منهید؛ پای ... نباید که جنبد، پیاده؛ ز جای
که هرکس که تیزی کند روز جنگ ... نباشد خردمند، یا مرد سنگ[2]
ببینم که تلخند، با این سپاه ... چگونه خرامد به آوردگاه!
نباشد جز از رای یزدان پاک ... ز رخشنده خورشید تا تیره خاک[3]
ز پند آزمودیم و از مهر، چند ... نبود ایچ ازین پندها سودمند
گر ایدونکه پیروز گردد سپاه ... مرا بر دهد گردش هور و ماه؛
مریزید خون از پی خواسته ... که یابید خود، گنج آراسته
اُگر نامداری بود زین سپاه ... که اسپ افکند تیز بر قلبگاه
چو تلخند را یابد اندر نبرد ... نباید که بر وی فشانند گرد*
نیایش‌کنان پیش پیل ژیان ... بباید شدن، تنگ بسته میان»
خروشی برآمد که: «فرمان کنیم ... ز رای تو، آرایشِ جان کنیم»

*

اُزان روی تلخند پیش سپاه ... چنین گفت با پاسبانانِ گاه:
«گر ایدونکه باشیم پیروزگر ... دهد گردشِ اخترِ نیک بر
همه تیغ‌ها، کینه را، برکشیم ... به یزدان پناهیم و دم در کشیم[4]

---

⊡ – در اندیشهٔ من، **«هوا»** بکردار دریای آب می‌شود از آنجاکه، هنوز سپاهیان نجنبیده‌اند، تا از جنبش آنان، زمین جنبان شود.

۱ – **یک:** درفش را بایستی همواره پدیدار بودن. **دو:** میمنه و میسره را در آرایش جنگی فردوسی جای نیست.

۲ – **یک:** بسیار باشد که روز جنگ، تیزی بکار آید. **دو:** لت دویم اندکی سست می‌نماید.

۳ – لت دویم نادرخور است. زیراکه نتوان خورشید رخشان را (رای خداوند) خواندن!

* – گفتار با «نامداری» آغاز شد، وکنش «برفشانند» با آن همخوان نیست، اندیشه چنین ره می‌نماید: **«نباید فشاندن بر او، نیزگرد»**.

۴ – چون پیروزگر شوند، چرا بایستی پس از آن تیغ‌ها را برکشند؟

چو یابید گو را نبایدْش کشت — نه با او، سخن نیز؛ گفتن درشت
بگیریدش از پشت آن پیل مست — به پیش من آرید، بسته دو دست»

*

همانگه خروشیدن کرنای — برآمد ز دهلیز پرده‌سرای [1]
همه کوه و دریا پر آواز گشت — تو گفتی سپهر روان، بازگشت [2]
ز بس نیزه و چاکچاک تبر — ندانست کس، پایِ گیتی، ز سر [3]
ز رخشنده پیکان و پرّ عقاب — همی دامن اندر کشید آفتاب [4]
زمین شد بکردار دریای خون — در و دشت بُد زیر خون اندرون [5]
دو پیل ژیان، شاهزاده؛ دو شاه — براندند هر دو ز قلب سپاه
چنین گفت تلخند جنگی به گو [6] — که: از بادِ ژوپین من دور شو
بجنگ برادر مکن دست، پیش — نگه دار ز آواز من جای خویش [7]
همی این بدان گفت و آن هم بدین — چو دریای خون شد سراسر زمین [8]
یلانی که بودند خنجرگزار — بگشتند پیرامن کارزار [9]
ز زخم دو شاه آن دو پرخاشجوی — همی خون و مغز اندر آمد به جوی [10]
بر این گونه تا خور ز گنبد بگشت — وز اندازه آویزش اندر گذشت [11]
خروش آمد از دشت و، آوازِ گو — که: «ای جنگ‌سازان و گُردان نو
هر آنکس که خواهد ز ما زینهار — مدارید ازو کینه، در کارزار
بدان، تا برادر؛ بترسد ز جنگ — چو تنها بماند، نسازد درنگ»
بسی خواستند از یلان زینهار — بسی کشته شد در دم کارزار *
چو تلخند بر پیل تنها بماند — گو او را به آواز چندی بخواند
که: «رَو، ای برادر به ایوان خویش — نگهدار پیمان و دیوان خویش
نیابی همانا بسی زنده تن — ازان تیغزن نامدار انجمن [12]

---

۱ – خروش کرنای؛ در رج ۴۰۹۲۵ پیش از این بلند شده بود. **۲** –سپهر روان از کجا بازگشت؟ تو گفتی...

**۳** –مگر تنها با تبر می‌جنگیدند؟ **۴** – آفتاب دامن را بکجا (اندرکشید)؟ **۵** –زیر را اندرون نیست.

**۶** – برابر شاهنامه امیربهادر. نمونه‌ها همه: «خروشی برآمد ز تلخند و گو!». اما پیدا است که تلخند جنگجوی چنین نمی توانست گفتن و ژوپین را «باد» نیست. **۷** – خود در جنگ پیشدستی کرده بود.

**۸** – «آن هم بدین»، نادرخور است، و با گفتار، زمین چون دریای خون نمی‌شود!

**۹** – **یک:** «خنجرگزاری»، بجز از هنگام نبرد تن بتن روی نمی‌دهد. **دو:** پیرامن کارزار نیز نادرست است پیرامون آوردگاه.

**۱۰** – آن دو شاه هنوز بیکدیگر زخم (ضربه) نزده‌اند. **۱۱** – دنبالهٔ گفتار

* – بسی کشته (شد) نادرست است، و نمونهٔ دیگر نیز نیست، چنین می‌نماید که گفتار فردوسی اینچنین بوده باشد: **«بسی کشته گشتند در کارزار»**.

**۱۲** – **یک:** زنده تن نادرست است زیرا که پیدا است که زنده را تنِ زنده هست. **دو:** لت دویم نیز سست و بی‌پیوند است.

همه خوب کاری ز یزدان شناس وز او؛ دار، تا زنده باشی، سپاس؛
که زنده برفتی تو از دشتِ جنگ نه هنگام رای است و روز درنگ»

## پیام فرستادن تلخند به گو

چو بشنید، تلخند، آواز اوی شد از ننگ، پیچان و پر، آب، روی
بشهر آمد از دشتِ آوردگاه فراز آمدندش ز هر سو سپاه
درِ گنج بگشاد و روزی بداد سپاهش شد آباد و با کام و شاد[1]
سزاوار خلعت هر آن کس که دید بیاراست او را چنان چون سزید[2]
به دینار، چون لشکر آباد گشت دل جنگجوی از غم آزاد گشت
پیامی فرستاد نزدیک گو که: «ای تخت را، چون بپالیز، خَو
برآنی که از من شدی بی‌گزند دلت را بزنّار افسون مبند
به آتش شوی ناگهان سوخته روان آژده، چشم‌ها دوخته»

*

چو بشنید گو، آن پیام درشت دلش را ز مهر برادر بشست[3]
دلش زان سخن گشت اندوهگین به فرزانه گفت: «این شگفتی ببین!»
بدو گفت فرزانه که:«ای شهریار تویی از پدر، تخت را، یادگار
ز دانش‌پژوهان تو داناتری هم از تاجداران تواناتری
مرا؛ این، درست است و گفتم بشاه ز گردنده خورشید و تابنده ماه؛
که: این نامور تا نگردد هلاک بگردد چو مار، اندرین تیره خاک
بپاسخ تو با او درشتی مگوی بپیوند و، آزرمِ او را بجوی
اگر جنگ سازد بسازیم جنگ که او با شتاب است و ما با درنگ»

*

سپهبد فرستاده را پیش خواند به خوبی، فراوان سخن‌ها، براند
بدو گفت:«رو با برادر بگوی که چندین درشتی و تندی مجوی

---

۱ - گفتار درست در رج دویم پسین آمده است. ۲ - هنگامهٔ نبرد را جای «خلعت» دادن نیست.
۳ - سخن در رج پسین بگونه‌ای دیگر می‌آید.

درشتی نه زیباست با شهریار / پدر نامور بود و تو نامدار
مرا؛ این، درست است کز پند من / تو دوری و، دوری ز پیوند من
ولیکن مرا، زانکه هست آرزوی / که تو نامور باشی و نامجوی؛
بگویم همه آنچه اندر دل است / سخن‌ها که جانم بر او مایل است؛
ترا سر، بپیچد، ز دستور بد / -ز آسانی و رای و راهِ خرد-
مگوی ای برادر سخن، جز، بداد / که از داد، گردد روانِ تو شاد
سوی راستی یاز، تا هر چه هست / ز گنج و ز مردان خسروپرست
فرستم همه○ سر بسر پیش تو / ببیند روان بداندیش تو*
که اندر دلِ من جز از داد نیست / مباد آنکه از جان تو، شاد نیست
برین است رایم، که دادم پیام / اگر بشنود مردمِ خویشکام
ور ایدونکه رایت جز از جنگ نیست / بخوبی و پیوندت آهنگ نیست
بسازم کنون جنگ را، لشکری / که باید سپاه مرا کشوری[1]
ازین مرز آباد، ما؛ بگذریم / سپه را همه پیش دریا بریم
یکی کنده سازیم گرد سپاه / بر این جنگجویان ببندیم راه
ز دریا به کنده در، آب افکنیم / سراسر، سر اندر شتاب افکنیم
بدان، تا هر آن کس که بیند شکست / ز کنده نباشد ورا راهِ جَست
ز ما هر که پیروز گردد بجنگ / نریزیم خون، اندرین● جایِ تنگ
سپه را همه دستگیر آوریم / مباداکه شمشیر و تیر آوریم»

*

فرستاده برگشت و آمد چو باد / بر او بر، سخن‌های گو، کرد یاد
چو تلخند بشنید گفتار گو / ز لشکر هر آن کس که بُد پیشرَو
بفرمود تا پیش او خواندند / سزاوار، بر جای بنشاندند
همه پاسخ گو، بدیشان بگفت / همه رازها برگشاد از نهفت
به لشکر چنین گفت ک:«ین جنگِ نَو / به دریا، که اندیشه کرده است گَو؛
چه؟ بینید و، این را چه؟ رای آوریم / که اندیشهٔ او بجای آوریم!
اگر بود خواهید با من یکی / نپیچید سر را، ز داد، اندکی[2]

---

○ - «همه» و «سربسر» یکی است. «**همان**» درست تر می‌نماید.

* -بداندیش تو: وزیر تو! از آنجا که در رج سیوم پیش‌ازاین گفته بود «دستورِ بد سرِ ترا از آسانی و رای و خرد، می پیچاند!»

۱ - سخن درست در رج پسین می‌آید. ● - «**اندر آن**» درست می‌نماید.

۲ - اندکی سر پیچیدن را، روی نیست.

داستان پیدایی شترنگ ۸۱

اگر جنگ جویم چه دریا چه کوه     چو در جنگ، لشکر بود همگروه![1]
اگر یار باشید با من بجنگ     از آوازِ روباه، نترسد پلنگ
هر آن کس که جویید نام بزرگ     ز گیتی بیابید کام بزرگ
جهانجوی اگر کشته گردد بنام     به از زنده، دشمن بدو شادکام[2]
هر آن کس که در جنگ تندی کند     همی از پی سودمندی کند[3]
بیابید چندان ز من خواسته     پرستنده و اسپ آراسته[4]
ز کشمیر تا پیش دریای چین     به هر شهر بر ما کنند آفرین[5]
ببخشم همه شهرها بر سپاه     چو فرمان، مرا گردد و، تاج و گاه»
به پاسخ همه مهتران پیش اوی     یکایک نهادند بر خاک روی
که: «ما نامجوییم و تو شهریار     ببینی کنون گردش روزگار»

*

ز درگاه تلخند بر شد خروش     ز لشکر همه کشور آمد بجوش
سپه را همه سوی دریا کشید     اُزان پس، سپاه گو آمد پدید
برابر فرود آمدند آن دو شاه     که بودند با یکدگر کینه‌خواه
بگِرد اندرون*، کنده‌ای ساختند     چو شد ژرف، آب اندر انداختند
دو لشکر برابر کشیدند صف     سواران همه بر لب آورده کف
بیاراست با میسره میمنه     کشیدند نزدیک دریا بنه[6]
دو شاه گرانمایه؛ پر درد و کین     نهادند بر پشت پیلان دو زین
به قلب اندرون ساخته جای خویش     شده هر یکی لشکرآرای خویش
زمین قار شد آسمان شد بنفش     ز بس نیزه و پرنیانی درفش[7]
هوا شد ز گرد سپاه آبنوس     ز نالیدن بوق و آوای کوس
تو گفتی که دریا بجوشد همی     نهنگ اندرو خون خروشد همی[8]
ز زخم تبرزین و کوپال و تیغ     ز دریا برآمد یکی تیره میغ[9]

---

۱ - سخن درست در رج دویم پسین می‌آید: «اگر یار باشید...».
۲ - گفتار از شاهنامه است.
۳ - تُندی را با سودمَندی پساوا نیست.
۴ - «بیابید» را در این رج با «هرآنکس» در رج پیشین همخوانی نیست.
۵ - این سخن را هیچ پیوند با گفتار پسین و پیشین نیست!
* - گرد اندرون! «بگِردِ سپه» درست می‌نماید.
٦ - **یک:** میسره و میمنه را در آیین نبرد فردوسی جای نیست. **دو:** «بیاراست» در لت نخست، با «کشیدند» در لت دویم همخوان نیست. **سه:** میمنه را با بنه پساوا نباشد!
۷ - سخن درست در رج پسین می‌آید.
۸ - تو گفتی... خون خروشیدن! چگونه باشد؟!
۹ - سست‌تر از این سخن در جهان شنیده نشده است که از زخم (= ضربه) تبرزین و کوپال و تیغ که در دست سپاهیان بود، از دریا ابری تیره برخیزد!!!؟

چو بر چرخ خورشید دامن کشید — چنان شد که کس نیز کس را ندید [1]
تو گفتی هوا تیغ بارد همی — به خاک اندرون لاله کارد همی [2]
ز افکنده، گیتی برآن گونه گشت — که کرکس نیارست، بر سر گذشت [3]
گروهی بکنده درون پر زخون — دگر سر بریده فکنده نگون [4]
ز دریا همی خاست، از باد؛ موج — سپاه اندر آمد همی، فوج فوج
همه دشت مغز و جگر بود و دل — همه نئل اسپان ز خون پر ز گل [5]
نگه کرد تلخند از پشت پیل — زمین دید برسان دریای نیل [6]
همه باد بر سوی تلخند گشت — به راه و به آب آرزومند گشت
ز باد و ز خورشید و شمشیر تیز — نه آرام دید و نه راه گریز
بران زین زرّین بخفت و بمرد — همه کشور هند، گو را سپرد
به بیشی نهاده‌ست مردم دو چشم — ز کمّی بود دل پر از درد و خشم [7]
نه آن ماند ای مرد دانا نه این — ز گیتی همه شادمانی گزین
اگر چند بفزاید از رنج گنج — همان گنج گیتی نیرزد به رنج

*

ز قلب سپه، چون نگه کرد، گو — ندید آن درفشِ سپهدارِ نَو
سواری فرستاد تا پشت پیل — بگردد، بجوید همه پیل و میل [8]
ببیند که آن لیل رخشان درفش — کزو بود روی سواران بنفش [9]
کجا شد؟ که بنشست جوش نبرد! — مگر چشم من تیره‌گون شد ز گرد! [10]
سوار آمد و سر بسر بنگرید — درفش سرِ نامداران ندید [11]
همه قلبگه دید پر گفت و گوی — سواران کشور همه شاهجوی
فرستاده برگشت و آمد چو باد — سخن‌ها همه پیش او کرد یاد

*

۱ – گفتار فردوسی در چنان زمان چنین است: چو خورشید بر تیغ گنبد رسید: چو خورشید از تیغ گنبد بگشت.

۲ – **یک:** تو گفتی... **دو:** «کاشتن لاله» در لت دویم، به «هوا» در لت نخست بازمی‌گردد، نه به تیغ.

۳ – سخن نادرست که افکندگان بر رویهم، اگر دو کس باشند. زیر پر کرکس همچون پشه می‌سنجند، زیرا که کرکس بر فراز کوهساران بلند پرواز می‌کند.

۴ – «گروهی» را در لت نخست، «دیگران» در لت دویم باید.

۵ – خرد نمی‌پذیرد، که سپاهیان، مغز و جگر و دلِ هماوردان را از تن بیرون کشند و بر روی زمین ریزند!

۶ – سخن دربارهٔ تلخند در رج آینده می‌آید.

۷ – سه رج سوگواری‌ها و پندهای همیشگی!

۸ – «میل» در میدان نبود، و افزاینده آنرا برای پساوای پیل آورده است.

۹ – **یک:** از درفش در سخن پیشین یاد شد و لئل رخشان درفش نیز آمیزه‌ای نادرست است، یا درفش رخشان یا درفش سرخرنگ. **دو:** لت دویم نیز نادرخور است. کدام سواران؟ سواران تلخند، یا سواران گو؟

۱۰ – در لت دویم، سخن از گزارش داستان، به «من» بازگشت.

۱۱ – سه رج، بدنبال گفتار افزودهٔ فرستاده!

سپهبد فرود آمد از پشت پیل    پیاده همی رفت گریان؛ دو میل
بیامد چو تلخند را مرده دید    دل لشکر از درد، پژمرده دید
سراپای او، سر بسر؛ بنگرید    بجایی بر او پوست، خسته ندید
خروشان همه گوشت بازو بکند    نشست از برش سوگوار و نژند[1]
همی گفت زار: «ای نبرده جوان    برفتی پر از درد و خسته روان
ترا گردش اختر بد بکشت    اُ گرنه، نزد بر تو، بادی درشت[2]
بپیچید، ز آموزگاران؛ سرت    تو رفتی و مسکین، دل مادرت
بخوبی بسی راندم با تو پند    نیامد ترا، پند من سودمند!»
چو فرزانهٔ گو بدانجا رسید    جهانجوی تلخند را مرده دید[3]
برادرش گریان و پر درد گشت    خروش سواران بران پهن دشت[4]
خروشان بغلتید در پیش گو    همی گفت زار: «ای جهاندار نو!»[5]

*

ازآنپس بیاراست فرزانه، پند    به گو گفت ک :«ای شهریار بلند
ازاین زاری و سوگواری چه؟ سود    چنین رفت و این، بودنی کار بود!
سپاس از جهان آفرینت یکیست    که تلخند بر دست تو کشته نیست
همه بودنی گفته بودم بشاه    ز کیوان و بهرام و خورشید و ماه
که: چندان بپیچد به رزم این جوان    که بر خویشتن بر، سر آرد زمان
کنون کار تلخند چون باد گشت    بنادانی و تیزی، اندر گذشت
سپاه است چندان پر از درد و خشم    سراسر همه بر تو دارند چشم
بیارام و ما را، تو، آرام ده    خرد را؛ به آرام دل، کام ده!
که چون پادشا را ببیند سپاه    پر از درد و گریان، پیاده، براه
بکاهدْش نزد سپاه آبروی    فرومایه، گستاخ گردد؛ بر اوی
بکردار جامی گلاب است شاه    که از گرد، یکباره گردد تباه»

*

ز دانا، خردمند، بشنید پند    خروشی ز لشکر برآمد بلند
که: «ای نامداران و گُردان شاه    مباشید یک تن بدین رزمگاه

۱ – لت نخست بدآهنگ است، و کسی را که زره بر تن دارد، توان آن نیست که از بازوی خویش گوشت برکَنَد، آنهم همهٔ گوشت بازو را!

۲ – بادِ درشت، را در زبان فارسی پیشینه نیست، و سخن درست نیز در رج پسین می‌آید.

۳ – وابسته به رج پسین

۴ – **یک:** برادرش نادرخور است که «گو گریان و پردرد گشته». **دو:** لت دویم را نیز هیچ پیوند با سخن نیست و پایان نیز ندارد.

۵ – افزایندگان را ندانم از غلتیدن چه خواسته‌اند گفتن؟!

که آن لشکر اکنون جدا نیست زین همه ساختن باید و آفرین
همه پاک در زینهار من‌اید اُ زان بَرمنش یادگار من‌اید»
ازانپس چو دانندگان را بخواند به مژگان بسی خون دل برفشاند[1]
ز پند آنچه تلخند را داده بود بدیشان بگفت آنچ ازو هم شنود[2]
یکی تخت تابوت کردش ز آج ز زرّ و ز پیروزه و خوب ساج[3]
بپوشید رویش به چینی پرند شد آن نامور نامبردار هند[4]
به دبق و به قیر و به کافور و مشک سرِ تنگ تابوت کردند خشک[5]
اُ زان جایگه تیز لشکر براند به راه و به منزل، فراوان نماند

*

چو شاهان گزیدند، جای نبرد بشد مادر از، خواب و آرام و خوَرد
همیشه؛ بره، دیده‌بان داشتی بتلخی همی روز بگذاشتی
چو از راه، برخاست گرد سپاه نگه کرد بینادل از دیده گاه
همی دیده‌بان بنگرید از دو میل که بیند مگر تاج تلخند و پیل[6]
ز بالا درفش گو آمد پدید همه روی کشور سپه گسترید
نیامد پدید از میان سپاه سواری برافکند از دیدگاه[7]
که: «لشکر گذر کرد، زبن روی کوه گو و هر که بودند با او گروه[8]
نه تلخند پیدا نه پیل و درفش نه آن نامداران زرینه کفش[9]
ز مژگان فرو ریخت خون مادرش فراوان به دیوار بر، زد سرش[10]
ازآن پس، چو آمد بمام؛ آگهی که تیره شد آن فرّ شاهنشهی
جهاندار تلخند بر زین بمرد سرِ گاه شاهی، به گو؛ در سپرد
همی جامه بدرید و رخ را بکند بگنجور و گنج آتش اندر فکند[11]

---

۱ – کدام دانندگان؟ فرزانه وی را پند داده بود که آرام گیر و بما آرامش بخش، پس دیگر چه جای خون از مژگان فشاندن است؟

۲ – سخن پریشان و بی‌پیوند

۳ – **یک:** در میان بیابان چگونه «تخت تابوت» از آج فراهم آمد؟ **دو:** لت دویم نیز نادرخور است و ساج نیز همواره پساوای آج است.

۴ – پَرَند را با هند پساوا نیست.

۵ – با چنین چیزها که در لت نخست نام می‌برند، سر تابوت را می‌توان بستن و سخت کردن نه خشک کردن!

٦ – چرا تنها تاج تلخند؟ با چنین سخن، مادر را مهر به گَو نبوده است.

۷ – افزاینده چندان غرق در گفتار خویش بوده است که رج پیش را ندیده، و دنبالهٔ همان سخن را گرفته است.

۸ – این رج را پیوند با سخن پیشین نیست.

۹ – **یک:** پیشتر در گفتار درست شاهنامه آمده بود که «ز بالا درفش گو آمد پدید»، پس اگر چنین باشد تلخند دیده نشده است. **دو:** نامداران زرینه‌کفش را از نگهبانان درفش کاویان برگرفته است که کفش زرین بپا داشتند.

۱۰ – سخن سست که کسی سر را بدیوار کوبد... که اگر چنین کند با زخم نخستین، یا با چند زخم مغز وی از کار می‌افتد.

۱۱ – **یک:** همی بدرید، نادرست است: «بدرّید». **دو:** گیریم که بگنج آتش افکنده باشد، گنجور را چرا سوزاندن؟ **سه:** کدام گنج را

←

به ایوان او شد دمان مادرش … به خون اندرون غرقه گشته سرش[1]
همه کاخ و تاج بزرگی بسوخت … اُزآنپس بلند آتشی برفروخت
که خود را بسوزد بآیین هند … ازآن سوگ، پیدا کند، دین هند

*

چو از مادر آگاهی آمد به گَو … برانگیخت آن بارهٔ تیزرَو
بیامد ورا، تنگ؛ در بر گرفت … پر از خون مژه، خواهش اندر گرفت
بدو گفت که:«ای مهربان، گوش دار … که من، بیگناهم از این کارزار
نه من کشتم او را، نه یاران من … نه گُردی گمان برد، زین انجمن؛
که خود پیش او، دم توان زد درشت … ورا گردشِ اختر بد بکشت»

*

بدو گفت مادر، که:«ای بدکُنش … ز چرخ بلند آیدت سرزنش
برادر کشی؟ از پی تاج و تخت! … نخواند ترا نیکدل، نیکبخت»

*

چنین داد پاسخ که:«ای مهربان … نشاید که بر من شوی بدگمان
بیارام تا گردشِ رزمگاه … نمایم ترا، کارِ شاه و سپاه
که یارست شد، پیش او رزمجوی … که را بود در سر، خود این گفت‌وگوی[2]
به دادار؛ کاو داد و مهر آفرید … شب و روز و گَردان سپهر آفرید
کزین پس نبیند مرا مُهر و گاه … نه اسپ و نه گرز و نه تخت و کلاه*
مگر کاین سخن، آشکارا کنم … ز تندی دلت، بر مدارا کنم
که او را، بدست کسی بُد زمان … که مردم رهایی نیابد ازان[3]
که یابد به گیتی رهایی ز مرگ … اُگر جان بپوشد به پولاد ترگ[4]
چنان شمع رخشان فرو پژمرد … به گیتی کسی یک نفس نشمرد[5]
اُگر چون نمایم، نگردی تو رام … بدادارِ دارنده، کاو راست؛ کام

---

← بسوخت؟ گنج تلخند، یاگنج خویش را؟ اگر گنج تلخند را خواهد گفتن که کلید آن نزد گنجور تلخند بوده است، نه در دست مادر!

۱ - **یک:** سخن چنین می‌نماید که کاخ تلخند، کنار کاخ مادر بوده است که بدان زودی ویرا بایوان او می‌رساند. **دو:** دوباره دربارهٔ سرِ خونین وی سخن می‌رود.

۲ - گفت‌وگوی در سر نیست. افزاینده می‌خواسته است بگوید کسی را در سر این اندیشه نبود!

* - نمونهٔ دیگر تاج و گاه است و اگر چنین باشد تخت و کلاه لت دویم دوباره‌گویی است بیگمان سخن درست فردوسی چنین بوده است:

**«کزین پس نبیند مرا مهر و ماه»**

۳ - آن «کس» کیست؟ اگر گردش چرخ و اختران است که نشاید آنرا با «کس» نشان دادن.

۴ - جان را نمی‌توان با ترگ پولادین پوشاندن! ۵ - سخن راگزارش نیست، و پیوند نیز با گفتار ندارد.

که پیشت به آتش برِ خویش را  بسوزم! ز بهرِ بداندیش را»
چو بشنید مادر، سخنهای گو  دریغ آمدش برز و بالای گو
بدو گفت مادر، که: «بنمای راه  که چون مُرد بر پیل، تلخند شاه
مگر بر من این آشکارا شود  پُر آتش دلم بر مدارا شود»[1]
پر از درد، شد؛ گو، بایوان خویش  جهاندیده فرزانه را خواند پیش
بگفت آنچه با مادرش رفته بود  ز مادر که بر آتش آشفته بود[2]
نشستند هر دو، بهم، رایزن  گو و مرد فرزانه بی‌انجمن[3]
بدو گفت فرزانه ک:«ای نیکخوی  نگردد بما راست، این آرزوی[4]
ز هر سو بخوانیم برنا و پیر  کجا نامداری بود تیزویر[5]
ز کشمیر و ز دنبر و مرغ و مای  اُ زان تیزویران جوینده‌رای[6]
ز دریا، و از کنده و رزمگاه  بگوییم با مرد جوینده راه»[7]
سواران به هر سو پراکند گو  بجایی که بد موبدی پیشرو[8]
سراسر بدرگاه شاه آمدند  بدان نامور بارگاه آمدند[9]
جهاندار بنشست با موبدان  بزرگان دانادل و بخردان[10]
صفت کرد، فرزانه، آن رزمگاه  که چون رفت پیکار شاه و سپاه[11]
ز دریا واز کنده و آبگیر  یکایک بگفتند با تیزویر[12]
نخفتند ز ایشان یکی تیره‌شب  نه بر یکدگر بر، گشادند لب[13]
ز میدان[14] چو برخاست آواز کوس  جهاندیدگان خواستند آبنوس

*

یکی تخت کردند از چار سوی  دو مرد گرانمایه و نیکخوی
همانند آن کنده و رزمگاه  بروی اندر آورده، رویِ سپاه

---

۱ - سخن در لت دویم سست است.  ۲ - دوبار نام «مادر» در یک گفتار درست نیست.
۳ - مرد فرزانه نارست است، و فرزانه در این داستان «فرزین» (= وزیر) شترنج است نه «دانا» و «مرد فرزین» یا «مرد وزیر» نشاید گفتن.
۴ - آرزویی در میان نبود، و آرزو را راست شدن نشاید. به آرزو بایستی رسیدن.
۵ - **یک:** برنا، کودک پنج ساله تا ده ساله است. **دو:** لت دویم را نیز پیوند درست نیست.
۶ - چون در رج پیشین از «هرسو» نام برده شد، یاد کردن دوباره شهرها نادرخور است.
۷ - مرد جوینده راه کیست؟ آنان بر این بنیاد بودند که از هرسو پیران (و برنایان) را گردآورند!  ۸ - دنباله گفتار.
۹ - این رج را پیوند بایسته با رج پیشین نیست!  ۱۰ - گو جهاندار نبود.
۱۱ - رزمگاه را پیوند «را» باید.  ۱۲ - «بگفتند» را در این رج، با صفت «کرد» رج پیشین همخوانی نیست.
۱۳ - لت نخست بی‌پیوند است، و لت دویم بی‌بنیاد... از آنجا که آنان را می‌بایستی بایکدیگر سگالش کردن و راهِ کار را یافتن.
۱۴ - **یک:** کدام میدان؟ آنان در کاخ بودند. **دو:** آبنوس نیز نادرخور است درخت آبنوس، یا چوب؟ بایستی روشن باشد. **سه:** تخته شترنج را تنها چوب سیاه در کار نیست و نیمی از آنرا سپید باید بودن!

داستان پیدایی شترنگ

برآن تخت، سد خانه* کرده نگار — صفی کرد● او لشکر کارزار
بسآنگه دو لشکر ز ساج و ز آج — دو شاه سرافراز با پیل و تاج[1]
پیاده، پدید اندرو، با سوار — همه کرده، آرایش کارزار[2]
ز اسپان و پیلان و دستور شاه — مبارز که اسپ افکند بر سپاه[3]
همه کرده پیکر، بآیین جنگ — یکی تیز و جنبان یکی با درنگ[4]
بیاراسته شاه، قلب سپاه — ز یک دست فرزانهٔ نیکخواه
ابر دست شاه از دو رویه، دو پیل — ز پیلان شده گرد، همرنگ نیل
دو اشتر برِ پیل کرده بپای — نشانده بر ایشان دو پاکیزه‌رای
به زیر شتر در، دو اسپ و دو مرد — که پرخاش جویند، روز نبرد
مبارز دو رخ، بر دو روی دو صف — ز خون جگر بر لب آورده کف
پیاده برفتی ز پیش و ز پس — کجا بود، در جنگ فریادرس
چو بگذاشتی، تا سر، آوردگاه — نشستی چو فرزانه بر دست شاه
همان نیز، فرزانه، یک خانه بیش — نرفتی، بجنگ، از بر شاه خویش
سه خانه برفتی سرافراز پیل — بدیدی همه رزمگه از دو میل
سه خانه برفتی شتر همچنان — بر آوردگه بر، دمان و دنان
نرفتی کسی، پیشِ رخ کینه‌خواه — همی تاختی او همه رزمگاه

---

* -شترنج هندی در آغاز، ده سوار داشت (کنار اسبان، دو شتر جای گرفته بود) و بدینروی ده، در، ده خانه (=یکسد خانه) داشت. چون شترنج بایران آمد، ایرانیان شتر را برداشتند، و جنبش شتر را نیز باسب دادند، تا از دو سوی توان تازش داشته باشد، و اینچنین؛ شترنج دارای شست و چهار خانه شد، و چون بهمین گونه از سوی ایرانیان، بجهانیان پیشکش گردید، همه داد و آیین و نامهای ایرانی را پذیرفتند، و بازی را چنان کردند که ایرانیان خواستند. افزون براین فرزانه (=فرزین) در بازی هندی یک خانه بیشتر نمی‌رفته است [رج ۴۱۱۴۸] که در بازی ایرانیان سرتاسر آوردگاه را از هشت سوی می‌پیماید: چنانکه جنبش پیل نیز، دیگر شد.

● -لت دویم را نمونهٔ دیگریست: «خرامیدنِ لشکر و شهریار» که نادرست است زیرا که لشکر نمی‌خرامد، و پیوند بایسته نیز با لت نخست ندارد. نمونهٔ چاپ شده نیز سست می‌نماید، و پیدا است که گفتار فردوسی نزدیک بدین سخن بوده است:

صفی، گردِ آن، لشکر کارزار

اما بر این سخن نیز می‌توان انگشت نهادن، زیرا که در تختهٔ شترنج، یک سپاه نیست و بایستی از دو رده (=صف) سخن رود، و بر این بنیاد می‌توان «دو صف» را پیش نهادن، اما باز دو صف بر گرد آن نیست که در دو سوی آنست. و سخن چنین می‌شود: «دو صف بر دو سو»... آنگاه بدنبال آن، لشکرِ کارزار درست نمی‌نماید، پس، بخش دویُم این لت را می‌توان، از نمونهٔ دیگر برگزیدن:

**«دو صف، بر دو سو، لشکر و شهریار»**

اکنون که دو صف رابرگزیدیم،... چون به رج ۴۱۱۴۵ بنگریم، آنجا نیز از «دو رخ در دو روی دو صف» یاد شده است، که ما را در چنین گزینش نیرو می‌بخشد.

۱ - ...و چون چنین شود، در این رج از دولشکر نبایستی نام بردن، و شاه شترنج نیز سوار بر پیل نیست.

۲ - پیدا نیست که پیادگان و سواران را چه آرایش است، و چنین آرایش در رج‌های پسین می‌آید.

۳ - **یک:** همچنین درباره اسپان و پیلان... **دو:** چون در لت نخست از اسپ یاد شد، در لت دویم نشاید از آن نام بردن.

۴ - لت نخست سست است و لت دویم نادرست... زیرا که از هر دو سو جنبش یکسان است.

| | |
|---|---|
| همی راند هر یک، بمیدان خویش | بـرفـتـن نـکـردی کـسـی کــم و بـیش ¹ |
| چو دیدی کسی شاه را در نبرد | بـه آواز گـفـتی کـه: «شـاهـا بـگـرد» |
| ازآنپس ببستند بر شاه، راه | رخ و اسپ و فرزین و پیل و سپاه |
| نگه کرد شاه اندران چارسوی | سپه دید؛ افکنده چین، در بُروی ○ |
| ز آب و ز کنده بـر او؛ بسته راه | چپ و راست، پیش و پس انـدر ▫ سپاه |
| شـد از رنج و از تشنگی، شاه، مات! | چنین یافت از چرخ گردان برات |

۴۱۱۵۵

٭

| | |
|---|---|
| ز شـترنـج، تـلخـند بُـد آرزوی | گــو، آن شــاه آزاده و نـیـکـخـوی ² |
| همی کرد مادر ببازی نگاه | پر از خون، دل از بـهرِ تلخند شاه |
| نشسته شب و روز، پر درد و خشم | ببازی شترنج داده دو چشم |
| همـه کــام و رایـش بـشـترنج بـود | ز تـلخـند، جـانش پـر از رنـج بـود ³ |
| همیشه همی ریخت خونین سرشگ | بران درد، شترنج، بـودش پـزشگ |
| بـدین گــونه بُـد نـاچـمان و چـران | چـنان تـا سـرآمـد، بـر او بَـر، زمان |
| سـر آمـد کنون بـر من این داستان | چنان هــم کــه بـشنیدم از بـاستان ⁴ |

۴۱۱۶۰

## گفتار اندر آوردن
## داستان
# کلیله و دمنه

| | |
|---|---|
| نگه کن که شادان برزین چه گفت ٭ | بدانگه که بگشاد راز از نهفت |
| بدرگه، شهنشاهِ نـوشیروان | -کـه نـامش بـمانـاد تــا جـاودان- |
| ز هر دانشی، موبدی خواستی | کـه درگـه، بدیشان؛ بیاراستی |
| پـزشگ و سـخنگوی و گـنداوران | بـزرگـان و کـارآزمــوده سـران ⁵ |
| اَبـر هــر دری، نـامـور مِـهتری | کجا هـر سـری را بُـدی افـسری ⁶ |
| پـزشک سـرایـنده، بـرزوی بـود | بپیری رسیـده، سخنگوی بـود |

۴۱۱۶۵

۴۱۱۷۰

---

۱ - یک میدان است، و هر یک را میدانی ویژهٔ خویش نیست. ○ - بُروی: ابرو
▫ - «پس او» درست مینماید. ۲ - سخن بیپیوند است.
۳ - دوبارهگویی رج دویم پیشین. ۴ - داستان بر من بسر آمد!!
٭ - روانشاد شادان برزین موبد توس، یکی از چهار ترجمان شاهنامه، از پهلوی بفارسی.
۵ - «گندآوران» را، «پزشکان» باید. ۶ - سخن همانست که: ز هر دانشی موبدی خواستی.

آوردن کلیله و دمنه ۸۹

ز هر دانشی داشتی بهره‌ای — بهر بهره‌ای، در جهان شهره‌ای[1]
چنان بُد که روزی بهنگام بار — بیامد برِ نامور شهریار
چنین گفت ک:«ای شاه دانش‌پذیر — پژوهنده بادانش و، یادگیر
من امروز در دفتر هندوان — همی بنگریدم[○] به روشنروان
چنین بُد نبشته، که بر کوه هند — گیاهی‌ست رخشان، چو رومی پرند[2]
که آن را چو گرد آورد رهنمای — بیامیزد و دانش آرد بجای[3]
چو بر مرده بپراکند، بیگمان — سخنگوی گردد هم اندر زمان
کنون من بدستوریِ شهریار — بپیمایم این راهِ دشخوار، خوار
بسی دانشی، رهنمای آورم — مگر کاین شگفتی بجای آورم
تن مرده گر زنده گردد رواست — که نوشیروان بر جهان پادشاست»

*

بدو گفت شاه: «این نشاید بُدَن — مگر؛ آزمون را، بباید شدن
ببر نامهٔ من برِ رای هند — نگر تا که باشد بت‌آرای هند[4]
بدین کار، با خویشتن، یار خواه — همه یاری از بخت بیدار خواه
اگر نو شگفتی شود در جهان — که این گفته رمزی بود در نهان[5]
ببر هر چه باید بنزدیک رای — کزو بایدت، بیگمان، رهنمای»
درِ گنج بگشاد نوشیروان — ز چیزی که بُد درخور خسروان[6]
ز دینار و دیبا و خزّ و حریر — ز مهر و ز افسر ز مشک و ابیر
شتروار سیسد بیاراست شاه — فرستاده برداشت آمد به راه

*

بیامد برِ رای و نامه بداد — سر بارها پیش او برگشاد[7]

---

۱ - **یک:** تنها بهرهٔ او بر بنیاد رج پیشین پزشکی بوده است. **دو:** بَهره را با شُهره پساوا نیست.

○ - باید، **بنگرستم** بوده باشد.

۲ - پَرَند، با هِند، پساوا ندارد و گفتار فردوسی نیست، در روم نیز ابریشم نبوده است. و همواره ابریشم از اینسوی به روم و اروپا می‌رفته است، تا بهنگام مارکوپولو که ابریشم به ایتالیا بردند؛ در همهٔ نمونه‌ها نیز چنین آمده است: گیاییست چینی، چو رومی پرند» و تنها شاهنامهٔ سپاهان است که بجای چینی «رخشان» آورده است، دربارهٔ رومی پرند که بیگمان واژه‌ای دیگر بوده است، اندیشه‌ام بجایی نرسید. بیگمان سه یا چهار رج را افزایندگان پریشان کرده‌اند! بنداری نیز چنین آورده است: «انی قد وجدت فی بعض کتب علماء الهند. أن فی جبالهم دواء. لو نثر علی المیت لعاد حیاً یتکلم»: «همانا من در برخی دفترهای دانشمندان هند، یافتم که در کوههای آنان دارو‌ییست که چون آنرا بر مرده بپراکنند زندگیش بازمی‌گردد، و سخن میگوید»، و چنانچه از این گفتار برمی‌آید، «گیاه رخشان» نادرست است، و چون آنرا به پرند رومی همانند کرده‌اند. پرند رومی نیز افزوده است.

۳ - گردآوری گیاه را نه رهنمای باید و نه بجای آوردن دانش(!)

۴ - لت دویم راگزارش نیست.

۵ - لت نخست سست است.

۶- سه رج سخنان همیشگی

۷ - سخن سست است.

چو برخواند، آن نامهٔ شاه، رای / بدو گفت ک:«ای مرد پاکیزه رای
ز کسری مرا گنج، بخشیده، نیست* / همه لشکر و پادشاهی یکیست
ز داد و ز فرّ و ز اورند شاه / اُزان روشنی بخت و، آن دستگاه
نباشد شگفت از جهاندار پاک / اگر مردگان را برآرد ز خاک
برهمن به کوه اندرون هر که هست / یکی دارد این رای را با تو دست[1]
بت‌آرای و فرخنده دستور من / هم آن گنج و پرمایه گنجور من[2]
بد و نیک هندوستان پیش تست / بزرگی مرا در کم و بیش تست»[3]
بیاراستندش بنزدیک رای / یکی نامور -چون ببایست- جای
خورشگر فرستاد و هم خوردنی / همان پوشش نغز و گستردنی
برفت آن شب و رای زد با ردان / بزرگان قنّوج با بخردان[4]

*

چو بر زد سر از کوه، رخشنده روز / پدید آمد آن شمع گیتی‌فروز[5]
پزشکان فرزانه را خواند رای / کسی کاو بدانش بُدی رهنمای[6]
چو برزوی بنهاد سر سوی کوه / برفتند با او پزشکان گروه
پیاده؛ همه کوهساران بپای / بپیمود؛ با دانشی رهنمای
گیاها ز خشک و ز تر برگزید / برآن کوه بر، آنچه رخشنده دید[7]
ز هر گونه دارو، ز خشک و ز تر / همی بر پراکند، بر مرده بر!
یکی مرده، زنده نگشت از گیا / همانا که سست آمد آن کیمیا!
همه کوه بسپَرد یک یک به پای / اَبَر رنج او بر نیامد بجای[8]
بدانست کان کارِ آن پادشاست / که زنده‌ست جاوید و فرمانرواست[9]
دلش گشت سوزان ز تشویر شاه / هم از نامداران، هم از رنج راه
اُزان خواسته نیز؛ کآورده بود / ز گفتار بیهوده، آزرده بود
ز کار نبشته بُبُد تنگدل / که آن مرد بی‌دانش و سنگدل
چرا؟ خیره؛ بر باد، چیزی نبشت / که بُد؛ بار آن، رنج و گفتار زشت

---

* - گنج من از گنج او جدا نیست.

۱ - سخن در لت دویم، سخت پریشان است.

۲ - بت‌آرای را بچنین کار، چه کار؟

۳ - **یک:** بدِ هندوستان چیست؟ **دو:** بزرگی من در کمی تست، چگونه باشد.

۴ - لت دویم را پیوند بایسته با لت نخست نیست.

۵ - پس‌از روزِ رخشنده، خورشید پدید آمد؟

۶ - «پزشکان» را در لت نخست، «کسان» در لت دویم باید.

۷ - **یک:** گیاه خشک چگونه باشد؟ گیاه را چون بچینند، خشک می‌شود. **دو:** چون در افزوده بودن این رج گمان نیست، بایستی نگریستن که «رخشنده» در این گفتار ریشه در «گیاهیست (رخشان) چو رومی پرند» دارد، و آن لت برای دویُم بار سستی خویش را نشان می‌دهد.

۸ - **یک:** همه کوهها باید. **دو:** اَبَر نادرخور است: «از رنج او».

۹ - سخن سست دربارهٔ خداوند

*

چـنین گـفت زان پس، بـدان بـخردان  کـه: «ای کـاردیده سـتوده ردان
کـه؟ دانـید دانـاتر از خـویشتن!  کـجا؛ سـرفرازد، بـدین انـجمن!»
بـپاسخ شـدند انـجمن هـم سَخُن  کـه: «دانـنده پـیریست ایدر، کَهُن
بسـال و خـرد، او ز مـا؛ مـهتر است  بـه دانش؛ ز هـر مـهتری، بـرتر است»
چـنین گـفت بـرزوی بـا هـندوان  کـه‌ای نـامدارانِ روشـن‌روان
بـر ایـن رنـج‌ها بـر، فـزونی کـنید  مـرا سـوی او رهـنمونی کـنید
مگـر کـان سـخنگوی دانـای پـیر  بـدینکار، بـاشد مـرا؛ دسـتگیر!»

*

بـبردند بـرزوی را نـزد اوی  پـر انـدیشه دل، لب؛ پـر از گـفت‌وگوی
چـو نـزدیک او شد، سخنگوی مرد  هـمه رنـج‌ها پـیش او یـاد کـرد
ز کـار نـبشته کـه آمـد پـدید  سـخن‌ها کـه از کـاردانـان شـنید [1]
بـر او؛ پـیرِ دانـا، سـخن بـرگشاد  ز هـر دانشـی پـیش او کـرد، یـاد
کـه: «مـن از، نـبشته، همین یـافتم  بـدان آرزو، نـیز، بشـتافتم!
چـو زان رنـج‌ها، بـر؛ نـیامد پـدید  بـبایست نـاچار، دیگـر شـنید:
گیا، چون سخن، دان و دانش، چو، کوه  کـه هـمواره بـاشد مـر او را شکـوه
تـنِ مـرده چـون مـردِ بـی‌دانش است  کـه نـادان، بـهر جـای، بـی‌رامش است
بـدانش بـود بـیگمان، زنـده، مـرد  چـو دانش نـباشد بگِـردش مگـرد
چـو مـردم ز نـادانـی آیـد سـتوه  گـیا چـون کـلیله‌ست و دانش چو کـوه
کـه بـاشد بـه دانش؛ نـماینده راه  بـیابی، چـو جـویی، تـو، از گـنجِ شـاه»

*

چـو بشـنید بـرزوی، زو شـاد شـد  هـمه رنـج بـر چشـم او بـاد شـد
بـر او آفـرین کـرد و شـد نـزد شاه  بکـردارِ آتش، بـپیمود راه
بـیامد نـیایش‌کنان پـیش رای  که: «تـا جـای بـاشد تـو بـادی بـجای
[یکـی دفـتری هست، در گـنج شـاه  کـه خـوانَـد کـلیله، ورا؛ نـیکخواه [2]]
[بـه مُـهرست بـا دُرج، در گـنج شـاه  بـه رای و بـدانش، نـماینده راه]
بـه گـنجور فـرمان دهـد، تـا ز گـنج  سـپارد بـمن، گـر نـدارد بـرَنج»

---

۱ - **یک:** نوشته (پدید) نیامده بود، آنرا نوشته بودند. **دو:** از کسی سخن نشنیده بود در دفتر خوانده بود.

۲ - بیگمان این دو رج در یک رج چنین بوده است:

**یکی دفتری هست درگنج شاه  به رای و بـدانش، نـماینده راه**

*

دژم گشت زان آرزو، جـــان شـــاه — بـــپیچید بـر خـویشتن چـند گـاه
به برزوی گفت: «این، کس از ما؛ نجست — نـه اکـنون، نـه در روزگـار نـخست
ولیکـــن جـــهاندار نـــوشیروان — اگـر تـن بـخواهـد ز مـا، بـا روان
نـداریـم ازو بـاز، چیزی کـه هست — اگـر سـرفرازست، اگـر زیـردست*
ولیکـن بـخوانـی مگـر پـیش مـا — بـدان، تـا روانِ بـداندیش مـا؛
نگـوید بـه دل، کـان؛ نـبشته‌ست کس — بخوان و بـدان و بـبین پـیش، بس»●
بـدو گـفت بـرزوی کـ :«ای شـهریار — نـدارم فـزون، ز آنچه گـویی مـدار»○

*

کـــلیله بـــیاورد، گـــنجورِ شـــاه — هـــمی بـــود او را، نـــماینده راه
هـر آن در، کـه از نـامه بـرخوانْدی — هـــمه روز، بـــر دل، هـــمی رانـدی
ز نـــامه فـــزون زآنکـــه بـــودیش یـاد — زِ بـــر خـــوانـــدی نـیز تـــا بـــامداد[1]
هـــمی بـــود شـــادان‌دل و تـــندرست — بـــه دانش هـــمی جـان روشـن بشست[2]
چـو زو، نـامه رفـتی بشـاه جـهان — دری از کـــلیله نـــبشتی نـــهان
بـــدین چـاره، تـا، نـامهٔ هـندوان — فـــرستاد نـــزدیک نـــوشیروان
بــر ایــن گـونه، تـا پـاسخ نـامه دیـد — کـــه: دریـــای دانش، بـــرِ مـــا رسـید![3]
ز ایـــوان بـــیامد بـــنزدیک رای — بـــدستوریِ بـــازگشتن بـــجای
چـــو بگشـــاد دل رای بـــنواخـــتش — یـکـــی خـــلعت هـــندوی ســـاختش[4]
دو یـــاره بـــهاگـــیر و دو گـــوشوار — یـکـــی طـــوق پُـــر گـــوهر شـــاهوار[5]
هـــم از شـــارهٔ هـــندی و تـــیغ هـــند — هـــمه روی آهـــن ســـراســـر پـــرند[6]

*

بـــیامد ز قـــنّوج، بُـــرزوی، شـاد — بســـی دانش نـــو، گـــرفته بــه یـاد
ز ره، چـــون رســـید انـــدر آن بـــارگاه — نـــیایش‌کنان رفت، نـــزدیک شـــاه

---

* - پیدا است که لتِ دویُم را هیچ روی نیست، و روشن نمی‌کند که سرفراز و زیردست کیست، همهٔ نمونه‌ها نیز چنین آورده‌اند، و من می‌اندیشم که گفتار فردوسی اینچنین بوده است: **«که او سرفراز است و ما، زیردست»**: (انوشیروان سرفراز است و ما زیردست وی هستیم).

● - ما در دل گمان بریم که از روی آن، کسی رونویس برداشته است، آنرا (پیشِ ما) ببین و بخوان و آگاه شو، همین!

○ - نمونه‌ها گوناگون است. اما پیدا است که سخن فردوسی چنین بوده است: **«نخواهم فزون، ز آنچه‌گویی، به؛ کار»**.

۱ - چون نامه را بدو نمی‌دادند، چگونه تا بامداد، آنرا می‌خواند؟

۲ - با گفتار پیوند ندارد.

۳ - پیوند با گفتار ندارد.

۴ - دل را گشادن چگونه است. شاید بودن که کسی دلگشاده باشد، اما بفرمان خود نیست.

۵ - بارهٔ بهاگیر نادرخور است.

۶ - «هم از» آغازین پیوند را می‌گسلاند.

بگفت آنچه از رای دید و شنید — بجای گیا، دانش آمد پدید
بدو گفت شاه: «ای پسندیده مرد — کلیله، روان مرا زنده کرد
تو اکنون ز گنجور، بستان کلید — ز چیزی که بایذت، باید گزید!» □
بیامد خرد یافته، سوی گنج — بگنجور، بسیار ننمود رنج
درم بود و گوهر بچپّ و براست — جز از جامهٔ شاه، چیزی نخواست
گرانمایه، دستی بپوشید و رفت — بر گاهِ کسری خرامید، تفت
چو آمد بنزدیک تختش فراز — بر او آفرین کرد و بردش نماز
بدو گفت پس، نامور شهریار — که: «بی‌بدره و گوهر شاهوار
چرا؟ رفتی –ای رنج‌دیده– ز گنج! — کسی را سزد گنج، کاو دید، رنج!»
چنین گفت برزوی دانا بشاه — که: «ای تاج تو، برتر از چرخِ ماه؛
هر آن کس که او پوشش شاه یافت — ببخت و بتخت مهی، راه یافت!
دگر آنکه با جامهٔ شهریار — ببیند مرا مرد ناسازگار [1]
دل بدسگالان شود تار و تنگ — بماند رخ دوست با آب و رنگ [2]
[یکی آرزو خواهم از شهریار — که ماند ز من، در جهان یادگار] ○
چو بنویسد این نامه بوزرجمهر — گشاید بر این رنج برزوی، چهر [3]
[نخستین در از من کند یادگار — بفرمان پیروزگر شهریار]
بدان، تا پس از مرگِ من در جهان — ز داننده، رنجم نگردد نهان!»
بدو گفت شاه: «این بزرگ آرزو است — نه اندازهٔ مردِ آزاده‌خوست
ولیکن برنجِ تو، اندر خوَر است — سَخُن گرچه، از پایگه، برتر است» ●
به بوزرجمهر آن زمان شاه گفت — که: «این آرزو را نشاید نهفت» [4]
نویسنده از کلک چون خامه کرد — ز برزوی، یک در، سرِ نامه کرد [5]

---

□ - آن چیزی را که باید (برایت بایسته است) باید بگزینی.

۱ - لت دویم را پیوند بایسته نیست: «چو بیند».

۲ - «بدسگالان» در این رج را، با «مرد ناسازگار» در رج پیشین سازگاری نیست.

○ - سنجش این رج با رج دویم پسین، خود نشان می‌دهد که سخن دوباره است:

یکی آرزو خواهم از شهریار — که ماند ز من در جهان یادگار؛
نخستین در از من کند یادگار — بفرمان پیروزگر شهریار

کند یادگار در رج دویم نادرست است: «یاد کند»، بیگمان این دو رج، در یک رج چنین بوده است:

**یکی آرزو خواهم از شهریار: — نخستین «در» از من کند یادگار**

«در» در زبان پهلوی (باب تازی است) نخستین در، نخستین بخش (فصل؛ باب).

۳ - نامه را خود نوشته و پی در پی بنزد انوشیروان فرستاده بود، و بایسته نمی‌نمود که بزرگمهر آنرا دوباره‌نویسی کندا

● - در ایران و هندوستان، نویسندگان؛ نام خویش را در دیباچهٔ آن نمی‌نوشتند و همهٔ نامه‌های باستانی بازمانده در دو کشور، چنین گواهی می‌دهندا

۴ - دوباره سخن از بزرگمهر می‌رود...

۵ - ...باگفتاری سستا و چنانچه پیدا است سرآغاز کلیله و دمنه گفتار خود برزویه است نه بزرگمهر.

نبشت و بران نامهٔ خسروی نبود آن زمان خط جز از پهلوی[1]
همی بود با ارج در گنج شاه بدو ناسزاکس، نکردی نگاه[2]
چنین تا بتازی سخن راندند ورا پهلوانی همی خواندند[3]
چو مأمون روشن روان تازه کرد؟ چنین نامه بر دیگر اندازه کرد!؟[4]
دل موبدان داشت و رای کیان ببسته به هر دانشی بر میان[5]
کلیله بتازی شد از پهلوی بدینسان که اکنون همی بشنوی[6]
به تازی همی بود، تا گاهِ نصر بدانگه که شد در جهان شاه، نصر[7]
گرانمایه بوالفضل دستور اوی که اندر سخن بود گنجور اوی[8]
بفرمود تا پارسیّ و دری نبشتند و کوتاه شد داوری[9]
اُزان پس چو پیوسته رای آمدش به دانش خرد رهنمای آمدش[10]
همی خواست تا آشکار و نهان ازو یادگاری بود در جهان[11]
گزارنده را پیش بنشاندند همه نامه بر رودکی خواندند[12]
بپیوست گویا، پراکنده را بسفت اینچنین دُرّ آکنده را[13]
بدان، کاو سخن راند آرایش است چو ابله بود جای بخشایش است[14]
حدیث پراکنده بپراکند چو پیوسته شد جان و مغز آکند[15]
جهاندار تا جاودان زنده باد زمان و زمین پیش او بنده باد[16]
از اندیشه دل را مدار ایچ تنگ که دوری تو از روزگار درنگ
گهی بر فراز و گهی بر نشیب گهی با مراد و گهی با نهیب

---

**۱** – سخن را پیوند نیست، و از آفتاب روشنتر است که آنزمان بزبان و دبیرهٔ پهلوی می‌نوشته‌اند.

**۲** – سخن در لت دویم سست است. **۳** – چه کسان بتازی سخن (می)راندند؟ لت دویم را نیز پیوند نیست.

**۴** – لت نخست بی‌گزارش است، و لت دویم سخت نادرخور... افزاینده خواسته است بگوید که آنرا بزبان تازی ترجمه کرد!؟

**۵** – **یک:** سخن را پیوند درست نیست، چه کس؟ **دو:** رای کیان نیز نادرست است زیرا که «رای» «آهنگ کاری را کردن» است، و هر کس چون بخواهد کاری کند «رای» بدان کار می‌کند.

**٦** – **یک:** افزاینده را چندان آگاهی از رویدادهای زمان خلیفگان نبوده است، زیرا که ترجمهٔ کلیله و دمنه به زبان تازی بر دست روزبه پارسی (که پس از پذیرفتن اسلام به ابن مقفع نامبردار شد) انجام گرفت نه در زمان و بفرمان مأمون! **دو:** لت دویم نیز نادرخور است، زیرا که در «این زمان» که افزاینده گفته است، دوباره از تازی بفارسی گردانده شده بود، و خود، در گفتار پسین همین را می‌گوید!

**۷** – «گاهِ نصر» را، با «شاه، نصر» پساوا نیست.

**۸** – لت نخست درست است، و لت دویم نادرخور، زیرا که سخن را در گنج نمی‌نهند، تا کسی گنجور آن بوده باشد.

**۹** – **یک:** سخن نادرست است: بفرمود تا آنرا بزبان فارسی دری ترجمه کنند. **دو:** برای بندِ «تا» کنش کنند باید نه نبشتند.

**۱۰** – سخن سخت نادرخور است. **۱۱** – اگر یادگار است که بایستی آشکار باشد و نه نهان!

**۱۲** – «گزارنده» نادرخور است: «ترجمان» یا «خواننده‌ای». **۱۳** – سخن سست بی‌گزارش

**۱۴** – و از آن سست‌تر...

**۱۵** – **یک:** حدیث را در گفتار فردوسی راه نیست. **دو:** و چرا بایستی کلیله و دمنه را پراکنده نامیدن؟ **سه:** مغز آکند نیز گفتاریست سخت نادرخور. ۱٦– شش رج ستایش محمود!...

ازیــن دو یکــی نــیز جــاوید نیست  بــه بــودن تــرا راه امّــید نــیست
نگــه کــن کــنون کــار بــوزرجــمهر  کــه از خــاک بــر شــد بــه گردان سپهر
فــراز آوریــدش بــه خــاک نــژند  همــان کس کــه بــردش بــه ابــر بــلند

## اندر آزارِ کسری
### از
## بزرگمهر

چــنان بُد کــه کسری بــدان* روزگــار  بــرفت از مــدایــن° ز بــهر شکــار
هــمی تــاخت بــا غُــرم و آهــو، بــدشت  پــراکــنده شــد غُــرم و، او مــانده گشت
ز هــامون، بــرِ مــرغزاری رســید  درخت و گــیا دیــد و هــم، سایه دیــد
هــمی رانــد بــا شــاه، بــوزرجــمهر  ز بــهر پــرستش، هــم از بــهر مــهر
فــرود آمــد از بــارگی شــاه، نــرم  بــدان تــا کــند بــر گــیا چشم گــرم
نــدید از پــرستندگان هــیچ کس  یکــی خــوبرخ مــاند بــا شــاه بس[1]
بــغلتید چــندی بــران مــرغزار  نــهاده ســرش، مــهربان، بــر کــنار[2]
هــمیشه، بــبازوی آن شــاه بــر،  یکــی بــندِ بــازو بُــدی پُــر گــهر
بــرهنه شــد از جــامه بــازوی او  یکــی مــرغ رفت از هــوا ســوی او[3]
فــرود آمــد از ابــر مــرغی سیاه  ز پــرواز شــد تــا بــه بــالین شــاه
بــه بــازو نگــه کــرد و گــوهر بــدید  کسی را بــه نــزدیک او بــر نــدید[4]
هــمه لشکــرش گــردِ آن مــرغزار  هــمی گشت هــرکس ز بــهر شکــار[5]
هــمان شــاه، تــنها، بــخواب انــدرون  نــه بــر گــرد او بــر، کسی رهــنمون[6]
چــو مــرغ سیه، بــندِ بــازو بــدید  ســرِ درزِ آن گــوهران بــر درید
چــو بــدرید گــوهر یکــایک بــخوَرد  هــمان درّ خــوشاب و یــاقوت زرد[7]

---

* - کدام روزگار؟ سخن درست «یکی روزگار» است.
○ ـلت دویم نیز چنین می‌نماید: **برون رفت از شهر، بهر شکار.**
**۱** - در گفتار فردوسی تنها بزرگمهر همراه وی بود.
**۲** - برای خوابیدن، چرا بایستی چندی غلتیدن؟
**۳** - مرغ از هوا رفت؟ یا آمد؟
**۴ - یک:** دیدن بازوبند در گفتار پسین می‌آید. **دو:** «نزدیک بر» نادرست است.
**۵ - یک:** همه لشکرش نادرست است همه‌لشکریانش. **دو:** و آنگاه لشکریان، با همی گشت لت دویم همخوان نیست. **سه:** در گفتار شاهنامه کسری با بزرگمهر بود و از لشکریان جدا افتاده بود.
**٦ - یک:** خواب را اندرون نیست. **دو:** سخن رج پیشین دگرگون گشت و کسی گردِ او نبود. **سه:** مگر برای خوابیدن نیز رهنمون باید؟
**۷ - یک:** «چو» آغازین این رج با «چو» در رج پیشین همخوان نیست. **دو:** از خوردن نیز در رج پسین سخن می‌رود.

بخورد و ز بالین او بر پرید / همانگه ز دیدار شد ناپدید

*

دژم گشت زان کار، بوزرجمهر / فرو ماند از کارِ گردان سپهر
بدانست کآمد بتنگی، نشیب / زمانه بگیرد فریب و نهیب[1]
چو بیدار شد شاه و او را بدید / کزآنسان همی لب، بدندان گزید
گمانی چنان برد کاو را بخواب / خورش کرد، بر پرورش بر، شتاب*
بدو گفت ک:«ای سگ○، تراین،که؟گفت / که پالایشِ طبع، بتوان نهفت!
نه من اورمزدم، و گر بهمنم! / ز خاک است و از باد و آتش، تنم!»
جهاندار چندی زبان رنجه کرد / ندید ایچ پاسخ، جز از بادِ سرد
بپژمرد بر جای، بوزرجمهر / ز شاه و ز کردار گردان سپهر
که بس زود دید او، نشانِ نشیب / خردمند، خامُش بماند از نهیب
همه گرد بر گردِ آن مرغزار / سپه بود و اندر میان، شهریار
نشست از برِ اسپ کسری بخشم / ز ره تا درِ گاه، نگشاد چشم
همه ره، ز دانا همی لب گزید / فرود آمد از باره چندی ژکید
بفرمود تا روی و سندان کنند / به داننده بر، کاخ؛ زندان کنند
در آن کاخ بنشست بوزرجمهر / ازو برگسسته، جهاندار، مهر

*

یکی خویش بودش، دلیر و جوان / پرستندهٔ شاه نوشیروان
بهر جای، با شاه، در کاخ بود / بگفتار، با شاه، گستاخ بود
بپرسید یک روز بوزرجمهر / ز پروردهٔ شاهِ خورشیدچهر
که: «او را پرستش همی، چون؟ کنی / بیاموز، تا کوشش افزون کنی»
پرستنده گفت: «ای سرِ موبدان / چنان دان! که امروز، شاهِ ردان
چو از خوان برفت، آب، بگساردم / زمین ز آبدستان مگر یافت، نم
نگه سوی من بنده، زان گونه کرد / که گفتم سرآمد مرا خواب و خوَرد!
جهاندار چون گشت با من درشت / مرا سست شد آبدستان به مشت»
بدو، دانشی گفت: «آب آر خیز / چنانچون، که بر دست شاه، آب ریز»
بیاورد مرد جوان آب گرم / همی ریخت بر دست او نرم نرم

1 –بزرگمهر از خوردن گوهرها دژم شد، نه از آمدن نشیب!
* –گمان برد که بانگی از شکم او برخاسته است.
○ – پیدا است که سگ در اندیشهٔ ایرانیان گرامی بوده است. نمونه VI شاهنامهٔ مسکو نیز بجای «ای سگ» «مرد دانا» آورده است که با چنین پاژنام، زبان رنجه کردن در رج ۴۱۳۲۱ نادرخور می‌نماید.

آزار بزرگمهر

بدو گفت کـ :«این بار، بر، دستشوی / تو با آب جو، هیچ تندی مجوی
چو لب را بیالاید از بوی خوَش / تو از ریختن، آبدستان بکش»
چو روز دگر شاه نوشیروان / به هنگام خوردن بیاورد خوان[1]
پرستنده را، دل؛ پر اندیشه گشت / بدان، تا دگر بار، بنهاد تشت
چنان هم، چو داناش فرموده بود / نه کم کرد ازآن نیز و نه برفزود[2]
بگفتار دانا فرو ریخت آب / نه نرم و نه از ریختن برشتاب

*

بدو گفت شاه: «ای فزاینده مهر / که؟ گفت این ترا!» گفت: «بوزرجمهر؛
مرا اندرین دانش او داد راه / که بیند همی؛ این، جهاندار شاه»
بدو گفت: «رو، پیش دانا بگوی / کزان نامور گاه و آن آبروی
چرا؟ جُستی از برتری، کمتری! / به بدگوهر و، ناسزا داوری!»

*

پرستنده بشنید و آمد دوان / برِ خال شد، تند و خسته روان
ز شاه آنچه بشنید؛ با او بگفت / چنین یافت زو، پاسخ اندر نهفت
که: «حال من از حال شاه جهان / فراوان به است آشکار و نهان»○
پرستنده بر گشت و پاسخ ببرد / سخن‌ها یکایک بر او بر، شمرد
فراوان، ز پاسخ؛ برآشفت شاه / ورا، بند فرمود و، تاریک چاه

*

دگر باره پرسید زان پیشکار / که: «چون؟ دارد آن کم خرد، روزگار!»
پرستنده آمد، پر از آب چهر / بگفت آن سخن‌ها به بوزرجمهر
چنین داد پاسخ بدو، نیکخواه / که: «روز من آسان‌تر از روز شاه»
فرستاده برگشت و آمد چو باد / همه پاسخش کرد، بر شاه، یاد

*

ز پاسخ برآشفت و شد چون پلنگ / ز آهن تنوری بفرمود تنگ
ز پیکان و از میخ گرد اندرش⊡ / هم از بند آهن گرفته سرش
بدو اندرون، جای دانا گزید / دل از مهر دانا، به یکسو کشید

---

۱ – شاه، خود، خوان آورد؟ ۲ – سخن درست در رج پسین می‌آید.

○ – در همه نمونه‌ها «حال من» آمده است؛ بجز نمونهٔ VI در شاهنامهٔ مسکو که «جای من» آمده است. اما پیدا است که چون پرسش دربارهٔ «گاه» بوده است، گونه درست چنین است: **«که گاه من از گاه شاه جهان».**

⊡ –گرداگردِ اندرون تنور.

نبُد روزش آرام و شب جای* خواب — تنش پر ز سختی، دلش پرشتاب
چهارم چنین گفت شاه جهان — ابا پیشکارش سخن در نهان
که: «یک بار نزدیک دانا گذار — ببر زود پیغام و پاسخ بیار
بگویش که: چون؟ بینی اکنون، تنت — که از میخ تیزست پیراهنت!»

*

پرستنده آمد بداد آن پیام — که بشنید ازآن مهترِ خویشکام
چنین داد پاسخ، بمردِ جوان — که: «روزم به از روزِ نوشیروان»

*

چو برگشت و پاسخ بیاورد مرد — ز گفتار شد؛ شاه را، روی، زرد
ز ایوان یکی راستگویی گزید — که گفتار دانا بداند شنید
یکی با فرستاده، شمشیرزن — که دژخیم بود اندران انجمن [1]
که: «رو تو بدین بدنهان را بگوی● — که گر، پاسخت را بود رنگ و بوی؛
اُگر نه که دژخیم با تیغ تیز — نماید ترا گردش رستخیز
که گفتی که زندان بِهٔ از تخت شاه — تنوری پر از میخ، با بند و چاه» [2]
بیامد بگفت آنچه بشنید؛ مرد — شد از درد؛ دانا، دلش پر ز درد

*

بدان پاکدل گفت بوزرجمهر — که: «ننمود هرگز بما، بخت، چهر
چه با گنج و تخت و، چه با رنجِ سخت — ببندیم هر دو، بناکام، رخت
نه، این پای دارد به گیتی، نه آن — سرآید همی نیک و بد بیگمان
ز سختی گذر کردن آسان بود — دل تاجداران هراسان بود»

*

خردمند و دژخیم باز آمدند — برِ شاه گردنفراز آمدند
شنیده بگفتند با شهریار — دلش گشت زان پاسخِ او فگار
به ایوانش بردند زان تنگ جای — به دستوریِ پاکدل رهنمای
بر این نیز بگذشت چندی سپهر — پرآژنگ شد روی بوزرجمهر

---

* - در تنور آهنین پر میخ سخن از «جای خواب» گفتن، درست نمی‌نماید. من ایدون گمانم که «**گاهِ خواب**» (= زمان خواب) درست است.

1 - این رج با گفتار پیشین سازگار نیست.

● - سخن را پیوند سست است «بدین بد نهان» را «را» نمی‌باید. و پیدا است که گفتار چنین بوده است:

**«که رو، تو، مر آن بدنهان را بگوی»**

۲ - لت دویم را پیوند با لت نخست نیست، و آن روانشاد را به زندان نیفکنده‌اند و آن تنور پر از سیخ و میخ و نیزه سخت‌ترین شکنجه

## داستان افزودهٔ پیام رومیان

دلش تنگ برگشت و باریک شد      دو چشمش ز اندیشه تاریک شد
چو با گنج، رنجش برابر نبود      بفسود ازآن درد و در غم بسود[1]

## آوردن فرستادهٔ قیصر، دُرجی بسته
## و
## پرسیدن دربارهٔ آن

| | |
|---|---|
| چنان بُد که قیصر، بدان چندگاه | رسولی* فرستاد نزدیک شاه؛ |
| ابا نامه و هدیه و با نثار | یکی دُرج و، قفلی بر او؛ استوار |
| که: «با شاه گندآوران و ردان | فراوان بود، پاکدل موبدان |
| بدین قفل و این دُرج، نابرده دست | نهفته؛ بگویند، چیزی که هست! |
| فرستیم باژ، ار بگویند راست | جز از باژ چیزی که آیین ما است |
| گر ایدونکه زین دانش ناگزیر | بماند، دلِ موبدِ تیزویر |
| نباید که خواهد ز ما باژ، شاه | نراند بدین پادشاهی، سپاه |
| بر این گونه دارم ز قیصر پیام | تو پاسخ گزار آنچه آیدت کام[2] |
| فرستاده را گفت شاه جهان | که: «این هم نباشد ز یزدان، نهان |
| من از فرّ او این بجای آورم | همان مرد پاکیزه‌رای آورم[3] |
| یکی هفته ایدر ز می شاد باش | به‌رامش، دل‌آرای و آزاد باش»[4] |
| ازآنپس بدان داستان، خیره ماند | بزرگان و فرزانگان را بخواند |
| نگه کرد هر یک ز هر باره‌ای | که سازد مر آن بند را چاره‌ای[5] |
| بدان دُرج و قفلی چنان بی‌کلید | نگه کرد و هر موبدی بنگرید[6] |
| ز دانش سراسر، بیکو شدند | بنادانی خویش خستو شدند[7] |
| چو گشتند یک انجمن ناتوان | غمین شد دل شاه نوشیروان |

---

1 - سخن در رج پسین پایان‌پذیرفت، و «در غم بسود» پایانی را پیشینه در زبان فارسی نیست.

* - رسول را بگفتار فردوسی راه نیست. بیگمان این واژه «هیونی» بوده است که همه جا در گفتارهای شاهنامه آمده است:
**هیونی فرستاد نزدیک شاه؛**

2 - گفتار فرستاده را انشاید، سخت و بی‌آزرمانه بودن.

3 - **یک:** «این» در لت نخست با «این» در رج پیشین ناهمخوان است. **دو:** لت دویم را نیز گزارش نیست.

4 - زمی شاد باش نادرخور است.

5 - سخن‌ست است: «هر یک (از آنان بدان) نگریست».

6 -

همی گفت ک:«ین راز گردان سپهر / بیابد، به اندیشه، بوزرجمهر»
شد از دردِ دانا، دلش پر ز درد / بُرو، پر ز چین کرد و، رخساره زرد
شهنشاه چون دید ز اندیشه رنج / بفرمود تا جامه دستی ز گنج [1]
بیاورد گنجور و اسپی گزین / نشستِ شهنشاه کردند زین [2]

*

به نزدیک دانا فرستاد و گفت / که: «رنجی که دیدی، نشاید نهفت!
چنین راند، بر سر، سپهرِ بلند / که آید ز ما، بر تو؛ چندین گزند
زبان تو مغز مرا کرد تیز / همی با تن خویش کردی ستیز
یکی کار پیش آمدم ناگزیر / کزان، تنگ آمد، دلِ تیزویر [3]
یکی دُرج زرّین، سرش بسته، خشک / نهاده بر او قفل و مُهری ز مشک
فرستاد قیصر برِ ما ز روم / یکی موبدی نامبردار بوم *
فرستاده گوید که سالار گفت / که: «این راز، پیدا کنید از نهفت
که این دُرج را چیست؟ اندر نهان! / بگویند فرزانگان جهان!
بدل گفتم این رازِ پوشیده چهر / ببیند مگر جانِ بوزرجمهر»

*

چو بشنید بوزرجمهر این سَخُن / دلش نو شد از رنج و دردِ کَهُن
ز زندان بیامد سر و تن بشست / به پیش جهانداور آمد نخست [4]
همی بود ترسان ز آزار شاه / جهاندار پر خشم و او بی‌گناه [5]
شب تیره و روز پیدا نبود / بدان سان که پیغام خسرو شنود [6]
چو خورشید بنمود تاج از فراز / بپوشید رویِ شب تیره باز [7]
به اختر نگه کرد بوزرجمهر / چو خورشید رخشنده بُد بر سپهر [8]
به آبِ خرد چشمِ دل را بشست / ز دانندگان، استواری بجست [9]

---

۱ – سخن از رنج در رج پیشین گذشت. ۲ – اسپ گزین؟ یا نشست شهنشاه؟ اسپ را «برنشست» نیز نامند، نه «نشست».

۳ – پیش آمد نادرخور است: «پیش آمده است». لت دویم را نیز نمونه‌ای چند است که همگان نادرخور می‌نمایند تنگ آمد، بسته آمد... تنگ گردد نیز نادرست است زیرا که چنین شده است پس «تنگ گردیده است» باید.

* – سخن بدینسان، گویا نیست، شاهنامهٔ سپاهان: «یکی موبدی نامدارانِ روم» و گفتار درست، چنین بوده است: **«یکی موبد از نامداران بوم».** ۴ – خداوند را، پیشگاه نیست.

۵ – **یک:** اکنون چرا ترسان؟! آنکس را که در بند و میخ آهنین ترسی از شاه خودکامه نبود، ترس نشاید! **دو:** لت دویم را نیز پیوند و پایان نیست.

٦ – **یک:** افزاینده خواسته است بگوید که برای بزرگمهر روز و شب یکسان بود. **دو:** لت دویم را نیز پیوند و پایان نیست.

۷ – اگر روز و شب برای بزرگمهر یکسان بود، این گفتار نادرخور است.

داستان افزودهٔ پیام رومیان ۱۰۱

بدو گفت: «بازار من خیره گشت / چو چشمم، ازین رنج‌ها؛ تیره گشت
نگه کن که پیشت که آید به راه / ز حالش بپرس، ایچ نامش مخواه»
به راه آمد از خانه بوزرجمهر / همی رفت پویان، زنی خوبچهر
خردمندِ بینا، به دانا بگفت / سخن هر چه بر چشم او بُد نهفت
چنین گفت پرسنده را، راهجوی / که: «بپژوه تا دارد؟ این ماه، شوی!»
زن پاکدامن، به پرسنده گفت / که: «شویست و هم کودک اندر نهفت»

*

چو بشنید داننده، گفتار زن / بخندید بر بارهٔ گامزن
همانگه زنی دیگر آمد پدید / بپرسید، چون ترجمانش بدید؛
که: «ای زن ترا بچه و شوی هست؟ / اُگر یک تنی؟ باد داری به دست!»
بدو گفت: «شویست، اگر بچه نیست / چو پاسخ شنیدی، برِ من مه‌ایست»
همانگه سدیگر زن آمد براه / بیامد برِ او، همان نیکخواه
که: «ای خوبرخ، کیست؟ انباز تو! / بدین کَش خرامیدن و ناز تو!»
«مرا» گفت: «هرگز نبوده‌ست شوی / نخواهم که بیند مرا نیز، روی»

*

چو بشنید بوزرجمهر این سخن / نگر تا چه اندیشه افکند بن[1]
بیامد دژم‌روی، تازان براه / چو بردند داننده را نزد شاه
بفرمود تا رفت نزدیک تخت / دل شاه کسری، غمین گشت سخت؛
که داننده را، چشم، بینا ندید / بسی بادِ سرد از جگر برکشید
همی کرد پوزش، ازآن کار؛ شاه / کزو داشت آزار، بر بیگناه
پس از روم و قیصر زبان برگشاد / همی کرد زان قفل و زان دُرج یاد[2]

*

بشاه جهان گفت بوزرجمهر / که: «تابان بزی، تا بماند سپهر
یکی انجمن باید از بخردان / فرستادهٔ قیصر و موبدان
نهاده همی دُرج در پیش شاه / به پیش بزرگان جوینده راه؛
به نیروی یزدان، که اندیشه داد / روان مرا، راستی پیشه داد
بگویم به دُرج اندرون هر چه هست / نسایم بران قفل و آن درج، دست
اگر چشم، شد تیره، دل روشن است / روان را ز دانش همی جوشن است»[3]

۱ - سخن، روی بخواننده کرد.
۲ - این رج میان رج‌های پیشین و پسین جدایی افکنده است.

| | ۴۱۴۴۵ |
|---|---|
| ز گفتار او شاد شد شهریار | دلش تازه شد، چون گل اندر بهار¹ |
| از اندیشه، شد شاه را، پشت راست | |
| همه موبدان و ردان را بخواند | |
| ازآن پس فرستاده را گفت شاه | فرستاده و دُرج را پیش خواست |
| | که: «پیغام بگزار و پاسخ بخواه» |

| | |
|---|---|
| چو بشنید رومی، سخن برگشاد | سخن‌های قیصر همه کرد یاد؛ |
| که گفت: «از جهاندارِ پیروزِ جنگ | خرد باید و دانش و نام و ننگ |
| ترا فرّ و برزِ جهاندار هست | بزرگیّ و دانایی و زور دست² |
| همان بخرد و موبد راجوی | گویٔ برمنش کاو بود شاهجوی³ |
| همه پاک در بارگاه تو اند | اگر در جهان نیکخواه تو اند⁴ |
| همین دُرج با قفل و مُهر و نشان | ببینند بیداردل سرکشان |
| بگویند روشن، که زیر نهفت | چه چیزست و آن، با خرد هست؟ جفت! |
| فرستیم زین پس به تو باژ و ساو | که این مرز دارند با باژ تاو⁵ |
| اُگر باز ماند ازین مایه چیز | نخواهند ازین مرزها باژ نیز»⁶ |

| | |
|---|---|
| چو دانا ز گوینده پاسخ شنید | سخن برگشاد، آفرین گسترید |
| که: «همواره شاه جهان شاد باد | سخندان و با بخت و با داد باد |
| سپاس از خداوند خورشید و ماه | روان را؛ بدانش، نماینده راه |
| نداند جز او آشکارا و راز | به دانش مرا آز و او بی‌نیاز⁷ |
| سه دُرّ است رخشان به دُرج اندرون | غلافش بود ز آنچه گفتم برون* |
| یکی شُفته و دیگری نیم‌سُفت | دگر آنکه آهن ندیده‌ست جفت»* |

| | |
|---|---|
| چو بشنید دانای رومی، کلید | بیاورد و، نوشیروان بنگرید |

---

۱ – شاد شدن شاه با گفتاری دیگر، در رج پسین می‌آید.
۲ – «برز جهاندار» چگونه است؟
۳ – «گوِ برمنش» لتِ دویم کیست؟
۴ – «همه» در این رج، با «همان» رج پیشین و «همی» که در رج پسین می‌آید همخوان نیست.
۵ – «فرستیم بتو» نادرخور است.
۶ – سخن سخت سست است، افزاینده خواسته است بگوید که اگر دانایان ایران، را توان پاسخ دادن نباشد...
۷ – سخن سست است، و بزرگمهر نیز [در این داستان افزودهٔ دبیرانِ زمانِ نوشروان] نهفته را می‌داند، و در گفتار پسین می‌گوید.
* – از سخن لت دویم چیزی برنمی‌آید، و در نمونه‌ها «فزون» نیز آمده است که آن نیز گرهی از کار نمی‌گشاید.

نهفته یکی هُقّه○ بد در میان به هقه درون پردهٔ پرنیان
سه گوهر بدان هقه، اندر نهفت چنان هم، که دانای ایران بگفت
نخستین، ز گوهر؛ یکی سفته بود دویُم نیم‌سُفت و سیوم ناپسود
همه موبدان آفرین خواندند بدان دانشی، گوهر افشاندند
شهنشاه رخساره پُر تاب کرد دهانش پر از درّ خوشاب کرد
ز کارِ گذشته دلش تنگ شد بپیچید و رویش پُرآژنگ شد
که با او چرا؟ کرد، چندان جفا! ازان پس کزو دید، مهر و وفا
چو دانا رخِ شاه پژمرده یافت روانش به درد اندر آزرده یافت
برآورد گوینده، راز؛ از نهفت گذشته، همه پیش کسری بگفت
ازآن بندِ بازوی و مرغِ سیاه از اندیشهٔ گوهر و خواب شاه
بدو گفت که :«این، بودنی کار بود ندارد پشیمانی و درد، سود
چو آرد بد و نیک، رایِ سپهر چه شاه و چه موبد چه بوزرجمهر
ز تخمی که یزدان به اختر بِکشت بباید‌ش بر تارک ما نبشت[1]
دل شاه نوشیروان شاد باد همیشه ز درد و غم آزاد باد
اگر چند باشد سرافراز، شاه به دستور گردد، دلارای، گاه
شکارست کار شهنشاه و رزم می و شادی و بخشش و داد و بزم
بداند که شاهان چه کردند پیش بورزد بدان هم‌نشان رای خویش[2]
ز آکندن گنج و رنج سپاه ز آزرم گفتار، و ز دادخواه[3]
دل و جان دستور باشد برنج از اندیشهٔ کدخداییّ و گنج!»

## گفتار اندر توقیعات نوشیروان

چنین بود تا گاهِ نوشیروان همو بود شاه و همو پهلوان[4]

○ - هُقّه در زبان تازی ریشه ندارد، و واژه‌ای فارسی است که در زبان بیذُوی هُغ خوانده می‌شود.

۱ - **یک:** خداوند در ستاره تخم می‌کارد؟! **دو:** لت دویم سست‌تر.

۲ - **یک:** افزاینده را، رای بر آن بوده است که بگوید شاهان را بایستی از سرگذشت شاهان پیش و کارهای آنان آگاه بودن! **دو:** «رای» آهنگ انجام کاری را کردن است و ورزیدنی نیست.

۳ - از کارِ دستور بگونهٔ درست در رج پسین یاد می‌شود.

۴ - چون در لت نخست، تا هنگام نوشروان چنین بوده است، پس گفتار پسین نادرخور می‌نماید، زیرا که بر پایهٔ آن گفتار، همهٔ پادشاهان

همـاو بــود جـنگی و مـوبد همـاو سـپهبد هـمو بـود و بـخرد هـمو[1]
بـهر جـای، کـارآگـهان داشـتی جـهان را بـه «دسـتور» نگـذاشـتی[2]
ز بسـیار و انـدک ز کـار جـهان بـد و نـیک، زو، کس نکـردی نـهان[3]
ز کـارآگـهان، مـوبدی نـیکخواه چـنان بُـد کـه بـرخـاست بـر پیشگاه[4]
کـه: «گـاهی گُـنه بگـذرانـی هـمی بـه بـد، نـام آن کس نـخوانـی هـمی[5]
هـم ایـن را دگـر بـاره آویـزش است گـنهکار اگـر چـند بـا پـوزش[6] است»
بـه پـاسخ چـنین بـود تـوقیعِ شـاه کـه: «آن کس کـه خسـتو شـود بـر گـناه[7]
چـو بـیمارِ زارست و، مـن چـون پـزشک ز دارو گـریزان و ریـزان سـرشک[8]
بـیکـ دارو ار او نگـردد درست روان از پـزشکی، نـخواهـیم شست»[9]
دگـر مـوبدی گـفت: «انـوشه بـوی بـداد و دهـش نـیز، تـو، شـه بَـوی[10]
سـپهدار گـرگان بـرفت از نـهفت بـه بـیشه درآمـد، زمـانی بـخفت[11]
بُـنه بُـرد، گـر گـیل و، او بـرهنه هـمی بـاز گـردد ز بـهر بـنه؟»[12]
بـه تـوقیع پـاسخ چـنین داد بـاز کـه: «هسـتیم ازآن لشکری، بـی‌نیاز[13]
کـجا، پـاسبانی کـند بـر سـپاه ز بـد، خـویشتن را نـدارد نگـاه»[14]
دگـر گـفت: «انـوشه بَـوی جـاودان نشست و خـور و خـواب بـا مـوبدان[15]
یکـی نـامور مـایه‌دار ایـدر است کـه گـنجش ز گـنج تـو افـزونتر است»[16]

---

۱ - همچنین... اگر جنگی بود، سپهبد را نشاید آوردن،... باری اگر همهٔ این کارها را خود انجام می‌داد «موبد» نبود.

۲ - سخن درست می‌نماید، اما پیوسته بگفتار است.

۳ - «کس نکردی» با «کارآگهان» در رج پیشین همخوان نیست.

۴ - **یک:** کارآگهان موبد نبودند. **دو:** لت دویم را پیوند درست نیست! بایستی روشن شود که یکروز... برخاست.

۵ - **یک:** گنه (گذراندنی) نیست بخشیدنی است. و (از) گناه (گذشتن). **دو:** پرسش همگانی است و به یک کس ویژه نمی‌شود، که از او با «آن» شناسا (معرفه) یاد کنند.

۶ - سخن سخت بی‌پیوند است، و بدو گونه توان بدان گمان بردن. **یک:** «همین کس را». **دو:** «همین گناه را دربارهٔ دیگر کس» و آویزش نیز نادرخور است، و «پادافره» باید.

۷ - توقیع را در گفتار فردوسی، دیگربار ندیده‌ایم.

۸ - لت دویم چه کس گریزان از دارو است؟ روشن نیست.

۹ - لت دویم نادرخور است... و همهٔ گفتار در این رج درخور پرسش نیست، زیرا که پرسش چنین بود که این کس را بپادافره گناه (می‌آویزی)... و اینجا سخن از دارو و درمان می‌رود!

۱۰ - لت دویم نادرخور است، زیرا که اگر برای او آرزوی داشتنِ داد و دهش می‌کند، بدو، پوشیده، دشنام داده است زیراکه روی دیگر گفتار آنست که ترا داد و دهش نیست!

۱۱ - **یک:** «از نهفت» نادرخور است: «پنهانی برفت». **دو:** «برفت» لت نخست را با «آمد» لت دویم همخوانی نیست.

۱۲ - **یک:** کسی را که پنهانی بجایی می‌رود، «بنه» به چه کار آید؟ **دو:** بایستی روشن شود که «بنهٔ او را». **سه:** گرگیل (و نمونه‌های دیگر؛ از کیل، بر دگر کیک، بر دگر گیل) نادرست است. **چهار:** داستانی در گرگان روی نموده است، و گزارش آن به تیسفون رسیده، و تا پاسخ آن بگرگان رسد، او در همان جای برهنه می‌ماند؟

۱۳ - توقیع...

۱۴ - سخن سست

[illegible]

چنین داد پاسخ که: «آری روا است — که از فرّهٔ پادشاهیِ ما است»[1]
دگر گفت ک: «ای شهریار بلند — انوشه بَوی، از بدی بی‌گزند؛[2]
اسیران رومی که آورده‌اند — بسی شیرخواره در او بَرده‌اند»[3]
به توقیع گفت: «آنچه هستند خُرد — ز دست اسیران نباید شمرد[4]
سوی مادران‌شان فرستید باز — به دل شاد و، از خواسته بی‌نیاز»[5]
نبشتند ک:«ز روم، سه مایه‌ور — همی باز خرّند، خویشان، به زر»[6]
«اگر باز خرّند» گفت: «از هراس — بهر مایه‌داری، یکی را سپاس[7]
فروشید و افزون مجویید نیز — که ما بی‌نیازیم ازیشان، به چیز[8]
بشمشیر خواهیم، زیشان گهر — همان بدره و برده و سیم و زر»[9]
بگفتند ک:«ز مایه‌داران شهر — دو بازارگان‌اند کز شب دو بهر[10]
یکی را نیاید سر اندر، به خواب — از آواز مستان و چنگ و رباب»[11]
چنین داد پاسخ ک:«زین نیست رنج — جز ایشان، هر آنکس که دارند گنج[12]
همه همچنان شاد و خرّم زیند — که آزاد باشند و بی‌غم زیند»[13]
نوشتند خطی ک: «انوشه بدی — همیشه ز تو دور دست بدی[14]
به ایوان چنین گفت شاه یمن — که: «نوشیروان چون گشاید دهن[15]

---

۱ - **یک:** ...که پاسخ خواهد. **دو:** لت دویم را نیز پیوند بایسته نیست: «از داد و روش پادشاهی ما است که چنین نامداران در کشور هستند». ۲ - وابسته به رج پسین.

۳ - **یک:** لت نخست بی‌پیوند است: «اسیرانی را که از روم...». **دو:** «او» در لت دویم نادرخور است...: «بهمراه بندیان رومی، بسی...».

۴ - **یک:** آنچه هستند خرد نادرست است: «کودکان شیرخواره را». **دو:** «آنچه» را با «هستند» همخوان نیست: «آنانرا که». **سه:** ز دست اسیران نیز نادرست است: «نبایستی اسیرشان شمردن».

۵ - **یک:** کودک شیرخوار گریان را تنها شیر مادر باید، نه خواسته...! **دو:** افزایندگان با خوارداشت، بخوانندهٔ نگریسته‌اند!... چگونه شاید پذیرفتن که کودکان شیرخوار را از مادران جدا کرده وبهمراه لشکریان شکست خورده، بایران آورده‌اند؟ و چگونه چنین کودکان، در چنین راه دراز از بی‌شیری نمرده‌اند؟ باری آنانکه چندان ستمگر بوده‌اند که از کودک شیرخوارشان گذشت نبود، چرا مادران را نیز بهمراه نیاورده‌اند؟... ۶ - سخن را پیوند نیست، «سه مایه‌ور (می‌خواهند که) خویشان را...».

۷ - سخن درهم ریخته است، و افزاینده را رای بر آن بوده است که بگوید اگر چنین است، به هر یک از آنان یک برده را بفروشید... و سپاس پایانین نیز نادرخور است... ۸ - **یک:** سپاس فروشید!! **دو:** چه چیز را افزون نجویند؟

۹ - این همان پادشاه است که افزایندگان در داستانهای افزودهٔ پیشین، بدانهنگام که در روم بود، شهر «زیب خسرو»(؟) را بدست او در ایران و برای شکست‌خوردگان رومی بساختند... و اکنون داشتن بردهٔ رومی را از درم و دیناری که برای آزادی آنان می‌پردازند... بهتر می‌داند! ۱۰ - دو بهر، از چند بهر؟

۱۱ - **یک:** «یکی را» در این رج با «دو بازرگان» در رج پیشین همخوان نیست. چون اگر یکی را سر بخواب نمی‌رود، نشان از آنست که دیگری می‌خوابد، و چون دو بازرگان‌اند بس می‌نمود که گفته شود «سر بخواب نمی‌نهند». **دو:** گفتار افزاینده در لت دویم چنین می‌نماید که آن دو بیچاره از آواز مستانِ شهر خواب ندارند...

۱۲ - ...باز آنکه آنانند که نمی‌خوابند، و شاد می‌زیند (و مردان را از آواز آنان خواب نیست)!! ۱۳ - دنبالهٔ گفتار

۱۴ - وابسته برج پسین

همه مردگان را کند بیش یاد — پر از غم شود زنده را جانِ شاد»[1]
چنین داد پاسخ که: «از مرده، یاد — کند، هر که دارد خرد با نژاد[2]
هر آنکس که از مردگان دل بشست — نباشد همی مهر، او را درست»[3]
یکی گفت ک:«ای شاه! کهتر پسر — نگردد همی گِردِ دادِ پدر[4]
بریزد همی، بر زمین بر، درم — که باشد فروشنده بر او، دژم»[5]
چنین داد پاسخ که: «این ناروا است — بهای زمین هم فروشنده را است»[6]
دگر گفت ک:«ای شاه برترمنش — که دوری ز پیغاره و سرزنش[7]
دلی داشتی پیش ازین پر ز شرم — چرا شد برین سان بی‌آزرم و گرم؟»[8]
چنین داد پاسخ که: «دندان نبود — مزیدن جز از شیر پستان نبود[9]
چو دندان برآمد، ببالید پشت — همی گوشت جویم، چو گشتم درشت!»[10]
یکی گفت: «گیرم کنون مهتری — به رای و بدانش ز ما بهتری[11]
چرا برگذشتی ز شاهنشهان — که دیده، به روی تو دارد جهان»[12]
چنین داد پاسخ که: «ما را خرد — ز دیدار ایشان همی بگذرد[13]
هش و دانش و رای، دستور ما است — زمین گنج و، اندیشه گنجور ما است»[14]
دگر گفت: «بازِ تو ای شهریار — عقابی گرفته است روز شکار»[15]
چنین گفت ک:«او را بکوبید پشت — که با مهترِ خود، چرا شد درشت!»[16]
بیاویز پایش، ز دار بلند — بدان، تا بدو، بازگردد گزند[17]
که از کهتران نیز در کارزار — فزونی نجویند، بر شهریار»[18]

---

۱ – ایرانیان هیچگاه از (مردگان) یاد نمی‌کردند، که از (روان درگذشتگان) یاد می‌شد.
۲ – سخن سست با دوباره گویی «مرده».  ۳ – **یک:** ...همچنین. **دو:** دل بشست نیز نادرخور است: «فراموش کرد».
۴ – کهتر پسرِ چه کس؟  ۵ – لت دویم را هیچگونه پیوند با لت نخست نتوان یافتن.
٦ – اگر زمین از آن کسی است، پیدا است که بهای آن نیز از آنِ او است!  ۷ – وابسته برج پسین.
۸ – آیا توان سنجیدن که کسی شاه خودکامه را بی‌آزرم (بی‌احترام) خوانَد.  ۹ – سخن را پیوند باید: «بدانهنگام که دندانم نبود».
۱۰ – **یک:** «پشت» را بالیدن نیست بالیدن از آنِ قد و بالا است. **دو:** «چو» آغازین، با «چو» در لت دویم همخوان نیست.
۱۱ – وابسته به رج پسین
۱۲ – برگذشتی در لت نخست نادرخور است: «چرا پایگاه خویش را از شاهنشهان پیشین برتر میدانی».
۱۳ – «خرد» را با «دیدار» (=چهره) پیوندی نیست... باری آنان را که درگذشته‌اند، دیگر «دیدار»ی نیست:

بدینسان زنی داشت پرمایه شاه — ببالای سرو و، بدیدار ماه

دربارهٔ مریم زن نوشروان

۱۴ – هش و دانش و رای راکنش «است» نشاید.  ۱۵ – عقابی را «را» باید
۱٦ – سخن درست است، اما وابسته بگفتار است.
۱۷ – «بکوبید» را در رج پیشین، با «بیاویز» در این رج همخوان نیست.
۱۸ – لت نخست بی‌پیوند است: «که کسی از کهتران».

دگر نامداری ز کار آگهان  چنین گفت ک:«ای شهریار جهان[1]
بشبگیر، برزین بشد با سپاه  ستاره‌شناسی بیامد ز راه
چنین گفت ک:«این مردِ گردنفراز  چنین لشکری گَشن و زین‌گونه، ساز
چو برگاشت او، پشت بر شهریار  نبیند کس او را بدین روزگار»
به توقیع گفت آنکه: «گردان سپهر  گشاده‌ست با رای او چهر و مهر[2]
به برزین سالار و گنج و سپاه  نگردد تباه اخترِ هور و ماه»[3]
دگر موبدی گفت ک:«ز شهریار  چنین بود پیمان، به یک روزگار[4]
که مردی گزینند فرخ‌نژاد  که در پادشاهی بگردد به داد[5]
رساند بدین بارگاه آگهی  ز بسیار و اندک، بدی، گر، بهی[6]
گشسپ سرافراز، مردی‌ست پیر  سزد گر بود، داد را، دستگیر»[7]
چنین داد پاسخ که: «او را ز آز  کمر بر میان است، دور از نیاز[8]
کسی را گزینید، کز رنجِ خویش  بپرهیزد و، باشدش گنجِ خویش[9]
جهاندیده مردی درشت و درست  که او، کارِ درویش سازد نخست»[10]
یکی گفت: «سالار خوالیگران  همی نالد از شاه و از مهتران[11]
که آن چیز کاو، خود کند آرزوی  سپارد همه کاسه بر چار سوی[12]
نبوید، نیازد، بدو نیز، دست  بلرزد دلِ مردِ خسروپرست»[13]
چنین داد پاسخ که: «از بیش خوَرد  مگر آرزو، باز گردد به درد»[14]
دگر گفت: «هر کس نکوهش کند  شهنشاه را، چون پژوهش کند![15]
که بی‌لشکر گَشن، بیرون شود  دل دوستداران پر از خون شود[16]

---

۱ - وابسته بگفتار پسین که سه رج بی‌پیوند و بی‌گزارش است.
۲ - مهر، (پیوستنی) است، و (گشودنی) نیست.
۳ - اخترِ او؟ یا اختر هور و ماه؟ مگر هور و ماه را نیز اختر است؟
۴ - پیمان پیک روزگار نادرخور است: «پیشتر پیمان شهریار چنین بود که...».
۵ - تنها یک مرد، برای آگاهی رساندن، نادرخور است.
۶ - سخن را آغازگر «که» باید.
۷ - **یک:** داد را نشاید دستگیر کردن. **دو:** سخن را با گفتار پیشین همخوانی نیست.
۸ - پیدا است که آنکس را که «آز» باشد، از روی نیاز نیست.
۹ - از رنج خود پرهیختن چگونه است؟ برای کاری چنان بزرگ می‌باید رنج را بر خود هموار کردن!
۱۰ - مرد گرانمایه به «درشتی» گرانمایه نیست.
۱۱ - وابسته به گفتار پسین
۱۲ - لت دویم نادرست و بی‌پیوند است: آنرا که خود آرزو کرده است، به مهمانان چارسوی می‌بخشد!
۱۳ - پیدا است که چون بدیگران داده است، با دست خویش داده است، و نیازد بدو هیچ دست نادرست است.
۱۴ - لت دویم سخت نادرخور است: از بیش خوردن درد؟ پدید می‌آید.
۱۵ - سخن پساپیش شده است و پیوند بایسته ندارد. هر کس که پژوهش کند که...
۱۶ - ...شاهنشاه بی‌لشکر بیرون می‌رود. دلش (نه دل دوستداران)

مگر دشمنی بدسگالد بدوی … بچاره بنالد، بیاید بدوی»[1]
چنین داد پاسخ که: «داد و خرد … تن پادشا را همی پرورد»[2]
اگر دادگر، چند بیکس بود … ورا پاسبان، راستی، بس بود»[3]
دگر گفت ک:«ای با خرد گشته جفت … به میدان خراسان سالار گفت[4]
که: «گرزسپ» را باز کرد او، ز کار … چه گفت اندرین کارِ او شهریار»[5]
چنین داد پاسخ که: «فرمان ما … نورزید و بنهفت پیمان ما[6]
بفرمودمش تا به ارزانیان … گشاید درِ گنج و سود و زیان[7]
کسی کاو، دهش کاست، باشد بکار … بپوشد همه فرّهٔ شهریار[8]
دگر گفت: «با هر کسی پادشا … بزرگ است و بخشنده و پارسا[9]
پرستار دیرینه، مهرک، چه کرد … که روزیش اندک شد و روی زرد!»[10]
چنین داد پاسخ که: «او شد درشت … بدان کردهٔ خویش، بنهاد پشت[11]
نیامد بدرگاه و بنشست مست … همیشه جز از می، ندارد به دست»[12]
ز کارآگهان موبدی گفت: «شاه … چو راند سوی جنگ، قیصر، سپاه[13]
نخواهد جز ایرانیان را به جنگ … جهان شد به ایران بر، از روم، تنگ»[14]
چنین داد پاسخ که: «آن دشمنی … به طبع است و، پرخاش اهریمنی»[15]
دگر باره پرسید موبد که «شاه … ز شاهان دگرگونه خواهد سپاه[16]
کدام است و چون بایدت مرد جنگ؟ … ز مردان شیرافکن تیزچنگ»![17]

---

۱ – سخن در لت دویم سخت ناخوش و نادرخور است، و افزاینده را، رای بر آن بوده است که بگوید: «شاید، که دشمنی بدسگال، با ناله بسوی او آید...!
۲ – پرورش «تن» از خوراک است، نه از داد، نه از خرد!
۳ – سخن نادرست است: «اگرچه دادگر بیکس باشد» اما چگونه شاید پذیرفتن که پادشاه کشوری که دادگر نیز هست، بی کس بوده باشد؟!
۴ – لت دویم سخت نادرخور است خراسانِ سالار کیست؟ و میدان کجا است؟
۵ – **یک:** سخن نادرخور... «از کار بیکار کرده است». **دو:** چه گفت نیز نادرست است: «چه گوید؟»
٦ – **یک:** لت نخست را «او» باید: «او فرمان ما را». **دو:** پیمان نیز (نهفتنی) نیست، (شکستنی) است.
۷ – به (روی) ارزانیان (= مستحقان) در گنج زیان راگشودن، چه دردی از آنان را درمان می‌کند؟
۸ – افزایندهٔ دور از خرد، خواسته است بگوید: کسیکه از بخشش به ارزانیان بکاهد، پایگاهِ شاه را فروتر می‌کشد، یا «ارزش شاه را در دیدگاه مردمان می‌کاهد».
۹ – وابسته به گفتار پسین
۱۰ – لت دویم نادرخور است، که روزی (مزد روزانه) او راکاستید؟
۱۱ – لت دویم نادرخور است: کارهای پیشین خویش را دگرگونه کرد.
۱۲ – **یک:** «نیامد» نیز نادرخور است: «بدرگاه نمی‌آید». **دو:** بنشست مست نیز... «همواره مست است».
۱۳ – **یک:** موبد، را کارآگاه شدن نشاید. **دو:** در لت دویم چه‌کس رانَد؟
۱۴ – مگر در جنگ با رومیان، کسی بجز از ایرانیان را توان بردن؟
۱۵ – پاسخ بی‌گزارش است، و پیوند با رج پیشین نیز ندارد.
١٦ – مگر شاه، از شاهان سپاه می‌خواهد که دگرگونهٔ آنرا خواسته است؟
۱۷ – سخن را پیوند با رج پیشین نیست.

داستان افزودهٔ پیام رومیان ۱۰۹

چنین داد پاسخ که: «جنگی سوار     نباید که سیر آید از کارزار[۱]
همان بزمش آید، همان رزمگاه     برخشنده روز و، شبان سیاه[۲]
نگردد بهنگام نیروش کم     ز بسیار و اندک نباشد دژم»[۳]
دگر گفت ک :«ای شاه نوشیروان     همیشه بزی شادو، بختت جوان[۴]
به در بر، یکی مرد بُد از نسا     پرستنده و کاردارِ بسا[۵]
درم ماند بر وی، چو سیسد هزار     بدیوان، چو کردند با او، شمار[۶]
نماید همی کاین درم خوَرده شد     همی او بر آن درد، آزَرده شد»[۷]
چو آگاه شد زان سخن شهریار     که موبد درم خواست از کاردار[۸]
چنین گفت ناخورده، منمای رنج     ببخشید چیزی مر او را ز گنج»[۹]
دگر گفت: «جنگی سواری بخَست     بدان خستگی دیر ماند و برَست[۱۰]
به پیش صف رومیان حمله برد     بمرد او و زو کودکان ماند خُرد[۱۱]
چه فرمان دهد شهریار جهان     ز کار چنان خُرد کودک، نوان»[۱۲]
بفرمود ک :«ان کودکان را چهار     ز گنج درم داد باید هزار[۱۳]
هر آن کس که شد کشته در کارزار     کزو خرد کودک بود یادگار[۱۴]
چو نامش ز دفتر بخواند دبیر     برد پیش کودک، درم، ناگزیر[۱۵]
چنین هم بسال اندرون چاربار     مباداکه باشد ازین کار، خوار»[۱۶]

---

**۱** – سیر (آمدنی) نیست (شدنی) است.     **۲** – دنبالهٔ گفتار.

**۳** – نیروی مرد جنگی، هیچگاه نباید کم شود، نه بهنگام!     **۴** – وابسته بگفتار پسین

**۵** – اگر کسی کاردار «بسا»(؟) باشد، چگونه همواره در «در» (= دربار) بوده است؟

**٦** – چو سیسدهزار نادرست است.

**۷** – سخن در لت نخست نادرست است: چنین می‌نماید که دیگران سیسدهزار درم را خورده‌اند!

**۸** – لت دویم را هیچگونه پیوند با لت نخست نیست، و گزارش نیز ندارد.

**۹** – **یک:** لت نخست نیز بی‌پیوند است: «ناخورده را». **دو:** رنج منمای نیز نادرخور است: «رنج مرسانید».

**۱۰** – دگر گفت نادرست است: «دیگری گفت».

**۱۱** – **یک:** «به پیش» نادرست: «پیش». **دو:** پیش ایرانیان یا رومیان؟ سخن اگر از شاهنامه می‌بود، چنین می‌بود: «بسوی لشکر رومیان بتاخت». **سه:** «او» در لت دویم نادرخور است.     **۱۲** – لت دویم سخت نادرخور است: «دربارهٔ آن چند کودک».

**۱۳** – چهار در لت نخست، با «هزار» در لت دویم، برابر با چهار هزار درهم است، و از آنجا که در هنگام بهرام گور، بهای یک مرغ یک درم بوده است، با بهای مرغ در این زمان که من می‌نویسم (آذرماه ۱۳۸۵) بهای یک مرغِ میانه ۲۵۰۰ تومان است، چهار هزار درهم آن زمان برابر با ده‌میلیون تومان در اینزمان است، و چون ده‌میلیون تومان را در چهار بار بشمار آوریم برابر با چهل‌میلیون تومان در هر سال می‌شود، و چگونه شاید چنین پاداش را براست داشتن؟ [برای آگاهی از تاوان (= بیمه) در ایران باستان بنگرید به حقوق جهان در ایران باستان، نوشتهٔ من].

**۱۴** – **یک:** شد کشته در لت نخست نادرخور است: «کشته شود». **دو:** «که» در لت نخست با که (= که از او) در لت دویم ناهمخوان است.

**۱۵** – لت نخست نادرخور است، و چنین می‌نماید که اگر دبیر نام او را بخواند... بایستی چنان کردن، و اگر نخواند، نبایستی.

**۱٦** – آن شمار پیشین، چهار برابر می‌شود!! که ۰۰۰ر۱٦۰ر۳٦ تومان در سال!

دگر گفت: «انوشه بزی سال و ماه — به مرو اندرون، پهلوان سپاه[1]
فراوان درم گرد کرد و بخوَرد — پراکنده گشتند زان مرز مرد»[2]
چنین داد پاسخ که: «آن خواسته؛ — که از شهر، مردم، کند کاسته[3]
چرا باید از خوردِ درویش، گنج — که او شاد باشد، تن و جان به رنج[4]
ازآن کس که بستد، بدو باز ده — ازآن پس بمرو اندر، آواز ده[5]
بفرمای داری زدن بر درش — به بیداریِ کشور و لشکرش[6]
ستمکاره را زنده بر دار کن — دو پایش ز بر، سر نگونسار کن[7]
بدان، تا، کس از پهلوانانِ ما — نپیچد دل و جان ز پیمان ما»[8]
دگر گفت که: «ای شاه یزدان‌پرست — به در بر، بسی مردم زیردست[9]
همی دادِ او را ستایش کنند — جهان‌آفرین را نیایش کنند»[10]
چنین داد پاسخ که: «یزدان سپاس — که از ما کسی نیست، اندر هراس[11]
فزون کرد باید بدیشان نگاه — اگر با گناه‌اند و گر بیگناه»[12]
دگر گفت که: «ای شاه با فرّ و هوش — جهان شد پر آواز خنیا و نوش[13]
توانگر، اُگر مردم زیردست — شب آید شود پر ز آوای مست»[14]
چنین داد پاسخ که: «اندر جهان — بما شاد بادا، کهان و مهان»[15]
دگر گفت که: «ای شهریار بلند — -که هرگز مبادا بجانت گزند-[16]
جهودان کشور ترا دشمن‌اند — دو روی‌اند و با کیش اهریمن‌اند»[17]

---

۱ – وابسته به رج پسین
۲ – در لت دویم «مرد» را «پراکنده گشت» باید.
۳ – سخن بی‌پیوند... افزاینده را، رای بر آن بوده است که بگوید: «آن خواسته (= مال) را (که با گرفتن آن) مردمان را پراکنده می‌کند...» و سخن را نیز پایان نیست،
۴ – **یک:** و بدین رج نیز پیوند ندارد. **دو:** گفتار نیز نادرخور است «خورد درویش» را گزارش نیست مگر آنکه لقمهٔ خوراک او را بگیرند، که چنین نبوده است. **سه:** تن و جان چه کس برنج باشد؟
۵ – **یک:** خویشکاری کارآگاه نیست که درم را از پهلوان مرد بستاند، و به ستمدیدگان بدهد. **دو:** مال را از یک کس نگرفته‌اند و «از آن کس» آغازین نادرخور است.
٦ – **یک:** افزاینده خواسته است بگوید: «برای آنکه لشکریان بیدار شوند». **دو:** لشکر و کشورِ «مرو» از آن ایران بوده است.
۷ – دنبالهٔ سخن
۸ – دل را توان پیچیدن اما جان را نشاید پیچیدن!
۹ – وابسته بگفتار پسین
۱۰ – داد را نمی‌توان ستودن. ستایش را روی بکسی است که داد ورزیده باشد.
۱۱ – چگونه کس در هراس نیست، که در گفتار پیشین کسی را زنده بر دار می‌کنند!
۱۲ – **یک:** بیشتر نگاه کردن را گزارش نیست. «نگریستن» باید. **دو:** آنانکه بدربار آمده‌اند تا شاه را بستایند چرا بایستی با گناه، یا بیگناهشان شمردن؟
۱۳ – آواز خنیا نادرست است: آواز خنیاگر
۱۴ – میان لت دویم با لت نخست پیوند نیست، و در این باره پیشتر نیز سخن رفته بود.
۱۵ – لت دویم بی‌پیوند است.
۱٦ – وابسته به گفتار پسین
۱۷ – لت دویم نادرست است.

چنین داد پاسخ که: «شاه بزرگ / ابی زینهاری نباشد سترگ»[1]
دگر گفت ک:«ای نامور شهریار / ز گنج تو افزون ز سیسد هزار[2]
درم داده‌ای، مرد درویش را / بسی مردِ ویژه، تن خویش را»[3]
چنین گفت ک:«این هم به فرمان ماست / به ارزانیان، چیز بخشی، رواست»[4]
دگر گفت ک:«ای شاه نادیده رنج / ز بخشش فراوان تهی ماند گنج»[5]
چنین داد پاسخ که: «دستِ فراخ / همی مرد را نو کند یال و شاخ[6]
جهاندار چون گشت یزدان‌پرست / نیازد به بد، در جهان نیز، دست[7]
جهان تنگ دیدیم بر تنگ‌خوی! / مرا آز و زفتی نبُد آرزوی»[8]
چنین گفت موبد که: «ای شهریار / قراخانِ سالار سیسد هزار[9]
درم بستد از، بلخ بامی، به رنج / سپرده نهادند یکسر بگنج»[10]
چنین داد پاسخ که، «ما را درم / نباید، که گردد کسی زو دژم[11]
که رنج آید از بیشیِ گنج ما / نه چونین بود داد از پادشا[12]
از آنکس که بستد، بدو هم دهید / ز گنج آنچه خواهد بران، سر، نهید[13]
که دردِ دلِ مردم زیردست / نخواهد، جهاندارِ یزدان‌پرست[14]
پیِ کاخِ آباد را، بر کنی! / به گِل، بام او را توانگر کنی!
شود کاخ ویرانتر از هر چه بود / بماند پس از مرگ نفرین و دود[15]
ز دیوان ما نام او بسترید / به در بر، چنو را، بکس مشمرید»[16]

---

۱ - نمونه‌ها، چند گونه‌اند، و از میان همه آنها سخن چنین برآمد، اما این گفتار نیز روشن نیست، و چون نیک بنگریم گفتار فردوسی چنین بوده است: «ابی زینهاری (بماند) سترگ» (= شاه بزرگ را باید در کشور زینهادار دیگران بودن: شاهی که زینهاریان در پناهش نباشند، بزرگ نیست).

۲ - وابسته برج پسین

۳ - «از گنج تو» در رج پیشین با «داده‌ای» در این رج همخوان نیست. یا «از گنج داده‌ای» یا «از گنج تو داده‌اند»!

۴ - لت دویم بی‌پیوند است: «بخشش بارزانیان روا است».

۵ - همان گفتار پیشین است.

۶ - در گفتار افزایندگان همواره از یال و شاخِ مردان یاد شده است.

۷ - یزدانپرستی پاسخ پرسش دربارهٔ گنج تهی نیست.

۸ - نبد آرزوی، نادرست است: «نیست آرزو».

۹ - تا آنزمان کسی بنام «قراخان» در ایران نبود، و راه ترکان با کارهای نوشروان بایران باز شد، اما نه چنان بود که از آغاز، کسی بنام قراخان، سالارِ بلخ بوده باشد!

۱۰ - روشن نیست که «برنج» به چه کس بازمی‌گردد، به قراخان؟ یا بمردمان؟ اگر رنج مردمان باشد، بایستی «با زور» یا «با ستم» آید.

۱۱ - پیوند درست میان گفتار نیست «(آن) درم که (باگرفتن آن) مردمان دژم (گردند)، ما را بکار نیاید!»

۱۲ - سخنان نادرخور بدنبال یکدیگر

۱۳ - افزاینده خواسته است بگوید: «درم را بآنان باز پس دهید که از آنان ستانده است»

۱۴ - دنبالهٔ آن گفتار

۱۵ - افزاینده، در این دو رج از این گفتار سعدی سود برده است:

«درم بجورستانانِ، زر بزینت ده / بُنای خانه کنانند و؛ بام قصر اندای»

۱۶ - **یک:** هر چه بود نادرست است: ویران از آنچه که پیشتر بود. **دو:** دود را با نفرین چه پیوند است؟

دگر گفت که: «ز بهمن سرفراز    چرا شاه ایران، بپوشید راز؟»[1]
چنین داد پاسخ که: «او را خرد    بپیچد همی وز هوا برخورد»[2]
یکی گفت که: «ای شاه کهترنواز    چرا گشتی؟ اکنون چنین دیرباز!»[3]
چنین داد پاسخ که: «با بخردان    همانم همان نیز با موبدان[4]
چو آواز اهریمن آید بگوش    نماند بدل، رای و، با مغز، هوش»[5]
بپرسید موبد ز شاه زمین    سخن راند از پادشاهی و دین[6]
که: «بی‌دین جهان بِه، که بی‌پادشاه    خردمند باشد، بر این بر، گواه»[7]
چنین داد پاسخ که: «گفتم همین    شنید این سخن مردم پاکدین[8]
جهاندارِ بی‌دین، جهان را ندید    مگر هر کسی دین دیگر گزید[9]
یکی بت‌پرست و یکی پاکدین    یکی گفت نفرین به از آفرین[10]
ز گفتار ویران نگردد جهان    بگو آنچه رایت بود در نهان[11]
هر آن گه که شد تخت، بی‌پادشا    خردمندی و دین نیارد بها»[12]
یکی گفت که: «ای شاه خرم نهان    سخن راندی چند پیش مهان[13]
یکی آنکه گفتی زمانه منم    بد و نیک او را بهانه منم[14]
کسی کاو کند آفرین بر جهان    بما باز گردد، درودش، نهان»[15]
چنین داد پاسخ که: «آری رواست    که تاج زمانه سرِ پادشاست[16]
جهان را چنین شهریاران سرند    ازیرا چنین بر سران افسرند»[17]

*

گذشتم ز توقیعِ نوشیروان    جهان پیر و اندیشهٔ من جوان[18]
مرا طبع نشگفت اگر تیز گشت    به پیری چنین آتش‌آمیز گشت[19]
ز منبر چو محمود گوید خطیب    به دین محمد گراید صلیب[20]

---

۱ - بهمن سرفراز که بوده است؟
۲ - **یک:** خرد هیچکس را در جهان بپیچیده و نپیچانده است. **دو:** و آنکس را که خرد باشد «هوا» نیست.
۳ - یازیدن، دست بسوی چیزی یا کسی دراز کردن است، شب‌های بلند را نیز شب دیریاز خوانده‌اند و مرد را نشاید دیریاز نامیدن.
۴ - همانم همان، در لت دویم سخنی سست است.
**۵** - اهریمن را آواز نیست.
۶ - بپرسید؟ یا سخن راند؟
**۷** - گفتار در این رج پرسشی نیست.
۸ - اما در این رج پاسخ می‌آید.
**۹** - بسا جهانداران جهان بی‌دین بوده‌اند و جهان را نیز دیده‌اند.
۱۰ - دنبالهٔ گفتار.
۱۱ - بسا گفتارها که به جنگ و آشوب و کشتار مردمان و ویرانی جهان انجامیده است. لت دویم راگزارش نیست.
۱۲ - سخن درهم و بی‌بنیاد!
**۱۳** - خرمی، آشکار است نه در نهان.
۱۴ - چنین سخن را نگفته بود.
**۱۵** - چون در رج پیشین «یکی گفتی» آمده بود، در این رج «دگر آنکه» باید.
۱۶ - دنباله گفتار
**۱۷** - دنباله گفتار
**۱۸** - لت دویم را با لت نخست پیوند نیست.
**۱۹** - سخن بی‌بنیاد.
۲۰ - از اینجا پنج رج... در ستایش محمود! از سوی افزایندگان ستایشگر!

همی گفتم این نامه را چند گاه     نهان بد ز خورشید و کیوان و ماه
چو تاجِ سخن نام محمود گشت     ستایش به آفاق موجود گشت
زمانه به نام وی آباد باد     سپهر از سرِ تاج او شاد باد
جهان بستد از بت‌پرستان هند     به تیغی که دارد چو رومی پرند

## نامهٔ کسری به هرمزد

شنیدم کجا کسریِ شهریار     به هرمز یکی نامه کرد استوار [۱]
ز شاه جهاندار خورشید دهر     مهست و سرافراز و گیرنده شهر [۲]
جهاندار بیدار و نیکوکنش     فشانندهٔ گنج بی‌سرزنش [۳]
فزایندهٔ نام و تخت قباد     گرایندهٔ تاج و شمشیر و داد [۴]
که با فرّ و برز است و فرهنگ و نام     ز تاج بزرگی رسیده به کام [۵]
سوی پاک هرمزد فرزند ما     پذیرفته از دل همی پند ما [۶]
ز یزدان بَدی شاد و پیروزبخت     همیشه جهاندار با تاج و تخت [۷]
به ماه خجسته به خرداد روز     به نیک‌اختر و فال گیتی‌فروز [۸]
نهادیم بر سر ترا تاج زر     چنان هم که ما یافتیم از پدر [۹]
همان آفرین نیز کردیم یاد     که بر تاج ما کرد فرخ قباد [۱۰]
تو بیدار باش و جهاندار باش     خردمند و راد و بی‌آزار باش [۱۱]
به دانش فزای و به یزدان گرای     که اوست جان ترا رهنمای [۱۲]
بپرسیدم از مرد نیکوسخن     کسی کاو به سال و خرد بُد کهن [۱۳]

---

۱ - لت نخست بدآهنگ و نادرست است، و شگفتی از آنست که افزاینده می‌توانست گفتن «خسرو شهریار...».
۲ - دهر را خورشید نیست.
۳ - **یک:** «جهاندار» در این رج با «جهاندار» در رج پیشین همخوان نیست. **دو:** لت دویم را نیز گزارش نیست.
۴ - **یک:** گرایندهٔ تاج راگزارش نیست، تاج بر سر شاهان بود، و شاه را نمی‌بایستی بسوی آن گرایش داشتن... **دو:** «شمشیر» خونریز را با «داد» چه پیوند؟
۵ - سخنان پیشین راکنش نبود، و در این رج «است» و «رسیده» شیوهٔ گفتار را دگرگون می‌کند.
۶ - سخنان پسین نشان می‌دهد که همه پند است، و اگر هرمز پند پدر را پذیرفته بود، چندان پند که در آینده می‌آید، از برای چیست؟
۷ - **یک:** کنش «بَدی» نادرست است! **دو:** هنوز هرمز بشاهی نرسیده است که آرزو کنند همواره با تاج و تخت جهاندار باشد!
۸ - ماه خجسته را نام نبود؟!
۹ - افزاینده فراموش کرده است که انوشیروان، نامه به هرمز می‌نویسد، و در نامه نشاید تاج بر سر فرزند نهادن!
۱۰ - **یک:** «همان» آغازین نادرخور است. **دو:** آفرین را «را» باید.
۱۱ - وابسته بگفتار است.
۱۲ - جان وابسته به تن است، و رهنمایش بکار نیست، آن اندیشه و خرد مردمان است که رهنماییش باید.
۱۳ - مرد نیکو سخن کیست، که در لت دویم نیز نامش نمی‌آید؟

کـه: «از مـا بـه یـزدان کـه نـزدیک‌تر … کـه را نـزد او راه بـاریک‌تر؟»[1]
چـنین داد پـاسخ کـه: «دانش گـزین … چـو خـواهـی ز پـروردگار آفـرین[2]
کـه نـادان فـزونی نـدارد ز خـاک … بـه دانش بسـنده کـند جـان پـاک[3]
بـه دانش بـود شـاه زیـبایِ تـخت … کـه دانـنده بـادیّ و پـیروزبخت[4]
مـباداکـه گـردی تـو پـیمان‌شکن … کـه خـاک است پـیمان‌شکن را کـفن[5]
بـه پـادافـرهِ بـی‌گناهان مکـوش … بـه گـفتار بـدگوی مسپار گـوش[6]
بـه هـر کـار فـرمان مکـن جـز بـه داد … کـه از داد بـاشد روانِ تـو شـاد[7]
زبـان را مگـردان بـه گـرد دروغ … چـو خـواهـی کـه تـخت تـو گیرد فروغ[8]
اُ گـر زیـردستی بـود گـنج دار … تـو او را ازان گـنج بـی‌رنج دار[9]
کـه چـیز کسـان دشـمن گـنجِ تست … بـدان گـنج شـو شـاد کـز رنـج تست[10]
اُ گـر زیـردستی شـود مـایه‌دار … هـمان شـهریارش بـود سـایه‌دار[11]
هـمی در پـناه تـو بـاید نشست … اگـر زیـردست است اگـر در پـرست[12]
چـو نـیکو کـند بـا تـو پـاداش کـن … ابـا دشـمنِ دوست پـرخـاش کـن[13]
اُ گـر گـردی انـدر جـهان ارجـمند … ز درد تـن انـدیش و درد گـزند[14]
سـرای سـپنج است هـر چـون کـه هست … بـدو انـدر ایـمن نشـاید نشست[15]

۱ - راهِ باریک، خوب نیست، و هرچه پهن‌تر باشد نیکوتر است... ریشهٔ این واژه در اوستا؛ پَثَنْ [illegible] paθan = پهن است، که از آن واژهٔ [illegible] پَثَنَ (= راه) برآمده است، و از همین ریشهٔ to/pass انگلیسی، passer فرانسوی و passae ایتالیایی است، و نیز واژه‌هایی چون passage انگلیسی و فرانسه از آن برآمده است.
۲ - دانش (گزیدنی) نیست، (آموختنی) است.

۳ - **یک:** «فزونی ندارد ز خاک» نادرخور است. افزاینده خواسته است بگوید که: «نادان با خاک برابر است». **دو:** جان دهشی ایزدی است، و همواره پاک است، آنچه را که بایستی پاک و نیک داشتن «اندیشه» است و برای اندیشه نیز تنها دانش بسنده نیست.

۴ - چون «بادی» می‌آید، بایستی سخن پایان پذیرد... اما،

۵ - گفتار دنباله دارد... و نه تنها پیمان‌شکنان که همهٔ مردمان و جانوران سرانجام بخاک می‌روند.

۶ - «پادافره» نادرخور است زیرا که پادافره برابر (مجازات) تازی است، و چون کسی بیگناه باشد، نشاید ویرا پادافره کردن...: «بآزار بیگناهان...».
۷ - فرمان (کردنی) نیست (دادنی) است.

۸ - گرد دروغ گشتن کاریست که کسان می‌کنند، و زبان را نشاید چنین گفتن: «زبان را بدروغ میالای».

۹ - لت دویم نادرخور است. بگنج زیردستان دست میاز.

۱۰ - مگر گنج شاه از کجا فراهم می‌شود؟... از مال مردمان!

۱۱ - لت دویم نادرخور است: «شاه را باید سایه بر سر مالداران افکندن» یا «مایه‌داران بایستی در سایهٔ شاه آسوده باشند».

۱۲ - افزاینده پی برده است که سخن پیشین رسا نیست، و با چنین سخنان سخن را دوباره بستی آراست.

۱۳ - سخن بی‌پیوند است: «کسانی را که با تو نکویی می‌کنند پاداش ده» لت دویم نیز نادرخور است: «دشمن دوستان را دشمن بدار».

۱۴ - **یک:** اگر نادرخور است، و پیدا است که شاه، از همه ارجمندان، برتر است. **دو:** درد تن را با ارجمندی پیوند نیست. بسا ارجمندان جهان که همهٔ زمان خویش را با درد تن می‌گذرانند.

۱۵ - سرای سپنج (= جهان) همین است که هست، و نشاید گفتن «هر چون که هست». افزاینده را، رای بر آن بوده است که بگوید خوشی و ناخوشی جهان (سرای سپنج) درگذر است.
۱٦ - بجوی؟ یا بگزین؟

هنرجوی با دین و دانش گزین — چو خواهی که یابی ز بخت آفرین [1]
گرامی کن او را که در پیش تو — سپر کرده جان بر بداندیش تو [2]
به دانش دو دست ستیزه ببند — چو خواهی که از بد نیابی گزند [3]
چو بر سر نهی تاج شاهنشهی — ره برتری باز جوی از بهی!!! [4]
همیشه یکی دانشی پیش دار — ورا چون روان و تن خویش دار [5]
بزرگان و بازارگانان شهر — همی داد باید که یابند بهر [6]
کسی کاو ندارد هنر با نژاد — مکن زو بنیز از کم و بیش یاد [7]
مده مرد بی‌ارز را ساز جنگ — که چون بازجویی نیاید به چنگ [8]
به دشمن دهد مر ترا دوستدار — دو کار آیدت پیش دشخوار و خوار [9]
سلیح تو در کارزار آورد — همان بر تو روزی به کار آورد [10]
ببخشای بر مردم مستمند — ز بد دور باش و بترس از گزند [11]
همیشه نهان دل خویش جوی — مکن رادی و داد هرگز بروی [12]
همان نیز نیکی به اندازه کن — ز مرد جهاندیده بشنو سخن [13]
به دنیی گرای و به دین دار چشم — که از دین بود مرد را رشک و خشم! [14]
هزینه به اندازهٔ گنج کن — دل از بیشی گنج بی‌رنج کن [15]
به کردار شاهان پیشین نگر — نباید که باشی مگر دادگر [16]

---

۱ - بجوی؟ یا بگزین؟

۲ - افزاینده به «پیش» را در لت نخست و «بر» را در لت دویم جابجای کرده است: «آنرا که جان خویش را پیش بداندیش تو سپر کرده است». ۳ - دانش با ستیزه همیستار نیست.

۴ - **یک:** افزاینده فراموش کرده است که خود، تاج را بر سر نهاده است. **دو:** لت دویم سخت نادرخور است.

۵ - شاهان را برای رایزنی در کارها، نبایستی بیک دانشمند بسنده کردن، و «دانشی» بجای دانشمند نادرخور است.

۶ - لت دویم را پیوند «از» باید: «از داد».

۷ - بنیز در لت دویم نادرخور است، و این گفتار خام از آن سخن بزرگمهر برگرفته شده است:

چو پرسند، پرسندگان از هنر — نباید که پاسخ دهی از گهر

۸ - لت دویم بی‌پیوند و بی‌گزارش است.

۹ - چگونه دوستدار کسی، او را بدشمن می‌دهد؟ سخن سخت نادرخور است، و لت دویم نیز بی‌پیوند و بی‌گزارش است.

۱۰ - سخن سست و بی‌مایه ۱۱ - وابسته بگفتار نیست.

۱۲ - رادی را شاید پنهانی بجای آوردن، اما «داد» باید آشکارا باشد، و «نهان دل خویش جوی» را نیز گزارش نیست، زیرا که آنچه که بر دل کسی می‌گذرد، از او بیگانه و دور نیست، تا آنرا بجویند. ۱۳ - «همان نیز» نادرست است: «نیکی را نیز».

۱۴ - نادرخورترین گفتار... زیرا که پیروی از دین، رشک و خشم را از میان می‌برد.

۱۵ - **یک:** لت نخست از این گفتار شاهنامه برگرفته شده است:

هزینه چنان کن که بایدْتْ کرد — نه باید فشاند و نه باید فشَرد

**دو:** افزاینده خواسته است بگوید برای افزودن بگنج، رنج بر خویش هموار مکن!

۱۶ - پادشاهان همگی خویش را دادگر در شمار می‌آوردند، و این گذر روزگار است که نشان می‌دهد هر یک از آنان چه اندازه داد ورزیده‌اند!

کجا آن سرِ تاج شاهنشهان / کجا آن بزرگانِ فرخ مهان[1]
از ایشان سخن یادگارست و بس / سرای سپنجی نماند به کس[2]
گزافه مفرمای خون ریختن / اگر جنگ را لشکر انگیختن[3]
نگه کن بدین نامهٔ پندمند / دل اندر سرای سپنجی مبند[4]
بدین من ترا نیکوی خواستم / به دانش دلت را بیاراستم[5]
به راه خداوند خورشید و ماه / ز بن دور کن دیو را دستگاه[6]
به روز و شب این نامه را پیش دار / خرد را به دل داور خویش دار[7]
اگر یادگاری کنی در جهان / که نام بزرگی نگردد نهان[8]
خداوند گیتی پناه تو باد / زمان و زمین نیکخواه تو باد[9]
به کام تو گردنده چرخ بلند / ز کردار بد دور و دور از گزند[10]
شهنشاه کاو داد دارد خرد / بکوشد که با شرم گرد آورد[11]
دلیری به رزم اندرون زوردست / بود پاکدینیّ و یزدان‌پرست[12]
به گیتی نگر کین هنرها که را است / چو دیدی ستایش مر او را سزا است[13]
مجوی آنکه چون مشتری روشن است / جهانجوی و با تیغ و با جوشن است[14]

---

۱ – سخن از گفتارهای بهرام گور برگرفته شده است. ۲ – دنبالهٔ گفتار
۳ – لت نخست را پیوند درست نیست، و گزاف و لاف پیوسته بگفتار است، نه خون ریختن!
۴ – **یک:** افزاینده در نامه، تاج بر سر هرمز نهاد، و اکنون باز بنامه برمی‌گردد! **دو:** دربارهٔ سرای سپنج پیشتر سخن رفته بود.
۵ – **یک:** «بدین» آغازین، به سرای سپنج بازمی‌گردد. **دو:** سخنان یاد شده، «دانش» نیست که «پند» است.
٦ – سخن بی‌پیوند است. ۷ – چنین کار ناشدنی است، نه در روز، نه در شب (بویژه).
۸ – لت دویم را با لت نخست پیوند نیست، و «اگر» آغازین نیز نادرخور است.
۹ – یکبار دیگر با آرزو خواستن، سخن بپایان می‌رسد...
۱۰ – **یک:** ...اما گفتار بپایان نرسید. **دو:** «کردار بد» در لت دویم به «چرخ بلند» در لت نخست بازمی‌گردد.
۱۱ – **یک:** داد دارد؟ یا خرد دارد؟ **دو:** لت دویم سخن سست و بی‌گزارش.
۱۲ – سخن سخت سست و بی‌پیوند است، و افزاینده خواسته است بگوید که شاه را باید در جنگ دلیری و نیرو باشد، و بهنگام پاکدینی و یزدانپرستی. ۱۳ – افزاینده این هنرها را بسوی دیگران کشاند.
۱۴ – چهار رج نادرخور از گفتار نوشروان در ستایش! محمود!!! از اینجا ۱۹۸ رج سخنان افزوده، برای افزودن پایگاه نوشروان آمده است که بیشتر آن برگرفته از گفتارهای بزرگمهر است، با سخنان درهم. چنانکه:

بپرسید کس را از آموختن / ستایش ندیدیم و افروختن
که نیزش ز دانا بباید شنید / نگویم کسی، کاو بجایی رسید؟!

افزوده‌ها

چنین داد پاسخ، که: «آزونیاز / دو دیوند با زور و گردنفراز

شاهنامه

چنین داد پاسخ که آز و نیاز / دو دیوند، بدگوهر و دیرساز

افزوده‌ها

چو کردار با ناسپاسان کنی / همی خشت خام اندر آب افکنی

شاهنامه

←

جهان بستد از مردم بت‌پرست  ز دیبای دین بر دل آیین ببست
اگر بزم جوید همی گر نبرد  جهانبخش را این بود کارکرد
ابوالقاسم آن شاه پیروز و داد  زمانه به دیدار او شاد باد

## سخن پرسیدن موبد از کسری

یکی پیر بُد پهلوانی سخن  به گفتار و کردار گشته کهن
چنین گوید از دفتر پهلوان  که پرسید موبد ز نوشیروان
که: «آن چیست کز کردگار جهان  بخواهد پرستنده اندر نهان
بدان آرزو نیز پاسخ دهد  بدان پاسخش رای فرخ نهد
یکی دست برداشته بآسمان  همی خواهد از کردگار جهان
نیابد به خواهش همه آرزو  دو چشمش پر از آب و، پرچینش رو»
به موبد چنین گفت پیروز شاه  که: «خواهش ز یزدان به اندازه خواه
کزان آرزو دل پر از خون شود  که خواهد که ز اندازه بیرون شود»
بپرسید: «نیکی که را درخور است  به نام بزرگی که زیباتر است؟»
چنین داد پاسخ که: «هرکس که گنج  بیابد بر آکنده نابرده رنج
نبخشد نباشد سزاوار تخت  زمان تا زمان تیره گرددش بخت
ز هستیْ و بخشش بود مرد مه  تو ار گنج داری نبخشی نه به»
بگفتش: «خرد را که بنیاد چیست  به شاخ و به برگ خرد شاد کیست؟»

---

→ ز گیتی زبون‌تر، مر آنرا شناس  که نیکی سگالید، با ناسپاس
افزوده‌ها

فزودن بفرزند بر، مهرِ خویش  چو در آب دیدن، بود چهر خویش!
شاهنامه

چو فرزند باشد، بیامد بزه  ز بهر مزه، دور گردد بزه
افزوده‌ها

زنانی که ایشان ندارند شرم  بگفتن ندارند، آواز نرم
شاهنامه

بپرسید آهو، کدامست زشت  که از ارج دور است و دور از بهشت
چنین داد پاسخ که زن را که شرم  نباشد بگیتی، نه آواز نرم
افزوده‌ها

افزون بر چنین همانندی‌ها، گفتارِ بی‌پیوند و بی‌گزارش در این بخش فراوان است، و ازگزارش آن چشم می‌پوشم. خوانندهٔ خردمند، خود داوری خواهد کرد!

چنین داد پاسخ که: «داناست شاد          دگر آنکه شرمش بود با نژاد
بپرسید: «دانش که را سودمند          کدام است بی‌دانش و بی‌گزند؟»
چنین داد پاسخ که: «هر کاو خرد          بپرورد، جان را همی پرورد
ز بیشی خرد را بود سودمند          همان بی‌خرد باشد اندر گزند»
بگفتش که: «دانش به از فرّ شاه          که فرّ و بزرگی‌ست زیبای گاه»
چنین داد پاسخ که: «دانا به فر          بگیرد جهان سر به سر زیر پر
خرد باید و نام و فرّ و نژاد          بدین چار گیرد سپهر از تو یاد»
چنین گفت زان پس که: «زیبای تخت          کدام است و از کیست ناشاد بخت؟»
چنین داد پاسخ که: «یاری، نخست          بباید ز شاه جهاندار جست
دگر بخشش و دانش و رسم گاه          دلش پر ز بخشایش دادخواه
ششم نیز کان را دهد مهتری          که باشد سزاوار بر بهتری
به هفتم که از نیک و بد در جهان          سخن‌ها بر او بر نماند نهان
چو فرّ و خرد دارد و دین و بخت          سزاوار تاج است و زیبای تخت
به هشتم که دشمن بداند ز دوست          بی‌آزاری از شهریاران نکوست
نماند پس از مرگ او نام زشت          بیابد به فرجام خرّم بهشت»
بپرسیدش از داد و خردک‌منش          ز نیکیّ و از مردم بدکنش
چنین داد پاسخ که: «آز و نیاز          دو دیوند بدگوهر و دیرساز
هر آن کس که بیشی کند آرزوی          بدو دیو او بازگردد به خوی
اُگر سفلگی برگزید او ز رنج          گزیند برین خاک آکنده گنج
چو بیچاره دیوی بود دیرساز          که هر دو به یک خو گرایند باز»
بپرسید و گفتا که: «چند است و چیست؟          که بهری بر او هم بباید گریست
دگر بهر ازو گنج و تاج است و نام          ازان مستمندیم و زین شادکام»
چنین داد پاسخ که: «دانا سخن          ببخشید و اندیشه افکند بن
نخستین سخن گفتن سودمند          خوش‌آواز خواند ورا بی‌گزند
دگر آنکه پیمان سخن خواستن          سخنگوی و بینادل آراستن
که چندان سراید که آید به کار          وز او ماند اندر جهان یادگار
سدیگر سخنگوی هنگام‌جوی          بماند همه ساله با آب‌روی
چهارم که دانا دلارای خواند          سراینده را مرد با رای خواند
که پیوسته گوید سراسر سخن          اگر نو بود داستان گر کهن
به پنجم که باشد سخنگوی گرم          به شیرین‌سخن هم به آواز نرم

داستان افزودهٔ پیام رومیان

| | |
|---|---|
| سخن چون یک اندر دگر بافتی | ازو بی‌گمان کام دل یافتی» |
| بپرسید: «چندی که آموختی | روان را به دانش بیفروختی» |
| چنین گفت ک«ز هر که آموختم | همه فام جان و خرد توختم |
| همی پرسم از ناسزایان سخُن | چه گویی که دانش کی آید به بُن |
| به دانش نگر دور باش از گناه | که دانا گرامی‌تر از تاج و گاه» |
| بپرسید: «کس را از آموختن | ستایش ندیدیم و افروختن |
| که نیزش ز دانا بباید شنید | نگویم کسی کاو به جایی رسید» |
| چنین داد پاسخ که: «از گنج سیر | که آید مگر خاکش آرد به زیر |
| در دانش از گنج نامی‌تر است | همان نزد دانا گرامی‌تر است |
| سخن ماند از ما همی یادگار | تو با گنجِ دانش برابر مدار» |
| بپرسید: «دانا شود مرد پیر | گر آموزشی باشد و یادگیر؟» |
| چنین داد پاسخ که: «دانای پیر | ز دانش جوانی بود ناگزیر |
| بر ابله جوانی گزینی رواست | که بی‌گور او خاک او بی‌نواست» |
| بپرسید ک«ز تخت شاهنشهان | بکردی همه شهریار جهان |
| کنون نام‌شان بیش یاد آوریم | به یاد از جگر سرد باد آوریم» |
| چنین داد پاسخ که: «در دل نبود | که آن رسم را خود نباید ستود |
| به شمشیرِ داد این جهان داشتن | چنین رفتن و خوار بگذاشتن» |
| بپرسید: «با هر کسی پیش ازین | سخن راندی نامور بیش ازین |
| سبک دارد اکنون نگوید سخن | نه از نو نه از روزگار کهن» |
| چنین داد پاسخ که: «گفتار بس | به کردار جوییم همه دسترس» |
| بپرسید: «هنگام شاهان نماز | نبودی چنین پیش ایشان دراز |
| شما را ستایش فزون است ازان | خروش و نیایش فزون است ازان» |
| چنین داد پاسخ که: «یزدان پاک | پرستنده را سر برآرد ز خاک |
| فلک را گزارندهٔ او کند | جهان را همه بندهٔ او کند |
| گر این بنده آن را نداند بها | مبادا ز درد و ز سختی رها» |
| بپرسید: «تا تو شدی شهریار | سپاست فزون چیست از کردگار |
| کزان مر ترا دانش افزون شده‌ست | دل بدسگالان پر از خون شده‌ست؟» |
| چنین داد پاسخ که: «از کردگار | سپاس آنکه گشتیم به روزگار |
| کسی پیش من بر فزونی نجست | وز آواز من دست بد را بشست |
| زبون بود بدخواه در جنگ من | چو گوپال من دید و اورنگ من» |

بپرسید: «در جنگ خاور بدی / چنان تیزچنگ و دلاور بدی
چو با باختر ساختی ساز جنگ / شکیبایی آراستی با درنگ»
چنین داد پاسخ که: «مرد جوان / نیندیشد از رنج و درد روان
هر آن گه که سال اندر آید به شست / به پیش مدارا بباید نشست
سپاس از جهاندار پروردگار / کزویست نیک و بدِ روزگار
که روز جوانی هنر داشتیم / بد و نیک را خوار نگذاشتیم
کنون روز پیری به دانندگی / به رای و به گنج و فشانندگی
جهان زیر آیین و فرهنگ ماست / سپهر روان جوشن جنگ ماست»
بدو گفت: «شاهان پیشی دراز / سخن خواستند آشکار و راز
شما را سخن کمتر و داد بیش / فزون داری از نامداران پیش»
چنین داد پاسخ که: «هر شهریار / که باشد ورا یار پروردگار
ندارد تن خویش با رنج و درد / جهان را نگهبان هر آن کس که کرد»
بپرسید: «شادان دل شهریار / پر اندیشه بینم بدین روزگار؟»
چنین داد پاسخ که: «بیمِ گزند / ندارد به دل مردم هوشمند»
بدو گفت: «شاهان پیشی ز بزم / نبردند جان را به اندازه رزم»
چنین داد پاسخ که: «ایشان ز جام / نکردند هرگز به دل یاد نام
مرا نام بر جام چیره شده‌ست / روانم زمان را پذیره شده‌ست»
بپرسید: «هر کس که شاهان بُدند / تن خویشتن را نگهبان بُدند
به دارو و درمان و کار پزشک / بدان تا نپالود باید سرشک»
چنین داد پاسخ که: «تن بی‌زمان / که پیش آید از گردش آسمان
بجای‌ست دارو نیاید به کار / نگه داردش گردش روزگار
چو هنگامهٔ رفتن آمد فراز / زمانه نگردد به پرهیز باز»
بپرسید: «چندان ستایش کنند / جهان‌آفرین را نیایش کنند
زمانی نباشد بدان شادمان / به اندیشه دارد همیشه روان»
چنین داد پاسخ که: «اندیشه نیست / دل شاه با چرخ گردان یکیست
بترسم که هر کاو ستایش کند / مگر بیم ما را نیایش کند
ستایش نشاید فزون ز آنکه هست / نجوییم رازِ دل زیردست»
بدو گفت: «شادی ز فرزند چیست؟ / همان آرزوها ز پیوند چیست؟»
چنین داد پاسخ که: «هر کاو جهان / به فرزند ماند نگردد نهان
چو فرزند باشد بیابد مزه / ز بهر مزه دور گردد بزه

داستان افزودهٔ پیام رومیان ۱۲۱

اُگر بگذرد کم بود درد اوی / که فرزند بیند رخ زرد اوی»
بپرسید: «گیتی تن‌آسان کرا است؟ / ز کردار نیکو پشیمان چرا است؟»
چنین داد پاسخ که: «یزدان‌پرست / بگیرد عنان زمانه به دست
فزونی نجوید تن‌آسان شود / چو بیشی سگالد هراسان شود
دگر آنکه گفتی ز کردار نیک / نهادن دل و جان به بازار نیک
ز گیتی زبون‌تر مرآن را شناس / که نیکی سگالید با ناسپاس»
بپرسید کز «آن کس که بد کرد و مُرد / ز دیوان جهان نام او را سترد
هر آن کس که نیکی کند بگذرد / زمانه نفس را همی بشمرد
چه باید همی نیکویی را ستود / چو مرگ آمد و نیک و بد را درود»
چنین داد پاسخ که: «کردار نیک / بیابد به هر جای بازار نیک
نمرد آنکه او نیک کردار مُرد / بیاسود و جان را به یزدان سپرد
اُزان کس که ماند همی نام بد / از آغاز بد بود و فرجام بد
نیاسود هر کس کزو باز ماند / وز او در زمانه بدآواز ماند»
بپرسد: «چه کارست برتر ز مرگ / اگر باشد این را چه سازیم برگ؟»
چنین داد پاسخ کز «زین تیره خاک / اگر بگذری یافتی جان پاک
هر آن کس که در بیم و اندوه زیست / بران زندگی زار باید گریست»
بپرسد کز «زین دو گران‌تر کدام / کزوییم پر درد و ناشادکام؟»
چنین داد پاسخ که: «هم سنگ کوه / جز اندوه مشمر که گردد ستوه
چه بیم است اگر بیم اندوه نیست / به گیتی جز اندوه نستوه نیست»
بپرسید که کز «ز ما که با گنج‌تر؟» / چنین گفت کز «آن کس که بی‌رنج‌تر»
بپرسید کز «آهو کدام است زشت / که از ارج دور است و دور از بهشت؟»
چنین داد پاسخ که: «زن را که شرم / نباشد به گیتی نه آواز نرم
ز مردان بتر آنکه نادان بود / همه زندگانی به زندان بود
بگرَوَد به یزدان و تن پرگناه / بدی بر دل خویش کرده سیاه»
بپرسید: «مردم کدام است راست / که جان و خرد بر دلِ او گواست؟»
چنین گفت کز «آن کاو به سود و زیان / نگوید، نبندد بدی را میان»
بپرسید کز «خو چه نیکوتر است / که آن بر سر مردمان افسر است؟»
چنین داد پاسخ که: «چون بردبار / بود مرد نایدش افسون به کار
نه آن کز پی سودمندی کند / اُگر نیز رای بلندی کند
چو رادی که پاداش رادی نجست / ببخشید و تاریکی از دل بشست

۱۲۲
کسری

سدیگر چو کوشایی ایزدی — که از جان پاک آید و بخردی»
بپرسید: «در دل هراس از چه بیش؟» — بدو گفت کـ«ز رنج و کردار خویش»
بپرسید: «بخشش کدام است به — که بخشنده گردد سرافراز و مه؟»
چنین داد پاسخ کـ«ز ارزانیان — مدارید باز ایچ سود و زیان»
بپرسید موبد «ز کار جهان — سخن برگشای آشکار و نهان
که آیین کژ بینم و ناپسند — دگر گردش کار ناسودمند»
چنین داد پاسخ که: «زین چرخ پیر — اگر هست با دانش و یادگیر
بزرگ است و داننده و برتر است — که بر داوران جهان داور است
بدآیین مشو دور باش از پسند — مبین ایچ ازو سود و ناسودمند
بد و نیک از او دان کهش انباز نیست — به کاری‌ش فرجام و آغاز نیست
چو گوید بباش آنچه گوید بُدَست — هماو بود تا بود و تا هست هست»
بپرسید کـ«ز درد بر کیست رنج — که تن چون سرای‌ست و جان را سپنج؟»
چنین داد پاسخ که: «آز و نیاز — سزد گر ندارد خردمند باز
تو از آز باشی همیشه به رنج — که همواره سیری نیابی ز گنج»
بپرسید کـ«ز شهریاران که بیش — به هوش و به آیین و با رای و کیش؟»
چنین داد پاسخ که: «آن پادشا — که باشد پرستنده و پارسا
ز دادار دارنده دارد سپاس — نباشد کس از رنج او در هراس
پر امید دارد دل نیکمرد — دل بدکنش را پر از بیم و درد
سپه را بیاراید از گنج خویش — سوی بدسگال افکند رنج خویش
سخن پرسد از بخردانِ جهان — بد و نیک دارد ز دشمن نهان»
بپرسید: «کار پرستش به چیست؟ — به نیکیِ یزدان گراینده کیست؟»
چنین داد پاسخ که: «تاریک‌خوی — روان اندر آرد به باریک موی
نخست آنکه داند که هست و یکیست — ترا زین نشان رهنمای اندکیست
ازو دارد از کار نیکی سپاس — بدو باشد ایمن وز او در هراس
هراس تو آن گه که جویی گزند — وز او ایمنی چون بود سودمند
اُگر نیکدل باشی و راهجوی — بود نزد هرکس ترا آبروی
اُگر بدکنش باشی و بدتنه — به دوزخ فرستاده باشی بنه
مباش ایچ گستاخ با این جهان — که او راز خویش از تو دارد نهان
گراینده باشی به کردارِ دین — بداری بدین روزگار گزین
خرد را کنی با دل آموزگار — بکوشی که نفریبدت روزگار

همان نیز یار گنهکار مرد / نباشی به بازار ننگ و نبرد
غم آن جهان از پی این جهان / نباید که داری به دل در نهان
نشستنت همواره با بخردان / گرایندهٔ رامش جاودان
گراینده بادی به فرهنگ و رای / به یزدان خرد بایدت رهنمای
از اندازه برنگذرانی سخن / که تو نوبکاری و گیتی کهن
نگردانَدت رامش و رود مست / نباشدت با مردم بد نشست
بپیچی دل از هر چه نابودنی‌ست / ببخشایی آن را که بخشودنی‌ست
نداری دریغ آنچه داری ز دوست / اگر دیده خواهد اگر مغز و پوست
اگر دوست با دوست گیرد شمار / نباید که باشد میانجی به کار
چو با مرد بدخواه باشد نشست / چنان کن که نگشاید او بر تو دست
چو جوید کسی راه بایستگی / هنر بادی و شرم و شایستگی
نباید زبان از هنر چیره‌تر / دروغ از هنر نشمرد دادگر
نداند کسی را بزرگی به چیز / نه خواری به ناچیز دارد بنیز
اگر بدگمانی گشاید زبان / تو تندی مکن هیچ با بدگمان
ازان پس چو سستی گمانی برد / وز اندازه گفتار او بگذرد
تو پاسخ مر او را به اندازه گوی / سخن‌های چرب‌آور و تازه گوی
به آزرم اگر بفکنی سوی خویش / پشیمانی آید به فرجام پیش
چو بیکار باشی مشو رامشی / نه کارست بیکاری ار با هشی
ز هر کار کردن ترا ننگ نیست / اگر چند با بوی و با رنگ نیست
به نیکی به هر کار کوشا بود / همیشه به دانش نیوشا بود
به کاری نیازد که فرجام اوی / پشیمانی و تندی آرد به روی
ببخشاید از درد بر مستمند / نیارد دلش سوی درد و گزند
خردمند کاو دل کند بردبار / نباشد به چشم جهاندار خوار
بداند که چند است با او هنر / به اندازه یابد ز هر کار بر
گر افزون ازان دوست بستایدش / بلندی و کژّی بیفزایدش
همان مرد ایزد ندارد به رنج / اُگر چند گردد پراکنده گنج
پرستش کند پیشه و راستی / بپیچد ز بی‌راهی و کاستی
بر این برگ و این شاخ‌ها آخت دست / هنرمند دینی و یزدان‌پرست
همان است رای و همین است راه / به یزدان گرای و به یزدان پناه»
اگر دادگر باشدی شهریار / ازو ماند اندر جهان یادگار

چنان هم که از داد نوشیروان / کجا خاک شد نام ماندش جوان

## آگاهی یافتن کسری
## از
## مرگ قیصر روم

چنین گوید از نامهٔ باستان / ز گفتار آن دانشی راستان[1]
که* آگاهی آمد به آباد بوم / بنزد جهاندار کسری، ز روم
که: «تو زنده بادی، که قیصر بمرد / زمان و زمین دیگری را سپرد»
پر اندیشه شد جان کسری ز مرگ / شد آن لیل رخساره، چون زرد برگ[2]
گزین کرد از ایران فرستاده‌ای / جهاندیده و راد و آزاده‌ای
فرستاد نزدیک فرزند اوی / بر شاخ سبزِ بَرُومند اوی
سخن گفت با او، به چربی؛ بسی / کزین بد رهایی نیابد کسی
یکی نامه بنوشت با سوگ و درد / پر از آب دیده، دو رخساره زرد[3]
که: «یزدان ترا زندگانی دهاد / هَمَت خوبی و کامرانی دهاد[4]
نزاید جز از مرگ را جانور / سرای سپنج است و ما بر گذر
اگر تاج ساییم و، گر خود و ترگ / رهایی نیابیم از چنگ مرگ
چه قیصر چه خاقان، چو آید زمان / بخاک اندر آید سرش، بیگمان
ز قیصر، ترا؛ مزد بسیار باد / مسیحا روان ترا یار باد
شنیدم که بر نامور تخت اوی / نشستی بیاراستی بخت اوی
ز ما هرچه باید ز نیرو بخواه / ز اسپ و سلیح و ز گنج و سپاه»

*

فرستاده از پیش کسری برفت / بنزدیک قیصر، خرامید، تفت
چو آمد به درگه، گشادند راه / فرستاده آمد برِ تخت و گاه

---

۱ - چه کس گوید؟

* - در همهٔ نمونه‌ها «که» آمده است و پیدا است که چون افزاینده رج پیشین را بر شاهنامه بیفزود، برای پیوند این رج با رج پیشین «که» آورده است، باز آنکه این «که» را با «که» در رج پسین همخوانی نیست. سخن درست چنین است:

**«چو آگاهی آمد به آباد بوم»**

۲ - لت دویم سست می‌نماید.

۳ - در نامه نمی‌توان آب دیده و رخسار زرد را نشان دادن.

۴ - *پیشتر، سخن را با فرزند قیصر آغاز کرده بود.*

چو قیصر نگه کرد و عنوان بدید ‌‌ ‌ ز بیشیِ کسری، دلش بردمید
جوان نیز بُد مهتر نونشست ‌‌ ‌ فرستاده را نیز نپسود دست[1]
بپرسید ناکام پرسیدنی ‌‌ ‌ نگه کردنی سست و کژ دیدنی[2]
یکی جای دورش فرود آورید ‌‌ ‌ بدان نامهٔ پادشا ننگرید[3]
یکی هفته هرکس که بُد رایزن ‌‌ ‌ به نزدیک قیصر شدند انجمن[4]
سرانجام گفتند ما کهتریم ‌‌ ‌ ز فرمان شاه جهان نگذریم[5]
سزا خود ز کسری چنین نامه بود ‌‌ ‌ نه بر کام، بایستِ بدکامه بود[6]
که امروز قیصر جوان است و نو ‌‌ ‌ به گوهر بدین مرزها پیشرو[7]
یک امسال با مرد برنا مکاو ‌‌ ‌ به عنوان بیشیّ و با باژ و ساو[8]
به هر پایمردی و خودکامه‌ای ‌‌ ‌ نبشتند بر ناسزا نامه‌ای[9]
به عنوان ز قیصر سرافراز روم ‌‌ ‌ جهان سر بسر هر چه جز روم شوم[10]
فرستادهٔ شاه ایران رسید ‌‌ ‌ بگوید ز بازار ما هر چه دید[11]
از اندوه و شادی سخن هر چه گفت ‌‌ ‌ غم و شادمانی نباید نهفت[12]
بشد قیصر و تازه شد قیصری! ‌‌ ‌ که سر برفرازد ز هر مهتری[13]
ندارد ز شاهان کسی را بکس ‌‌ ‌ چه کهتر بود شاه فریادرس![14]
چو قرطاس رومی بیاراستند ‌‌ ‌ به در بر فرستاده را خواستند[15]
چو بشنید دانا که شد رای راست ‌‌ ‌ بیامد به در پاسخ نامه خواست[16]
ورا ناسزا خلعتی ساختند ‌‌ ‌ ز بیگانه ایوان بپرداختند
بدو گفت قیصر: «نه من چاکرم ‌‌ ‌ نه از چین و هیتالیان کمترم

---

۱ – **یک:** «نیز» در لت نخست نابجا است. **دو:** مگر فرستادگان را با دست می‌پساوانید؟
۲ – **یک:** ناکام پرسیدن نادرخور است. **دو:** لت دویم سخت سست است. ۳ – بنامهٔ کسری نگریسته بود که خشم گرفت!
۴ – هرکس که بد رایزن نادرخور است: «رایزنان شاه». ۵ – سخنی بمیان نیامده بود که آنان چنین گویند.
٦ – لت دویم بی‌پیوند و بی‌گزارش است. ۷ – پیشروی در مرز را با «گوهر» پیوند نیست.
۸ – **یک:** مرد برنا نادرست است، و خود برنا، کودک پنج تا ده ساله است. **دو:** لت دویم نیز بی‌پیوند است.
۹ – سخن روشن نیست چرا نامهٔ ناسزا؟
۱۰ – لت دویم سخت کودکانه و نادرخور است و پیوند درست نیز با لت نخست ندارد.
۱۱ – لت دویم راگزارش نیست. ۱۲ – سخن را پیوند بگفتار پیشین نیست.
۱۳ – آگاهی مردن قیصر پیشین به ایران رسیده، و فرستادهٔ ایران بروم آمده است، هنوز رومیان را از این رویداد آگهی نیست؟ که بایستی با نامه آگاهشان کردن؟ ۱۴ – سخن روشن نیست.
۱۵ – روم را در آنزمان «کراسه» (=کاغذ) نبود و نشاید که از [قرطاس رومی] یاد کردن زیرا نخستین کارخانه‌های کاغذسازی را از چین بسمرقند آوردند، و تا کاغذ، ره به اروپا گشاید چند سده از اسلام گذشته بود.
۱٦ – در رج پیشین فرستاده را بدربار فراخوانده بود، و بر فرستاده نیست که پاسخ را بخواهد، هر زمان که پاسخ را بدهند، وی می‌تواند آنرا بگیرد.

ز مهتر؛ سبک داشتن، ناسزا است / اُگر شاه تو، بر جهان پادشا است
بزرگ، آنکه او را، بسی دشمن است / مرا، دشمن و دوست؛ بر دامن است
چه داری بزرگی تو از من دریغ / همی آفتاب اندر آری به میغ [1]
نه از تابش او همی کم شود / اُگر خون چکاند برو نم شود [2]
چو کار آیدم شهریارم تویی / همان از پدر یادگارم تویی [3]
سخن هر چه دیدی به خوبی بگوی / وز این پاسخ نامه زشتی مجوی» [4]
تنش را بسه خلعت بیاراستند / ز در بارهٔ مرزبان خواستند [5]

*

فرستاده برگشت و آمد دمان / بمنزل، زمانی نجُستی زمان
بیامد، بنزدیک کسری رسید / بگفت آن کجا، رفت و دید و شنید
ز گفتار او تنگدل گشت شاه / بدو گفت: «بر؛ خوردی از رنجِ راه!
شنیدم که هر کاو، هوا پرورد؛ / نیندیشد از کار و، کیفر برد
گر از دوست، دشمن، نداند همی / چنین راز دل بر تو خواند همی [6]
گماند که ما را هماو دوست نیست / اگر چند او را پی و پوست نیست [7]
کنون نیز یک تن ز رومی‌نژاد / نمانم که باشد ازان تخت شاد؛ [8]
همی سر فرازد که من قیصرم / گر از نامداران، یکی مهترم [9]
کنم زین سپس روم را نام شوم / برانگیزم آتش ز آباد بوم [10]
بیزدان پاک و بخورشید و ماه / بآذرگشسپ و بتخت و کلاه! [11]
که گر هر چه در پادشاهی اوست / ز گنج کهن پر کند گاو پوست [12]

---

۱ – **یک:** سخن را پیوند بگفتار پیشین نیست، زیرا که او، خود را بزرگ شمرده بود، و شایسته نیست که از کسری بخواهد تا وی را بزرگ در شمار آوَرَد! **دو:** لت دویم را پیوند «اگر» در آغاز باید.

۲ – **یک:** «همی» نادرخور است، از تابش او «کم» نیز می‌شود. **دو:** لت دویم را نیز هیچ گزارش نیست.

۳ – نه آن برآشفتن پیشین و نه این خوارداشت خود!

۴ – **یک:** همچنین... **دو:** چرا پاسخ زشت بدهد، تا با چنین گفتار پوزش خواهد؟

۵ – **یک:** باژگونهٔ آن گفتار شاهنامه است که: «ورا ناسزا خلعتی ساختند». **دو:** فرستادهٔ ایران مرزبان روم نبود که از برای او اسب بر درگاه خواهند! **سه:** باری اسپ بر درگاه خواستن آیین ایرانی بوده است نه آیین روم.

۶ – راز دل نخوانده بود و پاسخ نوشروان را بتندی داده بود.

۷ – **یک:** «همو» در لت نخست نادرخور است. **دو:** چگونه شاید که کسی را «پی و پوست» نباشد!

۸ – رومی‌نژاد نادرخور است: «رومی‌نژادان».

۹ – سخن از رومیان دوباره به قیصر رسید، با گفتاری مست.

۱۰ – نام روم هیچگاه شوم نشد، و «آبادبوم» نیز پاژنام ایران بوده است.

۱۱ – این رج از داستان رستم با خاقان چین برگرفته شده است.

۱۲ – بند «اگر» را در آغاز این رج بدر لت دویم «پر کند» نادرخور است... «اگر پر نکند».

نشاید سرِ تیغ ما را نیام — حلال جهان باد بر من حرام»[1]
بفرمود تا بر درش، کرّنای — دمیدند، با سنج و هندی درای
همه کوس بر کوههٔ زنده‌پیل — ببستند و شد روی گیتی چو نیل[2]
سپاهی گذشت از مداین بدشت — که دریای سبز اندرو خیره گشت[3]
ز نالیدن بوق و رنگ درفش — ز جوش سواران زرّینه کفش[4]
ستاره تو گفتی به آب اندر است — سپهر روان هم به خواب اندر است[5]

*

چو آگاهی آمد به قیصر ز شاه — که پر خشم، ز ایران، بشد با سپاه
بیامد ز عمّوریه تا حلب — جهان کرد پر جنگ و جوش و جلب
سواران رومی چو سیسد هزار — حلب را گرفتند یکسر حصار[6]
سپاه اندر آمد ز هر سو، بجنگ — نبُد جنگ‌شان را فراوان درنگ[7]
بیاراست بر هر دری منجنیق — ز گردان روم آنکه بُد جاثلیق[8]
حصار سقیلان بپرداختند — گزان سو همی تاختن ساختند[9]
حلب شد بکردار دریای خون — به زنهار شد لشکر باترون[10]
به دو هفته از رومیان سی‌هزار — گرفتند و آمد برِ شهریار[11]
بی‌اندازه کشتند زیشان به تیر — به رزم اندرون چند شد دستگیر[12]
به پیش سپه، کنده‌ای ساختند — بشبگیر، آب اندر انداختند[13]

*

به کنده ببستند، بر شاه، راه — فروماند از جنگ، شاه و سپاه
برآمد بر این روزگاری دراز — به سیم و زر آمد سپه را نیاز

---

۱ – ...سخن را پیوند و گزارش نیست.
۲ – همه کوس، نادرست است «کوس» یا «کوسها».
۳ – رنگ سپاه را با رنگ دریای سبز چه پیوند.
۴ – نالهٔ بوق و جوش سواران را با «رنگ» پیوند نیست.
۵ – **یک:** تو گفتی... **دو:** سخن سخت کودکانه است که از نالهٔ بوق و جوش و رنگ درفش، ستاره بآب اندر شود!! **سه:** سپهر روان را هیچگاه خواب فرانمی‌گیرد.
٦ – «چو» نادرخور است: «سیسدهزار».
۷ – هنوز جنگ آغاز نشده است.
۸ – لت دویم سخت نادرخور است و جاثلیق (=کاتولیک) را برای پساوای منجنیق آورده‌اند.
۹ – **یک:** سقیلان شناخته نشد! **دو:** لت دویم را نیز پیوند درست با لت نخست نیست.
۱۰ – «باترون» نیز شناخته نشد. باری اگر قیصر با سپاه به حلب آمده بود، چرا بایستی کسی که نام او ایرانی نیست، بزنهار نزد قیصر رود؟
۱۱ – لت دویم را پیوند درست نیست: «گرفتند و آوردند».
۱۲ – **یک:** چرا بایستی آنانرا که «برِ شهریار» آورده‌اند با تیر بکشند؟ اگر بر این، برنهاده بودند که آنانرا بکشند، بس بود که باشمشیر کشته شوند. **دو:** دوباره دستگیر؟
۱۳ – **یک:** سخن از «کنده» (= خندق تازی شده) در رج پسین می‌رود. **دو:** کنده (ساختنی) نیست، (کندنی) است. **سه:** چرا بشبگیر آب اندازند؟ چرا از همهٔ زمان شب بهره نجستند، تا کنده پر آب شود، که شبگیر (سپیده‌دم) را تا آمدن روز، زمان؛ اندک است.

سپهدار، روزی‌دهان را بخواند      اُزان جنگ، چندی، سخن‌ها براند
که: «این کار، با رنجِ بسیار گشت      بآب و بکنده، نشاید گذشت
سپه را درم باید و دستگاه      همان اسپ و خفتان و رومی کلاه»[1]
سوی گنج رفتند روزی‌دِهان      دبیران و گنجور شاه جهان
از اندازهٔ لشکر شهریار      کم آمد درم تنگ* سیسد هزار
بیامد بَرِ شاه، موبد؛ چو گرد      به گنج آنچه بود از درم یاد کرد
دژم کرد، شاه اندران کار؛ چهر      بفرمود تا رفت بوزرجمهر
بدو گفت اگر گنج، شاید تهی!      چه؟ باید مرا تخت شاهنشهی!

*

برو هم کنون ساروان را بخواه      هیونان بُختی برافکن براه[2]
سد از گنج مازندران بار کن      وز او بیش‌تر بار دینار کن»[3]
بشاه جهان گفت بوزرجمهر      که: «ای شاهِ با دانش و داد و مهر
سوی گنج ایران درازست راه      تهیدست و بیکار باشد سپاه
بدین شهرها، گردِ ما، در؛ کس است      کسی کاو درم بیش دارد به دست
ز بازارگان و ز دهقان، درم      اگر وام خواهی، نگردد دژم»
بدین کار شد شاه، همداستان      که دانای ایران بزد داستان

*

فرستاده‌ای جُست بوزرجمهر      خردمند و شادان دل و خوبچهر
بدو گفت: «ز ایدر دو اسپه برو      گزین کن، یکی نامبردار گَو
ز بازارگان و ز دهقان شهر      کسی را کجا باشد از نام، بهر
ز بهر سپه، این درم، فام خواه      بزودی، بفرماید از گنج، شاه»
بیامد فرستادهٔ خوش‌منش      جوان و خردمند و نیکوکنش
پیمبر به اندیشه باریک بود      بیامد به شهری که نزدیک بود[4]
درم خواست، فام، از پیِ شهریار      بر او انجمن شد، بسی مایه‌دار

---

۱ - **یک:** درم باید، اما دستگاه چیست؟ **دو:** سپاهیان پیاده بجنگ نرفته بودند، و هر کس اسپ خویش را با خود داشت. **سه:** ایرانیان هیچگاه، رومی کلاه بر سر ننهادند، بویژه خرد نمی‌پذیرد، در جنگی که با رومیان داشتند، کلاه رومی بر سر نهند.

* - تَنگ: بسته، بار. درم تنگ: تنگِ درم، بستهٔ درم.

۲ - **یک:** هم کنون بدآوا است. **دو:** «ساروانان» باید. **سه:** مگر بزرگمهر خود ساروان است که هیونان را براه افکنَد.

۳ - **یک:** از گنج مازندران سد (چه چیز را) بار کند. **دو:** لت دویم نیز سخت نادرخور است.

۴ - «بیامد» در لت دویم این رج، با «بیامد» در رج پیشین همخوان نیست.

# داستان موزه‌فروش
## با
# کسری

یکی کفشگر بود و موزه‌فروش ... بگفتار او، تیز بگشاد گوش
«درم چند؟ باید» بدو گفت مرد ... دلاور، شمار درم یاد کرد
چنین گفت کـ:«ای پرخرد مایه‌دار ... چهل مر، درم، هر مری سدهزار»[1]
بدو کفشگر گفت: «من، این دهم ... سپاسی ز گنجور بر سر نهم»
بیاورد کپّان* و سنگ و درم ... نبُد هیچ، دفتر بکار و، قلم
چو بازارگان را، درم، سخته شد ... فرستاده زان کار پرداخته شد؛
بدو کفشگر گفت کـ:«ای خوبچهر ... برنجی○، بگویی بیوزرجمهر
که اندر زمانه مرا کودکیست ... که آزار او، بر دلم، خوار نیست
بگویی؛ مگر، شهریار جهان ... مرا شاد گرداند اندر نهان
که او را سپارد به فرهنگیان ... که دارد سرِ مایه و هنگِ آن»

*

فرستاده گفت: «این، ندارم به رنج ... که کوتاه کردی مرا، راهِ گنج»
بیامد برِ مردِ دانا بشب ... اُ زان کفشگر، زود، بگشاد لب
برِ شاه شد، شاد، بوزرجمهر ... بدان خواسته، شاه، بگشاد چهر
چنین گفت زانپس که: «یزدان، سپاس ... که بودم همه ساله، یزدانشناس[2]
که در کشور ما، یکی موزه‌دوز ... بدینگونه شاد است و گیتی‌فروز
که چندین، نهاده، درم باشدش ... مباداکه از ما، ستم باشدش[3]
نگر تا چه دارد کنون آرزوی ... بماناد بر ما همین راه و خوی[4]
چو فامش بتوزی، درم، سدهزار ... بده، تا بماند ز ما یادگار»[5]

---

۱ – از «شمار درم» در رج پیشین یاد شد!

* – کپّان که در گویش امروز «قپّان» خوانده می‌شود، ابزاری بود برای سنجشِ بار بسیار، بس بیشتر از سنجش ترازو.

○ – این رنج را بر خود هموار کن و به بزرگمهر بگوی.

۲ – سخن را پیوند درست با گفتار نیست، و پیوند میان سخنان پیشین و پسین را می‌گسلاند.

۳ – **یک:** «که» آغازین این رج با «که» رج پیشین همخوان نیست. **دو:** آنچه که در لت دویم بگونهٔ ناهماهنگ یاد می‌شود! همانست که در رج پیشین گذشت.     ۴– «از آرزو» یاد نکرد.

۵ – **یک:** درم سدهزار، نادرست است. سدهزار درم. **دو:** «بدوده» باید. و یکسد هزار درم نیز یادگار نتواند بود!

بدان زیردستان دلاور شدند      جهانجوی با تخت و افسر شدند[1]
مباداکه بیدادگر شهریار      بود شاد بر تخت و به‌روزگار[2]

*

بشاه جهان گفت بوزرجمهر      که: «ای شاه نیک اختر خوبچهر
یکی آرزو کرد موزه‌فروش      اگر شاه دارد بگفتار، گوش؛
فرستاده گوید که آن مرد گفت      که: «شاه جهان با، خرد باد جفت
یکی پور دارم رسیده بجای      بفرهنگ جوید همی رهنمای
اگر شاه باشد، بدین؛ دستگیر      که این پاک فرزند، گردد دبیر
ز یزدان بخواهم همی جان شاه      که جاوید باد این سزاوار گاه»

*

بدو گفت شاه: «ای خردمند مرد      چرا؟ دیو، چشم ترا تیره کرد!
برو همچنان باز گردان شتر      مبادا کزو سیم خواهیم و دُر[3]
چو بازارگان بچه، گردد دبیر      هنرمند و با دانش و یادگیر
چو فرزند ما بر نشیند بتخت      دبیری ببایدْش، پیروز بخت
هنر یابد؟ از مرد موزه‌فروش!      سپارد؟ بدو، چشم بینا و، گوش!
شود پیش او، خوار، مردمشناس!      چو پاسخ دهد، زو پذیرد سپاس!
بما بر پس از مرگ نفرین بود!      چو آیین این روزگار، این بود
نخواهیم روزی جز از گنجِ داد      درم زو مخواه و مکن هیچ یاد[4]
هم اکنون، شتر؛ باز گردان براه      درم خواه، و ز موزه‌دوزان مخواه!»

*

فرستاده برگشت و، شد؛ با درم      دل کفشگر، زان درم، پر ز غم!!

*

شب آمد غمی شد، ز گفتار، شاه      خروش جرس خاست از بارگاه[5]
طلایه پراکنده بر گرد دشت      همه شب همی گرد لشکر بگشت[6]

---

۱ - سخن را هیچ پیوند با گفتار نیست.      ۲ - همچنین

۳ - از او دُرّ نخواسته بودند و درم خواسته بودند و سخن از بازگرداندن بار، در گفتار آینده می‌آید.

۴ - درم مخواه در رج پسین می‌گذرد.

۵ - اگر بنیاد بر این بود که غمگین شود، چرا همان دم غمگین نشد؟ و تا شب برای غمگین (غمی!) شدن درنگ کرد؟

۶ - اینکار پیش از آغاز جنگ انجام می‌گرفت.

# پوزش خواستن قیصر
از
# نوشیروان

ز ماهی چو بنمود خورشید تاج  بر افکند، خلعت، زمین را، ز آج[۱]
طلایه چو گشت، از لبِ کنده، باز  بیامد بر شاه گردنفَراز
که: «پیغمبرِ قیصر آمد، بشاه  پر از درد و، پوزش‌کنان از گناه»
فرستاده آمد همانگه، دوان  نیایش‌کنان پیش نوشیروان
چو رومی سرِ تاج کسری بدید  یکی بادِ سرد از جگر برکشید[۲]
به دل گفت ک :«اینت سزاوار گاه  به شاهیّ و مردیّ و چندین سپاه»[۳]
اُزان فیلسوفان رومی چهل  زبان برگشادند پر باد دل[۴]
ز دینار با هر کسی سی‌هزار  نثار آوریده برِ شهریار[۵]
چو دیدند رنگِ رخ شهریار  برفتند لرزان و پیچان چو مار[۶]
شهنشاه چون دید بنواخت‌شان  به آیین یکی جایگه ساخت‌شان[۷]
چنین گفت گویندهٔ پیشرو  که: «ای شاه، قیصر؛ جوان است و نو!
پدر مرده و، ناسپَرده جهان  نداند همی آشکار و نهان
همه سر بسر، باژدار توایم  پرستار و، در زینهار توایم
ترا روم، ایران و ایران، چو روم  جدایی چرا باید این مرز و بوم[۸]
خرد، در زمانه؛ شهنشاه را است  وز او داشت قیصر، همی؛ پشت راست
چه خاقان چینی، چه در هند؛ شاه  یکایک پرستند این تاج و گاه[۹]
اگر کودکی نارسیده بجای  سخن گفت، بیدانش و رهنمای؛
ندارد شهنشاه، ازو کین و درد  که شاد است ازو، گنبد لاژورد!
همان باژ روم آنچه بود از نخست  سپاریم و عهدی بتازه، درست»

---

۱ – اسفندماه راگوید، و جنگ را هنگامی آغاز می‌کردند که تابستان باشد تا آغاز پاییز، از آنجا که سپاهیان گرفتار برف و سرما نشوند.

۲ – چرا بایستی آه کشیدن؟

۳ – «اینت» گفتاری نادرست است که همواره در سخن افزایندگان می‌آید.

۴ – **یک:** فیلسوف چهل نادرست است. **دو:** نیز درست نمی‌نماید که چهل کس با هم سخن گویند. **سه:** زبان برگشودن، دشنام دادن است.

۵ – افزایندهٔ یاوه‌گوی! چگونه مرد را توانِ کشیدنِ سی‌هزار دینار است؟! [دینار رومی پیرامون چهار گرم، در سی‌هزار، برابر با ۱۲۰٫۰۰۰ گرم، یکسد کیلو بسنگ امروزین است]

۶ – **یک:** در رج چهارم پیشین، کسری را دیده بودند، و اکنون رنگ رخِ او را می‌بینند؟ **دو:** فرستاده را ترسیدن و لرزیدن نشاید، زیرا که همواره فرستادگان در زینهار بودند.

۷ – دنبالهٔ گفتار

۸ – اگر جدایی میان دو کشور نباید، چرا ایشان خود را باژدار کسری در شمار آورند!

۹ – سخن سست و ناپیوسته بگفتار

بخندید نوشیروان زان سخُن — که مرد فرستاده افکند بُن[1]
بدو گفت: «اگر نامور، کودک است — خرد با سخن نزد او اندک است؛[2]
چه قیصر چه آن بی‌خرد رهنمون — ز دانش روان را گرفته زبون[3]
همه هوشمندان اسکندری — گرفتند پیروزی و برتری[4]
کسی کاو بگردد ز پیمان ما — بپیچد دل از، رای و فرمان ما[5]
از آباد بومش برآریم خاک — ز گنج و ز لشکر نداریم باک»[6]
فرستادگان خاک دادند بوس — چنانچون بود مردم چاپلوس[7]
که: «ای شاه پیروز برترمنش — ز کار گذشته مکن سرزنش[8]
همه سر بسر، خاک رنج توایم — همه پاسبانان گنج توایم
چو خشنود گردد ز ما شهریار — نباشیم ناکام و، بدروزگار
ز رنجی که ایدر شهنشاه برد — همه رومیان، آن ندارند خرد[9]
ز دینار پُر کرده ده چرم گاو — به گنج آوریم از در باژ و ساو[10]
به کمّی و بیشیش، فرمان ترا است — پذیرد ز ما گرچه آن ناسزا است»[11]
چنین داد پاسخ که: «از کار گنج — سزاوار دستور، باشد برنج»[12]
همه رومیان پیش موبد شدند — خروشان و با اختر بد شدند[13]
فراوان ز هر در سخن راندند — همه راز قیصر بر او خواندند[14]
ز دینار گفتند و ز گاو پوست — ز کاری که آرام روم اندروست[15]

---

۱ - سخن در لت دویم اندکی سست و ساختگی می‌نماید.

۲ - لت دویم نادرخور است و سخن اندک است راگزارش نیست.

۳ - **یک:** رهنمون بی‌خرد شناخته شده نیست که همراه با «آن» شناسا آید. **دو:** سخن را در لت دویم هیچ گزارش نیست.

۴ - کدام اسکندر؟ کشور روم چون بنیرو شد، نخست، پادشاه یونان رابزیر کشید، و بدانهنگام در یونان، دستگاهی نبود که از هوشمندان آن یاد شود.

۵ - لت دویم را پیوند «و» در آغاز باید.

٦ - **یک:** روشن نیست که نافرمانان را بوم آباد نیز باشد! **دو:** «آبادبوم» خود پاژنام ایران بوده است.

۷ - خاک را پیوند «را» باید، و چاپلوس نیز واژه‌ای تازه است.

۸ - پیوند «ز» در لت دویم نادرخور است.

۹ - میان گفتار لت دویم با گفتار لت نخست پیوند بایسته نیست.

۱۰ - **یک:** «ز» در این رج با «ز» در رج پیشین همخوانی ندارد. **دو:** و اندازهٔ باژی که افزایندگان افزوده‌اند هم نادرخور است، [زیرا که شاید چرم گاوان را کوچک و بزرگ بودن] و هم گزافه‌ای سخت و دور از خرد است.

۱۱ - کمی چگونه است؟ سخن چنان می‌نماید که هر اندازه از آن را نخواستی بازگردان... و چشم شاهان زر اندوز را از زر سیری نیست.

۱۲ - سخن نابجا!

۱۳ - **یک:** پیش کدام موبد؟ **دو:** لت دویم نادرخور است، زیرا که چگونه شاید اختر خویش همهٔ آنان، چون روی بسوی موبد کردند، «بد» گردید!

۱۴ - چنین سخن نادرخور است کهٔ راز پادشاه خویش را بکارگزاری از کشور دشمن بگویند.

۱۵ - **یک:** این سخنان سست که بدنبال رج پیشین آمده است «راز قیصر» در شمار نمی‌آید. **دو:** چگونه «آرام روم» (آرامش رومیان) در دادن باژی بدان سنگینی است!

آتشی خواهی رومیان ۱۳۳

چنین گفت موبد: «اگر زر دهید / ز دیبا چه مایه بران سر نهید[1]
به هنگام برگشتن شهریار / ز دیبای زربفت باید هزار![2]
برین بر نهادند و گشتند باز / همه پاک بردند پیشش نماز[3]

*

بُبُد شاه، چندی بدان رزمگاه / چو آسوده شد شهریار و سپاه؛
ز لشکر یکی موبدی برگزید / دبیر و سخندان، چنانچون سزید
سپاهی بدو داد تا باژِ روم / ستاند، سپارد، به آباد بوم
وز آنجا بیامد سوی تیسفون / سپاهی پس پشت و پیش اندرون[4]
همه یکسر آباد از سیم و زر / به زرّین ستام و به زرّین کمر[5]
ز بس پرنیانی درفشِ سران / تو گفتی هوا شد همه پرنیان[6]
در و دشت گفتی که زرّین شده‌ست / کمرها ز گوهر چو پروین شده‌ست[7]
چو نزدیک شهر اندر آمد ز راه / پذیره شدندش فراوان سپاه
همه پیش کسری پیاده شدند / کمر بسته و دل گشاده شدند
هر آن کس که پیمود با شاه راه / پیاده بشد تا درِ بارگاه[8]
همه مهتران خواندند آفرین / بر آن شاه بیدارِ با داد و دین
چو تنگ اندر آمد بجای نشست / به هر مهتری شاه بنمود دست[9]
سرآمد سخن گفتن موزه‌دوز / ز ماه محرم گذشته سه روز[10]

*

جهانجوی دهقان آموزگار / چه گفت اندرین گردش روزگار[11]
که روزی فراز است و روزی نشیب / گهی با خرامیم و گه با نهیب[12]

---

۱ - موبد چانه‌زن!!... تا زمان مارکوپولو؟ دیبا و پارچه ابریشمین در روم نبوده است، و آنان نیز دیبا را از سوی ایران به ونیز بردند!

۲ - دنبالهٔ همان گفتار!

۳ - پس از بازگشتن، نماز بردند؟

۴ - «پس» را، و «پیش» را، اندرون نیست.

۵ - یک سپاه بزرگ را نشاید همگان ستام و کمر زرین بوده باشد.

٦ - **یک:** بهنگام ساسانیان «سران» بآیین هنگام کیانیان نبودند، و پادشاه، یکی بود، و درفش نیز یکی. **دو:** تو گفتی.

۷ - **یک:** بزودی از «پرنیانی» به «زرین» برگشت. **دو:** گوهر روی کمرها را توان به ستاره همانند کردن، و کمر را نشاید! **سه:** پروین، خوشه‌ای است از چند ستارهٔ بس خرد، و گوهر را بدان همانند نتوان کردن.

۸ - در لت نخست «پیمود راه» نادرست است: «راه پیموده بود».

۹ - **یک:** بجای نشست نمی‌توان «تنگ اندرآمدن». **دو:** «شاه» در لت دویم ناکارآمد است. **سه:** بنمود دست راگزارش نیست.

۱۰ - موزه‌دوز سخن نگفته بود که اکنون بپایان رسد، آنهم بروز سیوم از ماه (محرّم).

۱۱ - **یک:** آموزگار، همان هیربد است که از ردهٔ دهقانان نیست. **دو:** جهانجوی پاژنام پادشاهان است که هر دم در اندیشهٔ افزودن سرزمین زیر فرمانروایی خود هستند.

۱۲ - با «چه گفت» در لت دویم رج پیشین، سخن هنوز از زبان همان گوینده است، و به دهقان آموزگار جهانجوی نرسیده است... و آنگاه توان این گفتار از وی دانستن که در آن رج «چنین گفت» می‌آمد.

سرانجام بستر بود تیره خاک — یکی را فراز و یکی را مغاک[1]
نشانی نداریم ازان رفتگان — که بیدار و شادند اگر خفتگان[2]
بدان گیتی ار چندشان برگ نیست — همان به که آویزش مرگ نیست[3]
اگر سد بود سال اگر بیست و پنج — یکی شد چو یاد آید از روز رنج[4]
چه آن کس که گوید خرام است و ناز — چه گوید که درد است و رنج و نیاز[5]
کسی را ندیدم به مرگ آرزوی — نه بی‌راه و از مردم نیکخوی[6]
چه دینی چه اهریمن بت‌پرست — ز مرگ‌اند بر سر نهاده دو دست[7]
چو سالت شد ای پیر بر شست و یک — می و جام و آرام شد بی‌نمک[8]
نبندد دل اندر سپنجی سرای — خرد یافته مردم پاکرای[9]
به گاه پسیچیدن مرگ می — چو پیراهن شعر باشد به دی[10]
فسرده تن اندر میان گناه — روان سوی فردوس گم کرده راه[11]
ز یاران بسی ماند و چندی گذشت — تو با جام همراه مانده به دشت[12]
زمان خواهم از کردگار زمان — که چندی بماند دلم شادمان[13]

---

۱ - چون بخاک رویم همه روی به مغاک داریم، و هیچکس را بفراز بگور نمی‌سپارند!

۲ - رَفتگان را با خُفتگان پساوا نیست. ۳ - آویزش مرگ چه باشد، که مردگان از آن بدورند!

۴ - **یک:** سد را با بیست و پنج در سخن نتوان سنجیدن. سد را با هزار می‌سنجند! **دو:** کنش «شد» در لت دویم نیز نادرخور است: «یکی شود». **سه:** از «روز رنج» را نیز در گور یاد نمی‌آید.

۵ - **یک:** سخن را پیوند نیست... «چه آنانکه با ناز و شادکامی زیسته‌اند». **دو:** لت دویم نیز همچنین! **سه:** «خرام» کسی است که پس از نوید (آگاه‌کردن کسی برای مهمانی) برای بردن مهمان بخانهٔ میزبان می‌رود، تا وی را در رفتن بمهمانی همراه باشد... و آنرا نشاید با «ناز» همراه کردن.

٦ - **یک:** لت دویم پریشان است، چون یک «نه» در آغاز آید. «نه» دیگر نیز باید. نه (مردم) بیراه، و نه مردم نیکخوی!... **دو:** بیراه نیز همیستار نیکخوی نیست و آنرا «بدخوی» باید.

۷ - سخن پریشان کودکانه، چه مردم دیندار، و چه مردمان اهریمنی... و در زبان فارسی کسی باژنام «اهریمن بت‌پرست» بکار نبرده است.

۸ - این سخن از آن فردوسی نیست که او فرموده است:

چو بگذشت مرد، از برِ سالِ شست — بَرَد سر بکیوان، چو شد نیم مست

۹ - لت نخست، از سخنان بهرام گور است در شاهنامه:

نبندم دل اندر سرای سپنج — ننازم بتاج و نَیازم بگنج

لت دویم نیز از شاهنامه برگرفته شده است:

خرد یافته مرد نیکی سگال — پادشاهی فریدون
خرد یافته مرد یزدانپرست — پادشاهی گشتاسپ
خرد یافته موبد نیکبخت — پادشاهی منوچهر

۱۰ - پافشاری بر روی مرگ، در شست سالگی سخت نادرست است، و لت دویم نیز نادرخور و بی‌پیوند است.

۱۱ - تن فسرده (یخزده) چگونه است؟ و تن در اندیشهٔ باستانی با گناه پیوند ندارد، آن روان است که گناهکار یا بیگناه شناخته می‌شود.

۱۲ - از یاران را بسی «مانند» باید! گذشت نیز نادرخور است: «گذشتند»... جام که چون پیراهن شعر (؟) در ماه دی بود.

۱۳ - چهار رج برگرفته از گفتار فردوسی است:

←

که این داستان‌ها و چندین سخن — گذشته بر او سال و گشته کهن
ز هنگام گی شاه تا یزدگرد — ز لفظ من آمد پراکنده گرد
بپیوندم و باغ بی‌خو کنم — سخن‌های شاهنشهان نو کنم
همانا که دل را ندارم به رنج — اگر بگذرم زین سرای سپنج

## گزیدن کسری هرمزد را
به
## جانشینی خود

چه گوید کنون مرد روشنروان — ز رای جهاندار نوشیروان[1]
چو سال اندر آمد به هفتاد و چار — پر اندیشهٔ مرگ شد، شهریار
جهان را همی کدخدایی بجُست — که پیراهنِ داد پوشد نخست
دگر؛ کاو به درویش بر، مهربان — بود راد و بیرنج روشنروان[2]
پسر بُد مر او را، گرانمایه؛ شَشْ — همه راد و بینا دل و شاه‌فَش
بمردیّ و فرهنگ و پرهیز و رای — جوانان با دانش و دلگشای
از ایشان خردمند و مهتر بسال؛ — گرانمایه هرمزد بُد، بی‌همال
سرافراز و با دانش و خوبچهر — بر آزادگان بر، بگسترده مهر
بفرمود کسری، بکارآگهان — که جویند، رازِ وی، اندر نهان
نگه داشتندی بروز و بشب — اگر داستان را، گشادی دو لب
ز کاری که کردی بدی یا بهی — رسیدی بشاه جهان، آگهی

*

به بوزرجمهر آن زمان شاه گفت* — که: «رازی همی داشتم در نهفت

---

→ همی خواهم از داور یکخدای — که چندان بگیتی بجای
که این نامهٔ شهریاران پیش — درآرم بدین خوب گفتار خویش
اُ زانپس تن بی هنر، خاک را است — روان و توان، مینوی پاک را است

۱ - روشنروان، (زنده) است، و گویندگان و ترجمانان شاهنامه در آنزمان همگان با روانِ شاد بجهان مینو خرامیده بوده‌اند!

۲ - لت نخست را پایانوند «باشد» باید، زیرا که «بَود» در لت دویم پیوسته بگفتار پسین است، و دربارهٔ درویش نیز در گفتار آینده، سخن میرود.

* - پیدا است که بزرگمهر سالها پیش، از ستمِ کسری کشته شده بود، و یادکرد از نام او، از برای آنست که هرمزد، نه تنها برای پادشاهی خویش،گزینش انوشیروان را، که همرایی بزرگمهر را نیز می‌خواسته است و بدینروی این بخش، در زمان هرمزد، بشاهنامه افزوده شده است و آزمایش پرسش‌ها را نیز از سوی بزرگمهر آورده‌اند، تا نشان دهند که هرمزد با داوری بزرگمهر بشاهی برگزیده شده است! وگرنه در ←

ز هفتاد چون سالیان درگذشت   سرِ موی مشکین چو کافور گشت[1]
چو من بگذرم زین سپنجی سرای   جهان را بباید یکی کدخدای
که بخشایش آرد، بدرویش بر   به بیگانه و، مردمِ خویش بر
ببخشد، بپرهیزد، از مِهرِ گنج   نبندد دل اندر سرای سپنج
سپاسم ز یزدان که فرزند هست   خردمند و دانا و ایزدپرست
اُز ایشان به هرمزد یازان ترم   به رای و به هوشش فرازان ترم
ز بخشایش و بخشش و راستی   نبینم همی در دلش کاستی
کنون موبدان و ردان را بخواه   کسی کاو کند سوی دانش نگاه[2]
بخوانیدش و آزمایش کنید   هنر بر هنر بر فزایش کنید»○

*

شدند اندران، موبدان انجمن   ز هر در، پژوهنده و رایزن
جهانجوی هرمزد را، خواندند   بر نامدارانش بنشاندند
نخستین؛ سخن گفت بوزرجمهر   که: «ای شاه نیک اخترِ خوبچهر
چه؟ دانی کزو جان پاک و خرد   شود روشن و، کالبد برخورد»
چنین داد پاسخ که: «دانش به است   که داننده بر مهتران بر، مه است
بدانش بود مرد را، ایمنی   ببندد ز بد، دستِ اهریمنی
دگر بردباری و بخشایش است   که تن را بدو نام و آرایش است،»[3]
بپرسید ازو، گفت: «مرد، ارجمند   بگو از چه؟ گردد، چو گردد بلند»
چنین داد پاسخ که: «آنک از نخست   به نیک و بد، آزرم هر کس بجست
بکوشید تا بر دل هر کسی   ازو رنج بردن نباشد بسی»
سدیگر؛ بگیتی هرآنکس که داد   بداد از تن خود، هماو بود شاد»
نگه کرد پرسنده بوزرجمهر   بدان پاکدل مهتر خوبچهر
بدو گفت ک:«ز گفتنی هر چه هست   بگوییم؛ تو بشمر یکایک به دست
سراسر همه پرسشم یاد گیر   به پاسخ، همه داد، بنیاد گیر
سخن را مگردان پس و پیش، هیچ   جوانمردی و داد دادن پسیچ[4]

---

← سخنان بهرام آذرمهان در انجمن هرمز، روشن است که کسری با وی و سیمای برزین دربارهٔ گزینش هرمزد سگالش کرده است بدانزمان که دیگر انوشه‌روان بزرگمهر زنده نبود.

۱ - **یک:** سالیان نادرست است. **دو:** چهار سال از هفتاد گذشته است. **سه:** سخن را با بندِ «چون» در لت نخست کنش «گذرد» باید، و در لت دویم «گردد». ۲ - سوی دانش نگاه کردن را گزارش نیست.

○ - همهٔ نمونه‌ها چنین آورده‌اند، و پیدا است که درست اینچنین است: **«هنر، برگهر بر، فزایش کنید».**

۳ - پرسش دربارهٔ یک چیز بود، نه سه چیز. ۴ - در پاسخ به پرسش‌ها، جوانمردی و داد دادن بکار نمی‌آید.

گزیدن کسری هرمزد را ۱۳۷

اگر یادگیری چنین بی‌گمان　　گشاده‌ست بر تو درِ آسمان[1]
که چندین به گفتار بشتافتم　　ز پرسنده پاسخ فزون یافتم[2]
جهاندار آموزگار تو باد　　خرد جوشن و بخت یار تو باد[3]
کنون هر چه دانم بپرسم ز داد　　تو پاسخ گزار آنچه آیدت یاد[4]
ز فرزند، کاو بر پدر ارجمند　　کدام؟ است شایسته و بی‌گزند!
به بخشایش دل سزاوار کیست؟　　که بر درد او بر، بباید گریست!
ز کردار نیکی پشیمان که؟ راست　　که دل بر پشیمانی او گواست![5]
سزا کیست؟ کاو را نکوهش کنیم!　　ز کردار او چون پژوهش کنیم!
ز گیتی کجا؟ بهتر آید گریز!　　که خیزد از آرام او رستخیز!
بدین روزگار، از چه؟ باشیم شاد!　　گذشته چه؟ بهتر که گیریم یاد!
زمانه که او را بباید ستود　　کدام؟ است و ما از چه؟ داریم سود!
گرانمایه‌تر کیست؟ از دوستان　　کز آواز او، دل؛ شود بوستان!
که؟ را بیش‌تر؛ دوست، اندر جهان　　که شاداند از او آشکار و نهان!
همان نیز دشمن، که را؟ بیش‌تر!　　که باشد بر او بر، بداندیش‌تر![6]
سزاوارِ آرام بودن کجاست؟　　که دارد جهاندار ازو پشت راست!
ز گیتی زیانکارتر کار، چیست؟　　که بر کردهٔ خود بباید گریست!
ز چیزی که مردم همی پرورد　　چه چیز است؟ کان زودتر بگذرد[7]
ستمکاره که‌ش، نزد او؛ شرم نیست　　کدام؟ است که‌ش مهر و آزرم نیست!
تباهی بگیتی ز گفتار کیست؟　　دل دوستان را، پر آزار کیست؟
چه؟ چیز است کان، ننگ پیش آورد　　همان بد ز گفتار خویش آورد!»

*

به یک روز تا شب برآمد ز کوه　　ز گفتار دانا نیامد ستوه[8]
چو هنگام شمع آمد از تیرگی　　سر مهتران تیره از خیرگی[9]

---

۱ - **یک:** سخن نادرخور... زیرا که بزرگمهر از وی خواهد پرسیدن، و نه یاد دادن که او «یاد گیرد!». **دو:** درِ آسمان چگونه گشاده می‌شود؟

۲ - سخن را پیوند با پرسش بزرگمهر نیست... افزاینده را، رای بر آن بوده است که بگوید: «سخنانی را که از تو می‌پرسم، از چند کس پرسیده‌ام، و آنان پاسخ افزون بر پرسش داده‌اند!...»

۳ - آموزگار را بایستی پیش از آزمایش وپرسش، بشاگرد آموزش دادن، نه بهنگام پرسش!

۴ - **یک:** هرچه دانم نادرخور است، زیرا که وی چندپرسش می‌کند. **دو:** پرسش نیز «از داد» نیست.

۵ - گفتار نادرخور است: یا، پشیمان کیست، یا پشیمانی کرا است.

۶ - «همان» و «نیز» را با هم نشاید بکار بردن.

۷ - گاه باشد که چیزی بر کسی زود بگذرد، و بر دیگری دیر پاید!

۸ - چنین پرسش‌ها را یک روز زمان نباید.

۹ - دنبالهٔ همان سخن نادرخور، با گفتاری سست.

ز گفتار ایشان غمی گشت شاه / همی کرد خامش به پاسخ نگاه[1]
گرانمایه هرمزد بر پای خاست / یکی آفرین کرد بر شاه، راست
که: «از شاه، گیتی؛ مبادا تهی / همی باد، بر تختِ شاهنشهی
مبادا که بی‌تو، ببینیم تاج / گر آیین شاهی و گر تخت آج
بپوزش جهان، پیش تو خاک باد / گزند ترا، چرخ، تریاک باد*
سخن هر چه او گفت پاسخ دهم / بدین آرزو، رایِ فرّخ نهم
ز فرزند پرسید دانا سخن / وز او بایدم پاسخ افکند بن[2]
بفرزند باشد، پدر، شاددل / ز غم‌ها بدو دارد، آزاد، دل
اگر مهربان باشد او، بر پدر! / بنیکی گراینده و دادگر!
دگر؛ آن، که برجای● بخشایش است / بر او چشم را، جای پالایش است
بزرگی، که بختش پراکنده گشت / به پیش یکی ناسزا، بنده گشت○
ز کار وی ار خون خروشی روا است / که ناپارسایی بر او پادشا است[3]
دگر هر که با مردم ناسپاس / کند نیکویی ماند اندر هراس[4]
هر آنکس که نیکی فرامش کند / خرد را بکوشد که بی‌هش کند[5]
دگر گفت: از آرام، راهِ گریز / گرفتن، کجا؟ خوب‌تر، از ستیز!
بشهری که بیداد شد پادشا / ندارد خردمند، بودن، روا
ز بیدادگر شاه، باید گریز / کزو خیزد اندر جهان رستخیز□
چه؟ گوید▣ که دانی؟ که، شادی بدوست: / برادر بود، یا دلارام دوست
دگر آنکه پرسد ز کار زمان؛ / زمانی کزو، گُم شود بدگمان!
روا باشد از چند بستایدش / هم اندر ستایش بیفزایدش
دگر آنکه پرسید، از مردِ دوست / ز هر دوستی، یارمندی نکوست

---

1 - بپاسخ، نگاه کردن نشاید.　* - گردش سپهر، درمان گزند تو باد!
2 - سخن از فرزند در رج پسین می‌آید.
● - برجای بخشایش... در همهٔ نمونه‌ها چنین آمده است و جای بخشایش را گزارش نیست بویژه که در لت دویم نیز یکبار دیگر واژهٔ «جای» آمده است، و پیدا است که «درخوردِ» بخشایش است.
○ - برگرفته از گفتار بزرگمهر است:

بپرسید شاه از دلی مستمند / نشسته بگُرم اندرون با گزند؟
چنین گفت با دانشی پارسا / که گردد بر او، ابلهی پادشا

3 - خون خروشیدن نادرست است، اما افزاینده «پادشاه» گفتار بزرگمهر را در این رج دوباره آورده است.
4 - پاسخ به پرسش پیشین نیست.　5 - همچنین...
□ - سه رج گذشته برداشته از گفتار بزرگمهر است:

پرستندهٔ شاهِ بدخو، ز رنج / نخواهد همی زندگانی و گنج

▣ - با نگرش به رج پسین؛ «چو پرسد» درست می‌نماید.

توانگر بود، چادر او بپوش — چو درویش باشد، تو با او مکوش [۱]
کسی، کاو؛ فروتن‌تر و رادتر — دل دوستانش، بدو شادتر
دگر آنکه پرسد که دشمن که را است؟ — کزو دل همیشه به درد و بلا است [۲]
چو گستاخ باشد زبانش به بد — ز گفتار او دشمن آید سزد [۳]
دگر آنکه پرسید دشوار چیست — بی‌آزار را، دل پر آزارِ کیست [۴]
چو بد بود و بدساز با وی نشست — یکی زندگانی بود چون گبَست [۵]
دگر آنکه گوید گوا کیست راست؟ — که، جان و خرد، بر گوا بر، گواست [۶]
به از آزمایش ندیدم گوا — گوای سخنگوی و فرمانروا [۷]
زیانکارتر کار، گفتی که* چیست؟ — که فرجام، از آن بد، بباید گریست!
چو چیره شود بر دلت بر، هوا — هوا بگذرد همچو باد هوا○
پشیمانی آرد، بفرجامِ سود — گل آرزو را نشاید پسود
دگر آنکه گوید، که گردانترست؟ — که چون پای جویی، بدستت سر است [۸]
چنین دوستی، مرد نادان بود — سرشتش بد و، رای، گردان بود [۹]
دگر آنکه گوید ستمکاره کیست؟ — بریده دل از شرم و، بیچاره؛ کیست؟
چو کژی کند مرد، بیچاره خوان — چو بی‌شرمی آزد ستمکاره خوان [۱۰]
هر آن کس که او پیشه گیرد دروغ — ستمکاره‌ای خوانمش بی‌فروغ
تباهی که گفتی▣ ز گفتار کیست — پر آزارتر درد، آزارِ کیست

---

۱ - سخن را پیوند «اگر»، یا «چو» باید، و مرد را چادر نباشد که آنرا بپوشد. لت دویم نیز سست و نادرست است. سخن برگرفته از گفتار بزرگمهر است:

بپرسید، دشمن، که را بیشتر — که باشد بر او بر، بداندیش‌تر
چنین داد پاسخ که برترمنش — که باشد فراوان بر او سرزنش
هر آنکس که آواز دارد درشت — پرآژنگ رخسار و بسته دو مشت

۲ - پیوند درست ندارد. از دشمن؟ یا از او؟ ۳ - گفتار سست و بی‌پیوند است.
۴ - چنین پرسش در میان پرسش‌های بزرگمهر نبود. ۵- سخن بی‌پیوند است، وکنش‌ها، نادرخور
۶ - این پرسش نیز میان پرسش‌های پیشین جای نداشت.
۷ - پاسخ همان است، و آزمایش را نمیتوان «گواه» در شمار آوردن.
* - همه نمونه‌ها چنین است، اما پیدا است که چون روی سخن هرمز باکسری است، می‌باید برای بزرگمهر «گفتا» بیاید.
○ - باد هوا هوا را با بر هوا پساوا نیست و «بادِ رواء» را پیشنهاد می‌کنم.
۸ - پرسش افزوده بود: «ز چیزی که مردم همی پرورد» و پاسخ نیز سست است.
۹ - گاه باشد که مردمان نادان، تا پایان زندگی دوستی با کسان دارند.
۱۰ - لت نخست را «او را» باید: «مرد، او را بیچاره خوان»، و پاسخ در رج پسین آمده است برگرفته از گفتار بزرگمهر در شاهنامه:

دگر آن سخن‌چین و دو رویه دیو — بریده دل از ترس گیهان خدیو
میان دو تن جنگ و کین افکند — بکوشد که پیوستگی بشکند

▣ - «پرسد» یا «گفتا» بجای گفتی.

سخن‌چین و دوروی و بیکار مرد　　دل هوشیاران کند پر ز درد
بپرسید دانا که عیب● از چه بیش　　که باشد پشیمان ز گفتار خویش
هر آن کس که راند سخن بر گزاف　　بود بر سر انجمن مرد لاف*
بگاهی، که تنها بود در نهفت　　پشیمان شود، زان سخن‌ها که گفت[1]
هم اندر زمان چون گشاید سخن　　به پیش آرد آن لاف‌های کهن[2]
خردمند و گر مردم بی‌هنر　　کس از آفرینش نیابد گذر[3]
چنین بود تا بود دوران دهر　　یکی زهر یابد یکی پای زهر[4]
همه پرسش این بود و پاسخ همین　　که بر شاه باد، از جهان، آفرین[5]
زبان‌ها به فرمانش گوینده باد　　دل راد او شاد و جوینده باد»[6]
شهنشاه کسری ازو خیره ماند　　بسی آفرین کیانی بخواند[7]

*

ز گفتار او انجمن شاد شد　　دل شهریار از غم آزاد شد
نبشتند عهدی، به فرمانِ شاه　　که هرمزد را داد تخت و کلاه
چو قرطاس رومی شد از باد خشک　　نهادند مُهری بر او بر ز مشک[8]
به موبد سپردند پیش ردان　　بزرگان و بیداردل بخردان
جهان را نمایش چو کردار نیست　　نهانش جز از رنج و تیمار نیست[9]
اگر تاج داری اگر گُرم و رنج　　همان بگذری زین سرای سپنج
بپیوستم این عهده نوشیروان　　به پیروزی شهریار جوان
یکی نامهٔ شهریاران بخوان　　نگر تا که باشد چو نوشیروان
به رای و به داد و به بزم و به جنگ　　چو روزش سرآمد نباشد درنگ
تو ای پیر فرتوت بی‌توبه مرد　　خرد گیر و ز بزم و شادی بگرد

---

● -پرسش از ننگ بود، نه از عیب! اما در همهٔ نمونه‌ها عیب آمده است، و سخن درست فردوسی چنین است، **«بپرسید دانا که ننگ از چه بیش؟»**

* - برگرفته از گفتار اردشیر بابکان است:

هزینه مکن سیمَت از بهر لاف　　که از لاف زاید سخن، پرگزاف

۱ - **یک:** تنها، همان در نهفت بودن است. **دو:** کنش «گفت» نیز در لت دویم نادرخور است: «گفته است».

۲ - پس از تنها شدن، دوباره یاد از لاف می‌کند، و نادرخور است.　　۳ - گفتار درباره آفرینش نبود.

۴ - همچنین...　　۵ - **یک:** در لت نخست سخن سست می‌نماید. **دو:** در لت دویم «جهان» را توان آفرین خواندن نیست.

۶ - زبان مردمان بفرمان خداوند گوینده است، نه بفرمان شاه، و دل را نیز راد (= بخشنده) نخوانند، و همواره از «دستِ راد» یاد شده است.　　۷ - آفرین کیانی راگزارش نیست.

۸ - باز از کراسه (= قرطاس) رومی سخن میرود، و بدانزمان هنوز کاغذ در روم پدیدار نشده بود.

۹ - از اینجا ۸۶ رج سخنان پریشان درهم آویز آمده است که ره بهیچ جای نمی‌برد، و گاهگاه در آن گفتارهای سنجیده نیز دیده می‌شود که برگرفته از دیگر بخش‌های شاهنامه است، و داوری را بخوانندهٔ خردمند، وامی‌نهم.

جهان تازه شد چون قدح یافتی     روان را ز توبه تو برتافتی
چه گفت آن سرایندهٔ سالخورد     چو اندرز نوشیروان یاد کرد
سخن‌های هرمزد چون شد به بن     یکی نو پی افکند موبد سخن
هم آواز شد رایزن با دبیر     نبشتند پس نامه‌ای بر حریر
دلارای عهدی ز نوشیروان     به هرمزد نا سالخورده جوان
سر نامه از دادگر کرد یاد     دگر گفت ک: «این پند پور قباد
بدان ای پسر کین جهان بی‌وفا است     پر از رنج و تیمار و درد و بلا است
هر آن گه که باشی بدو شادتر     ز رنج زمانه دل آزادتر
همه شادمانی بمانی بجای     ببایدشدن زین سپنجی سرای
چو اندیشهٔ رفتن آمد فراز     به رخشنده روز و شب دیرباز
بجستیم تاج کیی را سری     که بر هر سری باشد او افسری
خردمند شش بود ما را پسر     دل‌افروز و بخشنده و دادگر
ترا برگزیدم که مهتر بُدی     خردمند و زیبای افسر بُدی
به هشتاد بر بود پای قباد     که در پادشاهی مرا کرد یاد
کنون من رسیدم به هفتاد و چار     ترا کردم اندر جهان شهریار
جز آرام و خوبی نجستم برین     که باشد روان مرا آفرین
امیدم چنان است کز کردگار     نباشی جز از شاد و به روزگار
گر ایمن کنی مردمان را به داد     خود ایمن بخسپی و از داد شاد
به پاداش نیکی بیابی بهشت     بزرگ آنکه او تخم نیکی بکشت
نگر تا نباشی بجز بردبار     که تندی نه خوب آید از شهریار
جهاندار و بیدار و فرهنگ‌جوی     بماند همه ساله با آبروی
به گرد دروغ ایچ گونه مگرد     چو گردی شود بخت را روی زرد
دل و مغز را دور دار از شتاب     خرد را شتاب اندر آرد به خواب
به نیکی گرای و به نیکی بکوش     به هر نیک و بد پند دانا نیوش
نباید که گردد به گرد تو بد     کزان بد ترا بی‌گمان بد رسد
همه پاک پوش و همه پاک خور     همه پندها یادگیر از پدر
ز یزدان گشای و به یزدان گرای     چو خواهی که باشد ترا رهنمای
جهان را چو آباد داری به داد     بود تخت آباد و دهر از تو شاد
چو نیکی نمایند پاداش کن     ممان تا شود رنج نیکی کُهن
خردمند را شاد و نزدیک دار     جهان بر بداندیش تاریک دار

به هر کار با مرد دانا سگال / به رنج تن از پادشاهی منال
چو یابد خردمند نزد تو راه / بماند به تو تاج و تخت و کلاه
هر آن کس که باشد ترا زیردست / مفرمای در بی‌نوایی نشست
بزرگان و آزادگان را به شهر / ز داد تو باید که یابند بهر
ز نیکی فرومایه را دور دار / به بیدادگر مرد مگذار کار
همه گوش و دل سوی درویش دار / همه کار او چون غم خویش دار
ور ایدونکه دشمن شود دوستدار / تو در بوستان تخم نیکی بکار
چو از خویشتن نامور داد داد / جهان گشت ازو شاد و او از تو شاد
بر ارزانیان گنج بسته مدار / ببخشای بر مرد پرهیزگار
که گر پند ما را شوی کاربند / همیشه بماند کلاهت بلند
که نیکی‌دهش نیکخواه تو باد / همه نیکی اندر پناه تو باد
مبادت فراموش گفتار من / اگر دور مانی ز دیدار من
سرت سبز باد و دلت شادمان / تنت پاک و دور از بد بدگمان
همیشه خرد پاسبان تو باد / همه نیکی اندر گمان تو باد
چو من بگذرم زین جهان فراخ / برآورد باید یکی خوب کاخ
به جایی کزو دور باشد گذر / نپرد بدو کرگس تیزپر
دری دور بر چرخ ایوان بلند / به بالا برآورده چون ده کمند
نبشته بر او بارگاه مرا / بزرگی و گنج و سپاه مرا
فراوان ز هر گونه افکندنی / هم از رنگ و بوی و پراکندنی
به کافور تن را توانگر کنید / ز مشک از بر ترگم افسر کنید
ز دیبای زربفت پرمایه پنج / بیارید ناکاردیده ز گنج
بپوشید بر ما به رسم کیان / بر آیین نیکان ما در میان
بسازید هم زین نشان تختِ آج / بر آویخته از برِ آج تاج
همان هرچه زرّین به پیش اندرست / اگر تاس و جام است اگر گوهرست
گلاب و می و زعفران جام بیست / ز مشک و ز کافور و انبر دوست
نهاده ز دست چپ و دست راست / ز فرمان فزونی نه باید نه کاست
ز خون کرد باید تهیگاه خشک / بدو اندر افکنده کافور و مشک
ازان پس بر آرید درگاه را / نباید که بیند کسی شاه را
چو زین‌گونه بدکار آن بارگاه / نیابد برِ ما کسی نیز راه
ز فرزند و ز دودهٔ ارجمند / کسی کِش ز مرگ من آید گزند

بیاساید از بزم و شادی دو ماه ‌‌ ‌ که این باشد آیین پس از مرگ شاه
سزد گر هر آن کاو بود پارسا ‌ ‌ ‌ بگرید بر این نامور پادشا
ز فرمان هرمزد بر مگذرید ‌ ‌ ‌ دم خویش بی‌رای او مشمرید
فراوان بر آن نامه هرکس گریست ‌ ‌ ‌ پس از عهد یک سال دیگر بزیست
برفت و بماند این سخن یادگار ‌ ‌ ‌ تو این یادگارش به زنهار دار
کنون زین سپس تاج هرمزد شاه ‌ ‌ ‌ بیارایم و بر نشانم به گاه

## پادشاهی هرمزد دوازده سال بود

بخندید تموز بر سرخ سیب ‌ ‌ ‌ همی کرد با بار و برگش عتیب
که آن دستهٔ گل به وقت بهار ‌ ‌ ‌ به مستی همی داشتی در کنار
همی باد شرم آمد از رنگ اوی ‌ ‌ ‌ همی یاد یار آمد از چنگ اوی
چه کردی که بودت خریدار آن ‌ ‌ ‌ کجا یافتی تیز بازار آن
عقیق و زبرجد که دادت بهم ‌ ‌ ‌ ز بار گران شاخ تو هم بخم
هماناکه گل را بها خواستی ‌ ‌ ‌ بدان رنگ رخ را بیاراستی
همی رنگ شرم آید از گردنت ‌ ‌ ‌ همی مشک بوید ز پیراهنت
مگر جامه از مشتری بستدی ‌ ‌ ‌ به لؤلؤ بر از خون نقط برزدی
زبرجدت برگست و چرمت بنفش ‌ ‌ ‌ سرت برتر از کاویانی درفش
به پیرایهٔ زرد و سرخ و سپید ‌ ‌ ‌ مرا کردی از برگ گل ناامید
نگارا بهارا کجا رفته‌ای ‌ ‌ ‌ که آرایش باغ بنهفته‌ای
همی مهرگان بوید از باد تو ‌ ‌ ‌ به جام می اندر کنم یاد تو
چو رنگت شود سبز بستایمت ‌ ‌ ‌ چو دیهیم هرمز بیارایمت
که امروز تیزست بازار من ‌ ‌ ‌ نبینی پس از مرگ آثار من

*

⇐ یکی پیر بُد، مرزبان هَری ‌ ‌ ‌ پسندیده و، دیده از هر دری
جهاندیده‌ای، نام او بود ماخ* ‌ ‌ ‌ سخن‌دان و با فرّ و، با یال و شاخ
بپرسیدمش تا چه؟ داری بیاد! ‌ ‌ ‌ ز هرمز که بنشست بر تخت داد
چنین گفت پیر خراسان که: «شاه ‌ ‌ ‌ چو بنشست بر نامور پیشگاه

* - روانشاد «ماخ»؛ پهلوان و دهقان خراسانی از هرات، یکی از چهار ترجمان شاهنامه، از پهلوی بفارسی.

نخست آفرین کرد بر کردگار       توانا و دانندهٔ روزگار
دگر گفت: «ما، تخت، نامی کنیم       گرانمایگان را گرامی کنیم
جهان را، بداریم در زیرِ پر       چنانچون پدر داشت، با داد و فر
گنه کردگان را هراسان کنیم       ستمدیدگان را تن‌آسان کنیم
ستون بزرگیست آهستگی       همان بخشش و داد و شایستگی [1]
بدانید کز کردگار جهان       بد و نیک هرگز نماند نهان [2]
نیاکان ما تاجداران دهر       که از دادشان آفرین بود بهر [3]
نجُستند جز داد و آهستگی       بزرگیّ و گردیّ و شایستگی [4]
ز کهتر، پرستش، ز مهتر، نواز       بداندیش را داشتن در گداز [5]
بهر کشوری دست و فرمان مرا است       توانایی و داد و پیمان مرا است [6]
کسی را که یزدان کند پادشا       بنازد بدو مردم پارسا [7]
که سرمایهٔ شاه بخشایش است       زمانه ز بخشش به آسایش است [8]
به درویش بر مهربانی کنیم       به پرمایه بر، پاسبانی کنیم [9]
هر آن کس که ایمن شد از کار خویش       برِ ما چنان کرد بازار خویش [10]
شما را به من هر چه هست آرزوی       مدارید راز از دل نیکخوی [11]
ز چیزی که دلتان هراسان بود       مرا دادِ آن دادن آسان بود [12]
هر آن کس که هست از شما نیکبخت       همه شاد باشید زین تاج و تخت [13]
میان بزرگان درخشش مرا است       چو بخشایش و داد و بخشش مرا است [14]
شما مهربانی بافزون کنید       ز دل کینه و آز بیرون کنید [15]
هر آن کس که پرهیز کرد از دو کار       نبیند دو چشمش بدِ روزگار [16]

---

۱ – سخن را پایان نیست.
۲ – این رج را پیوند بگفتار نیست.
۳ – «دهر» را تاجدار نیست.
۴ – بازگویی رج سیوم پیش، با گفتاری دیگر.
۵ – «پرستش» را «نوازش» باید.
٦ – «کشور ایران» باید گفتن.
۷ – لت دویم را پیوند «بایستی» باید.
۸ – بخشایش، گذشتن از گناهان است وبخشش «بخشش» است.
۹ – «درویشان»، و «پر مایگان» باید.
۱۰ – سخن را در لت دویم گزارش نیست.
۱۱ – «از من» یا «از دلِ نیکخوی»... خوی نیز وابسته بمردم است نه به دل.
۱۲ – هراس و ترس، با دادنِ(؟) داد، از میان برنمی‌خیزد.
۱۳ – **یک:** روی دیگر سخن آنست که تیره‌روزان را باید، تا پایان شاهی من تیره‌روز ماندن. **دو:** این سخنِ افزاینده، بازگونهٔ کاریست که هرمز کرد، زیرا که بس زود بکشتن بزرگان دربارِ پدر دست یافت.
۱۴ – **یک:** دوباره از بخشایش وبخششِ رج ششم پیش از این یاد می‌شود. **دو:** پیوند «چو» در آغاز لت دویم نیز نادرخور است.
۱۵ – مهربانی با آز همیستار نیست.
١٦ – «دو چشمش» در لت دویم سخن را سخت سست می‌کند: «چشمش»، «چشمانش».

آغاز کار هرمزد ۱۴۵

بـــه خشـنودی کـردگار جـهان — بکـوشید یکسـر کـهان و مـهان[1]
دگـر آنکـه مـغزش بـود پـرخـرد — سـوی نـاسپاسی دلش نـنگرد[2]
چـو نـیکی فـزایـی بـه روی کـسان — بـود مـزد آن سـوی تـو نـارسان[3]
مـیامیز بـا مـردم کـژّگـوی — کـه او را نـباشد سـخن جـز بـه‌روی[4]
وگـر شـهریارت بـود دادگـر — تـو بـر وی بـه سستی گـمانی مـبر[5]
گـر ایـدونکه گـویی نـداند هـمی — سـخن‌های شـاهان بـخواند هـمی[6]
چـو بـخشایش از دل کـند شـهریار — تـو انـدر زمـین تـخم کـژّی مکـار[7]
هـر آن‌کس کـه او پـند مـا داشت خـوار — بشـوید دل از خـوبی روزگـار[8]
چـو شـاه از تـو خشـنود شـد راستی‌ست — وز او سـر بـپیچی در کـاستی‌ست[9]
درشـتیش نـرمی‌ست در پـند تـو — بـجوید کـه شـد گـرم پـیوند تـو[10]
ز نـیکی مـپرهیز هـرگز بـه رنـج — مکـن شـادمان دل بـه بـیداد گـنج[11]
چـو انـدر جـهان کـام دل یـافتی — رسـیدی بـه جـایی کـه بشـتافتی[12]
چـو دیـهیم هـفتاد بـر سـر نـهی — هـمه گـرد کـرده بـه دشـمن دهـی[13]
بـه هـر کـار درویـش دارد دلم — نـخواهـم کـه انـدیشه زو بگسـلم[14]
هـمی خـواهـم از پـاک پـروردگار — کـه چـندان مـرا بـر دهـد روزگـار؛[15]
کـه درویـش را شـاد دارم بگـنج — نـیارم دل پـارسا را بـه رنـج[16]
هـر آن‌کس کـه شـد در جـهان شاه فَش — سـرش گـردد از گـنجِ دیـنار، کش[17]
سـرش را بـپیچم بگـنداوری — نـباید کـه جـوید کـسی مـهتری[18]

---

۱ – سخن را بایستی با «نخست» یا «یکم» آغاز شدن، زیراکه از دو کار یاد شده بود.

۲ – **یک:** از «خرد» نشاید بنامِ «کار» یاد کردن. **دو:** مغز؟ یا دل؟

۳ – **یک:** روی گفتار به «تو» بازگشت. **دو:** سخن نیز سخت سست است، و افزاینده خواسته است بگوید نیکی کردن بکسان را پنهان دار!!

۴ – سخن جز بروی راگزارش نیست.

۵ – «دادگر» را سستی نشاید! زیراکه وی را بایستی همواره بیدارِ کارِ مردمان و کشور بودن.

۶ – گفتار سست بی‌گزارش

۷ – **یک:** بخشایش سه باره! **دو:** بخشایش از دل نیست. **سه:** (دل) شهریار را با کاشتن تخم در (زمین) چه پیوند؟

۸ – لت دویم سست و بی‌گزارش است.

۹ – **یک:** دوباره روی سخن به «تو» بازگشت. **دو:** چه چیز راستی است؟ **سه:** لت دویم را پیوند «وگر زو» باید.

۱۰ – سخن سخت پریشان و بی‌پیوند و بی‌گزارش است.

۱۱ – همچنین...

۱۲ – پیوسته برج پسین

۱۳ – «چو» آغازین این رج با «چو» در آغاز رج پیشین همخوان نیست.

۱۴ – سخن بی‌پیوند و بی‌گزارش

۱۵ – سخن برگرفته از گفتار فردوسی است:

همی خواهم از داورِ یک خدای — کـه چندان بگیتی بمانم بپای

۱۶ – گفتار بی‌گزارش رج دویم پیش را با چنین سخن گزارش کرد.

۱۷ – **یک:** «سر» راکش شدن نیست. **دو:** کنش «شد» را در لت نخست باکنش «گردد» سازگاری نیست.

۱۸ – «هرآنکس» رج پیشین نیز باکسی در لت دویم این رج همخوان نیست.

چنین است انجام و آغاز ما　　سخن گفتن فاش و هم راز ما[1]
درود جهان‌آفرین بر شما است　　خم چرخ گردان زمین شما است،[2]
چو بشنید گفتار او انجمن　　پر اندیشه گشتند، زان؛ تن به تن
سرِ گنج‌داران پر از بیم گشت　　ستمکاره را، دل به دو نیم گشت
خردمند و درویش زان هر که بود　　به دلش اندرون شادمانی فزود[3]

## کشتن هرمزد
### وزیران و یاران
## پدرش را

چنین بود، تا شد، بزرگیش راست　　بر آن چیز بر، پادشا شد، که خواست
برآشفت و خوی بد آورد پیش　　بیکسو شد از راهِ آیین و کیش
هر آنکس که نزد پدرْش، ارجمند　　بُدی شاد و، ایمن ز بیم گزند؛
یکایک تبه کردشان بیگناه　　بدینگونه بُد رای و آیین شاه
سه مرد از دبیران نوشیروان　　یکی پیر و دانا و دیگر جوان[4]
چو ایزدگشسپ و دگر بُرزمهر　　دبیر خردمند با فرّ و چهر[5]
سدیگر که ماه‌آذرش بود نام　　خردمند و روشندل و شادکام[6]
برِ تخت نوشیروان این سه پیر　　چو دستور بودند و همچون وزیر[7]
همی خواست هرمز، کزین هر سه مرد　　یکایک برآرد بناگاه، گرد[8]
همی بود ز ایشان دلش پرهراس　　که روزی شوند اندرو ناسپاس[9]

*

به ایزگشسپ آن زمان، دست آخت　　به بیهوده بر، بند و زندانْش ساخت
دل موبد موبدان تنگ شد　　رخانش، ز اندیشه بیرنگ شد

---

۱ – چنین سخنان که راز نبود.
۲ – گفتار سام است بمنوچهر:
درود جهان آفرین بر تو باد　　خم چرخ گردان، زمین تو باد!
۳ – **یک:** زان هر که بود را در لت نخست گزارش نیست. **دو:** «هر که» را در لت نخست، «به دلشان» در لت دویم باید.
۴ – سه مرد، در لت دویم به «دو مرد» یکی پیر و دیگری جوان برگشت.
۵ – **یک:** «چو» بهمراه نام نادرخور است. **دو:** از «دبیر» در رج پیشین یاد شد.
۶ – وابسته به رج پیشین
۷ – در گفتار پیشین یکی از آنان جوان بود.
۸ – دو مرد، به سه مرد برگشت و «کزین» برای سه کس آوردن نادرخور است.
۹ – دل را پرهراس باید بودن! «همی بود» نادرخور است.

که موبد بُد و پاک بودش سرشت — بخُردی ورا نام بُد، زردهشت [۱]
ازآن بند، ایزدگشسپ دبیر — چنان شد، کجا؛ خسته گردد بتیر
چو روزی برآمد، نبودش زَوار○ — نه خورد و نه پوشش نه اندهگسار
ز زندان پیامی فرستاد، دوست — به موبد که: «ای بنده را، مغز و پوست
منم بی‌زواری، بزندان شاه — کسی را بنزدیک من نیست راه
همی خوردنی، آرزوی آیدم — شکم گُرُشنه، رنج بفزایدم
یکی خوردنی پاک پیشم فرست — دوایی بدین دردِ ریشم فرست» [۲]
دل موبد از درد پیغام اوی — غمین گشت ازآن جای و آرام اوی [۳]

*

چنان داد پاسخ که: «از کارِ بند — منال، ار نیاید، بجانت گزند!» [۴]
ز پیغام او شد دلش پر شکن — پر اندیشه شد مغزش از خویشتن [۵]
به زندان فرستاد لختی خورش — بلرزید زان کار دل در برش [۶]
چنین گفت ک:«اکنون شود آگهی — بدان ناجوانمردِ بی فرّهی
که موبد بزندان فرستاد چیز — نیرزد تن ما، برش، یک پشیز [۷]
گزند آیدم زین جهاندار مرد — کند بر من از خشم، رخساره، زرد» [۸]
هم از بهر ایزدگشسپ دبیر — دلش بود پیچان و، رخ چون زریر
بفرمود تا پاک خوالیگرش — بزندان کشد، خوردنی‌ها، برش

*

ازآن پس نشست از برِ تازی اسپ — بیامد بنزدیک ایزدگشسپ
گرفتند مر یکدگر را کنار — پر از درد و، مژگان چو ابر بهار
ز خوی بد شاه، چندی سخُن — همی رفت، تا شد سخن‌ها، کهُن
نهادند خوان، پیش ایزدگشسپ — گرفتند پس، واژ؛ بَرْسَم به دست●
پس ایزدگشسپ آنچه اندرز بود — به زمزم همی گفت و موبد شنود

---

۱ – **یک:** پیدا است که موبد موبدان، «موبد» بوده است و دوباره‌گویی در کار نیست. **دو:** اگر کسی را در خردی نام زرتشت (زردهشت؟) باشد، در بزرگی نیز همان نام را دارد.
○– زوار: پرستار، نگهبان زندان
۲ – خوردنی پاک نادرخور است.
۳ – چه جای یاد کردن از «آرام» در زندان است.
۴ – در بند، هر دم بیم گزند بر جان هست.
۵ – از پیغام او؟ یا از مغز خویشتن؟
٦ – خورِش را با بَرَش پساوا نیست.
۷ – لت دویم را پیوند با لت نخست نیست.
۸ – **یک:** همچنین این رج را پیوند «پسانگه» باید. **دو:** لت دویم نیز نادرخور است.
● – در همهٔ نمونه‌ها، سخن چنین آمده است: «گرفتند پس، واژ (و) برسم، بدست» و این گفتار نادرست است. زیراکه «واژ» گفتار و آفرینی است که باگرفتن شاخه‌های گیاه سبز (برسم) زیرلب می‌خوانند، و نمی‌توان آنرا همانند برسم در دست گیرند، و چون در این داوری هیچ گمان نیست (و) را از آن فروافکندم.

ز دینار و از گنج و از خواسته — هم از کاخ و ایوان آراسته
به موبد چنین گفت ک:«ای نامجوی — چو رفتی از ایدر، به هرمزد گوی
که: «گر سر بپیچی ز گفتار من — بر اندیشی* از رنج و تیمار من؛
که از شهریاران تو خورده‌ام — ترا نیز در بر بپرورده‌ام [1]
بدان رنج، پاداش، بند آمدست — پس از بند بیم گزند آمدست [2]
دلی بی‌گنه، پرغم،○ ای شهریار — بیزدان نمایم، بروزِ شمار»

*

چو موبد سوی خانه شد، در زمان — ز کارآگهان رفت مردی دمان
شنیده، یکایک؛ بهرمزد گفت — دل شاه با رای بد، گشت جفت
ز◘ ایزدگشسپ آنزمان شد درشت — بزندان فرستاد و او را بکشت
سخن‌های موبد فراوان شنید — بر او بر، نکرد ایچ گونه پدید [3]
همی راند اندیشه بر خوب و زشت — سوی چارهٔ کشتن زردهشت [4]
بفرمود تا زهر، خوالیگرش — نهانی برد پیش، در یک خورش [5]

*

چو موبد بیامد بهنگام بار — بنزدیکیِ نامور شهریار
بدو گفت ک:«امروز از ایدر مرو — که خوالیگری یافته‌ستیم نو»
چو بنشست موبد نهادند خوان — ز موبد بپالود، رنگ رخان
بدانست؛ کان خوان، زمانِ وی است — همان راستی، در گمانِ□ وی است

* – «اندیشیدن» هیچگاه! پیشوند «بر» همراه نمی‌شود! برخی کنش برتافتن، برنشستن (سوار شدن) برگشتن، برافکندن، برانداختن، برگماردن در فارسی کاربرد دارد، و براندیشیدن (= ببالا اندیشیدن) را کاربرد نیست اما در همهٔ نمونه‌ها اینچنین آمده است، و با نگرش به همهٔ گفتارِ ایزدگشسب، این لت را بایستی چنین آراستن:

**«نیندیشی از رنج و تیمار من؛»**

۱ – پیدا است که سخن سست است.

۲ – نمونه‌ها بدان رنج، و از آن رنج آورده‌اند، اما چون این گفتار به گفتار پیشین پیوسته است. بایستی نشانهٔ پیوند که میان آن دو باشد، و پیوند در رج پسین است... «دگر نیندیشی... دلی بیگنه».

○ – **یک:** نیز در این رج «دلی بیگنه» نادرخور است و «دلِ بیگنه» و «دل بیگنه پر غم» نیز نشاید گفتن، زیرا که میان آنان پیوند «و» باید... از سویی بند «را» نیز برای آن بایسته است و گفتار فردوسی چنین می‌نماید:

**«دل بیگنه را من ای شهریار»**

◘ – **«بر ایزدگشسب»** درست می‌نماید.

۳ – هنوز موبد به دربار نرسیده است، و در رج‌های آینده از آمدن او سخن می‌رود.

۴ – اگر اندیشهٔ خوب باشد که بسوی کشتن کسی، رانده نمی‌شود.

۵ – سخن سخت سست است، و خوالیگرَش را با خورِش پساوا نیست.

□ – لت دویم را گزارش نیست، زیرا که اگر راستی در گمان وی می‌بود چرا بایستش، کسی را زهر دادن! و بر این بنیاد، سخن فردوسی چنین بوده است:

←

خورش‌ها ببردند خوالیگران / همی خورد؛ شاه، از کران تا کران!
چو آن کاسهٔ زهر پیش آورید / نگه کرد موبد بدان بنگرید[1]
بدان بد گمان شد دل پاک اوی / که زهر است بر خوان تریاک اوی[2]
چو هرمز نگه کرد، لب را ببست / بدان○ کاسهٔ زهر، یازید؛ دست
برآنسان که شاهان نوازش کنند / بدان، بندگان نیز؛ نازش کنند
ازآن کاسه برداشت، مغز استخوان / بیازید دست گرامی، بخوان[3]
به موبد چنین گفت کـ:«ای پاک‌مغز / ترا کردم این لقمهٔ پاک و نغز
دهن باز کن تا خوری زین خورش / کزین پس، چنین باشدت پرورش»

*

بدو گفت موبد:«به جان و سرت / که جاوید بادا سر و افسرت
کزین نوشه، خوردن نفرمایی‌ام / بسیری رسیدم، نیفزایی‌ام»
بدو گفت هرمز:«به خورشید و ماه / به پاکی● روان خردمند شاه
که بستانی این نوشه، ز انگشت من / بدین آرزو، نشکنی پشت من»
بدو گفت موبد که:«فرمان شاه / بیامد، نماند مرا، رای و راه»
بخورد و، ز خوان؛ زار و پیچان برفت / همی راند؛ تا خانهٔ خویش؛ تفت
ازآن خوردن زهر باکس نگفت / یکی جامه افکند و نالان بخفت[4]
بفرمود تا، پای زهر آورند / بتازند و تریاک، بهر آورند
فرو خورد تریاک و، نامد بکار / ز هرمز، به یزدان بنالید زار

*

یکی استواری فرستاد شاه / بدان؛ تا کند، کارِ موبد نگاه
که آن زهر شد؟ بر، تنش کارگر! / -گر، اندیشهٔ ما نیامد ببرا!-

---

→ «همان راستی، درکمانِ وی است»
تیر راست را در کمان خمیده نهاده بسوی وی نشانه رفته است.

۱ - چه کس کاسهٔ زهر را پیش آورد؟

۲ - پیشتر در گفتار درست فردوسی این اندیشهٔ موبد نمایانده شده و «خوان تریاک» را نیز گزارش نیست.

○ - در نمونه‌ها «بر آن» و «بدان» آمده است، و پیدا است که با «آن» کاسهٔ زهر شناسا (معرفه) می‌شود، و خواننده آن کاسه را نمی‌شناسد! و گفتار فردوسی چنین بوده است:

«سوی کاسهٔ زهر، یازید دست»

۳ - پیشتر، دست را بسوی کاسه (که در خوان بود) یافته بود!

● - «پاکی روان» نادرست می‌نماید، و از آنجا که موبد، دستور نوشروان نیز بوده است، با این سخن، ویرا به روان کسری سوگند می‌دهد، بایستی چنین بوده باشد:

«بشادی روان خردمند شاه»

۴ - اگر باکس نگفته باشد، چگونه داستان بشاهنامه راه یافت؟ رج پسین سخن را دیگر آورده است که پادزهر خواست، و پادزهر را از برای زدودن زهر می‌خورند.

فرستاده را، چشم موبد؛ چو دید / سرشکش ز مژگان؛ برخ بر، چکید
بدو گفت: «رو پیش هرمزد گوی / که: بختت، به برگشتن آورد؛ روی
بدین داوری، نزد داور شویم / بجایی که هر دو برابر شویم
ازین پس، تو ایمن مشو؛ از بدی / که پاداش، پیش آیدت، ایزدی
تو پدرود باش ای بداندیش مرد / بد آید بِرویت، ز بد کارکرد!»

*

چو بشنید، گریان؛ بشد استوار / بیاورد پاسخ برِ شهریار؛
سپهبد پشیمان شد از کار اوی / بپیچید ازآن، راست گفتار اوی
مر آن درد را، راه چاره ندید / بسی باد سرد از جگر بر کشید
بمُرد آن زمان، موبد موبدان / بر او زار و گریان، همه بخردان
چنین است گیهان همه درد و رنج / چه نازی به تاج و چه یازی به گنج [1]

*

چو شد کار دانا، بزاری، به سر / همه کشور از درد، زیر و زبر؛
جهاندارِ خونریز و ناسازگار / نکرد ایچ یاد از بدِ روزگار
میان، تنگ؛ خون ریختن را ببست / ببهرام آذرمهان، آخت دست
چو شب تیره‌تر شد، مر او را بخواند / بنزدیکِ گاهش بزانو نشاند
بدو گفت: «خواهی؟ که ایمن شوی! / نبینی ز من، تیزی و بدخوی!
چو خورشید، بر چرخ، روشن شود / سر کوه چون پشتِ جوشن شود
تو با نامداران ایران بیا / همی باش در پیش تختم بپا
ز سیمای بُرزینْ پرسم سَخُن / چو پاسخ گزاری دلت نرم کن
بپرسم، که این دوستدار تو کیست؟ / بد است؟ ار پرستندهٔ ایزدیست!
تو پاسخ چنین ده، که این بدتن است / بداندیش و از تخم اهریمن است
اُزان پس ز من هر چه خواهی بخواه / پرستنده و گنج و تخت و کلاه»

*

بدو گفت بهرام ک:«ایدون کنم / ازین بد که گفتی، سد افزون کنم!»
بسیمای برزین که بود از مهان / گزین پدرش، آن چراغ جهان [2]
همی ساخت تا چاره‌ای چون کند / که پیراهن مهر بیرون کند [3]

*

۱ - همه درد و رنج نیست، و شادی نیز دارد!
۲ - دو رج میان گفتار؛ در رج پیشین و رج پسین جدایی می‌افکند.
۳ - سخن بی‌پیوند است.

چو پیدا شد آن چادر آجگون — خور از بخش● دو پیکر آمد برون
جهاندار بنشست، بر تختِ آج — بیاویختند آن، دل‌افروز تاج
بزرگان ایران بران بارگاه — شدند انجمن تا بیامد سپاه[1]
ز در، پرده برداشت سالار بار — برفتند یکسر برِ شهریار
چو بهرام آذرمهان پیشرو — چو سیمای برزین و گردان نو[2]
نشستند هر یک، به آیین خویش — گروهی ببودند بر پای، پیش

*

به بهرام آذرمهان گفت شاه — که: «سیمای برزین، بدین بارگاه؛
سزاوار گنج است؟ اگر مرد رنج؟ — که بدخواه، زیبا نباشد بگنج!»
بدانست بهرام آذرمهان — که آن پرسشِ شهریار جهان؛[3]
چگونه‌ست و آن را پی و بیخ چیست! — کزان بیخ، او را بباید گریست
سرانجام جز دخمهٔ بی‌کفن — نیابد از این مهتر انجمن
چنین داد پاسخ که: «ای شاه راد — ز سیمای برزین مکن ایچ یاد
که ویرانی شهر ایران، از اوست — که مه مغز بادش به تن بر، مه پوست!
نگوید سخن جز همه بتّری — بر آن بتّری بر، کند داوری»

*

چو سیمای برزین شنید این سخُن — بدو گفت ک:«ای نیک یار کهُن!
ببَد، بر تن من گواهی مده! — چنین، دیو را؛ آشنایی مده!
چه؟ دیدی ز من، تا تو یار منی! — ز کردار و گفتار اهریمنی!»

*

بدو گفت بهرام آذرمهان — که: «تخمی پراکنده‌ای در جهان
کزان، بر، نخستین تو خواهی درود — از آتش نیابی مگر تیره دود
چو کسری، مرا و ترا پیش خواند* — برِ تخت شاهی، بزانو نشاند

---

● - نمونهٔ دیگر چو نعش از دو پیکر(؟) [شاهنامه مسکو ۳۲۴-۸] اما پیدا است که هیچیک درست نیست و گفتار فردوسی چنین بوده است:

**«خور از برج دوپیکر آمد برون»**

۱ - **یک:** بدان بارگاه یا بر آن بارگاه هر دو نادرست است زیرا که چند بارگاه دیگر در ایران نبوده است که آنروز بدان بارگاه روند... **دو:** بارگاه شاه جایگاه سپاه (سپاهیان) نبوده است.

۲ - «چو» همراه با نام نادرخور است.

۳ - سه رج افزوده، زیرا که بهرام آذرمهان از شب گذشته آگاه شده بود و پاسخِ پرسش هرمز نیز در رج چهارم پسین می‌آید «چنین داد پاسخ...».

* - این رج در همهٔ نمونه‌ها بهمین گونه آمده است اما چون در رج ۴۲۴۶۱ از دوکس یاد نشده، که از «همه» یاد می‌شود نشان از انجمن مهیستان می‌دهد و بر این بنیاد این لت در گفتار فردوسی چنین بوده است: **«چوکسری مهان را همه پیش خواند».**

| | |
|---|---|
| ابا مـوبـد مـوبـدان بـرزمهر | چـو ایزدگشسپ آن مـه خوبچهر¹ |
| بـپرسید کـ: «این تخت شاهنشهی؛ | کـه را زیـبد و، کیست؟ بـا فـرّهی! |
| بـه کهتر دهـم؟ گـر؛ بـه مهتر پسر! | کـه؟ بـاشد بشاهی سـزاوارترا! |
| هـمه یکسر از جـای بـرخـاستیم | زبـان پـاسخش را بـیـاراستیم |
| کـه این تُـرکزاده، سـزاوار نیست | بشاهی کس او را خـریدار نیست |
| کـه خـاقان‌نژادست و بـدگوهر است | بـه بـالا و دیـدار، چـون مـادر است |
| تـو گفتی کـه هـرمز، بشاهی سـزا است! | کـنون، زین سـزا، مـر تـرا، این جـزا است! |
| گـواهـی مـن از بـهر این دادمت | چـنـین لـب، بـدشنام بـگشادمت» |

42460

42465

| | |
|---|---|
| ز تشویر، هـرمز، فـرو پـژمـرید | چـو آن راست گـفتار او را شـنید |
| بـزندان فـرستادشان تـیره‌شب | از ایـشان بـبَد نـیز بـگشاد لـب |
| سیوم شب چـو بـرزد سر از کـوه، مـاه | ز سیمای بـرزین، بـپردخت شاه |
| بـزندان دزدان، مـر او را بـکشت | نـدارد جـز از رنـج و نـفرین بـه مشت² |

---

داستانی که بدنبال این گفتار می‌آید، از افزوده‌های زمان خسرو پرویز است که کور کردن و کشتن هرمز را [که بفرمان پرسش خسروپرویز بود] با پیش‌گویی نوشروان کاری درست، و ایزدی در شمار آورند!

---

| | |
|---|---|
| چـو بـهرام آذرمـهان آن شـنید | کـه آن پـاکـدل مـرد، شـد نـاپدید |
| پیامی فـرستاد، نـزدیک شـاه | کـه: «ای تـاج تـو بـرتر از چـرخ مـاه |
| تـو دانـی کـه مـن چـند کـوشیده‌ام | کـه تـا رازهـای تـو پـوشیده‌ام |
| بـه پـیش پـدرت آن سـزاوار شاه | نـبودم تـرا، جـز، هـمه نـیکخواه |
| یـکـی پـندگویم، چـو خـوانـی مـرا | بـر تـخت شاهـی نـشانـی مـرا |
| تـرا سـودمندی است از پـند مـن | بـزندان بـمان، یک زمان، بـند مـن |

42470

42475

---

| | |
|---|---|
| بـه ایـران تـرا سـودمندی بـود | خـردمـند را بـی‌گـزندی بـود³ |
| پیامش چـو نـزدیک هـرمز رسیـد | یـکـی رازدار، از مـیـان بـرگـزید |
| کـه بـهرام را پـیش شـاه آورنـد | بـدان نـامور بـارگاه آورنـد |

---

1 - «چو» همراه نام نادرخور است.     2 - سخن کشته شدن او در رج پیشین پایان رسیده بود.

3 - دوباره سخن از سودمندی می‌رود.

کشتارهای هرمزد ۱۵۳

شب تیره بهرام را پیش خواند — به چربی، سخن؛ چند با او براند
بدو گفت: «برگوی کان پند چیست؟ — که ما را بدان، روزگار بهیست»
چنین داد پاسخ که: «در گنج شاه — یکی ساده صندوق، دیدم، سیاه
نهاده به صندوق در، هقّه‌ای — به هقّه‌درون، پارسی رقعه‌ای [1]
نبشته است بر پرنیانی سپید — بدان باشد ایرانیان را امید
به خطّ پدرت آن جهاندار شاه — ترا، اندران؛ کرد باید نگاه»

*

چو هرمز شنید آن، فرستاد کس — بنزدیکِ گنجورِ فریادرس
که: «در گنج‌های پدر، باز جوی — یکی ساده صندوق و مُهری بر اوی
بران مُهر بر، نام نوشیروان — -که جاوید بادا روانش جوان-
هم‌اکنون شب تیره پیش من آر — فراوان، بجُستن، مبر روزگار»
شتابید؛ گنجور و، صندوق جُست — بیاورد پویان، بمُهرِ درست
جهاندار صندوق را برگشاد — فراوان ز نوشیروان کرد یاد
به صندوق در هقه با مهر دید — شتابید و زو پرنیان برکشید [2]
نگه کرد پس خطّ نوشیروان — نبشته بران رقعهٔ* پرنیان
که: «هرمز به ده سال و بر سر دو سال — یکی شهریاری بود بی‌همال
ازآنپس، پر آشوب گردد جهان — شود نام و آواز او در نهان
پدید آید از هر سویی دشمنی — یکی بدنژادیّ و اهریمنی [3]
پراکنده گردد ز هر سو سپاه — فرو افکند دشمن، او را ز گاه
دو چشمش کند کور، خویشِ زنش — ازآنپس بر آرند هوش، از تنش»
بخطّ پدر، هرمز آن رقعه☐ دید — هراسان شد و پرنیان بر کشید
دو چشمش پر از خون شد و روی، زرد — ببهرام گفت «ای جفاپیشه مرد
چه؟ جستی بدین رقعه اندر، همی — بخواهی ربودن؟ ز من، سر، همی!»
بدو گفت بهرام که: «ای ترکزاد — بخون ریختن، تا نباشی تو شاد
تو خاقان نژادی نه از کیقباد — که کسری؟ ترا تاج بر سر نهاد»
بدانست هرمز که او دست خون — بیازد همی زنده بی رهنمون [4]

---

۱ - هُقه را با رُقعه پساوا نیست، و سخن دربارهٔ نوشته در رج پسین می‌آید. ۲ - از مُهر در رج دویم پیشین یاد شده بود.
* - نامه درست‌تر می‌نماید. ۳ - از همه سوی، نشاید یکتن بدنژاد پدید آید.
☐ - نامه درست‌تر می‌نماید. ۴ - سخن را هیچ گزارش نیست.

۱۵۴ هرمزد

شنید آن سخن‌های بیکام را / به زندان فرستاد، بهرام را[1]
دگر شب چو برزد سر از کوه ماه / بزندان، دُژآگاه کردش تباه
نماند آن زمان بر درش بخردی / همان رهنمایی و هم موبدی

*

ز خوی بد آید همه بدتری / نگر تا سوی خوی بد ننگری[2]
اُزان پس نبُد زندگانیش خوش / ز تیمار زد، بر دل خویش تَش[3]
به سالی به اصطخر بودی دو ماه / که کوتاه بودی شبان سیاه[4]
که شهری خنک بود و روشن هوا / از آنجا گذشتن نبودی روا[5]
چو پنهان شدی چادر لاژورد / پدید آمدی کوه یاقوت زرد[6]
منادیگری بر کشیدی خروش / که: «ای نامداران با فرّ و هوش[7]
اگر کشتمندی شود کوفته / اُزان رنج کارنده آشوفته[8]
اُ گر اسپ در کشتزاری رود / کسی نیز بر میوه داری رود
دم و گوش اسپش بباید برید / سر دزد بر دار باید کشید»
به دو ماه گردان بدی در جهان / بد و نیکوی زو نبودی نهان[9]
به هر کشوری داد کردی چنین / ز دهقان همی یافتی آفرین[10]
پسر بُد مر او را گرامی، یکی / که از ماه، پیدا نبود اندکی
مر او را پدر کرده پرویز، نام / گهش خواندی خسروِ شادکام
نبودی جدا، یکزمان، از پدر / پدر نیز نشکیفتی از پسر
چنان بُد که اسپی ز آخُر بجَست / که بُد شاه پرویز را برنشست
سوی کشتمند آمد اسپ جوان / نگهبان اسپ، اندر آمد دوان
بیامد خداوند آن کشتزار / به پیش موکل بنالید زار[11]

---

۱ - سخن بیکام نمی‌شود، و اگر بهرام آذرمهان راگوید بایستی از او با پاژنام یاد شود، و سخن نیز درهم‌ریخته و بی‌پیوند است.

۲ - روی سخن به «تو» بازمی‌گردد! ۳ - لت دویم راکنش «می‌زد» باید.

۴ - **یک:** پایتخت ساسانیان تیسفون بود، و نه استخر. **دو:** لت دویم را نیز هیچ گزارش نیست.

۵ - **یک:** رویداد روزگار را استخر در جایی گرمسیر بوده است. **دو:** اگر از آنجا گذشتن روا نبود، پس چرا در سال دو ماه در آن شهر می‌گذراند؟ ۶ - هیچگاه در زبان فارسی خورشید را به «کوه» همانند نکرده‌اند! ۷ - دنبالهٔ گفتار

۸ - سه رج نادرخور، دربارهٔ اسپ یله در کشتزار برگرفته از گفتار شاهنامه:

اگر اسپ بینند جایی یله / که دهقان، کند زو، بدر بر، گله
بریزید خونش بر آن کشتمند / بُرَد گوشت آنکس که بیند گزند

۹ - «به دو ماه گردان بود» راگزارش نیست: «سالی دو ماه».

۱۰ - «داد کرد» نادرست است: «داد ورزید [می ورزید]».

۱۱ - در رده‌های دیوانی ایران باستان «موکل» نداشته‌ایم، و در گفتار آینده؛ از «پیشکار» سخن می‌رود!

موکل بدو گفت کـ :«این اسپ کیست      که بردمّ و گوشش بباید گریست؟»[1]
خداوند[○] گفت: «اسپِ پرویز شاه      ندارد همی کهتران را نگاه»
بیامد موکل برِ شهریار      بگفت آنچه بشنید از کشتزار[2]
بدو گفت هرمز: «برفتن بکوش      ببُر اسپ را، در زمان؛ دمّ و گوش
زیانی که آمد بران کشتمند      شمارش بباید گرفتن که چند؟
ز خسرو زیان باز باید ستد      اگر سد، زیان است، اگر پانسد[3]
درمهای گنجی بران کشتزار      بریزند پیش خداوند کار»[4]
چو بشنید؛ پرویز، پوزش‌کنان      برانگیخت از هر سویی مهتران
بنزد پدر، تا ببخشد گناه      نبرّد دم و گوشِ اسپ سیاه
بر آشفت ازآنپس بر او شهریار      به تندی بزد بانگ بر پیشکار
موکل شد از بیمِ هرمز دوان      بدان کشت نزدیک اسپ جوان[5]
به خنجر جدا کرد زو گوش و دم      بدان کشتزاری که آزرد* سم
همان نیز تاوان بدان دادخواه      رسانید خسرو، بفرمانِ شاه

*

اُزان پس به نخچیر شد شهریار      بیاورد هر کس فراوان شکار[6]
سواری، ردی، مرد گندآوری      سپهبدنژادی بلنداختری[7]
بره بر، یکی رز، پر از غوره دید      بفرمود تا کهتر اندر دوید[8]
ازآن، خوشه‌ای چند ببرید و برد      به ایوان و، خوالیگرش را سپرد[9]
بیامد خداوندش اندر زمان      بدان مرد گفت: «ای بدِ بدگمان[10]
نگهبان این رز نبودی به رنج      نه دینار دادی بها را نه گنج[11]

---

۱ - همچنین...      ○ - خداوند، صاحب کشتزار.      ۲ - نیز...

۳ - **یک:** سخن از زیان، در رج پیشین رفت. **دو:** در لت دویم روشن نیست که سد و پانسد «درم» است. **سه:** گیریم که سد درم باشد، با نگرش به اینکه بهای یک مرغ یکدرم بوده است با ارزشی که یک مرغ میانه در این هنگام [آذرماه ۱۳۸۵] دارد، یکسد «دو هزار و پانسد تومان» برابر دویست و پنجاه هزار تومان می‌شود، و یک اسپ را توان آن نیست که چنین زیانی بکشتزار رساند!

۴ - درم‌های گنجی نادرست است.

۵ - موکل هم گله (شکایت) کشاورز را می‌شنود، هم آنرا بشاه گزارش می‌دهد، و هم گوش و دم اسپ را می‌بُرد، و چنین درست نمی‌نماید.

* - آزرد سُم نادرخور است، زیرا که آزردن به اسپ بازمیگردد، چنانکه گویی کسی سم اسپ را آزرده است، در گفتار فردوسی بیگمان «**کوبید سُم**» بوده است. زو = از او... در همان کشتزار که سم کوبیده بود «**بدان کشتزاری که کوبید سُم**».

٦ - هنوز به نخچیرگاه نرسیده، هرکس فراوان شکار آورد؟      ۷ - سخن را پایان نیست.

۸ - دویدن را با اندر (= اندرون) نشاید آوردن.      ۹ - میان بیابان بودند، و چگونه به ایوان برد؟

۱۰ - **یک:** روشن نیست که خداوند به که بازمیگردد... خداوند باغ. **دو:** آن مرد کهتر، غوره را چید، و از دشت به پایتخت رفت و آنرا به خوالیگر هرمز داد... پس چگونه خداوند باغ اندر زمان، آمد؟      ۱۱ - سخن سخت نادرخور و بی‌پیوند است.

چرا رنج نابرده کردی تباه … بنالم کنون از تو، در پیش شاه»[۱]
سوار دلاور ز بیم زیان … بزودی کمر باز کرد از میان[۲]
بدو داد پرمایه زرّین کمر … به هر مهره‌ای، در نشانده گهر[۳]
خداوند رز چون کمر دید گفت … که: «کردار بد چند باید نهفت[۴]
تو با شهریار آشنایی مکن … خریده نداری بهایی مکن[۵]
سپاسی نهم بر تو بر زین کمر … بپیچی اگر بشنود دادگر»[۶]

*

یکی مرد بُد، هرمزِ شهریار … به پیروزی اندر، شده نامدار[۷]
بمردی ستوده به هر انجمن … که از رزم هرگز ندیدی شکن[۸]
که هم دادده بود و هم دادخواه … کلاه کیی بر نهاده به ماه[۹]
نکردی به شهر مداین درنگ … دلاور سری بود با نام و ننگ[۱۰]
بهار و تموز و زمستان و تیر … نیاسود هرگز یل شیرگیر[۱۱]
همی گشت گرد جهان سر بسر … همی جست در پادشاهی هنر[۱۲]
چو ده ساله شد پادشاهیش، راست؛ … ز هر کشور؛ آواز بدخواه، خاست
بیامد ز راهِ هری، ساوه شاه … ابا پیل و باکوس و گنج و سپاه
گر از لشکر ساوه گیری شمار … بر او چار سد بار بشمر هزار[۱۳]
ز پیلان جنگی هزار و دویست … تو گفتی مگر بر زمین راه نیست[۱۴]
ز دشت هری تا درِ مرو رود … سپه بود آکنده چون تار و پود
ز زین روی تا مرو لشکر کشید … شد از گرد لشکر زمین ناپدید[۱۵]
به هرمز یکی نامه بنوشت، شاه … که: «نزدیک خود خوان ز هر سو سپاه[۱۶]

---

۱ - چه جای نالیدن است، که شاه، خود فرمان بدان کار داده بود!
۲ - **یک:** در گفتار گذشته، وی یک «کهتر» بود، و در این رج به «سوار دلاور» گردانده شد. **دو:** ز بیم زیان؟ یا از بیم شاه؟
۳ - کمر را «مهره» نیست، که در هر یک از آنها، گوهری نشانده باشند!
۴ - **یک:** در رج پیشین سوار یا کهتر، کمر خویش را بدو داده بود، و در این رج کمر را می‌بیند! **دو:** لت دویم نیز بی گزارش و پیوند است.
۵ - سخن پریشان و بی‌گزارش
۶ - همچنین لت دویم را با لت نخست پیوند نیست.
۷ - سخن بی‌پیوند است، کدام پیروزی؟ هنوز که نبردی پیش نیامده است!
۸ - لت دویم را با لت نخست پیوند نیست، و هرمز هرگز جنگ نکرده است، تا شکن دیده باشد، یا ندیده باشد.
۹ - **یک:** لت نخست نادرست است زیرا که دادخواه (کسیکه بر او ستمی رفته است) نمی‌تواند دادده نیز بوده باشد. **دو:** افزاینده در لت دویم، خواسته است بگوید که که کلاهش بماه رسیده بود!
۱۰ - لت دویم بی‌پیوند و بی‌گزارش است.
۱۱ - **یک:** تموز را در گاهشماری فردوسی راه نیست، و خود، تموز، تابستان است، و تیرماه نیز ماه نخست تابستان است. **دو:** «نیاسود» در لت دویم نادرخور است: «نمی آسود».
۱۲ - دنبالهٔ همان گفتار
۱۳ - روی سخن به خواننده بازگشت.
۱۴ - سخن را پایان نیست.
۱۵ - چون از دشت هرات تا مرو رود آمده بودند، نمیتوانستند از سویی دیگر نیز یورش آورند.
۱۶ - وابسته برج پسین

برو راه ایـن لشکر آباد کـن / علف ساز و از تیغ ما یاد کن[1]
برین پادشاهی بخواهم گذشت / به دریا سپاه است و بر کوه و دشت،[2]
چو برخواند آن نامه را شهریار / بپژمرد زان لشکر بی‌شمار[3]
اُزان روی قیصر بیامد ز روم / به لشکر به زیر اندر آورد بوم[4]
سپه بود رومی عدد سد هزار / سواران جنگ‌آور و نامدار[5]
ز شهری که بگرفت نوشیروان / که از نام او بود قیصر نوان[6]
بیامد ز هر کشوری لشکری / به پیش اندرون نامور مهتری[7]
سپاهی بیامد ز راه خزر / کز ایشان سیه شد همه بوم و بر[8]
جهاندیده بدّال در پیش بود / که با گنج و با لشکر خویش بود[9]
ز ارمینیه تا درِ اردبیل / پراکنده شد لشکرش خیل خیل[10]
ز دشت سواران نیزه‌گزار / سپاهی بیامد فزون از شمار[11]
چو عباس و چون حمزه‌شان پیشرو / سواران و گردنفرازان نو[12]
ز تاراج ویران شد آن بوم و رُست / که هرمز همی باژ ایشان بجست[13]
بیامد سپه تا به آب فرات / نماند اندر آن بوم جای نبات[14]
چو تاریک شد روزگار بهی / ز لشکر بهرمز رسید آگهی[15]
چو بشنید گفتار کارآگهان / بپژمرد شاداب شاه جهان
فرستاد و ایرانیان را بخواند / سراسر؛ همه کاخ، مردم نشاند
برآورد رازی که بود از نهفت / بدان نامداران ایران بگفت
که: «چندین سپه، رو، بایران نهاد / کسی* این شگفتی؛ ندارد بیاد!»

---

1 - برو؟ یا بیا! 2 - **یک:** از هرات تا مرو رود، دریایی نمی‌شناسیم. **دو:** پیوند بایسته نیز میان لت دویم با لت نخست نیست.
3 - بر خواندن نادرست است «بخواند»، یا «برش خواندند». 4 - لت دویم سست و نادرخور است.
5 - و اینجا؛ در لت نخست، سست‌ترین شیوهٔ شمارش.
6 - **یک:** «ز شهری» نادرست است «شهرهایی که نوشروان بگرفت». **دو:** لت دوم نیز سست است... افزاینده را، رای بر آن بوده است که بگوید قیصر از شنیدن نام نوشیروان نالان می‌شد!! 7 - کدام کشور(ی)؟ 8 - از راه خرز؟ یا از سوی خزران؟
9 - **یک:** نام ساختگی تازی، برای خزران! **دو:** پیدا است که چون بالشکر آمده است، آن سپاهیان بفرمان وی بوده‌اند. **سه:** در پیش بود، نادرخور است: «فرمانده آنان...» یا، «پیش سپاه» یا «پیشرو سپاه». 10 - لت دویم نادرخور است.
11 - این رج را پیوند «نیز» باید.
12 - **یک:** «چو» پیش از نام نادرخور است. **دو:** و یک سپاه را دو پیشرو نشاید داشتن!
13 - **یک:** کدام بوم و رُست؟ **دو:** لت دویم را پیوند بایسته با لت نخست نیست. اگر سرزمینی بوده است که هرمز از آن باژ و ساو می‌گرفته، پس آن سرزمین از آن تازیان بوده، و تازیان را نمی‌شایست که بوم و رُست خویش را بتاراج داده، ویران کنند!
14 - پس به سرزمین ایران اندر نشده بودند! و نبات را بجای درخت یا گیاه در گفتار فردوسی راه نیست.
15 - آگهی که پیشتر رسیده بود، و سخن از تاریک شدن روزگار، با پژمرده شدن در رج پسین، یاد می‌شود.
* - «که کس» درست می‌نماید.

همه نامداران فرو ماندند — ز هرگونه اندیشه‌ها راندند
بگفتند ک: «ای شاه با رای و هوش — یکی، اندرین کار، بگشای گوش[1]
خردمند شاهیّ و ما کهتریم — همی خویشتن مویدی نشمریم[2]
براندیش تا چارهٔ کار چیست — بر و بوم ما را نگهدار کیست؟»[3]
چنین گفت موبد که بودش وزیر — که: «ای شاه دانا و دانش‌پذیر[4]
سپاه خزر گر بیاید به جنگ — نیابند جنگی زمانی درنگ[5]
ابا رومیان داستان‌ها زنیم — ز بن پایهٔ تازیان بر کَنیم[6]
ندارم به دل بیم از تازیان — که از دیدشان دیده دارد زیان[7]
که هم مارخوارند و هم سوسمار — ندارند جنگی گه کارزار[8]
ترا، ساوه شاه است نزدیک‌تر — وز او، کارِ ما نیز، تاریک‌تر[9]
ز راه خراسان بود رنج ما — که ویران کند لشکر و گنج ما[10]
چو ترک اندر آید ز جیهون به جنگ — نباید برین کار کردن درنگ»[11]
بموبد چنین گفت، جوینده راه؛ — که: «اکنون چه سازیم با ساوه شاه؟»[12]
بدو گفت موبد که: «لشکر بساز — که خسرو، بلشکر بود، سرفراز[13]
عرض را بخوان تا بیارد شمار — که چندست مردم که آید بکار»[14]
عرض با جریده به نزدیک شاه — بیامد بیاورد بی مر سپاه[15]

---

۱ –اگر بدو گویند که گوش بگشای، می‌بایستی راهی را بدو نشان دهند، نه آنکه در لت دویم بگویند که خود اندیشه کن!

۲ – آن نامداران همه، «موبد» نبوده‌اند، که خویش را «مویدی» شمارند.

۳ – براندیش نیز نادرست است: «بیندیش».

۴ – سخن سست است: «بدو اینچنین گفت دستور او».

۵ – لت دویم سخت نادرخور و بی‌گزارش است.

٦ – **یک:** با رومیان در میدان جنگ داستان زدن (ضرب‌المثل) چگونه باشد؟ **دو:** لت دویم نیز نادرست است زیرا که روشن نیست که پایان جنگ بسود کدام سپاه خواهد بودن.

۷ – **یک:** «موبد» را پایگاه آن نیست که خود درباره سپاه دشمن بیم داشته باشد، یا نداشته باشد! سپهسالاران‌اند که بایستی دیدگاه خویش را درباره یک سپاه بدهند. **دو:** لت دویم نیز سخت نادرخور است، و از دیدن که زیان بچشم بیننده نمی‌رسد. **سه:** دیدشان نیز کمبود دارد: «دیدن چهره‌شان».

۸ – «هم سوسمار» نادرست است مار و سوسمار بسیار از هم دور نیستند که با دو «هم» بیایند، بس بود که میگفت که ایشان مار و سوسمار خوارند!

۹ – افزاینده راههای ایران را نیز نپیموده بود، تا بداند که فرات و خزر و روم به تیسفون نزدیک‌تراند، و خراسان بس دورتر است!

۱۰ – رنج از راه خراسان نشاید داشتن، اگر افزاینده را اندکی اندیشه بود، می‌توانست گفتن: «ز سوی خراسان بود رنج ما».

۱۱ – چون اندر آید نادرخور است، زیرا که آنان پیشتر آمده بودند.

۱۲ – سخن نادرخور است، و افزاینده را می‌بایستی گفتن، «اکنون که چنین است، چارهٔ کار چیست».

۱۳ – مگر ایران رالشکر و سپاهی نبوده است که بایستی آنرا ساختن.

۱۴ – **یک:** «عَرَض» کسی نیست که او را بیاورند، «عَرَض» کارِ رسیدگی بسپاهیان است. **دو:** شمار نیز (آوردنی) نیست، (کردنی) است.

۱۵ – سپاهیان را نشاید به اندرون کاخ شاهی آوردن.

داستان نبرد ساوه‌شاه ۱۵۹

شمار سپاه آمدش سد هزار　　پیاده بسی در میان سوار[۱]
بدو گفت موبد که «با ساوه شاه　　سزد گر نشوریم با این سپاه[۲]
مگر مردمی جویی و راستی　　بدور افکنی کژّی و کاستی[۳]
رهانی سر کهتران را ز بد　　چنان کز ره پادشاهان سزد[۴]
شنیده‌ستی آن داستان بزرگ　　که ارجاسپ آن نامدار سترگ[۵]
به گشتاسپ و لهراسپ از بهر دین　　چه بد کرد با آن سواران چین[۶]
چه آمد ز تیمار بر شهر بلخ　　که شد زندگانی بران بوم تلخ[۷]
چنین تا گشاده شد اسفندیار　　همی بود هر گونه‌ای کارزار[۸]
ز مهتر بسال، ار چه من کهترم　　ازو من به اندیشه بر بگذرم»[۹]
بموبد چنین گفت پس شهریار　　که: «قیصر نجوید ز ما کارزار[۱۰]
همان شهرها را که بگرفت شاه　　سپارم بدو، باز گردد ز راه»[۱۱]
فرستاده‌ای جُست گرد و دبیر　　خردمند و گویا و دانش‌پذیر[۱۲]
به قیصر چنین گوی: «کز شهر روم　　نخواهم دگر باژ آن مرز و بوم[۱۳]
تو هم پای در مرز ایران منه　　چو خواهی که مه باشی و روزبه»[۱۴]
فرستاده چون پیش قیصر رسید　　بگفت آنچه از شاه ایران شنید[۱۵]
ز ره بازگشت آن زمان، شاه روم　　نیاورد جنگ اندران مرز و بوم[۱۶]
سپاهی از ایرانیان برگزید　　که از گَردشان روز شد ناپدید[۱۷]
فرستادشان تا بدان بوم و بر　　بپای اندر آرند مرز خزر[۱۸]

---

۱ - **یک:** شمار (آمدنی) نیست، (کردنی) است، و اینجا (برآوردنی) است. **دو:** لت دویم نیز نادرخور است، زیراکه پیادگان همواره جدا از سوارگان بوده‌اند.

۲ - چرا سخن را بازمی‌گرداند؟ خود گفته بود که سپاه را بساز تا با ساوه شاه بجنگیم.

۳ - چگونه از جنگ بسوی پند، و مردمی و راستی می‌گراید؟

۴ - سر را از «بند» توان رهاندن، نه از «بد».

۵ - داستان (= مثل تازی)، داستان است و خرد و بزرگ ندارد.

۶ - لت نخست بدآهنگ است.

۷ - شهر بیجان است، و بیجان را نشاید تیمار داری کردن!

۸ - **یک:** چنین (= چون این) را نشاید دربارهٔ رویدادی که بس دور است بکار بردن. **دو:** لت دویم نیز نادرخور است.

۹ - سخن نادرخور... که وزیر را توان آن نیست که خود رابرتر از شاه شمردن، و این همان وزیر است که به هرمز گفته بود: «ای شاه دانا و دانش‌پذیر» و «خردمند شاهی و ما کهتریم».

۱۰ - اگر کارزار نمی‌جوید، پس چرا افزایندگان او را با سپاه به ایران کشاندند؟

۱۱ - سخن را پیوند «اگر» باید.

۱۲ - «گُرد» را نشایستی «دبیر» بودن، که رستهٔ آنان ازیکدیگر جدا بود.

۱۳ - **یک:** سخن کمبود دارد: «باو گفت که بقیصر...». **دو:** «روم» و «آن مرز و بوم» یکیست.

۱۴ - پای در مرز ایران نهاده بودند... «از آن سوی قیصر بیامد ز روم /بلشکر بزیر اندر آورد بوم».

۱۵ - دنبالهٔ داستان

۱۶ - **یک:** بدین زودی؟ مگر قیصر کودک فرمانبر بود؟ **دو:** کدام مرز و بوم را گوید.

۱۷ - سخن چنین می‌نماید که قیصر از ایرانیان سپاه برگزید... و افزاینده از بسیاری ساده‌خواهیِ خویش نگفته است که: «پس، هرمز سپاهی...».

۱۸ - کدام بوم و بر؟ افزاینده با همین واژه‌ها می‌توانست چنین گوید:

فرستادشان سوی بوم خزر　　بپای اندرآرند آن بوم و بر

←

سپهدارشان، پیش، خرّاد بود … که با فرّ و با بخشش و داد بود[1]
چو آمد به ارمینیه در سپاه … سپاه خزر بر گرفتند راه[2]
وز ایشان فراوان بکشتند نیز … گرفتند زان مرز بسیار چیز[3]
چو آگاهی آمد بنزدیک شاه … که خرّاد پیروز شد با سپاه[4]
بجز کینهٔ ساوه شاهش نماند … خرد را به اندیشه اندر نشاند[5]

**داستان پسین نیز از افزوده‌های زمان هرمز است، تا پهلوانی چون بهرام پورگشسب را، خوار گیرند و پیروزی وی را بر ساوه شاه از پیش‌بینی ستاره‌شناسان و گام فرّخ هرمز، در شمار آورند. و در پیشگفتار این داستان را شکافته‌ام.**

⇐ یکی بنده بُد شاه را، شادکام … خردمند و بینا و نستوه نام
بشاه جهان گفت: «انوشه بَوی … ز تو دور بادا همیشه بدی
بپرسید باید ز مهران‌ستاد … که از روزگاران چه دارد به یاد[6]
به کنجی نشسته ست با زند و اُست … ز امّید گیتی شده پیر و سست[7]
بدین روزگاران برِ او شدم … یکی روز و یک شب برِ او بدم[8]
همی گفتم او را من از ساوه‌شاه … ز پیلان جنگی و چندان سپاه[9]
چنین داد پاسخ چو آمد سخن … ازان گفتهٔ روزگار کهن[10]
بپرسیدم از پیر مهران‌ستاد … که: از روزگاران چه؟ داری بیاد!
چنین داد پاسخ که: «شاه جهان … اگر پرسدم، باز گویم نهان»
شهنشاه فرمود تا، در زمان … بشد نزد او نامداری دمان
مر آن پیر را زود، برداشتند … به مهد اندرون، تیز بگذاشتند
چو آمد برِ شاه، مرد کَهُن … دلی پر ز دانش سری پر سَخُن

→ این سروده را در لت دویم پیوند «تا» باید، اما از سرودهٔ افزایندگان روشنتر می‌نماید.
۱ - **یک:** سپهدارشان پیش نادرخور است، «سپهدارشان» یا «پیش سپاه»، «پیشرو سپاه». **دو:** سپهدار را «با فرّ» نشاید گفتن زیرا که در باورِ شاهان، فرّ ویژهٔ آنان بوده است.
۲ - بهمین زودی؟ آنان نیز همچون رومیان کودکان سخن شنو، و آرام بوده‌اند!
۳ - «نیز» پایان لت نخست ناکارآمد است، زیرا که چیزی دیگر سخن نرفته است، که با «نیز» داستانی دیگر را باز نمایند.
۴ - دنبالهٔ گفتار
۵ - لت دویم نادرخور است و خرد را نمیتوان، (اندر اندیشه نشاندن) خرد را بایستی (بکار گرفتن).
۶ - این رج، رونوشتی از سخن نستوه است که در رج پنجم پس از این می آید.
۷ - **یک:** زند و است؟! **دو:** این رج را پیوند «که» باید. **سه:** لت دویم نیز نادرخور است: «به زندگی امید ندارد». «امید از جهان بریده است».
۸ - سخن سست و کودکانه است.
۹ - «من» در میانهٔ سخن نادرخور است، زیرا که پیدا است که خودِ او است.
۱۰ - سخن (آمدنی) نیست، (گفتنی) یا (رفتنی) است.

بپرسید هرمز ز مهران ستاد / که: «زین ترک جنگی چه؟ داری به یاد!»
چنین داد پاسخ بدو مرد پیر / که: «ای شاه گوینده و یادگیر
بدانگه که جا مادرت را ز چین / فرستاد خاقان به ایران‌زمین[1]
به خواهندگی من بُدم پیشرو / صد و شست مرد از دلیران گو[2]
پدرت آن جهاندار دانا و راست / ز خاقان، پرستارزاده نخواست
مرا گفت: جز دخت خاتون مخواه / نزیبد، پرستار؛ در پیشگاه
برفتم به نزدیک خاقان چین / بشاهی بر او خواندم آفرین
ورا دختری پنج بُد چون بهار / سراسر پر از بوی و رنگ و نگار
مرا در شبستان فرستاد شاه / برفتم بدان نامور پیشگاه
رخ دختران را بیاراستند / سر زلف بر گل بپیراستند[○]
مگر مادرت، بر سر افسر نداشت / همان یاره و توغ و گوهر نداشت
از ایشان جز او دخت خاتون نبود / به پیرایه و رنگ و افسون نبود[3]
که خاتون چینی ز فغفور بود / به گوهر ز کردار بد دور بود[4]
همی مادرش را جگر زان بخست / که فرزند جایی شود دوردست[5]
دژم بود زان دختر پارسا / گسی کردن از خانهٔ پادشا[6]
من او را گزین کردم از دختران / نگه داشتم چشم، زان دیگران
مرا گفت خاتون که: دیگر؛ گزین / که هر پنج خوبند و با آفرین
مرا پاسخ این بُد که: این بایدم / چو دیگر گزینم، گزند آیدم
فرستاد؛ پس موبدان را بخواند / بر تخت شاهی بزانو نشاند
به پرسش گرفت اختر دخترش / که تا چون بود گردش اخترش[7]
ستاره‌شمر گفت: جز نیکوی / نبینیّ و جز راستی نشنوی
ازین* دخت و از شاه ایرانیان / یکی کودک آید چو شیر ژیان
به بالا بلند و ببازو ستبر / به مردی چو شیر و به بخشش چو ابر[8]
سیه‌چشم و پرخشم و نابردبار / پدر بگذرد، او بود شهریار[9]

---

۱ – هنوز خواستاری انجام نشده است. ۲ – لت دویم را پیوند «با» یا «آبا» باید.

○ – سر زلفِ دختران را بر گلِ رویشان بپیراستند. ۳ – «ایشان» را «نبودند» باید.

۴ – سخن پریشان است، و پیوند «زیرا» باید: «زیرا که خاتون دخت فغفور چین بود».

۵ – **یک:** نه چنین بود که خاقان چنین نمی‌خواست. **دو:** «بخست» نیز کنشی نادرخور است: «جگرش می‌سوخت».

۶ – سخن را پیوند بایسته نیست، و چنان نشان می‌دهد که مادر، از دخترش خشمگین بوده است.

۷ – «دُختر» را با «اَختر» پساوا نیست. * – لت نخست را پیوند «که» باید: **کزین دخت و از شاه ایرانیان**.

۸ – دوباره از شیرمردی وی یاد می‌شود.

۹ – **یک:** پرخشم و نابردبار، از دیدگاه ایرانیان زشت شمرده می‌شد. **دو:** لت دویم را نیز پیوند «چو» باید.

فراوان ز گنج پدر بر خورد    بسی روزگاران به بد نشمرد
اُ زانپس یکی شاه خیزد، سترُگ    ز ترکان بیارد سپاهی بزرگ
بسازد که ایران و شهر یمن    سراسر بگیرد بران انجمن[1]
ازو شاه ایران شود دردمند    بترسد ز پیروز بختِ بلند
یکی کهتری باشدش دوردست    سواری سرافراز و مهترپرست
ببالا دراز و به اندام خشگ    بگردِ سرش جعد مویی چو مُشگ
سخن آوری جلد و بینی بزرگ    سیه‌چرده و تندگوی و سترگ
جهانجوی، چوبینه دارد لقب    هم از پهلوانانش باشد نسب[2]
چو این مرد چاکر به اندک سپاه    ز جایی بیاید بدرگاه شاه؛
مرآن ترک را ناگهان بشکند    همه لشکرش را بهم برزند
چو بشنید گفتِ ستاره شمر    ندیدم ز خاقان کسی شادتر
به نوشیروان داد پس دخترش    که از دختران، او بُدی افسرش
پذیرفتم او را من از بهر شاه    چو آن کرده شد، بازگشتم براه
بیاورد چندی گهرها ز گنج    که ما یافتیم از کشیدنش رنج[3]
همان تا لب رود جیهون براند    جهانبینِ خود را بکشتی نشاند[4]
ز جیهون دلی پر ز غم بازگشت    ز فرزند با درد انباز گشت[5]
کنون آنچه دیدم بگفتم همه    به پیش جهاندار، شاهِ رمه
ازین مرز، آن مرد؛ را باز جوی    به پوینده، شاید که گویی: بپوی!
که پیروزی شاه بر دست اوست    به‌دشمن‌ممان‌این سخن؛ گر، به دوست»

*

بگفت این و جانش برآمد ز تن    بر او زار و گریان شدند انجمن
شهنشاه ازو در شگفتی بماند    بمژگان همی خون دل برفشاند
به ایرانیان گفت: «مهران‌ستاد    همی داشت این راستی‌ها بیاد
چو با من یکایک بگفت، او بمرد    پسندیده جانش بیزدان سپرد
سپاسم ز یزدان کزین مرد پیر    بر آمد چنین گفتن، ناگزیر

---

۱ - بگیرد بر آن انجمن سخنی نادرست و بی‌پیوند است.

۲ - لقب و نسب در فرهنگ فردوسی نیست، و در این گفتار مهران‌ستاد، که از افزوده‌های زمان هرمز است، تنها نشان آن پهلوان آمده است، و بهمین روی است که در پایان همین گفتار هرمز فرمان میدهد که نشان بجویید و او را بجای آورید.

۳ - آیا دختر، «گهرها» از گنج آورد؟ یا گوهر را بهمراه او فرستادند؟

۴ - همان در آغاز سخن نادرخور است، و روشن نمی‌نماید که آنکه تا جیهون رانده است، کیست!

۵ - «دلی» را «باه باید، «با دلی».

| | |
|---|---|
| نشان جست باید ز هر مهتری | اگر مهتری باشد ار کهتری |
| بجویید و او را بجای آورید | همه رنج‌ها را بپای آورید»* |

۴۲۶۸۰

## آمدن بهرام پورگشسب
### نزد
### هرمز

| | |
|---|---|
| یکی مهتری نامبردار بود | که بر آخُرِ اسپ سالار بود |
| کجا زاد فرّخ بدُی نام اوی | همه شادیِ شاه بُد کام اوی |
| بیامد بر شاه گفت: «این نشان | که داد این ستوده به گردنکشان؛ |
| ز بهرامِ بهرام، پورگشسپ | سواری سرافراز و پیچنده اسپ؛ |
| ز اندیشهٔ من بخواهد گذشت | ندیدم چنو مرزبانی به دشت۰ |

۴۲۶۸۵

*

| | |
|---|---|
| که دادی بدو بردع و اردبیل | یکی نامور گشت با کوس و خیل۱ |
| فرستاد و بهرام را مژده داد | سخن‌های مهران بر او کرد یاد |
| جهانجوی پویان ز بردع برفت | ز گردنکشان لشکری برد تفت۲ |
| چو بهرام، تنگ اندر آمد ز راه | بفرمود، تا بار دادند، -شاه- |
| جهاندیده روی شهنشاه، دید | بران نامدار، آفرین گسترید |
| نگه کرد شاه اندرو، یکزمان | نبودش بدو، جز بنیکی، گمان |
| نشان‌های مهران‌ستاد اندر اوی | بدید و بخندید و شد، تازه‌روی |
| ازآن‌پس بپرسید و بنواختش | یکی نامور جایگه ساختش |

۴۲۶۹۰

*

---

* - بپایان برسانید.
۰ - نمونه‌های دیگر لَت نخست؛ باندیشه بر من بخواهم گذشت، نشان چون بیابم، نخواهم گذشت (شاهنامه مسکو ۳۳۸-۸) و نمونه‌های دیگر لَت دویم: وگر بگذرد، وگر بگذرم باد ماند، بادگردد. (همان رویه) که، از هیچیک گزارشی درست برنمی‌آید، «مرزبان بدشت» را نیز گزارش نیست با نهادن هم نهادن همهٔ نمونه‌ها از این رج چنین برمی‌آید:

**از اندیشهٔ من چنین برگذشت**     **که چون بگذرد، باد ماند بدشت**

که لَت دویم به سوار سرافراز و پیچنده اسپ بازمی‌گردد، که چون بگذرد، نشان او بایدیست که در دشت از گذر وی می‌ماند.

۱ - دادی نادرست است: «داده‌ای»، و سخن را نیز پیوند درست با رج پیشین نیست.

۲ - یک: «برفت» در این رج، با «بیامد» در رج پسین همخوان نیست، و سواری چون بهرام راه را پویان (دوان) نمی‌رود که بر اسب می‌رود. دو: بهرام بالشکر نرفت و در تیسفون لشکر خویش را برگزید.

شب تیره، چون چادر مشکبوی — بیفکند و خورشید، بنمود روی؛
بدرگاه شد، مرزبان، نزد شاه — گرانمایگان برگشادند راه
جهاندار، بهرام را، پیش خواند — به تخت، از بر نامداران نشاند*
بپرسید زان پس که: «با ساوه‌شاه — کنم آشتی! گر؛ فرستم سپاه!»
چنین داد پاسخ بدو جنگجوی — که: «با ساوه شاه، آشتی؛ نیست روی
گر او جنگ را خواهد آراستن — نه نیکو بود، آشتی خواستن!
دودیگر که بدخواه گردد دلیر — چو بیند که بخت تو آمد بزیر[1]
گهِ رزم، چون بزم پیش آوری — بفرمانبری ماند این داوری!»
بدو گفت هرمز که: «پس چیست؟ رای! — درنگ آورم؟ گر، بجنبم ز جای!»
چنین داد پاسخ که: «گر بدسگال — نپیچد سرافراز، بهتر بفال[○]
چه گفت آن گرانمایهٔ نیک‌رای — که: بیداد را نیست با داد جای[2]
تو با دشمن بدکنش، رزم جوی — که با آتش، آب؛ اندر آری به جوی!
اُگر خود دگرگونه باشد سخُن — شهی نو گزیند، سپهر کهُن[3]
چو نیرو به بازوی خویش آوریم — هنر هرچه داریم، پیش آوریم؛
نه از پاک یزدان نکوهش بود — نه شرم از یلان، چون پژوهش بود[●]
بنیروی یزدان پروردگار — نتابیم خیره سر از کارزار[4]
چه؟ گوید ترا، دشمن عیب‌جوی — که بی‌جنگ، پیچی ز بدخواه، روی!
چو بر دشمنان تیرباران کنیم — کمان را چو ابر بهاران کنیم[5]
همان تیغ و کوپال چون سد هزار — شکسته شود در صف کارزار[6]
چو پیروزی ما نیاید پدید — دل از نیکبختی بباید کشید[7]
ازانپس بفرمان دشمن شویم؛ — که بی‌هوش و بی‌جان و بی‌تن شویم[8]

---

* – نمونهٔ دیگر لت دویم بر تخت نزدیک خویشتن نشاند، و پیدا است که خویشتن آهنگ سخن را برهم میریزد. و سخن فردوسی چنین بوده است:

**«بر تخت، نزدیک خویشش نشاند»**

۱ – چون «نخستین» در رج پیشین نیامد، دودیگر نیز افزوده می‌نماید، ویژه آنکه لت دویم نیز اندکی سست است.

○ – سخن در لت دویم بی‌پیوند می‌نماید و چنین پیدا است که بهتر است که دشمن سر از جنگ نپیچد [تا ما با وی بجنگیم و او راشکست دهیم]، و بر این بنیاد گفتار فردوسی در این لت چنین بوده است:

**«نپیچد سر از جنگ، بهتر بفال»**

۲ – کدام گرانمایه؟ لت دویم نیز سست است. ۳ – این سخن میان گفتار در رج‌های پیشین و پسین جدایی می‌افکند.

● – چون پهلوانان از کار جنگ، پژوهش کنند از آنان شرم نداریم. ۴ – سخن از یزدان در رج پیشین گذشت.

۵ – سخن را پیوند با گفتار نیست. ۶ – چون سدهزار، نادرست است.

۷ – **یک:** پیروزی پدید آمدنی نیست. **دو:** لت دویم نیز سست است. ۸ – لت دویم در این رج نیز همچنان.

بکوشیم با گردش آسمان — اگر در میانه سر آرد زمان»[1]

*

چو گفتار بهرام بشنید شاه — بخندید و رخشنده شد پیشگاه
ز پیش جهاندار بیرون شدند — جهاندیدگان، دل پر از خون شدند!
ببهرام گفتند که :«اندر سَخُن — چو پرسد ترا، بس دلیری مکن
سپاه است چندان ابا ساوه شاه — که بر مور و بر پشّه، بستست راه
چنانچون تو گویی همی پیش شاه؛ — که؟ یارد بُدَن پهلوان سپاه!»

*

چنین گفت بهرام، با مهتران — که: «ای نامداران و گنداوران
چو فرمان دهد نامبردار شاه — منم، ساخته، پهلوانِ سپاه»
برفتند، بیدار کارآگهان — هم آنگه بنزدیک شاهِ جهان
سخن‌های بهرام چونانکه بود — به هر یک، سراینده؛ ده برفزود!
شهنشاه ایران ازآن شاد شد — ز تیمار آن لشکر آزاد شد
ورا کرد سالار، بر لشکرش — به ابر اندر آورد، جنگی سرش
هر آنکس که جست از یلان نام را — سپهبد همی خواند بهرام را[2]
سپهبد بیامد برِ شهریار — کمر بسته با آلت کارزار[3]
که: «دستور باشد مرا شهریار — که خوانم اَرِز را ز بهر شمار[4]
ببینم ز لشکر که جنگی که‌اند — گهِ نام جستن درنگی که‌اند»[5]
بدو گفت: «سالار لشکر تویی — بتو باز گردد بد و نیکویی»[6]

*

سپهبد بشد تا اَرِزگاهِ شاه — بفرمود تا پیش او شد سپاه
گزین کرد ز ایرانیان لشکری — هر آن کس که بود از سران، افسری[7]
نبشتند نام ده و دو هزار — زره‌دار و برگستوان‌ور، سوار
چهل سالگان را نبشتند نام — دگر، زین کم و بیش ازین شد حرام[8]
سپهبد چو بهرام بهرام بود — که در جنگ جستن ورا نام بود[9]
یکی را که نامش یلان سینه بود — کجا سینهٔ او پر از کینه بود؛

۱ - لت دویم را پیوند با لت نخست نیست. ۲ - سخن سست است.
۳ - کمر بسته با آلت کارزار بدربار شاه نشاید رفتن. ۴ - دو بار بند «که» در یک سخن.
۵ - که‌اند، بیک تن بازمی‌گردد باز آنکه لشگریان یک تن نیستند. ٦ - نیکویی را بایستی با «بدی» آوردن نه با «بد».
۷ - لت دویم راگزارش نیست. ۸ - از نامنویسی در رج پیشین یاد شد، و لت دویم نیز سخت نادرخور است.
۹ - این رج را بگفتار پیوند نیست.

سر نامدارانِ جنگیش کرد          که پیش صف آید بروز نبرد
بگرداند اسپ و بگوید نژاد          کند بر دل جنگیان، جنگ؛ یاد
دگر آنکه بُد نامش ایزدگشسپ          کزآتش نه برکاشتی، رویِ اسپ [1]
بفرمود تا گوش دارد بُنه          کند میسره راست با میمنه [2]
به پشت سپه بود هَمْدان‌گشسپ          کجا دمِّ شیران گرفتی بدست [3]

*

بلشکر چنین گفت پس پهلوان          که: «ای نامدارانِ روشن‌روان
کم‌آزار باشید و، هم کم‌زیان          بدی را مبندید، هرگز، میان
چو خواهید، کایزد بود؛ یارتان          کند روشن این تیره بازارتان
شب تیره چون نالهٔ کرّنای          بر آید، بجنبید یکسر ز جای
برآن گونه رانید، یکسر، ستور          که گر خیزد اندر شب تیره شور؛
ز نیرو و آسودگی، اسپ و مرد؛          نیندیشد از روزگار نبرد»*

*

چو آگاهی آمد برِ شهریار          که داننده بهرام، چون؟ ساخت کار!
ز گفتار و کردار او گشت شاد          درِ گنج بگشاد و روزی بداد
همه گنج‌های سلیح نبرد          به پارس و به اهواز در باز کرد [4]
ز اسپان جنگ آنچه بودش یله          به شهر اندر آورد چندی گله [5]
بفرمود تا، پهلوان سپاه          بخواهد، هر آن چه‌ش بباید، ز شاه
چنین گفت بهرام را، شهریار؛          که: «از هر دری دیده‌ای کارزار
شنیدی که با نامور ساوه‌شاه          چه؟ مایه سلیح است و گنج و سپاه!
هم از جنگ ترکان او روز کین          به آوردگه بر بلرزد زمین [6]
گزیدی ز لشکر ده و دو هزار          زره‌دار و برگستوان‌ور، سوار!
بدین مایه مردم، بروز نبرد          ندانم که چون؟ خیزد این کارکرد!
بجای جوانان شمشیرزن          چهل سالگان خواستی ز انجمن»

*

۱ - لت دویم بی‌پیوند است.

۲ - **یک:** بُنه را با میمَنه پساوا نیست. **دو:** و آنکس را که از بسیاری هنر و جنگاوری، روی از آتش نمی‌گردانَد، بسرپرستی بُنه وانمی‌دارند!

۳ - گفتار را پساوا نیست.

* - اسب را چنان برانید که اگر در شب نیز شورِ جنگ برخیزد، اسب و شما از آسودگی و نیرو برخوردار باشید و از جنگتان در دل اندیشه نخیزد!

۴ - لت دویم بدآهنگ و سست است.

۵ - آن سواران، همگی، اسپ داشتند، وکسیرا که بی‌اسپ باشد، سوار نمی‌خوانند.

۶ - سخن سست است.

سپهبد چنین داد پاسخ بدوی / که: «ای شاه نیک‌اختر و راستگوی
شنیده‌ستی؟ آن داستان مهان! / که در پیش بودند، اندر جهان!
که چون بختِ پیروز، یاور بوَد / روا باشد ار، یار کمتر بود
برین داستان نیز دارم گوا / اگر بشنود شاه فرمانروا
که کاووس کی را به هاماوران / ببستند با لشکری بیکران
گزین کرد رستم، ده و دو هزار / ز شایسته مردانِ گُرد و سوار
بیاورد کاووسِ کی را، ز بند / بران نامداران نیامد گزند
همان نیز گودرز کشوادگان / سرِ نامداران و آزادگان
بکین سیاوش، ده و دو هزار / بیاورد، برگستوان‌ور؛ سوار[1]
همان نیز پرمایه اسفندیار / بیاورد جنگی ده و دو هزار[2]
به ارجاسپ بر، چاره کرد آنچه کرد / ازآن لشکر و دژ برآورد گرد
از این مایه، گر لشکر افزون بود / ز مردی و از رای، بیرون بود
سپهبد که لشکر فزون از سه چار / بجنگ آورد، پیچد از کارزار!

*

دگر آنکه گفتی چهل ساله مرد؛ / ز برنا، فزونتر نجوید نبرد○
چهل ساله چون، بآزمایش بود / بمردانگی، در فزایش بود
بیاد آیدش، مِهرِ نان و نمک / بر او گشته باشد، فراوان، فلک[3]
ز گفتار بدگوی و از نام و ننگ / هراسان بود، سر نپیچد ز جنگ
ز بهر زن و زاده و دوده را□ / بپیچد روان، مردِ فرسوده را
جوان چیز بیند، پذیرد فریب / بگاهِ درنگش، نباشد شکیب
ندارد زن و کودک و کشت و ورز / بچیزی نداند، ز ناارز، ارز
چو بی‌آزمایش، ندارد خرد! / سر مایهٔ کارها ننگرد
گر ایدونکه پیروز گردد بجنگ / شود شاد و خندان و سازد درنگ
اُگر هیچ نیرو رسد بر تنش* / نبیند جز از پشت او، دشمنش»

*

---

۱ - «بیاورد» در لت دویم نادرست است، و «ببرد» درست می‌نماید. ۲ - همچنین!

○ - واژهٔ «برنا»؛ کودک پنج تا ده ساله در این سخن بجای خود بکار رفته است و گزارش آن چنین است که چهل سالگان همچون برنایان کودکان ده ساله می‌جنگند!

۳ - مِهر نان و نمک راگزارش نیست... سخن درست در رج دویم پسین می‌گذرد. □ - از برای...

* - مسکو: اُگر هیچ پیروز (VI فیروز) سپاهان، اُگر هیچ نیرو رسد بر تنش، از این هر دو گونه، چیزی بر نمی‌آید... چنین پیدا است که گفتار فردوسی اینچنین بوده است «**اُگر هیچ زخمی رسد بر تنش**».

۱۶۸ هرمزد

چو بشنید گفتار او شهریار / چنان تازه شد، چون گل اندر بهار
بدو گفت: «رو، جوشن کارزار / بپوش و، ز ایوان، بمیدان گذار»

*

سپهبد بیامد ز نزدیک شاه / کمر خواست، خفتان و درع و کلاه
بر افکند برگستوان بر سمند / بفتراک بر، بست، پیچان کمند
جهانجوی، با گوی و چوگان و تیر / بمیدان خرامید، خود؛ با وزیر[1]
سپهبد بیامد بمیدان شاه / بغلتید در خاک، پیش سپاه[2]
چو دیدش، جهاندار، کرد آفرین / سپهبد ببوسید، روی زمین[3]
بیاورد پس، شهریار؛ آن درفش / کجا، پیکرش، اژدها بُد، بنفش
که در پیش رستم بُدی روز جنگ / سبک شاه ایران گرفت آن، بچنگ
چو بپسود، خندان، ببهرام داد / فراوان بر او، آفرین کرد یاد
ببهرام گفت: «آن نیاکانِ من / همی خواندندش سرِ انجمن[4]
کجا نام او رستم پهلوان / جهانگیر و پیروز و روشنروان[5]
درفش وی است اینکه داری بدست / که پیروز بادیّ و خسروپرست[6]
گمانم که تو رستم دیگری / به مردیّ و گردی و فرمانبری»[7]
بر او آفرین کرد پس، پهلوان / که: «پیروزگر باش و روشنروان»
ز میدان بیامد بجای نشست / سپهبد، درفش تهمتن بدست؛
پراکنده گشتند گردان شاه / همان شادمان، پهلوان و سپاه

*

سپیده چو برزد، سر، از کوه بر / پدید آمد از چرخ، رخشان سپر
سپهبد بیامد، بایوان شاه / بکَش؛ کرده دست، اندر آن پیشگاه
بدو گفت: «من، بی‌بهانه شدم / بفرّ تو، تاجِ زمانه شدم
یکی آرزو خواهم از شهریار / که با من فرستد یکی استوار
که تا هر کسی، کاو نبرد آورد / سر دشمنی زیر گرد آورد
نویسد بنامه درون، نام اوی / رونده شود در جهان کام اوی»
چنین گفت هرمز، که: «مهران دبیر / جوان است و گوینده و یادگیر»

---

۱ - باگوی و چوگان بمیدان سپاهیان رفتن نشاید.
۲ - در خاک غلتیدن را ندانم چه گزارش است؟
۳ - جهانجوی به جهاندار گردید!
۴ - سخن بی‌پیوند و بی‌گزارش است.
۵ - سخن را در این رج پایان نیست.
۶ - رستم چندان بی‌نام و نشان نبود که سرداری چون بهرام چوبینه (که خود فرزندی از فرزندان رستم بود) از وی ناآگاه بوده باشد.
۷ - در لت دویم «فرمانبری» گفتار را سست می‌کند.

| | |
|---|---|
| بفرمود تا، با سپهبد برفت | سپهبد سوی جنگ تازید، تفت |
| بشد لشکر از کشور تیسفون | سپهدار بهرام، پیش اندرون[1] |
| سپاهی خردمند و گرد و دلیر | سپهدار، بیدار، چون نرّه شیر |

42810

## کشیدن بهرام پورگشسب
### لشکر را
### بجنگ ساوه شاه

| | |
|---|---|
| بموبد چنین گفت هرمز؛ که: «مرد | دلیر است و شادان، بدشت نبرد |
| ازآنپس چه؟ گویی! چه شاید بُدن! | همه داستان‌ها، بباید زدن!» |
| بدو گفت موبد که: «جاوید زی | که خود، جاودان؛ زندگی را سزی |
| بدین برز بالا و روشن‌روان | بدین کتف و یال و بر پهلوان |
| نباشد مگر شاد و پیروزگر | از او، دشمن شاه، زیرو زبر |
| بترسم که او هم به فرجام کار | بپیچد سر از نامور شهریار |
| که اندر سخن، بس دلیری نمود | بگفتار؛ با شاه، شیری نمود» |
| بدو گفت هرمز که: «در پای‌زهر | میالای زهر، ای بداندیش دهر[2] |
| چون او گشت پیروز بر ساوه شاه | سزد گر سپارم بدو تاج و گاه[3] |
| چنین باد و هرگز مبادا جز این | که او شهریاری شود بآفرین»[4] |
| چو موبد ز شاه این سخن‌ها شنید | بپژمرد و لب را بدندان گزید[5] |

42815

42820

*

| | |
|---|---|
| همی داشت اندر دل از شهریار | چنان، تا برآمد بر این، روزگار[6] |
| ز درگه یکی رازداری بجست | که تا این سخن باز جوید درست[7] |
| بدو گفت: «تیز، از پس پهلوان | برو تا چه بینی، بمن بر، بخوان[8] |

---
1 - یک: از شهر تیسفون باید. دو: «پیش» را اندرون نیست.    2 - بداندیش دهر، را گزارش نیست.
3 - «چون او گشت» نادرخور است: «گردد»، و از چنان شاه با چندان ستم و خودکامگی سخت بدور است که تاج و گاه خویش را پهلوان دهد.     4 - سخن در لت نخست اندکی سست می‌نماید، و سخن دوباره‌گویی رج پیشین است.
5 - سخن‌ها نادرست است: «این سخن را».    6 - روزگار بر آن نگذشت که بیدرنگ، رازدار بسوی بهرام فرستاد!
7 - رازدار کدام سخن را بازجوید؟ سخنی را که موبد بدو گفته بود؟!
8 - دیدنی، جنبش سپاه است، و اندیشهٔ بهرام دیده نمی‌شود.

بیامد سخنگوی پویان ز پس  نبود آگه از کار او هیچکس[1]
که هم راهبر بود و هم فالگوی  سرانجام هر کار گفتی بدوی[2]

*

چو بهرام بیرون شد از تیسفون  همی راند با نیزه، پیش اندرون[3]
به پیش آمدش سرفروشی براه  ازو دور بُد پهلوان سپاه[4]
یکی خوانچه، بر سر، به پیوسته داشت  بر او بر، فراوان سرِ شسته داشتش[5]
سپهبد برانگیخت اسپ از شگفت  به نوکِ سنان زان، سری، بر گرفت[6]
همی راند تا نیزه برداشت راست  بینداخت آن را بدانسو که خواست[7]
یکی اختری کرد زان سر، براه  کزین سان ببرّم سر ساوه‌شاه[8]
به پیش سپاهش، براه افکنم  همه لشکرش را، بهم بر زنم[9]
فرستاده شاه چون آن بدید  پی افکند فالی چنان چون سزید[10]
چنین گفت که: «این مرد پیروزبخت  بیابد بفرجام، زین رنج، تخت[11]
ازانپس چو کام دل آرد بمشت  بپیچد سر از شاه و، گردد درشت»[12]
بیامد برِ شاه و این را بگفت  جهاندار با درد و غم گشت جفت[13]
ورا آن سخن بترّ آمد ز مرگ  بپژمرد و شد تیره آن سبزبرگ[14]

*

فرستاده‌ای خواست، از در؛ جوان  فرستاد؛ تازان پسِ پهلوان
بدو گفت: «رو؛ با سپهبد بگوی  که: امشب ز جایی که هستی مپوی
به شبگیر برگرد و پیش من آی  تهی کرد خواهم، ز بیگانه، جای

---

۱ - از پس سپاه، پویان نتوان رفتن، که سوار باید بودن.

۲ - رازدار را نشاید راهبر دانستن، و از آن بدتر فالگویش خواندن.

۳ - پیش را اندرون نیست.

۴ - چون به پیشش آمد، چگونه از او دور بود؟

۵ - نمونه‌ها: به سو داشت(!). پاک خوانی پیوسته داست، پاک سفتی سر شسته داست، بسر بر فراوان سر پخته داشت (شاهنامه مسکو ۳۴۷-۸) که هیچیک درست نمی‌نماید، و پیوَسته را نیز با پُخته و شُسته پساوا نیست و باری سرفروشان [سرفروش: کله‌پاچه فروش، در برخی شهرها هنوز سرفروشی خوانند. شهرکرد: سرپافروشی] سر گوسفندان را در خوانچه نمی‌نهند که بیگمان در دکان بر سرِ دیگدان می‌نهند.

۶ - برانگیختن اسپ را «از شگفت» چگونه باشد؟

۷ - نیزه برداشت راست نادرست است: «نیزه را برافراشت».

۸ - «اختر کردن» نادرست است، و اگر آنرا بجای مُروا (= فال تازی) بگیریم، آنرا پیشتر در اندیشه می‌گذرانند... که اگر سر گوسفند را با نیزه بردارم... چنین و چنان می‌شود، نه پس از برداشتن و افکندن!

۹ - دنبالهٔ گفتار

۱۰ - باز پس از انجام کار فال پی افکنده(؟) می‌شود، آنهم چنانچون سزاوار بود!

۱۱ - چگونه از چنین کار... که درخور سپهسالاری بزرگ چون بهرام چوبینه نیز نبوده است چنان پیش‌بینی میکند؟

۱۲ - کام دل (بمشت آوردنی) نیست (یافتنی) است، و گاهگاه (راندنی) است.

۱۳ - در سخن گذشته فرمان چنان بود که وی را برای گزارش کارهای بهرام می‌فرستند، نه آنکه پس از دیدن یک کار بسوی هرمز بازگردد!

۱۴ - سخن سست است و «آن سبز برگ» چیست؟ افزاینده نمی‌توانست گفتن؟ «رویش تیره شد»!

آهنگِ نبرد بهرام ۱۷۱

بگویم به تو هر چه آید ز پند / سخن، چند، یاد آمدم سودمند»

*

فرستاده آمد برِ پهلوان / بگفت آنچه بشنید، مرد جوان
چنین داد پاسخ، که: «لشکر ز راه / نخوانند باز، ای خردمند شاه!
ز ره بازگشتن، بد آید بفال / بنیرو شود زین سخن، بدسگال
چو پیروز گردم، بیایم برت / درفشان کنم لشکر و کشورت»
فرستاده آمد بنزدیک شاه / بگفت آنچه بشنید زان رزمخواه
ز گفتار او، شاه؛ خشنود گشت / همه رنجِ پوینده، بی‌سود گشت

*

سپهدار، شبگیر، لشکر براند / بر ایشان همی نام یزدان بخواند [1]
همی رفت تا کشور خوزیان / ز لشکر کسی را نیامد زیان [2]
زنی با جوالی میان، پر ز کاه / همی رفت پویان میان سپاه [3]
سواری بیامد گرفت آن جوال / ندادش بها و، بپیچید یال [4]
خروشان بیامد، ببهرام گفت / که: «کاه است لختی مرا در نهفت [5]
بهایی، جوالی، همی داشتم / به پیشِ سپاهِ تو بگذاشتم [6]
کنون بستد از من، سواری براه / که دارد بسر بر، ز آهن کلاه» [7]
بجُستند آن مرد را در زمان / کشیدند نزد سپهبد، دمان [8]
ستاننده را گفت؛ بهرامِ گُرد / :«گناهی که کردی سرت را ببرد» [9]

---

۱ – «براند» در لت نخست با «همی بخواند» ناهمخوان است.

۲ – **یک:** کشور خوزیان؟... «خوزستان». **دو:** لت دویم نادرخور است، مگر لشکریان میان راه داد و ستد می‌کردند که بر کسی زیان نیامد!

۳ – **یک:** «میان پر ز کاه» نادرست است: «پر ز کاه». **دو:** چگونه شاید اندیشیدن که در میان همهمه و تاخت و تاز اسپان، زنی با جوال کاه بر دوش تواند رفتن.

۴ – **یک:** جوان را «راه» باید. **دو:** سواران روان بودند، و در میانهٔ آنان یک سوار را توان آمدن بسویی جز سوی جنبش سپاه نیست. **سه:** چون سپاه از جایی بجنبد، این خویشکاریِ (= وظیفهٔ) سپه‌کش است که در همهٔ ایستگاه‌ها «یونجه و کاه و جو» برای آخور اسپان فراهم کند، نه آنکه هر سوار، از برای اسپ خود کاه بخرد... **چهار:** خوراک اسب آمیزهٔ یونجه (=اسپست) و کاه و جو است و هیچگاه کاه را بتنهایی نمی‌خورد! (برای آگاهی بهتر بنگرید به پیشگفتار)

۵ – **یک:** خروشان به «سوار» بازمیگردد، مگر آنکه گفته شود: «زن خروشان...». **دو:** در آشوبِ گذر سپاهیان، زن، چگونه بهرام را یافت؟

٦ – **یک:** همی داشتم نادرست است: «داشتم». **دو:** زن؛ جوال کاه را پیش سپاه نگذاشته بود که، پویان میان سپاه می‌رفت.

۷ – **یک:** کنون بسته نادرست است: «بستد» زیرا که زمانی از آن گذشته است. **دو:** همهٔ سواران راکلاهخود آهنین بوده است، اما در میان راه، آنرا بر سر نمی‌نهادند و با بندی به فتراک زین می‌بستند، تا سنگینی کلاه آنانرا نیازارد.

۸ – چون نیک بنگریم در میانهٔ هیاهوی گذر سپاه –در زمان– نمی‌توانند کسیرا بیابند.

۹ – دنبالهٔ گفتار

دوانش، به پیش سراپرده برد　　سر و دست و پایش شکستند خرد[1]
میانش بخنجر، بدو نیم کرد　　بدو مرد بیداد را، بیم کرد[2]
خروشی برآمد ز پرده‌سرای　　که: «ای نامداران پاکیزه‌رای[3]
هر آن‌کس که او برگ کاهی زکس　　ستاند، نباشدش فریادرس؛[4]
میانش بخنجر کنم بر دو نیم　　بخرّید چیزی که باید، بسیم!»[5]

*

همی بود ز اندیشه، هرمز، به رنج　　ازآن لشکر ساوه و پیل و گنج[6]
به دل بر، چو اندیشه بسیار گشت　　ز بهرام، پردرد و تیمار گشت[7]
روانش پر از غم، دلش بر دو نیم　　همی داشتی زان به دل ترس و بیم[8]
شب تیره برزد سر از چرخ، ماه　　بخرّاد بُرزین، چنین گفت شاه[9]
که: «برساز، تا سوی دشمن شوی　　بکوشی و از تاختن نغنوی[10]
سپاهش نگه کن که چند و چی‌اند　　سپهبد کدام‌اند و گردان کی‌اند»[11]
بفرمود تا نامه‌ای پندمند　　نبشتند نزدیکِ آن ارجمند[12]
یکی نامه با هدیهٔ شاهوار　　که آن را نشاید گرفتن شمار[13]
فرستاده را گفت: «سوی هری　　همی رو، چو پیدا شود لشکری![14]
چنان دان که بهرام گنداورست　　مپندار کان لشکری دیگرست[15]
ازآن راه نزدیک بهرام پوی　　سخن هر چه بشنیدی از من بگوی[16]

---

۱ - افزاینده، فراموش کرده است که سپاهیان، روان بوده‌اند، و در راه «سراپرده» برپای نشاید کردن.
۲ - چرا بایستی یک چنین شکنجهٔ سخت،
۳ - **یک:** برای کسیکه او را نیمه نیز می‌کنند، روا دارند؟ **دو:** بیم کرد نیز نادرست است: «بترساند».
۴ - این رج از داستان فریدون برگرفته شده است.
۵ - «بخرّید» نادرست است، و فریادرس (= یاری‌رسان) راگزارش نیست.
۶ - پیل و گنج را جای آن نباشد که هرمز از آن بِرنج باشد.
۷ - **یک:** اندیشه از آنِ دل نیست، و از سر است. **دو:** از ساوه در رنج بود، و از بهرام پرتیمار شد؟!
۸ - غم از آن روان نیست، و سخن پریشان و بی‌پایان است.　　۹ - سخن را پیوند «چون» باید.
۱۰ - برساز نادرست است، «بساز»، «آماده شو».
۱۱ - **یک:** سپاه را «را» باید. **دو:** «سپاه چی‌اند» از آن نادرخورتر است. **سه:** پیدا است سپاهبد، ساوه شاه بوده است. **چهار:** مگر گردان آنان از سوی ایرانیان شناخته می‌شدند که روشن شود «کیانند»؟
۱۲ - **یک:** نامهٔ پندآمیز را پدر بسوی فرزند می‌نویسد، نه یک پادشاه به دشمن! **دو:** نامه (نوشتن) را بنزدیک آن ارجمند، درخور نیست، و باید نامه را بنزدیک آن ارجمند (فرستادن).
۱۳ - **یک:** دوباره از نامه یاد می‌شود، و نادرخور است. **دو:** کنش «نشاید» در لت دویم نادرخور است: «نشایستی شمردن».
۱۴ - **یک:** هنوز خرّاد برزین براه نیفتاده است، نشاید ویرا فرستاده نامیده. **دو:** همی رو نادرست است: «برو».
۱۵ - لت دویم نادرخور و سست است.
۱۶ - **یک:** از کدام راه؟ راه از تیسفون بسوی هرات یکی بیش نبوده است، که بهرام از راهی و خراد برزین از دیگر راه رود! **دو:** سخن
←

بگـــویش کـــه: «مـن بـا نـوید و خـرام ‌ ‌ ‌ بگســـترد خـــواهـم، یکـی خـوب دام! [۱]
نـــباید کـــه پـــیدا شـــود رازِ تـــو ‌ ‌ ‌ گـــر او، بشـنود نـــام و آواز تـــو» [۲]
مـــن او را بـــه دامت فـــراز آورم ‌ ‌ ‌ ســـخن‌های چـــرب و دراز آورم» [۳]
بـــرآراست خـــرّاد بـــرزین بـــراه ‌ ‌ ‌ بـــیامد بـــدانســـو، کـــه فـرمود شـاه [۴]
چـو بـــهرام را دیـــد بـــا او بگـفت ‌ ‌ ‌ ســـخن‌ها کـــجا داشت انـــدر نـــهفت [۵]
اُزان جـــایگه شـــد، ســـوی ســاوه‌شاه ‌ ‌ ‌ بـــجایی کـــه بُـد، گـنج و پـیل و سـپاه [۶]
ورا دیـــد بســـتود و بـــردش نـــماز ‌ ‌ ‌ شـــنیده، هـــمی گـــفت بـــا او بـــراز [۷]
بـــیفزود پـــیغامش از هـــر دری ‌ ‌ ‌ بـــدان، تـــا شـود لشکـر انـدر هـری [۸]
⇐ چـو آمـــد بـــدشتِ هـری، نـــامدار ‌ ‌ ‌ ســـراپـــرده زد بـــر لب جـــویبار
طـــلایه بـــیامد ز لشکـــر بـــراه ‌ ‌ ‌ بـــدیدند بـــهرام را بـــا ســـپاه

**از اینجا ۱۹۳ رج داستانهای ساختگی و درهم‌که با سخنان سست همراه است؛ از آنمیان گفتار خراد برزین به ساوه شاه‌که سپاه دوازده هـزاری بهرام را بکاروان بازرگانان همانند کرده... آمد و رفت فغفور(؟) پسر ساوه شاه میان پدر و بهرام‌که هر بار یک سخن آورده و یک سخن بـرد،... گریختن خراد برزین از میان سپاه بزرگ ساوه شـاه... پـیشنهاد زیـنهار خواستن بهرام از ساوه شـاه...گـفتن بـهرام‌کـه درفش پشت سرِ مـن لاژوردین(؟) است... در آرایش، لشکـر هـرات پشت سـر بـهرام دیـده می‌شود، باز آنکه ساوه شاه از هرات تا مرو رود راگرفته بود... پس از آنکه هرات پشت سپاه بهرام دیده می‌شود... هرات بدست بهرام می‌افتد... در ←**

→ نگفته بود، بجز آنکه شمار سپاه چند است و آنان چی‌اند!!

۱ - «نوید» نامهٔ فراخوانی بمهمانی است، و «خرام» کسی است که بسوی میهمان می‌فرستند تا بهمراه آنان به انجمن سور و مهمانی آید، و خرّاد برزین را هیچیک از این خویشکاریها نبود!

۲ - **یک:** بهرام را رازی در میان نبود... بالشکر برای نبرد با ساوه شاه می‌رفت. **دو:** مگر شاید اندیشیدن؟ که سپاهی با دوازده هزار سوار بسوی دشمن برود، و نام و آوازش پنهان ماند؟

۳ - **یک:** در گفتار پیشین از دامِ هرمز سخن رفت، و در این گفتار از دام بهرام! **دو:** در فرمان هرمز به خرّاد برزین (سخنان چرب و دراز) نبود.

۴ - برآراست، را برفت باید.

۵ - **یک:** چگونه شاید اندیشیدن که، خراد برزین با پیشکشی بیشمار، که بیگمان بایستی آنرا با کاروانِ کندروِ اشتران بردن، یک روز پس از بهرام براه افتد، در راه بلشکر سوار تیزرو بهرام رسد، و از آنان نیز پیشی گیرد؟ **دو:** سخن در نهفت داشتن چگونه است؟ سخنانِ بایسته یا سخنان هرمز را بگفت.

۶ - پیل و سپاه را شاید گفتن، گنج را بمیدان رزم نمی‌برند.

۷ - گوییا نه پیش آهنگ (طلایه) نه کارآگاه، نه پرده‌دار نه سالاربار... در میان نبود که خراد برزین بیدرنگ او را دید و در زمان، سخنان خویش را بدو گفت!

۸ - **یک:** چون شنیده در رج پیشین آمد، پیغام را نیز دربرمیگیرد. **دو:** شاهنامه، نامهٔ داستانها و رویدادهای ایران است، و اگر پیامی در میان بوده است، می‌باید، بر خواننده، آشکار گردد.

**← نبرد بسی از لشکر ساوه بیکار بودند... سپاهیان ساوه شاه از هرات تا در تیسفون جای دارند... درخواست دختر ساوه شاه از سوی بهرام... فرستادن سر ساوه شاه از هرات تا تیسفون به سه روز... خواب دیدن بهرام و شکست او از ساوه، که آنرا بپوشید و باکس نگفت، [اما در شاهنامه آمده است...] ترساندن خراد برزین بهرام را از جنگ با ساوه شاه... بهمراه واژه‌های نادرخور چونان: جای تنگی، چند پند، خردگی (بجای خردی)، بارور بخت برنا(؟) یک پشیز اندیشه، پای دوانِ کوه، پاسخ نهفتن، میمنه و میسره، همه یکسره... داوری با خوانندهٔ خردمند...**

طلایه بدید آن دلاور سپاه / بیامد دوان تا بر ساوه‌شاه
بگفت آنکه با نامور مهتری / یکی لشکر آمد بدشت هری
سخن‌ها چو بشنید زو ساوه شاه / پر اندیشه شد مرد جوینده راه
ز خیمه فرستاده را باز خواند / بتندی فراوان سخن‌ها براند
بدو گفت ک:«ای ریمن پرفریب! / مگر کز فرازی ندیدی نشیب؟
برفتی ز درگاه آن خوارشاه / بدان تا مرا دام سازی براه؟
بجنگ آوری، پارسی لشکری / زنی خیمه در مرغزار هری»
چنین گفت خراد برزین بشاه / که «پیش سپاه تو، اندک سپاه
گر آید بزشتی، گمانی مبر / که این مرزبانی بود برگذر
اُگر زینهاری، یکی نامجوی / ز کشور سوی شاه بنهاده روی
ور ایدونکه بازارگانی، سپاه / بیاورد تا باشد ایمن، براه!
که باشد؟ که آرد بروی تو روی! / اُگر کوه و دریا شود کینه‌جوی»
ز گفتار او شاد شد ساوه‌شاه / بدو گفت: «مانا که اینست راه»
چو خراد برزین سوی خانه رفت / برآمد شب تیره از کوه، تفت
بپیچید و برساخت راه گریز / بدان، تا نیاید بر او، رستخیز

*

بدانگه که شب تیره برگشت، شاه / به فغفور فرمود تا بی‌سپاه
ز پیش پدر تا در پهلوان / بیامد، خردمند مردِ جوان
چو آمد بنزدیک ایران سپاه / سواری برافکند فرزند شاه
که پرسد که این جنگجویان کی‌اند؟ / ازین تاختن، ساخته، بر چی‌اند؟

ز ترکان سواری بیامد چو گرد    خروشید ک:«ای نامداران مرد!
سپهبد کدام است و سالار کیست    برزم اندرون، نامبردار کیست؟
که فغفور چشم و دلِ ساوه‌شاه    ورا دید خواهد همی بی‌سپاه»
ز لشکر بیامد یکی رزمجوی    ببهرام گفت آنچه بشنید زوی
سپهدار آمد ز پرده‌سرای    درفشی درفشان بسر بر، بپای
چو فغفور چینی بدیدش بتاخت    سمند چمان را به خوی، در نشاخت
بپرسید و گفت: «از کجا رانده‌ای    کنون ایستاده چرا مانده‌ای؟
شنیدم که از پارس بگریختی    که آزرده گشتی و خون ریختی»
چنین گفت بهرام ک:«این خود مباد    که با شاه ایران کنم کینه یاد
من ایدون به رزم آمدم با سپاه    ز بغداد رفتم به فرمان شاه
چو از لشکر ساوه شاه، آگهی    بیامد بدان بارگاه مهی
مرا گفت رو، راه ایشان بگیر    به گرز و سنان و بشمشیر و تیر»
چو بشنید فغفور، برگشت زود    به پیش پدر شد بگفت آنچه بود
شنید آن سخن ساوه، شد بدگمان    فرستاده را جست هم در زمان
یکی گفت: «خراد برزین گریخت!    همی ز آمدن، خون ز مژگان بریخت!
چنین گفت پس با پسر ساوه‌شاه    که: «این بدگمان مرد، چون یافت راه؟
شب تیره و لشکری بی‌شمار    طلایه چرا شد چنین سست و خوار؟»
ازانپس فرستاد مرد کهن    بنزدیک بهرام چیره‌سخن
بدو گفت: «رو پارسی را بگوی    که: ایدر بخیره، مریز آبِ روی
همانا که این مایه دانی درست    کزین، پادشاهِ تو، مرگ تو جست
به جنگ فرستاد نزد کسی    که همتا ندارد بگیتی بسی
ترا گفت رو، راه بر من بگیر    شنیدی تو گفتار نادلپذیر
اگر کوه نزد من آید براه    به پای اندر آرم به پیل و سپاه»
چو بشنید بهرام گفتار اوی    بخندید زان تیز بازار اوی
چنین داد پاسخ که: «شاه جهان    اگر مرگ جوید اندر نهان
چو خشنود باشد ز من، شایدم    اگر خاک بالا بپیمایدم»
فرستاده آمد برِ ساوه‌شاه    بگفت آنچه بشنید زان رزمخواه
بدو گفت: «رو پارسی را بگوی    که: چندین چرا بایدت گفت‌وگوی؟
کنون کآمدستی بدین بارگاه    ز ما آرزو هرچه باید، بخواه»!
فرستاده آمد ببهرام گفت    که: «رازی که داری، برآر از نهفت!

۱۷۶ هرمزد

که این شهریارست، نیک‌اختری    بجوید همی چون تو، فرمانبری»
بدو گفت بهرام ک: «او را بگوی    که: گر رزمجویی، بهانه مجوی
گر ایدونکه با شهریار جهان    همی آشتی جویی اندر نهان
ترا اندرین مرز مهمان کنم    بچیزی که گویی تو، پیمان کنم
ببخشم سپاه ترا سیم و زر    که را در خور آید کلاه و کمر
سواری فرستیم نزدیک شاه    بدان تا به راه آیدت نیمه راه
بسان همالان علف سازدت    اگر دوستی شاه بنوازدت
ور ایدونکه ایدر بجنگ آمدی    به دریا، بچنگ نهنگ آمدی
چنان باز گردی ز دشت هری    که بر تو بگریند هر مهتری
به برگشتنت پیش در چاه باد    پَسَت باد و بارانت همراه باد
نیاوردت ایدر، مگر بختِ بد!    همی خواست تا بر سرت بد رسد»
فرستاده برگشت و آمد چو باد    پیام جهانجوی یک‌یک بداد
چو بشنید پیغام او ساوه‌شاه    بر آشفت زان نامور رزمخواه
ازآن سرد گفتن، دلش تنگ شد    رخانش ز اندیشه بیرنگ شد
فرستاده را گفت: «رو بازگرد    پیامی ببر نزد آن دیو مرد
بگویش که: در جنگ تو، نیست نام    نه از کشتنت نیز، یابیم کام!
چو شاه تو بردر، مرا کهتراَند    ترا کمتری چاکران، مهتراَند
گر ایدونکه زنهار خواهی ز من    سرت برفرازم از این انجمن
فراوان بیابی ز من خواسته    شود لشکرت یکسر آراسته
به گفتار بی سود و دیوانگی    نجوید جهانجوی، مردانگی»
فرستادهٔ مرد گردنفراز    بیامد بنزدیک بهرام باز
بگفت آن گزاینده پیغام اوی    همانا که بُد زان سخن، کام اوی
چو بشنید، با مردِ گوینده گفت    که: «پاسخ ز مهتر نباید نهفت
بگویش که: گر من چُنین کهترم    نه ننگ آید از کهتری بر سرم
شهنشاه و آن لشکر از ننگ تو    به تندی نجوید کسی، جنگ[1] تو
من از خردگی رانده‌ام با سپاه    که ویران کنم لشکر ساوه‌شاه
ببرّم سرت را برم نزد شاه    نیرزد که بر نیزه سازم براه
چو من زینهاری، بود ننگ تو    بدین خردگی کردم آهنگ تو

۱ - چون نویسندگان پیشین چ را همواره «ج» می‌نوشته‌اند، ویراستاران این زمان این واژه را جنگ خوانده‌اند، بازآنکه چنگ درست است، زیراکه در لت نخست واژهٔ جنگ آمده بود.

سخنان افزوده ۱۷۷

نبینی مرا جز بروز نبرد  درفشی پسِ پشتِ من، لاژورد
که دیدار آن اژدها، مرگِ تست  نیامِ سنانم، سرِ ترگِ تست»
چو بشنید گفتارهای درشت  فرستادهٔ ساوه بنمود پشت
بیامد بگفت آنچه دید و شنید  سر شاه ترکان، ز کین بر دمید
بفرمود تا کوس بیرون برند  سرافراز پیلان، بهامون برند
سیه شد همه کشور از گرد سم  بر آمد خروشیدن گاودم
چو بشنید بهرام کآمد سپاه  در و دشت شد سرخ و زرد و سیاه
سپه را بفرمود تا برنشست  بیامد زره‌دار و، گرزی بدست
پسِ پشت، بُد شارسان هری  به پیش اندرون تیغزن لشکری
بیاراست با میمنه، میسره  سپاهی همه کینه‌کش یکسره
تو گفتی جهان یکسر از آهن است  ستاره، ز نوکِ سنان روشن است
نگه کرد زان رزمگه، ساوه‌شاه  بآرایش و ساز و آن دستگاه
هری از پس پشت بهرام بود  همه جای خود تنگ و ناکام بود
چنین گفت پس با سواران خویش  جهاندیده و غمگساران خویش
که آمد فریبنده‌ای نزد من  ازان پارسی مهتر انجمن
همی بود تا آن سپه شارستان  گرفتند و شد جای من خارستان
بدان جای تنگی صفی برکشید  هوا نیلگون شد زمین ناپدید
سپه بود بر میمنه چل هزار  که تنگ آمدش جای خنجرگزار
همان چل هزار از دلیران مرد  پسِ پشت لشکرش بر پای کرد
ز لشکر بسی نیز بیکار بود  بدان تنگی اندر گرفتار بود
چو دیوار پیلان به پیش سپاه  فراز آوریدند و بستند راه؛
پس اندر غمی شد دل ساوه‌شاه  که تنگ آمدش جایگاه سپاه
تو گفتی بگرید همی بخت اوی  که بیکار خواهد بُدَن تخت اوی
دگر باره گردی زبان‌آوری  فریبنده مردی ز دشت هری
فرستاد نزدیک بهرام و گفت  که: «بخت سپهری ترا نیست جفت
همی بشنوی چند پند و سخن  خرد یار کن چشم دل باز کن
دو تن یافته‌ستی که اندر جهان  چو ایشان نبود از نژاد مهان
چو خورشید بر آسمان روشن‌اند  ز مردی همه ساله در جوشن‌اند
یکی من که شاهم جهان را به داد  دگر نیز فرزند فرخ‌نژاد
گر از پیل و لشکر بگیرم شمار  بخندی ز بارانِ ابر بهار

سلیح است و خرگاه و پرده‌سرای    فزون زانکه اندیشه آرد بجای
ز اسپان و مردان بیابان و کوه    اگر بشمرد نیز گردد ستوه
همه شهریاران مرا کهترآند    اگر کهتری را خود اندرخور آند
اگر گرددی آب دریا روان    اُگر کوه را پای باشد دوان
نبردارد از جای گنج مرا    سلیح مرا ساز رنج مرا
جز از پارسی مهترت، در جهان    مرا شاه خوانند فرخ مهان
ترا هم زمانه به دست من است    به پیش روان من این روشن است
اگر من ز جای اندر آرم سپاه    ببندند بر مور و بر پشّه راه
همان پیل برگستوان‌ور هزار    که بگریزد از بوی ایشان سوار
به ایران زمین هر که پیش آیدم    ازان آمدن رنج نفزایدم
از ایدر مرا تا درِ تیسفون    سپاه است مانا که باشد فزون
ترا ای بد اختر که بفریفته است    فریبندهٔ تو مگر شیفته است؟
ترا بر تن خویشتن مهر نیست    اُگر هست مهر ترا چهر نیست
که نشناسدی چشم او نیک و بد    گزاف از خردیافته کی سزد
بپرهیز زین جنگ و پیش من آی    نمانم که مانی زمانی بپای
ترا کدخدایی و دختر دهم    همان ارجمندی و اختر دهم
بیابی به نزدیک من مهتری    شوی بی نیاز از بد کهتری
چو کشته شود شاه ایران به جنگ    ترا آید آن تاج و تختش به چنگ
اُزان جایگه من شوم سوی روم    ترا مانم این لشکر و گنج و بوم
ازان گفتم این کم پسند آمدی    بدین کارها فرمند آمدی
سپه تاختن دانی و کیمیا    سپهبد بُده‌ستت پدر گر نیا
ز ما این نه گفتار آرایش است    مرا بر تو بر جای بخشایش است
بدین روز با خوارمایه سپاه    برابر یکی ساختی رزمگاه
نیابی جز این نیز پیغام من    اگر سر بپیچانی از کام من»
فرستاده گفت و سپهبد شنید    به پاسخ سخن تیره آمد پدید
چنین داد پاسخ که: «ای بدنشان    میان بزرگان و گردنکشان
جهاندار بی‌سود و بسیارگوی    نمانَدَش نزد کسی آبروی
به پیشین سخن و آنچه گفتی ز پس    به گفتار دیدم ترا دسترس
کسی را که آید زمانش به سر    ز مردی به گفتار جوید هنر
شنیدم سخن‌های ناسودمند    دلی گشته ترسان ز بیم گزند

یکی آنکه گفتی کشم شاه را / سپارم به تو لشکر و گاه را
یکی داستان زد برین مرد مه / که درویش را چون برانی ز ده
نگوید که جز مهتر ده بُدم / همه بنده بودند و من مه بُدم
بدین کار ما بر نیاید دو روز / که بفروزد از چرخ گیتی‌فروز
که بر نیزه‌ها بر سرت خون‌فشان / فرستم بر شاه گردنکشان
دگر آنکه گفتی تو از دخترت / هم از گنج و زِ لشکر و کشورت
مرا از تو آنگاه بودی سپاس / ترا خواندمی شاه نیکی‌شناس
که دختر به من دادی‌ای آن زمان / که از تخت ایران نبردی گمان
فرستادی‌ای گنج آراسته / به نزدیک من دختر و خواسته
چو من دوست بودی به ایران ترا / نه رزم آمدی با دلیران ترا
کنون نیزهٔ من به گوشت رسید / سرت را به خنجر بخواهم برید
چو رفتی سرِ تاج و تختت مرا است / همان افسر و فرّ و بختت مرا است
دگر آنکه گفتی فزون از شمار / مرا تاج و تخت است و پیل و سوار
برین داستان زد یکی نامدار / که پیچان شد اندر صف کارزار
که چندان کند سگ به تیزی شتاب / که از کام او دورتر باشد آب
ببردند دیوان دلت را ز راه / که نزدیک شاه آمدی رزمخواه
بپیچی ز پادافرهِ ایزدی / هم از کرده و کارهای بدی
دگر آنکه گفتی مرا کهترانند / بزرگان که با توغ و با افسرانند
همه شارستان‌های گیتی مرا است / زمانه برین بر که گفتم گوا است
سوی شارستان‌ها گشاده‌ست راه / چه کهتر بدان مرز پوید چه شاه
اگر تو بگویی درِ شارستان / به شاهی نیابی مگر خارستان
دگر آنکه بخشیدنی خواستی / ز مردی مرا دوری آراستی
چو بینی سنانم ببخشایی‌ام / همان زیردستی نفرمایی‌ام
سپاه ترا کام و راه ترا / همان زنده‌پیلان و گاه ترا
چو صف برکشیدم ندارم به چیز / نه اندیشم از لشکرت یک پشیز
اگر شهریاری تو چندین دروغ / بگویی نگیری به گیتی فروغ
زمان داده‌ام شاه را تا سه روز / که پیدا شود فرّ گیتی‌فروز
بریده سرت را بدان بارگاه / ببینند بر نیزه در پیش شاه»
فرستاده آمد دو رخ چون زریر / شده بارور بخت برناش پیر
همی داد پیغام با ساوه‌شاه / چو بشنید شد روی مهتر سیاه

بدو گفت فغفور کـ:«این لابه چیست / بران مایه لشکر بباید گریست»
بیامد به دهلیز پرده‌سرای / بفرمود تا سنج و هندی درای
بیارند با زنده‌پیلان و کوس / کنند آسمان را به رنگ آبنوس
چو این نامور جنگ را کرد ساز / پر اندیشه شد شاه گردنفراز
به فرزند گفت: «ای گزینِ سپاه / مکن جنگ تا بامداد پگاه»
شدند از دو رویه سپه باز جای / طلایه بیامد ز پرده‌سرای
برافروختند آتش از هر دو روی / جهان شد ز لشکر پر از گفت گوی
چو بهرام در خیمه تنها بماند / فرستاد و ایرانیان را بخواند
همی رای زد جنگ را با سپاه / برین گونه تا گشت گیتی سیاه
بخفتند ترکان و پرمایگان / جهان شد جهانجوی را رایگان
چو بهرام جنگی به خیمه بخفت / همه شب دلش بود با جنگ جفت
چنان دید در خواب بهرام شیر / که ترکان شدندی به جنگش دلیر
سپاهش سراسر شکسته شدی / بر او راه بی راه و بسته شدی
همی خواستی از یلان زینهار / پیاده بماندی نبودیش یار
غمی شد چو از خواب بیدار شد / سر پرهنر پر ز تیمار شد
شب تیره با درد و غم بود جفت / بپوشید آن خواب و با کس نگفت
همان گاه خراد برزین ز راه / بیامد که بگریخت از ساوه‌شاه
همی گفت ازان چاره اندر گریز / ازان لشکر گشن و آن رستخیز
که کس در جهان زان فزون‌تر سپاه / نبیند که هستند با ساوه‌شاه
به بهرام گفت: «از چه سخت ایمنی / نگه کن بدین دامِ اهریمنی
مده جان ایرانیان را به باد / نگه کن به این نامداران به داد
ز مردی ببخشای بر جان خویش / که هرگز نیامد چنین کار پیش»
بدو گفت بهرام کـ:«از شهر تو / ز گیتی نیامد جزین بهر تو
که ماهی فروشند یکسر همه / به تموز تا روزگار دمه
ترا پیشه دام است بر آبگیر / نه مردی به گوپال و شمشیر و تیر
چو خور بر زند سر ز کوه سیاه / نمایم ترا جنگ با ساوه‌شاه

*

⇐ چو برزد سر از چشمهٔ شیر، شید* / جهان گشت چون روی رومی سپید؛
بزد نای رویین و برشد خروش / زمین آمد از نعل اسپان بجوش

* - آغازِ امردادماه

سپه را بیاراست و خود بر نشست … یکی گرز پرخاش دیده به دست[1]
شمردند بر میمنه سه هزار … زره‌دار و کارآزموده سوار[2]
فرستاد بر میسره همچنین … سواران جنگی و مردان کین[3]
به دست چپش بود ایزدگشسپ … که بگذاشتی آب دریا بر اسپ[4]
پسِ پشت ایشان یلان سینه بود … که با جوشن و گرز دیرینه بود[5]
به پیش اندرون بود همدان‌گشسپ … که در نی زدی آتش از سم اسپ[6]
ابا هر یکی سه هزار از یلان … سواران جنگی و جنگ‌آوران[7]
خروشی بر آمد ز پیش سپاه … که: «ای گرزدارانِ زرّین کلاه
ز لشکر کسی کاو گریزد ز جنگ … اگر شیر پیش آیدش، گر پلنگ؛
بیزدان که از تن ببرّم سرش … بآتش بسوزم تنِ بی‌سرش»

*

ز دو سوی لشکرش، دو راه بود … گریزنده● را، راه کوتاه بود
برآورد، ده رش بگِل، هر دو راه○ … همی بود خود، در میان سپاه
دبیرِ بزرگِ جهاندار شاه … بیامد برِ پهلوان سپاه
بدو گفت که: «این را خود اندازه نیست … مگر بخت ایرانیان، تازه نیست*
ز لشکر نگه کن بدین رزمگاه! … چو موی سپیدیم و گاو سیاه!⊡
بدین جنگ، تنگی؛ به ایران شود … بر و بوم ما، پاک؛ ویران شود
نه خاک است پیدا نه دریا نه کوه … ز بس تیغ‌دارانِ توران گروه»

*

یکی برخروشید بهرام سخت … ورا گفت که: «ای بددل شور بخت

---

۱ - **یک:** لت نخست بدآهنگ است. **دو:** گرز پرخاش دیده راگزارش نیست، پرخاش برآشفتن و به نبرد آویختن با هیاهو است، و کارِ جنگاوران است نه کار گرز!
۲ - شمردند نادرست است، سه هزار سوار راگماردند. میمنه نیز بال راست است.
۳ - آنان کجا بودند که فرستادشان؟ آرایش سپاه از پیش روشن است که هر یک از سواران زیر فرمان چه کس، و در کجای سپاه از بال راست و چپ ساقه و دنبال، باشند!
۴ - میسره همان بال چپ است.
۵ - نام از یک پهلوان برده شده، و «ایشان» در این رج نادرخور است.
٦ - **یک:** پیش را اندرون نیست. **دو:** لت دویم نیز سست است.
۷ - دنبالهٔ گفتار
● - برابر با شاهنامهٔ سپاهان، همهٔ نمونه‌ها: «که بگریختن راه کوتاه بود»!
○ - جلوِ آن دو راه را به پهنای ده رش گِل توده کرد که اسپ و سوار از آن نتوانند گذشتن تا کس نتواند از آن دو راه بگریزد زیرا که پای اسپ، در میان راه گل‌آلوده، می‌لغزد و بر زمین می‌خورد. همهٔ نمونه‌ها نیز «هر دو راه» آورده‌اند که پیوند درست ندارد و بیگمان گفتار فردوسی چنین بوده است:

**«برآورد، ده رش، بگِل، بر دو راه»**

* - مگر در این لت، برابر با «ماهَکَر» پهلوی (ما اگر، مَه اگر)، و سخن چنین گزارش می‌شود: مبادا اگر بخت ایرانیان، تازه نباشد؛ راه گریز را چرا می‌بندی؟
⊡ - سپاه ایران همانند لکهٔ سپیدی بر پیشانی گاوی سیاه است: شمار ما از آنان بس کمتر است.

ترا از دوات و کراسه□ است بر / ز لشکر که؟ گفتت که مردم شمَر»
بیامد به خرّاد برزین بگفت / که: «بهرام را نیست، جز دیو؛ جفت»
دبیران بجُستند راه گریز / بدان تا نبینند آن رستخیز
ز بیم شهنشاه و بهرام شیر / تلی برگزیدند هر دو دبیر[1]
یکی تند بالا بُد از رزم دور / بیکسو، ز راه سواران تور■
برفتند هر دو، بدان بُرز راه▣ / که شایست کردن، به لشکر نگاه
نهادند بر ترگِ بهرام، چشم / که تا چون؟ کند جنگ، هنگام خشم!

*

چو بهرامِ جنگی، سپه؛ راست کرد / خروشان بیامد ز دشت نبرد○
بغلتید در پیش یزدان بخاک / همی گفت ک:«ای داور داد و پاک[2]
گرین جنگ بیداد بینی همی / ز من ساوه را برگزینی همی[3]
دلم را به رزم اندر آرام ده / به ایرانیان بر، ورا کام ده[4]
اگر من ز بهر تو کوشم همی / برزم اندرون سر فروشم همی[5]
مرا و سپاه مرا شاد کن / ازین جنگ ما گیتی آباد کن»[6]
خروشان ازآن جایگه برنشست / یکی گرزهٔ گاوپیکر بدست[7]
چنین گفت پس با سپه، ساوه‌شاه / که: «از جادویی، اندر آرید، راه![8]
بدان تا دل و چشم ایرانیان / بپیچد، نیاید شما را زیان»[9]

---

□ -کراسه فارسی، در زبان پهلوی کُراسَک = کاغذ است که در زبان تازی به صورت قرتاس درآمد.

۱ - سخن درست در رج پسین می‌آید.

■ - از راه سواران توران، برکنار بود.

▣ - برز راه نادرست است، زیرا که آنان به «تند بالا» رفته بودند، نه به «راه»، برز بالا «راه بلند» است، و راه بلند نمی‌شود، بیگمان سخن فردوسی چنین بوده است:

**«برفتند هر دو، بدان برزگاه»**

○ - نمونه‌ها در لت دویم: «بیامد»، و «برآمد» «از جای نبرد» و «ز دشت نبرد»، و چون آنجا، خود دشت نبرد بوده است، از دشت نبرد، درست نمی‌نماید و گفتار درست چنین بوده است:

**«خروشان بیامد بدشت نبرد»**

۲ - یزدان را پیشگاه نیست و غلتیدن را در شیوهٔ نیایش ایرانی پیشینه نباشد.

۳ - **یک:** جنگ را «را» باید... **دو:** جنگ را ایرانیان آغاز نکرده بودند، که کارشان بیداد بوده باشد. **سه:** ز من ساوه را برگزیدن سخت نادرست است: «از میان ما دو کس، ساوه را برمی‌گزینی».

۴ - اگر چنین باشد که جای آرامش نیست!!

۵ - چون کسی در رزم سر را بفروشد (نه سر در راه کشور دهد)،

۶ - **یک:** چه جای شادی است. **دو:** لت دویم سخت نادرخور است.

۷ - پیش از نیایش خروشان بود، پس از راز و نیاز بایستی آرامش پذیرفته باشد!

| | |
|---|---|
| همه جادوان جادوی ساختند | همی در هوا آتش انداختند¹ |
| برآمد یکی باد و ابری سیاه | همی تیر بارید ازو بر سپاه² |
| خروشید بهرام ک: «ای مهتران | بزرگانِ ایران و گندآوران³ |
| بدین جادوی‌ها مدارید چشم | بجنگ اندر آیید یکسر به خشم⁴ |
| که آن، سر بسر ثنبل و جادویست | ز چاره بر ایشان بباید گریست»⁵ |
| خروشی برآمد ز ایرانیان | ببستند خون ریختن را میان⁶ |
| نگه کرد زان رزمگه ساوه‌شاه | که آن جادوی را ندانند راه⁷ |
| بیاورد لشکر سوی میسره | چو گرگ اندر آمد به پیش بره⁸ |
| چو یک روی لشکر بهم بر شکست | سوی قلب، بهرام یازید دست⁹ |
| نگه کرد بهرام زان قلبگاه | گریزان سپه دید پیش سپاه¹⁰ |
| بیامد به نیزه سه تن را ز زین | نگونسار کرد و بزد بر زمین¹¹ |
| همی گفت: «زیشان بود کارزار | همین بود رسم و همین بود کار¹² |
| ندارید شرم از خدای جهان | نه از نامدارانِ فرخ مهان»¹³ |
| ازان پس بیامد سوی میمنه | چو شیر ژیان کاو شود گرسنه¹⁴ |
| چنان لشکری را بهم بر درید | درفش سپهدار شد ناپدید¹⁵ |
| ازان جایگه، شد سوی قلبگاه | بدانسو که سالار بُد با سپاه¹⁶ |
| بدو گفت: «برگشت باد این سخن | گر ایدونکه این رزم گردد کهن¹⁷ |
| پراکنده گردد به جنگ این سپاه | نگه کن کنون تا کدام است راه»¹⁸ |

---

۱ - چون جادوگران در هوا آتش انداختند... ۲ - تیر از کجا آمد؟ ۳ - دنبالهٔ گفتار
۴ - اگر آتش در آسمان پدیدار شده باشد، چگونه «ندارند چشم»؟ ۵ - لتِ دویم را پیوند درست با لتِ نخست نیست.
۶ - دنبالهٔ گفتار ۷ - یک: لتِ نخست را پیوند «چون» باید! دو: لتِ دویم نیز نادرخور است: «که جادو بر ایشان کارگر نشد».
۸ - افزایندهٔ ناآگاه نمی‌دانسته است که همه سپاهیان را نمی‌توان در یک بالِ آن گِرد آوردن!
۹ - سخن پریشان و بی‌گزارش است... که اگر همهٔ سپاهیان ساوه شاه بسوی بال چپ آمده باشند (قلب) برای آنان برجای نمی‌ماند که بهرام بدانسوی یورش برد!
۱۰ - دست یازیدن بچیزی یا بجایی توان که در دسترس باشد، و دست بدان برسد، نه در یک سپاه که دوازده هزار سوار دارد.
۱۱ - چنین کار ناشدنی است... زیرا که یک نیزه بر تن یک کس فرومی‌رود... شاید گفتن که کسی با شمشیر سرِ سهٔ کس را کنار یکدیگر ایستاده باشند ببرید، اما با نیزه چنین کار...
۱۲ - یک: خودش با خویش سخن گفت؟ دو: کنش «بود» نادرخور است، «باشد» باید. سه: «رسم» را نیز در گفتار فردوسی راه نیست.
۱۳ - روی سخن باکیست؟
۱۴ - یک: میمنه را در آرایش میدان نبرد فردوسی جای نیست. دو: کنش «شود» نیز نادرخور است: «باشد».
۱۵ - چنان لشکری نادرخور است: بالِ راست آنانرا بردرید! ۱۶ - پیشتر در قلبگاه بود که بالِ راست آمد!

برفتند و جستند راهی نبود    کزان راه شایست بالا نمود[1]
چنین گفت با لشکرآرای خویش    که: «دیوار ما، آهنین است پیش
هر آن کس که او، رخنه داند زدن    ز دیوار؛ بیرون، تواند شدن؛
شود ایمن و جان به ایران برد    بنزدیک شاه دلیران برد
همه دل به خون ریختن بر نهید    سپر بر سر آرید و خنجر دهید[2]
ز یزدان نباشد کسی ناامید    اُگر تیره بینند روز سپید»[3]

*

چنین گفت با مهتران ساوه‌شاه    که: «پیلان بیارید پیش سپاه[4]
به انبوه، لشکر بجنگ آورید    بدیشان، جهان، تار و تنگ آورید»[5]
چو از دور بهرام پیلان بدید    غمی گشت و تیغ از میان برکشید[6]
ازانپس چنین گفت با مهتران    که: «ای نامدارانِ جنگ‌آوران[7]
کمان‌های چاچی، به زه بر نهید    همه یکسره ترگ بر سر نهید[8]
به جان و سر شهریار جهان    گزینِ بزرگان و تاج مهان[9]
که هر کس که با او کمان است و تیر    کمان را به زه بر نهد ناگزیر[10]
خدنگی که پیکانش یازد به خون    سه چوبه بخرتوم پیل اندرون[11]
نشانید و پس گرزها برکشید    به جنگ اندر آیید و دشمن کشید»[12]
سپهبد کمان را، بزه، بر نهاد    یکی خودِ پولاد بر سر نهاد[13]
⇐ به پیل اندرون تیرباران گرفت*    کمان را چو ابر بهاران گرفت

---

۱ – **یک:** گوییا، بهرام در هیاهوی نبرد، بساوه شاه، راه می‌نماید، و او بدنبال آن راه میرود و نمی‌یابد! سخن سخت کودکانه است. **دو:** لت دویم نیز آشفته و بی‌گزارش است.
۲ – آغاز نبرد، با نیزه و شمشیر است نه با خنجر.
۳ – نباشد در لت نخست با بینند در لت دویم همخوان نیست.
۴ – کارِ بردنِ پیلان، با پیلبانان بوده است نه با مهتران.
۵ – اگر پیلان را به پیش سپاه ببرند، خود نمی‌توانند به انبوه، به میدان رزم آیند.
٦ – «غمی» نادرست است، و از راه دور شمشیر کشیدن نه درخور جنگ است.
۷ – ویژه آنکه،
۸ – در این رج سخن از کمان میرود.
۹ – چرا بایستی سوگند دادن؟،
۱۰ – در جاییکه همه ناگزیرند!
۱۱ – **یک:** خدنگ، بخون (نمی‌یازد) که بسوی دشمنان (زده می‌شود). **دو:** یک خدنگ در لت دویم «سه چوبه» گردید.
۱۲ – کَشید را با کُشید پساوا نیست.
۱۳ – **یک:** در روز جنگ مردان، با کمانِ بِزِه، بمیدان می‌رفتند. **دو:** و خود پولاد(ین) را از آغاز بر سر می‌نهادند.
* – «به پیل اندرون» نادرست است، زیرا که تیر را به اندرون پیل نمی‌زنند، و در رج پسین نام از خرتوم آنان می‌رود. چنانکه از این سه رج برمی‌آید، پیلان از تیر و پیکان ایرانیان بخستند، باز آنکه در شاهنامه، پس از این بهنگام بگزیدن بهرام چوبینه بشاهی، شهران گراز؛ در انجمن مهیستان چنین میگوید:

سپه چاربار، از یلان سدهزار    همه گُرد و شایستهٔ کارزار
بیک چوبه تیر تو، گشتند باز    برآسود ایران، ز گُرم و گداز
کنون تخت ایران سزاوار تست    بر این بر، گوا، بخت بیدار تست

←

پسِ پشتِ او اندر آمد سپاه ... ستاره شد از پرّ و پیکان سیاه
بخَستند خرطوم پیلان بتیر ... ز خون شد در و دشت چون آبگیر
بدان خستگی پشت برکاشتند ... بدو، دشتِ پیکار بگذاشتند
چو پیل آن چنان زخم پیکان بدید ... همه لشکر خویش را بسپَرید [1]
سپه بر هم افتاد، و چندی بمرد ... همان بخت بد، کامکاری نبرد
سپاه اندر آمد پسِ پشتِ پیل ... زمین شد بکردار دریای نیل [2]

*

تلی بود خرّم بدان جایگاه ... -پسِ پشت آن رنج دیده سپاه-
یکی تخت زرّین نهاده بر اوی ... نشسته بر او□ ساوهٔ رزمجوی
سپه دید، چون کوهِ آهن، روان ... همه سر پر از گرد و تیره روان
پسِ پشتشان، ژنده پیلان مست ... همی کوفتند آن سپه را به دست
پر از آب شد دیدهٔ ساوه‌شاه ... بدان، تا چرا؟ شد هزیمت● سپاه!
نشست از برِ تازی اسپی سمند ... همی تاخت، ترسان ز بیم گزند
پسِ ساوه، بهرام، چون پیل مست ... کمندی ببازو، و، گرزی بدست! [3]

---

← بهرام، خود در گفت‌وگوی با خسروپرویز میگوید:

همه بنده بودند ایرانیان ... بر این بوم، تا من ببستم میان
بتیری که من راندم از کمان ... سرآمد از آن، ساوه شه را زمان
هزیمت گرفت آن سپاه بزرگ ... من از پس خروشان، چوشیر سترگ

یا:

بفرّ جهاندار، بر دست تو ... برآمد چنین کار، از شست تو

در نامه‌های دیگر ایرانی نیز از تیراندازی بهرام چوبینه چنین یاد شده است. و بر این بنیاد، این رج را می‌باید چنین آراستن:

**به پیلان، یکی تیرباران گرفت ... کمان را چو ابرِ بهاران گرفت**

که این گفتار نیز، اندکی از دیگر گفتارها دور می‌نماید، زیراکه همواره از یک چوبهٔ تیر بهرام سخن رفته است، و اینجا از تیرباران، اما چنین پیدا است که افزایندگانِ زمان هرمز این هنرنمایی شگفت را از شاهنامه برداشته‌اند.

داستان چنین می‌نماید که بهرام، چون بدشت نبرد برآمد، سوار بر اَبْلَقِ مُشگ دم خویش با نیزه؛ بسوی لشکریان ساوه شاه یورش برده‌است، و آنانکه رودرروی بهرام بودند، از ترس آن پهلوان روی بگریز نهادند، و چون گریزندگان، با دیگر سپاهیان برخورد کردند، آشوب برخاست و گریزندگان انبوه شدند، و بسا از آنان زیر دست و پای اینان جان سپردند، و کم‌کم آهنگ گریز در میان همه سپاهیان شتاب گرفت و سپاه پرآشوب گشت و در میانهٔ گریز بسا از آنان جان‌سپردند، و چندی نیز جان را بدر بردند... و این اندیشه در من چندان بنیرو است که گوییا من؛ خود بچشم خویش، داستان آن گریز و شکست را دیده‌ام.

*

یکسال پس‌ازاین نوشته، در میان نگاره‌های زمان ساسانیان، نگارهٔ پهلوانی نیزه بدست در «ری» [کنار چشمهٔ علی (= اناهیتا) دیدم که فتحعلیشاه قاجار آنرا تباه کرده، پیکرهٔ خویش را نشانده است.] و در اندیشهٔ من آن نگاره، نگاره بهرام پورگشسب است که رازیان برای بزرگداشت پهلوان و مرزبان خویش بر دل کوه کنده‌اند.

۱ – در لشکر ساوه شاه، تنها یک پیل نبوده است!

۲ – باز از یک پیل سخن میرود.

□ – «بر آن» درست می‌نماید.

● – هزیمت شد، نادرست است. منهزم شد، یاهزیمت گرفت، و گفتار فردوسی چنین می‌نماید: **«بدان تا چرا شد؟گریزان، سپاه»**.

۳ – گرز و کمند را با هم نشاید بکارگرفتن.

| | |
|---|---|
| بلشکر چنین گفت که: «ای سرکشان | ز بخت بد آمد بر ایشان نشان[1] |
| نه هنگام راز است و روز سخن | بتازید با تیغ‌های کهن[2] |
| بر ایشان یکی تیرباران کنید | بکوشید و کار سواران کنید»[3] |
| برآن تل برآمد کجا، ساوه‌شاه | همی بود با تخت و زرین کلاه،[4] |
| ورا دید بر تازی‌ای چون هژبر | همی تاخت در دشت برسان ابر[5] |
| خدنگی گزین کرد پیکان چو آب | نهاده بر او چار پرّ عقاب |
| بمالید چاچی کمان را به دست | به چرم گوزن اندر آورد شست[6] |
| چو چپ راست کرد و خم آورد راست | خروش از خمِ چرخِ چاچی بخاست |
| چو آورد یال یلی را به گوش | ز شاخ گوزنان بر آمد خروش[7] |
| چو بگذشت پیکان، بر انگشت اوی | گذر کرد از مهرهٔ پشت اوی |
| سر ساوه آمد، بخاک اندرون | بزیر اندرش، خاک شد، جوی خون[8] |
| شد آن نامور شاه و چندان سپاه | همان تخت زرّین و زرّین کلاه |

*

| | |
|---|---|
| چنین است کردار گردان سپهر | نه نامهربانیش پیدا نه مهر[9] |
| نگر تا ننازی به تخت بلند | چو ایمن شوی دور باش از گزند[10] |
| چو بهرام جنگی رسید اندروی | کشیدش برآن خاکِ تفته، بروی[11] |
| ببرید آن سر شاهوارش ز تن | نیامد کسی پیشش از انجمن[12] |
| چو ترکان رسیدند نزدیک شاه | فکنده تنی بود بی سر به راه[13] |
| همه بر گرفتند یکسر خروش | زمین پر خروش و هوا پر ز جوش[14] |
| پسر گفت که: «این ایزدی کار بود | که بهرام را بخت بیدار بود»[15] |

---

۱ - در میانهٔ گریز و ستیز سخن گفتن با سپاه نشاید.

۲ - **یک:** کسی سرگرم به راز و سخن نبود، و همگان می‌تاختند. **دو:** تیغ تازه، بهتر از تیغ کهن کاربرد دارد.

۳ - نیز تیرباران در آغاز نبرد، با کمانوران پیاده است، نه بهنگامِ شتاب. ۴ - ساوه شاه پیشتر بر آن تل نشسته بود.

۵ - گفتار را پیوند نیست.

۶ - این رج با رج پیشین و پسین برگرفته از تیرانداختن رستم است بر سینهٔ اشکبوس.

۷ - **یک:** یال یلی را بگوش نشاید آوردن، که سوفار تیر را بایستی بگوش رساندن. **دو:** در گفتار فردوسی با کشیدن کمان از چرم گوزن (= زهی که از چرم گوزن بر کمان آن بسته بودند) خروش برخاست، و افزاینده در این سخن شاخ گوزنان را بخروش آورده است!!!

۸ - زیر را «اندرون» نیست.

۹ - برگرفته از شاهنامه است:

چنین است کردار گردان سپهر ... بخواهد بریدن همی، از تو مهر

۱۰ - سخن، روی بخواننده کرد. ۱۱ - رسیدن را «بدو» باید نه «اندر او».

۱۲ - لت دویم را گزارش و پیوند بایسته نیست. ۱۳ - **یک:** ترکان پیشتر از بهرام می‌گریختند. **دو:** فکنده تنی «دیدند»...

۱۴ - **یک:** همه و یکسر یک سخن است. **دو:** لت دویم نیز بی‌پیوند است. ۱۵ - کدام پسر؟

ز تنگی کجا راه بُد بر سپاه ... فراوان بمردند زان تنگ راه[1]
بسی پیل بسپَرد مردم به پای ... نشد زان سپه ده یکی باز جای[2]
چه زیر پی پیل گشته تباه ... چه سرها بریده به آوردگاه[3]
چو بگذشت زان روز بد به زمان ... ندیدند زنده یکی بدگمان[4]
مگر آنکه بودند گشته اسیر ... روانها به غم خسته و، تن به تیر[5]
همه راه برگستوان بود و ترگ ... سران را ز ترگ آمده روز مرگ[6]
همان تیغ هندیّ و تیر و کمان ... به هر سوی افکنده بُد بدگمان[7]
⟸ **ز کشته چو دریای خون شد زمین ... به هر گوشه‌ای مانده اسپی، بزین**
**همی‌گشت بهرام، گِردِ سپاه ... که تا کشته، ز ایران که؟ یابد براه!**
از آن پس به خرّاد برزین بگفت ... که: «یک روز با رنج ما باش جفت[8]
نگه کن کز ایرانیان کشته کیست ... کزان درد ما را بباید گریست»[9]
به هر جای، خرّاد بُرزین بگشت ... بهر پرده و خیمه‌ای برگذشت[10]
**کم آمد ز لشکر، یکی نامور ... که بهرام بُد، نامِ آن پرهنر**
ز تخم سیاوش گوی مهتری ... سپهبد سواری دلاور سری[11]
همی رفت جوینده چون بیهشان ... مگر زو بیابد به جایی نشان[12]
تن خسته و کشته چندی کشید ... ز بهرام جایی نشانی ندید[13]
سپهدار زان کار شد دردمند ... همی گفت زار ای گو مستمند[14]
زمانی بر آمد پدید آمد اوی ... درِ بسته را چون کلید آمد اوی[15]
ابا سرخ ترکی بُد او گربه‌چشم ... تو گفتی دل آزرده دارد به خشم[16]

---

۱ - تنگی و تنگ راه، یکی است. ۲ - بسی پیل نادرخور است، «پیلان بسیار مردم را...».
۳ - از سر بریده در آوردگاه سخن نرفته بود، زیرا که سپاه ساوه شاه، روی بگریز نهاده بودند.
۴ - **یک:** نمونه‌ها: «بد به زمان» «بر نه زمان» «نه زمان» «ره زمان» (شاهنامه مسکو ۳۶۸-۸)، همه نادرخوراند. **دو:** پیشتر از «فراوان بمردند» یاد شده بود، و در این رج... همگان. ۵ - میان لت دویم و لت نخست پیوند درست نیست.
۶ - در چنان گریز، نمیتوان باور کردن که چندان زمان باشد که، برگستوان‌ها را از سینهٔ اسپان باز کرده بر زمین ریخته باشند!
۷ - بدگمانِ پایان گفتار نادرست است بدگمانان (= دشمنان). ۸ - مگر خراد برزین، سپاهیان را می‌شناخته است.
۹ - در میدان نبردی که با آن آسانی پیروزی بایرانیان رسیده بود، گریستن را چه روی باشد؟
۱۰ - اگر کسی کشته شده باشد، در میدان جنگ می‌افتد، نه در پرده (و خیمه؟)
۱۱ - از نژاد سیاوخش، در زمان ساسانیان؟ سیاوخش را یک پسر بود که او نیز میان برف ناپدید شد.
۱۲ - جوینده را چرا چون بیهوشان بودن؟ ۱۳ - تن خستگان و کشتگان...
۱۴ - تاکنون خرّاد برزین بدنبال کشتگان بود، و اینک بهرام؛ دردمند می‌شود.
۱۵ - سخن سست می‌نماید... «تا آنکه پس از چندی...».
۱۶ - ترکان را رنگ سرخ نیست که همگان زردپوست‌اند.

چو بهرام، بهرام را دید گفت  که: «هرگز مبادی تو با خاک جفت*
ازان پس بپرسیدش از ترک زشت  که: «ای دوزخی‌روی دور از بهشت[۱]
چه مردیّ و نام نژاد تو چیست؟  که زاینده را بر تو باید گریست»[۲]
چنین داد پاسخ که: «من جادوام  ز مردیّ و از مردمی یک‌سوام[۳]
هر آن کس که سالار باشد به جنگ  به کار آیمش چون بود کار تنگ[۴]
به شب چیزهایی نمایم به خواب  که آهستگان را کنم پرشتاب[۵]
ترا من نمودم شب آن خواب بد  بدان گونه تا بر سرت بد رسد[۶]
مرا چاره زان بیش بایست جست  چو نیرنگ‌ها را نکردم درست[۷]
به ما اختر بد چنین بازگشت  همان رنج با باد انباز گشت[۸]
اگر یابم از تو به جان زینهار  یکی پرهنر یافتی دستوار»[۹]
چو بشنید بهرام و اندیشه کرد  دلش گشت پردرد و رخساره زرد[۱۰]
زمانی همی گفت ک: «این روز جنگ  به کار آیدم چون شود کار تنگ»[۱۱]
زمانی همی گفت: «بر ساوه شاه  چه سود آمد از جادوی بر سپاه[۱۲]
همه نیکوی‌ها ز یزدان بود  کسی را کجا بخت خندان بود»[۱۳]
بفرمود از تن بریدن سرش  جدا کرد جان از تنِ بی برش[۱۴]
چو او را بکشتند بر پای خاست  چنین گفت ک: «ای داور داد و راست[۱۵]
بزرگیّ و پیروزی و فرهی  بلندیّ و نیروی شاهنشهی[۱۶]
نژندیّ و هم شادمانی ز تست  انوشه دلی کاو به راه تو جست»[۱۷]
اُزان پس بیامد دبیر بزرگ  چنین گفت ک: «ای پهلوان سترگ[۱۸]

* - با افزودن گفتار دربارهٔ مرد جادو... سخنی را که بهرامِ گمشده به سپهسالار می‌گوید، از زبان بهرام چوبین بدان بهرام وانمود می‌شود.
۱ - بپرسید از ترک، بسنده می‌نماید و بپرسیدش نادرخور است.
۲ - از چنان مردی، پرسیدن نام و نژاد چه درخور است؟
۳ - جادو، نام نیست، چگونگی کار اوست.
۴ - کار تنگ در لت دویم کمبود دارد: «چون کار بر او تنگ شود».
۵ - دنبالهٔ گفتار
٦ - **یک:** شب را «آن» باید: «آنشب»... **دو:** و بد بر سرش نرسید!!
۷ - سخن بی‌پیوند است، و افزاینده خواسته است بگوید: «اگر با آن خواب بد بر تو نرسید، بدانروی بود که من نیرنگ کمتر بکار بستم!»
۸ - پس جادوگرِ ناکارآمدی بوده است.
۹ - لت دویم راکنش یافتی نادرست است: «یافته‌ای».
۱۰ - چرادلش پردرد شود، و رنگ بر رخش بزردی گراید؟
۱۱ - کاین، در این رج نادرخور است: «باشد که این مرد...».
۱۲ - همی گفت هم در رج پیشین و هم، در این رج نادرخور است: «با خویش گفت». لت دویم را نیز پیوند درست نیست.
۱۳ - گفتار برگرفته از داستانهای بهرام گور است.
۱۴ - لت دویم، سخن لت نخست را بازمیگوید.
۱۵ - در میدان جنگ، تخت نبود، که او بر آن نشسته باشد، و دزِ چنان زمان برپای خیزد!
۱٦ - وابسته برج پسین
۱۷ - در آیین ایران نژندی از سوی خداوند در شمار نبود.
۱۸ - سترگ، لجوج و بی‌آزرم بود: لغت فرس اسدی توسی.

فریدونِ یل چون تو یک پهلوان ... ندید و نه کسریِ نوشیروان[1]
هَمَت شیرمردی، هم اورند و بند ... که هرگز به جانت مبادا گزند
همه شهر ایران به تو زنده‌اند ... همه پهلوانان ترا بنده‌اند
به تو گشت، بختِ بزرگی بلند ... به تو، زیردستان؛ شوند ارجمند
سپهبد تویی هم سپهبدنژاد ... خُنُک مام، کاو چون تو؛ فرزند زاد
که فرّخ نژادیّ و فرّخ‌سری ... ستون همه شهر و بوم و بری»[2]

*

پراکنده گشتند ز آوردگاه ... بزرگان و هم پهلوان سپاه[3]

## فرستادن بهرام سرِ ساوه شاه را بنزد هرمز

شب تیره چون زلف را تاب داد ... همان تابِ او چشم را خواب داد[4]
پدید آمد آن پردهٔ آبنوس ... برآسود گیتی از آواز کوس[5]
همی گشتِ گردون شتاب آمدش ... شب تیره را دیریاب آمدش[6]
برآمد یکی زرد کشتی، از آب ... بپالود رنج و بپالود خواب[7]
سپهبد بیامد فرستاد کس ... به نزدیک یاران فریادرس[8]
که تا هر که شد کشته از مهتران ... بزرگانِ ترکانِ جنگ‌آوران[9]
سران شان ببرّید یکسر ز تن ... کسی را که بُد مهتر انجمن[10]

---

۱ – **یک:** پهلوان نادرست است: «پهلوانی چون تو»... اما پیدا است که «سام یل» پهلوان بزرگ ایران که سر زنجیرهٔ پهلوانی و پهلوانان ایران است، پهلوان فریدون بود، و چنین داوری نادرخور است. **دو:** کسری نوشیروان نیز سخت نادرخور است، و از فریدون تا نوشروان بسا شاهان و پهلوانان بوده‌اند که ستودهٔ ایرانیان‌اند، و برتر از همه رستم جهان پهلوان است که در دیدگاهِ من (فریدون)، بهرام چوبینه را نیز بدرستی، فرزند رستم توان خواندن!

۲ – **یک:** «فرّخ سر» راگزارش نیست. **دو:** لت دویم نیز سست است.

۳ – شباهنگام، سپاهیان از آوردگاه پراکنده نمی‌شوند که همگان در اردوگاه پرده‌سراها، گرد می‌آیند.

۴ – **یک:** تاب دادن زلف شب چگونه باشد؟: «زلف سیاه شب پدیدار شد». **دو:** چشم چه‌کس را؟ بایستی از چشمان یاد شود.

۵ – آوای کوس پیش از جنگ و بهنگام جنگ برمیخیزد، بدانروی که سپاهیان را به یورش برانگیزند... و پس از جنگ آوای کوس را کاربرد نیست، که چون شب شود گیتی از آوای آن آسوده شود.

٦ – سخن سست و بی‌گزارش است.

۷ – بیدرنگ پس از شب، روز شد؟ چون خورشید از میان دریا برخیزد، چنین سخن را توان گفتن، اما میدان جنگ نزدیک هرات بوده است، و دریایی در هرات سراغ نداریم.

۸– سپهبد از کجا بیامد؟

۹ – **یک:** «شد کشته» نادرخور است: «کشته شده بود». **دو:** لت دویم را نیز پیوند از با لت نخست باید.

۱۰ – **یک:** لت دویم سست است، و همین سخن در رج پیشین گذشت. **دو:** ایرانیان بزرگان توران را از کجا می‌شناختند که از میان تودهٔ ←

درفشی درفشان پسِ هر سری — که بودند ازان جنگیان افسری[1]
اسیران و سرها همه گرد کرد — ببردند ز آوردگاه نبرد[2]
دبیر نویسنده را پیش خواند — ز هر در فراوان سخن‌ها براند
ازآن نامور لشکر بیشمار — اُزان جنبش و گردش روزگار
ازان چاره و جنگ و از هر دری — کجا رفته بُد با چنان لشکری[3]
اُزان کوشش و جنگ ایرانیان — که نگشاد روزی سواری میان[4]
چو آن نامه بنوشت نزدیک شاه — گزین کرد، گوینده‌ای زان سپاه
نخستین سر ساوه بر نیزه کرد — درفشی که او داشتی در نبرد[5]
سرانِ بزرگان توران‌زمین — چنان هم درفش سواران چین[6]
بفرمود تا بر ستور نوند — بزودی برِ شاه ایران برند
اسیران و آن خواسته هر چه بود — همی داشت، اندر هری؛ ناپسود○
بدان تا چه فرمان دهد شهریار — فرستاد با سر فراوان سوار[7]
همان تا بوَد نیز، دستور شاه — سوی جنگِ پرموده، بردن سپاه
ستور نوند اندر آمد ز جای — به پیشِ سواران یکی رهنمای[8]

---

→ کشتگان جدایشان کرده سرِ آنان را ببرند!

۱ - مگر هر یک از کشتگان را درفش بوده است، و اگر چنین بوده است، ایرانیان از کجا آگاهی بوده است که درفش هر یک را باسر او همراه کنند.

۲ - آوردگاه نبرد نادرست است و همان آوردگاه بس است. زیرا که در زبان اوستایی [illegible] پَرِثْ [از ریشهٔ [illegible] ۱] = ستیزه و پرخاش است، که با پیشوند [illegible] نی، [illegible] نی پَرِثْ برآمده است که در زبان پهلوی بگونه [illegible] نی‌پَرت درآمده است، که در زبان فارسی «نبرد» خوانده می‌شود. باز از همان واژه با پیشوند [illegible] آ، [illegible] برآمده است که در فارسی آورد خوانده می‌شود، و بر این بنیاد؛ آوردگاه همان «جای نبرد است»، و افزودنِ «نبردِ» دیگر آنرا نادرست میسازد.

۳ - چاره در کار سپهسالار بهرام نبود، وی با یک زخم یک تیر، ایرانیان را پیروز گرداند!

۴ - **یک:** ایرانیان در آنروز نجنگیدند. **دو:** و لت دویم نیز نادرخور است، زیرا که «سواری» با ایرانیان لت نخست همخوان نیست.

۵ - **یک:** ایرانیان دست زدن به پیکر مرده را سخت گناه می‌شمردند. **دو:** پیوند میان لت نخست با لت دویم دیده نمی‌شود.

۶ - سخن را آغازگرِ «بهمراه...» باید. ○ - به خواسته دست نزد.

۷ - سخن از فرمان در رج پسین می‌رود. لت دویم نیز نادرخور، و نابجا است.

۸ - **یک:** از جای (اندر نتوان آمدن)! **دو:** اگر یک ستور بوده است، پس یک کس بر آن سوار بوده، و «سواران» لت دویم نادرست است.

## آگاه شدن پرموده
از
## کار ساوه‌شاه

اُزان روی، ترکان همه برهنه / برفتند بی‌ساز و اسپ و بنه[۱]
رسیدند یکسر به توران‌زمین / سواران ترک و دلیران چین[۲]
چو آمد به پرموده، زان، آگهی / بینداخت از سر کلاه مهی
خروشی برآمد ز ترکان، بزار / برآن مهتران، تلخ شد روزگار
همه سر پر از گرد و دیده پرآب / کسی را نبُد خورد و آرام و خواب
ازآنپس گوان را، برِ خویش خواند / بمژگان همی خون دل بر فشاند
بپرسید ک:«آن لشکر بیشمار / گهِ رزم جستن نکردند؟ کار!»

*

چنین داد پاسخ ورا رهنمون / که: «ما داشتیم آن سپه را زبون
چو بهرام جنگی، بهنگامِ کار / نبیند کس اندر جهان یک سوار
ز رستم فزون است هنگام جنگ / دلیران نگیرند، پیشش درنگ
نبُد لشکر او، ز ما سد یکی / بجَست از دلیران ما، اندکی[۳]
جهاندار یزدان ورا بر کشید / بتورانیان، اینچنین بد رسید!
چو پرموده بشنید گفتار اوی / پر اندیشه شد، دلْش از کار اوی
بجوشید و رخسارگان° زرد کرد، / بدردِ دل، آهنگِ آورد کرد
سپه بودش از جنگیان سد هزار / همه نامدار، ازدرِ کارزار
ز خرگاه، لشکر بهامون کشید / بنزدیکی رود جیهون کشید

۱ - بِزهَنَه: نادرست است.
۲ - «ترکان» به سرزمین «توران» رسیدند؟ لت دویم نیز دوباره‌گویی است.
۳ - **یک:** پیوند «ز» در لت نخست نادرخور است: «لشکر او سد یک لشکر ما بود». **دو:** «دلیران» را در لت دویم «بجَستند» باید.
○ - **«رخساره راه»** درست می‌نماید.

## رسیدن نامهٔ بهرام پورگشسب

به

## هرمز

اُزان پس کجا نامهٔ پهلوان  بیامد برِ شاهِ روشنروان[1]
نشسته؛ جهاندار، با موبدان  همی گفت که:«ای نامور بخردان
دو هفته بدین بارگاهِ مَهی  نیامد ز بهرام، هیچ آگهی
چه؟ گویید ازین پس، چه شاید بُدَن!  بباید بدین، داستان‌ها زدن!»
همانگه که گفت این سخن شهریار  بیامد ز درگاه، سالار بار
شهنشاه را زان سخن مژده داد  که: «جاوید بادا جهاندار، شاد
که بهرام، بر ساوه پیروز گشت  برزم اندرون، گیتی‌افروز گشت»
سبک مرد بهرام را پیش خواند  اُزان نامدارانش برتر نشاند[2]
فرستاده گفت: «ای سرافراز شاه  بنامِ تو شد کار آن رزمگاه*
انوشه بزی، شاد و، رامش‌پذیر!  که بختِ بداندیش تو گشت پیر

*

سر ساوه‌شاه است و کهتر پسر  که فغفور خواندیش وی را پدر[3]
زده بر سر نیزه‌ها، بر در است  همه شهر نظّارهٔ آن سر است»[4]
شهنشاه بشنید بر پای خاست  بزودی خم آورد بالای راست[5]
همی بود بر پیش یزدان بپای  همی گفت که:«ای داور رهنمای[6]
بداندیش ما را تو کردی تباه  تویی آفرینندهٔ هور و ماه[7]
چو من زار و نومید گشتم ز بخت  که دشمن، نگون اندر آمد ز تخت[8]

---

۱ – هنوز نامهٔ بهرام نرسیده بود.

۲ – **یک:** مرد بهرام گزارش ندارد. **دو:** نشاید که او را از نامداران ایران برتر نشاند! بهنگام گسیل کردن او را «بمهر» از برِ نامداران» می‌نشاند. * – برابر شاهنامه سپاهان. دیگر نمونه‌ها: «بکام تو شد کام آن رزمگاه».

۳ – چون نام کسی فغفور باشد، تنها پدرش وی را بدان نام نمی‌خوانَد، که همگان چنین میکنند!

۴ – اگر «دو سر» بوده است، چرا مردمان به «آن سر» می‌نگرند؟

۵ – **یک:** «بزودی» در لت دویم نادرخور است و چون کسی برخیزد و میان را، راست کند، خیزش همان و خم کردن همان؟ **دو:** ایرانیان را بهنگام نیایش (رکوع) نبود.

۶ – **یک:** او که بالای راست را خم آورده بود!! **دو:** خداوند را پیشگاه نیست.

۷ – لت دویم را با لت نخست پیوند گفتاری نیست... و میان لت نخست و رج پسین جدایی می‌افکند.

۸ – لت دویم را با لت نخست پیوند درست نیست.

سپهبد نکرد و، نه جنگی سپاه　　که یزدان بُد این بنده را نیکخواه!»[1]
بیاورد زان پس درم، سد هزار　　ز گنجی که بود از پدر یادگار[2]
سه یک زان درم را به درویش داد　　پرستندگان را درم بیش داد[3]
سه یک دیگر از بهر آتشکده　　همان بهرِ نوروز و جشن سده[4]
فرستاد تا هیربد را دهند　　که در پیش آتشکده بر نهند[5]
سیوم بهره جایی که ویران بود　　رباطی که اندر بیابان بود[6]
کند یکسر آباد، جوینده مرد　　نباشد براه اندرون، بیم و درد[7]
ببخشید پس چار ساله خراج　　به درویش و آن را که بُد تخت آج[8]
نبشتند پس نامه از شهریار　　به هر کشوری سوی هر نامدار
که: «بهرام؛ پیروز شد بر سپاه　　بریدند، بی بر سرِ ساوه‌شاه»

*

پرستنده بُد شاه در هفت روز　　به هشتم چو بفروخت گیتی‌فروز[9]
فرستادهٔ پهلوان را بخواند　　به مهر از برِ نامداران نشاند
مر آن نامه را خوب پاسخ نبشت　　درختی بباغ بزرگی بکِشت
یکی تخت سیمین فرستاد نیز　　دو نالین زرّین و هر گونه چیز[10]
ز هیتال تا پیش رودِ بَرَک　　به بهرام بخشید و بنوشت، چک[11]
بفرمود که:«ان خواسته بر سپاه　　ببخش آنچه آوردی از رزمگاه
مگر گنج ویژه، تن ساوه‌شاه　　که آورد باید بدین بارگاه
اُزان پس برو، جنگ پرموده ساز　　ممان، تا شود کار، بر ما؛ دراز

---

۱ – **یک:** چون «نه جنگی سپاه» آید، برای سپهبد نیز «نه» باید: «نه سپهبد کرد، نه جنگی سپاه». **دو:** در گفتار پیشین، روی سخن بخداوند بود، و اینجا بمردمان بازگشت.

۲ – **یک:** خودش بیاورد؟ بس بود که فرمان دهد، تا چنین و چنان کنند. **دو:** آنزمان ده سال از پادشاهی هرمز گذشته بود، و هنوز خود، گنج نداشت؟

۳ – **یک:** اگر سه یک آنرا به (درویش) داد، چرا بایستی از آن بهر درویش به (پرستندگان) بیشتر دهند. **دو:** درویش نادرخور است: «درویشان».

۴ – سه یک را اندازه روشن است و «دیگر» را بدان افزودن سخن را سست می‌کند.

۵ – **یک:** هیربدان، آموزگاران دینی بودند، و از گروه موبدان، آنانکه پیشکشی‌های مردمان را برای آتشکده می‌پذیرفت «جادَنگویان» بودند. **دو:** در رج پیشین بجز از آتشکده سخن از (کاخ) نوروز و کاخ (سده) رفت، و در این رج همه بآتشکده رسید.

٦ – **یک:** سیوم بهره را پیوند درست نیست، «سیوم بهره را برای بازسازی...». **دو:** کاروانسراها بیشتر در بیابان ساخته می‌شدند، و بدان کاروانسراها چرا بایستی درم دادن؟

۷ – **یک:** مردِ جوینده را، کار آبادسازی نبود و نیست. **دو:** لت دویم را نیز پیوند «تا» باید.

۸ – **یک:** سخن در لت دویم سخت سست است: «بر همهٔ ایرانیان بخشید». **دو:** تخت آج تنها از آنِ شاهان بود.

۹ – «در» در لت نخست سخن را سست میکند.

۱۰ – هرگونه چیز، روشن نیست.

۱۱ – بهرام هرات را بازپس گرفته است، نه هیتال را!

هم ایرانیان را فرستاد چیز / نبشته به هر شهر منشور نیز [۱]
فرستاده را، خلعت آراستند / پس، اسپِ جهان پهلوان؛ خواستند *

*

فرستاده چون پیش بهرام شد / سپهدار ازو، شاد و پدرام شد
غنیمت ببخشید پس بر سپاه / جز از گنج ناپاکدل، ساوه‌شاه
فرستاد با استواران خویش / جهاندیده و نامداران خویش
ببردند یکسر بدرگاه شاه / سپهبد، سوی جنگ شد، با سپاه

*

ازو چون به پرموده شد آگهی / که جوید همی تخت شاهنشهی [۲]
دژی داشت پرموده، افراز نام / کزان دژ بُدی ایمن و شادکام [۳]
نهاد آنچه بودش، به دژ در، درم / ز دینار و از گوهر و بیش و کم [۴]
ز جیهون گذر کرد خود با سپاه / بیامد گرازان سوی رزمگاه [۵]
دو لشکر به تنگ اندر آمد به جنگ / به ره بر نکردند جایی درنگ [۶]
به دو منزلِ بلخ، هر دو سپاه / گزیدند شایسته، دو رزمگاه [۷]
میان دو لشکر دو فرسنگ بود / که پهنای دشت ازدرِ جنگ بود [۸]
دگر روز بهرام جنگی برفت / به دیدارِ گردان پرموده، تفت [۹]
نگه کرد پرموده او را بدید / ز هامون یکی تند بالا گزید [۱۰]
سپه را سراسر همه برنشاند / چنان شد که در دشت جایی نماند [۱۱]
سپه دید پرموده چندانکه دشت / ز دیدار ایشان همی خیره گشت [۱۲]
ورا دید کز پیش آن لشکرش / به گردون برآورده جنگی سرش [۱۳]

---

۱ - **یک**: خواسته‌ای را که فرمان داد بسپاهیان بخشد، بایرانیان بخشیده بود. **دو**: لت دویم را نیز پیوند با گفتار نیست، و روشن نمی‌کند که منشور چه را نوشته‌اند.

*** - با چنین کار؛ بهرام چوبینه را پاژنام جهان پهلوانی میدهد، که در داستان ایران ویژهٔ سام نریمان، و رستم بود، و بهرام نیز با کارهای خویش نشان داد، که فرزند شایستهٔ رستم جهان پهلوان است.**

۲ - لت دویم را پیوند درست با لت نخست نیست، و بهرام خود، جویندهٔ تخت نبود.

۳ - در نمونه‌ها «آوازه» و «آویز» نیز آمده است (شاهنامه مسکو ۳۷۶-۸). ۴ - **یک**: ز دینار نادرخور است. **دو**: «کم» چه باشد؟

۵ - پرموده، تا بهنگام آمدن نامهٔ زینهار هرمز در دژ بود و بیرون نیامده بود. ۶ - لت نخست نادرست است.

۷ - **یک**: به دو منزلِ بلخ باید. **دو**: اما مگر بهرام از هرات پس‌تر رفته بود که نزدیک بلخ رزمگاه سازند؟ افزاینده را از جای شهرها آگاهی نبوده است. **سه**: دولشکر را یک رزمگاه باید. ۸ - گفتار از شاهنامه برگرفته شده است.

۹ - بهرام را چگونه شاید بتنهایی بدیدار گردان لشکر دشمن رفتن؟... این گفتار، از داستان افزودهٔ رفتن رستم بلشکرگاه سهراب برگرفته شده است. ۱۰ - در هامون، تُندبالا؟

۱۱ - در این رج از شمار بسیار سپاهیان پرموده در دشت جای نیست. ۱۲ - و در این رج از سپاهیان ایران!!

۱۳ - آن‌لشکرش نادرست است پیش لشکریان و نیز جنگی نادرخور است.

نامهٔ هرمز به بهرام ۱۹۵

غمین گشت و با لشکر خویش گفت — که «این پیشرو را هژبر است جفت[1]
شمار سپاهش پدیدار نیست — هم این رزم را کس خریدار نیست[2]
سپهدار گردنکش و خشمناک — همی خون شود زیر او تیره خاک[3]
چو شب تیره گردد، شبیخون کنیم — ز دل، بیم و اندیشه بیرون کنیم»[4]
چو پرموده آمد، بپرده‌سرای — همی زد ز هرگونه از جنگ، رای[5]
همی گفت ک :«این از هنرها یکی‌ست — اگرچه سپه‌شان، کنون اندکی‌ست[6]
سواران و گردان پرمایه‌اند — ز گردنکشان برترین پایه‌اند[7]
سلیح است و بهرام‌شان پیشرو — که گردد سنان پیش او خار و خَو
به پیروزی ساوه‌شاه اندرون — گرفته دل و، مست گشته بخون[8]
اگر یار باشد جهان‌آفرین — بخون پدر، خواهم از کوه، کین»[9]

✽

بدانگه که بهرام شد جنگجوی — از ایران سوی ترک بنهاد روی؛[10]
ستاره‌شمر گفت بهرام را — که: «در چارشنبه مزن گام را[11]
اگر زین بپیچی گزند آیدت — همه کار ناسودمند آیدت»
⟸ یکی باغ بُد در میان سپاه — ازین روی و، زان روی بُد رزمگاه
بشد چارشنبه هم از بامداد — بدان باغ، کامروز باشیم شاد[12]

---

۱ – غمین شدن در این رج... با گفتار رج سیوم پسین همخوان نیست.

۲ – **یک:** باز از شمار سپاهیان بهرام سخن میرود، باز آنکه بهرام را دوازده هزار سپاهی بیشتر نبوده است. **دو:** اگر خریدار رزم نیست، چرا دو سپاه روبروی یکدیگر ایستاده‌اند.

۳ – **یک:** از راه دور خشمناکی کسی پدیدار نمی‌شود. **دو:** لت دویم را پیوند بایسته با لت نخست نیست.

۴ – دنبالهٔ گفتار. ۵ – «از جنگ رای زدن» نادرست است: «دربارهٔ جنگ...». ٦ – دنبالهٔ گفتار.

۷ – از راه دور دیده نمی‌شوند که روشن شود سواران و گردان پرمایه‌اند. **دو:** لت دویم بی‌پیوند است: «(میان) گردنکشان (دارای) برترین پایه (هستند)».

۸ – **یک:** سخن را پیوند نیست؛ (از) پیروزی (که بر) ساوه شاه (بدست آورده‌اند). **دو:** گرفته دل نیز در لت دویم نادرخور است: «دلشان بنیرو شده است».

۹ – **یک:** از کدام جنگیان؟ افزاینده را بایستی گفتن: شش‌هزار مرد. **دو:** شبیخون را سوار بر اسب نمیتوان بفرجام رساندن. زیرا که اسبان در تاریکی بر هم میخورند، و بزمین می‌غلتند، و خروش برمی‌دارند، و دشمن از جنب و جوشِ آنان آگاه می‌شود!

۱۰ – بهرام پیش از آن نیز جنگجوی بوده است، که هرمز ویرا به سپهسالاری برگزید.

۱۱ – **یک:** در ایران باستان روزهای هفته شمرده نمی‌شده است، که هفته نیز در گاهشماری باستانی نبود و یکماه به؛ دوبخش هشت روزه و دوبخش هفت روزه، بخش می‌شد، که سی روز ماه را بپوشاند [بنگرید به زروان، سنجش زمان در ایران باستان، نوشتهٔ من، نشر بلخ وابسته به بنیاد نیشابور] و هر یک از روزهای ماه را نامی بود، و از آنمیان روز بیستم ماه که «بهرام» خوانده می‌شد، و بهرام چوبین هیچگاه در روز بهرام از خانه بیرون نمی‌رفت و با آگاهی از همین پندار نادرستی که ستاره‌شناسان ببهرام گفته بودند، و خرّاد برزین از آن آگاه بود، آن پهلوان بزرگ را در خانه بکشتند، و بر این بنیاد روز چهارشنبه (که در ایران شناخته نمی‌شد) روز پرهیز بهرام نبود. **دو:** «مزن گام را» نیز سخت نادرخور است: «براه مرو». ۱۲ – همچنین.

ببردند پرمایه گستردنی     می و رود و رامشگر و خوردنی
بیامد بدان باغ و مَی درکشید     چو پاسی ز تیره شب اندر کشید
طلایه بیامد، به پرموده گفت     که: «بهرام را جام و باغ است جفت»
سپهدار ازآن جنگیان، شش هزار     ز لشکر گزین کرد گُرد و سوار [1]
فرستاد؛ تا گِرد بر گردِ باغ     بگیرند گردنکشان، بی‌چراغ

*

چو بهرام، آگه شد از کارشان     ز رای جهانجوی و بازارشان
یلان‌سینه را گفت کـ:«ای سرفراز     به دیوار باغ اندرون رخنه ساز»
پس آنگاه بهرام و ایزدگشسپ     نشستند با جنگجویان بر اسپ
ازآن رخنهٔ باغ بیرون شدند     که؟ دانست کان سرکشان، چون شدند!
بر آمد ز در نالهٔ کرنای     سپهبد به اسب اندر آورد پای [2]
سبک؛ رخنه‌ای دیگر اندر زدند     سپه را یکایک بهم برزدند
همی تاخت بهرام، خَشتی به دست     چنانچون بود، مردمِ نیم مست؛
نَجَستند، جز اندک از دست اوی     به خون گشت یازان سرِ شست اوی *
برآمد چکاچاک و بانگ سران     چو پولاد را پتکِ آهنگران [3]
ازان باغ تا جای پرموده شاه     تنِ بی‌سران بُد فکنده به راه [4]

*

چو آمد به لشکرگهِ خویش باز     شبیخون سگالید گردنفراز [5]
چو نیمی ز تیره شب اندر گذشت     سپهدار جنگی، برون شد بدشت [6]
سپهبد بدان سوی لشکر کشید     ز ترکان، طلایه، کس او را ندید [7]

---

۱ – **یک:** از کدام جنگیان؟ افزاینده را بایستی گفتن: شش هزار مرد. **دو:** شبیخون را سوار بر اسب نمیتوان بفرجام رساندن؛ زیرا که اسبان در تاریکی به هم میخورند، و بزمین می‌غلتند، و خروش برمی‌دارند، و دشمن از جنب و جوشِ آنان آگاه می‌شود!

۲ – آنجا، باغ بوده است، نه «دربار» که بتوان (کرنای از در) نواختن، و پیشتر آنان بر اسپ نشسته بودند.

* – از آنجا که خَشت (نیزهٔ کوتاه باندازهٔ یک بَدَست؛ وجب) بسواران میخورد و بیدرنگ بسوی مشت بازگردانده می‌شود. دستِ خَشت‌زن، از خون آنانکه خشت بروی، یا تنشان خورده است، خونین می‌شود، و همین گفتار، برترین سخن است، برای آنکه نویسندگان شاهنامه و ترجمانانِ آن، و فردوسیِ ایران بخوبی از آیین رزم آگاه بوده‌اند، نه همانند افزایندگان که دربیشتر افزوده‌ها کودکانه‌ترین سخنان را دربارهٔ نبرد بشاهنامه اندر کرده‌اند!

۳ – لت دویم را پیوند درست نیست: «چون آوای زخم پتک آهنگران بر پولاد».

۴ – «تن بی‌سران» نادرست است: «تن‌های بی‌سر».

۵ – **یک:** در میانهٔ آن هیاهو، چگونه بلشکرگهِ خویش، بازگشت؟ **دو:** ایرانیان شبیخون کردن را گناهی بزرگ می‌شمردند، و افزایندگانِ خام گفتار، با افزودن چنین سخنان، روانِ سرفراز آن پهلوان را آزار داده‌اند!

۶ – **یک:** «چو» آغازین این رج را، با «چو» رج پیشین همخوانی نیست. **دو:** چرا بلشکرگاه رفت؟ و چرا بیرون شد؟

۷ – **یک:** بکدام سوی؟ **دو:** لت دویم نیز درهم است: پیش آهنگان (طلایهٔ) ترکان او را ندیدند!

هنرنمایی بهرام ۱۹۷

چو آمد به نزدیکیِ رزمگاه — دم نای رویین بر آمد ز راه[۱]
چو آواز کوس آمد و کرنای — بجَستند ترکان جنگی ز جای[۲]
ز لشکر برآنسان برآمد خروش — که شیر ژیان را بدرّید گوش[۳]
به تاریکی اندر دهاده بخاست — ز دست چپ لشکر و دست راست[۴]
یکی، مر دگر را، ندانست باز — شب تیره و نیزه‌های دراز[۵]
به خنجر همی آتش افروختند — زمین و هوا را همی سوختند[۶]
ز ترکان جنگی فراوان نماند — ز خون سنگ‌ها جز به مرجان نماند[۷]
گریزان همی رفت مهتر، چو گَرد — دهن خشگ و لب‌ها شده لاجورد
چنین تا سپیده‌دمان بردمید — شب تیره‌گون، دامن اندر کشید
سپهدار ایران به ترکان رسید — خروشی چو شیر ژیان برکشید[۸]
به پرموده گفت «ای گریزنده مرد! — تو گِردِ دلیرانِ جنگی، مگرد!
نه مردی هنوز ای پسر کودکی — روا باشد ار شیر مادر مکی»
بدو گفت شاه: «ای گراینده شیر — بخون ریختن چند باشی دلیر؟
ز خون سران سیر شد روز جنگ — به خشگی پلنگ و به دریا نهنگ
نخواهی شد از خون مردم تو سیر — برآنم که هستی تو درّنده شیر
بریده سر ساوه‌شاه آنکه مهر — بر او داشت تا بود گردان سپهر
سپاهی بران گونه کردی تباه — که بخشایش آورد خورشید و ماه
ازآن شاهِ جنگی، منم یادگار — مرا هم، چنان دان که کُشتی بزار!
ز مادر همه مرگ را زاده‌ایم — گر ایدونکه ترکیم، ار آزاده‌ایم
گریزانم و تو پس اندر دمان — نیابی مرا تا نیاید زمان
اگر باز گردم سلیحی به چنگ — مگر من شوم کشته گر تو به جنگ
مکن تیزمغزیّ و آتش‌سری — نه زین سان بود مهتر لشکری

---

۱ - کدام رزمگاه، کدام راه؟ رزمگاه را در دشت برمی‌گزیدند و راه نداشت.

۲ - پیشتر دم نای برآمد، پس آواز کوس و کرنای!... این همه را با هم باید نواختن.

۳ - سخن در لت دویم چنان می‌نماید که شیری ژیان در لشکرگاه بوده است، وگوشش از خروش سپاهیان درید!!!

۴ - **یک:** پس از خروش و آویزش، دهاده برخاست؟ **دو:** لت دویم نیز نادرخور است. «از هر دو سوی لشکر».

۵ - لت دویم را پیوند با لت نخست نیست. ۶ - خنجر را تنها در نبرد تن بتن کاربرد است.

۷ - این سخن پیشتر آمده بود: «بخستند جز اندک از دست اوی».

۸ - از اینجا بیست‌وچهار رج داستان کودکانه‌ایکه بهرام بدنبال پرموده می‌تازد، و در میانهٔ آن تاخت و تاز و هیاهو، با یکدیگر سخن نیز می‌گویند، سخنی دراز که گویا، در انجمن میان دوکس میگذرد... و از آنپس از بهرام یل، کسی چون سرداران ترک می‌سازد، که در ایران بارها و بارها از توده‌های سرِ ایرانیان، مناره و تپه و کوه برآوردند... زهی تیره‌روزی افزایندگان یاوه‌گوی که روان آن سردار بزرگ را اینچنین می‌آزارند.

۱۹۸ هرمزد

من ایدون شوم سوی خرگاه خویش    یکی بازجویم سر راه خویش
نویسم یکی نامه زی شهریار    مگر زو شوم ایمن از روزگار
گر ایدونکه وی، در پذیرد مرا    ازین ساختن پس گزیرد مرا
من آن بارگه را یکی بنده‌ام    دل از مهتری پاک برکنده‌ام
ز سر کینه و جنگ را دور کن    بخوبی، منش، بر یکی سور کن»
چو بشنید بهرام زو بازگشت    که بدساز شاهی، خوش آواز گشت
چو از جنگ آن لشکر آسوده شد    بلشکرگهِ شاه، پرموده شد
همی گشت بر گرد دشت نبرد    سر سرکشان را ز تن دور کرد
چو بر هم نهاده بد انبوه گشت    به بالا و پهنا یکی کوه گشت
مر آن جای را نامداران یل    همی هر کسی خواند بهرام‌تل
سلیح سواران و چیزی که دید    به جایی که بد سوی آن تل کشید

*

یکی نامه بنوشت زی شهریار    ز پرموده و لشکر بیشمار
بگفت آنکه :«ما را چه آمد بروی    ز ترکان و آن شاه پرخاشجوی
که از بیم تیغ، او سوی چاره شد    اُزان جایگه خوار و آواره شد»

*

اُزان روی، خاقان، درِ دژ ببست    به انبوهِ اندیشه، اندر نشست
بگشتند گردِ درِ دژ بسی    ندانست سامان جنگش کسی
چنین گفت زان پس که، سامان جنگ    کنون نیست، در کار کردن درنگ[1]
یلان سینه را گفت تا سه هزار    ازآن جنگیان برگزیند سوار[2]
چهار از یلان نیز ایزدگشسپ    ازان جنگیان برنشاند بر اسپ[3]
بفرمود تا هر که را یافتند    بگردن زدن تیز بشتافتند[4]
مگر نامدار، از دژ آید برون    چو بیند همه دشت را رود خون[5]

*

ببُد بر درِ دژ، ازینسان؛ سه روز    چهارم چو بفروخت گیتی‌فروز
پیامی فرستاد پرموده را    مرآن مهترِ کشور و دوده را

---

۱ - لت دویم را هیچ پیوند، با لت نخست نیست.    ۲ - کدام جنگیان؟
۳ - چهار از یلان شمارشی نادرست است چهار تن از یلان... سخن سخت سست است از کدام جنگیان.
۴ - باز از گردن زدن ایرانیان یاد می‌شود، باز آنکه سخن نادرست است: «بیابند» و «بگردن زدن او بشتابند».
۵ - مگر نامدار را نام نیست؟

پیام بهرام به پرموده ۱۹۹

که: «ای مهتر و شاه ترکان و چین / ز گیتی چرا؟ کرده‌ای، دژ؛ گزین!
کجا؟ آن جهان جستن ساوه‌شاه / کجا؟ آن همه گنج و آن دستگاه[1]
کجا آن همه پیل و برگستوان / کجا آن بزرگانِ روشن‌روان
کجا آن همه تُنبُل و جادویی / که اکنون از ایشان تو بر یک سویی
همی شهر ترکان ترا بس نبود؟ / چو باب تو اندر جهان کس نبود؟
نشستی برین باره بر، چون زنان / پر از خون دل و، دست بر سر زنان!
در باره بگشای و زنهار خواه! / بر شاه‌کشور، مرا یار خواه!
ز دژ گنج دینار بیرون فرست / به گیتی نخورد آنکه بر پای بست[2]
اگر گنج داری ز کشور بیار / که دینار، خوارست بر شهریار[3]
به درگاه شاهت، میانجی، منم / که بر شهر ایران گوانجی منم[4]
ترا بر همه مهتران مه کنم / از اندیشه و رای تو به کنم[5]
ور ایدونکه رازی‌ست نزدیک تو / که روشن کند جان تاریک تو
گشاده کن آن راز و با من بگوی / چو کارت چنین گشت، دوری مجوی
اُگر جنگ را یار داری بسی / همان گنج دینار داری بسی[6]
بزن کوس و این کینه را باز خواه / بود خواسته تنگ ناید سپاه»[7]

*

بیامد فرستاده، داد این پیام / چو بشنید زو، مرد جوینده کام
چنین داد پاسخ که: «او را بگوی / که: راز جهان تا توانی مجوی
تو گستاخ گشتی بگیتی مگر / که رنج نخستینت آمد ببر[8]
به پیروزی اندر، تو کشّی مکن / اگر تو نُوی، هست گیتی، کهُن
نداند کسی راز گردان سپهر / نه هرگز نماید بما نیز، چهر
ز مهتر نه خوب است کردن فسوس / مرا هم سپه بود و هم پیل و کوس
دروغ آزمایست، چرخ بلند / تو دل را، بگستاخی اندر، مبند
پدرم* آن جهاندار بیدار مرد / که دیدی ورا روزگار نبرد؛

۱ – سخن همانند گفتار در سوگواریها است، در چهار رج.
۲ – فرِست را با بست، پساوا نیست.
۳ – **یک:** کسیرا که در یک دژ پناه گرفته چگونه شاید گفتن که از کشور دینار بیار! **دو:** اگر دینار خوار است چرا آنرا درخواست میکند؟
۴ – سخن درست در رج سیوم پیشین گذشت.
۵ – **یک:** مگر بهرام را توان چنین کار بود؟ **دو:** لت دویم نیز سخت نادرخور است.
۶ – اگر یار در جنگ میداشت، چرا در دژ پناه گیرد؟
۷ – لت دویم بی‌پیوند و بی‌گزارش است و افزاینده را، رای بر آن بوده است که بگوید چون خواسته و مال کم باشد، سپاهیان بجنگ نمی‌آیند.
۸ – دو رج میان گفتار دربارهٔ راز، جدایی می‌افکند.
* – در همهٔ نمونه‌ها پدرْمْ آمده است، و چنین گونه یادآوری از «پدرَم» همواره در افزوده‌ها آمده است و بر این بنیاد واژه را «پدر» باید
←

۲۰۰ هرمزد

زمین، سمّ اسپ ورا بنده بود — به رایش، فلک نیز پوینده بود
بجُست آنکه او را نبایست جست — بپیچید ز اندیشهٔ نادرست [1]
هنر زیر افسوس پنهان شود — همان دشمن، از دوست، خندان شود [2]
دگر آنکه گفتی شمار سپاه — فزون بود از تابش هور و ماه [3]
ستوران و پیلان چو تخم گیا — شد اندر دم پرّهٔ آسیا [4]
بر آن؛ کاو، چنین بود، برگشت روز — نمانی تو هم، شاد و گیتی‌فروز
همی ترس ازین، برگراینده دهر — مگر زهر سازد، بدین پای زهر
کسی را که خون ریختن پیشه گشت؛ — دل دشمن از وی، پر اندیشه گشت؛
بریزند خونش، بر آن همنشان — که او ریخت، خون سر سرکشان
گر از شهر ترکان برآری دمار — همین کین بخواهند، فرجام کار
نیایم همان پیش تو، ناگهان — بترسم که بر من، سرآید زمان
یکی بنده‌ای، من یکی شهریار — برِ بنده، من کی شوم، زار و خوار
بجنگت نیایم، همان، بی‌سپاه — که دیوانه خواند مرا نیکخواه [5]
اگر خواهم از شاه تو زینهار — چو تنگی به روی آیدم، نیست آر *
اُزان پس درِ گنج و دژ، مر ترا است — بدین نامور بوم و کامت روا است»
فرستاده آمد بگفت این پیام — ز پیغام، بهرام، شد شادکام
نبشتند پس، نامه‌ای سودمند — بنزدیکِ پیروز شاه بلند
که: «خاقان چین، زینهاری شده است — ازآن برتری، سوی خواری شده است؛ ●
یکی مُهر و منشور باید همی — بدین مژده بر، سور باید همی
که خاقان ز ما زینهاری شود — ازان برتری سوی خواری شود» [6]

*

چو نامه بیامد بنزدیک شاه — به ابر اندر آورد، فرّخ کلاه
فرستاد و ایرانیان را بخواند — برِ نامور تخت شاهی نشاند

---

→ خواندن:

**«پدر، آن جهاندارِ بیدارمرد»**

۱ – سخن را پیوند درست نیست. ۲ – و نیز این رج را، با رج پیشین.

۳ – بازگشت به گفتارهای افزوده که از سوی بهرام آورده شد. ۴ – ستوران و پیلان را در لت دویم «شدند» باید.

۵ – سخنی از جنگ بتن بتن بمیان نیامده بود که پاسخ آن چنین باشد!

* – «آر» واژه‌ای ایرانی است که آنرا بگونه «عار» نوشته‌اند، که هیچ ریشه در زبان تازی ندارد، و هیچ شاخه نیز از آن برنیامده است (همچون تعییر، معیور، اعتیار...) این واژه در زبان فارسی همواره همراه ننگ می‌آید، و رودرروی ننگ است، و از گفتار «بی‌آر»، یا «آر داشتن» چنین برمی‌آید، که این واژه برابر است، با «برخورداری از نام و آبروی» واژه‌ای که «غیرت» نیز خوانده می‌شود.

● – برابر با شاهنامهٔ سپاهان... نمونه‌های دیگر زینهاری شود. ۶ – دوباره گویی سخن!

بفرمود، تا نامه؛ برخوانند — بخواننده بر، گوهر افشاندند
بآزادگان گفت: «یزدان سپاس — نیایش کنم روز و شب، در سه پاس!
چو خاقان چین، کهتر ما بود — سپهر بلند، افسر ما بود!
همی سر بچرخ فلک برفراخت — همی خویشتن شاه گیتی شناخت[1]
کنون پیش برترمنش بنده‌ای — سپهبدسری گرد و جوینده‌ای[2]
چنان شد که بر ما کند آفرین — سپهدار سالار ترکان چین[3]
سپاس از خداوند خورشید و ماه — کجا داد، بر برتری، دستگاه[4]
بدرویش بخشیم گنج کهن — چو پیدا شود، راستی، زین سَخُن[5]
شما هم بیزدان نیایش کنید — همه نیکوی در فزایش کنید»[6]

*

فرستادهٔ پهلوان را بخواند — بخوبی، سخن‌ها؛ فراوان براند
کمر خواست پر گوهر شاهوار — یکی باره و جامهٔ زرنگار
ستامی بدان بارگی پر ز زر — به هر مهره‌ای در، نشانده گهر
فرستاده را نیز دینار داد — یکی بدره و چیز بسیار داد[7]
چو خلعت بدان مرد دانا سپرد — ورا مهترِ پهلوانان شمرد
بفرمود پس، تا بیامد دبیر — نبشتند زو؛ نامه‌ای بر حریر
که: «پرموده خاقان، چو یار من است — به هرمزد*، در زینهار من است
بر این مُهر و منشور، یزدان گوا است — که ما بندگانیم و او پادشا است!
جهانجوی را نیز پاسخ نبشت — پر از آرزو، نامه‌ای چون بهشت
بدو گفت: «پرموده را با سپاه — گسی کن، بخوبی، بدین بارگاه
غنیمت که از لشکرش یافتی — بدان بندگی تیز بشتافتی
بدرگه فرست، آنچه اندرخوَر است — ترا، کردگار جهان، یاور است
نگه کن بجایی که دشمن بود — اُگر دشمنی را نشیمن بود[8]
بگیر و نگه‌دار و خانش بسوز — به فرخ‌پی و فال گیتی‌فروز[9]

---

۱ – سخن را «می‌شناخت» باید.
۲ – سخن بی‌پایان است، و «سپهبد سر» را نیز گزارش نیست.
۳ – دوباره و در پایان سخن نام خاقان را آوردن نادرست است.
۴ – سخن را پیوند در آغاز باید.
۵ – سخن راست بود، و راستی پیدا شدن بر گفتار راست، ناروا است.
۶ – روشن نیست که روی سخن با کیست!
۷ – سخن در لت دویم پریشان است.
* – «باهورامزدا سوگند...»
۸ – پیدا است که دشمن را نشیمن نیز هست.
۹ – از سوختن خانه و زندانی کردن کسان، نشاید با نیک‌اختری و فال گیتی‌فروز یاد کردن.

گر ایدونکه لشکر فزون بایدت — فزون‌تر بود رنج بگزایدت[1]
بدین نامهٔ دیگر از من بخواه — فرستیم چندانکه باید سپاه[2]
ز ایرانیان هر که نزدیک تست — که کردی بدل، رای او را درست[3]
بدین نامه در نام ایشان ببر — ز رنجی که بردند، یابند، بر[4]
سپاه ترا میزبانی دهم — ترا افسر و پهلوانی دهم»[5]

## رسیدن نامه هرمز به بهرام و خشم گرفتن بهرام بر پرموده

چو نامه بیامد برِ پهلوان — دل پهلوِ نامور، شد جوان
ازآن نامه، اندر شگفتی بماند — فرستاد و ایرانیان را بخواند
همان خلعت شاه پیش آورید — بر او آفرین کرد هر کس که دید[6]
سخن‌های ایرانیان * هر چه بود — بدان نامه اندر، بدیشان نمود
ز گردان بر آمد یکی آفرین — که گفتی؛ بجنبید، روی زمین[7]
همان نامور نامهٔ زینهار — که پرموده را، آمد از شهریار
بدان دژ فرستاد نزدیک اوی — درخشنده شد جان تاریک اوی

*

فرود آمد از بارهٔ نامدار — بسی آفرین خواند بر شهریار[8]
همه خواسته هر چه بُد در حصار — نبشتند چیزی که آید به کار[9]

---

۱ - لت دویم راگزارش نیست.

۲ - **یک:** بهرام خود، گفته بود که بپیروی از رستم دوازده هزار مرد بس است، و اکنون که پیروز شده است، چرا بایستی لشکرافزون خواستن! **دو:** «بدین نامه دیگر» نادرخور است: در نامهٔ آینده.

۳ - لت دویم پریشان و بی‌گزارش است، و افزاینده را، رای بر آن بوده است که بگوید «از لشکریان ایران هر آن را که در جنگ کوشش و مردانگی از خود نشان داده است...».

۴ - بدین نامهٔ دیگر، به «بدین نامه» دگرگون شد: «در نامهٔ خود».

۵ - میزبانی دادن، واژه‌ای نادرخور است: «مهمان کنم».

٦ - این رج میان گفتارهای پیشین و پسین جدایی می‌افکند.

* - در رج پیشین از «ایرانیان» یاد شد، و نشاید که سخنان ایرانیان بر ایرانیان، نموده شود، پیدا است که گفتار فردوسی چنین بوده است:

**سخن‌های شاه جهان، هرچه بود — بدان نامه اندر، بدیشان نمود**

۷ - گفتی

۸ - از فرود آمدن پرموده در گفتار آینده یاد می‌شود.

۹ - سخن پریشان است.

این بخش نیز از افزوده‌های هنگام هرمز می‌نماید، که بهرام را بگونه‌ای گناهکار نشان دهند که خشم هرمز بر او، و ناسپاسی‌ها که دربارهٔ بهرام، روا داشت؛ براست شمرده شود، باز آنکه خرد؛ بهیچ روی نمی‌پذیرد که یک پهلوان ایرانی زینهارخواری کند و باز بهیچ روی نمیتوان پذیرفتن، با چندان مهر و آویزش که در آینده، از سوی خاقان به بهرام می‌شود، تا آنجا که زن خویش را برای غمخواری از کشته شدن بهرام بکشد، چنین کار زشت از سوی بهرام بانجام رسیده باشد... این داستان را همه سویه در پیشگفتار؛ بازنموده‌ام.

فرود آمد از دژ، سرافراز مرد
به اسپ اندر آمد سپهبَد، چو گرد

همی رفت با لشکر از دژ، براه
نکرد ایچ، بهرام یل را نگاه

چو آن دید بهرام، ننگ آمدش
اگر چند، شاهی، بچنگ آمدش

فرستاد و او را پیاده ز راه
بیاورد پویان به پیش سپاه

چنین گفت پرموده او را؛ که: «من!
سرافراز بودم بهر انجمن

کنون بی‌منش زینهاری شدم
از اوج بزرگی، بخواری شدم[1]

بدین روز، خود نیتی خوش‌منش
که پیش آمدم ای بدِ بدکنش[2]

کنون یافتم نامهٔ زینهار
همی رفت خواهم، برِ شهریار

مگر با من او چون برادر شود
ازو، رنج، بر من سبکتر شود

ترا با من اکنون چه؟ کارست نیز!
سپردم ترا، گاه و آرام و چیز!»

*

برآشفت بهرام و شد شوخ چشم
ز گفتار پرموده آمد بخشم

به تندیش یک تازیانه بزد
بدانسان که از ناسزایان سزد!

ببستند هم در زمان پای اوی
یکی تنگ خرگاه، شد جای اوی

چو خرّاد برزین چنان دید گفت
که «این پهلوان را خرد نیست جفت»

بیامد بنزد دبیر بزرگ
بدو گفت ک:«این پهلوانِ سترگ

بیک پرِّپشّه، ندارد خرد
ازیرا کسی را، بکس نشمرد

ببایدش گفتن، کزین؛ چاره نیست
ورا بتّر از خشم پتیاره نیست»*

---

۱ - **یک**: بی‌منش زینهاری نادرست است، و در آینده از زینهار یاد می‌شود. **دو**: بخواری شدم نیز نادرخور است: «بخواری رسیدم».

۲ - سخن ناهموار است افزاینده خوش‌منش را بجای خرسند (= راضی، قانع) آورده است.

* - پتیاره از پیشوند اوسنایی [illegible] پَئیتی، و ریشه [illegible] = اَر جنبیدن، رفتن برآمده است و بر رویهم (از روبرو آمدن) را میرساند که بتازی (مخالف) می‌شود. گفتار خرّاد برزین چنانست که او را، پتیاره‌ای (مخالفی، دشمنی) بدتر از خشم نیست.

به نزدیک بهرام رفت آن دو مرد / زبان‌ها پر از پند و رخ لاژورد[1]
بگفتند که: «این رنج؛ دادی بباد / سر نامور، پر ز آتش مباد»

*

بدانست بهرام، کان بود؛ زشت / به آب اندر افکند و، تر گشت، خشت○
پشیمان شد و، بند از او برگرفت / ز کردار خود، دست بر سر گرفت
فرستاد اسپی به زرّین ستام / یکی تیغ هندی به زرّین نیام[2]
هم اندر زمان، شد بنزدیک اوی / که روشن کند جان تاریک اوی
همی بود، تا او میان را ببست / یکی بارهٔ تیزتگ برنشست
سپهبد همی راند با او براه / بدید آنکه تازه نبُد، روی شاه
بهنگام بدرود کردنش گفت / که: «آزار داری؟ ز من، در نهفت!
گرت هست؟ با شاه ایران مگوی / نباید ترا، نزد او آب روی»
بدو گفت خاقان که: «ما را گله / ز بخت است و کردم به یزدان یله
نه من زان شمارم که از هر کسی / سخن‌ها همی راند خواهم، بسی
اگر شهریار تو؛ زین، آگهی / نیابد، نزیبد بر او بر، مهی
مرا بندْ گردونِ گردنده کرد / نگویم که با من بدی، بنده کرد»
ز گفتار او گشت بهرام زرد / بپیچید و خشم از دلیری بخَورد
چنین داد پاسخ که: «آمد نشان / ز گفتار آن مهتر سرکشان[3]
که تخم بدی تا توانی مکار / چو کاری برت بر دهد روزگار»[4]

*

بدو گفت بهرام که: «ای نامجوی / سخن‌ها چنین، تا توانی مگوی
همه نیکوی، من؛ ترا خواستم / ز گفتار تو، دل بیاراستم
ز تو نامه کردم بشاه جهان / همان عیب تو، داشتم در نهان»

*

بدو گفت خاقان که: «آن بد، گذشت / گذشته سخن‌ها همه باد گشت
ولیکن چو در جنگ خواری بود / گهِ آشتی، برد باری بود
ترا خشم؛ با آشتی، گر یکیست / خرد بیگمان، نزد تو، اندکیست
چو سالار، راه خداوند خویش / نگیرد، ز دانش؛ بد آیدش، پیش

---

۱ - «دو مرده را رفتند، باید.
○ - خشتِ خام را چون در آب افکنند، از هم می‌پاشد و دوباره گِل می‌شود.
۲ - پرموده را اسپ ویژه بوده است.
۳ - گفتار کدام مهتر سرکشان.
۴ - «برت بر دهد» در لت دویم نادرست است.

زینهارخواهی پرموده ۲۰۵

همان راه یزدان بباید سپَرد    ز دل تیرگی‌ها، بباید ستَرد
سخن؛ گر نیفزایی اکنون، روا است    که آن بد که شد، گشت؛ با باد، راست»

*

ز خاقان چو بشنید بهرام گفت    که: «پنداشتم کاین بماند نهفت
کنون زان گنه گر بیاید زیان    نپوشم بر او، چادر پرنیان
چو آنجا رسی، هر چه باید؛ بگوی    نه زان، مر مرا؛ کم شود آبِ روی»
بدو گفت خاقان که: «هر شهریار    که از نیک و بد، برنگیرد شمار
به بد کردن بنده خامُش بود    برِ من چنان دان که بیهُش بود
چو از دور بیند ورا بدسگال    اُگر نیکخواهی بود گر همال[1]
ترا ناسزا خواند و سرسبک    ورا شاه ایران و مغزی تنک»[2]
بجوشید بهرام و، شد زرد روی    نگه کرد خرّاد بُرزین بر اوی
بترسید زان تیز خونخوار مرد    که او را؛ ز باد، اندر آرد به گرد
به بهرام گفت: «ای سزاوارِ گاه    بخور خشم و سر، بازگردان ز راه
که خاقان همی راست گوید سخُن    تو بنیوش و اندیشهٔ بد مکن
سخن گر نرفتی بدینگونه سرد    ترا نیستی دل پر آزار و درد»[3]
بدو گفت که :«این بدرگ بی‌هنر    بجوید همی خاک و خون پدر»
بدو گفت خاقان که «این بد مکن    به تیزی بزرگی بگردد کهن
به گیتی هر آن کس که او چون تو بود    سرش پر ز گرد و دلش پر ز دود
همه بد سگالید و با کس نساخت    به کژّی و نابخردی سر فراخت
همی از شهنشاه ترسانی‌ام    سزا زو بود رنج و آسانی‌ام
ز گردنکشان او همال من است    نه چون بنده او بدسگال من است
هشیوار و آهسته و بانژاد    بسی نامبردار دارد به یاد
به جان و سر شاه ایران سپاه    کز ایدر کنون باز گردی به راه
به پاسخ نیفزایی و بدخوی    نگویی سخن نیز تا نشنوی»
چو بشنید بهرام، زو گشت باز    بلشکرگه آمد، گوِ رزمساز

*

چو خرّاد برزین و آن بخردان    دبیر بزرگ و دگر موبدان[4]

---

۱ - سخن بی‌گزارش است و بگفتار پیشین نیز پیوند ندارد.    ۲ - همچنین...
۳ - از اینجا ده رج سخنان نادرخور آمده است که میان رج پیشین، و رج یازدهم «چو بهرام بشنید...» جدایی می‌افکند.
۴ - «چو» آغازین این رج با «چو» رج پیشین همخوان نیست، و دنبالهٔ گفتار همانست که در رج پسین می‌آید.

نبشتند نامه بشاه جهان سخن هر چه بُد آشکار و نهان
سپهدار با موبد موبدان به خشم آن زمان گفت کـ :«ای بخردان[1]
هم اکنون از ایدر به دز در شوید بکوشید و با باد همبر شوید[2]
به دز بر ببینید تا خواسته چه مایه بود گنج آراسته[3]
دبیران برفتند دل پر هراس ز شبگیر تا شب گذشته سه پاس[4]
سیه شد بسی کاغذ از هر شمار نبشته نشد هم، بفرجام کار[5]
به دژ بر نبُد راه، زان خواسته گذشته بدو، سال و، ناکاسته[6]
ز هنگام ارجاسپ و افراسیاب ز دینار و گوهر که خیزد ز آب[7]
همان نیز چیزی که کانی بود کجا رستنش آسمانی بود[8]
همه گنجها اندر آورده بود کجا نام او در جهان برده بود[9]
ز چیز سیاوش نخستین کمر به هر مهره‌ای در سه پاره گهر[10]
همان گوشوارش که اندر جهان کسی را نبود از کهان و مهان[11]
که کیخسرو آن را به لهراسپ داد که لهراسپ زان‌پس به گشتاسپ داد[12]
که ارجاسپ آن را به دز در نهاد که هنگام آن کس ندارد به یاد[13]
شمارش ندانست کس در جهان ستاره‌شناسان و فرخ مهان[14]
نبشتند یک‌یک همه خواسته که بود اندر آن گنجِ آراسته[15]
فرستاد بهرام، مردی دبیر سخنگوی و روشندل و یادگیر

---

۱ - **یک:** موبد موبدان، بهمراه سپاه نیامده بود. **دو:** موبد موبدان یک کس است، و با «بخردان» همساز نیست.

۲ - وابسته به رج پیشین

۳ - همچنین

۴ - **یک:** دل پرهراس نادرست است: «با دل پرهراس». **دو:** پس از پیروزی چرا با دل پرهراس رفته باشند؟ **سه:** دبیران بکجا رفتند؟

۵ - **یک:** بسی کاغذ را از هر شمار نباید. «بسی کاغذ» بسنده است. **دو:** چه چیز نوشته نشد.

۶ - **یک:** از کدام خواسته: بایستی گفتن از بسیاری خواسته‌ای که پرموده در دژ داشت. **دو:** بدو (= به او) نادرخور است: «بخواسته‌ایکه» سالها بر آن گذشته بود». **سه:** ناکاسته نیز نادرخور است.

۷ - **یک:** زمان ارجاسب، بس دور از زمان افراسیاب بود، و آنانرا پیوند خونی و نژادی بود، اما پیوند در پادشاهی و مال و خواسته نبود. **دو:** از لت دویم نادرخورتر نشاید بودن! افزاینده خواسته است بگوید: از دینار و گوهری که از آب خیزد (= مروارید)!

۸ - **یک:** افزاینده خود دریافت که چه نادرستی در گفتارش پدید آمده است، و در این رج به گزارش آن پرداخت، اما «کانی بوَد» نادرخور است: «و از گوهرها» که همه کانی‌اند! **دو:** لت دویم نیز سخت نادرخور است، زیرا که «کانی» وابسته بزمین است، نه آسمان!

۹ - سخن بی‌پیوند، بی‌گزارش است!

۱۰ - **یک:** چیز سیاوش سخنی نادرخور است، و اگر افزاینده را اندک نگرش می‌بود، می‌توانست گفتن ز گنج سیاوخش... **دو:** گنج سیاوخش بدست افراسیاب و ارجاسپ نیافتاده بود.

۱۱ - دنبالهٔ همان داستان با گفتاری سست و نادرخور.

۱۲ - افزاینده، با سخنان سست آنرا دنبال میکند.

۱۳ - تا بدست ارجاسپش برساند!

۱۴ - **یک:** شمار گوشوار راکس ندانست؟ **دو:** لت دویم را نیز پیوند با لت نخست نیست.

۱۵ - سخن از خواسته در گفتار پسین می‌آمد.

بیامد همه خواسته گرد کرد / که بُد در دژ و، هم بدشت نبرد
ابا خواسته بود دو گوشوار / دو موزه در او بود گوهرنگار؛[1]
همان شوشهٔ زرّ بر او بافته / بگوهر، سرِ شوشه بر تافته[2]
دو برد یمانی همه زرّبفت / بسختند و هر یک، به من، بود هفت[3]
سپهبد ز کشّی و گنداوری / نبود آگه از جستن داوری[4]
دو برد یمانی بیکسو نهاد / دو موزه بموبد نکرد ایچ یاد[5]
بفرمود زان پس، به ایزدگشسپ / که تا با سواران، نشیند بر اسپ
ز لشکر گزین کرد مردی هزار / که با او شود تا درِ شهریار
ز خاقان شتر خواست ده کاروان / شمرد آن زمان جمله بر ساروان[6]
سواران پسِ پشت و خاقان ز پیش / همی راند با نامداران خویش

---

۱ - سخن را پیوند درست نیست، و در گفتار پسین نیز از «دو گوشوار» یاد نمی‌شود.

۲ - باگوهر نمی‌توان شوشهٔ زر را تابیدن، و شوشه را با شوشه می‌تابانند.

۳ - **یک:** چون پارچه‌ای زربفت باشد، همه‌اش زربفت است و همه زربفت گفتن، نادرخور است. **دو:** لت نخست بدآهنگ است. **سه:** شیوهٔ شمارش نادرست است، **هفت من! چهار:** سخن سخت گزافه می‌نماید.

۴ - سخن را پیوند باگفتار نیست، و در فرهنگ ایرانی داوری‌خواهی آمده است و داوری‌جویی، نه! پسانگاه آگاهی از داوری‌جویی چگونه است؟

۵ - در نامه‌ای که هرمز به بهرام می‌نویسد، سخن از موزه و برد یمانی نمی‌رود، و تنی از بند کردن خاقان یاد می‌شود.

۶ - **یک:** خاقان، پیش از آن بسوی تیسفون رفته بود... **دو:** لت دویم نیز سخت سست است.

# آمدن خاقان
## به نزد
## هرمز

این بخش، تا پانزده رج سخت آشفته و پریشان است، و از آن چیزی بر نمی آید. داستان؛ بر پایهٔ آنچه که در دیگر تاریخ‌های ایرانی آمده است، چنان است که هرمز به پیشواز پرموده رفت و چون بهم رسیدند، هرمز ترس داشت که از اسپ پیاده شود و پرموده نه چنان کند! پس هرمز، بر خویش جنبید، و پیاده شد، پرموده نیز پیاده شد... و هرمز از برای آنکه نشان ندهد که از برای پرموده، زودتر پیاده شده است، روی بخورشید کرد، و چنین وانمود که برای پیروزی بر پرموده، خورشید را ستوده است، آنگاه هرمز و پرموده با یکدیگر بسوی تخت رفتند. در این بخش تنها یک لت از گفتار فردوسی دست نخورده مانده است: «پر اندیشه بُد زان سخن، نامجوی!» بر این بنیاد، تا رج «سزاوار او...» از گزارش سخنان چشم پوشید؟

چو خاقان بیامد بنزدیک شاه    ابا گنج دیرینه و با سپاه
چو بشنید شاه جهان برنشست    بسر بر، یکی تاج و گرزی بدست
بیامد چنین، تا به درگه رسید    ز دهلیز، چون روی خاقان بدید
همی بود، تا چونْش بیند براه    فرود آید او؟ هم چنان با سپاه!
ببینَدْش و برگردد از پیش اوی!    پر اندیشه بُد زان سخن نامجوی
پس آنگاه خاقان چنان هم بر اسپ    ابا موبد خویش آیین‌گشسپ
فرود آمد از اسپ خاقان همان    بیامد برِ شاه ایران دمان
درنگی بُبد تا جهاندار شاه    نشست از برِ تازی اسپی سیاه
شهنشاه اسپ تگاور براند    به دهلیز با او زمانی بماند
چو خاقان برفت از در شهریار    عنانش گرفت آن زمان پرده‌دار
پیاده شد از باره، پرموده، زود    بران کهتری جادوی‌ها نمود
پیاده همان شاه دستش به دست    بیاورد او را به جای نشست
خرامان بیامد به نزدیک تخت    مر او را شهنشاه بنواخت سخت
بپرسید و بنشاختش پیش خویش    بگفتند بسیار ز اندازه بیش

*

سزاوارِ او، جایگه ساختند    یکی خرّم ایوان، بپرداختند

خاقان و هرمزد ۲۰۹

ببردند چیزی که شایسته بود / همان پیش پرموده، بایسته بود
سپه را به نزدیک او جای کرد / دبیری بدان کار بر پای کرد
چو آگه شد از کار آن خواسته / که آورد، پرموده، آراسته
به میدان فرستاد تا همچنان / برد بارِ پرمایه با، ساروان

*

چو آسود، پرموده از رنج راه / به هشتم یکی سور فرمود شاه
چو خاقان به پیش جهاندار شاه / نشست از درِ سور، در پیشگاه
بفرمود تا بار آن اشتران / به پشت، اندر آرند پیشِ سران
کسی برگرفت از کشیدن شمار / به یک روز مزدور بُد سد هزار[1]
دگر روز هم بامداد پگاه / به خوان بر، مَی آورد و بنشست شاه[2]
ز میدان ببردند پنجه هزار / هم از تنگ بر پشت مردان کار[3]
از آورده سد گنج شد ساخته / دل شاه زان کار پرداخته[4]
یکی تخت جامه بفرمود شاه / کز آنجا بیارند پیش سپاه[5]
همان بر کمر گوهر شاهوار / که نامد همی ارز او در شمار[6]
یکی آفرین خاست از بزمگاه / که «پیروز باد این جهاندار شاه»[7]
به آیین‌گشسپ آن زمان شاه گفت / -که با او بُدَش آشکار و نهفت-
که: «چون؟ بینی این کار چوبینه را / بمردی ببار آورد؟ کینه را!»
چنین گفت آیین‌گشسپ دبیر / که: «ای شاه روشندل و یادگیر
به سوری که دستانْش چوبین* بود / چنان دان، که خوانش نوآیین بود»
ز گفتار او شاه، شد بدگمان / روانش پراندیشه بُد یکزمان
هیونی بیامد همانگه سترگ / یکی نامه‌ای از دبیر بزرگ[8]
که: «شاه جهان جاودان شاد باد / همه کار او بخشش و داد باد[9]
چنان دان که بُرد یمانی دو بود / همه موزه از گوهر ناپسود[10]
همان گوشوار سیاووش رد / کزو یادگار است ما را خرد[11]

---

۱ - سخن سخت بی‌پیوند و بی‌گزارش است. ۲ - می نوشی از بامداد پگاه؟!
۳ - روشن نیست که چرا چنین کرده‌اند و پنجاه هزار تَنگ (بار، بستهٔ بار) چه بوده است!
۴ - از یک گنج، سد گنج برنمی‌آید. ۵ - «تخت جامه» راگزارش نیست. ۶ - سخن بی‌پیوند است.
۷ - کنارِ خوان و بهنگام «می خوردن» چنین کارها نشاید.
* - «چوبین» گونه‌ای مرغ درازپای و درازگردن است که آواز خوشی ندارد و آیین‌گشسب، با این سخن، دشمنی با بهرام می‌ورزد.
۸ - لت دویم را نیز پیوند «با» باید. ۹ - وابسته بگفتار
۱۰ - سخن نادرست است، «چنان دان که میان خواسته‌های پرموده، دو برد یمانی، و جفتی موزه بود».
۱۱ - **یک:** دوباره از گوشوار سیاوخش یاد می‌شود که نادرست است. **دو:** و سخن در لت دویم نیز بی‌گزارش است.

۲۱۰ هرمزد

ازین چار، دو، پهلوان برگرفت    چو او دید رنج، این نباشد شگفت،[1]
ز شاهک بپرسید پس نامجوی    ک:«زین هرچه● دیدی؟ یکایک بگوی!»
سخن گفت شاهک برین همنشان    برآشفت زان، شاهِ گردنکشان
هم اندر زمان گفت: «چوبینه، راه    همی گم کند، سر برآرد بماه»

*

یکی آنکه خاقان چین را بزد    ازآن سان که از گوهر بد سزد[2]
دگر آنکه چون گوشوارش بکار    بیامد مگر شد یکی شهریار[3]
همه رنج او سر بسر باد گشت    همه داد دادنش بیداد گشت،[4]
بگفت این و پرموده را پیش خواند    بر آن نامور پیشگاهش نشاند
ببودند و خوردند تا شب ز راه    بیفشاند آن تیره زلف سیاه[5]
بخاقان چنین گفت ک:«ز بهر من    بسی رنج دیدی، تو○ از شهر من»
نشسته بیازید و دستش گرفت    ازو ماند، پرموده اندر شگفت
بدو گفت: «سوگند ما تازه کن    همان عهد، بر دیگر اندازه کن»
بخوردند سوگندهای گران    بیزدان پاک و به جانِ سران
که از شاه، خاقان، نپیچد بدل    ندارد* بکاری ورا دلگسل
به گاه و به تاج و به خورشید و ماه    به آذرگشسپ و به آذرپناه[6]
به یزدان که او برتر از برتری‌ست    نگارندهٔ زهره و مشتری‌ست[7]
که چون بازگردی نپیچی ز من    نه از نامدارانِ این انجمن[8]
بگفتند و از جای برخاستند    سوی خوابگه رفتن آراستند
چو برزد سر از کوه، زرد آفتاب    سر تاجداران برآمد ز خواب

---

۱ - افزاینده پیشتر از «دو» یاد کرده بود، و بیدرنگ در این گفتار از «چهار» سخن می‌رود.

● - نمونه‌ها چنین‌اند، و سخن ناهموار می‌نماید، بیگمان گفتار فردوسی چنین بوده است:

**«کزین در، چه دیدی؟»**

۲ - وابسته به گفتار پسین    ۳ - سخن پریشان است، و از گوشوار دروغین سیاوخش یاد می‌کند.

۴ - روانشاد بهرام داد، نداده بود (جنگیده بود).    ۵ - شب از راه زلف سیاه را نمی‌افشاند.

○ - نمونه‌های دیگر: «بیابی گر آیی تو از انجمن» «پذیری بیابی بدان، شهر و من». که هر دو نمونه نادرخور است، اما در این نمونه «تو» در میانه سخن، گفتار را سست می‌کند و بیگمان گفتار فردوسی چنین بوده است:

**«بسی رنج دیدی و، از شهر من»**

* - **«نباشد»** درست می‌نماید.

۶ - **یک:** سوگند بیزدان و جان سران بود. **دو:** آتشکدهٔ آذرگشسب برای ترکان گرامی نبوده است. **سه:** آذر پناه نیز برای پساوای ماه آمده است و چنین آتشکده‌ای در ایران نداشته‌ایم.

۷ - دوباره نام یزدان بر خامهٔ افزایندگان می‌گذرد، و نام زهره و مشتری نیز بر زبان فردوسی نمی‌رود!

۸ - در این باره نیز سخن، رفته بود.

[یکی خلعت آراست پُرمایه شاه ز زرّین و سیمین و اسپ و کلاه[1]]
[بنزدیک خاقان فرستاد شاه دو منزل همی رفت با او به راه]
سدیگر نپیمود راه دراز درودش فرستاد و زو گشت باز[2]

## بازگشت خاقان

چو آگاهی آمد سوی پهلوان ازآن خلعت شهریار جهان
ز خاقان چینی که از نزد شاه چنان شاد برگشت و آمد براه
پذیره شدش پهلوان سوار از ایران، هرآن کس که بُد نامدار
علف ساخت جایی که او برگذشت به شهر و ده و منزل و کوه دشت[3]
همی تاخت پوزش‌کنان پیش اوی پر از شرم جان بداندیش اوی[4]
چو پرموده را دید کرد آفرین ازو سر بپیچید، خاقان چین
نپذرفت ازو هر چه آورده بود علف بود اگر بدره و برده بود[5]
همی راند بهرام با او به راه نکرد ایچ خاقان، بدو در نگاه
بدین گونه بر، تا سه منزل براند که یک روز پرموده او را نخواند
چهارم فرستاد خاقان کسی که: «برگرد چون رنج دیدی بسی»
چو بشنید بهرام برگشت ازوی به تندی سوی بلخ بنهاد روی

## نامهٔ سرزنش هرمز ببهرام
## و
## فرستادن دوکدان و جامهٔ زنان برای او

همی بود در بلخ چندی دژم ز کرده پشیمان و دل پر ز غم

---

۱ - دوبار نام شاه در یک گفتار نادرخور است، و این دو رج در یک رج، اینچنین درست می‌نماید:

**ز زرین و سیمین و اسپ و کلاه بنزدیک خاقان فرستاد شاه**

۲ - سدیگر نادرست است: سدیگر روز... و راهِ دراز، از آن خاقان بود، نه یکروزه راه که هرمز آنرا نپیمود!

۳ - لت دویم، دوباره‌گویی لت نخست است.

۴ - همی تاخت نادرست است، و با «پذیره شدش» در رج سیوم پیشین همخوان نیست.

۵ - **یک**: مگر (علف) را پهلوان می‌آوَرَد؟ **دو**: برده نیز در لت دویم نادرخور است.

جهاندار زو هم* نه خشنود بود ز تیزی روانش پر از دود بود
از آزار خاقان چنین نخست که بهرام آزار او را بجست[1]
دگر آنک چیزی که فرمان نبود به برداشتن، چون دلیری نمود[2]
یکی نامه بنوشت پس شهریار به بهرام که :«ای دیو ناسازگار
ندانی همی، خویشتن را تو، باز چنین، از بزرگان شدی بی‌نیاز
هنرها ز یزدان نبینی همی به چرخ فلک برنشینی همی!
ز فرمان من سر بپیچیده‌ای دگرگونه کاری پسیچیده‌ای
نه آید همی؟ یادت از رنج من! سپاه من و کوشش و گنج من!
نه با پهلوانان بسازی همی سرت باآسمان برفرازی همی[3]
کنون خلعت آمد سزاوار تو پسندیده و درخور کار تو»
چو بنهاد بر نامه بر، مُهر، شاه بفرمود تا دوکدانی سیاه
بیارند با دوک و پنبه در اوی نهاده بسی، ناسزا؛ رنگ و بوی
هم از شَعر پیراهن لاژورد یکی سرخ مقنا● و شلوارِ زرد
فرستاده‌ای بدمنش برگزید که آن خلعتِ ناسزا را سزید
بدو گفت که :«این پیش بهرام بر بگو: ای سبک‌مایهٔ بی‌هنر
تو خاقان چین را ببندی همی؟ گزند بزرگان پسندی همی؟
ز تختی که هستی فرود آرمت ازین پس، بکس نیز، نشمارمت»

## پوشیدن بهرام، جامهٔ زنان را
## و
## نمودنِ آن بسران سپاه

فرستاده با خلعت آمد چو باد شنیده سخن‌ها همه کرد یاد
چو بهرام با نامه خلعت بدید شکیبایی و خامُشی برگزید
همی گفت که :«این است؟ پاداش من چنین از پیِ شاه، پرخاش من!

* - «هم زو» درست می‌نماید.
1 - یاد کردن دوبار «آزار» در یک گفتار، آنرا سست می‌نماید.
۲ - سخن را پیوند بایسته نیست.
۳ - پیوند درست میان لت دویم با لت نخست نیست.
● - مَکنا، در گویش زرتشتیان یزد، مَقناگویش کرمان، مَکنو، در زبان‌سنگسری و بختیاری: چادری که بخشی از آنرا بر گردِ رخ و سر؛ می‌پیچند و دنبالهٔ آن از دو سوی آزاد و آویزان است، و دستها در آن، برای کار آزاد است. تازیان آنرا بگونهٔ مقنعه و مقناع برگرداندند.

ناسپاسی هرمزد دربارهٔ بهرام ۲۱۳

چنین بد ز اندیشهٔ شاه نیست / جز از ناسزا گفتِ بدخواه نیست[1]
که خلعت ازین سان فرستد بمن / بدان تا ببینند هر انجمن[2]
جهاندار، بر بندگان پادشاست / اگر مر مرا، خوار گیرد، رواست[3]
گمانی نبردم که نزدیکِ شاه / بداندیشگان تیز یابند راه[4]
ولیکن چو هرمز مرا خوار کرد / بگفتارِ اهریمنان کار کرد[5]
ز شاه جهان این چنین کارکرد / نزیبد به پیش خردمند مرد[6]
ازآن پس که با خوارمایه سپاه / بتیزی برفتم ز درگاه شاه[7]
همه دیده‌اند آنچه من کرده ام / غم و رنج و سختی که من برده‌ام[8]
چو پاداش آن رنج، خواری بود / گر از بخت، ناسازگاری بود[9]
بیزدان بنالم ز گردان سپهر / که از من چنین پاک بگسست مهر»[10]

*

ز دادارِ نیکی‌دهش یاد کرد / بپوشید پس، جامهٔ سرخ و زرد
به پیش اندرون دوکدان سیاه / نهاده، هرآنچه‌ش؛ فرستاد شاه[11]
بفرمود تا هر که بود از مهان / ازآن نامداران شاهِ جهان
ز لشکر برفتند نزدیک اوی / پر اندیشه بُد جان تاریک اوی
چو رفتند و دیدند پیر و جوان / برآن گونه بر، پوشش پهلوان
بماندند ازآن کار، یکسر شگفت / دلِ هر کس، اندیشه‌ای برگرفت
چنین گفت پس، پهلوان با سپاه / که: «خلعت؛ بدینسان فرستاد شاه!
جهاندار شاه است و ما بنده‌ایم / دل و جان به مهر وی آکنده‌ایم[12]
چه؟ بینند بینندگان اندرین! / چه؟ گوییم با شهریار زمین»

*

بپاسخ گشادند یکسر زبان / که: «ای نامور، پرهنر پهلوان
چو ارج تو اینست نزدیک شاه! / سگان‌اند، بر بارگاهش، سپاه!

---

۱ - لت دویم را پیوند درست نیست: «ازگفتار بدخواهان چنین شد».
۲ - لت دویم را با لت نخست پیوند نیست.
۳ - این گفتار، رودرروی گفتار رج ششم پس از این است.
۴ - دوباره از بدگویان و بداندیشان سخن میرود.
۵ - سخن را باگفتار پیشین هماهنگی نیست.
۶ - لت دویم نادرخور است: «نزد خردمندان زیبنده نیست».
۷ - رفتن از پیش شاه، کاری آسان بود. پیروزی او بر ساوه‌شاه درخور نگرش است.
۸ - سخن را با رج پیشین پیوند نیست.
۹ - پیش را «اندرون» نیست، و بجز از دوک چیزی نفرستاده بود که در لت دویم از هرآنچش یاد شود.
۱۰ - از سپهر گردان بنالد، یا از هرمز؟
۱۱ - پیش را «اندرون» نیست، و بجز از دوک چیزی نفرستاده بود که در لت دویم از هر آنچش یاد شود.
۱۲ - این گفتار باگفتار پسین هماهنگ نیست.

نگر تا چه گفت آن خردمند پیر    به ری چون دلش تنگ شد ز اردشیر[1]
سری پر ز کینه دلی پر ز درد    زبان و روان پر ز گفتار سرد[2]
بیامد دمان تا به اصطخر پارس    که اصطخر بُد بر زمین فخر پارس[3]
که: بیزارم از تخت و از تاج شاه    چو نیک و بد من ندارد نگاه»[4]
بدو گفت بهرام ک:«این خود مگوی    که از شاه گیرد سپاه آبروی[5]
همه سر بسر بندگان وی‌ایم    دهنده‌ست و خواهندگان وی‌ایم»[6]
چنین یافت پاسخ ز ایرانیان    که: «ما خود نبندیم زین پس میان[7]
به ایران کس او را نخوانیم شاه    نه بهرام را پهلوان سپاه»[8]
بگفتند و از پیش بیرون شدند    ز کاخ همایون بهامون شدند[9]
سپهبد سپه را همی داد پند    همی داشت با پند، لب را به بند[10]

## دیدن بهرام زنی را در کاخ و آگاهی دادن او از پیشامدها

چنین تا دو هفته برین برگذشت    سپهبد ز ایوان بیامد بدشت[11]

*

**از اینجا در نودویک رج داستانی دراز راز آلوده که به خواب همانند است، آمده است که بجز از سخنانِ سست افزایندگان، سراپای داستان نیرنگ و نگار است، و اندیشهٔ خردمند، آنرا نمی‌پذیرد و بدینروی از گزارش آن چشم پوشیدم!**

یکی بیشه پیش آمدش پر درخت    سزاوار میخوارهٔ نیکبخت
یکی گور دید اندران مرغزار    کزان خوب‌تر کس نبیند نگار
پس اندر همی راند بهرام، نرم    بر او بارگی را نکرد ایچ گرم

---

۱ - **یک:** گفتار پهلوانان با بهرام، به گفت‌وگوی افزاینده با خواننده بازمیگردد! **دو:** آن پیر که بود؟ و کدام اردشیر است؟ که یکباره از وی سخن میرود!

۲ - سخن را پیشوند «با» باید.

۳ - برای یکسدمین بار اسخر، فخر پارس یا ایران است.

۴ - نیک و بد، نگاه داشتنی نیست.

۵ - به چه کس گفت؟ آنان بزرگان سپاه بودند.

٦ - لت دویم راگزارش نیست، و سخن رودرروی سخنان پیشین و رنجش بهرام است.

۷ - «میان بستن» کاریست که هر روز انجام میگیرد.

۸ - کس نخواهیم نادرست است.

۹ - آنان در کاخ همایون نبودند، و در لشکرگاه بسر می‌بردند.

۱۰ - پس از بیرون شدن آنان، بند می‌داد؟

۱۱ - چنینِ آغازین پیوند درست با گفتار ندارد: «چنین بود»، «چنین گذشت».

داستان افزوده

بدان بیشه بر، جایِ نخچیرگاه
به پیش اندر آمد یکی تنگ راه

ز تنگی چو گور ژیان برگذشت
بیابان پدید آمد و راغ و دشت

گرازنده، بهرام و تازنده گور
ز گرمای آن دشت تفسیده هور

ازآن دشت بهرام یل بنگرید
یکی کاخ پرمایه آمد پدید

بدان کاخ بنهاد بهرام روی
همان گور، پیش اندرون راهجوی

همی راند تا پیش آن کاخ، اسپ
پسِ پشت او بود ایزدگشسپ

عنان تکاور بدو داد و گفت
که: «با تو همیشه خرد باد جفت»

پیاده ز دهلیز کاخ اندرون
همی رفت بهرام بی‌رهنمون

زمانی به در بود، ایزدگشسپ
گرفته بدست آن گرانمایه اسپ

یلان‌سینه آمد پسِ او دوان
بر اسپ تکاور، ببسته میان

بدو گفت ایزدگشسپ دلیر
که: «ای پرهنر نامبردار شیر

ببین تا کجا رفت سالار ما
سپهبد یل نامبردار ما»

یلان‌سینه در کاخ بنهاد روی
دلی پر ز اندیشه، سالارجوی

یکی تاق و ایوان فرخنده دید
کزان سان به ایران نه دید و شنید

نهاده به ایوان او تخت زر
نشانده به هر پایه‌ای در گهر

بران تخت فرشی ز دیبای روم
همه پیکرش گوهر و زرّ بوم

نشسته بر او بر، زنی تاجدار
به بالا چو سرو و به رخ، چون بهار

برِ تخت زرّین یکی زیرگاه
نشسته بر او پهلوان سپاه

فراوان پرستنده بر گرد تخت
بتان پریروی بیداربخت

چو آن زن یلان‌سینه را دید، گفت
پرستنده‌ای را که: «ای خوب جفت

برو تیز و آن شیردل را بگوی
که: ایدر ترا آمدن نیست روی

همی باش نزدیک یاران خویش
هم اکنون بیایدت بهرام پیش

بدینسان پیامیش ز بهرام ده
دلش را به برگشتن آرام ده»

همانگه پرستندگان را براه
ز ایوان بر افکند نزد سپاه

که تا اسپ گُردان به آخُر برند
پراکنده زین‌ها همه بشمرند

در باغ بگشاد پالیزبان
به فرمان آن تازه رخ میزبان

بیامد یکی مرد مهترپرست
به باغ از پی و، واژ و بَرسَم به دست

نهادند خوان گرد باغ اندرون
خورش ساختند از گمانی فزون

چو نان خورده شد اسپ گردنکشان
ببردند پویان به جای نشان

بدان زن، چو برگشت بهرام، گفت
که: «با تاج تو مشتری باد جفت»

بدو گفت: «پیروزگر باش»، زن ـ     «همیشه شکیبادل و رایزن»

*

چو بهرام زان کاخ آمد برون     تو گفتی ببارید از چشم خون
منش را دگر کرد و پاسخ دگر     تو گفتی به پروین برآورد سر
بیامد هم اندر پی نرّه گور     سپهبد پس اندر همی راند بور
چنین تا ازان بیشه آمد برون     همی بود بهرام را رهنمون
به شهر اندر آمد ز نخچیرگاه     ازان کار نگشاد لب بر سپاه
نگه کرد خرّاد برزین بدوی     چنین گفت ک:«ای مهتر راستگوی
به نخچیرگاه این شگفتی چه بود     که آن کس ندید و نه هرگز شنود؟»
ورا پهلوان هیچ پاسخ نداد     دژم بود سر سوی ایوان نهاد
دگر روز چون سیمگون گشت راغ     پدید آمد آن زرد رخشان چراغ
بگسترد فرشی ز دیبای چین     تو گفتی مگر آسمان شد زمین
همه کاخ کرسیّ زرّین نهاد     ز دیبای زربفت بالین نهاد
نهادند زرّین یکی زیرگاه     نشسته بر او پهلوان سپاه
نشستی بیاراست شاهنشهی     نهاده به سر بر کلاه مهی

*

نگه کرد کارش دبیر بزرگ     بدانست کاو شد دلیر و سترگ
چو نزدیک خرّاد برزین رسید     بگفت آنچه دانست و دید و شنید
چو خرّاد برزین شنید این سخن     بدانست کان رنجها شد کهن
چنین گفت پس با گرامی دبیر     که: «کاری چنین بر دل آسان مگیر
نباید گشاد اندرین کار لب     برِ شاه باید شدن تیره شب»
چو بهرام را دل پراز تاج گشت     همان تخت، زیر اندرش آج گشت
زدند اندران کار هر گونه رای     همه چاره از رفتن آمد بجای
چو رنگ گریز اندر آمیختند     شب تیره از بلخ بگریختند
سپهبد چو آگه شد از کارشان     ز روشن‌روانهای بیدارشان
یلان‌سینه را گفت: «با سد سوار     بتاز از پسِ این دو ناهوشیار»
بیامد از آنجا بکردار گرد     ابا او دلیران روز نبرد
همی راند تا در، دبیر بزرگ     رسید و بر آشفت برسان گرگ
ازو چیز بستد همه هرچه داشت     به بند گرانش ز ره بازگاشت
بنزدیک بهرام بردش ز راه     بدان تا کند بی‌گنه را تباه

بدو گفت بهرام ک:«ای دیوساز ... چرا رفتی از پیش من؟ بی‌جواز!»
چنین داد پاسخ که: «ای پهلوان ... مرا کرد خرّاد برزین نوان
همی گفت کایدر بُدن روی نیست ... درنگِ تو، جز کام بدگوی نیست
مرا و ترا بیم کشتن بود ... ز ایدر مگر بازگشتن بود
چو بهرام را پهلوان سپاه ... ببردند آب اندران بارگاه
بدو گفت بهرام: «شاید بُدن ... به نیک و به بد رای باید زدن»
زبانی که بودش همه باز داد ... هم از گنج خویشش بسی ساز داد
بدو گفت زان‌پس که: «تو سازِ خویش ... به ژرفی نگه‌دار و مگریز بیش»

*

اُ زین روی خرّاد برزین نهان ... همی تاخت تا نزد شاه جهان
همه گفتنی‌ها بدو باز گفت ... همه رازها برگشاد از نهفت
چنین تا ازان بیشه و مرغزار ... یکایک همی گفت با شهریار
اُزان رفتن گور و آن راه تنگ ... ز آرام بهرام و چندین درنگ
اُزان رفتن کاخ گوهرنگار ... پرستندگان و زن تاجدار
یکایک بگفت آن کجا دیده بود ... دگر هر چه از کار پرسیده بود
ازان تاجور ماند اندر شگفت ... سخن هر چه بشنید در دل گرفت
چو گفتار موبد به یاد آمدش ... ز دل بر یکی سرد باد آمدش
همان نیز گفتار آن فال‌گوی ... که گفت او بپیچد ز تختِ تو روی
سبک موبد موبدان را بخواند ... بران جای خرّاد برزین نشاند
به خرّاد برزین چنین گفت شاه ... که «بگشای لب تا چه دیدی به راه»
به فرمان هرمز زبان برگشاد ... سخن‌ها یکایک همه کرد یاد
بدو شاه گفت: «این چه شاید بُدن ... همه داستان‌ها بباید زدن
که در بیشه گوری بود رهنمای ... میان بیابانِ بی‌بر سوای
برِ تخت زرّین یکی تاجدار ... پرستار پیش اندرونش اهوار
بکردار خوابی‌ست این داستان ... که بر خواند از گفتهٔ باستان»
چنین گفت موبد به شاه جهان ... که «آن گوردیوی بود در نهان
چو بهرام را خواند از راستی ... پدید آمد اندر دلش کاستی
همان کاخ جادوستانی شناس ... بدان تخت جادو زنی ناسپاس
که بهرام را آن سترگی نمود ... چنان تاج و تخت بزرگی نمود
چو برگشت ازو برمنش گشت و مست ... چنان دان که هرگز نیاید به دست

کنون چاره‌ای کن که تا آن سپاه / ز بلخ آوری سوی این بارگاه»
پشیمان شد از دوکدان شهریار / اُزان پنبه و جامهٔ نابکار

*

برین، بر نیامد بسی روزگار / که آمد کس از پهلوان سوار[1]
یکی سلّه پر خنجری داشته / یکایک سر تیغ برگاشته[2]
بیاورد و بنهاد در پیش شاه / همی کرد شاه اندر آهن نگاه[3]
بفرمود تا تیغ‌ها بشکنند / دران سلّهٔ نابکار افکنند[4]
فرستاد نزدیک بهرام باز / سخن‌های پیکار و رزم دراز[5]
به دو نیمه کرده نهاده بجای / پر اندیشه شد مرد برگشته رای[6]
فرستاد و ایرانیان را بخواند / همه گرد آن سلّه اندر نشاند[7]
چنین گفت ک :«این هدیهٔ شهریار / ببینید و این را مدارید خوار»[8]
پر اندیشه شد لشکر از کار شاه / بگفتار آن پهلوان سپاه[9]
که: «یک روزمان هدیهٔ شهریار / بود دوک با جامهٔ پرنگار[10]
شکسته دگر باره خنجر بود / ز زخم و ز دشنام بتّر بود[11]
⇐ چنین شاه، بر گاه، هرگز مباد / نه آن کس که گیرد ازو نیز یاد
اگر نیز بهرام پور گشسپ / بر آن خاک درگاه، بگذارد اسپ؛
ز بهرام، مه مغز بادا، مه پوست / نه آن کم بها را؛ که بهرام از اوست!»

*

سپهبد چو گفتار ایشان شنید / دل لشکر، از تاجور، خسته دید؛[12]
بلشکر چنین گفت پس، پهلوان / که: «بیدار باشید و روشن‌روان
که خرّاد برزین برِ شهریار / سخن‌های پوشیده کرد آشکار
کنون یک بیک چارهٔ جان کنید / همه با من امروز پیمان کنید[13]

---

۱ - **یک:** «آمد کس» نادرخور است «فرستاده‌ای آمد». **دو:** بکجا آمد؟

۲ - **یک:** سلّه، سبد است، و یکی سله، «پر از خنجر» باید نه «پر خنجری». **دو:** لت دویم نیز بی‌پیوند است، «که سرِ تیغ آن خنجرها را برگردانده بودند».

۳ - مگر بهمین آسانی است که یک «کس» خودسرانه بکاخ شاه رود، و یک سلّه خنجر را پیشِ وی نهد!

۴ - **یک:** پیوند درست ندارد: «تیغ‌ها را». **دو:** سلّه را نشاید نابکار نامیدن.

۵ - سله را بازفرستاد، یا سخن‌های پیکار را؟ مگر میتوان سخن را بازفرستادن، سخن را پاسخ باید دادن.

٦ - دوباره از شکستن خنجرها سخن میرود.

۷ - ایرانیان را؟ یا پهلوانان سپاه را؟

۸ - دوبار واژهٔ «این» در یک گفتار، آنرا سست می‌نماید.

۹ - لت دویم را با لت نخست پیوند نیست.

۱۰ - وابسته بگفتار

۱۱ - باز لت دویم را پیوند درست نیست: «چنین کارها...».

۱۲ - از لشکر در رج پسین سخن می‌رود.

۱۳ - این رج بگونهٔ درست پس از گفتار دراز افزوده در رج ۳۴۸۲۵ خواهد آمد.

انجمن مهیستان سپاه ۲۱۹

مگر کس فرستد ز لشکر براه     که دارند ما را ز لشکر نگاه[1]
اُگرنه مرا روز برگشته گیر     سپه را یکایک همه کشته گیر»[2]
بگفت این و خود سازِ دیگر گرفت     نگه کن کنون تا بمانی شگفت[3]
پراکند بر گرد کشور سوار     بدان تا مگر نامهٔ شهریار[4]
بیاید به نزدیک ایرانیان     ببندند پیکار و کین را میان[5]

*

برین نیز بگذشت یک روزگار     نخواندند کس نامهٔ شهریار[6]
ازانپس گرانمایگان را بخواند     بسی رازها پیش ایشان براند[7]
چو همدان‌گشسپ و دبیر بزرگ     یلان‌سینه آن نامدار سترگ[8]
چو بهرام گرد آن سیاوش‌نژاد     چو پیدا گشسپ آن خردمند و راد[9]
همی رای زد با چنین مهتران     که بودند شیران گنداوران[10]
چنین گفت پس، پهلوان سپاه     بدان لشکر تیزِ گم کرده راه[11]
که: «ای نامدارانِ گردنفراز     به رای شما، هر کسی را نیاز[12]
ز ما، مهتر؛ آزرده شد بیگناه     چنین سر بپیچید ز آیین و راه[13]
چه سازید؟ و درمان این کار چیست؟     نباید که بر ما بباید گریست![14]
هر آن کس که پوشید، درد از پزشک     ز مژگان فروریخت خونین سرشک[15]
ز دانندگان گر بپوشیم راز     شود کارِ آسان، به ما بر، دراز[16]
کنون دردمندیم اندر جهان     به داننده گوییم، یکسر نهان[17]
برفتیم از ایران چنین کینه‌خواه     بدین مایه لشکر بفرمان شاه[18]
ازین بیش لشکر نبیند کسی     اُگر چند ماند به گیتی بسی[19]
چو پرموده؛ گرد با ساوه‌شاه     اگر سوی ایران کشیدی سپاه[20]

---

۱ - سخن را هیچ گزارش نیست.     ۲ - گَشته را با کُشته پساوا نیست، و سخن نیز سست و ناهموار است.
۳ - در لت دویم، روی سخن به خواننده بازمیگردد.
۴ - بهرام در خراسان بود، و نمیتوانست «برگرد کشور» سوار بفرستد.     ۵ - سخن را پیوند به گفتار پیش نیست.
۶ - سخن روشن نیست.     ۷ - پیش از گفتار، نشاید از «بس راز راندن» سخن گفت.
۸ - **یک:** «چو» پیش از نام نادرخور است. **دو:** سترگ لجوج باشد و بی‌آزرم شرم: لغت فرس اسدی توسی.
۹ - همچنین... درباره نژاد سیاوخش بهنگام پایان نبرد ساوه شاه سخن رفت.
۱۰ - سخن سست است و لت دویم نادرخور!     ۱۱ - **یک:** پس از راز راندن، با ایشان سخن گفت؟ **دو:** لشکر گم کرده راه نبود.
۱۲ - در لت دویم بایستی «مرا نیاز» می‌آمد.     ۱۳ - وابسته بگفتار.     ۱۴ - لت دویم را پیوند درست با لت نخست نیست.
۱۵ - کنش لت دویم بایستی در «زمان روان» باشد: «فرو ریزد».     ۱۶ - دانندگان کیانند؟
۱۷ - دوباره سخن از داننده می‌رود!     ۱۸ - برفتیم؟ یا بیامدیم؟
۱۹ - چنین نیست ولشکر بزرگتر از آن بسیار بوده است، و هرمز خود به بهرام گفته بود که چرا به چنین مایه لشکر بس کرده‌ای!
۲۰ - «اگر» در لت دویم با «چو» در لت نخست همخوان نیست.

نیرزید ایران به یک مهره موم / اُزان پس همی داشت آهنگ روم[1]
به پرموده و ساوه‌شاه آن رسید / که کس در جهان آن شگفتی ندید[2]
اگر چه فراوان کشیدیم رنج / نه‌شان پیل ماندیم، زان پس، نه گنج؛
بنوّی یکی گنج بنهاد شاه / توانگر شد، آشفته شد بر سپاه
کنون چاره دام او چون کنیم / که آسان سر از بند بیرون کنیم!
شهنشاه را کارها ساخته‌ست / اُزین چاره، بی‌رنج، پرداخته‌ست
⇐ **شما هر یکی چارهٔ جان کنید / بدین خستگی● تا چه درمان کنید!**
من از راز پردخته کردم دلم / ز تیمار، جان را همی بگسلم»[3]
پس پردهٔ نامور پهلوان / یکی خواهرش بود، روشنروان[4]
خردمند را گُردیه نام بود / دلارام و آرام بهرام بود[5]
چو از پرده گفتِ برادر شنید / بر آشفت و از کین، دلش بردمید[6]
بدان انجمن شد، سری پرسخن / زبان پر ز گفتارهای کهن[7]
برادر چو آواز خواهر شنید / ز گفتار و پاسخ فرو آرمید[8]
چنان هم ز گفتار ایرانیان / بماندند یکسر ز بیم زبان[9]
چنین گفت پس گردیه، با سپاه / که: «ای نامداران جوینده راه[10]
ز گفتار، خامش چرا مانده‌اید؟ / چنین از جگر خون برافشانده‌اید![11]
ز ایران سرانید و جنگ‌آوران / خردمند و دانا و افسونگران[12]
چه بینید؟ یکسر، بکار اندرون! / چه یاری دهید؟ اندرین دشت خون؟»[13]

*

**چنین گفت ایزدگشسپ سوار / که: «ای از گرانمایگان یادگار**
زبان‌های ما گر شود تیغ تیز / ز دریای رای تو گیرد گریز[14]
**همه کارهای شما ایزدیست / ز مردیّ و از دانش و بخردیست**
نباید که راهِ پلنگ آوریم / که با هر کسی رای جنگ آوریم[15]
**مجویید ازین پس، کس، از من سَخُن / کزین باره‌ام، پاسخ آمد به بُن!**

---

۱ - **یک:** «نمی‌ارزید» باید. **دو:** لت دویم نیز بی‌پیوند است: «پس از گشودن ایران، آهنگ روم را داشت».
۲ - پنج رج گفتارهای دوباره.
●- خستگی: جراحت!
۳ - راز در میان نبود.
۴ - یکی خواهرش نادرست است.
۵ - آرام و دلارام (= دل آرام) با هم نشاید.
۶ - کدام کینه؟ سخن بهرام گلایه بود.
۷ - سر پر سخن نادرست که سر پر از اندیشه است: «بسی پر سخن».
۸ - هنوز خواهر سخن نگفته است.
۹ - بیم زبان از چه؟ هنوز گردیه سخن نگفته است.
۱۰ - سپاه نادرخور است، زیرا که بهرام گرانمایگان را فراخوانده بود.
۱۱ - کسی خون از جگر (بر)نیفشانده بود.
۱۲ - «سران» و «جنگاوران» را «خردمندان» و «دانایان» باید.
۱۳ - کدام دشت خون؟
۱۴ - «تیغ» را با «رای» پیوند نیست.
۱۵ - پلنگ را بیهوده، با هرکس رای جنگ نیست.

*

اگـر جـنـگ سـازید یـاری کـنیم     بـه پـیش سـواران سـواری کـنیم[1]

چـو خشنود بـاشد ز مـن پـهلوان     بـرآنـم کـه جـاوید مـانم جـوان»[2]

چـو بـهرام بشـنید گـفتار اوی     مـیانجی هـمی دیـد کـردار اوی

ازان پس یـلان‌سینه را دیـد و گـفت     که «اکنون چه؟ داری سخن در نهفت!»

یـلان‌سینه گـفت: «ای سپهدارِ گُرد     هـر آن کس کـه او، راه یـزدان سپرد*

چـو پـیروزی و فـرّهی یـابد اوی     بسـوی بـدی هـیچ نشـتابد اوی

کـه آن آفـرین، بـاز نـفرین شـود     اُزو چـرخ گـردنده پـرکین شـود

چـو یـزدان تـرا فـرّهی داد و بـخت     هـمه لشکـر و گـنج، بـا تـاج و تـخت

ازو گـر پـذیری بـافزون شود؛     دل از نـاسپاسی، پـر از خـون شود»

از آن پس بـه بـهرامِ بـهرام گـفت     کـه: «ای بـا خـرد یـار و بـا رای جـفت

چه؟ گویی کزین جستن تـخت و گـنج     بـزرگیست؟ فـرجام، گـر؛ درد و رنـج!»

بـخندید، بـهرام ازآن داوری     ازآن پس بـرانـداخت، انگشـتری

بـدو گـفت: «چـندانکـه ایـن در هـوا     بـماند شـود بـنده‌ای پـادشا»

بـدو گـفت ک: «ایـن را مپندار خُـرد     کـه دیـهیم را خُـرد نـتوان شـمرد»[3]

چنین گـفت زان پس بـه پـیدا گشسپ     کـه: «ای تـیغزن شـیرِ تـازنده اسپ

چـه؟ بینی چـه؟ گـویی بـدین کـارِ ما     بـود؟ گـاهِ شـاهی سـزاوار مـا!»

چـنین گـفت پـیدا گشسپ سـوار     کـه: «ای از یـلان جـهان یـادگار

یـکی مـوبدی داسـتان زد بـرین     که: «هر کس کـه دانـا بُـد و پـیش‌بین؛

اگـر پـادشاهی کـند یـکزمان     روانش بـپرّد سـوی آسـمان

بـه از بـنده بـودن بسـال دراز     بگـنج جـهاندار بـردن نـیاز»

چـنین گـفت پس بـا دبـیر بـزرگ     کـه: «بگشـای لب را تو ای پیر گـرگ»[4]

دبـیر بـزرگ آن زمـان لب بـبست     بـه انـبوه انـدیشه انـدر نشست

ازآن پس چـنین گـفت بـهرام را     کـه: «هـر کس کـه جـویا بـود کـام را

چـو، درخـور، بـجوید بـیابد هـمان     دراز است و یـازنده، دست زمـان

---

۱ – سخن بازگونهٔ گفتار در رج پیشین است.     ۲ – لت دویم نادرخور است.

* – راه را «سپَردن» باید و چیز را بکسی «سپُردن». در زبان پهلوی، نخستین بگونه [illegible] اَپَسپَرتَن، و دیگری [illegible] اَپَسپورتَن آمده است، و بر این بنیاد «سپَرد» را با «گُرد» پساوا نیست و گفتار درست در لت نخست چنین می‌نماید:

**«یلان سینه گفت: ای سپهدار مَرد»**

۳ – «خُرد» را با «شمَرد» پساوا نیست، و سخن را نیز پیوند درست با گفتار پیشین نباشد.

۴ – دبیر بزرگ را پیر گرگ خواندن روا نباشد.

ز چیزی که بخشش کند دادگر — چنان دان که کوشش بیاید به بر» *

*

به همدان‌گشسپ آن زمان گفت باز — که: «ای گشته اندر نشیب و فراز
سخن هر چه گویی به روی کسان — شود باد و کردار او، نارسان» [1]
بگو آنچه دانی بکار اندرون — ز نیک و بدِ روزگار آزمون ●»
چنین گفت همدان‌گشسپ بلند — که: «ای نزد پرمایگان ارجمند
ز ناآمده بد، به ترسی همی — ز دیهیم شاهان چه پرسی همی؟ [2]
بکن کار و کرده، بیزدان سپار — بخُرما چه یازی، چو ترسی ز خار!
تن‌آسان نگردد سرِ انجمن — همه بیم جان باشد و رنج تن» [3]

*

ز گفتارشان خواهر پهلوان — همی بود پیچان و تیره‌روان [4]
بدان داوری هیچ نگشاد لب — ز برگشتن هور تا نیم شب [5]
بدو گفت بهرام ک:«ای پاک تن — چه بینی بگفتار این انجمن؟» [6]
ورا گردیه هیچ پاسخ نداد — نه از رای آن مهتران بود شاد [7]
چنین گفت او با دبیر بزرگ — که: «ای مرد بدساز چون پیر گرگ [8]
گمانت چنین است کین تاج و تخت — سپاه بزرگیّ و پیروزبخت [9]
ز گیتی کسی را نبُد آرزوی — ازآن نامدارانِ آزاده‌خوی؟ [10]
اگر شاهی آسان‌تر از بندگیست — بدین دانش تو بباید گریست! [11]
بر آیین شاهان پیشین رویم — سخن‌های آن برتران بشنویم [12]

---

* – نمونه‌ها چند گونه است، سپاهان: «چنان دان که کوشش نیارد به بر»، مسکو: «چنان دان که کوشش بیابد ببر»، خاورشناسی و VI «نیارد ببر» I و IV «نیابد گذر». بانگرش به یادگار بزرگمهر: این سخن چنین بوده است: از آنچه که خداوند بخشش کرده است، باکوشش نمی‌توان گذشتن! پس گفتار درست چنین است: **«چنان دان، بکوشش نگردد، دگر».**

۱ – اگر چنین است، چرا از وی سخن می‌پرسد؟

● – همه نمونه‌ها «روزگار اندرون» تنها I و IV «روزگار آزمون» آورده‌اند که درست است همچون رنج آزمای، دروغ آزمای، مهرآزمای، جنگ‌آزمای. وگزارش آن چنین است: کسی که از روزگار رنج بسیار کشیده است.

۲ – تَرس را با پُرس پساوا نیست. ۳ – سخن را پیوند درست نیست.

۴ – از «پیچان» شاید یاد کردن، اما تیره روان؛ مردهٔ بدکردار است.

۵ – مگر انجمنی که در آن چندکس بکوتاهی سخن گفته‌اند، تا نیمه شبان بدرازا می‌کشد؟

٦ – چه بینی بگفتار، نادرست است: «گفتار انجمن را چگونه می‌سنجی؟»

۷ – «نه از رای» لت دویم را «نه بدو پاسخ داد» در لت نخست باید.

۸ – چرا دبیر بزرگ را «بدساز» باید نامیدن، همگان همین رای را داشتند.

۹ – (این) تاج و تخت در لت نخست نادرست است: «تاج و تخت و بزرگی و...».

۱۰ – از کدام نامداران؟ چون در لت نخست «کسی» آمده است، از آن نامداران لت دویم نادرخور است.

۱۱ – دانش نیز نابجا است: «بدین رای» «بدین اندیشه» «بدین برداشت». ۱۲ – گردیه را چه؟ که بآیین شاهان پیشین رود!

انجمن مهیستان سپاه ۲۲۳

چنین داد پاسخ مر او را دبیر  که: «گر رای من نیستت جایگیر[1]
هم آن گوی و آن کن که رای آیدت  بران رو که دل، رهنمای آیدت»[2]
همان خواهرش نیز بهرام را  بگفت آن سواران خودکام را[3]
«نه نیکوست این دانش و رای تو  به کژی خرامد همی پای تو[4]
بسی بُد که بیکار بُد تخت شاه  نکرد اندرو هیچ کهتر نگاه[5]
جهان را به مردی نگه داشتند  یکی چشم بر تخت نگماشتند[6]
هر آن‌کس که دانا بُد و پاک‌مغز  ز هر گونه اندیشه‌ای راند نغز[7]
بداند که شاهی به از بندگی‌ست  همان سرفرازی ز افکندگی‌ست[8]
نبودند یازان به تخت کیان  همه بندگی را کمر بر میان[9]
ببستند و زیشان بهی خواستند  همه دل به فرمانش آراستند[10]
نه بیگانه زیبای افسر بود  سزای بزرگی به گوهر بود[11]
ز کاووس شاه اندر آیم نخست  کجا راه یزدان همی بازجست[12]
که بر آسمان اختران بشمُرد  خم چرخ گردنده را بشکرد[13]
بخواریّ و زاری، بساری فتاد  از اندیشهٔ کژّ و از بد نهاد؛
چو گودرز و چون رستم پهلوان  بکردند رنجه برین بر، روان
ازآن‌پس کجا، شد بهاماوران  ببستند پایش به بند گران

---

**۱** – لت دویم سخت نادرخور است: «اگر رای مرا نمی‌پسندی».   **۲** – وابسته به رج پیشین

**۳** – **یک:** «همان خواهرش» نادرخور است، زیرا که پیدا است که روی سخن به گُردیه بوده است، و سخن نیز چنین می‌نماید که گُردیه خواهر دبیر بزرگ بوده است. **دو:** «بهرام را» سخن را بپایان میرساند مگر آنکه پیوند «و نیز» پیش از سواران خودکام بیاید. **سه:** آن سواران هیچیک خودکام نبودند، و کام بهرام را میخواستند.

**۴** – چهار رجِ گذشته از سوی یک افزایندهٔ دیگر بکار افزایندهٔ نخستین افزوده شده است از آنجا دوباره به گفتار «دانش» بازمیگردد.

**۵** – کنش «بود» و «نکرد» در این رج   **٦** – ...با «داشتند» و «نگماشتند» در این رج همخوان نیست.

**۷** – و بُد (= بود) و «راند» در این رج...

**۸** – **یک:** با «بداند» در این رج... **دو:** «بداند» نیز نادرخور است «میداند». **سه:** این گفتار، باژگونهٔ آن سخن است که: اگر شاهی آسانتر از بندگیست /بدین دانش تو باید گریست.   **۹** – چه کسان یازان نبودند؟

**۱۰** – «ایشان را در لت نخست، با فرمانش (= فرمان «او») همخوانی نیست.

**۱۱** – **یک:** بیگانه کیست؟...مگر بهرام چوبینه بیگانه بود؟ **دو:** «افسر» زیبنده بر شاه است نه باژگونهٔ آن. **سه:** لت دویم راگزارش نیست، و افزاینده خواسته است بگوید که: «آنکس» که دارای گوهر و نژاد است، سزاوار بزرگیست!!» مگر آن ایرانیان که با بهرام «سگالش میکردند از گوهر و نژاد برخوردار نبودند؟

**۱۲** – **یک:** «اندرآمدن از کاووس» سخنی سخت نادرخور است، اما چون افزاینده بخواهد از آن شاهان یاد کند که کشور بآشوب کشیدند، می‌بایستی از نخستین آنان؛ نوذر یاد کردن، که بزرگان ایران شاهی را به سام نریمان، پیشنهاد دادند، و وی نپذیرفت! **دو:** لت دویم نادرست است! کاووس خواست «بر آسمان رود»، نه آنکه «راه یزدان را بازجوید».

**۱۳** – همچنین او را پروای آن نبود که خم چرخ گردان را پاره کند.

کس آهنگ این تخت شاهی نکرد — جز از گُرم و تیمار ایشان نخوَرد[1]
چو گفتند با رستم ایرانیان — که هستی تو زیبای تخت کیان[2]
یکی بانگ برزد بر آن کس که گفت — که: «با دخمهٔ تنگ، بادی تو جفت!»[3]
مرا تختِ زر باید و بسته شاه؟ — مباد این گمان و مباد این کلاه[4]
گزین کرد ز ایران ده و دو هزار — جهانگیر و برگستوان‌ور سوار[5]
رهانید از بند کاووس را — همان گیو و گودرز و هم توس را[6]
همان شاه پیروز چون کشته شد — به ایرانیان کار برگشته شد[7]
دلاور شد از کار او، خوشنواز — به آرام بنشست بر تخت ناز[8]
چو فرزند قارن بشد سوفزای — که آورد، گاهِ مهی باز جای[9]
ز پیروزیِ او چو آمد نشان — ز ایران برفتند گردنکشان[10]
که بر وی به شاهی کنند آفرین — شود کهتری شهریار زمین[11]
به ایرانیان گفت کین ناسزاست — بزرگیّ و تاج از پی پادشاست[12]
قباد ار چه خُردست گردد بزرگ — نیاریم در بیشهٔ شیر گرگ[13]
چو خواهی که شاهی کنی بی‌نژاد — همه دوده را داد خواهی به باد[14]
قباد آن زمان چون به مردی رسید — سر سوفزای ازدر تاج دید[15]
به گفتار بدگوهرانش بکشت — کجا بود در پادشاهیش پشت[16]
اُزان پس ببستند پای قباد — دلاور سواری گوی کی‌نژاد[17]
به زرمهر دادش یکی پرهنر — که کین پدر باز خواهد مگر[18]

---

۱ – **یک:** «این» نزدیک را بازمی‌نماید، باز آنکه کاووس از آنان بس دور بود، و تخت وی نیز جدا از تخت ساسانیان بود. **دو:** «ایشان» برای «کاووس» نادرخور است.
۲ – ایرانیان چنین سخن با رستم نگفتند، که از وی یاری خواستند.
۳ – افزاینده از پیش خود برای رستم نیز داستان دروغ می‌سازد.
۴ – همچنین
۵ – سواران ایران جهانگیر نبودند... جهانگیر، پاژنام پادشاهان است.
۶ – دنبالهٔ گفتار
۷ – کُشته را با گَشته پساوا نیست.
۸ – از کارِ او؟ یا از کشته شدن او؟
۹ – **یک:** سخن چنین می‌نماید که سوفزای فرزند قارن شد!! **دو:** پیوند «که» آغازین نابجا است: «و». **سه:** گاه مهی را بجای خود آورد؟ یا قباد را؟
۱۰ – **یک:** پس آوردن (گاه مهی) از پیروزی وی آگاهی (نه نشان) آمد؟ **دو:** گردنکشان همراه سوفزای رفته بودند.
۱۱ – **یک:** لت نخست نادرست است و او قباد را برای نشاندن بتخت شاهی آورده بود. **دو:** لت دویم را گزارش نیست.
۱۲ – از پیِ پادشاه؟ یا از آن پادشاه است؟
۱۳ – دور از خرد است که پهلوانی چو سوفزای، خویش را گرگ خوانَد و قباد جوان را شیر بنامد!
۱۴ – خواهی در لت نخست و خواهی در لت دویم سخن را سست می‌کند، و این سخنان افزودهٔ گردیه نیز روی ببهرام نداشت و با دبیر بزرگ سخن میگفت.
۱۵ – چنین نیست و نه تنها او را سزاوار تاج ندید که او را...
۱۶ – **یک:** بکشت. **دو:** لت دویم را پیوند بایسته نیست: «با آنکه».
۱۷ – **یک:** پیوند از آنپس نادرخور است: «چون پای قباد را بستند». **دو:** لت دویم را نیز پیوند با لت نخست نیست.
۱۸ – «یکی پر هنر» نادرست است. آنانکه قباد را از تخت بزیر کشیده پایش را بآهن بستند چنین کردند.

انجمن مهیستان سپاه ۲۲۵

نگه کرد زرمهر کس را ندید — که با تاج بر تخت شاهی سزید [1]
چو بر شاه افکند، زرمهر، مهر — بر او آفرین خواند گردان سپهر [2]
ازو بند برداشت تا کار خویش — بجوید کند تیز، بازار خویش [3]
کس از بندگان تاج هرگز نجست — اُگر چند بودی نژادش درست [4]
ز ترکان یکی نامور، ساوه‌شاه — بیامد که جوید نگین و کلاه [5]
چنان خواست روشن جهان‌آفرین — که او نیست گردد به ایرانزمین [6]
ترا آرزو تخت شاهنشهی — چرا کرد زان‌پس که بودی رهی؟ [7]
همی برجهاند یلان‌سینه، اسپ — که تا من ز بهرامِ پورِ گشسپ [8]
به نو در جهان شهریاری کنم — تن خویش را یادگاری کنم [9]
خردمند شاهی چو نوشیروان — به هرمز بدی روز پیری، جوان [10]
بزرگان کشور ورا یاورانند — اگر یاوران‌اند، گر کهترانند [11]
به ایران سوارست سیصد هزار — همه پهلوان و همه نامدار [12]
همه یک‌به‌یک شاه را بنده‌اند — بفرمان و رایش سرافکنده‌اند [13]
شهنشاه گیتی ترا برگزید — چنان کز ره نامداران سزید [14]
نیاکانت را همچنین نام داد — به فرجام بر، دشمنان کام داد [15]
تو پاداش آن نیکوی بد کنی؛ — چنان دان که بد، با تن خود کنی [16]
مکن آز را بر خرد پادشا — که دانا نخواند ترا پارسا [17]
اگر من زنم، پندِ مردان دهم — به بسیار سال از برادر کهم [18]
مده کارکرد نیاکان بباد — مباداکه پند من آیدت یاد!» [19]

*

۱ – «زرمهر» در این رج...

۲ – **یک:** با «زرمهر» در این رج همخوان نیست. **دو:** لت دویم نیز گزافه‌ای سخت است.

۳ – لت دویم بی‌گزارش است. ۴ – نژاد همهٔ ایرانیان بفریدون بازمیگردد. ۵ – وابسته بگفتار

۶ – لت دویم نادرخور است: او در ایران شکست خورَد و کشته شود.

۷ – **یک:** ترا آرزو کرد» نادرست است: «آرزو کردن»، «ترا آرزو خاست». **دو:** دیگر بار روی سخن ببهرام بازگشت.

۸ – «تا من» در لت دویم نادرخور است: «تا آنکه».

۹ – چون بهرام شهریار شود، چگونه تن یلان سینه یادگار می‌شود؟ ۱۰ – دنبالهٔ گفتار

۱۱ – اگر (= یا) ندارد، «همه کهترانند نزدیک شاه». ۱۲ – همهٔ سواران پهلوان و نامدار نیستند.

۱۳ – دنبالهٔ سخن ۱۴ – «رهِ نامداران» نادرخور است، هرمز را چاره‌ای جز برگزیدن بهرام نبود.

۱۵ – **یک:** نیاکان بهرام بس پیش از هرمز بوده‌اند، و نامور نیز بوده‌اند. **دو:** هرمز چگونه بهرام را بر دشمنان کام داد؟

۱۶ – کدام نیکوی؟ همه نیکویی از بهرام به هرمز رسیده بود.

۱۷ – کاری که بزرگان به بهرام پیشنهاد دادند، از «آز» نبود. ۱۸ – «دَهم» را با «کِهم» پساوا نیست.

۱۹ – لت دویم از شاهنامه برگرفته شده است.

همه انجمن ماند، زو در شگفت  سپهدار لب را بدندان گرفت[1]
بدانست کاو راست گوید همی  جز از راه نیکی نجوید همی[2]
یلان‌سینه گفت: «ای گرانمایه زن  تو در انجمن رای شاهان مزن[3]
که هرمز بدین چندگه بگذرد  ز تخت مهی پهلوان برخورد[4]
چو هرمز چنین باشد اندر هنر*  برادرْت را، شاهِ ایران شمر!
به تاج کیی گر ننازد همی  چرا خلعت از دوک سازد همی[5]
سخن بس کن از هرمز تُرک‌زاد  که اندر زمانه، مباد آن نژاد![6]
گر از کیقباد اندر آری شمار  برین تخمه بر، سالیان، سد هزار[7]
که با تاج بودند بر تخت زر  سرآمد کنون نام ایشان مبر[8]
ز پرویز خسرو مندیش نیز  کزو یادکردن نیرزد به چیز[9]
به درگاه او هر که ویژه‌ترند  برادرْت را کهتر و چاکرند[10]
چو بهرام گوید، بدان کهتران؛  ببندند پایش، به بند گران،[11]
بدو گردیه گفت ک:«ای دیوساز  همی دیوتان دام سازد به راز[12]
مکن بر تن و جان ما بر، ستم  که از تو ببینم همی باد و دم[13]
پدر مرزبان بود مارا، به ری  تو افکندی این جُستن تخت، پی[14]
چو بهرام را، دل، بجوش آوری  تبارِ مرا در خروش آوری[15]
شود رنجِ این تخمهٔ ما بباد  بگفتار تو کهتر بدنژاد[16]
کنون راهبر باش بهرام را  پرآشوب کن بزم و آرام را»[17]
بگفت این و گریان سوی خانه شد  بدل، با برادر، چو بیگانه شد![18]
همی گفت هرکس که: «این پاک‌زن  سخنگوی و روشن‌دل و رایزن[19]

---

۱ – وابسته بگفتار ۲ – دنباله گفتار. ۳ – رای شاهان چگونه است؟ گُردیه دیدگاه خویش را بازنموده بود.

۴ – پیوند «که» آغازین نادرخور است: «چو» و روشن نیست که در این چند گه(؟) بگذرد!

* – برابر با شاهنامهٔ سپاهان، نمونه‌های دیگر (چو) هرمز چنین باشد اندر خبر(؟). اما باز هم سخن را گزارش نیست. و کاریکه هرمز کرده بود در شمار هنر نبود. ۵ – دوک (خلعت) نبود که هرمز پیراهن و مکنای زنانه برای بهرام فرستاده بود.

٦ – دنبالهٔ گفتار ۷ – سخن سست و بی‌پیوند است، و از زمان کیقباد نیز یکسدهزار سال نگذشته بود.

۸ – لت دویم را پیوند درست با لت نخست نیست. ۹ – لت دویم نیز نادرست و بی‌پیوند است.

۱۰ – سخن بدرگاه «خسرو پرویز» بازمیگردد و خسرو پرویز را هنوز بارگاه نبود. ۱۱ – دنبالهٔ گفتار

۱۲ – «ای دیوساز» در لت نخست، با «دیوتان» در لت دویم هماهنگ نیست.

۱۳ – ببینم در لت دویم نادرخور است: «از تو می‌بینم». ۱۴ – در لت دویم پیوند «را» باید.

۱۵ – سخن زیبا است اما پیوسته بداستان است. ١٦ – یلان سینه کهتر نبود و بدنژاد نیز نبود.

۱۷ – کدام بزم و آرام که از سوی هرمز برای بهرام دوک و پنبه و جامهٔ زنانه (و خنجر) می‌فرستند!

۱۸ – سخن زیبا است و وابسته بگفتار است. ۱۹ – «همی گفت هرکس» در این رج

تو گویی که گفتارش از دفتر است — به دانش، ز جاماسپ، افزونتر است![1]
چو بهرام را آن نیامد پسند — همی بود ز آواز خواهر نژند؛[2]
دل تیره، و اندیشهٔ دیریاب — همی تخت شاهی، نمودش بخواب[3]
چنین گفت پس که: «این سرای سپنج — نیابند جویندگان، جز برنج»
بفرمود تا خوان بیاراستند — می و رود و رامشگران خواستند
به رامشگری گفت که: «امروز رود — بیارای با پهلوان سرود
نخوانیم جز نامهٔ هفتخان — برین می گساریم لختی به خوان
که چون شد به رویین دژ اسفندیار — چه بازی نمود اندران روزگار»[4]
بخوردند بر یاد او چند، می — که آباد بادا بر و بوم ری[5]
کزان بوم، خیزد سپهبد، چو تو — فزون آفریناد ایزد، چو تو[6]
پراکنده گشتند، چون تیره شد — سر میگساران ز مَی خیره شد

*

چو برزد سنان، آفتابِ بلند — شب تیره گشت ازدرفشش نژند[7]
سپهدار بهرام گرد سترگ — بفرمود تا شد دبیر بزرگ[8]
بخاقان یکی نامه ارتنگ‌وار — نبشتند پر بوی و رنگ و نگار[9]
به پوزش؛ کز آن کرده، هستم به درد — دلی پر پشیمانی و بادِ سرد[10]
ازین پس من آن بوم و مرز ترا — نگه دارم از بهرِ ارزِ ترا

---

۱ – با تو گویی در این رج هماهنگ نیست.
۲ – **یک:** همی بود، در لت دویم نادرخور است «از گفتار خواهر... بوده». **دو:** و نژند نیز نادرخور است و پهلوانی چون بهرام را نشاید که با گفتار (نژند) شود. از گفتار (برافروختن) شاید، به اندیشه فرورفتن شاید...
۳ – سخن بی‌پیوند است: «دل تیرهٔ او؟ اندیشهٔ (دیریابش)؟...» گزارشِ چنین گفتار دراز را؟ بر روان خویش پذیرفتیم... اما خرد نمی‌پذیرد که سپهسالار ایران، چون آهنگ نبرد با دشمنان کند، خواهر خویش را نیز بهمراه بَرَد! و زنان و دختران نیز بدانهنگام پشت پرده نمی‌زیستند، و پردگیان زنان و دختران شاهان بوده‌اند. گفتار گردیه با برادر، بزمان خود می‌آید.
۴ – رسیدن برویین دژ، پایان کارِ داستان افزودهٔ **هفتخوان** اسفندیار بود.
۵ – چندمی سخت نادرست است چند جام... اما در گفتار درست شاهنامه، چندان خوردند که سرشان از می خیره گشت!
٦ – وابسته برج پیشین
۷ – از سنان، یا از درفش‌ها.
۸ – سترگ لجوج باشد و بی آزرم و شرم لغت فرس اسدی توسی
۹ – ارتنگ‌وار!
۱۰ – چهار رج دربارهٔ کارِ نکردهٔ بهرام.

## درم زدن بهرام
### بنام
## خسرو

اگر بر جهان، پاک، مهتر شوم    ترا همچو کهتر برادر شوم
تو باید که دل را بشویی ز کین    نداری جدا، بوم ایران، ز چین»
⇐ چو پردخته شد زین، دگر ساز کرد    درِ گنجِ گرد آمده، باز کرد
سپه را درم داد و اسپ و رهی    نهانی همی جست، تختِ مهی
ز لشکر یکی پهلوان برگزید    که سالارِ بوم خراسان، سزید
پراندیشه از بلخ شد سوی ری    به خردادِ فرخنده و ماه دی*
همی کرد اندیشه در بیش و کم    بفرمود پس، تا سرای درم●
بسازند و آرایشی نو کنند    درم، مُهر، بر نام خسرو کنند
ز بازارگانان یکی پاک‌مغز    سخنگوی و اندرخورِ کارِ نغز
به مُهر، آن درم‌ها، ببدره درون؛    بفرمود بردن سوی تیسفون
بیابی ز پرمایه دیبای روم    که پیکر بریشم بُد و زرش بوم[1]
بخرید تا آن درم نزد شاه    برند و کنند مهر او را نگاه[2]
فرستاده‌ای خواند با شرم و هوش    دلاور بسان خجسته سروش[3]
یکی نامه بنوشت با باد و دم    سخن گفت هر گونه از بیش و کم[4]
ز پرموده و لشکر ساوه‌شاه    ز رزمی کجا کرده بُد با سپاه[5]
اُزان خلعتی کآمد او را ز شاه    ز مقنا و، از دوکدان سیاه[6]
چنین گفت زان‌پس، که هرگز بخواب    نبینم رخ شاه با جاه و آب[7]
هر آن‌گه که خسرو نشیند به تخت    پسرت آن گرانمایهٔ نیکبخت[8]
به فرمان او کوه هامون کنم    بیابان ز دشمن، چون جیهون کنم[9]
همی خواست تا بر درِ شهریار    سرآرد مگر، بی‌گنه، روزگار[10]

---

* - روز ششم دیماه. ● - سرای درم: ضرابخانه: کارخانهٔ سکه‌زنی.
۱ - «بیابی» در لت نخست با بد (= بود) در لت دویم ناهماهنگ است.
۲ - **یک:** لت نخست بدآهنگ است. **دو:** گفتار لت دویم چیزی را روشن نمی‌کند. «او» کیست؟
۳ - سخن درهم است فرستادهٔ با شرم و هوش و دلاور که همانندِ سروش بوده باشد، در جهان پدیدار نشده است.
۴ - باد و دم را در نامه نمیتوان نشان دادن. ۵ - لت دویم چنین می‌نماید که بهرام، با سپاه ایران جنگ کرده بود.
٦ - دنبالهٔ گفتار ۷ - از «چنین گفت»، در نامه نشاید یاد کردن.
۸ - سخن را روی بهرمز نبود، و در لت دویم روی بهرمز کرد. ۹ - کدام دشمن؟ ۱۰ - سخن بی‌پیوند است.

همه یاد کرد این، بنامه درون — فرستاده آمد سوی تیسفون[1]
ببازارگان گفت: «میخ درم[*] — چو هرمزد بیند، بپیچد ز غم
چو خسرو نباشد ورا یار و پشت — ببیند ز من روزگار درشت
چو آزرمها بر زمین برزنم — همی بیخ ساسان ز بُن برکنم[2]
نه آن تخمه راکرد، یزدان، زمین[○] — گه آمد که برخیزد آن آفرین»

## آگاه شدن هرمز
### از کار بهرام
## و گریختن خسرو از تیسفون

بیامد فرستادهٔ نیک‌پی — به بغداد با نامدارانِ ری[3]
چو نامه بنزدیک هرمز رسید — رخش گشت زان نامه چون شنبلید[4]
پس آگاهی آمد ز میخ درم — یکایک بران غم، بیفزود غم
بپیچید و شد بر پسر، بدگمان — بگفتا به آیین‌گشسپ، آنزمان
که: «خسرو بمردی بجایی رسید — که از ما همی سر بخواهد کشید؟
درم را همی میخ سازد بنیز — سبک داشتن بیش‌تر زین چه چیز»[5]
بپاسخ چنین گفت آیین‌گشسپ — که: «بی‌تو مبیناد میدان و اسپ»[6]
بدو گفت هرمز که: «در ناگهان — مر این شوخ را کم کنم از جهان»[7]
نهانی یکی مرد را خواندند — شب تیره، با شاه؛ بنشاندند
بدو گفت هرمزد: «فرمان گزین — ز خسرو، بپرداز روی زمین»
چنین داد پاسخ که: «ایدون کنم — به افسون، ز دل، مهر بیرون کنم
کنون زهر فرماید از گنج، شاه — چو او مست گردد شبان سیاه

---

۱ – «همه یاد کرد این» سخت نادرخور است.

* – میخ درم، مهری آهنین بوده است که با فشار بر درم، بر آن نگاره می‌افکندند،... همانند چاپ.

۲ – آزرم را نتوان با «ها» آوردن، زیراکه آزرم (=احترام تازی) یگانه است، همچون آز و نیاز و مهر و پیوند...

○ – خداوند، زمین را برای دودمان ساسانی نیافرید.

۳ – **یک:** فرستاده، از افزوده‌ها بشمار رفت. **دو:** بغداد نیز نادرست است، و همه‌جا تیسفون آمده است. **سه:** بازرگان از خراسان به تیسفون رفته بود، نه از ری.

۴ – دو بار یاد کردن از «نامه» در یک گفتار، آنرا سست می‌نماید.

۵ – **یک:** «بنیز» نادرست است، و همواره در افزوده‌ها آمده است. **دو:** لت دویم سخت سبک و نادرخور است.

۶ – تاج و گاه را برای شاه می‌گویند، نه میدان و اسپ، و سخن را پایان نیست.

۷ – در ناگهان نادرست است.

کنم زهر، با می؛ بجام اندرون ازآن به؛ کجا، دست یازم بخون»
ازین ساختن، حاجب؛ آگاه شد بر او خواب و آرام کوتاه شد
بیامد دوان پیش خسرو بگفت همه رازها برگشاد از نهفت
چو بشنید خسرو که شاه جهان همی کشتنِ او سگالد نهان
شب تیره از تیسفون درکشید تو گفتی که گشت از جهان ناپدید[1]
نداد آن سرِ پر بها، رایگان همی تاخت* تا آذرآبادگان

*

چو آگاهی آمد به هر مهتری که بُد مرزبانی به هر کشوری؛
که: «خسرو بیازَرد از شهریار برفته است با خوارمایه سوار»
به پرسش گرفتند گردنکشان بجایی که بود از گرامی، نشان؛
چو بادان پیروز و چون شیرزیل که با داد بودند و با زور پیل[2]
چو شیران و وستوی یزدان‌پرست ز عمان چو خنجست و چون پیل مست[3]
ز کرمان چو بیورد گرد و سوار ز شیراز چون سام اسفندیار[4]
یکایک بخسرو نهادند روی سپاه و سپهبد، همه، شاه‌جوی
همی گفت هر کس که: «ای پورشاه ترا زیبد این تاج و تخت و کلاه
از ایران و از دشت نیزه‌وران ز خنجرگزاران و جنگی‌سران[5]
نگر تا نداری هراس از گزند بزی شاد و آرام و دل ارجمند
زمانی به نخچیر تازیم اسپ زمانی نوان پیش آذرگشسپ[6]
به رسم نیاکان نیایش کنیم روان را به یزدان نمایش کنیم[7]
گر از شهر ایران چو سیسد هزار گزند ترا بر نشیند سوار[8]
همه پیش تو تن بکشتن دهیم سپاسی بدان کشتگان برنهیم»[9]
بدیشان چنین گفت خسرو که: «من پر از بیمم از شاه و آن انجمن

۱ – **یک:** «درکشیدن» نادرست است: بیرون کشید! درکشیدن (= اندر = اندرون کشیدن) است:
«که درآ، درآ، عراقی که تو هم از آن مایی»
هنوز در تاجیکستان «در آییتان» برای اندرون آمدن میهمان به خانه، کاربرد دارد. **دو:** تو گفتی...
* – در نمونه‌ها، همه، چنین آمده است. و پیدا است که **«برون تاخت»** درست است.
۲ – «چو» پیش از نام نادرست است. ۳ – همچنین
۴ – **یک:** نیز... و خرد نمی‌پذیرد که کسی بتواند در آن زمان اندک از کرمان به آذربایجان رود. **دو:** بیورد نیز نامی ساختگی است، و در فرهنگ ایران پیشینه ندارد. ۵ – سخن را پایان نیست و لت دویم بی‌پیوند است.
۶ – لت دویم نادرخور است، زیرا که ایرانیان در نیایشگاه نمی‌گریستند و خندان و دل شادمان بودند.
۷ – **یک:** در آیین نیاکان نیز گریه و ناله جای نداشت. **دو:** لت دویم سخت نادرخور است.
۸ – «چو» سیسدهزار نادرست است. ۹ – چگونه پس از کشته شدن سپاس، آنهم بدان کشتگان (برنهند؟)

اگر پیش آذرگشسپ این سران / بیایند و سوگندهای گران
خورند و مرا یکسر ایمن کنند / که پیمان من زان سپس نشکنند
بباشم بدین مرز با ایمنی / نترسم ز پیکار اهریمنی»

*

یلان چون شنیدند گفتار اوی / همه سوی آذر نهادند روی
بخوردند سوگند زانسان که خواست / که: «مهر تو با دیده داریم راست»
چو ایمن شد از نامداران، نهان / ز هر سو برافکند کارآگهان
بفرمان خسرو، سواران دلیر / بدرگاه رفتند بر سانِ شیر[1]
که تا از گریزش چه گوید پدر! / مگر چارهٔ نو، بسازد؛ دگر!

## بند کردن هرمز
### گستهم و بندوی،
## خالان خسرو را

چو بشنید هرمز که خسرو برفت / هم اندر زمان کس فرستاد، تفت
که○ گستهم و بندوی را، کرده بند؛ / بزندان بَرَد، مردِ ناسودمند
کجا هردو خالان خسرَو بُدند / بمردانگی در جهان نَو بُدند
جز این، هر که بودند خویشان اوی / به زندان کشیدند بی، گفت‌وگوی
به آیین‌گشسپ، آن زمانِ، شاه؛ گفت / که: «از رای دوریم و، با درد، جفت
چو او شد، چه؟ سازیم بهرام را!؟ / چنان بندهٔ خرد و بدکام را!»
شد آیین‌گشسپ، اندرآن چاره‌جوی / که آن کار را چون دهد رنگ‌وبوی[2]
بدو گفت ک:«ای شاه گردنفراز / سخن‌های بهرام چون شد دراز؛
همه خون من جوید اندر نهان / نخستین ز من گشت، خسته روان
مرا نزد او، پای کرده به بند؛ / فرستی مگر باشدت سودمند!»
بدو گفت شاه: «این نه کار من است / که این رایِ بدگوهر اهریمن است
سپاهی فرستم، تو سالار باش / برزم اندرون دست‌بُردار باش

---

۱ - سوار دلیر را برای کار آگاهی نمی‌فرستند. ○ - همهٔ نمونه‌ها «چو». شاهنامهٔ سپاهان «که».

۲ - شد، برابر رفت است و آیین‌گشسپ، بجایی نرفته بود، و کار را رنگ و بوی دادن، جز از چاره‌گری است. رنگ و بوی دادن، آرایش کار است!

نخستین، فرستش، یکی رهنمون / بدان تا چه بینی به سرش اندرون
اگر مهتری جوید و تاج و تخت / بپیچد بفرجام، ازو، روی؛ بخت
اُگر همچنین نیز کهتر بود / به فرجامش آرام، بهتر بود
ز گیتی یکی بهره او را دهم / کلاه یلانش بسر برنهم
مرا یکسر از کارش آگاه کن / درنگی مکن کار کوتاه کن[1]

## فرستادن هرمز
## آیین‌گشسب را
### به نزد بهرام

همی ساخت آیین‌گشسپ این سَخُن / کجا شاه فرزانه افکند بن[2]
یکی مرد بُد، بسته؛ از شهر اوی / بزندانِ شاه اندرون، چاره‌جوی
چو بشنید کآیین‌گشسپِ سوار / همی رفت خواهد سوی کارزار
کسی را ز زندان، بنزدیک اوی / فرستاد ک:«ای مهتر نامجوی؛
ز شَهرت یکی مرد زندانی‌ام / نگویم همانا، که خود، دانی‌ام*
مرا گر بخواهی تو از شهریار / دوان با تو آیم بدین کارزار
به پیش تو، جان را بکوشم، بجنگ / چو یابم رهایی ز زندان تنگ»
فرستاد، آیین‌گشسپ آن زمان / کسی را برِ شاه گیتی دمان
که: «همشهری من به بند اندر است / بزندان، به بیم و گزند اندر است
بمن بخشد او را جهاندار شاه / بدان؛ تاکنون با من آید براه!»

*

بدو گفت شاه: «آن بدِ نابکار / به پیش تو در، کی؟ کند کارزار
یکی مرد خونریز و بیکار و دزد / بخواهی ز من؟ چشم داری بمزد!
ولیکن کنون زین سخن چاره نیست / اگر زو بتر، نیز پتیاره نیست»
بدو داد مردِ بدآمیز را / چنان بدکنش دیو خونریز را

*

بیاورد آیین‌گشسپ آن سپاه / همی راند چون باد، لشکر براه

۱ - چون کار بدانجا رسد که «کلاه یلان» بدو دهد، پس از کار او آگاهی نیز دارد.
۲ - سخن، ساختنی نیست.
* - مرا می‌شناسی.

آشتی‌خواهی هرمز ۲۳۳

بدین‌گونه تا شهر همدان رسید   بجایی که لشکر فرود آورید؛
بپرسید تا، زان گرانمایه شهر   کسی دارد؟ از اختر و فال بهر!
بدو گفت هر کس، که: «اخترشناس   بنزد تو آید، پذیرد سپاس
یکی پیرزن، مایه‌دار، ایدر است   که گویی مگر دیدهٔ اختر است
سخن هرچه گوید نیاید جز آن   بگوید به تموز رنگ خزان»[1]
چو بشنید گفتارش آیین‌گشسپ   هم اندر زمان کس فرستاد و اسپ
چو آمد، بپرسیدش از کار شاه   اُ زان کاو؛ بیاورد لشکر، براه
بدو گفت: «ازین پس تو در گوش من   یکی لب بجنبان، که تا هوش من؛
به بستر برآید ز تیره تنم   اُگر خسته، از خنجرِ دشمنم»
همی گفت با پیرزن راز خویش   نهان کرده از هر کس آواز خویش[2]
میان اندران، مرد؛ کاو را ز شاه   رهانید و، با او بیامد به راه؛
به پیشِ زنِ فالگو برگذشت   به مهتر نگه کرد و اندر گذشت
بدو پیرزن گفت ک:«این مرد کیست؟   که از زخم او بر تو، باید گریست
پسندیده هوش تو، بر دست اوست   که مه مغز بادش به تن در، مه پوست»
چو بشنید آیین‌گشسپ این سَخُن   به یاد آمدش گفت‌وگوی کَهُن
که از گفتِ اخترشناسان شنید   همی کرد بر خویشتن ناپدید[3]
که: «هوش تو بردست همسایه‌ای   یکی دزد و بیکار و بی‌مایه‌ای[4]
برآید به راه دراز اندرون   تو زاری کنی او بریزدت خون»[5]

*

یکی نامه بنوشت، نزدیک شاه   که: «این را کجا خواستستم براه
نبایست کردن، ز زندان؛ رها   که این، بتّر از تخمهٔ اژدها!
همی* گفت شاه: «این سخن؛ با رهی!   رهی را نبُد، فرّ شاهنشهی!
چو آید، بفرمای؛ تا، در زمان   ببرّد به خنجر، سرش، بدگمان!»
نبشت و نهاد از برش مُهر خویش   چو شد خشک، همسایه را خواند پیش
فراوانش بستود و بخشید چیز   بسی بی‌منش، آفرین کرد نیز[6]
بدو گفت ک:«این نامه اندر نهان   ببر زود؛ نزدیک شاه جهان

---

۱ - **یک**: «نیاید جز آن» نادرست است: «جز آن نمی‌شود». **دو**: لت دویم نیز سخت نادرخور است.
۲ - راز را همی گفت نادرخور است، ازوپرسش کرده بود.
۳ - از اخترشناسان شنید؟ یا از گفت اخترشناسان؟
۴ - شاه همین سخن را به بنده گفته بود!
۵ - لت دویم را پیوند درست نیست.
* - نمونه‌ها «همی گفت»، اما پیدا است که «**چنین گفت**» درست است.
۶ - لت دویم بی‌پیوند است.

۲۳۴ هرمزد

چو پاسخ کند زود نزد من آر / نگر! تا نباشی○ برِ شهریار»
ازو بستد آن نامه مرد جوان / ز رفتن پراندیشه بودش روان
همی گفت: «زندان و بند گران / کشیدم، بُدم ناچمان و چران●
رهانید، یزدان، ازآن سختی‌ام / ازآن گُرم و تیمار و بدبختی‌ام
کنون بازگردم؟ سوی تیسفون! / بجوش آید؟ اندر تنم مغز و خون!»
زمانی همی بُد بره بر، نژند / پس، از نامهٔ شاه، بگشاد بند
چو آن نامهٔ پهلوان را بخواند / ز کار جهان، در شگفتی بماند
که: «این مرد همسایه جانم بخواست / همی گفت کاین، مهتری را سزاست!
بخونم کنون چون؟ شتاب آمدش! / مگر یاد، زین بد، بخواب آمدش!
ببیند کنون راهِ خون ریختن / بیاساید از رنج و آویختن»
پر اندیشهٔ دل ز ره بازگشت / چنان بُد، که با باد، انباز گشت
چو نزدیک آن نامور شد ز راه / کسی را ندید اندرآن بارگاه
نشسته به خیمه در آیین‌گشسپ / نه کهتر نه یاور نه شمشیر و اسپ [۱]
دلش پر ز اندیشهٔ شهریار / نگر تا چه پیش آردش روزگار [۲]
چو همسایه آمد به خیمه درون / بدانست کاو دست یازد به خون [۳]
بشمشیر زد دست خونخوار مرد / جهانجوی، چندی بر او، لابه کرد
بدو گفت کـ:«ای مردِ گم کرده راه / نه من خواستم؟ رفته جانت ز شاه!»
چنین داد پاسخ که: «گر خواستی / چه؟ کردم که بد کردن آراستی!»
بزد گردن مهتر نامدار / سرآمد بدو بزم و هم کارزار

*

ز خیمه بیاورد بیرون سرش / که آگه نبد زان سخن لشکرش [۴]
مباداکه تنها بود نامجوی / بویژه که دارد سوی جنگ روی [۵]
چو از خون آن کشته، پدرام شد / همی تاخت تا پیش بهرام شد
بدو گفت: «اینک سر دشمنت / کجا بد سگالیده بُد بر تنت
که با لشکر آمد همی پیش تو / نبُد آگه از رای کم بیش تو»

---

○ - **نپایی** درست می‌نماید.

● - نمونه‌ها همه چنین‌اند، درست «**نوان**» است، زیرا کسی که در زندان ناچران باشد بزودی می‌میرد!

۱ - **یک:** خیمه را در پهنهٔ سخن فردوسی جای نیست. **دو:** لت دویم نیز دوباره گوییِ سستِ لت دویم از رج پیشین است.

۲ - سخن را پیوند نیست، و او را اندیشه از شهریار نبود، بازگشته بود، تا آیین‌گشسب را بکشد!

۳ - **یک:** یادکرد دوباره از همسایه نادرخور است. **دو:** خیمه!

۴ - **یک:** خیمه!... **دو:** لت دویم را نیز پیوند بایسته با لت نخست نیست.

۵ - سخن سخت سست و بی‌پیوند است.

خیزش ایرانیان و شکستن زندان

بپرسید بهرام کـ:«این مرد کیست؟        بدین سر، بگیتی، که؟ خواهد گریست»
بدو گفت: «آیین‌گشسپ سوار        که آمد بجنگ، از درِ شهریار»
بدو گفت بهرام کـ:«این پارسا        بدان رفته بود* از در پادشا
که با شاه ما را دهد آشتی        به خواب اندرون، سرش برداشتی؟
تو پادافَرَهِ این بیابی ز من        که بر تو بگریند، زار، انجمن»
بفرمود داری زدن بر درش        نظاره بران لشکر و کشورش
نگونبخت را زنده بردار کرد        دل مرد بدکار بیدار کرد

## شکستن ایرانیان

### زندان هرمز را

سواران که آیین‌گشسپ سوار        بیاورده بود از در شهریار[1]
چو کار سپهبد بفرجام شد        ز لشکر بسی پیش بهرام شد
بسی نیز نزدیک خسرو شدند        بمردانگی در جهان نو شدند
چنان شد که از بی‌شبانی رمه        پراکنده گردد بروزِ دمه
چو آگاهی آمد برِ شهریار        ز آیین‌گشسپ آنکه بُد نامدار
ز تنگی درِ بار دادن ببست        ندیدش کسی نیز، با مَی؛ به دست
برآمد ز آرام و، از خورد و خواب        همی بود با دیدگانِ پرآب
به در بر، سخن رفت چندی ز شاه        که: «پرده فرو هشت از بارگاه»
یکی گفت: «بهرام شد جنگجوی        بتخت بزرگی نهاده است روی»
دگر گفت: «خسرو، ز آزار شاه        همی سوی ایران گذارد سپاه»
بماندند زان کار، گُردان، شگفت        همی هر کسی رای دیگر گرفت
چو در تیسفون، پر شد این گفت‌وگوی        ازآن پادشاهی، بشد رنگ‌وبوی
سرِ بندگان پر شد از درد و کین        گزیدند نفرینْش، بر آفرین

*

سپاه اندکی بُد به درگاه بر        جهان تنگ شد بر دل شاه بر
به بندوی و گستهم، شد، آگهی        که: «تیره شد آن فرّ شاهنشهی»

---

* – رفته بود درست است نه آمده بود، زیرا که آنکس که برای انجام کاری میرود، خود می‌رود اگرچه بنزد ما می‌آید. این گونهٔ کنش هنوز در تاجیکستان روان است چنانکه می‌گویند: اکنون نزد شما می‌روم.

1 – سواران که نادرست است: «سپاهی را که».

همه بستگان، بند، برداشتند / یکی را بدان کار بگماشتند[1]
کزان، آگهی بازجوید، که چیست؟ / ز جنگ‌آوران بر درِ شاه؛ کیست؟[2]
ز کار زمانه چو آگه شدند / ز فرمان بگشتند و بیره شدند
شکستند زندان و برشد خروش / برآنسان که هامون برآید بجوش
به شهر اندرون هر که بُد لشکری / بماندند بیچاره؛ زان داوری
همی رفت گستهم و بندوی پیش / زره‌دار با لشکر و سازِ خویش
یکایک ز دیده بشستند شرم / سواران بدرگاه رفتند گرم[3]
ز بازار، پیش سپاه آمدند / دلاور، به درگاهِ شاه آمدند
که: «گر، گشت خواهید؟ با ما، یکی؛ / مجویید آزرم شاه اندکی!
که هرمز بگشته است از رای و راه / ازین پس مر او را مخوانید شاه
به پادافره او بیازید دست / بر او بر، کنید آبِ ایران، کبست*
شما را بَویم اندرین پیشرو / نشانیم، بر گاه او، شاه نو
اُگر هیچ سستی کنید اندرین / شما را سپاریم، ایران زمین؛
یکی گوشه‌ای بس کنیم از جهان / به یکسو خرامیم با همرهان»

*

بگفتارِ گستهم، یکسر سپاه / گرفتند نفرین، به آرام شاه
که: «هرگز مبادا چنین تاجور / کجا دست یازد بخونِ پسر»
به گفتار، چون شوخ شد لشکرش / هم آنگه زدند آتش اندر درش
شدند اندر ایوان شاهنشهی / بنزدیک آن تخت با فرّهی
چو تاج از سر شاه برداشتند / ز تختش نگونسار برگاشتند
نهادند پس داغ بر چشم شاه / شد آنگاه، آن شمع رخشان، سیاه
ورا همچنان زنده بگذاشتند / ز گنج آنچه بُد، پاک، برداشتند
چنین است کردار چرخ بلند / دل اندر سرای سپنجی مبند[4]
گهی گنج بینیم ازو گاه رنج / برآید به ما بر سرای سپنج
اگر سد بود سال اگر سد هزار / گذشت آن سخن کآید اندر شمار
کسی کاو خریدار نیکو شود / نگوید سخن تا بدی نشنود

۱ - لت دویم بی‌پیوند است و از «شکستن بند» در گفتار آینده یاد می‌شود.
۲ - گفتار را پیوند درست نیست.
۳ - سخن درست در رج پسین می‌آید.
* - کبست: میوهٔ گیاهی است که سخت تلخ است بفارسی خربزهٔ تلخ و بتازی حنظل نامند.
۴ - چهار رج سخنان همیشگی.

# پادشاهی خسروپرویز

همانگاه، گستهم، بآذرگشسپ — برافکند مردی، سبک، بر دو اسپ
که در شب بنزدیک خسرو شود — از ایران بآگاهی نو شود
فرستاده آمد بر شاه نو — گذشته، شبِ تیره، از ماه نو[1]
از آشوب بغداد گفت آنچه دید — جوان شد، چو برگِ گلِ شنبلید![2]
چنین گفت: «هر کاو ز راه خرد — بتیزی و بی دانشی بگذرد؛
نترسد ز کردار چرخ بلند؛ — شود زندگانیش ناسودمند
گر این بد که گفتی خوش آمد مرا — خور و خواب در آتش آمد مرا[3]
ولیکن پدر چون به خون آخت دست — در ایران نکردم در آتش نشست[4]
هم او را کنون چون یکی بنده‌ام — سخن هر چه گوید نیوشنده‌ام»[5]
هم اندر زمان، داغ دل؛ با سپاه — بکردار آتش بیامد ز راه
سپاهی بُد از بردع و اردبیل — همی رفت با نامور خیل خیل[6]
از ارمینیه نیز چندی سپاه — همی تاخت چون باد، با پورشاه[7]
چو آمد به بغداد زو، آگهی — که آمد خریدار تخت مهی[8]
همه شهر ز آگاهی، آرام یافت — جهانجوی از آرامشان کام یافت
پذیره شدندش بزرگان شهر؛ — کسی را که از مهتری بود بهر
نهادند بر پیشگه تخت آج — همان توغ زرّین و پرمایه تاج[9]
به شهر اندرون رفت خسرو به درد — به نزد پدر شد پر از بادِ سرد[10]

---

۱ - لت دویم راگزارش نیست. ۲ - «بغداد» نادرخور است؛ تیسفون.
۳ - سخن را پیوند درست نیست... افزاینده را، رای بر آن بوده است تا بگوید: «اگر از این آگاهی بد، مرا خوش آمده باشد، در آتش بسوزم»! اما چنین سخن را با فرستاده نمی‌گویند، ویژه آنکه در دو رج پیشین، درد و ستمی را که بر پدرش رفته بود، بازتاب کردارهای او بشمار آورد!
۴ - **یک:** باید روشن شود که «بخون من» دست یازید. لت دویم نیز بی‌پیوند است... **دو:** مگر آتشکدهٔ آذرگشسب از سرزمین ایران نبوده است؟... افزاینده را شایستی گفتن: «در تیسفون ننشستم».
۵ - سخن را پیوند درست نیست: «هنوز او را یکی بنده‌ام».
۶ - **یک:** چون در رج پیشین از «سپاه» یاد شده بود، دوباره از سپاه نشاید یاد کردن. **دو:** لت دویم نیز نادرخور است، و برای پساوای اردبیل آورده‌اند. ۷ - همچنین ۸ - تیسفون، نه بغداد!
۹ - تخت را بر پیشگاه نمی‌نهند، که جای تخت فرازین گاهِ کاخ است.
۱۰ - چون در رج پیشین از نهادند تخت بر پیشگاه یاد شد، پس از آن نشاید از اندرون شدن بشهر سخن رود... سخن افزوده است بهمراه هشت رج سخنان همیشگی دربارهٔ روزگار و گنبد تیزگرد...

چه جوییم زین گنبد تیزگرد  که هرگز نیاساید از کارکرد
یکی را همی تاج شاهی دهد  یکی را به دریا به ماهی دهد
یکی را برهنه سر و پای و سفت  نه آرام و خواب و نه جای نهفت
یکی را دهد توشهٔ شهد و شیر  بپوشد به دیبا و خزّ و حریر
سرانجام هر دو به خاک اندرند  به تارک به دام هلاک اندرند
اگر خود نزادی خردمند مرد  ندیدی ز گیتی چنین گرم و سرد
ندیدی جهان از بنه بِه بُدی  اگر کِه بُدی مرد اگر مِه بُدی
کنون رنج در کار خسرو بریم  به خواننده آگاهی نو بریم

## نشستن خسرو
## بر
## تخت شاهی

چو خسرو نشست از برِ تخت زر  برفتند، گُردانِ زرّین کمر
گرانمایگان را همه خواندند  برآن تاجِ نو، گوهر افشاندند
به موبد چنین گفت ک:«این تاج و تخت  نیابد مگر مردم نیکبخت
مبادا مرا، پیشه جز راستی  که بیدادی * آرد همه کاستی
ابا هر کسی، رای ما؛ آشتیست  ز پیکار کردن سرِ ما تهیست
ز یزدان پذیرفتم این تخت نو  همین روشن و مایه‌ور بخت نو
شما نیز دل‌ها بفرمان دهید  بهر کا، بر ما سپاسی نهید[1]
از آزردن مردم پارسا  اُ دیگر کشیدن سر از پادشا[2]
سیوم دور بودن ز چیز کسان  که دودش بود سوی آن کس رسان[3]
که در گاه و بی گه کسی را بسوخت  به بی‌مایه چیزی دلش برفروخت[4]

---

* - همه جا «بیدادی» آورده‌اند، و «**بیداد**» درست می‌نماید که آهنگ گفتار را نیز در هم نمی‌ریزد.

۱ - «گوش بفرمان نهادن» شاید و «دل» بفرمان دادن نشاید.    ۲ - سخن را هیچ پیوند و گزارش نیست.

۳ - **یک**: سخن کودکانه... دور بودن از چیز کسان نادرست ابست: «بچیز کسان دست میازید». **دو**: سوی چه کس؟ بایستی روشن شود که دود آن بسوی همان کس می‌آید که به چیز کسان دست یافته است.

۴ - سخن چندان کودکانه است که مرا شرم از گزارش آن می‌آید... در گاه و بی‌گه نشاید گفتن: گاه و بیگاه «کسی را» نشان از چه کس دارد؟ لت دویم را نیز پیوند و گزارش نیست.

دیدار با پدر ۲۳۹

دگر هرچه از مردمی درخورد    مرآن را پذیرنده باشد خرد[1]
نباشد مرا با کسی داوری    اگر تاج جوید گر انگشتری[2]
که را گوهر تن بود بانژاد    نگوید سخن با کسی جز به داد[3]
نباشد شما را جز از ایمنی    نیازد به کردار آهرمنی»
هر آن کس که بشنید گفتار شاه    همی آفرین خواند بر تاج و گاه
برفتند، شاد؛ از برِ تخت او    بسی آفرین بود بر بخت او
سپهبد فرود آمد از تخت، شاد    همه شب، ز هرمز همی کرد یاد

*

چو پنهان شد آن چادرِ آبنوس    به گوش آمد از دور، بانگ خروس
جهانگیر، شد؛ تا بنزد پدر    نهانش پراز درد و، خسته، جگر
چو دیدش، بنالید و بردش نماز    همی بود پیشش، زمانی دراز
بدو گفت ک:«ای شاه نابختیار    ز نوشیروان، در جهان یادگار!
تو دانی که گر بودمی پشتِ تو    بسوزن نخَستی، سرانگشت تو
نگر تا چه فرمایی اکنون مرا    غم آمد ترا، دل، پر از خون مرا
گر ایدونکه فرمان دهی، بر درت    یکی بنده‌ام، پاسبان، بر سرت
نجویم کلاه و نخواهم سپاه    ببرّم سر خویش در پیش شاه»[4]
بدو گفت هرمز که: «ای پرخرد    همین درد و سختی ز من بگذرد
مرا نزد تو آرزو، بر سه چیز    -برین بر، فزونی نخواهیم نیز-
یکی آنکه: «شبگیر، هر بامداد    کنی گوش ما را به آواز، شاد
اُ دیگر سواری ز گردنکشان    که از رزم دیرینه دارد نشان[5]
برِ من فرستی که از کارزار    سخن گوید و کرده باشد شکار[6]
دگر آنکه داننده مرد کَهُن    که از شهریاران گزارد سَخُن
نوشته، یکی دفتر آرد مرا    بدان، درد و سختی؛ سرآرد مرا
دگر؛ آن دو ناکس، که خال تواَند    پرستنده و ناهمال تواَند
نبینند، زین پس، جهان را بچَشم    بر ایشان برانی از این درد، خشم»
بدو گفت خسرو که: «ای شهریار    مبادا، ز مرگ تو، کس، سوگوار

---

۱ - سخن بی‌پیوند...: «هر آن کردار را که شایستهٔ مردمی است، خرد نیز پذیرندهٔ آنست».
۲ - دروغ آشکار که برای تاج شاهی پدر خویش را نیز در آیندهٔ نزدیک بکشتن می‌دهد.
۳ - گوهر و نژاد، هر دو یکی است، و بسا کسان بوده‌اند که با نژاد، بیداد ورزیده‌اند.
۴ - **یک**: روزگذشته بر تخت نشسته و تاج بر سر نهاده است. **دو**: لت دویم نیز سخت نادرخور است.
۵ - سوارگردنکش را توان شاهنامه‌خوانی نیست که در رج دویم پس از این می‌آید.
۶ - پیوسته برج پیشین

نباشد اُ گر چه بود در نهان / که بدخواه تو دور باد از جهان[1]
ولیکن نگه کن به روشنروان / که بهرام چوبینه، شد پهلوان
سپاه است با او فزون از شمار / سواران و گردان خنجرگزار
اگر ما به گستهم یازیم دست / بگیتی نیابیم جای نشست
دگر آنکه باشد دبیر کهن / که بر شاه خواند گذشته سخن[2]
سواری که پرورده باشد به رزم / بداند همان نیز آیین بزم
ازین هر زمان، نو فرستم یکی / تو با درد پژمان مباش اندکی[3]
مدان این ز گستهم کاین ایزدیست / ز گفتار و کردار نابخردیست[4]
دل تو بدین درد خرسند باد / همان با خرد نیز پیوند باد»
بگفت این و گریان بیامد ز پیش / نکرد آشکارا بکس، راز خویش
پسر مهربانتر بُد از شهریار / بدین داستان زد یکی هوشیار[5]
که: «یار زبان چرب و شیرین‌سخن / به از پیر نستوه گشته کهن[6]
هنرمند گر مردم بی‌هنر / به فرجام هم خاک دارد به بر»[7]

## آگاهی بهرام
### ازکور شدن هرمز
## و لشکرکشیدن او بجنگ خسرو

چو بشنید بهرام کز روزگار؛ / چه آمد به آن نامور شهریار!
نهادند بر چشم روشنش داغ / بمرد آن چراغ دو نرگس بباغ[8]
پسر برنشست از برِ تخت اوی / به پا اندر آمد سرِ بخت اوی
ازآن، ماند بهرام، اندر شگفت / بپژمرد و اندیشه اندر گرفت[9]
بفرمود تا کوس بیرون برند / درفش بزرگی بهامون برند

---

۱ – سخن سست بی‌پیوند و بی‌گزارش ۲ – دو رج بی‌پایان!
۳ – **یک:** «این» چه را خواهد نمودن؟ **دو:** سخن لت دویم نیز در سخن آینده می‌آید.
۴ – **یک:** چه را از گستهم نداند؟... **دو:** لت دویم را نیز گزارش نیست. ۵ – آن هوشیار را، نام چه بوده است؟
۶ – بسا پیران نستوه، که بزم‌آرای و سخن‌پیمای‌اند، و دوستی با آنان بسی بهتر است.
۷ – خاک را ببر نتوان داشتن بدرون خاک میروند.
۸ – **یک:** داستان در رج پیشین گذشت. **دو:** چراغ دو نرگس نادرخور است، دو چراغ، یا دو نرگس. **سه:** چشم مردان را بنرگس همانند نمی‌کنند. ۹ – اندیشه را نشاید «اندر گرفتن».

دیدار بهرام با خسرو ۲۴۱

بنه برنهاد و، سپه برنشست — به پیکار خسرو، میان را ببست
سپاهی بکردار کوه روان — همی راند گستاخ، تا نهروان

*

چو آگاه شد خسرو از کار اوی — غمین گشت زان، تیز بازار اوی
فرستاد، بیدار کارآگهان — که تا باز جویند؛ کار جهان
به کارآگهان گفت: «راز، از نخست؛ — ز لشکر همی کرد باید درست![1]
که با او یکی‌اند لشکر به جنگ — اُگر گردد این کار ما با درنگ[2]
دگر آنکه بهرام در قلبگاه — بود بیش‌تر گر میان سپاه[3]
چگونه نشیند بهنگام بار — برفتن کند هیچ رای شکار؟»[4]
برفتند کارآگهان از درش — نبود آگه از کار و از لشکرش[5]
چو رفتند و دیدند و باز آمدند — نهانی برِ او فراز آمدند
که: «لشکر، به هر کار، با او یکیست — اگر نامدار است اُگر کودکیست
هر آنگه که لشکر براند براه — بود، یک زمان در میان سپاه؛[6]
زمانی شود بر سوی میمنه — گهی بر چپ و گاه سوی بنه[7]
همه مردم خویش دارد، به راز — به بیگانگان‌شان نیاید نیاز[8]
بکردار شاهان نشیند به بار — همان در در و دشت، جوید شکار
چو آرزمِ شاهان نداند همی — همه؛ دفتر دمنه خواند همی»
چنین گفت خسرو، بدستور خویش — که «کاری درازست ما را به پیش[9]
چو بهرام بر دشمن اسپ افکند — به دریا دل اژدها بشکند[10]
دگر آنکه آیین شاهنشهان — بیاموخت از شهریار جهان[11]
سیوم کِه‌ش کلیله است و دمنه وزیر — چنو رایزن کس ندارد به ویر[12]
ازآن‌پس به بندوی و گستهم گفت — که: «ما با غم و رنج، گشتیم جفت!»

---

۱ – سخنانی را که در سه رج پسین می‌آید، هیچیک راز نیست و آشکار است.
۲ – لت نخست، رودرروی لت دویم ایستاده است، زیرا که اگر لشکریان بهرام با وی همدل باشند، کار خسرو نیز با درنگ خواهد بود.
۳ – پرسش کودکانه! ۴ – نشست و برخاست بهرام نیز راز نیست، و آنرا بمیدان نبرد پیوند نیست.
۵ – از رفتن کارآگهان در رج پسین یاد می‌شود. ۶ – وابسته به رج پسین
۷ – میمَنه را با بُنه پساوا نیست. ۸ – سخن آشفته می‌نماید.
۹ – کدام دستور؟ در همه کار گستهم و بندوی دستور وی بودند.
۱۰ – لت دویم نادرخور است، و اژدها در دریا نیست. ۱۱ – بیاموخت نادرست است، آموخته است.
۱۲ – **یک:** کلیله و دمنه وزیر بهرام نبوده‌اند، و آن نام دفتری است که برزوی از زبان هندی بپهلوی بازگردانده بود. **دو:** ویر؛ در لت دویم، یاد (= حافظه) است... و افزاینده با افزودن لت دویم، بر گمان ناراست خویش، پای می‌فشارد، که آن وزیر کلیله و دمنه بوده باشد!

۲۴۲ خسروپرویز

چو گردوی و شاپور و چون اندیان سپهدار ارمینیه رادمان[1]
نشستند با شاه ایران‌به راز بزرگان فرزانهٔ رزمساز
چنین گفت خسرو بدان مهتران که: «ای سرفرازان و جنگاوران
هر آن مغز، کاو را خرد؛ روشن است ز دانش، تنش را؛ یکی جوشن است؛
کس آن را نبرّد مگر تیغ مرگ شود موم ازان زخم پولادِ ترگ[2]
کنون من، بسال از شما کهترم به رای جوانی جهان نسپرم
بگویید تا چارهٔ کار چیست؟ بر این* خستگی‌ها پرآزار کیست؟»
بدو گفت موبد «انوشه بَدی همه مغز را فرّ و توشه بَدی[3]
چو پیدا شد این راز گردنده دهر خرد را ببخشید بر چار بهر[4]
چو نیمی ازو بهرهٔ پادشاست که فرّ و خرد پادشا را سزاست[5]
دگر بهرهٔ مردم پارسا سدیگر پرستندهٔ پادشا[6]
چو نزدیک باشد به شاه جهان خرد خویشتن زو ندارد نهان[7]
کنون از خرد پاره‌ای ماند خُرد که دانا ورا بهر دهقان شمرد[8]
خرد نیست با مردم ناسپاس نه آن را که او نیست یزدان‌شناس[9]
اگر بشنود شهریار این سخن که گفته‌ست بیدارمرد کهن»[10]
بدو گفت شاه: «این سخن گر به زر نویسم جز این نیست آیین و فر[11]

---

۱ – «چو» پیش از نام، نادرخور است.

۲ – **یک:** سخن را پیوند «که» باید. **دو:** «کس» با «تیغ مرگ» همخوان نیست: «چیزی بجز از تیغ مرگش نتواند پریدن». **سه:** لت دویم سخت بی‌گزارش و بی‌پیوند است. * – نمونه‌ها «بر آن»، «بدان»، «براین» و پیدا است که «**اُزین**» درست است.

۳ – **یک:** سخن از «موبد» در میان نبود، که خسرو با بندوی و گستهم رای می‌زد. **دو:** لت دویم نیز نادرخور و بی‌گزارش است. چگونه شاه، توشهٔ مغز کسان می‌شود؟ و همانکس فرّ مغز آنان نیز باشد!!

۴ – خرد را، چه کس بر چهار بهر بخشید؟ خداوند؟ یا راز گردنده دهر؟...

۵ – چو نیمی نادرست است: «نیمی از آن...»، و چگونه به چهار بخش شد، اما از نیمی از آن سخن می‌رود؟

۶ – چون در رج پیشین از نیمی از آن سخن رفت، «دگر بهره» نیز نیم دیگر آنست، وسدیگر، و چهارم ندارد!!

۷ – **یک:** ... و چنین نیز شد، و افزاینده، بخش چهارم را فراموش کرد! **دو:** سخن نیز سخت سست و بی‌گزارش است و روشن نمی‌کند که چه کس نزدیک بشاه جهان است. **سه:** «خرد» که بخشی از آن (سدیگر بخش) به چنین کسان رسید، چرا بایستی خود را نهان کردن، یا نکردن؟

۸ – **یک:** افزاینده، دوباره به سخن بازگشت، و پاره‌ای خُرد از خرد را بدهقا(نا)ن ویژه کرد. **دو:** بندِ «کنون» نادرخور است، زیرا که به اکنون و امروز باز می‌گردد، باز آنکه گفتار چنان بود که «چون راز دهرِ گردنده» پیدا شد، خرد به چهار بهر، بخشیده شده!

۹ – **یک:** دیگر، بهری از خرد برجای نمانده است، که افزاینده آنرا بمردم ناسپاس ببخشد، یا نبخشد! **دو:** بسا یزدان ناشناسان و ناسپاسان که از خرد برخوردارند، و آنرا نه در راه راستی بکار می‌برند، که در زبان پهلوی آنان را دوش خرَت می‌خوانند.

۱۰ – آن مرد بیدار کهن، که سخن گفته است، که بوده است؟

۱۱ – سخن پریشان است، و روی دیگر آن چنین است: اگر این سخن را با (آب) زر نویسم، آیین و فرّ، همین است!!

سخن گفتن موبدان گوهرست ‌‌ مرا در دل اندیشهٔ دیگرست[1]
که چون این دو لشکر برابر شود ‌‌ سر نیزه‌ها بر دو پیکر شود[2]
نباشد مرا ننگ، کز قلبگاه ‌‌ برانم، شوم پیش او، بی‌سپاه
بخوانم به آواز، بهرام را ‌‌ سپهدار بدنام خودکام را
یکی ز آشتی روی بنمایمش ‌‌ نوازمْش بسیار و بستایمش
اگر خود پذیرد سخن، بِه بود ‌‌ که بر درگهِ ما، چو او، کِه بود
اُگر جنگ جوید، منم جنگجوی ‌‌ سپه را، به روی اندر آریم، روی»

*

همه کاردانان بدین داستان ‌‌ کجا؛ گفت، گشتند همداستان
بزرگان بر او آفرین خواندند ‌‌ ورا شهریار زمین خواندند[3]
همی گفت هر کس که: «ای شهریار ‌‌ ز تو دور بادا بدِ روزگار[4]
ترا باد پیروزی و فرهی ‌‌ بزرگیّ و دیهیم و شاهنشهی»[5]
چنین گفت خسرو که «این باد و بس ‌‌ شکست و جدایی مبیناد کس»[6]
سپه را ز بغداد بیرون کشید ‌‌ سراپردهٔ نو به هامون کشید[7]
دو لشکر چو تنگ اندر آمد به راه ‌‌ اُزان رو، سپهبد وزاین روی، شاه
چو شمع جهان شد به خم اندرون ‌‌ بیفشاند زلف شب تیره‌گون[8]
طلایه بیامد ز هر دو سپاه ‌‌ که دارد ز بدخواه خود را نگاه[9]
چو از خنجرِ روز، بگریخت شب ‌‌ همی تاخت، سوزان دل و، خشک لب[10]
تبیره برآمد ز هر دو سرای ‌‌ بدان رزم، خورشید بُد رهنمای[11]
به گستهم و بندوی فرمود شاه ‌‌ که تا بر نهادند گردان، کلاه
چنین با بزرگانِ روشنروان ‌‌ همی راند تا چشمهٔ نهروان
طلایه، به بهرام شد ناگزیر ‌‌ که: «آمد سپه بر دو پرتاب تیر»
چو بشنید بهرام، لشکر براند● ‌‌ جهاندیدگان را برِ خویش خواند

---

۱ – «سخن» را شاید بگوید همانند کردن، و «سخن گفتن» را نشاید.
۲ – سر نیزه‌ها را توان بآسمان بلند کردن، اما نشاید به برج دوپیکر، که یکی از دوازده برج آسمانیست و خورشید بهنگام خردادماه با آن بر می‌آید!
۳ – بزرگان در این رج همان کاردانان پیشین‌اند. ۴ – سخن برگرفته از شاهنامه است.
۵ – «گشتند» در گفتار شاهنامه، با (همی) گفت در این رج همخوان نیست. ۶ – دنبالهٔ همان گفتار
۷ – بغداد! ۸ – خورشید درخشان باشکوه را به «شمع» نشاید همانند کردن.
۹ – طلایه (خود) را نگاه بدارد؟ یا سپاه خویش را؟
۱۰ – شب را چگونه سوزان و و خشک توان خواندن؟
۱۱ – روشن نیست که خورشید، چگونه رهنمای «تنها آن رزم» بوده است.
● – نمونه‌ها «براند»، «نراند» آورده‌اند و پیدا است که چون خسرو بهمراه گردان به پیش آمده است و بهرام نیز، به پذیرهٔ آنان می‌رود، ←

نشست از برِ ابلقِ مُشک‌دُم — خنیده سرافرازِ رویینه‌سم
سلیحش یکی هندوی تیغ بود — که در زخم چون آتش میغ بود[1]
چو برق درفشان همی راند اسپ — به دست چپش ریمن آذرگشسپ[2]
چو آیین‌گشسپ و یلان‌سینه نیز — برفتند پرکینه و پرستیز[3]
سه ترک دلاور ز خاقانیان — بران کین بهرام بسته میان[4]
پذیرفته هر سه که: «چون روی شاه — ببینیم دور از میان سپاه[5]
اگر بسته گر کشته او را برت — بیاریم و آسوده شد لشکرت»[6]
ز یک روی خسرو، دگر پهلوان — میان اندرون، نهروانِ روان
نظاره بر آن، از دو رویه، سپاه — که تا پهلوان، چون؟ رود نزد شاه

❋

رسیدند بهرام و خسرو بهم — گشاده یکی روی و دیگر دژم[7]
نشسته جهاندار بر خنگ آج — فریدون یل بود با فرّ و تاج[8]
ز دیبای زربفت چینی‌قبای — چو گردوی پیش‌اندرون رهنمای[9]
چو بندوی و گستهم بردست شاه — چو خرّاد برزین زرّین کلاه[10]
همه غرقه در آهن و سیم و زر — نه یاقوت پیدا نه زرّین کمر[11]
چو بهرام روی شهنشاه دید — شد از خشم، رنگ رخش ناپدید[12]

---

→ «**لشکر بماند**» درست است: لشکر را نگاه داشت، و بزرگان را بنزد خویش خواند.

۱ - **یک:** بهرام به نبرد نمی‌رفت، تا از جنگ‌افزار وی یاد شود. **دو:** افزاینده از گفتن آتش میغ. آذرخش را خواسته است بگوید... همانندی هزاران بار پست‌تر از خود.

۲ - **یک:** بزودی آذرخش، از «شمشیر» به «راندن اسپ» بازگشت. **دو:** آذرگشسب را چرا «ریمن» خواندن؟، آذرگشسب نام کسی نبود و نام آتشکدهٔ شهریاران بود.

۳ - **یک:** چو بهمراه نام نادرخور است. **دو:** بهرام برای ستیز نرفته بود که به پذیرهٔ خسرو رفت، و از آغاز تا پایان میان آندو سخن، بود، نه ستیزه!

۴ - **یک:** خاقان، ببهرام ننگریسته از ایران رفت، پس چگونه (سه ترک) را از سپاه خویش، همراه بهرام کرد؟ **دو:** کنش بسته میان نیز برای سه کس نادرخور است: «میان بسته بودند».

۵ - **یک:** بازکنش پذیرفته نادرخور است: «پذیرفته بودند که»... **دو:** دور از میان سپاه نادرست است: «دور از سپاه».

۶ - لت دویم نیز باکنش نادرخور همراه است...: «تا سپاه تو آسوده گردد».

۷ - بهم نرسیده بودند، زیراکه آنان در دو سوی رود نهروان، رودرروی هم ایستادند!

۸ - **یک:** نشستن برای تخت بکار می‌رود نه از برای اسب: «سوار بر خنگ». **دو:** هیچگاه، از فریدون با پاژنام «یل» یاد نشده است.

۹ - **یک:** در میدان جنگ، دیبای زربفت در بر نمی‌کنند! **دو:** «چو» پیش از نام گردوی نادرخور است.

۱۰ - **یک:** چنانکه «چو» برای بندوی و گستهم. **دو:** و خراد برزین را نیز هیچگاه تاج بر سر نبوده است.

۱۱ - افزایندهٔ یاوه‌پرداز؛ چه زود فراموش کرد که خسرو را با تاج و قبای زربفت چنین بمیدان آورده بود و بیدرنگ او را غرق در آهن کرد... و این چه سیم و زر است، که کمر زرین، و یاقوت را نیز می‌پوشاند؟!!

۱۲ - از اینجا چهل و دو رج افزوده نادرخور و پریشان آمده است که میان داستان جدایی می‌افکند، زیراکه خسرو با همداستانی گستهم و بندوی و بزرگان لشکرش آهنگ دیدار بهرام را کرده بود، و سخن نیز چنان بود که آشتی از او خواهد و او را بنواخته و بستاید که اگر از ←

دیدار بهرام با خسرو ۲۴۵

ازانپس چنین گفت با سرکشان / که: «این روسپی‌زادهٔ بدنشان
ز پستی و کندی بمردی رسید / توانگر شد و رزمگه برکشید
بیاموخت آیین شاهنشهان / بزودی سرآرم بدو بر جهان
ببینید لشکرش را سر بسر / که تا کیست زیشان یکی نامور
سواری نبینم همی رزمجوی / که با من به روی اندر آرند روی
ببیند کنون کار مردانِ مرد / تگ اسپ و شمشیر و گرز نبرد
همان زخم گوپال و باران تیر / خروش یلان بر دِه و دار و گیر
ز آواز من کوه ریزان شود / هژبر دلاور گریزان شود
به خنجر به دربابر افسون کنیم / بیابان سراسر پر از خون کنیم»
بگفت و برانگیخت ابلق ز جای / تو گفتی شد آن باره پرّان همای
یکی تنگ آوردگاهی گرفت / بدو مانده بُد لشکر اندر شگفت
ز آوردگه شد سوی نهروان / همی بود بر پیش فرخ جوان
تنی چند با او ز ایرانیان / همه بسته بر جنگ خسرو میان
چنین گفت خسرو که: «ای سرکشان / ز بهرام چوبین که دارد نشان؟»
بدو گفت گردوی که: «ای شهریار / نگه کن بران مرد ابلق سوار
قبایش سپید و حمایل سیاه / همی راند ابلق میان سپاه»
جهاندار چون دید بهرام را / بدانستش آغاز و فرجام را
چنین گفت که: «آن دودگون دراز / نشسته بران ابلق سرفراز؟»
بدو گفت گردوی که: «آری همان / نبردهست هرگز به نیکی گمان»
چنین گفت که: «از پهلو کوژپشت / بپرسی سخن پاسخ آرد درشت
همان خُهل‌بینی و خوابیده چشم / دل آکنده دارد تو گویی به خشم
به دیده ندیدی مر او را بد است / کجا در جهان دشمن ایزد است
نبینم همی در سرش کهتری / نیابد کس او را به فرمانبری»

---

← سوی بهرام پذیرفته شود، او را بدرگاه خوانده و پهلوانیش دهد، و در این افزوده‌ها سخن؛ سراپای، دیگر می‌شود، و از بهرام پور گشسب، کسی «دودگونِ گوژپشت خُهل‌بینی (کج بینی) و خوابیده چشم» می‌سازند، این همان بهرام است که خواهری چون گُردیه دارد که خاقان چین، و گستهم و خسروپرویز گرفتار مهر و چهر او شدند، و سرانجام مهترِ بانوان مشکوی خسرو گردید! و گُردوی، برادرِ کوچکتر بهرام آن سخنان زشت را دربارهٔ برادر می‌پذیرد...!! افزایندهٔ بی‌شرم گفتار را بدینجا پایان نمی‌بخشد که از زبان پسرکی شانزده ساله [خسرو] داستان از نهفت می‌آورد: که گر خر نیاید بنزدیک بار /تو بار گران را بنزد خر آر!!، و بدینسان روانِ روشنِ آن پهلوان بزرگ ایرانی را می‌آزارد!! و سخنان زشت و بی‌بنیاد دیگر!

باز آنکه گفتار فردوسی چنین بود:

نظاره بر آن، از دو رویه، سپاه / که تا پهلوان، چون رود نزد شاه
به بهرام گفت ای سرافراز مرد / چگونه است کارت بدشت نبرد؟

ازان پس به بندوی و گستهم گفت     که: «بگشایم این داستان از نهفت
که گر خر نیاید به نزدیک بار     تو بار گران را به نزد خر آر
چو بفریفت چوبینه را نرّه دیو     کجا بیند او راه گیهان خدیو
هر آن دل که از آز شد دردمند     نیایدش کار بزرگان پسند
جز از جنگ چوبینه را رای نیست     به دلش اندرون داد را جای نیست
چو بر جنگ رفتن بسی شد سخن     نگه کرد باید ز سر تا به بن
که داند که در جنگ پیروز کیست     بدان سر دگر لشکرافروز کیست
بدین گونه آراسته لشکری     به پرخاش بهرام یل مهتری
دژاگاه مردی چو دیو سترگ     سپاهی بکردار درّنده گرگ
گر ایدونکه باشیم همداستان     نباشد مرا ننگ زین داستان
به پرسش یکی پیشدستی کنم     ازان به که در جنگ سستی کنم
اگر زو براندازه یابم سخن     نوآیین بدی‌هاش گردد کهن
ز گیتی یکی گوشه او را دهم     سپاسی ز دادن بدو برنهم
همه آشتی گردد این جنگ ما     برین رزمگه جستن آهنگ ما
مرا ز آشتی سودمندی بود     خرد بی‌گمان تاج‌بندی بود
چو بازارگانی کند پادشا     ازو شاد باشد دل پارسا»
بدو گفت گستهم ک:«ای شهریار     انوشه بَوی تا بود روزگار
همی گوهر افشانی اندر سَخُن     تو داناتری هر چه باید بکن
تو پُردادی و بنده بیدادگر     تو پرمغزی و او پر از باد سر»
چو بشنید خسرو بپیمود راه     خرامان بیامد به پیش سپاه
بپرسید بهرامِ یل را ز دور     همی جست هنگامهٔ رزم سور

*

⇐ به بهرام گفت: «ای سرافراز مرد     چگونه؟ است کارت به دشت نبرد!
تو؛ درگاه را، همچو پیرایه‌ای     همان تخت و دیهیم را مایه‌ای
ستون سپاهی، بهنگام رزم     چو شمع درخشنده، هنگام بزم
جهانجوی گردیّ و یزدان‌پرست     مداراد، دارنده، باز؛ از تو دست
سگالیده‌ام روزگار ترا     بخوبی بپیچیده کار ترا[1]
ترا؛ با سپاه تو، مهمان کنم     ز دیدار تو رامش جان کنم
سپهدار ایرانْش، خوانم به داد     کنم آفریننده را بر تو یاد»

1 - روزگار را نمی‌توان سگالیدن!

سخن‌هاش بشنید بهرام گُرد ‌ ‌ ‌ ‌ عنان بارهٔ تیزتگ را سپرد[1]
هم از پشتِ آن باره، بردش نماز ‌ ‌ ‌ ‌ همی بود پیشش زمانی دراز

*

چنین داد پاسخ، پس، ابلق سوار ‌ ‌ ‌ ‌ که: «من خرّمم شاد و به روزگار
ترا، روزگار بزرگی مباد ‌ ‌ ‌ ‌ که نه پند دانی ز شاهی، نه داد
الان‌شاه، چون شهریاری کند؛ ‌ ‌ ‌ ‌ ورا مردِ بدبخت یاری کند!
ترا روزگاری سگالیده‌ام ‌ ‌ ‌ ‌ بنوّی کمندیت مالیده‌ام[2]
بزودی یکی دار سازم بلند ‌ ‌ ‌ ‌ دو دستت ببندم به خمّ کمند
بیاویزمَت زان سزاوار دار ‌ ‌ ‌ ‌ ببینی* ز من، تلخی روزگار»

*

چو خسرو ز بهرام پاسخ شنید ‌ ‌ ‌ ‌ به رخساره شد، چون گلِ شنبلید
چنین داد پاسخ که: «ای ناسپاس ‌ ‌ ‌ ‌ نگوید چنین، مردِ یزدان‌شناس
چو مهمان، بخان تو آید؛ ز دور ‌ ‌ ‌ ‌ تو دشنام سازی بهنگامِ سور؛
نه آیین شاهان بود زین نشان ‌ ‌ ‌ ‌ نه آنِ سواران، و گردنکشان
نه تازی چنین کرد و نه پارسی ‌ ‌ ‌ ‌ اگر بشمری سال سد بار سی[3]
ازین، ننگ دارد خردمند مرد ‌ ‌ ‌ ‌ بگِرد درِ ناسپاسی مگرد
چو مهمانت آواز فرّخ دهد ‌ ‌ ‌ ‌ برین گونه بر دیو پاسخ دهد[4]
بترسم که روز بد آیذتْ پیش ‌ ‌ ‌ ‌ که سرگشته بینمْتْ، بر رایِ خویش
ترا چاره بر دست آن پادشاست ‌ ‌ ‌ ‌ که زنده‌ست جاوید و فرمانرواست[5]
گنهکار یزدانی و ناسپاس ‌ ‌ ‌ ‌ تن اندر نکوهش، دل اندر هراس
مرا چون؟ الان‌شاه خوانی همی! ‌ ‌ ‌ ‌ ز گوهر، به یکسوم دانی همی!○
مگر ناسزایم به شاهنشهی ‌ ‌ ‌ ‌ نه زیباست بر من کلاه مهی[6]
چو کسری نیا و چو هرمز پدر ‌ ‌ ‌ ‌ که؟ را دانی از من سزاوارتر!

---

۱ – دوکس که رودرروی یکدیگر با هم سخن می‌گویند، چگونه شاید که یکی از آنان عنان را بارهٔ تیز تک سپاردن و تاختن!

۲ – **یک:** در این گفتار، بهرام؛ روزگار خسرو را می‌سگالد!... **دو:** لت دویم نیز سست و نادرخور است، زیرا که کمند را نمی(مالند) و می(تابند)... باری اگر گفتار روی بدان دارد که بهرام خسرو را باکمند گیرد، با هر کمندش می‌تواند گرفتن، و مالیدن؟ کمند نو، برای هر کار نو، شایسته نیست. * – همهٔ نمونه‌ها چنین آورده‌اند، اما «**که بینی**» درست می‌نماید.

۳ – **یک:** کنش «کرد»، در لت نخست باکنش «بوَد» در رج پیشین هماهنگ نیست. **دو:** لت دویم نیز نادرخور است... و برای سالهای بیشمار «هزار» می‌آورند، نه سه هزار.

۴ – سخن را پیوند درست نیست. در لت نخست مهمانت (= مهمان تو)، و در لت دویم (دیو) ناهمخوان‌اند.

۵ – سخن در لت نخست سست است، و چاره بر دست نیست. ‌ ‌ ○ – مرا بی‌گوهر و بی‌نژاد می‌شناسی.

۶ – این سخن میان رج‌های پیشین و پسین جدایی می‌افکند.

*

ورا گفت بهرام ک:«ای بدنشان    بگفتار و کردار، چون بیهشان
نخستین ز مهمان گشادی سَخُن    سرشتت بَد و، داستانت کَهُن
ترا با سخن‌های شاهان چه کار    نه فرزانه مردی نه جنگی سوار
الان‌شاه بودی، کنون کهتری    هم از بندهٔ بندگان کمتری[1]
گنهکارتر کس تویی در جهان    نه شاهی نه زیباسری از مهان[2]
به شاهی مرا خوانده‌اند آفرین●    نمانم که پی برنهی بر زمین
دگر آنکه گفتم که بداختری    نزیبد ترا شاهی و مهتری
ازآن گفتم ای ناسزاوار شاه○    که هرگز مبادی تو در پیشگاه
که ایرانیان، بر تو بر، دشمن‌اند    بکوشند و بیخت ز بُن برکنند
بدرّند بر تنت بر پوست و رگ    سپارند پس استخوانت به سگ»[3]

*

بدو گفت خسرو که: «ای بدکنش    چرا؟ گشته‌ای تند و برترمنش!
که آهوست بر مرد، گفتار زشت    ترا خود، از آغاز بود؟ این سرشت!
ز مغز تو بگسست روشن‌خرد    خنک نامور، کاو خرد پرورد
هر آن دیو، کاید زمانش فراز    زبانش به گفتار گردد دراز
نخواهم که چون تو یکی پهلوان    ز تندی تبه گردد و ناتوان
سزد گر ز دل، خشم بیرون کنی    نجوشیّ و برتیزی افسون کنی
ز دارندهٔ دادگر، یاد کن    خرد را برین یاد، بنیاد کن
یکی کوه داری به پیش اندرون    که گر بنگری، برتر از بیستون[4]
گر از تو، یکی شهریار آمدی    مُغیلان بی بر، ببار آمدی![5]
ترا دل پراندیشهٔ مهتریست    کزین ننگ، بر تاج، باید گریست!
ندانم که اَمُختت این بر تنی*    ترا، تا چنین گشتی؛ اهریمنی!
هر آن، کاین سخن؛ با تو گوید همی    بگفتار، مرگِ تو جوید همی»

---

۱ -کهتری را باکمتری پساوا نیست.    ۲ -لتِ دویم بی‌پیوند و بی‌گزارش است.

● - برابر با شاهنامهٔ سپاهان. در دیگر نمونه‌ها همه جا «خواندند» آمده است.

○ - نمونه‌ها چنین‌اند، اما پیدا است که اگر بهرام، خسرو را شاه نمی‌داند، نمی‌باید او را «شاه» بنامد! و سخن درست در اندیشهٔ من، چنین است: **«از آن گفتمت ( = خواندمت) ناسزاوار شاه»**.    ۳ - سخن زشت ناسزاوار

۴ - **یک:** پیش را (اندرون) نیست. در برخی نمونه‌ها «زیر اندرون» که دربارهٔ آن نیز داوری چنین است! **دو:** لت دویم نیز بی‌پیوند است.

۵ - سخن را می‌بایستی بازگونه گفتن که اگر از مغیلان بی‌برد، بار زاید، تو را نیز شایستی شهریار خواندن.

* - در زبان پهلوی: اَپَرتنی، در فارسی برتنی: تکبر. خویش رابرتر از دیگران دانستن از زمره بدیها در شمار بود.

بگفت و فرود آمد از خنگ آج ز سر برگرفت آن بهاگیر تاج[1]
بنالید و سر سوی خورشید کرد ز یزدان دلش پر ز امید کرد[2]
چنین گفت ک:«ای روشنِ دادگر درختِ امید، از تو آید ببر[3]
تو دانی که بر پیش این بنده کیست کزین ننگ بر تاج باید گریست»[4]
اُزان جا سبک شد به جای نماز همی گفت با داور پاک راز[5]
«گر این پادشاهی ز تخم کیان بخواهد شدن! تا، نبندم میان[6]
پرستنده باشم به آتشکده نخواهم خورش جز ز شیر دده[7]
ندارم به گنج اندرون زرّ و سیم به گاه پرستنش بپوشم گلیم[8]
ور ایدونکه این پادشاهی مرا است پرستنده‌ای دانیم؛ راد و راست[9]
تو پیروز گردان، سپاهِ مرا به بنده مده، تاج و گاه مرا[10]
اگر کام دل یابم این تاج و اسپ بیارم دمان پیش آذرگشسپ[11]
همین یاره و توغ و این گوشوار همین جامهٔ زرّ گوهرنگار[12]
همان نیز ده بدره دینار زرد فشانم برین گنبد لاژورد[13]
پرستندگان را دهم ده هزار درم چون شوم بر جهان شهریار[14]
ز بهرامیان هرکه گردد اسیر به پیش من آرد کسی دستگیر[15]
پرستنده فرخ آتش کنم دل موبد و هیربد خوش کنم»[16]

---

۱ - «خِنگ» یک گونهٔ اسپ است و «آج» گونه‌ای دیگر از آن.

۲ - لت دویم را پیوند «را» باید... اما دل او پر امید نبود زیرا که سخنان پسین از ناامیدی وی نشان دارد.

۳ - **یک:** روشنِ دادگر که باشد؟ **دو:** لت دویم نیز نادرخور است درخت امید چگونه باشد، از هر درخت امید بر و بار یا شاخ و برگ هست.

۴ - اگر چنین است، چرا ویرا سپهدار ایران نامید؟ ۵ - جای نماز؟ در بیابان؟

۶ - پیوند لت دویم نادرخور است (تا) نبندم میان!

۷ - **یک:** شاهان را در آتشکده راه نبوده است، و از نژاد موبدان، در آتشکده کاری کرده‌اند. **دو:** شیر پلنگ و شیر و ببر را چگونه شاید دوشیدن؟!... سخن پست‌تر از این از برای پساوا نشاید.

۸ - اگر بآتشکده رَوَد، سخن از گنج گفتن نادرخور می‌نماید، زیرا که گنج‌های او ببهرام می‌رسد.

۹ - لت دویم برابر با شاهنامه امیرکبیر است، شاهنامهٔ مسکو: «پرستنده و ایمن و راد و راست»، «پرستندهٔ یا نیم» «نگیرم بگیتی بجز راه راست» «پرستنده باشیم با راه راست».

۱۰ - هنوز سخن از جنگ در میان نیامده است، زیرا که در آینده خسرو سوگند به مهربانی با بهرام یاد می‌کند.

۱۱ - سخن سست!... که پیوند «را» نیز در آن بایسته است. آتشکده را چه نیاز به اسپ است؟ مگر آنکه افزاینده را برای پساوا نیاز بدان بوده است. ۱۲ - دنبالهٔ همان سخن نادرخور.

۱۳ - **یک:** مگر دینار سپید و سبز نیز در جهان هست؟... باری دینار خوب را دینار سرخ می‌خوانند! **دو:** بر کدام گنبد لاژورد؟ اگر آسمان را خواهد گفتن که (این) برای آن نادرخور است.

۱۴ - بهمهٔ پرستندگان ده هزار درم دادن سخت اندک است، و اگر بهر یک از آن شمارِ یاد شده را دهد، سخت گزافه می‌نماید.

۱۵ - اسیر و دستگیر هر دو یک سخن است.

۱۶ - **یک:** نه چنین است، و کار در آتشکده‌ها، ویژه خاندان موبدان بوده است! **دو:** هیربدان را نیز خویشکاری، آموزش دانش‌آموزان بوده است، و در آتشکده، کار نداشته‌اند.

۲۵۰ خسروپرویز

بگفت این و از خاک بر پای خاست ستمدیده گوینده‌ای بود راست[1]
ز جای نیایش بیامد چو گرد به بهرام چوبینه آواز کرد[2]
که: «ای دوزخی چهره دیوِ نژ خرد دور و دور از تو آیین و فرّ[3]
ستمکاره دیویست با خشم و زور کزین گونه چشم ترا کرد کور[4]
بجای خرد خشم و کین یافتی ز دیوان کنون آفرین یافتی[5]
ترا خارستان شارستانی نمود یکی دوزخی بوستانی نمود[6]
چراغ خرد پیش چشمت بمرد ز جان و دلت روشنایی ببرد[7]
نبوده‌ست جز جادوی پرفریب که اندر بلندی نمودت نشیب[8]
بشاخی همی یازی امروز دست که برگش بود زهر و بارش کبست[9]
نجسته است هرگز تبار تو این نباشد به جوینده بر آفرین[10]
ترا ایزدی فرّ و برزت نداد نیاری ز گرگین میلاد یاد[11]
ایا مرد بدبخت و بیدادگر به نابودنی‌ها گمانی مبر[12]
که خرچنگ را نیست پرّ عقاب نپرد عقاب از برِ آفتاب[13]
⇐ به یزدان پاک و به تخت و کلاه که گر من بیابم ترا بی سپاه
اگر برزنم بر تو بر، بادِ سرد؛ مرا، هیچ مردی، ندارد بمرد*
سخن‌ها شنیدیم چندی درشت به پیروزگر، باز هِشتیم، پشت
اگر من سزاوار شاهی نیم مباداکه در زیردستی زیم»

*

چنین پاسخش داد بهرام باز که: «ای بی‌خرد ریمنِ دیوساز

---

۱ - ایرانیان بهنگام نیایش بر خاک نمی‌نشسته‌اند.
۲ - دنباله گفتار.
۳ - **یک:** سخن سخت بی‌پیوند است و دوزخی چهره نیز نادرست است، زیرا که چهره، در پهلوی چیتر [illegible]، و در اوستا چیثرَ [illegible]، نژاد و گوهر را می‌رساند، وهیچکس را نمی‌توان از نژاد دوزخ در شمار آوردن! **دو:** خرد دور نیز نادرخور است: «دور از خرد».
۴ - خشم، یا زور؟
۵ - میان این رج نیز با رج پیشین پیوندِ بایسته نیست، و (کنون) در لت دویم نیز نادرخور است. زیرا که اگر چنین در شمار آید، بهرام از دیوان بدانهنگام آفرین (یافته؟) بود که سرپیچی آغاز کرده بود.
۶ - شهرستان؟ یا بوستان؟ کدامیک؟
۷ - خرد را با چشم پیوند نیست خرد با روان و مغز همراه است.
۸ - آن دیو ستمکاره به جادوی پرفریب دگرگون شد.
۹ - سخن زیبا است، اما پیوسته بداستان است.
۱۰ - **یک:** سخن نادرخور است: «هرگز کسی از تبار تو جویندهٔ گاهِ شاهی نبوده است». **دو:** لت دویم را «نیز» باید.
۱۱ - ترا (= تو را) با برزت (= بُرز تو) همخوان نیست، شاهنامهٔ مسکو: «ایزد این» که باز بی‌پیوند می‌نماید ترا ایزد این فرو برزت (= تو) نداد!
۱۲ - «گمانی» در پایان سخن نادرست است: «گمان مبر».
۱۳ - سنجش سخت نادرخور، که خسرو شانزده ساله خویش را بشاهین مانند کند، و بهرام پیروز و پهلوان را به خرچنگ!!
* - برابر شاهنامهٔ سپاهان. شاهنامهٔ مسکو: ندارمت رنجه ز گرد نبرد. نباشی بره، رنج اندر نبرد، ندیدی مرا پیش (زنده) اندر نبرد.

پدرت آن جهاندار دین‌دوست مرد     که هرگز نزد بر کسی بادِ سرد[۱]
چنو مرد را، ارج نشناختی     بخواری، ز تخت، اندر انداختی[۲]
پس او جهاندار خواهی بُدن؟     خردمند و بیدار خواهی بُدن؟[۳]
تو ناپاکی و دشمن ایزدی     نبینی؛ ز نیکی‌دهش، جز بدی
گر ایدونکه هرمز، نه بر داد بود؛     -زمان و زمین زو بفریاد بود-
تو فرزند اویی، نباشد سزا     به ایرانیان بر، شدن° پادشا
ترا زندگانی نباید نه تخت     یکی دخمه‌ای بس که دوری ز بخت[۴]
هم آن، کینِ هرمز، کنم خواستار     دگر، کاندر ایران منم شهریار![۵]
کنون تازه کن بر من این داستان     که از راستان کیست؟ همداستان؛
که تو داغ بر چشم شاهان نهی     کسی کاو نهد، نیز، فرمان دهی!
ازان پس بیابی که شاهی مراست     ز خورشید تا برج ماهی مراست»[۶]
بدو گفت خسرو که: «هرگز مباد     که باشد به درد پدر، بنده شاد
نوشته چنین بود و بود آنچه بود     سخن بر سخن، چند؟ باید فزود!
تو شاهی همی سازی از خویشتن     که گر مرگت آید، نیابی کفن[۷]
بدین اسپ و برگستوان کسان     یکی خسروی، بآرزو نارسان![۸]
نه خان و نه مان و نه بوم و نژاد     یکی شهریاری، میان پر ز باد[۹]
بدین لشکر و چیز و نامی دروغ     نگیری برِ تخت شاهی فروغ[۱۰]
ز تو پیش بودند گنداوران     جهانجوی و با گرزهای گران[۱۱]
نجُستند شاهی، که کهتر بدند     نه اندرخورِ تخت و افسر بدند[۱۲]

---

۱ - چگونه هرمز را توان دین‌دوست نامیدن... کسی که هرگز بر کسی باد سرد نزده (سخن سخت نگفته است) باز آنکه هرمز پادشاهی خویش را با خونریزی آغاز کرد.

۲ - **یک:** دنبالهٔ همان گفتار... **دو:** لت دویم کمبود دارد: «ز تخت اندر انداختیش».

۳ - وابسته بگفتار

○ - نمونه‌ها چنین آورده‌اند اما درست **«شوی»** می‌نماید: تو فرزند اویی و سزاوار نیست.

۴ - سخن در لت دویم بی‌پیوند است.

۵ - «هم آن» در آغاز سخن نادرخور است، و لت دویم را نیز پیوند بایسته با لت نخست نیست.

٦ - خورشید در اسفندماه با برج ماهی بر می‌آید، و نمیتوان آنها را روبروی هم نهادن! نمونه‌های I و IV شاهنامهٔ مسکو، و نیز شاهنامه امیربهادر «پشت ماهی» آورده‌اند، که یک باور هندی است، و در اندیشهٔ ایرانیان چنین روان نبوده است که [زمین بر شاخ گاوی استوار است و آن گاو بر پشت ماهیی در دریای زیر زمین ایستاده است]

۷ - سخن ناراست. از آنجا که بهرام یکی از پهلوانان ایران بوده است، نه چندان درویش که بهنگام مرگ، کفن نیابد!

۸ - **یک:** اسپ نیز از آن خود بهرام بود! **دو:** لت دویم نیز سست می‌نماید: «به خسروی می‌نمایی که به آرزوی خویش نمی‌رسد». **سه:** «رسان» نیز نادرخور است: رسا، «نارسا».

۹ - دنبالهٔ دروغ‌ها... لت دویم را نیز پیوند با لت نخست نیست.

۱۰ - دوازده هزار سپاهی جنگاور فرمانبردار اویند، و چگونه بر بهرام پهلوان، نام دروغین توان نهادن؟

۱۱ - پیوسته بگفتار

۱۲ - «شاهی» جستنی نیست: «تخت شاهی را نجستند».

همی هر زمان سر، فرازی، بخشم      همی آب خشم اندر آری بچشم
بجوشد همی بر تنت بدگمان      زمانه، بخشم آردت هر زمان
جهاندار، شاهی، ز داد آفرید      دگر از هنر، وز نژاد آفرید
بدانکس دهد کاو، سزاوارتر      خرددارتر هم، بی‌آزارتر
الان شاه ما را پدر کرده بود      کجا بر من، از کارت آزرده بود
کنون ایزدم داد شاهنشهی      بزرگیّ و تخت و کلاه مهی
پذیرفتم این از خدای جهان      شناسندهٔ آشکار و نهان[1]
به دستوریِ هرمز شهریار      کجا داشت، تاج پدر یادگار[2]
ازآن نامور پرهنر بخردان      بزرگان و کارآزموده ردان[3]
بدان دین که آورده بود از بهشت      خرد یافته پیرسر زردهشت[4]
که پیغمبر آمد به لهراسپ داد      پذیرفت زان پس به گشتاسپ داد[5]
هر آن‌کس که ما را نمودست رنج      دگر آنک ازو یافتستیم گنج[6]
همه یکسر اندر پناه منند      اگر دشمن، ار نیکخواه منند[7]
همه بر زن و زاده بر، پادشا      نخوانیم کس را مگر پارسا[8]
ز شهری که ویران شد اندر جهان      به جایی که درویش باشد نهان[9]
توانگر کنم مرد درویش را      پراکنده و مردم خویش را[10]
همه خارستان‌ها کنم چون بهشت      پر از مردم و چارپایان و کِشت[11]
بمانم یکی خوبی اندر جهان      که نامم پس از مرگ نبود نهان[12]
بیاییم و دل را ترازو کنیم      بسنجیم و نیرو به بازو کنیم[13]

---

۱ - «این» در لت نخست روی به چه‌کس یا چه چیز دارد؟
۲ - پس از آنکه «این» را از خداوند پذیرفت، دستوری (= اجازه) هرمز به چه کار آید؟
۳ - آن پرهنر بخردان و بزرگان... کیانند؟ که از آنان نیز دستوری می‌خواهد!
۴ - زرتشت (نه زردهِشت) دین را از بهشت نیاورده بود، و بهنگام پیری نیز دین خویش رانگسترد.
۵ - **یک:** پس از نام بردن از زرتشت؛ «که پیغمبر آمد» را چه روی گفتن باشد؟ **دو:** از آفتاب روشنتر است که زرتشت، اندیشهٔ خویش را بهنگام گشتاسپ آشکار کرد. **سه:** کسی دین را نتوان (دادن) یا (گرفتن).
٦ - «این» یاد شده در آغاز، اینجا نمایانده می‌شود، اما، تا آنزمان کسی به خسرو رنج نرسانده است [رنج نیز نمودنی نیست] و وی نیز از کسی گنج نیافته است [گنجِ یافتنی نیز از کسان نمی‌رسد].
۷ - دشمن را چگونه در پناه توان داشتن؟ که او خود به پناهگاه دشمن نمی‌رود!
۸ - **یک:** لت نخست را پایان نیست. **دو:** چگونه شاید که ناپارسایان را نیز پارسا خواندن؟
۹ - **یک:** پیوند «ز» آغازین لت نخست نادرخور است، چنانکه پیوند «به» در آغاز لت دویم. **دو:** درویشان پنهان نیستند، و همواره آشکار استند.
۱۰ - **یک:** پیوند بایسته میان این رج با رج پیشین نیست. **دو:** لت دویم نیز بهیچ گفتار پیوند ندارد.
۱۱ - سخن گزافه... که خارسان را اگر آب بود خارستان نمی‌شد، و چون آب نباشد، چگونه توان، همهٔ آنها را چون بهشت (کردن)؟
۱۲ - **یک:** خوبی اندر جهان ماندن (گذاشتن) راگزارش نیست. **دو:** کنشِ «نبوَد» در لت دویم نادرخور است: «نگردد».
۱۳ - **یک:** سوگند دربارهٔ کردار خود خسرو بود، و اکنون بهمگان بازمی‌گردد... باری؛ دل را چگونه توان ترازو کردن؟ اگر خواست

چو هرمز جهاندار و باداد بود — زمین و زمانه بدو شاد بود[1]
پسر بی‌گمان از پدر تخت یافت — کلاه و کمر یافت و هم بخت یافت[2]
توای پرگناه فریبنده مرد — که جستی نخستین ز هرمز نبرد[3]
نبُد هیچ بد جز به فرمان تو — اُگر تُنبُل و مکر و دستان تو[4]
گر ایزد بخواهد من از کین شاه — کنم بر تو خورشید روشن سیاه[5]
کنون تاج را، در خور کار کیست — چو من ناسزایم سزاوار کیست؟»[6]
⇐ بدو گفت بهرام ک:«از مردِ گُرد — سزا آن بود*، کز تو شاهی ببرد
چو از دخت بابک بزاد اردشیر — که اشکانیان را بُدی دار و گیر[7]
نه؟ چون اردشیر اردوان را بکشت! — بنیرو شد و تختش آمد بمشت!
کنون سال، بر پانسد، برگذشت — سرِ تاج ساسانیان سرد گشت[8]
کنون تخت و دیهیم را، روز ما است — سرو کار با بخت پیروز ما است
چو بینیم چهر تو و بخت تو — سپاه و کلاه تو و تخت تو[9]
بیازم بدین کارِ ساسانیان — چو آشفته شیری که گردد ژیان
ز دفتر همه نامشان بسترَم — سرِ تخت ساسانیان بسپَرم
بزرگی مر اشکانیان را سزا است — اگر بشنود، مرد داننده، راست!»

*

چنین پاسخ آورد خسرو بدوی — که:«ای بیهده مرد پیکارجوی
اگر پادشاهی ز تخم کیان — بخواهد شدن، تو که‌ای؟ در جهان!
همه رازیان، از بنه، خود بدانند؟ — دوروی اند و هم دشمنِ ایزدند[10]

---

← افزاینده از آوردن این سخن، آنست که نیکی‌ها و بدی‌ها را بسنجد... پس آن گفتار پیشین که دشمنان و نیکخواهان همه را در پناه خسرو، آسایش می‌بخشید، نادرست می‌نماید. **دو:** لت دویم نیز سخت نادرخور و بی‌پیوند است! نیرو بیازو کردن را چه گزارش است؟

۱ – خسرو هنوز هرمز را نکشته است، و کنش «بود» برای وی نادرخور است.

۲ – **یک:** پسر تا اینزمان پدررا کور کرده است، و از وی تخت نیافته است. **دو:** لت دویم بدآهنگ و سست است.

۳ – بهرام از هرمز نبرد نخواسته است.

۴ – هیچ بد نادرست است: «هیچ بدی» و کدام بدی بفرمان آن سردار بزرگ انجام پذیرفت؟ و کدام تُنبل و دستان بکار برده بود؟

۵ – این سخن سخت رودرروی آن سوگند بی‌بنیاد دروغین پیشین ایستاده است که همه را بر زن و زاده پادشاه خواند، دوست و دشمن را در پناه گرفت و... ٦ – این رج را بگفتار پیشین پیوند نیست.

* – نمونه‌ها همه چنین آورده‌اند، و پیدا است که چون بهرام از سوی ایرانیان، نامزد پادشاهی شد، کنش بایستی بگذشته بازگردد، و سخن درست چنین می‌نماید: **«سزا آن بُد، کز تو، شاهی ببرد».** ۷ – لت دویم بی‌پیوند و بی‌گزارش است.

۸ – **یک:** سرد شدن سرِ تاج نادرخور است. **دو:** «کنون» آغازین این رج با «کنون» رج پسین که گفتارِ پیوسته شاهنامه است ناهمخوانست.

۹ – این رج را پیوند به گفتارهای پیشین و پسین نیست.

۱۰ – از بُنه نادرخور است: «از بُن» زیرا که بُنه؛ بُنشن [نخود و لوبیا و گندم...] را گویند!

نخست از ری آمد سپاه اندکی — که شد با سپاه سکندر یکی[1]
میان را ببستند با رومیان — گرفتند ناگاه، تخت کیان[2]
ز ری بود ناپاکدل، ماهیار — کزو تیره شد، تخمِ اسفندیار[3]
ازانپس ببستند ایرانیان — به کینه یکایک کمر بر میان[4]
نیامد جهان‌آفرین را پسند — ازیشان به ایران، رسید آن گزند[5]
کلاه کیی بر سرِ اردشیر — نهاد، آن زمان، داور دستگیر[6]
بتاج کیان او سزاوار بود — اگر چند بی‌گنج دینار بود[7]
کنون نام آن نامداران گذشت — سخن گفتن ما همه باد گشت[8]
کنون مهتری را سزاوار کیست؟ — جهان را بنوّی، جهاندار کیست؟»[9]
بدو گفت: «بهرام جنگی منم! — که بیخ کیان* را ز بن بر کَنم»

*

چنین گفت خسرو که: «آن داستان — که داننده یاد آرد از باستان؛
که هرگز بنادان و بیراه و خُرد — سلیح بزرگی نباید سپرد
که چون باز خواهی، نیاید بدست — که دارنده، زان چیز؛ گشته است مست
چه گفت آن خردمند شیرین‌سخن — که گر بی‌بنان را نشانی به بن[10]
به فرجام کار آیدت رنج و درد — به گرد در ناسپاسان مگرد[11]
دلاور شدی تیز و برترمنش — ز بدگوهر، آمد ترا، بدکنش![12]

---

۱ - چنین گفتار، درست نیست.

۲ - تخت کیان آنزمان بدست اسکندر گُجسته افتاد، که داریوش سیوم زن و دختر خویش را در میدان جنگ نهاد، و با رامشگران و خوالیگران، روی بگریز نهاد!

۳ - افزایندگان هخامنشیان را از نژاد اسفندیار در شمار آورده‌اند، و در جای خود بدان پرداختم.

۴ - افزاینده، ناآگاه به پاسداری از خیزش اشکانیان می‌پردازد، زیرا که پس از شکست هخامنشیان اشکانیان از خراسان برخاستند، و ایران را از ستم یونانیان برهاندند!

۵ - روشن نیست که روی سخن در لت دویم بکیست!

٦ - اردشیر کلاه کیی را پس از چهارسد و هشتاد و پنج سال فرمانروایی نیک اشکانیان بر سر نهاد نه «آنزمان».

۷ - «اگر چند» در لت دویم ناسزاوار است: «اگرچه».

۸ - اگر سخن گفتن باد گشته است، چرا بایستی سخن گفت؟

۹ - «کنون» در آغاز این رج با «کنون» در آغاز رج پیشین ناهمخوان است.

* - در نوشته‌های پهلوی، همواره از نیاکان با پاژنام «کیان و یلان» یاد شده است، آنانکه در زمان باستان، ایران را میانهٔ جهان داشتند... کیان؛ نمایندهٔ پادشاهان هنگام کیانی بودند، و یلان؛ پهلوانان پرآوازهٔ ایران، همچون زال و رستم و توس و گیو و گودرز و بهرام... که کوشش آنان تخت کیان را نگهبان بود. بهرام پورگشسپ، با این گفتار می‌گوید که پادشاهی را از کیان به یلان بر می‌گرداند، که یکی از آنان نیز «میلاد» نیای بهرام و نیز پسرش گرگین میلاد بود.

۱۰ - **یک:** هنوز داستان باستانیِ پیش بپایان نرسیده است که داستان دیگر آید. **دو:** کسیرا که بن (= ریشه) نیست، چگونه شاید به ریشه نشاندن؟!

۱۱ - دنبالهٔ همان گفتار

۱۲ - **یک:** بهرام، از پیش، دلاور بود. **دو:** افزاینده خواسته است بگوید از گوهرِ بد، کنش بد پدیدار کردی، و نتوانسته است.

ترا کرد، سالار گردنکشان          شدی مهتر اندر زمین کشان![1]
برآن تختِ سیمین و آن مُهر شاه          سرت مست شد، بازگشتی ز راه
کنون نام چوبینه، بهرام گشت          همان تخت سیمین ترا دام گشت[2]
بران تخت بر ماه خواهی شدن          سپهبد بُدی شاه خواهی شدن[3]
سخن، زین نشان، مرد دانا نگفت          برآنم که با دیو گشتی تو جفت»

*

بدو گفت بهرام ک:«ای بدکنش          نزیبد همی بر تو جز: سرزنش
تو پیمان یزدان نداری نگاه          همی ناسزا خوانی این پیشگاه[4]
نهی داغ بر چشم شاه جهان          سخن زین نشان، کی؟ بود در نهان!
همه دوستان بر تو بر، دشمن‌اند          بگفتار با تو، بدِل با من‌اند
بدین کار خاقان مرا یاور است          همان کاندر ایران و چین لشکر است[5]
بزرگی من از پارس آرم به رَی          نمانم کزین پس بود نامِ کَی
برافرازم اندر جهان داد را          کنم تازه، آیین میلاد را
من از تخمهٔ نامور آرشم          چو جنگ آورم، آتش سرکشم
نبیره‌ی جهانجوی گرگین منم          هم آن آتش تیز برزین منم[6]
به ایران، بران رای بُد ساوه‌شاه          که نه تخت ماند نه مُهر و کلاه
کند با زمین راست آتشکده          نه نوروز ماند نه جشن سده
همه بنده بودند ایرانیان          بدین بوم، تا من ببستم میان!
تو خود دانی آن، گر ندانی شمار          بر او چارسد بار بشمر هزار[7]
ز پیلان جنگی هزار و دویست          که گفتی که بر راه بر، جای نیست[8]
هزیمت گرفت آن سپاه بزرگ          من از پس خروشان چو دیو سترگ
چنان دان که کس، بی‌هنر، در جهان          بخیره نجوید نشستِ مهان
همی بوی تاج آید از مغفرم          همی تخت آج آید از خنجرم
اگر با تو یک پشّه کین آورد          ز تخت بروی زمین آورد»

---

۱ - **یک:** چه کس او را سالار گردنکشان کرد؟ بایستی روشن شود که هرمزد، یا پدرِ من... **دو:** در ایران ساسانی سرزمین کشان نبوده است. اگر رای افزاینده سرزمین «کوشان» بوده پس کُشان را با کِشان پساوا نیست.

۲ - از پیش، نام وی بهرام پور گشسب بوده است.

۳ - «ماه شدن» را در لت نخست، روی نیست.

۴ - **یک:** کدام پیمان را گوید؟ **دو:** کدام پیشگاه؟

۵ - لت دویم سخت نادرخور است، افزاینده را رای بر آن بوده است که بگوید: خاقان چین را در ایران و چین، سپاه هست.

٦ - چهار رج پیوسته بسخن.

۷ - **یک:** سخن سست است. اگر خود داند، چرا «ندانی» از پس آن آمده است؟ **دو:** شمارِ چه چیز؟ شمار لشکریان خاقان را خواهد گفتن. **سه:** بر او روی به چه کس دارد؟

۸ - سخن لت نخست را پایان نیست.

۲۵۶ خسرو پرویز

*

بدو گفت خسرو که: «ای شوم‌پی چرا یاد گرگین نگیری به ری
که اندر جهان بود و تختش نبود بزرگیّ و اورنگ و بختش نبود
ندانست کس نام او در جهان فرومایه بُد در میان مهان[1]
بیامد گرانمایه مهران‌ستاد بشاه زمانه، نشان تو داد
ز خاک سیاهت چنان برکشید شد آن روز، بر چشم تو ناپدید
ترا داد گنج و سلیح و سپاه درفش تهمتن، درفشان چو ماه
نبد خواستِ یزدان که ایران زمین بویرانی آرند، ترکان چین[2]
تو بودی بدین جنگشان یارمند کلاهت برآمد به ابر بلند[3]
چو دارندهٔ چرخ گردان بخواست که در پادشاهی شود، کار، راست
تو زان، مایه؛ مر خویشتن را نهی؟ که هرگز نبینی بهی و مهی!
گر این پادشاهی ز تخم کیان بخواهد شدن تو چه بندی میان[4]
چو اسکندری باید اندر جهان که تیره کند بخت شاهنشهان[5]
تو با چهرهٔ دیو و با رنگ خاک مبادی بگیتی، جز اندر مغاک[6]
ز بی‌راهی و کارکرد تو بود که شد روز، بر شاه ایران، کبود[7]
نوشتی همان نام من بر درم ز گیتی مرا خواستی کرد کم[8]
بدی را تو اندر جهان مایه‌ای هم از بی‌رهان برترین پایه‌ای[9]
هر آن خون که شد در جهان ریخته تو باشی بدان گیتی آویخته[10]
نیابی شب تیره، آن را، بخواب؛ که جویی همی روز، در، آفتاب[11]
ایا مرد بدبخت بیدادگر همه روزگارت به کژّی مبر[12]
ز خشنودی ایزد اندیشه کن خردمندی و راستی پیشه کن[13]

---

۱ - **یک:** اگر کسی نام گرگین را نمیدانست، چگونه می‌توان از وی یاد کردن؟ **دو:** نام گرگین در شاهنامه روشن و شناخته شده است.
۲ - **یک:** لت نخست بدآهنگ است. **دو:** بویران آوردن نادرست است: «ویران کنند».
۳ - سخن چنین می‌نماید که بهرام یاور ترکان بوده است!
۴ - دوباره‌گویی است و پیشتر این سخن از سوی خسرو گفته شده بود.
۵ - بخت، بخت است، و از پیش؛ بهرهٔ هر کس روشن است، و اگر کسی چون اسکندر گجسته دارا را شکست داد، بخت وی را تیره نکرده که بختِ وی همان بود که بر او برفت.
۶ - سخن را، گذشته از سستی، با رج پیشین پیوند نیست.
۷ - فرمان کور کردن پدر را خسرو داد، و بدین زودی نمیتوان آنرا دیگرگون نمودن، چنانکه در سخنان پیشین نیز گذشت.
۸ - «همان» در لت نخست، نادرخور است.
۹ - «برترین پایه» را نشاید به بیره و بدکنش و بدی‌خواه، وابستن!: «فروترین پایه».
۱۰ - سخن از شاهنامه و از داستان کیخسرو برگرفته شده است.
۱۱ - در لت دویم «ش» کم دارد: «که جویی همی روز(ش) اندر آفتاب».
۱۲ - نیز در لت دویم «را» باید... «روزگارت را».
۱۳ - از چیزی اندیشیدن، ترس از آن را میرساند.

که این بر من و تو همی بگذرد  زمانه دم ما همی بشمرد[1]
که گوید که کژی به از راستی  به کژی چرا دل بیاراستی[2]
چو فرمان کنی هرچه خواهی ترا است  یکی بهر ازین پادشاهی ترا است[3]
بدین گیتی اندر بزی شادمان  تن‌آسان و دور از بدِ بدگمان[4]
اُگر بگذری زین سرای سپنج  گهِ بازگشتن نباشی به رنج[5]
نشاید کزین کم کنیم ار فزون  که زردشت گوید به زند اندرون[6]
که هرکس که برگردد از دین پاک  ز یزدان ندارد به دل بیم و باک؛[7]
به سالی همی داد بایدش پند  چو پندش نباشد ورا سودمند؛[8]
ببایدْش کشتن، بفرمان شاه  فکندن تن پرگناهش براه[9]
چو بر شاه گیتی شود بدگمان  ببایدْش کشتن، هم اندر زمان[*]
بریزند هم بیگمان خون تو  همین جستن بختِ وارون تو[10]
کنون زندگانیت ناخوش بود  اُگر بگذری جایت آتش بود[11]
اُگر دیر مانی برین هم نشان  سر از شاه و، از دادِ یزدان، کشان[12]
پشیمانی آیدت زین کار خویش  ز گفتار ناخوب و کردار خویش[13]
تو بیماری و پند، داروی تست  بگوییم تا تو شوی تندرست[14]
اُگر چیره شد بر دلت کامِ رشک  سخن‌گوی تا دیگر آرم پزشک[15]
پزشک تو پند است و دارو خرد  مگر آزِ تاج از دلت بسترد[16]
به پیروزی اندر، چنین کش شدی  وز اندیشهٔ گنج سرکش شدی[17]
شنیدی که ضحاک شد ناسپاس  ز دیو و ز جادو جهان پر هراس[18]

---

۱ - **یک:** «این» را در لت نخست، روی بچیست؟ بکیست؟ **دو:** لت دویم از شاهنامه برگرفته شده است.
۲ - وابسته بگفتار است.
۳ - اگر «هرچه خواهی» بمیان آید، نشاید از «بهری از پادشاهی» سخن گفتن.
۴ - وابسته بگفتار.
۵ - همچنین
٦ - زرتشت در «زند» چیزی را نگفته است که در «گاثاها» سخنان خویش را آورده است.
۷ - در گاثاها سخن از دین پاک نرفته است، که پسان موبدان کیش زرتشت را «دین بهی» خواندند!
۸ - «ش» در لت دویم، با ورا (= او را) ناهمخوان است.
۹ - چنین سخن در گاثاها نیامده است.
* - چنین داوری از زرتشت ندیده‌ایم، که او همواره ستیز در برابر کَویان (کوی‌ها؛ کی، کیان) را اندرز کرده است.
۱۰ - لت دویم را با لت نخست پیوند درست نیست، و گزارش نیز ندارد.
۱۱ - در رج پیشین از ریختن خون بهرام سخن رفت، و در لت دویم این رج بند «اگر» می‌آید، که با آن داوری، همخوان نیست.
۱۲ - و در این رج از دیر ماندنِ وی یاد می‌شود!
۱۳ - «ت» (= تو) در آیدت با «خویش» همخوان نیست.
۱۴ - دو بار «تو» در یک سخن، آنرا سست میکند.
۱۵ - **یک:** کامِ رشک راگزارش نیست. **دو:** وکنش «شد» نیز نادرخور است: «شده است».
١٦ - **یک:** دوباره از پند یاد می‌شود. **دو:** لت دویم سست است.
۱۷ - «چنین کش» را با «سرکش» پساوا نیست، وکش شدن؛ خوش شدن است، و با سرکشی همراه نیست.
۱۸ - لت دویم را پایان نیست.

چو زو شد دل مهتران پر ز درد فریدون فرخنده با او چه کرد[1]
سپاهت همه بندگان من‌اند به دل زنده و مرده، آنِ من‌اند[2]
ز تو لختکی روشنی یافتند بدینسان، سر از داد، برتافتند[3]
چو من گنج خویش آشکارا کنم دل جنگیان پرمدارا کنم[4]
چو پیروز گشتی تو بر ساوه‌شاه برآن برنهادند یکسر سپاه[5]
که هرگز نبینند زان پس شکست چو از خواسته سیر گشتند و مست[6]
نباید که بر دست من بر هلاک شوند این دلیران بی‌بیم و باک[7]
تو خواهی که جنگی سپاهی گران همه نامدارانِ گنداوران[8]
شود بوم ایران ازیشان تهی شکست اندر آید به تخت مهی[9]

⟸ که؟ بُد شاه، هنگام آرش، بگوی! سر آید مگر، بر من؛ این گفت‌وگوی»
بدو گفت بهرام، ک:«ان گاه شاه منوچهر بُد، با کلاه و سپاه»
بدو گفت خسرو که: «ای بدنهان چو دانی که او بود شاه جهان
ندانی؟ که آرش ورا بنده بود! به فرمان و رایش سر افکنده بود»

٭

بدو گفت بهرام ک:«ز راهِ داد تو از تخم ساسانی ای بدنژاد
که ساسان شبان و شبان‌زاده بود نه؟ بابک شبانی بدو داده بود!»

٭

بدو گفت خسرو که: «ای بدکنش! نه؟ از تخم ساسان شدی برمنش!
دروغ است گفتار تو سر بسر سخن گفتن کژ نباشد هنر
تو از بدتنان بودی و بی‌بنان نه از تخم ساسان رسیدی به نان؟»[10]
بدو گفت بهرام ک:«اندر جهان شبانی، ز ساسان، نگردد نهان»[11]

---

۱ – دل مهتران / یا دل مهتران و کهتران؟
۲ – «به دل» را در لت دویم گزارش نیست. یا «به دل» بنده من‌اند، یا «مرده و زنده» بندهٔ من‌اند.
۳ – لختک، اندازه را بس خُرد می‌نماید، سپاه وی با او، پیروز بر دشمن ایران شدند، و این خود کم رویدادی نبوده است.
۴ – لت دویم را میانوندِ «را» باید. ۵ – «چو» در آغاز این رج...
٦ – با «چو» در آغاز لت دویم از این رج ناهمخوان است! یا «چون پیروز گشتند» یا «چون سیر گشتند».
۷ – «این» برای سپاهیان بهرام نادرخور است «آن دلیران» از آنجا که آنان از خسرو بدور بودند!
۸ – جنگی سپاهی گران نادرست است، و این جنگیان... ۹ – با «ایشان» در این رج ناهمخوان است.
۱۰ – **یک**: چرا بایستی یکی از پهلوانان ایران را «بدتن» و «بی‌بُن» خواندن، و خود «بدتن» چگونه باشد؟ آیا نشان بدتنی آنستکه یک کس، یک سپاه را بگریز وادارد؟... **دو**: لت دویم دوباره گویی سخن رج دویم پیشین است.
۱۱ – دوباره گویی سخن پیشین است.

ورا گفت خسرو که: «دارا بمرد … نه تاج بزرگی به ساسان سپرد؟[1]
اگر بخت گم شد، کجا شد نژاد … نباید ز گفتار بیداد، داد[2]
بدین هوش و این رای و این فرّهی … بجویی همی تخت شاهنشهی»[3]
بگفت و بخندید و برگشت زوی … سوی لشکر خویش، بنهاد روی

*

ز خاقانیان آن سه ترک سترگ … که ارغنده بودند بر سان گرگ[4]
کجا گفته بودند بهرام را … که: «ما روز جنگ از پی نام را
اگر مرده گر زنده بالای شاه … به نزد تو آریم پیش سپاه»
ازیشان سواری که ناپاک بود … دلاور بُد و تند و ناباک بود
همی راند پرخاشجوی و دژم … کمندی به بازو درون شست خم
چو نزدیک برگشت با خنگ آج … همی بود یازان به پرمایه تاج
بینداخت آن تاب‌داده کمند … سر تاج شاه اندر آمد به بند
یکی تیغ گستهم زد بر کمند … سر شاه را زان نیامد گزند
کمان را به زه کرد بندوی گرد … به تیر از هوا روشنایی ببرد
بدان ترک بدساز بهرام گفت … که: «جز خاک تیره مبادت نهفت
که گفتت که با شاه رزم آزمای … ندیدی مرا پیش او بر بپای؟»
پس آمد به لشکرگه خویش باز … روانش پر از درد و تن پرگداز

## پند دادن گُردیه

### برادرش را

چو خواهرْش بشنید کامد سپاه؛ … برادرْش برگشت، زان رزمگاه
بینداخت آن نامدار افسرش … بیاورد فرمانبری چادرش[5]
بیامد بنزد برادر، دمان … دلش خسته از درد و، تیره؛ روان
بدو گفت ک:«ای مهتر جنگجوی … چگونه؟ شدی پیش خسرو، بگوی!

---

۱ - **یک:** در لت نخست بند زمان باید...: «بدانهنگام که دارا بمرد». **دو:** لت دویم نیز دروغ است.
۲ - سخن در لت نخست، باژگونه آمده است: «اگر بخت برگشت، نژاد برجایست».
۳ - آنکس را که فرّهی باشد، جستن تخت شاهی درخور است.
۴ - از اینجا دوازده رج داستان افزودهٔ آن سه ترک، که دوباره‌گویی می‌شود.
۵ - **یک:** کدام افسر نامدار را؟ گردیه را افسر نبود. **دو:** چادرش را کجا آورد؟ **سه:** فرمانبری چادر سخنی سخت نادرخور است.

گر او از جوانی شود تیز و تند ... مگردان تو در آشتی رای کند»[1]
به خواهر چنین گفت بهرام گرد ... که: «او را ز شاهان نباید شمرد
نه جنگی سواری نه بخشنده‌ای ... نه دانا سری، گر، درخشنده‌ای[2]
هنر بهتر از گوهر نامدار ... هنرمند باید تن شهریار!»

*

چنین گفت داننده خواهر بدوی ... که: «ای پرهنر مهتر نامجوی
ترا چند گویم، سخن، نشنوی! ... به پیش آوری تندی و بدخوی
نگر تا چه گوید سخنگوی بلخ ... که باشد سخن گفتن راست تلخ
هر آن کس که آهوی تو؛ با تو گفت ... همه راستی‌ها* گشاد از نهفت
مکن رایِ ویرانی شهر خویش ... ز گیتی، چو برداشتی، بهر خویش
برین بر یکی داستان زد کسی ... کجا بهره بودش ز دانش بسی[3]
که خر، شد، که خواهد ز گاوان سُروی ... بیکباره گم کرد، گوش و بروی[4]
نکوهش مخواه از جهان سر بسر ... نبود از تبارت کسی تاجور
اگر نیستی در میان این جوان ... نبودی• من از داغ، تیره‌روان
پدر زنده و تخت شاهی بجای ... نهاده تو اندر میان، پیش؛ پای
ندانم سرانجام این چون؟ بود ... همیشه دو چشمم پر از خون بود!
جز از درد و نفرین نجویی همی ... گُل زهر، خیره، ببویی همی
چو گویند: «چوبینه بدنام گشت! ... همه نام بهرام، دشنام گشت؛[5]
برین نیز هم خشم یزدان بود ... روانت بدوزخ، گروگان بود[6]
نگر تا جز از هرمز شهریار ... که بُد در جهان مر ترا خواستار[7]
هم آن تخت و آن یاره و ساوه‌شاه ... بدست آمدت، بر نهادی کلاه[8]
چو زو نامور گشتی اندر جهان ... بجویی کنون گاهِ شاهنشهان[9]

---

۱ - **یک:** کنش «شود» نادرخور است، و چون از رویداد گذشته پرسش بمیان می‌آید «شد» بایسته است. **دو:** رای، آهنگ کاری را کردن است، و تند و کند نمی‌شود. ۲ - سخن پایان ندارد، و پیوند آن نیز با رج پیشین روشن نیست.

* - همهٔ نمونه‌ها چنین است، و «راستیها» درست نیست، من ایدون گمانم که سخن فردوسی چنین بوده است **«همه راستی را گشاد از نهفت»**. ۳ - آنکس که داستان زده است کیست؟ داستان از بزرگان پیشین می‌زنند، نه از (کسی).

۴ - داستانی چنین نادرخور؟ مگر خر را ابرو نیز هست که آنرا گم کند؟

• - همهٔ نمونه‌ها «نبودی» که درست نیست و **«نبودم»** درست می‌نماید. ۵ - سخن را پیوند درست و پایان روشن نیست.

۶ - روان را بدوزخ توان فرستادن، و نتوان گروگان کردن.

۷ - سخن از هرمز نیست، زیرا که وی را کور کرده‌اند و خسرو بر تخت نشسته است.

۸ - بهرام بر تخت ساوه شاه ننشست!

۹ - **یک:** از چه کس نامور شد، از ساوه شاه؟ یا از هرمز؟ **دو:** در لت دویم نیز «بجویی» نادرخور است: «می‌جویی». **سه:** گفتار پسین

←

پند دادن گُردیه ۲۶۱

همه نیکوی‌ها ز یزدان، شناس — مباشِ اندرین تاجور، ناسپاس
برزمی که کردی، چنین کَش؛ مشو — بفرهنگ و مردی، منی فش؛ مشو
بدل، دیو را یار گردی همی — بیزدان گنهکار گردی همی!
چو آشفته شد هرمز و بردمید — بگفتارِ آیین‌گشسپِ پلید
ترا، اندران صبر؛ بایست کرد — نبُد بنده را، روزگار نبرد
چو او را چنان سختی آمد بروی — ز بردع بیامد، پسر کینه‌جوی؛
ببایست رفتن، برِ شاه نو — بکام وی؛ آراستن، گاه نو؛
نکردی جوان، جز به رای تو، کار — بکام تو بودی همی، شهریار
تن‌آسان بُدی شاد و پیروزبخت — چرا؟ کردی آهنگ این تاج و تخت!
تو دانی که از تخمهٔ اردشیر — بجای‌اند شاهان برنا و پیر [1]
ابا گنج و با لشکر بیشمار — به ایران که خواند ترا شهریار؟ [2]
اگر شهریاری، بگنج و سپاه — توانست کردن، به ایران نگاه؛
نبودی جز از ساوه، سالار چین — که آورد لشکر، به ایرانزمین
ترا پاک یزدان بر او بر گماشت — بدِ او، از ایرانیان بازداشت

*

جهاندار تا این جهان آفرید — زمین کرد و هم آسمان آفرید؛
ندیدند هرگز، سواری چو سام — نزد پیش او شیر درّنده، گام
چو نوذر شد از بخت، بیدادگر — بپا اندر آورد، رایِ پدر
همه مهتران سام را خواستند — همان تخت پیروزه آراستند
بدان مهتران گفت: «هرگز مباد — که جانِ سپهبد، کند تاج، یاد
که خاک منوچهر، گاه من است — سرِ تخت نوذر، کلاه من است»
بدان گفتم این، ای برادر؛ که تخت — نیابد مگر مردِ پیروزبخت
که دارد کفی راد و فرّ و نژاد — خردمند و روشن‌دل و پر ز داد [3]
ندانم که بر تو چه خواهد رسید! — که اندر سرت، مغز شد ناپدید»

*

بدو گفت بهرام ک:«این است راست — برین راستی، پاک یزدان گوا است
ولیکن کنون کار ازین در گذشت — دل و مغز من پر ز تیمار گشت

⟵ شاهنامه نیز از هرمز سخن نمی‌گوید که از این تاجور (= خسرو) یاد میکند.

۱ - **یک:** برنایان (کودکان پنج ساله تا ده ساله) را شاه نشاید نامیدن. **دو:** و شاه پیری از ساسانیان نیز در آن زمان نمی‌زیست، مگر هرمز که از تخت برداشتندش! ۲ - سخن را پیوند بایسته نیست. ۳ -کنش «دارد» نادرخور است: «داشته باشد».

اگـر مِـه شـوم، ار، دهـم سر، بمرگ — نه؟ مرگ اندر آیـد، بـه پـولاد تـرگ!» *

# سگالش کردن خسرو
## با
## سران سپاه خود

اُزان روی شـد شـهریار جـوان — چـو بـرگشت شـاد از پـل نـهروان
هـمه مـهتران را ز لشکـر بـخوانـد — سـزاوار، بـر تـخت شـاهی نشـاند
چـنین گـفت کـ:«ای نـیکدل مـهتران — جـهاندیده و کـارکرده سـران
بشـاهی مـرا، ایـن نـخستین سـر است — جـز ازآزمـایش، نـه انـدرخـوَر است [1]
بـجای کسـی نـیست مـا را سـپاس — اُگـر چـند هسـتیم نـیکی‌شناس
شـما را ز مـا هـیچ نـیکی نـبود — کـه چـندین غـم و رنـج بـاید فـزود
نـیاکـان مـا را پـرستیده‌اید — بسـی شـور و تـلخ جـهان دیـده‌ایـد؛
بـخواهـم گشـادن یکـی راز خـویش — نـهان دارم از لشکـر، آواز خـویش
سـخن گـفتن مـن بـه ایـرانـیان — نـباید کـه بـیرون بـرند از مـیان [2]
کـزین گـفتن انـدیشهٔ مـن تـباه — شـود، چـون بگـویند پـیش سـپاه [3]
مـن امشب سگـالیده‌ام تـاختن — سـپه را بـجنگ انـدر انـداخـتن
کـه بـهرام را دیـده‌ام در سـخن — سـواریست اسپ‌افکـن و کـارکـن
هـمی، کـودکی، بـی‌خرد دانَـدَم — بـه گـرز و بـه شـمشیر تـرساندم
نـدانـد کـه مـن شب شـبیخون کـنم — بـه رزم انـدرون، بـیم بـیرون کـنم [4]
اگـر یـار بـاشید بـا مـن بـه جـنگ — چـو شب تـیره گـردد نسـازم درنگ
چـو شـوید بـه انـبر، شبِ تـیره، روی — بـیفشاند آن گـیسوی مشکـبوی [5]
شـما بـرنشینید، بـا سـازِ جـنگ — هـمه گـرز و خـنجر گـرفته بـچنگ»

*

بـران بـر، نـهادند، یکسـر سـپاه — کـه یک تـن نگـردد ز فـرمان شـاه

---

* - نه آنکه ترگِ پولادین را نیز تباهی و مرگ فرانمیرسد؟ (= ترگ پولادین را تیز مرگ فرامیرسد).

۱ - سخن پریشان و بی‌گزارش است.
۲ - همین سخن در رج پیشین گذشت.
۳ - سدیگر بار همان گفتار می‌آید.
۴ - لت دویم را با لت نخستین پیوند درست نیست.
۵ - روی شب، خود؛ انبرین است و بشستن با انبر نیازش نیست.

چو خسرو بیامد بپرده‌سرای / ز بیگانه مردم، بپرداخت جای
بیاورد گستهم و بندوی را / جهاندیده و گُرد، گردوی* را
همه کارزار شبیخون بگفت / که با او مگر یار باشند و جفت
بدو گفت گستهم که: «ای شهریار / چرایی؟ چنین ایمن از روزگار!
تو با لشکر اکنون شبیخون کنی / ز دل‌ها مگر مهر بیرون کنی؟
سپاه تو با لشکر دشمن‌اند! / ابا او همه یکدل و یک‌تن‌اند○
ز یکسو نبیره، ز یکسو نیا / به مغز اندرون کی بود کیمیا؟[1]
ازینسو برادر، اُزان سو پدر / همه پاک پیوستهٔ یکدگر
پدر، چون؟ کند با پسر کارزار! / بدین آرزو، کامِ دشمن مخار!
نبایست گفت این سخن با سپاه / چو گفتی، کنون؛ کار کردی تباه!»
بدو گفت گردوی که: «این خود گذشت / گذشته، همه باد گردد بدشت[2]
توانایی و کام و گنج و سپاه / سر مرد بینا نپیچد ز راه[3]
بدین رزمگه اندر، امشب مباش / ممان تا شود گنج و لشکر به لاش[4]
که من بی‌گمانم کزین راز ما / اُزین ساختن، در نهان؛ ساز ما
بدان لشکر اکنون رسید آگهی / نباید که تو، سر به دشمن دهی»
چو بشنید خسرو پسند آمدش / به دل، رای او سودمند آمدش□
گزین کرد زان سرکشان مرد چند / که باشند بر نیک و بد یارمند
چو خرّاد برزین و گستهم شیر / چو شاپور و چون اندیان دلیر
چو بندوی خرّاد لشکرفروز / چو نستود لشکرکش نیوسوز
تلی بود پرسبزه و جای سور / سپه را همی دید خسرو ز دور
اُزین روی، بنشست بهرام گرد / بزرگان برفتند با او و خُرد
سپهبد بپرسید زان سرکشان / که: «آمد ز خوشان شما را نشان؟
فرستید هر کس که دارید خویش / که باشند یکدل، بگفتار و کیش

---

* - گُردوی برادر بهرام، یار خسروپرویز بود.

○ - برابر با شاهنامه مسکو و خاورشناسی و I و IV و VI: لت دویم چنان‌اند چون با (بر) تو پیراهنت. سپاهان: دشمنست، پیراهنست، و گفتار درست چنین می‌نماید: **«سپاه تو، با لشکر دشمنت / چنان‌اند، چون بر تو، پیراهنت»** (= سپاه تو ولشکر بهرام چنانچون پیراهن و تن بیکدیگر نزدیک‌اند).

۱ - لت دویم بی‌گزارش و پیوند است، و همین سخن بگونهٔ درست در رج پسین می‌آید.

۲ - چنین نیست، و گفتار خسرو بایرانیان خواهد رسید. ۳ - سخن را با گفتار پیوند نیست.

۴ - سخن بی‌بنیاد است.

□ - پاسخ درست خسرو بدین گفتار، در رج چهلم پس از این می‌آید.

سی و نه رج گفتارهای درهم و بی‌پیوند، برای انجام همان شبیخون که میان پیراهن و تن می‌بایستی رخ دهد،...

گر ایشان بیایند و فرمان کنند   به پیمان روان را گروگان کنند
سپه ماند از بردع و اردبیل   از ارمینیه نیز بی‌مرد و خیل
ازیشان به رزم اندرون نیست باک   چه مردان بردع چه یک مشت خاک»
شنیدند گردنکشان این سَخُن   که بهرام جنگ‌آور افکند بن
ز لشکر گزیدند مردی دبیر   سخنگوی و داننده و یادگیر
بیامد گوی با دلی پر ز راز   همی بود پویان شب دیریاز
بگفت آنچه بشنید زان مهتران   بدان نامدارانِ گنداوران
از ایرانیان پاسخ ایدون شنید   که: «تا رزم لشکر نیاید پدید
یکی ما ز خسرو نگردیم باز   بترسیم، کین کار گردد دراز
مباشید ایمن بدان رزمگاه   که خسرو شبیخون کند با سپاه
چو پاسخ شنید آن فرستاده مرد   سوی لشکر پهلوان شد چو گرد
بفرمود، تا آتش افروختند   بهر جای شمعی همی سوختند
ز لشکر گزین کرد بهرام شیر   سپاهی جهانگیر و گرد و دلیر
چو کردند با او دبیران شمار   سپه بود، شمشیرزن سدهزار[1]
ز خاقانیان آن سه ترک سترگ   که بودند برسانِ ارغنده گرگ
بجنگ‌آوران گفت: «چون زخمِ کوس   بر آید به هنگام بانگ خروس
شما برخروشید و اندر دهید   سران را ز خون، بر سر، افسر نهید»
بشد تیز لشکر به فرمان گو   سه ترک سرافرازشان پیشرو
برِ لشکر شهریار آمدند   جفاپیشه و کینه‌دار آمدند
خروش آمد از گرز و گوپال و تیغ   از آهن زمین بود و ز گرد میغ
همی گفت هرکس که: «خسرو کجاست؟   که امروز پیروزیِ روز ماست»
به بالا همی بود خسرو به درد   دو دیده پر از خون و رخ لاژورد
چنین تا سپیده برآمد ز کوه   شد از زخم شمشیر و کشته ستوه
چو شد دامن تیره شب ناپدید   همه رزمگه کشته و خسته دید
به گردنکشان گفت: «یاری کنید   برین دشمنان کامکاری کنید
که پیروزگر پشت و یار من است   همان زخم شمشیر کار من است»
بیامد دمان تا برِ آن سه ترک   نه ترک دلاور سه پیل سترگ
یکی تاخت تا نزد خسرو رسید   پرندآوری از میان برکشید
همی خواست زد بر سر شُهریار   سپر بر سر آورد شاه سوار

۱ - در نمونه‌ها: شش هزار، سی هزار.

به زیر سپر تیغ زهرآبگون — بزد تیغ و انداختش سرنگون
خروشید که: «ای نامداران جنگ — زمانی دگر کرد باید درنگ»
سپاهش همه پشت برگاشتند — جهانجوی را خوار بگذاشتند

❋

به بندوی و گستهم گفت آن زمان — که: «اکنون شدم زین سخن بدگمان
رسیده، مرا هیچ فرزند نیست — همان؛ ازدرِ تاج، پیوند نیست
اگر من شوم کشته در کارزار — جهان را نماند یکی شهریار»
بدو گفت بندوی که: «ای سرفراز — بدین روز، هرگز مبادت نیاز
سپه رفت اکنون، تو ایدر مایست — که کس در زمانه، ترا یار نیست»

❋

به زنگوی گفت آن زمان شهریار — که: «ز ایدر برو تازنان تا تخوار[1]
ازین ماندگان بر سواری هزار — بران رزمگاه آنچه یابی بیار[2]
سراپردهٔ دیبه و گنج و تاج — همان بدره و برده و تخت آج[3]
بزرگان بنه برنهادند و گنج — فراوان به بردن کشیدند رنج[4]
هم آنگه یکی اژدهافش درفش — پدید آمد و گشت گیتی بنفش[5]
پس اندر همی راند بهرام گرد — به جنگ از جهان روشنایی ببرد[6]
رسیدند بهرام و خسرو بهم — دلاور دو جنگی دو شیر دژم[7]
چو پیلان جنگی برآشوفتند — همی بر سر یکدگر کوفتند[8]
همی گشت بهرام چون شیرنر — سلیحش نیامد بر او کارگر[9]
بر این گونه تا خور ز گنبد بگشت — از اندازه آویزش اندر گذشت[10]

---

۱ - «زنگوی» شناخته نشد. و از تیسفون تا «تخوار» رفتن، چهار ماهه زمان باید [افزاینده در رج‌های آینده، نشان می‌دهد که «تخوار» کسی است. اما گفتار در این رج برو تا تخوار، چنین می‌نماید].

۲ - مانده در زبان فارسی آنست که امروز بنادُرست «خسته» خوانده می‌شود، و هزار مرد «مانده» را توان آن نیست که ازتیسفون تا تخوار بروند.

۳ - مگر گنج و تاج و تخت را با خود به رزمگاه می‌برند؟ که اکنون فرمان بیازگرداندن آن میدهد؟

۴ - **یک:** «ماندگان» به «بزرگان» گردانده شد. **دو:** بردن بار و بنه با بزرگان نبود، و باربران چنان می‌کردند... باری چنین کار با رنج همراه نبود که کار همیشگی آنان بود.

۵ - **یک:** از پدیدار شدن درفش، گیتی بنفش نمی‌شود. مگر آنکه افزاینده، آنرا برای پساوای درفش بخواهد. **دو:** سپاه بهرام، دور از رود نهروان نبود، و بیگمان درفش وی نیز از آغاز دیده میشده است.

۶ - هنوز جنگ آغاز نشده، چگونه از هوا روشنایی ببرد؟

۷ - چگونه توان، با همان نام «جنگی» و «شیر دژم» که بهرام خوانده می‌شود، نوجوانی شانزده ساله چون خسرو را نیز خواندن!

۸ - خسرو در اندیشه گریز چگونه با پهلوانی چون بهرام پروای نبردش بود؟

۹ - این همان بهرام است؟ که با یک زخم تیر، یک سپاه را درهم شکست! و اکنون یک نوجوان رودرروی او می‌جنگد، و پیروز نمی‌شود.

۱۰ - دنبالهٔ همان گفتار.

تخوار آن زمان پیش خسرو رسید        که گنج و بنه زان سوی پل کشید[1]
چو بشنید خسرو، بگستهم گفت        که: «با ما کسی نیست در جنگ جفت[2]
که ما ده تنیم، این سپاه بزرگ        به پیش اندرون پهلوانی سترگ[3]
هزیمت بهنگام بهتر ز جنگ        چو تنها شدی نیست جای درنگ»[4]
همی راند، ناکاردیده جوان        برین گونه بر، تا پل نهروان[5]
پس اندر همی تاخت بهرام، تیز        سری پر ز کینه دلی پرستیز[6]
چو خسرو چنان دید بر پل بماند        جهاندیده گستهم را پیش خواند[7]
«بیارید» گفتا: «کمان مرا        به جنگ اندرون ترجمان مرا»[8]
کمانش ببرد آنکه گنجور بود        بران کار گستهم دستور بود[9]
کمان برگرفت آن سپهدار گرد        به تیر از هوا روشنایی ببرد[10]
همی تیر بارید همچون تگرگ        به یک چوبه با سر همی دوخت ترگ[11]
پس اندر همی تاخت بهرام شیر        کمندی به دست اژدهایی به زیر[12]
چو خسرو ورا دید برگشت شاد        دو زاغ کمان را به زه بر نهاد[13]
یکی تیر زد بر برِ بارگی        بشد کار آن باره یکبارگی[14]
پیاده سپهبد سپر برگرفت        ز بیچارگی دست بر سر گرفت[15]
یلان‌سینه پیش اندر آمد چو گرد        جهانجوی کی داشت او را به مرد[16]
هم اندر زمان اسپ او را بخست        پیاده یلان‌سینه از پل بجست[17]

---

۱ - با رسیدن تخوار، چرا نبرد آندو بپایان رسید!  ۲ - و در میانهٔ جنگ چه جای سخن گفتن با گستهم است؟

۳ - سخن بی‌پیوند است.  ۴ - چه کس تنها شد؟ آنان که ده تن بودند!

۵ - **یک:** افزاینده، خود، خسرو را که نیمی از روز با بهرام جنگیده بود، ناکاردیده می‌خوانَد. **دو:** خسرو آنسوی رود بود، و از همانسو بسوی تیسفون می‌رود، و پلی در میانه نبود.  ٦ - خسرو (می‌راند)، و بهرام بدنبالش (می‌تاخت)، و بدو نمی‌رسید؟!!

۷ - پل در میانه نبود.  ۸ - بهرام می‌تازد، و خسرو فرمان آوردن کمان خویش را میدهد!

۹ - **یک:** کمان شاهان در دست «کماندار» بود، نه گنجور! **دو:** آنکه گنجور بود نیز نادرست است. **سه:** برای یک کمان یک گنجور، و یک دستور (وزیر) بکار نمی‌آید.  ۱۰ - خسرو شانزده ساله نه سپهدار بود، و نه گُرد!

۱۱ - **یک:** همی (می)بارید نادرخور است: تیرباران کرد. **دو:** تنها بهرام بدنبال وی می‌تاخت و ندیدیم که ترگ بهرام، با سرش دوخته شود.  ۱۲ - **یک:** بهرام هنوز بدنبال خسروِ ایستاده بر روی پل می‌تازد!! **دو:** لت دویم برگرفته از شاهنامه است.

۱۳ - **یک:** خسرو... تازه بهرام را می‌بیند!! **دو:** کجا برگشت. **سه:** در هنگامهٔ نبرد چگونه شاد شد؟ **چهار:** کمان را پیش از جنگ می‌بایستی «بزه نهادن». **پنج:** برای زه انداختن به زاغ کمان، بایستی پیاده شدن، یک سر کمان را بزمین نهادن، و سر دیگر را با دست راست گرفتن و پشت دست را زیر شکم نهادن (تا ازینروی، میان؛ نیز یاری بدست رساندن، و کمان را خم کردن و با دست چپ، زه را کشیدن و به زاغ افکندن...) **شش:** اگر کمان خسرو «بزه برنهاده نبود، چگونه پیش از آن «بتیر از هوا روشنایی ببرد».

۱۴ - نه چنین است، و پس از این نیز بهرام را بر همان «ابلقِ مُشک دم» سوار می‌بینیم.

۱۵ - بهرام پهلوان ایران، فرزند رستم را که با یک تیر سپاه دشمن را بشکست، برابر یک نوجوان [ناکاردیده] چنین بیچاره می‌نماید که دست بر سر گیرد!!!  ٦۱ - لت دویم نادرخور است: «جهانجوی او را بمرد نداشت».

۱۷ - خسرو بر روی پل ایستاده، چگونه یلان سینه از پل می‌جهد؟ این همان پهلوان است که در گزارشی که بپدر خود هرمز می‌دهد ←

سپه بازگشت از پل نهروان — هر آن کس که بودند پیر و جوان[1]
چو بهرام برگشت خسرو چو گرد — پل نهروان سر بسر باز کرد[2]

*

⟸ همی راند غمگین، سوی تیسفون — پر از درد، دل، دیدگان پر ز خون
در شارستان‌ها به آهن ببست — به انبوه اندیشگان○ درنشست
ز هر برزنی مهتران را بخواند — به دروازه بر* پاسبانان نشاند

## رفتن خسرو بنزد پدر
## و
## کشته شدن هرمز

اُزان جایگه، شد به پیش پدر — دو دیده پر از آب و، پر خون؛ جگر
چو روی پدر دید بردش نماز — همی بود پیشش زمانی دراز
بدو گفت که:«این پهلوان سوار — که او را گزین کردی ای شهریار
بیامد چو شاهان، که دارند فر — سپاهی بیاورد بسیار مر
برفتم، سخن هر چه آمد ز پند — بگفتم، نبد پندِ من، سودمند
همه جنگ و پرخاش بُد کام اوی — که هرگز مبادا، روان، نام اوی
بناکام رزمی گران کرده شد — فراوان کس از اختر آزرده شد[3]
ز من بازگشتند یکسر؛ سپاه — ندیدند گفتی مرا جز براه
همی شاه خوانند، بهرام را — نبینند، ز آغاز، فرجام را
پس من کنون تا پل نهروان — بیاورد لشکر چو کوهی گران[4]
چو شد کار، بی‌برگ، بگریختم — بدام بلا در، نیاویختم
نگه کردم اکنون به سود و زیان — نباشند یاور، مگر تازیان
گر ایدونکه فرمان دهد شهریار — ز دشت سواران، بخواهم سوار

*

---

⟵ می‌گوید: «چو شد کار بی‌برگ، بگریختم»!!

۱ - لت دویم را پیوند بایسته نیست.

۲ - باز کردن پل، چگونه باشد؟

○ - «به انبوه اندیشه اندر نشست» درست می‌نماید.

* - پیدا است که تیسفون را یک دروازه نبوده است، پس سخن درست چنین است: «بدروازه‌ها، پاسبانان نشاند».

۳ - دوباره، سخن از جنگ دروغین می‌رود...

۴ - **یک:** نهروان را پل نبود. **دو:** این رج، آشکارا، پیوند میان سخنان پیشین و پسین را از هم می‌گسلد.

بدو گفت هرمز که: «این، رای نیست / که اکنون ترا پای، بر جای نیست
نباشند یاور ترا، تازیان / چو جایی نبینند سود و زیان
بدردِ دلند، از نژاد تو نیز / بدشمن سپارندت، از بهرِ چیز
بدین کار پشتِ تو یزدان بود / هماواز تو بخت خندان بود[1]
چو بگذاشت خواهی همی مرز و بوم / از ایدر برو تازیان، تا بروم
سخن‌های این بندهٔ چاره‌جوی / چو رفتی یکایک، بقیصر بگوی
ترا قیصر از گنج، یاری دهد / هم از لشکرت، کامکاری دهد
فریدون نژادند و، خویش تواَند / چو کارت شود سخت، پیش تواَند»

*

چو بشنید خسرو، زمین بوس داد / بسی از جهان آفرین کرد یاد
به بندوی و گردوی و گستهم گفت / که: «ما با غم و رنج گشتیم جفت
بسازید و یکسر، بنه برنهید / بر و بوم ایران، بدشمن دهید»
بگفت این و از دیده، آواز خاست / که: «ای شاه نیک اختر و داد و راست
یکی گَرد تیره برآمد ز راه / درفشی درفشان میان سپاه
درفشی کجا پیکرش اژدهاست / که چوبینه بر نهروان کرد راست»[2]
چو بشنید خسرو، بیامد بدر / همی رفت ترسان، ز پیشِ پدر
همی شد سوی روم برسان گرد / درفشی پسِ پشت او لاژورد[3]
بپیچید یال و بر و روی را / نگه کرد گستهم و بندوی را
همی راندند آن دو تن نرم‌نرم / خروشید خسرو به آوای گرم:
«همانا زمان‌تان، به پیش آمده‌است؟ / که بدخواهتان، همچو خویش آمده‌است؟
اگر نه، چنین نرم راندن؛ چرا است؟ / که بهرام، نزدیکِ پشت شما است»
بدو گفت بندوی که: «ای شهریار / دلت را ببهرام رنجه مدار
کجا گرد ما را نبیند ز راه / که دور است ز ایدر درفش سیاه[4]
چنین است، یارانْت را؛ گفت‌وگوی / که ما را بدین تاختن، نیست روی!
چو چوبینه آید به ایوان شاه / هم آنگه به هرمز دهد تاج و گاه
نشیند چو دستور، بردست اوی / به دریا رسد کارگر، شستِ اوی

۱ – چگونه از بخت خندان وی یاد می‌شود؟... آنکه را روی گریز به تازیکستان است!
۲ – اگر درفش، میان سپاه دیده می‌شود، نمیتوان آنرا بر رود نهروان (راست کردن!!)
۳ – همی شد، نادرست است: «بشد».
۴ – درفش بهرام سیاهرنگ نبود، و این سخن میان رج‌های پیشین و پسین جدایی می‌افکند.

کشته شدن هرمز به رای پسر ۲۶۹

به قیصر یکی نامه از شهریار — نویسند که این بندهٔ نابکار
گریزان برفته‌است زین مرز و بوم — نباید که آرام گیرد بروم
هر آنگه که او خویشتن کرد راست — نژندیّ و کژّی ازو، بهرِ ماست[1]
چو آید بدان مرز، بندش کنید — دل شادمان، پر گزندش کنید[2]
بدین بارگاهش فرستید باز — ممانید تا گردد او سرفراز[3]
ببندید هم؛ در زمان، با سپاه — فرستید پویان، بدین جایگاه»
چنین داد پاسخ که: «از بخت بد — سزد زین نشان، هر چه بر ما رسد
سخن‌ها دراز است و کاری درشت — بیزدان کنون باز هِشتیم پشت» *
براند اسپ و گفت: «آنچه از خوب و زشت — جهاندار بر تارک ما نبشت[4]
بباشد نگردد به اندیشه باز — مباداکه آید به دشمن نیاز»[5]

*

چو او برگذشت، آن دو بیدادگر — ازو باز گشتند، پرکینه سر
ز راه اندر ایوان شاه آمدند — پر از خشم و دل پر گناه آمدند
ز در چون رسیدند نزدیکِ تخت — زهی از کمان باز کردند سخت
فکندند ناگاه، در گردنش — بیاویختند آن گرامی تنش
شد آن تاج و آن تخت شاهنشهان — تو گفتی که هرمز نبُد در جهان[6]
چنین است آیین گردنده دهر — گهی نوش بار آوردگاه زهر[7]
اگر مایه این است سودش مجوی — که در جستنش رنجت آید به روی
چو شد گردش روز هرمز به پای — تهی ماند زان تخت فرخنده جای[8]
هم آنگاه برخاست آوازِ کوس — رخ خونیان گشت چون شندروس[9]

*

درفش سپهبد هم آنگه ز راه — پدید آمد اندر میان سپاه[10]
جفاپیشه گستهم و بندوی، تیز — گرفتند زان کاخ، راهِ گریز[11]

---

۱ – پیوند بایسته برای چنین گفتار سست «چون» است نه «هر آنگه».
۲ – پس از «نژندی بهر ما» دنبالهٔ سخن هرمز می‌آید، و نادرست است. ۳ – سخن درست در رج پسین می‌آید.
* – شگفتا روزگارا که خسرو، همرایی برای کشتن پدر را چنین می‌نمایاند که «پشت بیزدان هشتیم»!! و اینچنین؛ همهٔ خونخواران جهان، کار خویش را خدایی درشمار می‌آورند.
۴ – نبشت در لت دویم نادرخور است: «نبشته است».
۵ – لت دویم را پیوند و گزارش نیست. ۶ – «تاج و تخت» بر جای بود، آن هرمز بود که از جهان بشد!
۷ – دو رج پندهای همیشگی
۸ – **یک:** سخن سخت سست است: «چون روزگار هرمز بسر رسید». **دو:** لت دویم نیز نادرخور است «جای فرخنده از تخت تهی ماند»؟!
۹ – دنبالهٔ همان گفتار ۱۰ – درفش سپهبد پیش از این در میان سپاه دیده شده بود.
۱۱ – «از کاخ راه گریز گرفتند» نادرست: «از کاخ گریختند».

چنین تا بخسرو رسید این دو مرد    جهانجوی چون دیدشان روی‌زرد[1]
بدانست کایشان دو دل پر ز راز    چرا از جهاندار گشتند باز[2]
به رخساره شد چون گل شنبلید    نکرد آن سخن بر دلیران پدید[3]
بدیشان چنین گفت ک:«ز شاهراه    بگردید کامد به تنگی سپاه[4]
بیابان گزینید و راه دراز    مدارید یکسر تن از رنج باز»[5]

## گریختن خسرو
### با
## گستهم و بندوی

چو بهرام رفت اندر ایوان شاه    گزین کرد زان لشکر کینه‌خواه
زره‌دار و شمشیرزن سه هزار*    بدان؛ تا شوند از پسِ شهریار
چنین؛ لشکر نامبردار و گُرد    به بهرام پور سیاوش سپرد

*

اُزان روی خسرو، بیابان گرفت    همی از بدِ دشمنان جان گرفت
چنین تا بنزدِ رباطی رسید    سرِ تیغِ دیوارِ او، ناپدید
کجا، خواندندیش؛ یزدان‌سرای    پرستشگهی بود، فرخنده‌جای
نشستنگهِ سوگواران بُدی    بدو در سکوبا و مطران° بُدی
چنین گفت خسرو، به یزدانپرست    که: «از خوردنی چیست؟ کاید بدست!»
سکوبا بدو گفت ک:«ای نامدار    فطیر است با تره‌ٔ جویبار
گر ایدونکه شاید بدین سان خورش؛    مبادت جز از نوشه، این پرورش»
از اسپ اندر آمد سبک، شهریار    همان آنکه ببودند با او سوار[6]
جهانجوی با آن دو خسروپرست    گرفت از پی واژ، بَرسَم بدست[7]

---

۱ – دو مرد را «رسیدند» باید.    ۲ – «ایشان دو دل» نادرست است: «ایشان با دلِ»
۳ – دنبالهٔ گفتار    ۴ – راه گریز بسوی روم، نه همان راه است که بهرام از آن می‌آید!
۵ – سخن در لت دویم سست است.
* – نمونه‌ها: سی‌هزار، شش‌هزار، ده‌هزار. شاهنامهٔ بنداری «ثلاثة آلاف» و این را برگزیدم، زیرا پهلوانی که برای نبرد با ساوه شاه دوازده هزارمرد می‌برد. در پی چندتن با سی‌هزار و ده‌هزار سوار، نمی‌تازد.    ○ – پیدا است که «مِتران» درست است.
۶ – از اسپ اندر (= اندرون) نمی‌آیند، «بزیر می‌آیند»، یا «پیاده می‌شوند».    ۷ – در لت دویم برای سه کس «گرفتند» باید.

گریز خسرو به روم ۲۷۱

بخوردند بشتاب، چیزی که بود ... پس آنگه به زمزم بگفتند زود[1]
چنین گفت پس، با سکوبا که: «می ... نداری؟ تو ای پیر فرخنده‌پی!»
بدو گفت: «ما، می؛ ز خرما کنیم ... بتمّوز و هنگامِ گرما کنیم
کنون هست لختی چو روشن گلاب ... بسرخی، چو بیجاده در آفتاب»
هم آنگه بیاورد جامی نبید ... که شد رنگ خورشید زو ناپدید[2]
بخورد آن زمان خسرو از می سه جام ... می و نان کشکین که دارد به نام[3]
چو مغزش شد از بادهٔ سرخ، گرم ... هم آنگه* بخفت از برِ ریگ نرم
نهاد از برِ ران بندوی، سر ... روانش پر از درد و، خسته، جگر

*

همان، چون بخواب اندر آمد، سرش ... سکوبای مهتر بیامد برش
که: «از راه، گَردی بر آمد سیاه ... درآن گردِ تیره، فراوان سپاه!
چنین گفت خسرو که: «بَدروزگار! ... که دشمن، بدینگونه شد خواستار
نه مردم بکار است و، نه بارگی○ ... فراز آمد آن روزِ بیچارگی»

*

بدو گفت بندوی، پس: «چاره ساز ... که آمذْت دشمن، بتنگی فراز»
بدو گفت خسرو که: «ای نیکخواه ... مرا؛ اندرین کار، بنمای راه»
بدو گفت بندوی که: «ای شهریار ... ترا چاره سازم بدین روزگار
ولیکن فدا کرده باشم روان ... به پیش جهانجوی، شاه جهان»
بدو گفت خسرو که: «دانای چین ... یکی خوب زد، داستانی؛ برین
که هر کاو کند بر در شاه کشت ... بیابد بدان گیتی اندر بهشت[4]
چو دیوار شهر اندر آمد ز پای ... کلاته نباید که ماند بجای[5]
چو ناچیز خواهد شدن، شارستان ... مماناد، دیوارِ بیمارستان
تو گر چاره‌ای دانی، اکنون بساز ... هم از پاک یزدان نه‌ای بی‌نیاز»

*

بدو گفت بندوی که: «این تاج زر ... مرا ده، هم این گوشوار و کمر

---

۱ - **یک:** لت نخست سست است. **دو:** و لت دویم نادرخور، زیرا که «زمزم»، همان «واژ» است که بهنگام خوردن خوراک زیر لب زمزمه می‌شد، نه پس از آن. **سه:** اگر «بشتاب» خوردند، چگونه است که پس از آن آهنگ می خوردن دارند؟ و پس از آن نیز خسرو می‌خوابد.

۲ - گفتار شاهنامه در رج پیشین برآنست که می برنگ بیجاده‌ایست زیر پرتو آفتاب... و گفتار افزاینده چنین است رنگ خورشید، از آن ناپدید شد!!

۳ - لت دویم را هیچ گزارش نیست.

* - «**همانجا**» درست می‌نماید.

○ - ما و اسپان، مانده‌ایم [بگفتارِ امروزیان، خسته‌ایم].

۴ - بر در شاه (پیش دروازهٔ کاخ) کسی را توان کشاورزی نیست!

۵ - سخن درست شاهنامه در رج پسین می‌آید.

همان لیل زرّین چینی قبای چو من پوشم این را تو ایدر مپای[1]
برو با سپاهت هم اندر شتاب چو کشتی که موجش درآرد ز آب»
بکرد آن زمان، هر چه بندوی گفت اُزان جایگه گشت، با باد؛ جفت
چو خسرو برفت از برِ چاره‌جوی جهاندیده سوی شُقُف کرد روی[2]
که: «اکنون شما را بدین برز کوه بباید شدن ناپدید از گروه»[3]
خود اندر پرستشگه آمد چو گرد بزودی درِ آهنین سخت کرد[4]
بپوشید پس، جامهٔ زرنگار بسر بر، نهاد افسر شهریار
برآمد ببام، آن گوِ نیکخوی سپه دید، گرد اندرش، چار سوی
همی بود تا لشکر رزمساز رسیدند نزدیک آن دژ، فراز
اَبَر پای خاست آنگه از بام، زود تن خویشتن را به لشکر نمود
بدیدندش از دور با تاج زر همان توغ و آن گوشوار و کمر
همی گفت هرکس که: «این خسروست که با تاج و با جامه‌های نوست»[5]
چو بندوی شد بیگمان، کان سپاه همی باز نشناسد او را ز شاه
فرود آمد و جامهٔ خویش تفت بپوشید بی‌باک و، بر بام رفت
چنین گفت که:«ای رزمسازانِ نَو که؟ را خوانم اندر شما پیشرَو!
که پیغام دارم ز شاه جهان بگویم؛ شنیده، به پیش مهان»
چو پور سیاووش دیدش به بام «منم پیشرو» گفت: «بهرام نام»
بدو گفت: «گوید جهاندار شاه که: من سخت پیچانم از رنج راه
ستوران همه خسته و کوفته ز راه دراز، اندر آشوفته
بدین خانهٔ سوگواران به رنج فرود آمدم، تا بیابم سپنج
چو پیدا شود چاک روزِ سپید کنم دل ز کار جهان ناامید
بیایم، ابا تو براه دراز* بنزدیک بهرام گردنفراز

*

برین بر که گفتم نجویم زمان مگر یارمندی کند آسمان[6]

۱ - «قبای چینیِ لیلِ زر» راگزارش نیست.
۲ - «سکوبا» در شاهنامه همواره سکوبا است، چنانکه در همین داستان گذشت، و «سقف» بر خامهٔ افزایندگان می‌گذرد.
۳ - **یک**: ناپدید شدن، در میان دره‌ها شاید، نه «بر بُرزِ کوه». **دو**: مگر بجز از همان سوگواران گروه دیگری نیز در «دیر» بودند، که آنان، از میان اینان ناپدید شوند!
۴ - آنان در میان دیر بودند، و همانجا نان و می خورده بودند.
۵ - جامه‌های نو را برای پساوای خسرو آورده‌اند.
* - برابر با شاهنامه سپاهان، دیگر نمونه‌ها «بیایم با تو».
۶ - لت دویم را با لت نخست پیوند نیست.

نیاکان ما آنکه بودند پیش — نگه داشتندی هم آیین و کیش[1]
اگر چه بُدی بختشان دیرساز — ز کهتر نبرداشتندی نیاز[2]
کنون آنچه ما را به دل راز بود — بگفتیم چون بخت ناساز بود[3]
ز رخشنده خورشید تا تیره خاک — نباشد مگر رای یزدان پاک»[4]
چو سالار بشنید زو، داستان — بگفتار او گشت همداستان
دگر هر که بشنید گفتار اوی — پر از درد شد دل ز کردار اوی[5]
فرود آمد آن شب، بدانجا سپاه — همی داشتی رای خسرو نگاه[6]
دگر روز بندوی بر بام شد — ز دیوار، تا، سوی بهرام شد
بدو گفت ک:«امروز شاه از نماز — همانا نیاید بکاری فراز
چنین هم شب تیره بیدار بود — پرستندهٔ پاک دادار بود
همان نیز خورشید گردد بلند — ز گرما نباید که یابد گزند
بیاساید امروز و فردا پگاه — همی رانَد اندر میان سپاه»

❋

چنین گفت بهرام با مهتران — که:«کاری‌ست این، هم سبک، هم‌گران
چو بر خسرو این کار گیریم تنگ — مگر تیز گردد بیاید بجنگ
به تنها تن او یکی لشکر است — جهانگیر و بیدار و گنداور است[7]
اُگر کشته آید به دشت نبرد — برآرد ز ما نیز، بهرام؛ گرد
هم آن به که امروز باشیم نیز — اُگر خوردنی نیست بسیار چیز[8]
مگر کاو برین همنشان، خوش‌منش؛ — بیاید، ابی جنگ و بی سرزنش»
چنان هم همی بود تا شب ز کوه — برآمد به گرد اندر آمد گروه[9]
سپاه اندر آمد ز هر پهلوی — همی سوختند آتش از هر سوی[10]

❋

۱ – **یک:** پیدا است که نیاکان پیش از این زمان بوده‌اند. **دو:** «هم» در لت دویم نادرخور است.

۲ – **یک:** «بخت دیرساز» راگزارش نیست. **دو:** «نیاز برنداشتنن را در لت دویم همچنین! **سه:** در خرد نمی‌گنجد که خسرو اَپَرمنش (متکبر) خویش راکهتر خواند!

۳ – **یک:** رازی در سخن نبود... **دو:** وکنش «بود» نیز در لت دویم ناساز است: «بخت ناساز است».

۴ – سخن از شاهنامه، «داستان کیخسرو» برگرفته شده است.

۵ – لت دویم پریشان است. «دل پر درد کرد» اما آنان همه از خسرو بریده ببهرام پیوسته بودند و برای دستگیری او آمده بودند، و نشاید که دلشان از «ماندگی خسرو» پر درد شود.

٦ – داشتی در لت دویم برای یک سپاه نادرخور است و «رای را نگاه داشتنن نیز نادرست است.

۷ – تن را نشاید جهانگیر و بیدار نامیدن!

۸ – لت دویم بی‌پیوند و سست است.

۹ – لت دویم راگزارش نیست.

۱۰ – تنها یک سپاه بود که از پس خسرو آمده بود.

چو روی زمین گشت خورشیدفام  سخنگوی بندوی، بر شد به بام
به بهرام گفت: «ای جهاندیده مرد  بدانگه که برخاست از دشت گرد
چو خسرو شما را بدید، او برفت  سوی روم، با لشکر خویش، تفت
کنون گر تو پرّان شوی چون عقاب  اُگر برتر آری، سر از آفتاب
نبیند کسی، شاه را؛ جز بروم*  که اکنون کهن شد، بدان مرز و بوم
کنون گر دهیدم بجان زینهار  بیایم برِ پهلوان سوار
بگویم سخن هر چه پرسد ز من  زکمّی و بیشیِ آن انجمن
اُگر نه بپوشم سلیح نبرد  به جنگ اندر آیم بکردار گرد»
چو بهرام بشنید زو این سخن  دل مرد برنا شد از غم کهن
به یاران چنین گفت ک:«اکنون چه؟ سود  اگر من برآرم ز بندوی، دود!
همان به که او را برِ پهلوان  برم، هم بدینگونه، روشنروان●
بگوید بدو هرچه داند ز شاه  اگر سر دهد، گر؛ ستاند کلاه»
به بندوی گفت: «ای بدِ چاره‌جوی  تو این داوری‌ها ببهرام گوی»

*

فرود آمد از بام، بندوی شیر  همی راند با نامدار دلیر
چو بشنید بهرام، کامد سپاه  سوی روم شد، خسرو کینه‌خواه
ز پور سیاوش برآشفت سخت  بدو گفت ک:«ای بدرگ شوربخت
نه کار تو بود اینکه فرمودمت  همی بی‌هنر، خیره؛ بستودمت»
جهانجوی، بندوی را پیش خواند  همی خشمِ بهرام با او براند
بدو گفت ک:«ای بدتن بدکنش!  فریبنده مرد، ازدرِ سرزنش!
سپاه مرا خیره بفریفتی  ز بدگوهرِ خویش، نشکیفتی
تو با خسروِ شوم، گشتی یکی  جهاندیده‌ای، کردی؛ از کودکی
کنون آمدی با دلی پرسخن  که من نو کنم روزگار کهن»
بدو گفت بندوی، ک:«ای سرفراز  ز من راستی جوی و، تندی مساز
بدان کان شهنشاه، خویش من است  بزرگیش و رادیش پیش من است
فدا کردمش جان و بایست کرد  تو گر مهتری، گِردِ کژّی مگرد»
بدو گفت بهرام: «من زین گناه  که کردی نخواهمْت کردن تباه
ولیکن تو هم، کشته بر دست اوی  شوی زود و، خوانی مرا راستگوی»

* – روی سخن به «بهرام» بود و در این رج «کسی» نادرخور است، و بر این بنیاد گفتار شاهنامه چنین می‌نماید «**نبینی همی شاه را، جز، بروم**». ● – روشنروان؛ زنده: «او را زنده نزد بهرام برم».

نهادند بر پای بندوی، بند / به بهرام دادش ز بهر گزند
همی بود تا خور شد اندر نهفت / بیامد پر اندیشهٔ دل بخفت[1]

*

چو خورشید، خنجر کشید از نیام / پدید آمد آن مُطرف زردفام[2]
فرستاد و گردنکشان را بخواند / بِر تخت شاهی بزانو نشاند[3]
بهر جای، کرسیّ زرّین نهاد / چو شاهان پیروز، بنشست شاد
چنین گفت زان پس ببانگ بلند / که: «هرکس که هست از شما ارجمند؛
ز شاهان، ز ضحاک، بدتر، کسی / نیامد پدید، ار بجویی بسی؛
که از بهر شاهی، پدر را؛ بکشت / اُزان کشتن، ایرانْش، آمد بمُشت
دگر، خسرو، آن مرد بیداد و شوم / پدر را بکشت آنگهی شد به روم*
کنون ناپدید است○ اندر جهان / یکی نامداری ز تخم مهان
که زیبا بود، بخشش و بخت را / کلاه و کمر بستن و تخت را!
که دارید کاکنون ببندد میان / بجا آورد رسم و راه کیان؟[4]
به دارندهٔ آفتاب بلند / که باشم شما را بدین، یارمند

*

شنیدند گردنکشان این سخُن / که آن نامور مهتر، افکند بُن
نپیچید کس، دل ز گفتار راست / یکی، پیرسر بود، بر پای خاست
کجا نام او بود شهران گراز / گوی پیرسر، مهتری دیرباز[5]
چنین گفت کـ:«ای نامدار بلند / تویی کامدی در جهان سودمند
بَدی گر نبودی جز از ساوه‌شاه / که آمد بدین مرز ما، با سپاه؛
ز آزادگان، بندگان خواست کرد / کجا در جهانش نبُد همنبرد
ز گیتی بمَردی، تو بستی میان! / که آن رنج، بگذشت؛ ز ایرانیان
سپه چار بار از یلان سد هزار / همه گُرد و شایستهٔ کارزار
بیک چوبه تیرِ تو، گشتند باز / برآسود ایران ز گُرم و گداز

---

۱ - اندیشه را با دل، پیوند نیست، که از آنِ سر است.
۲ - مطرف را، راه در گفتار فردوسی نیست.
۳ - بزرگان را بزانو نشاند... که در رج پسین بر کرسی زرین نشاندشان!
* - نمونه‌ها چنین‌اند، و «انگهی» درست نیست. این واژه با سنجش دیگر نمونه‌ها از شاهنامهٔ سپاهان که همواره بجای آنگهی آنزمان آورده است، یا باید «آنزمان» بوده باشد، یا سخن بدینگونه گردد: **«پدر را بکشت و بشد سوی روم»** و این‌گونه، درست‌تر می‌نماید.
○ - این گفتار با سوگند بهرام در رج سیوم پسین همخوان نیست و من چنین می‌اندیشم: **«کنون برگزینید اندر جهان...»**.
۴ - «که دارید» نادرخور است، «که را بینید» «که را شناسید».
۵ - **یک:** پس از بر پای خاست رج پیشین پیوند کجا (= که) نادرخور است. این پیوند می‌بایستی پس از پیرسر بود، بیاید. **دو:** دوباره از «پیرسر» یاد می‌شود و زیبنده نمی‌نماید. **سه:** مهتر دیرباز را نیز گزارش نیست.

کنون؛ تخت ایران، سزاوار تست ‌‌ ‌‌ برین بر، گوا، بختِ بیدار تست
کسی کاو بپیچد ز فرمان ما ‌‌ ‌‌ اُگر دور ماند ز پیمان ما[1]
به فرمانش آریم اگر چه گو است ‌‌ ‌‌ اُگر داستان را همه خسرو است»[2]
بگفت این و بنشست بر جای خویش ‌‌ ‌‌ خراسان سپهبد، بیامد به پیش

*

چنین گفت کـ:«این پیر دانش‌پژوه ‌‌ ‌‌ که چندین سخن گفت پیش گروه
بگویم که او، از چه گفت این سخن ‌‌ ‌‌ جهانجوی و داننده مرد کهن[3]
چو این نیکویی‌ها، ز تو یاد کرد ‌‌ ‌‌ دل انجمن یک بیک، شاد کرد
ولیکن یکی داستان است نغز ‌‌ ‌‌ اگر بشنود مردم پاک‌مغز؛
که زردشت گوید به استا و زند ‌‌ ‌‌ که هرکس که از کردگار بلند؛[4]
بپیچد، بیک سال، پندش دهید ‌‌ ‌‌ همان مایهٔ سودمندش دهید[5]
سر سال اگر باز ناید براه ‌‌ ‌‌ ببایدش کشتن بفرمان شاه[6]
چو بر دادگر، شاه؛ دشمن شود* ‌‌ ‌‌ سرش زود باید که بی‌تن شود»
خراسان بگفت این و لب را ببست ‌‌ ‌‌ بیامد بجایی که بودش نشست[7]

*

ازآن پس فرخزاد بر پای خاست ‌‌ ‌‌ ازآن انجمن، سر بر آورد راست
اگر● داد بهتر بود، کس مباد ‌‌ ‌‌ که باشد بگفتار بیداد شاد
ببهرام گوید، کانوشه بَوی ‌‌ ‌‌ جهان را بدیدار، توشه بَوی[8]
اگر ناپسند است گفتار ما ‌‌ ‌‌ بدین، نیست، پیروزگر، یار ما
انوشه بَوی شاد، تا جاودان ‌‌ ‌‌ ز تو دور، دست و زبانِ بدان»

*

---

۱ – هنوز «فرمان و پیمانی» پیش نیامده است... ۲ – که کسی از آن سر پیچد!
۳ – **یک:** لت نخست نادرخور است، زیرا که وی از نهانِ آن پیر آگاه نبود. **دو:** سخنان لت دویم نیز دوباره‌گویی «پیر دانش‌پژوه» است.
۴ – **یک:** «استا» نادرست است: «اوستا». **دو:** برگشتن از کردگار بلند را، با دستور انجمن مهیستان ایران دربارهٔ‌گزینش شاه، پیوند نیست.
۵ – **یک:** «بیک سال» نادرست است: «یکسال». **دو:** «مایهٔ سودمند» راگزارش نیست.
٦ – باز بنافرمانی از خداوند بازمی‌گردد.
* – چون افزایندگان سه رج پیشین را که ریشه در اوستا نیز ندارد، آوردند، لت نخست این رج دیگرگون خوانده می‌شود بدین گونه: «چو بر دادگر شاه، دشمن شود». باز آنکه سخن درست همانست که چون شاه بر دادگر (خداوند) دشمن شود، بایستی او راکشتن... از آنجا که خسرو باکشتن پدر خویش کاری نه بر آیین و دین کرده بود. ۷ – «خراسان» نادرخور است: «سپهبد خراسان».
● – نمونه‌ها «اگر» آورده‌اند، اما پیدا است که سخن را پیوند «که» با رج پیشین باید:

**«که‌گر داد، بهتر بوَد، کس مباد»**

۸ – سخن را بگفتار پیشین پیوند نیست.

بگفت این و بنشست مرد دلیر / خَزَروان خسرو، بیامد چو شیر
بدو گفت: «اکنون که چندین سخن / سرایند، دانا و مرد کهن*
سرانجام اگر، راه جویی به داد / هیونی برافکن بکردار باد
ممان دیر، تا خسروِ سرفراز / بکوبد به نزد تو، راه دراز
ز کار گذشته به پوزش گرای / سوی تخت، گستاخ؛ مگذار پای
که تا زنده باشد جهاندار شاه / نباشد سپهبد، سزاوار گاه
اُگر بیم داری ز خسرو به دل / پی از پارس، وز تیسفون برگسل
به شهر خراسان تن‌آسان بزی / که آسانی و مهتری را سزی
به پوزش یک اندر دگر نامه ساز / مگر خسرو آید به رای تو باز»

*

نبرداشت خسرو پی از جای خویش / کجا زادفرخ نهد پای پیش[1]
سخن گفت پس زادفرخ به داد / که: «ای نامدارانِ فرّخ‌نژاد
شنیدم سخن گفتن مهتران / که هستند، ز ایران؛ گزیده‌سران
نخستین سخن گفتنِ بنده‌وار / که تا پهلوانی شود شهریار[2]
خردمند نپسندد این گفت و گوی / کزان، کم شود، مرد را آبِ روی
خراسان سخن پر منش‌وار گفت / نگوییم که آن با خرد بود جفت[3]
فرخ‌زاد بفزود گفتار تند / دل مردم پرخرد کرد کُند[4]
چهارم خزروان سالار بود / که گفتار او با خرد یار بود[5]
که تا آفرید این جهان کردگار / پدید آمد این گردش روزگار؛[6]
ز ضحاک تازی نخست اندر آی / که بیدادگر بود و ناپاک رای
که جمشید بر ترمنش را بکشت / به بیداد، بگرفت، گیتی بمشت
پر از درد دیدم دل پارسا / که اندر جهانِ دیو، بُد پادشا[7]
دگر؛ آنکه بدگوهر افراسیاب / ز توران بدانگونه، بگذاشت، آب

---

* – **یک:** در لت دویم، کنش «سرایند» نادرست است، زیرا که آنان پیشتر سخن را گفته بودند، وکنش گذشتهٔ «بگفتند»، یا «سرودند» باید. **دو:** دانا و مرد کهن نیز نادرست است، و درست آنست که از دانایان، یا «مردان کهن» یاد شود. **سه:** «مردان دانا» را نشاید برگزیدن زیرا که با «سخن» در لت نخست، پساوا ندارد. پس گفتار درست فردوسی چنین می‌نماید:

**«بگفتند، مردانِ گشته کهن»**

۱ – سخن بی‌پیوند است. زیرا که زادفرخ پای بجای پای خسرو ننهاده بود.
۲ – سخن بی‌پیوند است. چه‌کس بنده‌وار، سخن گفته بود؟
۳ – **یک:** آنکس که سخن گفته بود سپهبد خراسان بود، نه خراسان! **دو:** لت دویم نیز باژگونهٔ لت نخست است.
۴ – دل را «کندی» پیش نمی‌آید.
۵ – دنبالهٔ گفتار.
۶ – سخن از شاهان میرود، نه از آفرینش جهان.
۷ – «دیدم» را آنکس تواند گفتن، که خود در زمانهٔ ضحاک بوده باشد!!

به زاری سر نوذر نامدار  بشمشیر بُبُرید و برگشت کار
سدیگر؛ سکندر که آمد ز روم  به ایران و ویران شد این مرز و بوم
چو، دارای شمشیرزن را بکشت؛  خور و خواب ایرانیان شد درشت
چهارم؛ چو، ناپاکدل خوشنواز  که گم کرد ازین بوم وبر، نام و ناز
چو پیروز شاهی بلنداختری  جهاندار و از نامداران سری[1]
بکشتند هیتالیان ناگهان  نگون شد سرِ بختِ شاه جهان[2]
کس اندر جهان، این شگفتی ندید  که اکنون بنوّی به ایران رسید
که بگریخت شاهی چو خسرو ز گاه  سوی دشمنان شد، ز دشتِ سپاه» *
بگفت این و بنشست گریان به درد  ز گفتار او، گشت؛ بهرام زرد

*

جهاندیده سَنباد بر پای جست  میان بسته و تیغِ هندی بدست
چنین گفت ک:«این نامور پهلوان  بزرگ است و با داد و روشنروان
کنون تا کسی از نژاد کیان  بیاید، ببندد کمر؛ بر میان
هم آن بِه که او برنشیند بتخت  که گُرد است و جنگاور و نیکبخت»
سرِ جنگیان کاین سخن‌ها شنید  بزد دست و تیغ از میان برکشید[3]
چنین گفت ک:«ز تخم شاهان زنی  اگر باز یابیم در برزنی[4]
ببرّم سرش را به شمشیر تیز  ز جانش برآرم، دمِ رستخیز[5]
نمانم که کس تاجداری کند  میان سواران سواری کند»[6]
چو بشنید بابوی و گرد ارمنی  که سالارِ ناباک کرد آن منی[7]
کشیدند شمشیر و برخاستند  یکی نوسخن، دیگر، آراستند[8]
که: «بهرام، شاه است و ما کهتریم  سر دشمنان را به پی بسپَریم»[9]

---

۱ - لت دویم نادرخور است، و با رج پسین پیوند ندارد: «جهاندار... را».
۲ - آنان پیروز را نکشتند که پیروز در «کنده» افتاد و بمرد.
* - ز دشت سپاه را گزارش نیست، و گفتار شاهنامه چنین می‌نماید: **«سوی دشمنان شد ز دستِ سپاه»**.
۳ - سر جنگیان کیست؟ اگر بهرام را گوید که خود؛ سخنان پسین را نمی‌گوید.
۴ - مگر شاهزادگان را در کوی و برزن باید یافتن؟
۵ - از مردانگی و آیین ایرانی بدور است که زنی بی‌پناه را باشمشیر گردن زنند.
۶ - تاجداری را شاید... اما همه کس را توان آن هست که میان سواران، سواری کند.
۷ - بابوی و گرد ارمنی را «بشنیدند» باید! بنداری؛ این دو نام را برای یک کس آورده است: «فوثب بابویه الارمنی و سلّ سیفهُ»: بابویه ارمنی، برجست و شمشیرش را کشید، اما «بابویِ گرد ارمنی» راگذشته از سستی گفتار،...
۸ - **یک:** ...با «کشیدند» این رج همخوانی نیست. **دو:** «نو سخن» و «دیگر» یک سخن را می‌گویند.
۹ - این گفتار، با پاژنام «سالار نا باک» رج دویم پیشین همخوانی نیست.

کشیده، چو بهرام، شمشیر دید — خردمندی و راستی برگزید
چنین گفت ک :«ان کاو ز جای نشست — برآید، بیازد بشمشیر دست
ببرّم هم اندر زمان دست اوی — هشیوار° گردد سرِ مست اوی»
بگفت این و از پیش آزادگان — بیامد سوی گلشن شادگان
پراکنده گشت آن بزرگ انجمن — همه رخ پر آژنگ و دل پرشکن[1]

## پادشاهی بهرام پورگشسب
## یکسال و شش ماه بود

چو پیدا شد آن چادر قیرگون — درفشان شد اختر به چرخ اندرون[2]
چو آواز دارنده: پاس خاست — قلم خواست بهرام و قرطاس خواست[3]
بیامد دبیر خردمند و راد — دوات و قلم پیش دانا نهاد[4]
بدو گفت: «عهدی ز ایرانیان — بباید نوشتن برین پرنیان
که بهرام، شاه است و پیروزبخت — سزاوار تاج است و زیبای تخت
نجوید جز از راستی در جهان — چه در آشکارا، چه اندر نهان»
نوشته شد آن شمع برداشتند — شب تیره به اندیشه بگذاشتند[5]
چو پنهان شد آن چادر لاژورد — جهان شد ز دیدار خورشید زرد[6]

*

بیامد یکی مرد پیروزبخت — نهاد اندر ایوانِ بهرام، تخت
برُفتند ایوان شاهی چو آج — بیاویختند از برِ گاه، تاج
برِ تخت زرّین یکی زیرگاه — نهادند و پس، برگشادند راه
نشست از برِ تخت، بهرامشاه — بسر بر، نهاد؛ آن کیانی کلاه
دبیرش بیاورد عهد کیان — نوشته بر آن پربها پرنیان[7]

---

° - نمونه‌ها چنین‌اند، و درست **«که هشیارگردد...»**.

۱ - چرا همگان؟ تنها یک کس باگزینش بهرام، ناهمرای بود.

۲ - اختر نادرست است: اختران

۳ - دو بار «خواست» در یک گفتار، آنرا سست می‌کند.

۴ - سه رج گفتاریست که در رج ۴۵۰۴۶ می‌آید.

۵ - **یک:** چون افزاینده روز را در انجمن مهیستان، شب کرد، پس شمع نیز برای شب روشن کردند، اما چرا شمع را برداشتند؟ که شمع را می‌باید روشن نبودن. **دو:** (آن) شمع نیز نادرست است. **سه:** لت دویم بدآهنگ است.

۶ - در گفتار فردوسی بامداد را به «یاقوت زرد» همانند دیده‌ایم که آن خود بهمراه زردی، درخشندگی و تابناکی نیز دارد، اما زرد بتنهایی برای بامداد، نادرخور است.

۷ - عهد کیان راگزارش نیست، و سخن دربارهٔ نوشتن، در رج پسین می‌گذرد.

گواهی نوشتند یکسر مهان / که بهرام شد شهریار جهان
برآن نامه، چون نام کردند یاد / بر او بر، یکی مُهر زرّین نهاد
چنین گفت ک :«این پادشاهی مرا است / بدین، بر شما؛ پاک‌یزدان گوا است
چنین هم بماناد سالی هزار / که از تخمهٔ من بود شهریار
پسر بر پسر هم‌چنین ارجمند / بماناد با تاج و تخت بلند»
به آذرمه اندر بُد و روزِ هور / که از شیر، پردخته شد؛ پشتِ گور
چنین گفت زان پس به ایرانیان / که: «برخاست پرخاش و کین از میان
کسی کاو بدین، نیست همداستان / اگر کژّه باشد، گر از راستان
به ایران مباشید بیش از سه روز / چهارم، چو از چرخ، گیتی‌فروز
برآید، همه نزد خسرو شوید / برین بوم و بر، بیش ازین، مغنوید»
نه از دل بر او خواندند آفرین / که «پردخته از تو مبادا زمین»
هر آن کس که با شاه، پیوسته بود / بران○ پادشاهی دلش خسته بود؛
برفتند زان بوم، تا مرز روم / پراکنده گشتند، ز آباد بوم

## چارهٔ بندوی با بهرام سیاوشان
### درکشتن بهرام
## و گریختن او

همی بود بندوی، بسته؛ چو یوز / بزندان بهرام، هفتاد روز
نگهبان بندوی، بهرام بود / کزان بند او، سخت ناکام بود
ورا نیز بندوی بفریفتی / به بند اندر، از چاره؛ نشکیفتی
که: «از شاه ایران مشو ناامید / اگر تیره شد روز، گردد سپید
اگرچه شود بخت او دیرساز / شود بخت پیروز با خوشنواز[1]
جهان‌آفرین بر تن کیقباد / ببخشید و گیتی بدو باز داد
نمانَد به بهرام هم تاج و تخت / چو اندیشد این، مردم نیکبخت؛
ز دهقان‌نژاد ایچ مردم مباد / که خیره، دهد خویشتن را بباد!
به انگشت بشمر کنون تا دو ماه / که از روم بینی به ایران سپاه

○ - نمونه‌ها چنین‌اند: بران، بدان، اما درست چنین می‌نماید **وزآن پادشاهی** (=از پادشاهی بهرام).
1 - سخن راگزارش نیست.

فریب بندوی ۲۸۱

بدین تاج و تخت آتش اندر زنند / همه زیوَرَش، بر سرش؛ بشکنند»

*

بدو گفت بهرام: «گر شهریار / مرا داد خواهد؛ بجان، زینهار
ز پند تو آرایش جان کنم / همه هر چه گویی تو، فرمان کنم
یکی سخت سوگند خواهم به ماه / به آذرگشسپ و بتخت و کلاه
که گر خسرو آید بدین مرز و بوم / سپاه آرد از پیش قیصر ز روم
تو خواهی مرا، زو؛ بجان زینهار / نگیری تو این کارِ دشخوار، خوار
کزو بر تن من نیاید زیان / نگردد بگفتار ایرانیان»[1]
بگفت این و پس دفتر زند خواست / به سوگند، بندوی را، بند خواست[2]
چو بندوی بگرفت استا و زند / چنین گفت ک:«ز کردگار بلند[3]
مبیناد بندوی جز درد و رنج / مباد ایمن اندر سرای سپنج[4]
که آنگه که خسرو بیاید ز جای / ببینم، من او را، نشینم ز پای[5]
مگر کاو، بنزد تو انگشتری / فرستد همان افسر مهتری»[6]
چو بشنید بهرام سوگند او / بدید آن دل پاک و پیوند او
بدو گفت ک:«اکنون همه راز خویش / بگویم، برافرازم آواز خویش
بسازم یکی دام، چوبینه را / بچاره فراز آورم کینه را
بزهرابِ شمشیر، در بزمگاه / به کوشش، توانمْش کردن تباه
بدریای آب اندرون نم نماند / که بهرام را شاه بایست خواند»[7]
بدو گفت بندوی ک:«ای کاردان / خردمند و بیدار و بسیاردان
بدین زودی اندر، جهاندار شاه / بیاید، نشیند؛ برین پیشگاه
تو دانی که من هر چه گویم بدوی / نپیچد ز گفتار این بنده، روی
بخواهم گناهی که رفت از تو پیش / ببخشد به گفتار من تاج خویش[8]
اگر خود برآنی که گویی همی / به دل رای کژّی نجویی همی[9]
ز بند این دو پای من آزاد کن / نخستین ز خسرو، برین یاد کن

---

۱ - «زینهار» در رج پیشین سخن را میرساند، و دوباره گویی است.

۲ - کسی که این سخن را گفته بود، بهرام بود، و سخن روی به بندوی دارد.

۳ - استا، نادرست است.

۴ - وابسته به رج پسین.

۵ - **یک:** بیاید ز جای نادرست است: «بیاید ز روم». **دو:** نشینم نیز نادرخور است: «ننشینم».

۶ - بهرام زینهار خواسته بود، و سخن از انگشتری و افسر مهتری در میان نبود.

۷ - سخن نادرخور و بی‌گزارش است.

۸ - **یک:** بهرام گناهی نکرده بود که در دیر مسیحیان به خسرو زمان نیز داده بود. **دو:** گزافهٔ سخت که خسرو هیچگاه تاج خویش را بکس نمی‌دهد.

۹ - بهرام چیز نگفته بود، و تنها زنهار خواسته بود.

گشاده شود زین سخن راز تو     به گوش آیدش روشن آواز تو»[1]
چو بشنید بهرام،شد تازه روی     هم اندر زمان، بند برداشت زوی

*

چو روشن شد آن چادر مشک رنگ     سپیده بدو اندر آویخت چنگ؛
به بندوی گفت: «ار دلم نشکند؛     چو چوبینه امروز چوگان زند؛
سگالیده‌ام دوش با پنج یار     که از تارک او برآرم دمار»
چو شد روز، بهرام چوبینه؛ روی     بمیدان نهاد و بچوگان و گوی
فرستاده آمد ز بهرام زود     به نزدیک پور سیاوش چو دود
زره خواست○، پوشید زیر قبای     ز درگه به اسپ اندر آورد پای

*

زنی بود بهرام یل را نه پاک     که بهرام را خواستی زیر خاک
به دل دوستِ● بهرام چوبینه بود     که از شوی، جانش پر از کینه بود
فرستاد نزدیک بهرام، کس     که: «تن را نگه‌دار و فریاد رس
که بهرام، پوشید، پنهان زره     برافکند بندِ زره را گره
ندانم که در دل چه دارد ز بد     تو گر، خویش از او، دور داری سزد*»
چو بشنید چوبینه گفتار زن     که پیغام دادش، که چوگان مزن؛[2]

*

هر آنکس که رفتی بمیدانِ اوی     چو نزدیک گشتی بچوگان و گوی
زدی دست بر پشت او نرم نرم     سخن گفتن خوب و آوای گرم
چنین تا به پور سیاوش رسید     زره در برش آشکارا بدید
بدو گفت: «ای بتّر از خارِ گَز     بمیدان□، که؟ پوشد زره، زیر خز!»
بگفت این و شمشیر کین برکشید     سراپای او پاک برهم درید!

*

چو بندوی، زان کشتن آگاه شد     بر او، تابشِ روز کوتاه شد
بپوشید پس جوشن و برنشست     میان یلی، تاختن را ببست
ابا چند کس رفت، لرزان براه     گریزان شد از بیم بهرامشاه

---

۱ - سخن سست است و پیوند با گفتار پیشین نیز ندارد.
○ - بهرام سیاووشان در خانهٔ خویش از چه‌کس زره خواست؟ اندیشهٔ من چنین می‌نماید: **«زره را بپوشید زیر قبای»**.
● - دوست در زبان پهلوی و هم فارسی دری: دُست.
* - برابر شاهنامهٔ سپاهان. نمونه‌های دیگر «تو زو خویشتن دور داری سزد».     ۲ - زن بهرام سیاوشان چنین پیغام نداده بود.
□ - پیدا است که سخن فردوسی چنین بوده است: **بچوگان که پوشد زره...**

گرفت او ازان شهر راه گریز  بدان تا نبینند ازو رستخیز[1]
بمنزل رسیدند و بفزود خِیْل  گرفتند تازان، رهِ اَزْدَبیل
ز میدان، چو بهرام بیرون کشید  همی دامن از خشم در خون کشید
ازآنپس بفرمود، مَهروی را  که باشد نگهدار، بندوی را
به بهرام گفتند ک:«ای شهریار  دلت را به بندوی رنجه مدار
که او چون ازین کشتن آگاه شد  هماناکه با باد همراه شد»
پشیمان شد از کشتن یار خویش  کزان تیره دانست بازار خویش[2]
چنین گفت ک:«ان کس که دشمن زدوست  نداند، مبادا ورا؛ مغز و پوست

*

یکی خفته بر تیغ دندان پیل  یکی ایمن از موج دریای نیل[3]
دگر آنکه بر پادشا شد دلیر  چهارم که بگرفت بازوی شیر
ببخشای بر جان این هر چهار  کزیشان بپیچد سرِ روزگار
دگر هر که جنباند او کوه را  بران یارگر خواهد انبوه را
تن خویشتن را بدان رنجه داشت  اُزان رنج تن باد در پنجه داشت
به کشتیِ ویران گذشتن بر آب  به آید که بر کار کردن شتاب
اگر چشمه خواهی که بینی به چشم  شوی خیره زو بازگردی به خشم
کسی را کجا کور بُد رهنمون  بماند به راه دراز اندرون
هر آن کس که گیرد به دست اژدها  شد او کشته و اژدها زو رها
اُگر آزمون را کسی خورد زهر  ازان خوردنش درد و مرگ است بهر

*

نکشتیم بندوی را از نخست  ز دستم رها شد، درِ چاره جست[4]
برین کردهٔ خویش باید گریست  ببینیم، تا رای یزدان به چیست!»
اُزان روی، بندوی و اندک سپاه  چو باد دمان برگرفتند راه
همی برد هرکس که بُد بردنی  به راهی که موسیل بود، ارمنی[5]
بیابان بی‌راه و جای دده  سراپرده‌ای دید جایی زده
نگه کرد، موسیل بود ارمنی  هم آب روان یافت○، هم خوردنی

---

۱ – سخن ازگریز، در رج پیشین گذشت.
۲ – کدام یار؟ که وی آهنگ کشتن بهرام را داشت!
۳ – ده رج سخنان درهم
۴ – «نکشتیم» در لت نخست، با «ز دستم» در لت دویم همخوان نیست.
۵ – سخن درست در رج پیشین آمد.
○ – هنوز بموسیل نرسیده، خوردنی چگونه یافت: اندیشه من چنین ره می‌نماید: **«هم آب روان بود و هم خوردنی»**

جهانجوی بندوی تنها برفت ... سوی خیمه‌ها روی بنهاد و تفت[1]
چو موسیل را دید بردش نماز ... بگفت آن سخنها، که بودش براز
بدو گفت موسیل: «ز ایدر مرو ... که آگاهی آید ترا، نو بنو
که در روم آباد خسرو چه کرد ... همی آشتی نو کند گر نبرد»[2]
چو بشنید بندوی، آنجا بماند ... اُزان دشت یاران خود را بخواند

## گریختن خسرو

همی تاخت خسرو به پیش اندرون* ... نه آب و گیا بود و نه رهنمون
عنان را بدان باره کرده یله ... همی راند ناکام تا باهله[3]
پذیره شدندش بزرگان شهر ... کسی را که از مردمی بود بهر[4]
چو خسرو به نزدیک ایشان رسید ... بران شهر لشکر فرود آورید[5]
همان چون فرود آمد اندر زمان ... نوندی بیامد ز ایران دمان[6]
ز بهرام چوبین یکی نامه داشت ... همان نامه پوشیده در جامه داشت[7]
نوشته سوی مهتر باهله ... که: «گر لشکر آید مکن‌شان یله[8]
سپاه من اینک پس اندر دمان ... به شهر تو آید زمان تا زمان»[9]
چو مهتر بران گونه بر نامه دید ... هم اندر زمان پیش خسرو دوید[10]
چو خسرو نگه کرد و نامه بخواند ... ز کار جهان در شگفتی بماند[11]

---

۱ - سخن از سراپرده رفت، و در این رج به خیمه‌ها دگرگون شد.

۲ - هنوز خسرو کاری نکرده است که باکنش گذشتهٔ «کرد» از آن یاد شود.

* - اندرون را پیش نیست، و سخن بدینگونه نادرست است، اما همهٔ نمونه‌ها چنین آورده‌اند، بنداری میگوید: «و لما خرج برویز من الدیر أخذ الطریق البرّیة التی لاماء فیها و لا مرعی»: «چون پرویز از دیر، برون رفت، راه بیابانی را پیش گرفت که در آن نه آب بود و نه گیاه». و بر پایهٔ این گفتار روشن می‌شود که گفتار فردوسی چنین بوده است: **«برون تاخت خسرو، ز دیر اندرون»**

۳ - **یک:** آن باره در سخن نادرست است. زیرا که چون (آن) بیاید باره را شناسا (معرفه) میکند و ما، آن باره را نمی‌شناسیم. **دو:** باهله نیز جایی شناخته شده نیست.

۴ - سخن برگرفته از شاهنامه است، از داستان رستم و سهراب.

۵ - خسرو را هنوز لشکری همراه نبود و بتنهایی برون رانده بود.

٦ - همان چون، آمیزه‌ایست که در زبان فارسی پیشینه ندارد.

۷ - **یک:** سخن نادرست، زیرا که بندوی بهرام سیاوشان را دو روز پیرامون دیر نگاه داشته بود و چون بدو روز دیگر بنزد بهرام چوبینه بازگردند، خسرو چهار روز از نخستین زمان که شایستی از سوی بهرام فرستاده‌ای بسوی روم رود پیشتر بود، پس چگونه، فرستادهٔ او همزمان با خسرو به باهله(؟) توانستی رسیدن. **دو:** «همان نامه» نیز نادرخور است.

۸ - **یک:** باهله(؟) **دو:** خسرو، لشکر بهمراه نداشت.

۹ - این سخن نیز ناراست است، زیرا که در داستان بهرام، چنین نیامده بود که کسی را بسوی شهری در راه روم بفرستد!

۱۰ - دنبالهٔ گفتار

11 - همچنین...

گریختن خسرو ۲۸۵

بترسید کآید پس او سپاه بران نامه بر تنگ‌دل گشت شاه [1]
ازان شهر هم در زمان برنشست میان کیی تاختن را ببست [2]
همی تاخت تا پیش آب فرات ندید اندرو هیچ جای نبات [3]
شده گرسنه، مرد پیر و جوان یکی بیشه دیدند و آب روان [4]
چو خسرو به پیش اندرون بیشه دید سپه را بران سبزه اندر کشید [5]
شده گرسنه مرد ناهار و سست کمان را به زه کرد و نخچیر جست [6]
ندیدند چیزی به جایی دوان درخت و گیا بود و آب روان [7]

از اینجا ۷۵ رج داستان‌های نادرست که در نخستین ساروان (رانندهٔ کاروان) دارندهٔ کاروان می‌شود، کسی بنام قیس بن حارث، که از آزادگان! عرب بوده است [آزاده؛ تنها پاژنام ایرانیان است] از مصر می‌آید و بنگاه او در فرات است، و از آنجا بدین بیشه می‌رسد [از مصر به فرات را نشاید بدینسوی فرات آمدن] شتر ماده‌ای را برای کباب کردن می‌کشد [چنین کار در آیین کاروان‌داری و شترداری، سخت‌ترین گناه و زشت‌ترین کار است] ستایش خداوند دادگری را میکنند که توانایی و [ناتوان] آفریده است [پیش از این دربارهٔ چنین سخن نادرست، گفتار آمده است] خسرو پرویز میگوید که هرکس را که بیشتر گناه است، و از راه ایزدی دور شده و بیدی پیوسته است، نزد من گرامی‌تر است، و یارانش بر چنین سخن آفرین گرفتند در دودیگر داستان کاروانی ایرانی به پیش می‌آید، که بازرگان آن «دبیر» نیز هست [بازگردیم بداستان پر اشگ و آه یاوری آن کفشگر مرد بانوشیروان و نپذیرفتن وی، دبیری آموختن فرزند او را] خسرو از وی نامش را می‌پرسد. آنکه ترا زاد، نامت چه کرد؟ [باز آنکه نامگذاری فرزندان همواره با نیا (=پدر بزرگ) بوده است. خسرو از وی توشه می‌خواهد و وی مژده به توشهٔ فراوانش می‌دهد، و چون سر بار را می‌گشایند «درمگان(؟) از دینارگان(؟) به آمد» [و روشن نیست که چگونه درم از دینار بهتر شاید شدن] چون بازرگان آبدستان بخسرو می‌دهد خراد برزین پیش می‌دود، تا جهاندار از ریختن آب بازرگان شرم نکند [این همان خسرو است که بپاداش موسیل ارمنی، پای خویش را از رکاب بیرون آورده فرمان می‌دهد که آنرا ببوس!!] در میان راه و گریز... دبیر نیز پیدا می‌کند، تا نام و نشان بازرگان را بنویسند و...

سدیگر داستان آنست که بشهری در روم می‌رسد که قیصر(؟) آنرا کارستان(؟) می‌خواند ترسا(ی یگانه) با ←

---

۱ - در لت دویم سخنی می‌آید که در لت دویم رج پیشین بگونه‌ای دیگر گذشت.

۲ - «از آن شهر بر نشست (= سوار شد)» نادرست است.

۳ - **یک:** نادرستی گفتار در سخنان آینده روشن می‌شود. **دو:** نبات بجای گیاه در گسترهٔ سخن فردوسی جای ندارد. **سه:** و خود؛ «جای نبات» نادرست است. ۴ - کسی همراه خسرو نبود.

۵ - **یک:** پیش را اندرون نیست. **دو:** پیر و جوان، به «سپه» دگرگون گشت! ۶- پیشتر از گرسنگی آنان(؟) سخن رفته بود.

۷ - «چیزی» بجای «نخچیر» نادرخور است.

← کنش برفتند، می‌گریزند، و دروازه را می‌بندند... و چون خسرو و سپاهش گرسنه می‌شوند، ابری می‌آید که از آن باد میخیزد، و آن باد، یکی از باره‌های شهر را ناپدید می‌کند؟! سُقُف(!) بیزدان پوزش اندرگرفت. پس از سقف، سه پیر سکوبا(!) [در یک شهر یک سکوبا (اسقف) بیشتر نبوده است] علف بردند، و جامهٔ رومی [افزاینده خود فراموش کرد که سپاهیان خسرو همه گرسنه بوده‌اند و سه روز بیرون شهر مانده بودند] بکاخی میروند که بالای آن با ابر گستاخ(؟) بود و در آن کاخ بردگان بسیار بودند از آنپس بشهری میرود که نام آن «مانوی»(؟) بود و سکوبا و رهبان پذیرهٔ او آمدند [باز آنکه خسرو هنوز بروم نرسیده است، و پس از دیدار با (راهب) بروم میرود].

پدید آمد اندر زمان کاروان  شتر بود و، پیش اندرون، ساروان[1]
چو آن ساربان روی خسرو بدید  بدان نامدار آفرین گسترید
بدو گفت خسرو که: «نام تو چیست؟  کجا رفت خواهی و کام تو چیست؟»
بدو گفت: «من قیس بن حارثم  ز آزادگان عرب وارثم
ز مصر آمدم با یکی کاروان  برین کاروان بر، منم ساروان
به آب فرات است بنگاه من  از آنجا، بدین بیشه بُد راه من»
بدو گفت خسرو که: «از خوردنی  چه داری؟ همان نیز گستردنی
که ما ماندگانیم و هم گرسنه  نه توشه‌ست ما را نه بار و بنه»
بدو گفت تازی که: «ایدر بایست  مرا با تو چیز و تن و جان یکیست»
چو بر شاه، تازی، بگسترد چهر  هیونی بیاورد، ماده، بمهر
بکشتند و آتش برافروختند  تر و خشک، هیزم همی سوختند
برآتش پراکند چندی کباب  بخوردن گرفتند یاران، شتاب
گرفتند واژ آنکه بُد دین‌پژوه  به خوردن شتابید دیگر گروه
بخوردند بی‌نان، فراوان کباب  بیاراست هر مهتری جای خواب
زمانی بخفتند و برخاستند  یکی آفرین نو آراستند
بدان دادگر کاو جهان آفرید  توانایی و ناتوان آفرید
ازانپس به یاران چنین گفت شاه  که: «هرکس که او، بیش دارد گناه
به پیش من آن کس گرامی‌تر است  ازان کهتران نیز نامی‌تر است
هر آن کس کجا بیش دارد بدی  بگشت از من و از ره ایزدی
بما بیش، باید که، دارد امید  سراسر بنیکی، دهیدش نوید»

1 - **یک:** «کاروان» نادرست است: «کاروانی». **دو:** پیش را اندرون نیست.

سخنان افزوده ۲۸۷

گرفتند یاران، بر او آفرین / که: «ای پاکدل خسرو پاک دین»
بپرسید زان مرد تازی که: «راه / کدام است و من چون شوم با سپاه؟»
بدو گفت: «هفتاد فرسنگ بیش / شما را بیابان و کوه است پیش
چو دستور باشی من از گوشت و آب / براه آورم، گر نسازی شتاب»
بدو گفت خسرو: «جز این نیست رای / که با توشه باشیم و با رهنمای»
هیونی برافکند، تازی، براه / بدان تا برد راه، پیش سپاه
همی تاخت اندر بیابان و کوه / پر از رنج و تیمار با آن گروه
یکی کاروان نیز دیگر براه / پدید آمد از دور، پیش سپاه
یکی مرد بازارگان، مایه‌دار / بیامد هم آنگه برِ شهریار
بدو گفت شاه «از کجایی بگوی / کجا رفت خواهی چنین پوی پوی؟»
بدو گفت ک:«از خرّهٔ اردشیر / یکی مرد بازارگانم، دبیر»
بدو گفت: «نامت چه کرد آنکه زاد؟» / چنین داد پاسخ که: «مهران ستاد
ازو توشه جست آن زمان شهریار / بدو گفت سالار ک:«ای نامدار
خورش هست چندانکه اندازه نیست / اگر چهر بازارگان تازه نیست»
بدو گفت خسرو که: «مهمان براه / بیابی، فزونی شود دستگاه»
سرِ بار بگشاد بازارگان / درمگان به آمد ز دینارگان
خورش برد و بنشست خود بر زمین / همی خواند بر شهریار آفرین
چو نان خورده شد مرد مهمان‌پرست / بیامد گرفت آبدستان به دست
چو از دور خرّاد برزین بدید / ز جایی که بُد پیش خسرو دوید
ز بازارگان بستد آن آب گرم / بدان تا ندارد جهاندار شرم
پس آن مرد بازارگان پرشتاب / می آورد برسان روشن گلاب
دگر باره خرّاد برزین ز راه / ازو بستد آن جام و شد نزد شاه
پرستش پرستنده را داشت سود / بران برتری برتری‌ها فزود
ازان پس به بازارگان گفت شاه / که: «اکنون سپه را کدام است راه؟
نشست تو در خرّهٔ اردشیر / کجا باشد ای مرد مهمان‌پذیر؟
بدو گفت ک:«ای شاه با داد و رای / ز بازارگانان منم پاک‌رای
نشانش یکایک به خسرو بگفت / همه رازها برگشاد از نهفت
بفرمود تا نام برنا و ده / نویسد نویسندهٔ روزبه
به بازارگان گفت: «پدرود باش / خسرد را به دل تار و هم پود باش»

چو برداشت لشکر، ازآن تازه بوم  بستندی همی راند تا مرز روم
چنین تا بیامد بران شارستان  که قیصر ورا خواندی کارستان
چو از دور ترسا بدید آن سپاه  برفتند پویان به بی‌راه و راه
بدان باره اندر کشیدند رخت  در شارستان را ببستند سخت
فرو ماند زان شاه گیتی‌فروز  به بیرون بماندند لشکر سه روز
فرستاد روز چهارم کسی  که: «نزدیک ما نیست لشکر بسی
خورش‌ها فرستید و یاری کنید  چه بر ما همی کامگاری کنید؟»
به نزدیک ایشان سخن خوار بود  سپاهش همه سست و ناهار بود
هم آنگه برآمد یکی تیره ابر  بغرّید برسان جنگی هژبر
وز ابر اندران شارستان باد خاست  به هر برزنی بانگ و فریاد خاست
چو نیمی ز تیره شب اندر کشید  ز باره یکی بهره شد ناپدید
همه شارستان ماند اندر شگفت  به یزدان سُقُف پوزش اندر گرفت
به هر برزنی بر علف ساختند  به پیر سکوبا برون تاختند
ز چیزی که بود اندران تازه بوم  همان جامه‌هایی که خیزد ز روم
ببردند بالا به نزدیک شاه  که پیدا شد ای شاه بر ما گناه»
چو خسرو جوان بود و برترمنش  بدیشان نکرد از بدی سرزنش
بدان شارستان در یکی کاخ بود  که بالاش با ابر گستاخ بود
فراوان بدو اندرون برده بود  همان جای قیصر برآورده بود
ز دشت اندر آمد بدانجا گذشت  فراوان بدان شارستان در بگشت
همه رومیان آفرین خواندند  به پا اندرش گوهر افشاندند
چو آباد جایی به چنگ آمدش  برآسود و چندی درنگ آمدش
به قیصر یکی نامه بنوشت شاه  ازان باد و باران و ابر سیاه
اُزان شارستان سوی مانوی راند  که آن را جهاندار مانوی خواند
ز مانوییان هر که بیدار بود  خردمند و راد و جهاندار بود
سکوبا و رهبان سوی شهریار  برفتند با هدیه و با نثار
همی رفت با شاه چندی سخن  ز باران و آن شارستان کهن
همی گفت هرکس که: «ما بنده‌ایم  به گفتار خسرو سر افکنده‌ایم»

# آگاهی دادن راهب
## خسرو را
## از آینده

ببود اندران شهر خسرو سه روز / چهارم چو بفروخت گیتی‌فروز[1]
به ابر اندر آورد برنده تیغ / جهانجوی شد سوی راه وریغ[2]
که اوریغ بُد نام آن شارستان / بدو در چلیپا و بیمارستان[3]

از اینجا داستانی می‌آید که نمونهٔ نمایانِ افزایش بشاهنامه است بهنگام شاهان! در این داستان که افزایندگانِ زمانِ خسرو، بفرمان او آورده‌اند، از زبان یک مرد دینی همهٔ کارهای نادرست و ناباآیین وی، از کشتن پدر، و کشتن بهرام پورگشسب سردار بزرگ ایران، و پس از آن کشتن یاران نزدیک و خالان خود... همه؛ خدایی و باآیین و بآفرین خوانده می‌شود، تا گناهان بزرگ وی، کرفه و نیک شمرده شود!
پیدا است که افزایندگان پسین، بدین بخش نیز گفتار افزوده‌اند که هر یک بهنگام خود بازنموده می‌شود.

به بی‌راه، پیدا، یکی دِیر بود / جهانجوی، آواز راهب شنود*
بنزدیک دیر آمد آواز داد / که: «کردار تو جز پرستش مباد
گر از دِیرِ دیرینه، آیی فرود / ز نیکی‌دهش، باد بر تو، درود»
هم آنگاه راهب چو آوا شنید / فرود آمد از دیر و او را بدید
بدو گفت: «خسرو تویی، بیگمان! / ز تخت پدر گشته ناشادمان[4]
ز دست یکی بدکنش بنده‌ای / پلیدی منی‌فش پرستنده‌ای»[5]
چو گفتار راهب بی‌اندازه شد / دل خسرو از مهر او تازه شد[6]
ز گفتار او، در شگفتی بماند / بر او بر، جهان‌آفرین را بخواند[7]

۱ - دنبالهٔ داستان

۲ - **یک:** برای رفتن از شهری بشهر دیگر نشاید شمشیر کشیدن و رفتن! **دو:** رفتن به «وریغ» پس از این خواهد آمد.

۳ - گزارش بیجای افزایندهٔ دیگر که اگر نام «وریغ» است، چرا باید «اوریغ» آوردن!

* - سخن را پیوند درست با رج پسین نیست، و درست چنین می‌نماید: «**جهانجو، چو آوازِ راهب شنود**».

۴ - سخنی که در رج ۴۵۲۵۱ بگونهٔ درست می‌آید.

۵ - **یک:** بنده؟ یا پرستنده؟ کدامیک. **دو:** لت دویم سست و بی‌پیوند است.

۶ - راهب یک سخن بیش نگفته بود، پس چگونه گفتار وی بی‌اندازه شد؟

۷ - «گفتار» در این رج با «گفتار» در رج پیشین همخوان نیست.

هم از پشت باره، بیازید دست … به پرسیدنِ مرد یزدان‌پرست[1]
پرستنده چون دید، بردش نماز … سخن گفت با او زمانی دراز
یکی آزمون را، بدو گفت شاه … که: «من کهتری‌ام ز ایرانسپاه
پیامی همی نزد قیصر برم … چو پاسخ دهد سوی مهتر برم
گر این رفتن من همایون بود … نگه کن که فرجامِ من چون؟ بود»

*

بدو گفت راهب که: «چونین مگوی … تو شاهی، مکن خویشتن، شاهجوی
چو دیدمْتْ گفتم سراسر سخن … مرا هر زمان آزمایش مکن!
نباید دروغ ایچ در دین تو … نه کژّی بود راه و آیین تو
بسی رنج دیدیّ و آویختی … سرانجام ازآن بنده، بگریختی»
ز گفتار او، ماند خسرو شگفت … چو شرم آمدش، پوزش اندر گرفت

*

بدو گفت راهب که: «پوزش مَکُن … بپرس از من، از بودنی‌ها سَخُن
بدین آمدن شاد و گستاخ باش … جهان را یکی بارور شاخ باش
که یزدان ترا بی‌نیازی دهد … بلنداختر و کارسازی دهد
ز قیصر بیابی سلیح و سپاه … یکی دختری ازدرِ تاج و گاه
چو با بندگان کارزارت بود … جهاندار بیدار، یارت بود
سرانجام بگریزد آن بدنژاد … فراوان کند روز نیکیش یاد
اُزان رزم جایی فتد دوردست … بسازد بدان بوم، جای نشست
چو دوری گزیند ز فرمان تو … بریزند خونش، به پیمان تو»

*

بدو گفت خسرو: «جز این خود مباد … که کردی تو ای پیر دانده یاد
چه گویی بدین چند باشد درنگ … که آید مرا پادشاهی بچنگ؟»[2]
چنین داد پاسخ که: «ده با دو ماه … برین بگذرد باز یابی کلاه»[3]
اگر بر سر آید ده و پنج روز … تو گردی شهنشاه گیتی‌فروز»[4]
بپرسید خسرو ک:«زین انجمن … که؟ کوشد، به رنج و به آزارِ من!»

---

۱ - با دست یازیدن، پرسش (= احوال‌پرسی) نمی‌کنند.
۲ - سخن را پیوند درست نیست.
۳ - «ده با دو ماه» شمارش درستی برای یکسال نیست، اما افزاینده را برای پساوای کلاه بدان نیاز بوده است.
۴ - پیدا است که افزایندهٔ پسین این سخن یاوه را بدان افزوده، افزوده است.

سخنان راهب به خسرو ۲۹۱

چنین داد پاسخ که «بستام* نام … گوی بَرمنش باشد و شادکام
دگر آنکه خوانی ورا خال خویش … بدو تازه دانی مه و سال خویش[1]
بپرهیز زان مرد ناسودمند … که باشدْتْ زو، درد و رنج و گزند»
برآشفت خسرو به بستام گفت … که: «با من سخن برگشا از نهفت[2]
ترا مادرت نام گستهم کرد … تو گویی که بستامم اندر نبرد»
به راهب چنین گفت ک:«ین است خال! … بخون بود○، با مادر من همال!»
بدو گفت راهب که: «آری همین … ز گستهم بینی بسی رنج و کین»
بدو گفت خسرو که: «ای رایزن … ازآن پس چه؟ گویی چه خواهد بُدن!»
بدو گفت راهب که: «مندیش زین … کزان پس نبینی جز از آفرین
نیاید بروی تو دیگر؛ بدی … مگر سخت کاری بود ایزدی
برآشوبد این سرکش، آرام تو … ازآن پس نباشد بجز کام تو
اگر چند، بدگردد این بدگمان … همانش بدست تو باشد زمان»

*

بدو گفت گستهم ک:«ای شهریار … دلت را بدین، هیچ؛ رنجه مدار
به پاکیزه یزدان که ماه آفرید … جهان را بسان تو، شاه آفرید
به آذرگشسپ و به خورشید و ماه … به جان و سر نامبردار شاه
به گفتار جادو مگر نگروی … سخن گفتن ناسزا نشنوی[3]
مرا ایمنی ده ز گفتار اوی … چو سوگند خوردم بهانه مجوی
که هرگز نسازم بدی در نهان … براندیش، از کردگارِ جهان»
بدو گفت خسرو که: «از ترسکار◘ … نیاید سخن گفتنِ نابکار
ز تو نیز هرگز ندیدم بدی … نَیازی به کژّی و نابخردی
ولیکن ز کار سپهر بلند … نباشد شگفت؛ ار شوی پرگزند!
چو بایسته کاری بود ایزدی … بیکسو شود، دانش و بخردی»

*

به راهب چنین گفت پس شهریار … که: «شاداب‌دل باش و به‌روزگار»
اُزان دیر، چون برق رخشان ز میغ … بیامد سوی شارستانِ وریغ

* - بستام: گونه‌ای دیگر از نام فارسیِ گستهم است که در زبان پهلوی ویستهم خوانده می‌شود.
۱ - این رج میان رج‌های پیشین و پسین جدایی می‌افکند، و سخن درباره «خال» را در گفتار پسین از زبان خسرو می‌شنویم.
۲ - دو رج بی‌پیوند که نشان می‌دهد که افزاینده، چندان از فرهنگ ایران بدور بوده است که یگانگی بستام و گستهم را نمی‌دانسته است.
○ - «بخون بود» نادرخور است: «**بخون است**» باید.
۳ - دو رج میان سوگند، جدایی می‌افکند.
◘ - ترسکار: کشیش را گوید که در کیش عیسی، همه؛ ترس از خدا روان است.

پـذیره شـدندش بـزرگان شـهر      کسـی را کـه از مـردمی بـود بـهر

*

چـو آمـد بـدان شـارستان شـهریار      سـوار آمـد از قـیصر نـامدار
کـه: «چـیزی کـزین مـرز بـاید بـخواه      مـدار آرزوهـا، بـدل در، نگـاه
کـه هـر چـند ایـن پـادشاهی مـرا است      تـرا بـا تـنِ خـویش، داریـم؛ راست
بـدان شـارستان ایـمن و شـاد بـاش      ز هـر بـد کـه انـدیشی آزاد بـاش
هـمه روم یکسـر تـرا کـهترند      اگـر چـند گـردنکش و مـهترند [1]
تـرا تـا نسـازم سـلیح و سـپاه      نـجویم خـور و خـواب و آرامگـاه»
چـو بشـنید خسـرو، بـدان شـاد گشـت      روانش از انـدیشه آزاد گشـت
بـفرمود گسـتهم و بـالوی را      هـمان اَنـدیانِ جـهانجوی را
بـه خـرّاد بـرزین و شـاپور شـیر      چـنین گـفت پس شـهریار دلیـر
کـه: «اسـپان چـو روشـن شـود زیـن کنید      بـه بـالای آن زیـن زرّیـن کـنید [2]
بـپوشید زربـفت چـینی قـبای      هـمه یک دلانـید و پـاکـیزه‌رای [3]
ازیـن□ شـارستان سـوی قـیصر شـوید      بگـویید و گـفتار او بشـنوید
خـردمند بـاشید و روشـنروان      نـیوشنده و چـرب و شـیرین‌زبان
گـر ایـدونکه قـیصر بـمیدان شـود      کـمان خـواهـد و؛ گـر بـچوگان شـود [4]
بکـوشید بـا مـرد خسـروپرست      بـدان تـا شـما را نـباید شکسـت [5]
سـواری بـدانـد کـز ایـران بـرند      دلیـری و نـیرو ز شـیران بـرند» [6]
بـه خـرّاد بـرزین بـفرمود شـاه      کـه: «چـینی حـریر آر و مشـک سـیاه
بـه قـیصر یکـی نـامه بـاید نـوشت      چـو خـورشید تـابان، بـخرّم بـهشت
سـخن‌های کـوتاه و مـعنی بسـی      کـز آن، رام گـردد دل هـر کسـی

---

۱ – نشاید که همه رومیان (نه روم) کهتر خسرو بوده باشند، و افزاینده را، «مهتر» نیز برای پساوای کهتر در کار بوده است.

۲ – **یک:** سخن سست است: «چون روز شود، اسپان را زین کنید. **دو:** لت دویم. بالای چه؟ اگر سخن از اسپان میرود، بایستی بالای آنان گفته شود. **سه:** این سخن برگرفته از یک گفتار افزوده بداستان رستم و اسفندیار است:

بفرمود کاسپ سیه زین کنند      ببالاش بر زین زرین کنند

۳ – **یک:** زربفتِ چینی‌قبای درهمریخته است قبای زربفت چینی. **دو:** لت دویم را هیچ پیوند با لت نخست نیست.

□ – این رج را با گفتار پیشین؛ پیوند «که» باید: «**کزین شارسان...**».      ۴ – وابسته به رج پسین.

۵ – **یک:** کوشیدن در زبان پهلوی [illegible]؛ جنگیدن زبان فارسی است که در شاهنامه نیز همواره بهمین روی بکار رفته است. آنچه که امروز کوشش خوانده می‌شود از کنش توخیشتن [illegible] زبان پهلوی است، که از آن، در زبان امروز تهرانیان واژهٔ «توخس» = کوشنده برجای مانده است و بر این بنیاد، بکوشید با مرد خسروپرست برابر است با بجنگید، و چنین سخن درست نمی‌نماید. **دو:** اگر (قیصر) کمان گیرد، شما با (مرد خسروپرست) بکوشید! و این نیز درست نیست.

۶ – سخن سخت درهم است، افزاینده خواسته است بگوید سواری و دلیری و نیرو، ویژهٔ ایرانیان است.

خسرو در روم

که نزدیک او فیلسوفان بوند  بدان گوش تا یافه‌ای نشنوند[1]
چو نامه بخوانَد، زبان برگشای  بگفتار، با تو ندارند پای»[2]
به بالوی گفت: «آنچه قیصر ز من  گشاید زبان● بر سرِ انجمن
ز فرمان و سوگند و پیمان و عهد  تو اندر سخن یادکن همچو شهد
بدان انجمن، تو زبانِ منی  به هر نیک و بد، ترجمان منی
به چیزی که بر ما نیاید شکست  بکوشید و با آن بپایید دست
تو پیمان گفتار من در پذیر  سخن هرچه گفتم همه یاد گیر»[3]

*

شنیدند؛ آوازِ فرخ جوان  جهاندیده گُردانِ روشنروان
همه خواندند آفرین سر بسر  که: «جز تو مبادا کسی تاجور!»[4]
بنزدیک قیصر نهادند روی  بزرگانِ روشندل و راستگوی
چو بشنید قیصر کز ایران؛ مهان  فرستادهٔ شهریار جهان
رسیدند، نزدیک ایوان، ز راه  پذیره فرستاد، چندی سپاه
بیاراست کاخی به دیبای روم  همه پیکرش گوهر و زرّ بوم[5]
نشست از برِ نامور تخت آج  به سر بر نهاد آن دل‌افروز تاج[6]
بفرمود، تا پرده برداشتند  ز دهلیزشان، تیز؛ بگذاشتند
گرانمایه گستهم بُد پیشرو  پسِ او چو بالوی و شاپور گو[7]
چو خرّاد برزین و گرد اندیان  همه تاج بر سر کمر بر میان[8]
رسیدند نزدیک قیصر فراز  چو دیدند، بردند، پیششش نماز
همه، یکزبان آفرین، خواندند  برآن تختِ زر، گوهر افشاندند

*

نخستین بپرسید؛ قیصر، ز شاه  از ایران و از لشکر و رنجِ راه
چو بشنید خرّاد برزین، برفت  برِ تخت، با نامهٔ شاه، تفت؛

---

۱ - **یک:** «که» آغازین این رج با که (کز) آغاز لت دویم از رج پیشین همخوان نیست. **دو:** نامه نوشتن، با یاوه شنیدن همخوان نیست.
۲ - **یک:** زبان برگشادن، دشنام دادن است. **دو:** لت دویم را با لت نخست، پیوند بایسته نیست.
● - زبان برگشادن دشنام دادن است، و بر بنیاد دیگر نمونه‌ها، سخن درست چنین می‌نماید «**گشاید سخن بر سر انجمن**» زیرا که در رج پسین نیز از «سخن» یاد می‌شود.
۳ - دوباره‌گویی گفتار پیشین، با سخنی سست.
۴ - این رج میان گفتار در رج‌های پیشین و پسین جدایی افکنده است.
۵ - پارچه‌ای را که بومش از زر باشد، نشاید دیبا نامیدن... و خود، روم را پارچهٔ ابریشمین نبوده است!
۶ - کدام تاج دل‌افروز؟ آن، تاج را شناسا میکند، و خواننده آن تاج را نمی‌شناسد.
۷ - «چو» پیش از نام، سخن را نادرست می‌کند... و از سویی «بالوی» سخنگوی خسرو بود، و می‌بایستی که پیشتر رود.
۸ - **یک:** همچنین چو برای خرّاد برزین. **دو:** سرداران ایران را تاج بر سر نبوده است.

بفرمان آن نامور شهریار       نهادند کرسیِ زرّین چهار[1]
نشست این سه پرمایهٔ نیک‌رای       همی بود خرّاد برزین بپای[2]
بفرمود قیصر که بر زیرگاه       نشیند، کسی کاو بپیمود راه
چنین گفت خرّاد برزین که: «شاه       مرا، در بزرگی نداده است؛ راه
که در پیش قیصر، بیارم* نشست       -چنین، نامهٔ شاه ایران به دست-
مگر بندگی را پسند آیمت       به پیغام او، سودمند آیمت»
بدو گفت قیصر، که: «بگشای راز       چه؟ گفت آن خردمند گردنفراز!»

*

نخست آفرین بر جهاندار کرد       جهان‌آفرین را، بدان، یار کرد●
که اویست برتر ز هر برتری       توانا و داننده از هر دری
به فرمان او، گشت، گردان؛ سپهر       که ما را روان و خرد داد و مهر
سپهر و ستاره همه کرده‌اند       بدین چرخ گردان برآورده‌اند[3]
چو از خاک مر جانور بنده کرد       نخستین کیومرث را زنده کرد[4]
چنان تا به شاه آفریدون رسید       کزان سرفرازان ورا برگزید[5]
پدید آمد آن تخمه اندر جهان       ببود آشکار آنچه بسودی نهان[6]
همی رو چنین تا سر کیقباد       که تاج بزرگی به سر بر نهاد[7]
نیامد بدین دوده، هرگز؛ بدی       نگه داشتندی رهِ ایزدی
کنون بنده‌ای بی‌خرد، گشت مست       بیامد بتخت کیی برنشست
همی، داد خواهم، ز بیدادگر       نه افسر نه تخت و کلاه و کمر
هر آن کس که او بر نشیند به تخت       خرد باید و نامداری و بخت
شناسد که این تخت و این فرهی       که را بود و دیهیم شاهنشهی
مرا اندرین○ کار یاری کنید؛       برین بیوفا، کامکاری کنید!
که پوینده گشتیم گرد جهان       بشرم آمدیم، از کهان و مهان

---

۱ -کرسی زرین چهار، نادرست است: «چهار کرسی زرین».
۲ - این سه پرمایه نادرست است، و برای سه کس کنش «نشستند» باید.       * - یارستن، پروا داشتن (= جرأت کردن).
● - نمونه‌های در دست، همه: «جهان را بدان آفرین خوار کرد!!» تنها شاهنامه امیرکبیر چنان آورده است که گذشت!
۳ - نمونه‌های دیگر در لت نخست «بنده‌اند» و در لت دویم: همه بندهٔ آفریننده‌اند. که همه سست می‌نمایند.
۴ - سستی سخن، آشکار است.       ۵ - **یک:** آفریدون در گفتار فردوسی فریدون است. **دو:** از کدام سرافرازان.
۶ - کدام تخمه پدید آمد؟ لت دویم نیز گنگ می‌نماید.       ۷ - چه کسی برود؟ مگر تا سر کیقباد می‌توان رفتن؟
○ - همهٔ نمونه‌ها چنین آورده‌اند، اما پیدا است که گفتار شاهنامه چنین بوده است:

**«مراگر در این کار، یاری کنید»**

و چون چنین باشد «اگر»، لت نخست را با لت دویم پیوند می‌دهد.

چو قیصر بران‌سان سخن‌ها شنید ‌‌‌‌‌‌‌‌‌‌‌‌‌‌‌‌‌‌‌‌‌‌‌‌ به رخساره شد چون گل شنبلید [1]
گل شنبلیدش پر از ژاله شد ‌‌‌‌‌‌‌‌‌‌‌‌‌‌‌‌‌‌‌‌‌‌‌‌ زبان و روانش پر از ناله شد [2]
چو آن نامه برخواند بفزود درد ‌‌‌‌‌‌‌‌‌‌‌‌‌‌‌‌‌‌‌‌‌‌‌‌ شد آن تخت بر چشم او لاژورد [3]
به خراد برزین جهاندار گفت ‌‌‌‌‌‌‌‌‌‌‌‌‌‌‌‌‌‌‌‌‌‌‌‌ که: «این نیست بر مرد دانا، نهفت [4]
مرا خسرو از خویش و پیوند، بیش ‌‌‌‌‌‌‌‌‌‌‌‌‌‌‌‌‌‌‌‌‌‌‌‌ ز جان سخنگوی دارمش پیش [5]
سلیح است و هم گنج و هم لشکر است ‌‌‌‌‌‌‌‌‌‌‌‌‌‌‌‌‌‌‌‌‌‌‌‌ شما را ببین تا چه، اندرخوَر است [6]
اگر دیده خواهی ندارم دریغ ‌‌‌‌‌‌‌‌‌‌‌‌‌‌‌‌‌‌‌‌‌‌‌‌ که دیده به از گنج و دینار و تیغ

*

> **از اینجا سیزده رج افزوده... که اگر قیصر می‌خواست که با رهنمایان خویش دربارهٔ یاری بخسرو، رای زند، چرا بایستی پیشتر از آن نامه‌ای بخسرو نویسد؟**

دبیر جهاندیده را پیش خواند ‌‌‌‌‌‌‌‌‌‌‌‌‌‌‌‌‌‌‌‌‌‌‌‌ بدان پیشگاه بزرگی نشاند
بفرمود تا نامه پاسخ نوشت ‌‌‌‌‌‌‌‌‌‌‌‌‌‌‌‌‌‌‌‌‌‌‌‌ بیاراست چون مرغزار بهشت
زبس پند و پیوند و نیکوسخن ‌‌‌‌‌‌‌‌‌‌‌‌‌‌‌‌‌‌‌‌‌‌‌‌ ازآن روز تا روزگار کهن
چو گشت از نوشتن نوسنده سیر ‌‌‌‌‌‌‌‌‌‌‌‌‌‌‌‌‌‌‌‌‌‌‌‌ نگه کرد قیصر سواری دلیر
سخنگوی و روشن‌دل و یادگیر ‌‌‌‌‌‌‌‌‌‌‌‌‌‌‌‌‌‌‌‌‌‌‌‌ خردمند و گویا و گرد و دبیر
بدو گفت: «رو پیش خسرو بگوی ‌‌‌‌‌‌‌‌‌‌‌‌‌‌‌‌‌‌‌‌‌‌‌‌ که: ای شاه بینادل و راهجوی

---

۱ - چرا قیصر را روی تیره شود؟

۲ - افزاینده، سرمست از گفتار خود، اشگ را نیز بر گل شنبلید روان می‌سازد، باز آنکه گل هم در زبان پهلوی و هم فارسی، نام گل سرخ، و پیوستگان آن (گل زرد، گل سپید، گل گلاب) است و پازنام همگانی (گل با کاربرد امروزین) «اسپرم» یا «سپرم» بوده است، و هر یک را بی‌پازنام، با نام خود می‌خوانده‌اند، چونان؛ سمن، وینفشک (بنفشه)، خیریک (ختمی)، بومادران... بنگرید به داستان خسرو قبادان و ریدک، که در آن نام بیست و چهار اسپرم آمده است که یکی از آنها «گل» است [متن‌های پهلوی، دستور جاماسب جی - منوچهر جی جاماسب اسانا، با پیشگفتاری از بهرام گور انکلساریا و دیباچه‌ای از ماهیار نوابی، بنیاد فرهنگ ایران - رویه‌های ۴-۳۳]. **سه:** زبان را نشاید پر از ناله شدن که دهان را شاید... همچنین روان را ناله نیست.

۳ - **یک:** گفتار خراد برزین، همان نامهٔ خسرو بود. **دو:** تخت چگونه از رنگ خود برنگ لاجورد، در می‌آید؟

۴ - دنبالهٔ گفتار.

۵ - **یک:** سخن بی‌پایان است: «بیشتر است»، آنگاه بیشتر را چه گزارش باشد؟ **دو:** لت دویم نیز نادرخور است، زیرا که «جان» سخنگوی نیست، آن: زبانست که سخن میگوید! شایستی گفتن: «از جان گرامی نزدیک تر بمن است» «ز جان گرایم نزدیک‌تر» یا «ز جان گرامی، گرامی‌تر است».

۶ - دو رج گفتار افزوده **یک:** گفتار نشان نمی‌دهد که جنگ‌افزار و گنج و لشکر، از آن کیست! **دو:** در لت دویم نیز «شما را» را، «باید دیدن» باید... اگر «را» بهمراه شما نباشد: «شما ببینید». **سه:** گزافهٔ سخت، اما چه کس «دیده» خواهد؟ سخن را بایستی روشن کردن که اگر شاه ایران از من دیده بخواهد».

مرا هم سلیح است و هم زر به گنج     نیاورد باید کسی را به رنج
اُگر نیستی‌مان ز هر کشوری     درم خواستیمی ز هر مهتری
بدان تا تو از روم با کام خویش     به ایران خرامی به آرامِ خویش
مباش اندرین بوم، تیره‌روان     چنین است کردار چرخ روان
که گاهی پناه است و گاهی گزند     گهی با زیانیم و گه سودمند
کنون تا سلیح و سپاه و درم     فراز آورم تو نباشی دژم»
برِ خسرو آمد فرستاده مرد     سخن‌های قیصر همه یاد کرد

*

ز بیگانه قیصر بپرداخت جای     پر اندیشه بنشست با رهنمای
به موبد چنین گفت* که: «این دادخواه     ز گیتی گرفته است ما را پناه
چه؟ سازیم تا او بنیرو شود     اُ زین ننگِ کهتر، بی‌آهو شود»
به قیصر چنین گفت پس، رهنمای     که: «از فیلسوفان پاکیزه‌رای[1]
بباید تنی چند، بیداردل     که بندند[2] با ما، بدین کار، دل»
فرستاد کس، قیصر نامدار     برفتند زان فیلسوفان چهار[3]
جوانان و پیران رومی‌نژاد     سخن‌های دیرینه کردند یاد
که: «ما، تا سکندر بشد؛ زین جهان     از ایرانیانیم، خسته روان
ز بس غارت و جنگ و آویختن     همان بیگنه، خیره، خون ریختن
کنون پاک یزدان ز کردار بد     به پیش، اندر آوردشان کارِ بد
یکی خامشی برگزین از میان     چو شد کندرو، بختِ ساسانیان
اگر خسرو، آن خسروانی کلاه؛     بدست آورد سر برآرد بماه؛
هم اندر زمان، باژ خواهد ز روم     به پا اندر آرد همه مرز و بوم
گر این، در خورد با خرد، یاد دار     سخن‌های ایرانیان، باد دار»

*

ازیشان چو بشنید قیصر، سَخُن     یکی دیگر اندیشه افکند بن
سواری فرستاد، نزدیکِ شاه     یکی نامه بنوشت و بنمود راه
ز گفتار بیدار دانندگان     سخن‌های دیرینه خوانندگان

* - بنداری در این بخش چنین آورده است: «و لما وصل إلی قیصر و وقف علی کلام برویز خلا بوزیره و قال: و چون آگاهی به قیصر رسید و از گفتار پرویز آگاهی یافت جای را بپرداخت با وزیر خویش...» و بر این بنیاد گفتار فردوسی چنین می‌نماید: «**بدستور گفتا که...**» یادآوری علیرضا حیدری.

۱ - فیلسوفان را بکار کشورداری، کار نبوده است.

۲ - همهٔ نمونه‌ها چنین است و دوبار بکار گرفتن «که» در یک سخن (در رج پیشین و این رج) درست نیست، تنی چند از فیلسوفان می‌باید (بدین کار، دل ببندند).

۳ - از کدام فیلسوفان؟ شمارش نیز نادرست است: «چهار تن از فیلسوفان».

انجمن مهیستان روم ۲۹۷

چـو آمـد بـنزدیکِ خسـرو، سـوار بگـفت آنـچه بشـنید، بـا نـامدار
هـمان نـامهٔ قـیصر او را سـپرد سـخن‌های قـیصر بـر او بـر، شـمرد[1]
چو خسرو شنید آن، دلش تـنگ شد رخـانش ز انـدیشه، بـیرنگ شد
چنین داد پاسخ کـه: «گـر زیـن سَخُن کـه پـیش آمـد از روزگـار کـهن؛
هـمی بـردل ایـن، یـاد بـاید گـرفت؛ هـمه رنـج‌ها، بـاد، بـاید گـرفت؛[2]
گـرفتیم و گشـتیم زیـن مـرز بـاز شـما را مـبادا بـه ایـران، نـیاز[3]
نگـه کـن کـنون تـا نـیاکـان مـا گـزیده جـهاندار و پـاکـان مـا
بـه بـیداد کـردند؟ جـنگ، ار؛ بـه داد! ز گـردان و پـیران، کـه؟ دارد بـیاد!
سـزد گـر بـپرسد ز دانـای روم کـه ایـن بـد ز زاغ آمـده‌ست ار ز بـوم[4]
کـه هـرکس کـه در رزم شـد سرفراز هـم از آفـریننده، شـد بـی‌نیاز[5]
نـیاکـان مـا نـامداران بُـدند بگـیتی درون، کـامکاران بُـدند[6]
نـبرداشـتند از کسـی، سـرکشی بـلندیّ و تـندیّ و بـی‌دانشی[7]
کـنون، ایـن سـخن‌ها؛ نـیارد بـها کـه بـاشد سـر انـدر دم اژدهـا
یکـی سـوی قـیصر، بَـر، از مـن درود بگـویش کـه گـفتار بـی تـار و پـود؛
بـزرگان نـیارند، پـیشِ خـرد بـفرجام هـم، نـیک و بـد بگـذرد
ازیـن پس نـه آرام جـویم نـه خـواب مگـر بـرکشم دامـن از تـیره آب
چـو رومـی نـیابیم فـریادرس بـه نـزدیک خـاقان فـرستیم کس
سخن هـر چـه گـفتم هـمه خـیره شـد کـه آب روان از بـنه تـیره شـد[8]
فـرستادگانم، چـو آیـند بـاز بـدین شـارستان در، نـمانم دراز»
بـه ایـرانـیان گـفت: «فـرمان کـنید دل خـویش را، زیـن سـخن مشـکنید
کـه یـزدان پـیروزگر یـار مـا است جـوانـمردی و مـردمی کـار مـا است»

*

گـرفت ایـن سـخن بـردل خـویش خـوار فـرستاد نـامه بـه دست تـخوار[9]
بـرین گـونه بـر نـامه‌ای بـرنوشت ز هـر گـونه‌ای انـدرو خـوب و زشت[10]
بـیامد ز نـزدیک خسـرو سـوار چـنین تـا در قـیصر نـامدار[11]

---

۱ - سخن در رج پیشین بپایان رسیده بود.
۲ - «این» در این رج با «این» در رج پیشین همخوان نیست.
۳ - هنوز چنین نکرده‌اند.
۴ - دوباره‌گویی گفتار پیشین، با آهنگی دیگر.
۵ - این رج را بگفتار، پیوند نیست.
۶ - «نامدار» و «کامکار» درست است.
۷ - «کَشی» را با «نِشی» پساوا نیست.
۸ - این رج را نیز پیوند با گفتار نیست.
۹ - دوباره‌گویی سخن پیشین
۱۰ - پیشتر نامه را فرستاده بود. اکنون برنوشت؟
۱۱ - **یک**: بیامد، یا برفت؟ **دو**: «چنین»، در لت دویم چه را میرساند؟

# خسروپرویز
## ۲۹۸

چو قیصر نگه کرد و نامه بخواند / ز هرگونه اندیشه، بر دل براند
ازآنپس بدستور پرمایه گفت / که: «این راز را بازخواه از نهفت
نگه کن که خسرو بدین کارزار / شود شاد! اگر°، پیچد؟ از روزگار!
۴۵۴۲۰ گر ایدونکه گویی که پیروز نیست / ا زانپس ورا نیز، نوروز نیست؛
بمانیم، تا سوی خاقان شود / چو بیمار شد، نزدِ درمان شود
ور ایدونکه پیروزگر باشد اوی / بشاهی بسان پدر باشد اوی
همان به، کز ایدر، شود با سپاه! / مگر، کینه در دل، ندارد نگاه»
چو بشنید دستور دانا سخن / بفرمود تا زیجهای کهن¹
۴۵۴۲۵ ببردند مردان اخترشناس / سخن راند تا ماند از شب سه پاس²
سرانجام، مردِ ستاره‌شمر / به قیصر چنین گفت، ک: «ای تاجور
نگه کردم این زیجهای کهن / کز اختر فلاتون فکنده‌ست بن³
نه بس دیر، شاهی، بخسرو رسد / ز شاهنشهی، گردشِ نو رسد
برین گونه تا سال بر سی و هشت / بر او گرد تیره نیارد گذشت»⁴

*

چو بشنید قیصر، بدستور گفت / که● بیرون شد این رازها، از نهفت؛
۴۵۴۳۰ چه؟ گوییم و این را چه؟ پاسخ دهیم / یکی، تا برین، رایِ فرّخ نهیم!»
گرانمایه دستور گفت این سخن / که در آسمان، اختر افکند بن؛
بمردیّ و دانش نه برگاشت کس٭ / جهانداورت باد، فریادرس!
چو خسرو سوی مرز خاقان شود / ورا یار خواهد، تن‌آسان شود⁵
۴۵۴۳۵ چو لشکر ز جای دگر سازد اوی / ز کین تو هرگز نپردازد اوی
نگه کن تو اکنون، که داناتری! / بدین آرزو بر، تواناتری!»
چنین گفت قیصر که: «اکنون سپاه / فرستیم ناچار با پیل و گاه
سخن چند؟ گویم، همان به که گنج / کنم خوار، تا دور مانم ز رنج!»

*

---

○ -اگر: یا.  ۱ -زیج را کهن و نو نیست.  ۲ -بویژه لت دویم سست است.
۳ - یک: مردان اخترشناس افزودهٔ رج دویم پیشین را (نگه کردیم) باید. افلاتون، کاری که نکرده بود پی افکندن زیج بود.
۴ - بر کدام گونه؟ شمارش نیز نادرست است: «تا سی و هشت سال».
● - همهٔ نمونه‌ها چنین است، و درست؛ «چو» می‌نماید: «چون این رازها آشکار شد، به خسرو چه گوییم؟».
٭ - کاری را که از اختر، بهره کسان می‌شود، نمی‌توان با مردی و دانش برگرداندن (دیگرگون کردن).
۵ - سخن درست در رج پسین می‌آید.

انجمن مهیستان روم ۲۹۹

هم آنگه یکی نامه بنوشت زود○ — بران آفرین، آفرین؛ برفزود
که: «با موبد یکدل و پاکرای — زدیم از بد و نیک، هرگونه رای
ز هرگونه‌ای داستانها زدیم — بران رای پیشینه باز آمدیم[1]
کنون رای و گفتارها شد به بُن — گشادم درِ گنجهای کهُن
به قسطنطنیه در فراوان سپاه — ندارم که دارند کشور نگاه[2]
سخن‌ها ز هرگونه آراستیم — ز هرکشوری، لشکری خواستیم
یکایک چو آیند، هم؛ در زمان — فرستیم نزدیک تو، بیگمان
همه مولش■ و رای، چندین زدن — بدین نیشتر، کامِ شیر آزدن؛
ازآن بُد که کردارهای کهن — همی یاد کرد، آنکه داند سخن□
که هنگام شاپور شاه اردشیر — دل مرد برنا شد از رنج سیر[3]
زبس غارت و کشتن و تاختن — به بیداد بر، کینه‌ها ساختن[4]
کزو بگذری هرمز و کیقباد — که از داد یزدان نکردند یاد[5]
نیای تو آن شاه نوشیروان — که از داد او پیرسر شد جوان[6]
همه روم ازو شد سراسر خراب — چنان چون که ایران ز افراسیاب[7]
ازین◘ مرز ما، سی و نه شارستان — از ایرانیان، شد؛ همه، خارستان
ز خون سران دشت شد آبگیر — زن و کودکان‌شان ببردند اسیر[8]
اگر مرد رومی به دل کین گرفت — نباید که آید ترا، آن؛ شگفت
که آزار، خود، نیست در دین ما — مبادا بدی کردن آیین ما
ندیدیم چیزی، به از راستی — همان دوری از کژّی و کاستی
ستمدیدگان را همه خواندیم — اُزین در، فراوان سخن راندیم
به افسون، دل مردمان پاک شد — همه زهر برّنده، تریاک شد

---

○ – «هم آنگه»، و «زود» یک سخن است، و همهٔ نمونه‌ها چنین آورده‌اند، پیدا است که گفتار فردوسی اینچنین بوده است:
**«پسانگه یکی نامه بنوشت زود»**

۱ – سخن از «هرگونه» در رج پیشین گذشت. ۲ – سخن درست درباره گردآوری سپاه، در رج پسین می‌آید.

■ –مولش: درنگ

□ – آنکه داند، و آنکه راند، هر دو گونه، درست نیست. سخن درست چنین می‌نماید: **«همی یاد کردند، اندر سخن»**.

۳ – «برنا» را نشاید مرد، خواندن. ۴ – وابسته به رج پیشین.

۵ –کزو بگذری نادرست است. ۶ – چگونه از دادِ او پیران جوان می‌شدند...

۷ – همهٔ روم را ویران کرد! پدید آمدن روم بیشتر از یکهزار سال پس از افراسیاب بود، و آنان را از سرگذشت ایران بهنگام افراسیاب، آگاهی نبود. ◘ – سخن را پیوند «که» باید: **«کزین مرز ما»**.

۸ – **یک:** دشت برای سی و نه شهر زیبنده نمی‌نماید، دشتها. **دو:** کودکان را «زنان» باید.

بـرآن بـر، نـهادند یکسـر، سـخن ❑ نگـوید، کس، از روزگـار کـهن
بـچیزی کـه گـویی، تـو فرمان کـنم ❑ روان * را بـه پـیمان، گـروگان کـنم
شـما را، زبـان داد بـاید، هـمان ❑ کـه بـر مـا نباشد کسی ● بدگمان!
بگـویی کـه: تـا مـن بـوَم شـهریار ❑ نگـیرم چـنین رنجها، سست و خـوار
نـخواهـم مـن از رومـیان، باژ، نـیز ❑ نـه بـفروشم ایـن رنـجها را، بـچیز
دگـر هـر چـه داریـد از ایـن مـرز و بـوم ❑ از ایـران کـسی نسـپرد مـرز روم[1]
بـدین ▣ آرزو نـیز، بـیشی کـنید ❑ بسـازید بـا مـا و، خـویشی کـنید

✻

> از اینجا سی و یک رج گفتارهای افزوده آمده، از آنجاکه گفتار قیصر با رج پیشین، پایان می‌یابد، دوباره بازگشتن به تور و سلم، و دوباره‌گویی از دختر قیصر، وبازگشتن به کین ایرج، و یادآوری از نبرد پیروز خوشنواز، که هیچ پیوند با روم نداشت، و یادکرد گفتار مسیح و پیوند دادن آن با کار خوشنواز و اینکه خوشنواز بی چاره کرد تا پیروز بگاز نیاید [خوشنواز پیروز را در کنده افکنده بود]، پسان پند دادن به خرو که با پیمان‌شکنان یاری مکن... و از این دست سخنان...

شـما را هـر آنگـه کـه کـاری بـود ❑ اُگـر نـاسزا کـارزاری بـود
هـمه دوسـتدار و بـرادر شـویم ❑ بـود نـیز گـاهی کـه کـهتر شـویم
چـو گـردیم زیـن شـهر مـا بـی‌نیاز ❑ بـه دلـتان هـمه کـینه آیـد فـراز
ز تـور و ز سـلم انـدر آمـد سـخن ❑ ازان بـیهده روزگـار کـهن

---

❑ - سخن را پیوند «که» باید، و چنین می‌نماید که گفتار فردوسی چنین بوده باشد:

**که کس یاد نارد، ز کارِ کهن**

* - «روان»، و «روانرا» درست نمی‌نماید، زیرا که در رج پسین از زبان دادن خسرو نیز یاد می‌شود، و بر این بنیاد گفتار فردوسی چنین می‌نماید:

**«زبانرا به پیمان گروگان کنم»**

زبان دادن در زبان فارسی برابر (قول دادن) تازی است.

● - نمونه‌ها همه چنین است، اما چون در لتِ نخستین «شما» آمده است، اینجا نیز می‌باید «باشید» بوده باشد، و سخن چنین است:

**«که بر ما نباشید، کس، بدگمان».**

1 - سخن اندکی بی‌پیوند می‌نماید، و نمونه‌ها همه چنین‌اند. بنداری آورده است «و أن ترد علیهم، أخذ من البلاد»، «و بازگردانید به آنها، شهرهایی را که گرفته‌اید» چنانکه دیده می‌شود در گفتار بنداری نیز بجای «علینا» (= بما) علیهم (= به آنان) آمده است، از سویی نبردهای هرمز نیز با روم از افزوده‌های شاهنامه می‌نمود.

▣ - «بر این آرزو» درست می‌نماید.

یکی عهد باید کنون استوار / سزاوار مُهری بر او یادگار
کزین باره از کین ایرج سخن / نرانیم و از روزگار کهن
ازین پس یکی باشد ایران و روم / جدایی نجوییم ازین مرز و بوم
پس پردهٔ ما یکی دختر است / که از مهتران، در خرد، برتر است
بخواهید بر پاکی دین ما / چنانچون بود رسم و آیین ما
بدان، تا چو فرزند قیصرنژاد / بود، کین ایرج نیارد بیاد
از آشوب و از جنگ، روی زمین / بیاساید و راه جوید به دین
کنون چون به چشم خرد بنگری / مر این را بجز راستی نشمری
بماند ز پیوند پیمان ما / ز یزدان چنین است فرمان ما
ز هنگام پیروز تا خوشنواز / هماناکه بگذشت سال دراز
که سرها بدادند هر دو به باد / جهاندار پیمان‌شکن خود مباد
مسیح پیمبر چنین کرد یاد / که بپیچد خرد، چون بپیچی ز داد
بسی چاره کرد اندر آن، خوشنواز / که پیروز را سر نیاید بگاز
چو پیروز با او درشتی نمود / بدید اندران جایگه تیره دود
شد آن لشکر و تخت شاهی به باد / بپیچید و شد شاه را سر ز داد
تو برنایی و نوز نادیده کار / چو خواهی که بر یابی از روزگار
مکن یاری مرد پیمان‌شکن / که پیمان‌شکن کس نیرزد کفن
بدان شاه نفرین کند تاج و گاه / که پیمان‌شکن باشد و کینه‌خواه
کنون نامهٔ من سراسر بخوان / گر انگشت‌ها چرب داری به‌خوان
سخن‌ها نگه‌دار و پاسخ نویس / همه خوبی اندیش و فرخ نویس
نخواهم که این راز، داند دبیر / تو باشی نویسندهٔ تیزویر
چو برخوانم این پاسخ نامه را / ببینم دل مرد خودکامه را
همانا سلیح و سپاه و درم / فرستیم تا دل نداری دژم
هرآن کس که بر تو گرامی‌تر است / اُگر نزد تو نیز نامی‌تر است
ابا آنکه زو کینه داری به دل / به مردی ز دل کینه‌ها برگسل
گناهش به یزدان دارنده بخش / مکن روز بر دشمن و دوست دخش
چو خواهی که داردت پیروزبخت / جهاندار و با لشکر و تاج و تخت
ز چیز کسان دست کوتاه دار / روان را سوی راستی راه دار»

✻

⇐ چو عنوان آن نامه برگشت* خشک  بر او بر، نهادند مُهری ز مشک
بران مُهر بنهاد قیصر نگین  فرستاده را داد و، کرد؛ آفرین

## پاسخ نامه خسرو
## و
## پیمان

چو آن نامه نزدیک خسرو رسید  ز پیوستن، آگاهیِ نو رسید
به ایرانیان گفت که:«امروز، مهر  دگرگونه گردد همی بر سپهر
ز قیصر یکی نامه آمد بلند  سخن گفتنش سر بسر سودمند
همی راه جوید، که دیرینه کین  ببرّد ز روم و ز ایرانزمین»

*

چنین یافت پاسخ ز ایرانیان  که: «هرگز نه برخاست کین از میان
گر این، راست گردد، بهنگام تو  نویسند، بر تاج‌ها، نام تو»
چو ایشان بران گونه دیدند رای  بپرداخت خسرو ز بیگانه جای[1]
دوات و قلم خواست و چینی حریر  بفرمود تا پیش او شد دبیر[2]
یکی نامه بنوشت، بر پهلوی  بر آیین شاهان، خط خسروی
که: «پذرفت خسرو ز یزدان پاک  ز گردنده خورشید، تا تیره خاک
که تا او بود شاه، در پیشگاه؛  ورا باشد ایران و گنج و سپاه؛
نخواهد ز دارندگان، باژِ روم  نه لشکر فرستد بدان مرز و بوم
هر آن شارستانی کزان مرز بود  اگر چند بیکار و بی‌ارز بود
به قیصر سپارد همه یَک بیَک  ازین پس، نوشته فرستیم و چَک
همان نیز دختر، کزان مادر است  که پاک است و پیوستهٔ قیصر است
به همداستانِ° پدر خواستیم  بدین خواستن، دل بیاراستیم
هر آن کس که در بارگاه توانَد  از ایران و اندر پناه توانَد

---

* - «گردید خشک» درست می‌نماید.

۱ - چه رای دیدند؟ بیگانه‌ای نزد خسرو نبود که با چند کس از نزدیکان خویش بروم گریخته بود.

۲ - لت نخست بدآهنگ است، و گریزندگان را در روم چگونه حریر چینی فراچنگ آمد؟

○ - همداستانی: همرایی (= موافقت)

چو گستهم و شاپور و چون اندیان / چو خرّاد برزین ز تخم کیان[1]
چو لشکر فرستی، بدیشان سپار / خرد یافته، دختر نامدار
به خویی چنانم کنون با تو من / چو° از پیش بود آن بزرگ انجمن
نخستین گیومرث با جمشید / کزو بود گیتی به بیم و امید[2]
دگر هر چه هستند ایرج‌نژاد / که آیین و فرّ فریدون نهاد[3]
بدین هم‌نشان تا قباد بزرگ / که از داد او خویش بُدمیش و گرگ[4]
همه کینه برداشتیم از میان / یکی گشت رومیّ و ایرانیان[5]
ز قیصر پذیرفتم آن دخترش / که از دختران باشد او افسرش[6]
ازین بر نگردم که گفتم یکی / ز کردار بسیار تا اندکی[7]
تو چیزی که گفتی درنگی مساز / که بودن درین شارستان شد دراز»[8]
چو کرد این سخن‌ها برین گونه یاد / نوشته به خورشیدِ خرّاد داد[9]
سپهبد چو باد اندر آمد ز جای / به اسپ کُمیَت اندر آورد پای[10]
همی تاخت تا پیش قیصر چو باد / سخن‌های خسرو بدو کرد یاد[11]
چو قیصر ازان نامه بگسست بند / بدید آن سخن‌های شاه بلند
بفرمود تا هر که دانا بُدند / بگفتارها بر، توانا بُدند
بنزدیک قیصر شدند انجمن / بپرسید زیشان، همه، تن به تن
که: «اکنون مر این را چه؟ درمان کنیم / ابا شاه ایران چه؟ پیمان کنیم
بدین نامه، ما بی‌بهانه شدیم / همان، روم و ایران، یگانه شدیم»
بزرگان فرزانه برخاستند / زبان را بپاسخ بیاراستند
که: «ما کهترانیم و قیصر تویی / جهاندار با تخت و افسر تویی
نگه کن کنون، رای و فرمان، ترا است / ز ما گر بخواهی، تن و جان، ترا است»

---

۱ – «چو» پیش از نام‌ها، نادرخور است. ○ – پیوند «که» درست می‌نماید.
۲ – بهنگام کیومرث و جمشید از روم در جهان نشان نبود.
۳ – **یک:** رومیان فریدون نژادند، نه ایرج‌نژاد. **دو:** لت دویم را گزارش نیست.
۴ – میش و گرگ را نشاید خویش شدن! سخن یاوه!
۵ – **یک:** این رج را با رج پیشین پیوند نیست. **دو:** «رومی» را «ایرانی» باید، نه ایرانیان.
۶ – پذیرفتنِ دربارهٔ دختر، باگفتاری سست.
۷ – «یکی» را در پایان لت نخست، گزارش نیست، و لت دویم خود بی‌گزارش است.
۸ – سخن در لت دویم بی‌پیوند است. در پیمانی که بستی، درنگ مکن.
۹ – **یک:** دوبار بکار بردن «این» در یک سخن آنرا سست می‌نماید. **دو:** از خورشید خرّاد هیچگاه یاد نشده است و از این پس نیز نشانی از او در شاهنامه نداریم.
۱۰ – نخست چون باد از جای اندر (= اندرون) آمد!؟ پسان پای بر اسب نهاد؟
۱۱ – دوباره یاد، از باد میرود!

چو بشنید قیصر گرفت آفرین    بدان نامداران با رای و دین[۱]
همی بود تا شمع گردان‌سپهر    دگرگونه‌تر شد به آیین و چهر[۲]

## تُنبل* ساختن قیصر
## و
## گشادن خُرّاد بُرزین، آنرا

چو خورشید گردنده بی‌رنگ شد    ستاره به برج شباهنگ شد[۳]
بفرمود قیصر، به نیرنگ‌ساز    که پیش آرد اندیشه‌های دراز
بسازید جایی، شگفتی طلسم    که کس باز نشناسد او را به جسم[۴]
نشسته زنی خوب، بر تختِ ناز    پر از شرم با جامه‌های تراز[○]
ازین روی و زان رو، پرستندگان    پسِ پشت و، پیش اندرش بندگان[۵]
نشسته بران تخت بی گفت و گوی    به گریان زنی ماند آن خوبروی[۶]
زمان تا زمان دست برآختی    سرشکی ز مژگان بینداختی
هر آنکس که دیدی مر او را ز دور    زنی یافتی، شیفته، پر ز نور[۷]
که بگریستی بر مسیحا، بزار    دو رخ زرد و، مژگان؛ چو ابر بهار[۸]
طلسم بزرگان چو آمد بجای    برِ قیصر آمد یکی رهنمای[۹]
ز دانا چو بشنید قیصر برفت    به پیش طلسم آمد آنگاه، تفت[۱۰]

---

۱ – آفرین (گرفتنی) نیست، (خواندنی) است، آنگاه مگر آنان چه کرده بودند؟ که قیصر را می‌باید بر آنان آفرین خواندن!

۲ – سخن را هیچ گزارش نیست.    * – تُنبل: طلسم (= تِلِسم).

۳ – **یک:** دوباره بهمان گونه از خورشید یاد می‌شود. **دو:** برج ویژه گردش خورشید است نه ستاره. **سه:** برجی بنام شباهنگ در آسمان نداریم. **چهار:** ستارهٔ شباهنگ آنست که نیمه شبان، درست از نیمهٔ گردون میگذرد، و در سخن فردوسی همواره از او چنین یاد می‌شود:
«شباهنگ، بر چرخ گردان بگشت»

۴ – **یک:** جایی در لت نخست نادرخور است، زیرا که چون طلسمی بسازند، بایستی در «جایی» ساخته شود. **دو:** جسم را در گفتار فردوسی جای نیست.

○ – همهٔ نمونه‌ها: طراز. ریشه این نام: «دَرِزَ» 𐬛𐬀𐬭𐬆𐬰𐬀 اوستایی است که همان درز فارسی باشد، و چون تازیان و رومیان و دیگر مردمان جهان، جامه را نمی‌دوختند و پارچه را بر گرد تن خویش می‌پیچیدند، جامهٔ درزدار ایرانی در زبان تازی بدینگونه درآمد. از «درز» فارسی تازی شدهٔ «طراز» را بساختند، و از آن جامهٔ «مطرز» و آستین «طراز»... برآوردند، چنانکه dress در زبان انگلیسی.

۵ – پس و پیش را اندرون نیست.    ٦ – پیشتر از نشستن زن یاد شده بود.

۷ – شیفتگی او از کجا پدیدار بود؟    ۸ – از کجا روشن بود که بر مسیحا می‌گرید؟

۹ – قیصر به «نیرنگساز» فرمان ساختن طلسم را داده بود نه بر «بزرگان».

۱۰ – **یک:** «بزرگان» به «دانا» دگرگون شد. **دو:** برفت؟ یا آمد؟ **سه:** «چو» در لت نخست با «آنگاه» در لت دویم همخوان نیست.

آزمون قیصر ایرانیان را ۳۰۵

از آن جادویی در شگفتی بماند — فرستاد و گستهم را پیش خواند[1]
به گستهم گفت: «ای گوِ نامدار — یکی دختری داشتم چون نگار
ببالید و آمَدْش هنگام شوی — یکی خویش بُد؛ مر ورا، نامجوی
براه مسیحا بدو دادمش — ز بی‌دانشی، روی بگشادمش[2]
فرستادم او را، به خان جوان — سوی آسمان شد روان جوان
کنون او نشسته است با سوگ و درد — شده روزِ روشن، بر او؛ لاژورد
نه؛ پندم پذیرد، نه؛ گوید سخن — جهانِ نو از رنج او، شد کهن!
یکی رنج بردار و او را ببین — سخن‌های دانندگان برگزین
جوانیّ و از گوهر پهلوان — مگر با تو، او؛ برگشاید زبان»

*

بدو گفت گستهم ک:«ایدون کنم — مگر از دلش رنج بیرون کنم»
بنزد تلسم آمد آن نامدار — گشاده‌دل و بر سخن کامکار
چو آمد به نزدیک تختش فراز — تلسم از برِ تخت، بردش نماز
گرانمایه گستهم بنشست خوار — سخن گفت با دختر سوگوار[3]
دلاور؛ نخست اندر آمد به پند — سخن‌ها که او را بُدی سودمند
بدو گفت ک:«ای دختِ قیصرنژاد — خردمند، نخروشد از کار داد
رها نیست، از مرگ، پرّان عقاب — چه در بیشه شیر و، چه ماهی در آب»
همه باد بُد گفتن پهلوان — که زن بی‌زبان بود و تن بی‌روان
به انگشت خود هر زمانی سرشگ — بینداختی، پیش گویا پزشگ!
چو گستهم ازو، در شگفتی بماند — فرستاد قیصر، کس؛ او را بخواند
«چه دیدی؟» بدو گفت: «از دخترم — که از درد و سوگش، برنج اندرم!»
بدو گفت: «بسیار دادمْش پند — نبُد پند من، پیشِ او کاربند»

*

دگر روز قیصر به بالوی گفت — که:«امروز با اندیان باش جفت
همان نیز شاپور مهترنژاد — کند جان ما را بدین دخت شاد[4]
شوی پیش این دختر سوگوار — سخن گویی از نامور شهریار
مگر پاسخی یابی از دخترم — کزو آتش آید همی بر سرم

---

۱ - دنبالهٔ گفتار ۲ - لت دویم راگزارش نیست.
۳ - **یک:** از گستهم در رج پسین با پاژنام دلاور یاد می‌شود. **دو:** چرا خوار بنشست؟ خوار نشستن چگونه باشد؟
۴ - سخن در این رج را پیوند درست نیست.

مگر بشنود پند و اندرزتان          بداند سر مایه و ارزتان
برآنم که امروز پاسخ دهد          چو پاسخ به آواز فرّخ دهد؛
شوم رسته، زین اندهِ سوگوار          که خوناب بارد همی برکنار»

*

برفتند از آنجا، سه آزادمرد*          سخن گفت هر یک ز ننگ و نبرد
ازیشان کسی روی پاسخ ندید          زن بی‌زبان، خامشی برگزید
ازآن چاره نزدیک قیصر شدند          به بیچارگی نزد داور شدند
که: «هر چند گفتیم و دادیم پند          نبد پند ما، مر ورا، سودمند»
چنین گفت قیصر که: «بد روزگار          که ما سوگواریم زین سوگوار»

*

ازآن نامداران چو چاره نیافت          سوی رایِ خرّاد برزین شتافت
بدو گفت ک :«ای نامدار دبیر          گزینِ سرِ تخمهٔ اردشیر
یکی سوی این دختر اندر شوی؟          مگر یک‌ره آواز او بشنوی»
فرستاد با او یکی استوار          ز ایوان به نزدیک آن سوگوار
چو خرّاد برزین بیامد برش          نگه کرد روی و سر و افسرش
همی بود پیشش زمانی دراز          تلسم از بر تخت بردش نماز
بسی گفت و زن هیچ پاسخ نداد          پراندیشه شد مرد مهترنژاد
سراپای زن را بسی بنگرید          پرستندگان را برِ او بدید
همی گفت: «گر زن، ز غم، بیهش است!          پرستنده باری چرا؟ خامش است!
اُگر خود سرشک است در چَشم اوی          سزیدی اگر کم شدی خشم اوی
به پیش برش بر چکاند همی          چپ و راست، جنبش، نداند همی
اگر خود درین کالبَد، جان بُدی          جز از دست، جاییش جنبان بُدی
سرشگی، سوی دیگر انداختی          اُگر، دست، جای دگر، آختی
نبینم همی جنبش جان و جسم          نباشد جز از فیلسوفی طلسم![1]
برِ قیصر آمد بخندید و گفت          که: «این ماهرخ را، خرد نیست جفت
تلسم است کاین رومیان ساختند          که بالوی و گستهم نشناختند

* - برابر با شاهنامهٔ سپاهان. نمونه‌های دیگر «برفت آن گرامی، سه آزادمرد» «این گرامی» «برفت» آن گرانمایه آزادمرد» «بر شد از آنجا سه آزادمرد»، و از آنجا که بالوی اندیان رفته بودند. سخن شاهنامه چنین بوده است:

**«برفتند از آنجا دو آزادمرد»**

1 - **یک:** جان را جنبش نیست. **دو:** و فیلسوفان را کار، تلسم‌سازی نبوده است.

بر ایرانیان بر، بخندی؟ همی / اُگر چشم ما را ببندی همی!
چو این بشنود شاه خندان شود / گشاده‌رخ و سیم دندان شود»[1]

## گزارش دادن خراد برزین
### از دین هندوان
## و پند دادن او به قیصر

بدو گفت قیصر که: «جاوید زی / که دستوری خسروان را سزی[2]
یکی خانه دارم در ایوان شگفت / کزین برتر اندازه نتوان گرفت
یکی اسپ و مردی بر او بر سوار / کز آنجا شگفتی شود هوشیار
چو بینی ندانی که این بند چیست / طلسم است گر کردهٔ ایزدی‌ست»
چو خرّاد برزین شنید این سخن / بیامد بران جایگاه کهن
بدیدش یکی جای کرده‌بلند / سوار ایستاده درو ارجمند
کجا چشم بیننده چونان ندید / بدان سان تو گفتی خدای آفرید
بدید ایستاده معلّق سوار / بیامد برِ قیصر نامدار
چنین گفت ک:«ز آهن است آن سوار / همه خانه از گوهر شاهوار
که دانا ورا مغنیاطیس خواند / که رومیش براسپ هندی نشاند
هر آن کس که او دفتر هندوان / بخواند شود شاد و روشن‌روان»

❋

بپرسید قیصر که: «هندی ز راه / همی تا کجا؟ برکشد پایگاه!
ز دین پرستندگان بر چی‌اند؟ / همه بت‌پرستند گر خود کی‌اند؟»[3]
چنین گفت خرّاد برزین که: «راه / به هند اندرون، گاو، شاه است و، ماه
بیزدان نگروند و گردان سپهر / ندارد کسی بر تنِ خویش، مهر
ز خورشید گردنده، بَر نگذرند / چو ما را ز دانندگان نشمرند[4]

---

۱ – لت دویم از داستان دخترکان کرمانی برگرفته شده است:
همه دختران شاد و خندان شدند / گشاده‌رخ و سیم دندان شدند.

۲ – از اینجا یازده رج، یک داستان افزودهٔ دیگر آورده‌اند که قیصر خود می‌گوید: ندانی که چیست؟ تِلِسم است، گر کردهٔ ایزدیست، همراه با گفتاری سست و نادرخور.

۳ – **یک:** «هندی» رج پیشین را «چیست» باید نه «چی‌اند». **دو:** لت دویم نیز سست و بی‌پیوند است.

۴ – این رج میان گفتارهای پیشین و پسین جدایی می‌افکند...: آنان بر تن خویش مهر ندارند... و خویشتن را می‌سوزند.

۳۰۸ خسرو پرویز

هر آن کس که او آتشی برفروخت ... شد اندر میان، خویشتن را بسوخت
یکی آتشی داند اندر هوا ... به فرمان یزدان فرمانروا[1]
که دانای هندوش خواند اثیر ... سخن‌های نغز آورد دلپذیر[2]
چنین گفت که:«آتش به آتش رسید ... گناهش ز کردار شد ناپدید[3]
ازآن، ناگزیر آتش افروختن؛ ... همه راستی، خواند آن سوختن

*

همان گفت و گوی شما نیست راست ... برین بر، روان مسیحا گوا است
نبینی؟ که عیسیّ مریم چه گفت ... بدانگه که بگشاد، راز از نهفت
که: «پیراهنت گر ستاند کسی ... میاویز با او، بتندی بسی
اُگر برزند کف برخسار تو ... شود تیره زان زخم، دیدار تو*
مزن هم چنان تا بمانَدْتْ نام ... خردمند را؛ نام، بهتر ز کام»
بکمتر خورش، بس کن از خوردنی ... مجوی، ار نباشدْتْ؛ گستردنی
بدین سر، بَدی را، ببد مشمرید ... بی‌آزار، ازین تیرگی، بگذرید
شما را هوا، بر خرد، شاه گشت ... دل از آزِ بسیار، بیراه گشت
که ایوان‌هاتان بکیوان رسید ... بگردون کشد گنجتان را کلید●
ابا گنج‌تان نیز چندان سپاه ... زره‌های رومی و رومی کلاه
بهر جا، ز بیداد، لشکر کشید ... ز آسودگی، تیغ‌ها، برکشید
همه چشمه گردد؛ بیابان، ز خون ... مسیحا نبود، اندرین؛ رهنمون
یکی بینوا مردِ درویش بود ... که نانش ز رنج تن خویش بود
جز از ترف○ و شیرش نبودی خورش ... فزونیش، روغن؛ بُدی پرورش
چو آورد مرد جهودش بمشت؛ ... چو بی‌یار و بیچاره دیدش، بکشت[4]
همان کشته را نیز بردار کرد ... بران دار بر، مر ورا، خوار کرد[5]
چو روشنروان گشت و دانش‌پذیر ... سخنگوی و داننده و یادگیر
به پیغمبری نیز هنگام یافت ... بتیزی از آن زیرکی کام یافت

---

۱ - اگر هندیان را بیزدان گروش نیست، چرا در این رج از فرمان یزدان سخن میرود؟
۲ - «دانای هندو» در این رج نادرخور است، و با «اند» (= هند و داند) رج پیشین همخوان نیست.
۳ - چه کس گفت؟ سه رج گذشته میان «خویشتن را بسوخت» و رج آینده جدایی افکنده است.
* - رخِ تو.
● - کلیدهای در گنجهایتان را می‌باید با گردونه کشیدن.
○ - ترف واژهٔ پارسی و نیز پهلوی گونه‌ای از فرآورده‌ها شیر است که سخت ترش است، و آنرا در سنگسر، اَفتَر، کرمان، سیرجان، میمند، بهمین نام خوانند. در سپاهان «قار» در بختیاری «قارا» و چون این واژه؛ به واژهٔ «قَرَه ترکی (= سیاه) نزدیک است، در بیشتر جایهای ایران، آنرا «قره قوروت» (= کشک سیاه) میخوانند، که چهره‌ای ترکی پیدا کرده است. (← بنگرید به پیشگفتار)
۴ - هنوز در گفتار به پیامبر نرسیده، چگونه از کشته شدنش یاد می‌شود؟
۵ - دنبالهٔ همان سخن

گفتارهای خرّادبرزین ۳۰۹

تو گویی که فرزند یزدان بُد اوی / بران دار بر، کشته؛ خندان بُد اوی
بخندد برین بر، خردمند مرد / تو با این خرد، گردِ یزدان مگرد!
که هست او ز فرزند و زن بی‌نیاز / بنزدیکِ او آشکار است، راز
چه پیچی ز دین گیومرثی / هم از راه و آیین تهمورثی[1]
که گویند دارای گیهان یکی‌ست / جز از بندگی کردنت رای نیست[2]
جهاندار دهقان یزدان‌پرست / چو با واژ، برسم نگیرد بدست
نشاید چشیدن یکی قطره آب / گر از تشنگی آب بیند به خواب
به یزدان پناهد به روز نبرد / نخواهد به جنگ اندرون آب سرد[3]
همان قبله‌شان برترین گوهر است / که از آب و خاک و هوا برتر است
نباشند شاهان ما دین‌فروش / بفرمان دارنده، دارند گوش
به دینار و گوهر نباشند شاد / نجویند نام و نشان، جز به داد
به بخشیدن کاخ‌های بلند / دگر شاد کردن دل مستمند[4]
سدیگر کسی کاو به روز نبرد / بپوشد رخ شید گردان به گرد؛[5]
بر و بوم دارد ز دشمن نگاه / جز این را نخواند خردمند، شاه[6]
جز از راستی هرچه گوید ز دین / بر او باد نفرین بی‌آفرین»*
چو بشنید قیصر پسند آمدش / سخن‌های او سودمند آمدش
بدو گفت: «آن کاو جهان آفرید / ترا نامدارِ مهان آفرید
سخن‌های پاک از تو باید شنید / تو داری درِ رازها را کلید
کسی را کزین گونه، کهتر بود / سرش، ز افسر ماه، برتر بود!»
درم خواست از گنج و دینار خواست / یکی افسری نامبردار خواست[7]
بدو داد و بسیار کرد آفرین / که آباد باد از تو ایران زمین[8]

---

۱ - **یک:** کیومرث را دین نبود، و سخن نیز در لت نخست بدآهنگ است. **دو:** کیومرث را با تهمورث پساوا نیست.

۲ - نه بدانهنگام از دارای گیهان(؟) نام بود، و نه از بندگی.

۳ - لت دویم سخت نادرست است.

۴ - بدنبال رج پسین سخن، چنین می‌نماید که به بخشیدن کاخ... شاد نیستند!

۵ - اگر نخستین، خوردن با یاد نام یزدان بود، و دودیگر قبلهٔ برتر! سدیگر دین‌فروش نیستند چهارم، شاد کردن دل. اکنون زمان پنجم می‌رسد نه سدیگر.

۶ - دنبالهٔ همان گفتار

* - برابر با شاهنامه سپاهان (= اگر من [خراد برزین] بجز از راستی دربارهٔ دین ایرانی گفته باشم بر من نفرین باد).

۷ - دوبار «خواست» در یک سخن بکار بردن، آنراسست می‌نماید.

۸ - دنبالهٔ همان سخن

# فرستادن قیصر لشکر
# و
# دختر خود را نزد خسرو

اُزان پس چو دانست، کامد سپاه — جهان شد ز گرد سواران سپاه[1]
گزین کرد زان° رومیان، سی هزار — همه نامدار، ازدرِ کارزار
سلیح و درم خواست و اسپان جنگ — سرآمد بر بر او روزگار درنگ[2]
یکی دخترش بود، مریم بنام — خردمند و با سنگ و با رای و کام
به خسرو فرستاد، باییِن دین — همی خواست از کردگار آفرین
بپذرفت دخترْش، گستهمِ گُرد — به آیین نیکو●، به خسرو سپرد

*

از اینجا ۲۳ رج افزودهٔ ست، که در آغاز، همه از زر و سیم و درّ و گوهر یاد می‌شود چنانکه گستردنی (=قالی) دیبا که بومش ابریشم، و پیکرش زر باشد [روم را دیبا و ابریشم نبوده است قالی، نیز نبوده!!] عماری چهار [بجای چهار عماری]، چهل مهد آبنوسین [در روم چوب آبنوس پدیدار نبوده است] پانسد غلام خردمند و بیدار [مرد بیدار خردمند را چرا بایستی برده بودن؟] چهل خادم نیکنام [پرستنده (= خادم) را با نام چه کار] پریچهرهٔ نامبردار دلگسل چگونه است؟ فیلسوف چهار (چهار فیلسوف) [فیلسوفان را چرا بایستی با پرستندگان و مهد و عماری و گستردنی و زرینه و سیمینه همراه کردن؟... سخن گفتن بایسته با آنان] که آنرا چه روی باشد؟ چون پرستنده را بایستی پرستش (= خدمت) کردن. پدر، از آرام و کامجویی (با خسروا) با دختر سخن میگوید... و سخنان یاوه از این دست...

---

۱ - کدام سپاه آمد؟

○ - **یک**: نمونه‌ها چنین آورده‌اند، اما پیدا است که سخن درست اینچنین است:

**«گزین کرد از رومیان...»**

**دو**: نمونه‌ها؛ سی هزار و سدهزار، اما «سدهزار» درست‌تر می‌نماید.

۲ - لت نخست بدآهنگ است، و پیدا است که چون سه هزار، یا سی هزار نامدارِ شایستهٔ کارزار برای یاری بخسرو برگزینند، همه جنگ‌افزار نیز دارند.

● - نمونه‌های دیگر «آیین شاهان». من ایدون گمانم که «**آیین ایران**» بوده باشد، زیراکه قیصر او را بآیین دین خویش به خسرو پیوند داده بود، و گستهم نیز بآیین ایران او را پذیرفت.

بازگشت خسرو با سپاه روم ۳۱۱

أزان پس بیاورد چندان جهیز ‌‌‌ کزان کند شد بارگی‌های تیز
ز زرّینه و گوهر شاهوار ‌‌‌ ز یاقوت و ز جامهٔ زرنگار
ز گستردنی‌ها دیبای روم ‌‌‌ به زر پیکر و زِ بریشمش بوم
همان یاره و توغ با گوشوار ‌‌‌ سه تاج گرانمایه گوهرنگار
عماری بیاراست زرّین چهار ‌‌‌ جُلیلش پر از گوهر شاهوار
چهل مهد دیگر بُد از آبنوس ‌‌‌ ز گوهر درفشان چو چشم خروس
ازان پس پرستندهٔ ماهروی ‌‌‌ ز ایوان برفتند با رنگ و بوی
خردمند و بیدار پانسد غلام ‌‌‌ بیامد به زرّین و سیمین ستام
ز رومی همان نیز خادم چهل ‌‌‌ پریچهره و شهره و دلگسل
أزان فیلسوفان رومی چهار ‌‌‌ خردمند و بادانش و نامدار[1]
بدیشان بگفت آنچه بایست گفت ‌‌‌ همان نیز با مریم اندر نهفت
از آرام و از کام و بایستگی ‌‌‌ همان بخشش و خورد و شایستگی
پس آن خواسته کرد رومی شمار ‌‌‌ فزون بُد ز سیسد هزاران هزار
فرستاد هرکس که بُد بر درش ‌‌‌ ز گوهر نگار افسری بر سرش
مهان را همان اسپ و دینار داد ‌‌‌ ز شایسته هر چیز بسیار داد
چنین گفت کـ :«ای زیردستان شاه ‌‌‌ سزد گر برآرید گردن به ماه
ز گستهم شایسته‌تر در جهان ‌‌‌ نخیزد کسی از میان مهان
چو شاپور مهتر گرانجی بود ‌‌‌ که اندر سخن‌ها میانجی بود
یکی رازدار است بالوی نیز ‌‌‌ که نفروشد آزادگان را به چیز
چو خرّاد برزین نبیند کسی ‌‌‌ اگر چند ماند به گیتی بسی
بران آفریدش خدای جهان ‌‌‌ که تا آشکارا شود زو نهان
چو خورشید تابنده او بی بدی‌ست ‌‌‌ همه کار و کردار او ایزدی‌ست»
همه یاد کرد این به نامه درون ‌‌‌ برفتند بادانش و رهنمون

*

⇐ ستاره‌شمر پیش، با رهنمای ‌‌‌ که تا رفتنش کی به آید ز جای
بجنبید قیصر به بهرام روز ‌‌‌ به نیک اختر و فال گیتی‌فروز[2]

---

۱ - از اینجا در شاهنامهٔ سپاهان ۱۸۶ رج فرو افتاده است.
۲ - بهرام روز (روز پیروزی نیروهای نیک بر بدی) در گاهشماری ایرانیان بود نه در گاهشماری رومیان... و سخن نیز از شاهنامه برگرفته شده است در داستان جنبش فریدون «برون رفت شادان، بخردادروز / بنیک اختر و فال گیتی‌فروز».

دو منزل همی رفت قیصر براه ··· سدیگر بیامد به پیش سپاه[1]
بفرمود تا مریم آمد به پیش ··· سخن گفت با او ز اندازه بیش[2]
بدو گفت: «دامن ز ایرانیان ··· نگه‌دار و مگشای بند از میان[3]
برهنه نباید که خسرو ترا ··· ببیند که کاری رسد نو ترا»[4]
بگفت این و پدرود کردش به مهر ··· که: «یار تو بادا به رفتن سپهر»[5]
نیاتوس جنگی برادرش بود ··· بدان جنگ، سالارِ لشکرش بود[6]
بدو گفت: «مریم، بخون، خویشِ تست ··· بران بر نهادم که هم کیش تست[7]
سپردم ترا دختر و خواسته ··· سپاهی برین گونه آراسته»[8]
نیاتوس یکسر پذیرفت از اوی ··· بگفتند و گریان بپیچید روی[9]
همی رفت لشکر براهِ وریغ ··· نیاتوس در پیش، با گرز و تیغ
چو بشنید خسرو، که آمد سپاه ··· ازآن شارستان برد، لشکر؛ براه
چو آمد پدیدار گرد سران ··· درفش سوارانِ جوشنوران[10]
همی رفت لشکر بکردار گرد ··· سواران بیدار و مردان مرد[11]
دل خسرو از لشکر نامدار ··· بخندید چون گل، به وقت بهار*
دل روشن راد را تیز کرد ··· مران باره را پاشنه‌خیز کرد[12]
نیاتوس را دید و در برگرفت ··· بپرسیدن، آزادی اندر گرفت
ز قیصر، که برداشت، زان گونه رنج ··· ابا رنج، دیگر؛ تهی کرد گنج
اُزانجای سوی عماری کشید ··· به پرده درون روی مریم بدید[13]
بپرسید و، بر دست او بوس داد ··· ز دیدار آن خوبرخ گشت شاد[14]
بیاورد لشکر به پرده‌سرای ··· نهفته یکی ماه را ساخت جای[15]

---

۱ -کسیکه آهنگ بازگشت دارد به پیش سپاه برای چه آمد؟

۲ - **یک:** چون قیصر همراه با سپاه براه نیفتاده بود، پس سخن گفتن او با مریم نیز افزوده است. **دو:** سخن نیز از اندازه بیشتر نمی‌شود.

۳ - سخن نادرخور است؛ دامن نگهداشتن راگزارش نیست، و نیز نتوان در زندگی هیچگاه بند از میان نگشادن.

۴ - **یک:** سخن نابجا که خواهی نخواهی زن و شوی، یکدیگر را برهنه می‌بینند. **دو:** کارنو، چگونه کار است؟

۵ - سخن بیش از اندازهٔ قیصر به همین یک گفتار انجامید!

۶ - سخن دربارهٔ نیاتوس، در گفتار پسین می‌آید.

۷ - لت دویم سخت نادرخور است، چرا بر آن برنهاد (= قرار گذاشت)؟ بیگمان آندو همکیش بوده‌اند.

۸ - دختر را بگستهم داد، و گستهم از سوی خسرو او را پذیرفته بود!

۹ - لت نخست همان گفتار است، و لت دویم کنش «بگفتند» با «بپیچید» همخوان نیست.

۱۰ - **یک:** «چو» در این رج با «چو» در رج پیشین همخوان نیست. **دو:** در یک سپاه یک درفش افراشته است و درفش سواران نادرخور است.

۱۱ - لشکر کجا میرفت؟ آنان بنزد خسرو آمدند.

* - «**گاه بهار**» درست تر می‌نماید.

۱۲ - **یک:** دل را چگونه تیر توان کردن؟ **دو:** کدام باره را؟

۱۳ - عماری...

۱۴ - نشاید اندیشیدن که شاه خودکامهٔ ساسانی دست کسی را ببوسد!

۱۵ - **یک:** یک لشکر را نشاید بپرده‌سرای اندر آوردن. **دو:** خسرو در دشت نبود که در پرده‌سرای باشد. **سه:** افزاینده در لت دویم خواسته

←

سخن گفت و بنشست با او سه روز / چهارم چو بفروخت گیتی‌فروز[1]
گزیده سرایی بیاراستند / نیاتوس را پیش او خواستند[2]
ابا سرگس و کوت جنگی بهم / سران سپه را همه بیش و کم[3]
بدیشان چنین گفت ک: «اکنون سران / کدام‌اند و مردان جنگاوران؟»[4]
نیاتوس بگزید هفتاد مرد / که آورد گیرند روز نبرد[5]
که زیر درفشش برفتی هزار / گزیده سواران خنجرگزار[6]
چو خسرو بدید آن گزیده سپاه / سواران گردنکش و رزمخواه[7]
همی خواند بر کردگار آفرین / که چرخ آفرید و زمان و زمین[8]
همان بر نیاتوس و بر لشکرش / چه بر نامور قیصر و کشورش[9]
بدان مهتران گفت: «اگر کردگار / مرا یار باشد گهِ کارزار[10]
توانایی خویش پیدا کنم / زمین را به کوکب ثریا کنم[11]
نباشد جز اندیشهٔ دوستان / فلک یار و مهر ردان بوستان»[12]
به هشتم بیاراست خورشیدچهر / سپه را بکردار گردان سپهر[13]
ز درگاه برخاست آوای کوس / هوا شد ز گرد سپاه، آبنوس
سپاهی بیاورد، ز آزادگان / بیامد سوی آذرآبادگان[14]
دو هفته بر آمد به فرمان شاه / به لشکرگه آمد دمادم سپاه[15]
سراپردهٔ شاه بر دشت دوک / چنان لشکری گَشن و راهی سه دوک[16]
نیاتوس را داد لشکر، همه / بدو گفت: «مهتر تویی بر رمه»

---

→ است بگوید که ماه (مریم) را در جایی نهان کرد!!

۱ – وابسته برج پسین

۲ – **یک:** افزاینده، بیاد آورد که خسرو در شهر بوده است، نه در پرده‌سرای. **دو:** اگر پس از سه روز برای آنان سرای ساختند(؟) آنان در آن سه روز کجا میزیستند؟

۳ – بیش و کم پایان گفتار چه چیز را می‌رساند؟

۴ – **یک:** «اکنون» در لت نخست نادرخور است، زیرا که سران از پیش شناخته شده بودند، و پس از آن نیز بکار سرداری می‌پرداختند. **دو:** مردان جنگاوران نادرست است: «مردان جنگاور».

۵ – پس روشن شد که نیاتوس نیز از پیش، سران را برنگزیده بوده است!!

۶ – **یک:** «که» در آغاز این رج با «که» در آغاز لت دویم رج پیشین همخوان نیست. **دو:** اگر هر سرداری را هزار مرد داده باشد، شمار سپاه رومیان هفتادهزار می‌شود، باز آنکه در گفتار پیشین چنین آمده بود:

گزین کرد، از رومیان سی هزار / همه نامدار، از درِ کارزار.

۷ – خسرو سه روز پیش سپاه روم را دیده بود.

۸ – در اندیشهٔ ایرانی، زمان، آفریده نیست، و در پیشگفتار دربارهٔ آن سخن گفته‌ام.

۹ – لت دویم سست است.

۱۰ – اگر خداوند یار باشد...

۱۱ – **یک:** ...توانایی خسرو پدیدار می‌شود؟ یا یاری کردگار؟ **دو:** لت دویم راگزارش نیست.

۱۲ – بازی با واژه‌ها...!

۱۳ – از هفت روز، یاد نشده بود که اکنون به هشتم آن پرداخته شود.

۱۴ – گفتار درباره آذربایجان، پس از این می‌آید.

۱۵ – چگونه با فرمان شاهِ گریخته لشکر، بسپاه می‌آمد؟

۱۶ – **یک:** سخن را پایان نیست. **دو:** دشت دوک؛ شناخته نمی‌شود، همچنین راهی سه دوک؟!!

اُزانجایگه با سواران گُرد      عنان بارهٔ تیزتگ را سپرد
سوی راه چیچَست* بنهاد روی      همی راند، شادان‌دل و، راهجوی؛
بجایی که موسیل بود، ارمنی      که کردی میان بزرگان منی
به لشکرگهش یار بندوی بود      که بندوی خال جهانجوی بود
برفت این دو گرد از میان سپاه      ز لشکر نگه کرد خسرو به راه

*

به گستهم گفت: «آن دلاور دو مرد      چنین اسپ، تازان، بدشتِ نبرد؛
برو سوی ایشان ببین تا، که‌اند؟      برین گونه تازان ز بهر چه‌اند؟»
چنین گفت گستهم ک :«ای شهریار      برآنم که آن مردِ ابلق‌سوار
برادرزمْ، بندوی گُندآور است      همان یارش از لشکری دیگر است»
چنین گفت خسرو: «چه؟ گویی همی!      تو بندوی را، از چه؟ جویی همی!
کجا، کار بندوی باشد درشت      مگر پاک یزدان بود یار و پشت!
اگر زنده خواهی، بزندان بود      اُگر، کشته، بر دار میدان بود»

*

بدو گفت گستهم: «شاها درست!      بدانسو نگه کن، که او، خال تست!
گر آید به نزدیک و باشد جز اوی      ز گستهمِ گوینده، جز جان مجوی!
هم آنگه رسیدند نزدیک شاه      پیاده شدند اندرآن سایه گاه
چو رفتند نزدیک خسرو فراز      ستودند و بردند پیشش نماز
بپرسید خسرو، به بندوی گفت      که: «گفتم، ترا خاک یابم نهفت!»
بخسرو بگفت آنچه بر وَی رسید      همان مردمی کاو ز بهرام دید
ازان چاره جستن، بدان روزگار      اُزان پوششِ جامهٔ شهریار
همی گفت و خسرو فراوان گریست      ازآنپس بپرسید، ک :«این مرد کیست؟»
بدو گفت ک :«ای شاهِ خورشیدچهر      تو موسیل را چون نپرسی؟ بمهر!
که تا تو از ایران شدستی بروم      نخفته است هرگز، به آباد بوم
سراپرده و دشت، جای وی است      نه خرگاه و خیمه سرای وی است [1]
فراوان سپاه است با او بهم      سلیح و بزرگان و گنجِ درم
کنون تا تو رفتی، بدین راه بود      نیازش ببرگشتنِ شاه بود»
جهاندار خسرو به موسیل گفت      که: «رنج تو، کی؟ ماند اندر نهفت!

* - ورِ چیچَست: درياچه اورمیهٔ امروز.

1 - **یک**: دوباره گویی رج پیشین. **دو**: لت دویم بازگونهٔ لت نخست است.

بکوشیم تا روز تو به شود — همان نامت از مهتران مه شود [1]
بدو گفت موسیل کـ:«ای شهریار — بمن بر، یکی، تازه کن روزگار [2]
که آیم ببوسم رکیب ترا — ستایش کنم فرّ و زیب ترا» [3]
بدو گفت خسرو که: «با رنج تو — درفشان کنم، زین سخن، گنج تو» [4]
برون کرد یک پای خویش از رکیب — شد آن مرد بیداردل، ناشکیب [5]
ببوسید پای و رکیب ورا — همی خیره گشت از نهیب ورا [6]
چو بیکار شد مرد خسروپرست — جهانجوی فرمود تا برنشست [7]
اُزان دشتِ بی‌بر، برانگیخت اسپ — همی تاخت، تا پیش آذرگشسپ
نوان، اندر آمد به آتشکده — دلش بود یکسر، بدرد؛ آژده
بشد هیربد زند و اوستا بدست؛ — به پیشِ جهاندارِ یزدانپرست [8]
گشاد از میان، شاه، زرّین کمر — برآتش پراکند، چندی گهر
نیایش‌کنان پیش آذر بگشت — بنالید و از هیربد بر گذشت [9]
همی گفت کـ:«ای داور داد و پاک — سر دشمنان اندر آور بخاک
تو دانی که بر داد، نالم همی — همه راه نیکی سگالم همی
تو مپسند بیدادِ بیدادگر» — بگفت این و بربست زرّین کمر
سوی دشت دوک اندر آورد روی — همی شد خلیده دل و راهجوی [10]
چو آمد بلشکرگهِ خویش، باز — همان تیره گشت آن شب دیریاز [11]
فرستاد؛ بیدار کارآگهان — که تا بازجویند، کارِ جهان
چو آگاه شد، لشکر نیمروز — که آمد ز ره شاه گیتی‌فروز [12]
همه کوس بستند بر پشت پیل — زمین شد بکردار دریای نیل [13]
ازآن آگهی سر بسر نو شدند — به یاری به نزدیک خسرو شدند [14]

---

۱ - لت نخست؛ دوباره گویی رج پیشین است، و در لت دویم «مه» نادرست است: «مهتر».
۲ - وابسته بگفتار پسین
۳ - فرّ برتر از زیب است، و ستایش فر و زیب، با بوسیدن رکاب فراهم نمی‌شود.
۴ - سخن را پیوند درست نیست.
۵ - چرا ناشکیب؟
۶ - **یک:** اگر پای خود را بیرون آورده است، دیگر رکیب را چگونه بوسید؟ **دو:** لت دویم بی‌پیوند و بی‌گزارش است.
۷ - چون بیکار شد؟ یا چون بوسه بر پای و رکیب زد؟
۸ - هیربدان آموگازان دینی بوده‌اند.
۹ - **یک:** پیش گشتن نادرست است یا پیش رفت، یاگرد آذر بگشت. **دو:** از هیربد برگذشت را هیچ گزارش نیست. **سه:** جای هیربدان در فرهنگستان (دبیرستان) بوده است نه آتشکده.
۱۰ - **یک:** دشت دوک... **دو:** چرا خلیده دل؟ چرا راهجوی، از آنجا که راه پیدا بود.
۱۱ - لت دویم بی‌پیوند و بی‌گزارش است.
۱۲ - لشکر نیمروز سدها فرسنگ از آذربایجان بدور بود.
۱۳ - دنبالهٔ گفتار
۱۴ - باری اگر لشکریان بیاری خسرو می‌رفتند، شاید که از لشکریان آذربایجان، همدان، کردستان یاد شود، نه از سپاه نیمروز.

## آگاهی بهرام پورگشسب
### از آمدن خسرو
## از روم

چو آمد به بهرام، زین؛ آگهی — که تازه شد آن فرّ شاهنشهی
همانگه ز لشکر یکی نامجوی — نگه کرد با دانش و آب روی [1]
کجا نام او بود، داناپناه — که بهرام را او بُدی نیکخواه [2]
دبیر سرافراز را پیش خواند — سخن‌های بایسته چندی براند
بفرمود تا نامه‌های بزرگ — نویسند بران مهتران سترگ [3]
به گستهم و گردوی و بندوی گرد — که از مهتران نام گردی ببرد [4]
چو شاپور و چون اندیان سوار — هر آن کس که بود از یلان نامدار [5]
سر نامه گفت: «از جهان‌آفرین — همی خواهم اندر نهان، آفرین
چو بیدار گردید یکسر ز خواب — نگیرید بر بد، ازینسان شتاب
که تا در جهان، تخم ساسانیان — پدید آمد اندر میانِ کیان؛
ازیشان نرفتست جز بدتری — بگِردِ جهان جَستن و داوری *
نخست از سرِ بابکان، اردشیر — که اندر جهان تازه شد دار و گیر
زمانه ز شمشیر او تیره گشت — سر نامداران، همه خیره گشت
نخستین، سخن گویم از اردوان — ازآن نامداران روشنروان [6]
هماناکه، بر نامور سوفزای — چه آمد؟ ز پیروز ناپاکرای!
رها کرد؛ از بند، پای قباد — اُ زان مهتران، دادِ او را بداد!
قباد بداندیش نیرو گرفت — هنرها بشست از دل، آهو گرفت
چنان نامور نیکدل را بکشت — بر او، شد دلِ نامداران، درشت
کسی کاو نشاید به پیوند خویش — هوا برگزیند ز فرزند خویش [7]

---

۱ - همانگه نگه کرد نادرست است: «برگزید». ۲ - بکار بردن «او» در پایان سخن نادرخور است.
۳ - یک: نامهٔ بزرگ چگونه نامه‌ای است؟ دو: بکدام مهتران بی‌شرم و آزرم؟
۴ - کنش «ببرد» برای سه کس نادرخور است. ۵ - «چو» پیش از نام، همچنین!
* - اگرچه؛ داور را پایگاهی بلند بوده است، داوری‌خواهی در اندیشهٔ نیاکان ناخوشایند بود.
۶ - دوبار نشاید سخن را با سخت آغاز کردن ویژه آنکه گفتار دربارهٔ کردارِ ساسانیان است.
۷ - کدام پیوند و فرزند را گوید؟

به بیگانگان هم نشاید بنیز / نجوید کسی آج از چوب شیز[1]
به ساسانیان تا ندارید امید / مجویید، یاقوت؛ از سرخ بید
چو این نامه آرند نزد شما / -که فرخنده باد اورمزد شما-
بنزدیک من، جایتان روشن است / بَر و آستین هم، ز پیراهن است
به یک جای‌مان بود آرام و خواب / اگر تیره بُد، گر بلند آفتاب
چو آیید یکسر، بنزدیکِ من / -شود روشن این جان تاریک من-
نیندیشم از روم، وز شاهشان / بپای اندر آرم، سر و گاهشان
نهادند بر نامه‌ها مُهر اوی / بیامد فرستادهٔ راه‌جوی

*

بکردارِ بازارگانان برفت / بدرگاه خسرو، خرامید، تفت
یکی کاروانی ز هر گونه چیز / ابا نامه‌ها، هدیه‌ها داشت، نیز[2]
بدید آن بزرگیّ و چندان سپاه / که گفتی مگر بر زمین نیست راه
بدل گفت با اینچنین شهریار / که؟ خواهد، ز بهرام یل زینهار!
یکی مرد بی‌دشنم پارسی / همان بار دارم شتروار سی
چرا؟ خویشتن، کرد باید، هلاک! / بلندی پدیدار گشت از مَغاک
شوم، نامه نزدیکِ خسرو برم / بنزدیک او، هدیهٔ نو برم[3]
پُر اندیشه، آمد بنزدیک شاه / ابا هدیه و نامهٔ کینه‌خواه
درم برد و با نامه‌ها هدیه برد / سخن‌هاش بر شاه گیتی شمرد[4]
جهاندار چون نامه‌ها را بخواند / مر او را به کرسیِ زرّین نشاند[5]
بدو گفت ک:«ای مرد بسیاردان / تو بهرام را، نزد من خوار، دان[6]
کنون زانچه کردی رسیدی بکام / فزونتر مجو اندرین کار نام»[7]
بفرمود تا نزد او شد دبیر / مران پاسخ نامه را ناگزیر؛
نوشت اندران نامه‌های دراز / که: «ای مهتر گرد گردنفراز[8]
همه نامه‌های تو برخواندیم* / فرستاده را پیش بنشاندیم

---

۱ - بنیز در لت نخست نادرست است، و لت دویم را نیز گزارش نیست.

۲ - سخن را پیوند بایسته با رج پیشین نیست: «با کاروانی». اما چون بکردار بازرگانی رفته بود همراه با کاروان بوده است.

۳ - سخن در رج پسین می‌گذرد. ۴ - دوباره گویی رج پیشین

۵ - خسرو بهنگام گریز کرسی زرین با خود نبرده بود، که اکنون او را بر آن بنشاند.

۶ - **یک:** مرد بسیاردان نادرخور است: «مرد دانا»... **دو:** لت دویم را نیز پیوند بایسته نیست.

۷ - **یک:** بکدام کام رسیده بود؟ **دو:** لت دویم نادرخورتر از نخستین است که بیش از آن، کام را روا نمی‌دارد!

۸ - اندر چه چیز؟ نامه‌های دراز چگونه باشد؟ پاسخ بس کوتاهست که پس از این می‌آید.

* - نمونه‌ها همه چنین آورده‌اند، و پیدا است که پیوند درست با رج پیشین ندارد. و باز پیدا است که پیوند «که» میان این رج و گفتار

←

بگفتارِ بیکار، با خسرَویم ۝ بدل، با تو همچون بهار نَویم
چو لشکر بیاری بدین مرز و بوم ۝ که اندیشد از گرز مردان روم؟[۱]
همه پاک شمشیرها برکشیم ۝ بجنگ اندرون رومیان را کشیم[۲]
چو خسرو ببیند سپاه ترا ۝ همان مردی و پایگاه ترا
دلش روزِ پیکار، لرزان شود ۝ ز پیشت، چو روبه؛ گریزان شود»
بدان نامه‌ها مُهر بنهاد شاه ۝ ببرد آن پسندیدهٔ نیکخواه[۳]
بدو گفت شاه: «ای خردمند مرد ۝ برش، گنج یابی، ازین کاکرد»[۴]
مر او را گهر داد و دینار داد ۝ گرانمایه یاقوت بسیار داد[۵]
بدو گفت ک: «این نزد چوبینه بر ۝ شنیده سخن‌ها، بر او بر شمر»[۶]
بیامد بنزدیک چوبینه مرد ۝ شنیده سخن‌ها همه یاد کرد[۷]
چو مرد جهانجوی نامه بخواند ۝ هوا را بخواند و خرد را براند[۸]

*

ازآن○ نامه‌ها، سازِ رفتن گرفت ۝ بماندند ایرانیان در شگفت
برفتند پیران، بنزدیک اوی ۝ چو دیدند کردار تاریک اوی
همی گفت هر کس ک: «ز ایدر مَرَو! ۝ ز رفتن، کهن گردد این روزِ نَو!
اگر خسرو آید به ایران زمین ۝ نبینی مگر گرز و شمشیر کین
برین تختِ شاهی مخور زینهار ۝ همی خیره، بفریبدت روزگار!»
نیامد سخن‌ها، بر او، کارگر ۝ بفرمود، تا رفت، لشکر بدر؛

*

همی تاخت تا آذرآبادگان ۝ سپاهی دلاور ز آزادگان
سپاه اندر آمد به پیش سپاه ۝ ببستند بر مور و بر پشه راه[۹]
چنین گفت پس مهترِ کینه‌خواه ۝ که: «من، کرد خواهم، بلشکر نگاه[۱۰]

---

← پیشین بایسته است، و بدینروی گفتار فردوسی چنین بوده است:

**«که ما، نامه‌های تو بر خواندیم»**

۱ - لت دویم را پیوند با لت نخست نیست. ۲ - «کَشیم» را با «کُشیم» پساوا نیست.

۳ - مهر چه کس را نهاد؟ اگر مهر خود را نهاده باشد که بهرام، بیدرنگ، درمی‌یابد! ۴ - لت دویم سست است.

۵ - چون در لت نخست از «گهر» یاد می‌شود «یاقوت» لت دویم نادرخور است.

٦ - چگونه سخنان شنیده را نزد بهرام یاد کند؟ که دروغ وی آشکار می‌شود. ۷ - همچنین...

۸ - لت دویم سخت نادرخور است.

○ - پیدا است که یک رج فروافتاده است: «چون نامه‌ها ببهرام رسید» یا: «چون فرستاده بنزد بهرام آمد».

۹ - سخن نادرست نیست، اما پیوسته بگفتار پسین است. ۱۰ - نگاه خواهم کرد... در این رج

ببینم که رومی سواران کی‌اند — سپاهی کدام‌اند و گردان کی‌اند»[۱]
همه بر نشستند، گردان براسپ — یلان‌سینه و مهتر ایزدگشسپ[۲]
بدیدار آن لشکرِ کینه‌خواه — گرانمایگان برگرفتند راه[۳]
چو لشکر بدیدند باز آمدند — بنزدیک مهتر، فراز آمدند[۴]
که: «این، بیکرانه یکی لشکرست — ز اندیشهٔ ما همی دیگر است»[۵]
اُزان رویِ رومی، سواران شاه — برفتند پویان بدان بارگاه[۶]
ببستند بر پیش خسرو میان — که: «ما، جنگ جوییم، ز ایرانیان»[۷]
بدان کار همداستان گشت شاه — کزو آرزو خواست رومی سپاه[۸]

## رزم خسرو

## با بهرام

# وکشته شدن کوت رومی

چو خورشید بر زد سر از تیره کوه — خروشی برآمد ز هر دو گروه[۹]
که گفتی زمین گشت، گردان‌سپهر — گر، از تیغها تیره شد روی مهر[۱۰]
بیاراست با میمنه میسره — زمین کوه گشت آهنین یکسره[۱۱]
از آواز اسپان و بانگ سپاه — بیابان همی جست، بر کوه، راه[۱۲]
چو بهرام جنگی بدان بنگرید — یکی خنجر آبگون برکشید[۱۳]
نیامد به دلش اندرون ترس و بیم — دل شیر در بیشه شد، بر دو نیم[۱۴]

۱ – با ببینم در این رج همخوان نیست. ۲ – در این رج «گُردان»...
۳ – و در این رج گرانمایگان! و هیچیک درست نیست، زیرا که چنین کار، کار پیش‌آهنگان (طلایه) سپاه است، یا کارآگهان، و بزرگان لشکر را نشاید از میان سپاه بیرون رفتن! ۴ – چون لشکر (رومیان را) باید!
۵ – سخن سست می‌نماید. نمونهٔ دیگر: «لشکرند» در لت نخست، و «همی بگذرند» در لت دویم.
٦ – **یک:** رومی سواران، از آن شاه نبوده‌اند: «رومیان همراه شاه». **دو:** چرا پویان؟
۷ – **یک:** بر (= اَبَر، بالا) پیش ندارد. **دو:** لت دویم نیز سست است، زیرا که آنان برای همین کار، از روم، آهنگ ایران کرده بودند.
۸ – همداستانی شاه نیز نادرخور است، زیرا که وی برای همین کار بروم رفته بود. ۹ – وابسته برج پسین.
۱۰ – **یک:** گفتی... **دو:** با خروش زمین، سپهر گردان نمی‌شود.
۱۱ – **یک:** میمنه و میسره در آرایش گفتار فردوسی نیست. **دو:** زمین در رج پیشین گردان‌سپهر شده بود و بیدرنگ کوه گشت. **سه:** کوه گشت آهنین نیز نادرست است: «یکسره کوه آهن شد». ۱۲ – لت دویم سخت نادرخور است.
۱۳ – **یک:** به چه‌کس بنگرید؟ **دو:** یورش با، خنجر آغاز نمی‌شود. بنداری آورده است: «سلّ سیفهُ»شمشیرش راکشید. و نبرد را باشمشیر نیز آغاز نمی‌کنند.
۱۴ – **یک:** سخن کودکانه است، برای بهرام که با یک چوبه تیر یک سپاه را بهم‌برشکست ترس و بیم چه جای دارد؟ **دو:** لت دویم دویم
←

به ایرانیان گفت: «صف برکشید — همه کشور دوک لشکر کشید»[1]
همی گشت گرد سپه یک‌تنه — که دارد نگه میسر و میمنه[2]
یلان‌سینه را گفت: «در قلبگاه — همی باش، در پیش رومی سپاه
که از لشکر امروز جنگی منم — بگاه گریزش، درنگی منم»
نگه کرد خسرو بدان رزمگاه — جهان دید یکسر ز لشکر سیاه[3]
رخ شید تابان چو کام هژبر — همی تیغ بارید گفتی ز ابر[4]
نیاتوس و بندوی و گستهم و شاه — ببالا گذشتند زان رزمگاه
نشستند بر کوهِ دوک، آن سران — نهاده، دو دیده، به فرمانبران[5]
ازان کوه لشکر همی دید شاه — چپ و راست و قلب و جناح سپاه[6]
چو برخاست آوازِ کوس از دو روی — برفتند مردان پرخاشجوی
تو گفتی زمین کوه آهن شده‌ست — سپهر از بر خاک دشمن شده‌ست[7]
چو خسرو بران گونه پیکار دید — فلک تار دید و زمین قار دید[8]
بیزدان همی گفت بر پهلوی — که «از برتران پاک و برتر توی[9]
که برگردد امروز از رزم شاد؟ — که داند چنین جز تو ای پاک و راد[10]
که را بخت خواهد شدن کندرو؟ — سرِ نیزهٔ که شود خار و خو؟»[11]
دل و جان خسرو پر اندیشه بود — جهان پیش چشمش یکی بیشه بود
که بگسست، کوت، از میان سپاه — ز آهن، بکردارِ کوهی سیاه
بیامد دمان، تا میانِ گروه — چو نزدیک‌تر شد، بدان بُرز کوه؛
بخسرو چنین گفت کـ:«ای سرفراز — نگه کن بدان بندهٔ دیوساز؛

---

← نیز کودکانه است، و پیوند درست با لت نخست ندارد.

۱ – کشور دوک شناخته شده نیست... باری رومیان بایران آمده بودند، و اکنون در آذربایجان‌اند!

۲ – «میسر» نادرست است: «میسره». و میمنه و میسره را در آرایش جنگی فردوسی جای نیست.

۳ – تنها از دید خسرو نشاید جهان را سیاه دیدن! اگر جهان از انبوه لشکریان سیاه بوده است همگان آنرا سیاه میدیدند.

۴ – **یک:** هنوز نبرد آغاز نشده، چگونه تیغ می‌بارید؟ **دو:** گفتی.

۵ – پس از نام بردن از کشور دوک، اینجا سخن از کوه دوک میرود و در آذربایجان کوه دوک نداریم. بنداری آورده است: «و صعد برویز في أصحابه الایرانیین تلّا»... «في» در این سخن بجای «مع» آمده است: «و پرویز با یاران خود به کوهی (یا تپه‌ای) بر شد»... نمونهٔ K شاهنامه مسکو چنین آورده است «نشستند بر کُه دوان، آن سران» (شاهنامه مسکو ۱۱۰–۹) و بر این بنیاد، کوه دوک نادرست است، از سویی «ببالا گذشتند» در رج پیشین همین را می‌رساند که آنان بفراز کوهی رفته‌اند، و گفتار این رج دوباره‌گویی است.

۶ – لت دویم بدآهنگ است.

۷ – تو گفتی... سپهر را (از بر خاک) «دشمن» نشاید نامیدن!

۸ – دنبالهٔ شاهنامه سپاهان از اینجا آغاز می‌شود، و افتادگی نیز، با افتادن دو برگ از شاهنامه نامبرده است. **یک:** هنوز پیکار آغاز نشده است. **دو:** افزاینده سخن سست رج پیشین را اندکی دگرگون کرد، اما هنوز سخن آراسته نیست.

۹ – **یک:** سخن سست است که بدانزمان زبان ایرانیان پهلوی بوده است. **دو:** «برتر» را در لت دویم «پاکتر» باید. باری «برتران» چه کسانند؟

۱۰ – خداوند را راد خواندن درست نمی‌نماید.

۱۱ – سخنی سست و کودکانه. بخت؛ بخت است و کندرو و تندرو ندارد.

که با او، برزم اندر، آویختی چو او کامران شد، تو بگریختی
ببین از چپ لشکر و دست راست که تا از میان دلیران کجاست[1]
کنون تا بیاموزمش کارزار ببیند دل و رزم مردانِ کار!»
چو بشنید، خسرو زکوت، این سَخُن دلش گشت پر دردِ رزم کَهُن
کجا گفت، که: «از بنده بگریختی! سلیح سواران فَرو ریختی»[2]
ورا زان سخن هیچ پاسخ نداد دلش گشت پر خون و سر پر ز باد[3]
چنین گفت پس کوت را، شهریار که: «رو پیش آن مردِ ابلق سوار
چو بیند ترا پیشت آید بجنگ تو مگریز، تا لب، نخایی ز ننگ»

*

چو بشنید کوت این سخن، بازگشت چنان شد که با باد، انباز گشت
همی رفت، جوشان و نیزه بدست به آوردگه رفت چون پیل مست[4]
چو نزدیک شد خواست بهرام را برافراخت زان گونه زو نام را[5]
یلان‌سینه بهرام را بانگ کرد که: «بیدار باش ای سوار نبرد؛
که آمد یکی دیو، چون پیل مست کمندی به فتراک و نیزه به دست»

*

چو بهرام بشنید، تیغ از نیام برآهخت چون باد، و، برگفت نام○

*

چو خسرو چنان دید بر پای خاست ازآن کوهسر، سر برآورد، راست
نهاده بکوت و ببهرام چشم دو دیده پر از آب و، دل پر ز خشم

*

چو رومی به نیزه در آمد ز جای جهانجوی، بر جای، بفشارد پای
بروی اندر آورد، جنگی، سپر چو نیزه نیامد بر او کارگر؛
یکی تیغ زد بر سر و گردنش که تا سینه ببرید، تیره تنش
چو آواز تیغش به خسرو رسید بخندید کان زخم بهرام دید
نیاتوس جنگی بتابید چشم ازآن خندهٔ خسرو آمد بخشم

---

۱ – دست راست، را دست چپ باید. و این رج میان رج‌های پیشین و پسین جدایی می‌افکند.

۲ – کوت چنین نگفته بود و فروریختی را نیز با بگریختی پساوا نیست.

۳ – پاسخ در رج پسین می‌آید! چگونه پاسخ نداد؟

۴ – **یک:** همی رفت نادرست است: «برفت». **دو:** «رفت» در لت نخست، با «رفت» در لت دویم همخوان نیست.

۵ – لت دویم راگزارش نیست، و با دو بار کاربرد از «زان» (= از آن) و «زو» (= از او) سخن سست می‌شود.

○ – پادرزم (= دفاع) یورش با نیزه را هیچ‌گاه با شمشیر نداده‌اند بجز از همین یکبار که برترین نشانهٔ جنگاوری شگفت بهرام است و در پیشگفتار، دربارهٔ آن سخن آورده‌ام، و بهمین روی است که در رج پسین، خسرو بر پای می‌خیزد!

۳۲۲ خسروپرویز

به خسرو چنین گفت که: «ای نامدار! / نه نیکو بود خنده در کارزار
ترا نیست از روم جز کیمیا / دلت خیره بینم، بکین نیا!
چو کوت هزاره به ایران و روم / نبینند هرگز به آباد بوم[1]
بخندی کنون زانکه او کشته شد / چنان دان، که بخت تو برگشته شد»[2]

*

بدو گفت خسرو: «من از کشتنش / نخندم همی، وز بریده تنش
چنان دان که هر کس که دارد فسوس / هم او یابد از چرخ گردنده؛ کوس*
مرا گفت، کز بنده بگریختی / نبودت هنر تا نیاویختی
ازآن بنده بگریختن، نیست ننگ / که زخمش بدینسان بود روز جنگ»!

*

اُزان روی بهرام، آواز داد / که: «ای نامداران فرخ‌نژاد
یلان‌سینه و رام و ایزدگشسپ / مرین کشته را بست باید بر اسپ
فرستید ز ایدر بلشکرگهش / بدان تا بریده ببینند، شهش»
تن کوت را زود، بر پشت زین / بتنگی ببستند، مردانِ کین
دوان، اسپ، با مرد گردنفراز / همی شد به لشکرگه خویش باز
دل خسرو از کوت شد دردمند / گشادند زان کشته، بند کمند
برآن زخم او بر، پراکند مشک / بفرمود پس تا بکردند خشک

*

بکرباس، بر دو ختش، همچنان؛ / زره در بر و تنگ بسته میان[3]
بنزدیک قیصر فرستاد باز / که: «شمشیر این بندهٔ دیوساز[4]
بدینگونه برّد همی روز جنگ / ازو گر هزیمت شدم نیست ننگ»[5]
همه رومیان دلشکسته شدند / بدل پاک●، بی‌جنگ، خسته شدند
همی ریخت بطریق خونین سرشک / همی رخ پر از آب و دل پر ز رشک[6]
بیامد ز گردنکشان ده هزار / همه جاثلیقان گرد و سوار[7]

---

۱ - **یک:** پاژنام «هزاره» برای کوت رومی؟ **دو:** کنش نبینندَ نیز نادرخور است: «نبُد».
۲ - کشته را باگشته پساوا نیست. * - کوس: ضربه.
۳ - چون مرده را با کرباس کفن دوزند، زره خونین وی زیر کرباس به چه کار آید؟ ۴ - وابسته برج پسین.
۵ - **یک:** زخم شمشیر چه در روز جنگ چه در نخچیرگاه یکسان است. **دو:** «هزیمت شدن» نادرست است: «منهزم شدن». «هزیمت گرفتن». ● - پاک: همگی، همگی بی‌جنگ، دل خسته (= مجروح) شدند.
۶ - **یک:** سرِشک را با رَشک پساوا نیست. **دو:** بطریق را در میدان جنگ چه کار؟ **سه:** سرشگ خونین، و رخ پر آب هر دو یکی است.
۷ - ده هزار جاثلیق (= کاتولیک) را «بیامدند» باید.

یکی حمله بردند زان سان، که کوه — بدرّید ز آواز رومی گروه[1]
چکاچاک برخاست و بانگ سران — همان زخم شمشیر و گرز گران[2]
تو گفتی که دریا بجوشد همی — سپهر روان برخروشد همی[3]
ز بس کشته اندر میان سپاه — بماندند، بر جای بر، بسته راه[4]
ازآن رومیان کشته شد لشکری — هر آنکس که بُد، زان دلیران سری[5]
دل خسرو از درد ایشان بخست — تن خستهٔ زندگان را ببست[6]
همه کشتگان را بهم برفکند — تلی گشت، برسانِ کوهی بلند[7]
همی خواندندیش بهرام‌چید — ببرّید خسرو ز رومی امید[8]
همی گفت اگر نیز، رومی دو بار — کند هم، برین گونه بر، کارزار[9]
جهان را تو بی لشکر روم دان — همان تیغ پولاد را موم دان[10]
نیاتوس را گفت پس شهریار — که: «فردا مبر جنگیان را بکار
تو فردا بیاسای تا من سپاه — بیارم، از ایرانیان، کینه‌خواه»
به ایرانیان گفت: «فردا، بجنگ — شما را بباید شدن، بیدرنگ»[11]
همه ویژه گفتند ک :«ایدون کنیم — که کوه و بیابان پر از خون کنیم»[12]

**از اینجا ۱۶۲ رج افزوده در داستان بس پریشان و رویدادهای ناهماهنگ افزوده شده است که میان گفتار خسرو؛ «بیارم از ایرانیان، کینه‌خواه» (رج سیوم پیشین)، و گفتار بندوی؛ در رج ۴۶۰۹۲ «خرامید بندوی نزدیک شاه» جدایی می‌افکند، و نمونهٔ آن رج نخست است که چون خورشید برآمد، ستاره از تیرگی ناپدید شد!!...**

**و... همهٔ ایرانیان تیغ هندی در دست داشتند، و ستاره در روز از نوک سنان روشن بود... میمنه‌دار، نامی**

←

۱ - «رومی گروه» لت دویم با «گردنکشان» رج پیشین، یکی است.

۲ - **یک:** لت نخست بدآهنگ است. **دو:** «زخم شمشیر» در لت دویم، همان «چکاچاک» لت نخست است.

۳ - **یک:** تو گفتی. **دو:** لت دویم سست می‌نماید.

۴ - چه کسان کشته شدند، که راه را بر آنان ببستند؟ هنوز از ایرانیان، کسی کشته نشده است!

۵ - **یک:** «کشته» در لت نخست، با «کشته» در رج پیشین همخوان نیست. **دو:** اگر یک لشکر از رومیان کشته شد، آن ده هزار جاثلیق بکجا یورش بردند؟ که کوه از آوازشان بدرید!

٦ - خسرو را چگونه توان آن باشدم که خستگان یک لشکر را ببندد!

۷ - همچنین...

۸ - **یک:** این رج را با رج پیشین پیوندِ «که آنرا» باید. **دو:** رومی نادرست است «از رومیان» «از سپاه روم».

۹ - **یک:** چه‌کس همی گفت؟ **دو:** بر اینگونه (بر) نادر است: «بر اینگونه».

۱۰ - **یک:** «تو» کیست که با او سخن گفته می‌شود. **دو:** سخن نیز در لت نخست سست است: «سپاهیان روم را کشته گیر». **سه:** تیغ پولادین، همواره پولادین است. آنچه کاربرد چنان تیغ را چون کاربرد موم میکند، دل و بازوی شمشیرزن است.

۱۱ - از امروز تا فردا را نشاید با «بیدرنگ» همراه کردن.

۱۲ - «که» در لت نخست (که ایدون) با «که» در لت دویم همخوان نیست.

← که دیگر هیچگاه در زبان فارسی نیامده است، و تیغ اهریمنی بدست سردار ارمنی میدهند، که، او بر دست چپ خسرو (= میمنه) ایستاده بود، و جنگخواه که همواره یک پهلوان است، در این داستان، شاپور و اندیان‌اند. گستهم بر دست شاه بود!! بهرام در هنگامهٔ نبرد فرمان به بستن کوس میدهد، [باز آنکه در آغاز روز، با درفش سپید(؟) خورشید، با پیل و کرّنای رفته بودند]. بهرام جنگاور که همواره با «ابلق مشک دم» می‌جنگید، بر پیل نشست، (آن) پیل را تا (میمنه) راند، و دشنام «بدتنه»(؟) بشاپور داد، و آیین آزادگان را کشته نشدن در جنگ [که از جنگ گریختن باشد!؟] در شمار می‌آورد. سر راکَش (= خوش) کردن را بجای «سرکشی» آورده‌اند، در میان جنگ که دوکس با یکدیگر سخن میگویند، آن گفتار بگوش خسرو نیز می‌رسد [چنانکه سه کس در خانه‌ای با یکدیگر سخن گفته باشند] بهرام که بیشتر با پیل بمیدان جنگ رفته بود، پس از شنیدن سخن خسرو ارغنده (= خشمگین) می‌شود، و تازه رای جنگ میکند. و با پیل بسوی (قلب خسرو) خرامید!! آنهم تفت!!... و تنها ایرانیانی که روزبه بودند کمان را بزه برنهادند [در میدان جنگ، پیش از رده بستن، کمانها را بزه بایستی کردن]، و تیرباران ایرانیان پیل را بجای آنکه خونین کند برنگ نیل در می‌آورد!! و بهرام اسپ می‌خواهد و تازه مغفر بر سر می‌نهد؟!، و چون دوباره سپاهیان خسرو بر او تیرباران می‌کنند، از اسپ پیاده می‌شود [چنانکه گویی باران تیر، تنها بر پیل و اسپ، کارگر است، نه بر بهرام، زیرا که از آن تیرباران، خستگی بر بهرام پدیدار نشد.] و چون بهرام پیاده شد، تیراندازان کمان‌ها را فروریخته بگریختند،... بهرام که بسوی قلب خسرو رفته بود، بر اسپ می‌نشیند، و دوباره بقلبگاه می‌تازد! جایی که شاه در آنجا بود [بیشتر آندو نزدیک بیکدیگر با هم سخن گفته بودند] و آنگاه بسوی میسره [!] می‌تازد که نگهبان آن گردوی [برادر بهرام بود، و افزاینده فراموش کرده بود که وی را در میمنه جای داده بود] دو برادر را دو «خونی» می‌نامند، [خونی، مرگ ارزان، قاتل، شایسته مرگ است] آن دو برادر، باکشیدن کمان بیکدیگر برآویختند [باز آنکه برآویختن در میدان باشمشیر و گرز و خنجر است، نه با کمان که از راه دور کاربرد دارد] و زمانی دراز گذشت، و بهرام برادر خویش را «بی‌پدر»!! می‌خوانَد، و گردوی او را پسه گرگ می‌خواند [گرگ برنگ خاکستری است، و هیچگاه گرگِ دو رنگ در جهان دیده نشده است]... دو برادر بهم آویخته در کشش وکوشش کارزار، برای یکدیگر داستان می‌زنند! آنگاه افزایندگان خسرو راکه برای پیروزی بر ایرانیان بروم پناه برد، و با سپاه روم بجنگ ایرانیان آمد، پشتیبان ایرانیان می‌کنند... چهارده، را «ده و چهار» می‌خوانند، و در هیاهوی جنگ گستهم نام چهارده کس راکه نخستین آنان خود بود بر؛ نامه می‌نویسد!!، و می‌آورد، و پیش می‌نهد!؟، نام «تخوار» راکه بیشتر بهمین گونه آورده بودند، «تخواره» می‌نویسد، و یکی از مردان را نام فرخنده خورشید!؟ است، و خسرو بآنان می‌گوید که: «پشت را سوی یزدان کنید! [= پشت بیزدان کردن] و بهتر است کشته شوید، و مرا نگاهبانی کنید... و یکباره کسی پدیدار می‌شود، با نام «بهرام فرخ» که سپهداری را باو می‌سپارد، [و دیگر هیچگاه از او یاد نشده و نمی‌شود]... در میدان جنگ، از «دیدگاه» سخن می‌رود [و دیدگاه برفراز کوهها است که از راه دور، برای دیدن جنبش سپاه دشمن است نه در میدان

←

← جنگ]... آنگاه چهارده کس را سرافراز بیست (= بیست سرافراز) می‌خواند، پیروز شدن بر دشمن را «برنیایم از او»!! می‌خوانند، با آنکه بهرام می‌گوید به تنهایی با او برابرم، چهار مرد را برمی‌گزینند. و سپاه خویش را [همچون خسرو که به بهرام فرخ سپرده بود، بکسی بنام جان فروز؟ می‌سپارد] چهار کس به سه کس باز می‌گردند و خسرو آن سه کس را (سپاه) می‌خواند! و یکباره در میان آنان نیاتوس ولشکر رومیان پدیدار می‌شوند و همین که بهرام، اسپ خویش را برمی‌انگیزد، همه آن جنگیان (چهارده کس) همه می‌گریزند و خسرو نیز روی بگریز می‌نهد، و دیگر بار گستهم و بندوی و گردوی را کنار خویش می‌بیند!! که آن سه کس [که دو کس شدند] نیز ناپدید می‌شوند، و خسرو باندرون غاری تنگ می‌گریزد، و از آنجا بکوه بر می‌شود، و خسرو هوش (= مرگ) خویش را بر دوش نهاده رودرروی بهرام است!... و از کوه خروش برمیخیزد و سروش با جامه‌های سبز بر اسبی خِنگ پدیدار می‌شود و دست خسرو راگرفته و او را رهایی می‌بخشد!! [از سروش که چنان برافزاینده و گوینده و خواننده نمایان بود، نام می‌پرسد، وی پاسخ میدهد که نامم سروش است!]

...باری سروش مژده پادشاهی بخسرو میدهد و ناپدید می‌شود، و بهرام نیز از آن کار خیره می‌ماند یکباره نیاتوس از کوهی دیگر از خدا زینهار می‌خواهد، و مریم [در میدان نبرد؟!] روی خویش را می‌خراشد، و نیاتوس [عماری زرین مریم را بیکسو می‌کشد، چنانکه گویی مریم همواره در راه بوده است!] خسرو پدیدار می‌شود، و دل مریم از درد آزاد میگردد، و خسرو داستان غار و سروش را بدو بازمیگوید، و خویش را برگزیده‌تر از فریدون فرخ در شمار می‌آورد!! و سلم و تور و افراسیاب را با فریدون همانند می‌خواند... و یکباره روی سخن از مریم به سرکشان بازمی‌گردد! و یورشی بسپاه بهرام می‌بَرد!

## دودیگر رزم خسرو با بهرام چوبینه و شکست خسرو

چو برزد ز دریا درفش سپید — ستاره شد از تیرگی ناپدید
تبیره زنان از دو پرده‌سرای؛ — برفتند با پیل و با کرنای
خروش آمد و نالهٔ گاودم — هم از کوههٔ پیل رویینه‌خم
تو گفتی بجنبد همی دشت و راغ — شده روی خورشید چون پرِّ زاغ
چو ایرانیان برکشیدند صف — همه نیزه و تیغ هندی بکف
زمین سر بسر گفتی از جوشن است — ستاره ز نوک سنان روشن است
چو خسرو بیاراست بر قلبگاه — همه، دل گرفتند، یکسر سپاه
ورا میمنه‌دار گردوی بود — که گرد و دلیر و جهانجوی بود
به دست چپش نامدار ارمنی — ابا جوشن و تیغ اهریمنی
مبارز چو شاپور و چون اندیان — برآن جنگ بر، تنگ بسته میان

همی بود گستهم بر دست شاه — که دارد مر او را ز دشمن نگاه
چو بهرام یل رومیان را ندید — درنگی شد و خامشی برگزید
بفرمود تا کوس بر پشت پیل — ببستند و شد گرد لشکر چو نیل
نشست از برِ پشتِ پیلِ سپید — هم‌آوردش از بخت شد ناامید
همی راند آن پیل تا میمنه — بشاپور گفت: «ای بدِ بدتنه
نه پیمانت این بُد بنامه درون — که پیش من آیی بدین دشت خون
نه این باشد آیین آزادگان — همی تن، بکشتن دهی، رایگان»
بدو گفت شاپور ک:«ای دیوفش — سرِ خویش، در بندگی کرده کش
ازین نامه کی بود نام و نشان — که گویی کنون پیش گردنکشان»
گرانمایه خسرو، بشاپور گفت — که: «آن نامه، با رای او بود جفت
بنامه، تو پاداش یابی ز من — هم از نامداران این انجمن
چو هنگام باشد، بگویم ترا — وز اندیشهٔ بد، بشویم ترا»
چو بهرام آواز خسرو شنید؛ — به اندیشه، آن جادوی را، بدید؛
برآشفت و زآن کار ننگ آمدش — چو ارغنده شد رای جنگ آمدش
جفاپیشه بر پیل تنها برفت — سوی قلب خسرو خرامید، تفت
چو خسرو چنان دید با اندیان — چنین گفت ک:«ای نرّه شیر ژیان
برین پیل بر، تیرباران کنید — کمان را چو ابر بهاران کنید»
از ایرانیان آنکه بُد روزبه — کمان برنهادند یکسر به زه
ز پیکان چنان گشت خرطوم پیل — که گفتی، شد از خستگی، پیل، نیل
هم‌آنگاه بهرام، بالای خواست — یکی مغفر خسرو آرای خواست
همان تیرباران گرفتند باز — برآشفت بهرام گردنفراز
پیاده شد آن مرد پرخاشخر — زره‌دامنش را بزد بر کمر
سپر بر سر آورد و شمشیر تیز — برآورد زان جنگیان رستخیز
پیاده ز بهرام بگریختند — کمان‌های چاچی فرو ریختند
یکی باره بردند هم در زمان — سپهبد نشست از برِ او دمان
خروشان همی تاخت تا قلبگاه — بجایی، کجا، شاه بُد، با سپاه
همه قلبگه پاک برهم درید — درفش جهاندار، شد ناپدید
اُزان جایگه شد سوی میسره — پسِ پشتش آزادگان یکسره
نگهبان آن دست، گردوی بود — که گردی دلیر و جهانجوی بود
برادر، چو رویِ برادر بدید — کمان را به زه کرد و اندر کشید

دو خونی برآنسان برآویختند ... که گفتی بهم‌شان برآمیختند
بدینسان زمانی برآمد دراز ... همی یک ز دیگر، نگشتند باز
بدو گفت بهرام که:«ای بی‌پدر! ... بخون برادر، چه بندی کمر؟»
بدو گفت گردوی که:«ای پیسه گرگ ... تو نشنیدی آن داستان بزرگ؟
که: «هر کاو، برادر بود، دوست به ... چو دشمن بود، بی‌پی و پوست به!
تو هم دشمن و بدتن و ریمنی ... جهان‌آفرین را، بدل، دشمنی
به پیش برادر، برآرد بجنگ ... نیاید، اگر باشدش نام و ننگ!»
چو بشنید بهرام زو بازگشت ... برآشفت و با او دُژم ساز(؟!) گشت
همی راند گردوی تا نزد شاه ... ز آهن شده روی جنگی سیاه
بر او آفرین کرد خسرو بمهر ... که: «پاداش بادت، ز گردان سپهر»
فرستاد خسرو به شاپور کس ... که: «موسیل را باش فریادرس
بکوشید و با زور، پشت آورید ... مگر بخت روشن، بمشت(؟!) آورید
بگستهم گفت آن زمان شهریار ... که: «گر هیچ رومی کند کارزار
چو بهرام جنگی شکسته شود ... اُگر نیز در جنگ، خسته شود
همه رومیان سر بگردون برند ... سخن‌ها ز اندازه بیرون برند
نخواهم که رومی بود سرفراز ... بما بر، کنند اندرین جنگ، ناز
بدیدم هنرهای رومی همه ... بسان رمه، روزگار دَمه
هم‌آن به که من با سپاه اندکی ... ز چوبینه، آورد خواهم، یکی
نخواهم درین کار یاری ز کس ... امیدم به یزدان فریادرس»
بدو گفت گستهم ز ایران سوار ... ده و چار گردنکش نامدار
نخستین، ازآن جنگیان، نام خویش ... نوشت و بیاورد و بنهاد پیش
دگر گرد شاپور با اندیان ... چو بندوی و گردوی پشت کیان
چو آذرگشسپ و دگر شیرزیل ... چو زنگوی گستاخ با شیر و پیل
تخواره که در جنگ غمخواره بود ... یلان‌سینه، را، زشت پتیاره بود
فرخ‌زاد و چون خسرو سرفراز ... چو اشتاد پیروز دشمن‌گداز
چو فرخنده خورشید با اورمزد ... که دشمن بدی پیش ایشان فرزد
چو مردان گزین کرد ز ایران دو هفت ... ز لشکر بیکسو خرامید و تفت
چنین گفت خسرو، بدان مهتران ... که: «ای سرفرازان و فرمانبران
همه پشت را سوی یزدان کنید ... دل خویش را شاد و خندان کنید
جز از خواست، یزدان نباشد سخن ... چنین بود تا بود چرخ کهن

به رزم اندرون، کشته بهتر بود / که در خان تو(؟)، بنده، مهتر بود
نگهدار من بود باید بجنگ / بهنگامِ جنبش نسازم درنگ»
همه هم زبان آفرین خواندند / ورا شهریار زمین خواندند
بکردند پیمان که از شهریار / کسی برنگردد، ازین کارزار
سپهدار، بشنید و آرام یافت / خوش آمدش و از مهتران کام یافت
سپه را، ببهرام فرخ سپرد / همی رفت با چارده مرد گرد
همآنگه خروش آمد از دیده گاه / به بهرام گفتند کامد سپاه
جهانجوی بیداردل برنشست / کمندی به فتراک و تیغی به دست
ز بالا چو آن مایه مردم بدید / تنی چند زان جنگیان برگزید
یلان‌سینه را گفت ک:«این بدنژاد / به جنگ اندرون دادِ مردی بداد
که من دانم اکنون جز او نیست این / که یارد چمیدن برین دشت کین
بدین مایه مردم، بجنگ آمده‌ست / اُگر پیش کام نهنگ آمده‌ست
فزون نیست با او سرافراز بیست / ازیشان کسی را ندانم که کیست
اگر پیشم آید جهان را بسم / اگر بر نیایم ازو ناکس‌ام»
به ایزدگشسپ و یلان‌سینه گفت / که: «مردان ندارند، مردی نهفت
نباید که ما بیش باشیم چار / به خسرو، مرا، کس نیاید بکار!»
یکی بُد کجا، نام او جان‌فروز / که تیره‌شبان، برگزیدی، بروز
سپه را بدو داد و خود پیش رفت / همی تاخت با آن سه بیدار،تفت
چو بهرام را دید خسرو ز راه / بایرانیان گفت ک:«امد سپاه
کنون هیچ دل را مدراید تنگ / که آمد مرا روزگار درنگ
من و گرز و چوبینهٔ بدنشان / شما رزم سازید با سرکشان
شما چارده یار و ایشان سه تن / مباداکه بینید، هرگز شکن»
نیاتوس با لشکر رومیان / ببستند ناچار یکسر میان
برفتند زان رزمگه، سوی کوه / که دیدار بودی، بهر دو گروه
همی گفت هرکس که: «پرمایه شاه / چرا جان فروشد ز بهر کلاه
بماند بدین دشت چندین سوار / شود خیره تنها سوی کارزار»
همه دست برآسمان داشتند / که او را همه کشته پنداشتند
چو بهرام جنگی برانگیخت اسب / یلان‌سینه و گرد ایزدگشسپ
بدیدند یاران خسرو همه / شد او گرگ و آن نامداران رمه
بماند آنگهی شاه ز آویختن / اُزان شورش و باره انگیختن

رزم بهرام ۳۲۹

جهاندار ناکام برگاشت اسپ / پس اندر همی رفت ایزدگشسپ
چو گستهم و بندوی و گردوی ماند / گو تاجور نام یزدان بخواند
به گستهم گفت آن زمان شهریار / که: «تنگ اندر آمد بدِ روزگار
چه بایست این بیهده رستخیز / که دیدند، پشت من اندر گریز»
بدو گفت گستهم ک:«امد سوار / تو تنها شدی چون کنی کارزار!»
نگه کرد خسرو پس پشت خویش / ازآن چار، بهرام را دید پیش
همی داشت تن را ز دشمن نگاه / ببرّید برگستوان سیاه
ازو باز ماندند هر دو سوار / پس پشت او دشمن کینه‌دار
به پیش اندر آمد یکی غار تنگ / سه جنگی پس اندر بسان پلنگ
بنِ غار هم، بسته آمد ز کوه / بماند آن جهاندار دور از گروه
فرود آمد از اسپ، فرخ جوان / پیاده، بدان کوه، بر شد دوان
پیاده شد و راه او بسته شد / دل نامداران ازو خسته شد
نه جای درنگ و نه جای گریز / پس اندر همی رفت بهرام تیز
به خسرو چنین گفت ک:«ای پرفریب / به پیش فرازِ تو آمد نشیب
برِ من چرا تاختی هوش(!) خویش؟ / نهاده برین گونه بر دوش خویش»
چو شد زان نشان کار، بر شاه تنگ / پس پشت شمشیر و در پیش سنگ
به یزدان چنین گفت ک:«ای کردگار / تویی برتر از گردش روزگار
بدین جای بیچارگی دستگیر / تو باشی، ننالم به کیوان و تیر»
هم آنگه چو از کوه برشد خروش / پدید آمد از راه فرخ سروش
همه جامه‌اش سبز و خِنگی بزیر / ز دیدار او گشت خسرو دلیر
چو نزدیک شد دست خسرو گرفت / ز یزدان پاک این نباشد شگفت
چو از پیش بدخواه برداشتش / به آسانی آورد و بگذاشتش
بدو گفت خسرو که: «نام تو چیست؟» / همی گفت چندی و چندی گریست
فرشته بدو گفت: «نامم سروش / چو ایمن شدی دورباش از خروش
کزین پس شوی بر جهان پادشا / نباید که باشی جز از پارسا
بدین زودی اندر به شاهی رسی / بدین سالیان بگذرد هشت و سی»
بگفت این سخن نیز و شد ناپدید / کس اندر جهان این شگفتی ندید
چو آن دید بهرام، خیره بماند / جهان‌آفرین را فراوان بخواند
همی گفت: «تا جنگ مردم بود / مباداکه مردی ز من گم بود
برآنم که جنگم کنون با پریست / برین بخت تیره بباید گریست»

۳۳۰ خسروپرویز

نیاتوس، زان روی بر کوهسار  همی خواست از دادگر زینهار
خراشید مریم دو رخسار خویش  ز تیمار جفت جهاندار خویش
سپه بود بر کوه و هامون و راغ  دلِ رومیان، زو پر از درد و داغ
نیاتوس چون روی خسرو ندید  عماریّ زرّین به یکسو کشید
به مریم چنین گفت ک:«اندر نشین  که ترسم که شد شاه ایران زمین»
هم‌آنگاه خسرو بران روی کوه  پدید آمد از راه دور از گروه
همه لشکر نامور شاد شد  دل مریم از درد آزاد شد
چو آمد به مریم بگفت آنچه دید  اُزان کوه خارا سر اندر کشید
چنین گفت ک:«ای ماه قیصرنژاد  مرا داور دادگر داد داد
نه از کاهلی بُد نه از بددلی  که در جنگ بددل کند کاهلی
بدان غار بی‌راه در ماندم  به دل، آفریننده را خواندم
نهان داشت، دارنده، کار جهان  برین بنده گشت، آشکار نهان!
فریدون فرخ ندید، این، بخواب  نه تور و نه سلم و نه افراسیاب
که امروز من دیدم ای سرکشان  ز پیروزی و شهریاری نشان»
بدیشان بگفت آن کجا دید شاه  ازان پس بفرمود تا آن سپاه
همه جنگ را ساختن نو کنند  به رزم اندرون یاد خسرو کنند
اُزان روی بهرام شد پر ز درد  پشیمان شده زان همه کارکرد
هم آنگه ز کوه اندر آمد سپاه  جهان شد ز گرد سواران سیاه
اُزان روی بهرام لشکر براند  به روز اندرون روشنایی نماند
همی گفت: «هرکس که راند سپاه  خرد باید و مردی و دستگاه
دلیران که دیدند خشت مرا  همان پهلوانی سرشت مرا
مرا برگزیدند بر خسروان  به خاک افکنم نام نوشیروان»
ز لشکر برِ شاه شد، خیره خیر  کمان را به زه کرد و یک چوبه تیر
بزد ناگهان بر کمرگاه شاه  به کژ اندر آویخت پیکان به راه
یکی بنده چون زخم پیکان بدید  بیامد ز دیباش بیرون کشید
سبک شهریار اندر آمد دمان  به بهرام چوبینهٔ بدنشان
بزد نیزه‌ای بر کمربند اوی  زره بود نگسست پیوند اوی
سنان سر نیزه شد بر دو نیم  دل مرد بیراه، شد پر ز بیم
چو بشکست نیزه برآشفت شاه  بزد تیغ سر مغفر کینه‌خواه
سراسر همه تیغ بر هم شکست  بدان پیکر مغفر اندر نشست

همی آفرینت کرد هر کس که دید — هم آن کس که آواز آهن شنید
گرانمایگان از پس اندر شدند — چنان لشکری را بهم بر زدند

*

⇐ خرامید بندوی نزدیک شاه — که: «ای تاج تو برتر از چرخ ماه*
یکی لشکر است این، چو مور و ملخ — گرفته بیابان، همه ریگ و شخ
نه والا بود، خیره، خون ریختن — نه از شاه، با بنده آویختن○
هر آنکس که خواهد ز ما زینهار — به از کشته یا خسته در کارزار»
بدو گفت خسرو که: «هر؛ کز گناه — بپیچد، بر او، من نیم کینه‌خواه
همه پاک در زینهار من‌اند — بتاج اندرون گوشوار من‌اند

*

برآمد، هم آنگه، شب از تیره کوه — سپه بازگشتند، هر دو گروه[1]
چو آمد غوِ پاسبان و جرس — ز لشکر نبُد خفته بسیار کس
جهانجوی بندوی، ز آنجا برفت — میان دو لشکر خرامید، تفت
ز لشکر نگه کرد گنداوری — خوش‌آواز و گویا منادیگری
بفرمود تا بارگی برنشست — به بیدار کردن میان را ببست[2]
چنین تا میان دو لشکر براند — کزو؛ تا بدشمن، فراوان نماند
خروشی برآورد که:«ای بندگان — گنه کرده و بخت جویندگان
هر آن کز شما، او گنهکارتر — بجنگ اندرون نامبردارتر
بیزدانش بخشید، شاه جهان — گناهی که کرد، آشکار و نهان»

*

به تیره شبان چون برآمد خروش — نهادند یکسر، بآواز گوش
همه نامداران بهرامیان — برفتن ببستند، یکسر، میان
چو برزد سر از کوه، گیتی فروز؛ — زمین را بدیبا، بیاراست روز؛
همه دشت، بی‌مرد، خرگاه بود□ — که بهرام، زان شب نه آگاه بود

---

* – گفتار شاهنامه بدنبال رج ۴۵۹۲۷ آغاز می‌شود، و روشن؛ نشان می‌دهد که این داستان کودکانه، که از دیدگاه سخن و زبان نیز بر همهٔ آن انگشت توان نهادن، میان گفتار فردوسی جدایی افکنده است.

○ – از شاه پسندیده نیست با بندگان خود (ایرانیان، سپاه بهرام) بجنگ درآویزد.

۱ – بدین زودی، روز؛ شب نمی‌شود.

۲ – **یک:** میان را برای رزم می‌بندند، نه برای بیدار کردن. **دو:** در سخن پیشین چنین آمده بود بسیار کس نخفته بودند.

□ – **یک:** لت نخست برابر شاهنامه سپاهان. دیگر نمونه‌ها «بی‌مرد [و] خرگاه بود» و پیدا است که اگر سپاهیان شبانه، بزنهار خسرو روند، نمی‌توانند خرگاه‌ها را نیز با خود ببرند. **دو:** در نمونهٔ دیگر لت دویم: که بهرام شب زان نه آگاه بود» و پیدا است که سخن فردوسی چنین بوده است: «**که بهرام؛ زان، خود نه آگاه بود**».

بدان خیمه‌ها در، ندیدند کس — جز از ویژه یاران بهرام و بس [1]
چو بهرام زان لشکر آگاه گشت — بیامد، بدان خیمه‌ها برگذشت؛ [2]
بیاران چنین گفت، ک:«اکنون گریز — به آید، از آرامِ با رستخیز»
شتر خواست از ساروان سه هزار — هیونان کفک افگن و نامدار [3]
ز چیزی که در گنج بُد بردنی — ز گستردنی‌ها و از خوردنی [4]
ز زرّین و سیمین و ز تخت آج — همان یاره و توغ زرّین و تاج
همه بار کردند و خود برنشست — میان از پی بازگشتن ببست

*

چو خورشید روشن بیاراست گاه — طلایه بیامد ز نزدیک شاه [5]
به پرده‌سرای اندرون کس ندید — همان خیمه بر پای بر بس ندید [6]
طلایه بیامد، بگفت این بشاه — دل شاه شد تنگ، زان رزمخواه
گزین کرد زان جنگیان سه هزار — زره‌دار و برگستوان‌ور سوار
به نستوه فرمود، تا برنشست — میان یلی تاختن را ببست
همی راند نستوه، دل پر ز درد — نبُد مردِ بهرام، روز نبرد
همان نیز بهرام با لشکرش — نبود ایمن از راه و از کشورش [7]
همی راند بیراه دل پر ز بیم — همی برد با خویشتن زرّ و سیم [8]
یلان‌سینه و گرد ایزدگشسپ — ز یکسوی لشکر همی راند اسپ [9]
به بی‌راه لشکر همی راندند — سخن‌های شاهان همی خواندند
پدید آمد از دور، یک پاره ده — کجا، ده نبود، از درِ مردِ مه
همی راند بهرام پیش اندرون — پشیمان شده، دل پر از درد و خون [10]
چو از تشنگی، خشک شدشان، دهن — بیامد به خان یکی پیرزن
زبان را به چربی بیاراستند — اُزان پیرزن آب و نان خواستند

---

۱ – خیمه...، و یاران ویژهٔ بهرام نیز نزدیک خود بوده‌اند، نه در آن پرده‌سراها. ۲ – خیمه...

۳ – **یک:** ساروان کجا بود که سه هزار اشتر از وی بخواهند؟ **دو:** از شتر نامدار در جهان یاد نشده است!

۴ – بهنگام گریز، یاد کردن از زر و سیم و تخت و آج و گستردنی و خوردنی... ناشایست است، و گفتار آینده نشان میدهد که بهرام، نزد پیرزنی مهمان شد، و نان کشکین خورد! ۵ – سخن از (طلایه) در گفتار پسین می‌آید. ۶ – همان سخن

۷ – از اینجا ۴۶ رج داستانیست که بشاهنامه افزوده‌اند، تا نشان دهند که پیرزنی ایرانی نیز برآنست که خسرو بر بهرام پیروز است، وگرنه بهرام با نزدیکان خویش، بامدادان از رزمگاه گریخته بود، پس چگونه شاید که بهنگام گریز؛ بخانهٔ پیرزنی فرود آید، و پیش از آن، داستان گریز بهرام از شهر بگوش پیرزن رسیده باشد؟... آتش زدن گیاهِ‌تر نیز از گناهانیست که هیچگاه بر دست ایرانیان انجام نمی‌پذیرفت. پایان این داستان دروغین آنجا است که، بهرام با نستوه؛ روبرو می‌شود.

۸ – سخن از راندن در بیراه در گفتار پسین می‌آید، و یادکرد دوباره از زر و سیم، از سوی افزایندگان دریوزه گر پایان ندارد!

۹ – برای دو کس، کنش «راند» نادرخور است. ۱۰ – پیش را، اندرون؛ نیست.

زن پیر، گفتار ایشان شنید — یکی کهنه غربیل پیش آورید
بر او بر، بگسترد، یک پاره مَشک* — نهاده به غربیل بر، نان کشک
پلان‌سینه بَرسَم به بهرام داد — نیامد همی در غم، از واژ یاد[1]
گرفتند واژ و بخوردند نان — نظاره بدان نامداران، زنان
چو کشکین بخوردند می خواستند — زبان‌ها ز زمزم بپیراستند
زن پیر گفت: «ار میات آرزوست — می است و یکی نیز کهنه کدوست
بریدم کدو را که نو بُد سرش — یکی جام کردم نهادم برش»[2]
بدو گفت بهرام: «چون می بود — ازان خوب‌تر جام‌ها کی بود»
زن پیر رفت و بیاورد جام — ازآن جام، بهرام شد شادکام
یکی جام پر بر کَفَش بر نهاد — بدان تا شود پیرزن نیز شاد[3]
بدو گفت ک:«ای مام با فرّهی — ز کار جهان چیست آگهی؟»
بدو، پیرزن گفت: «چندان سخُن — شنیدم، کزان گشت، مغزم کهُن
ز شهر آمد امروز بسیار کس — همی جنگ چوبینه گویند و بس
که شد لشکر او بنزدیک شاه — سپهبد، گریزان بشد، بی‌سپاه
بدو گفت بهرام، کای پاک زن — مرا، اندرین، داستانی بزن
که این از خرد بود، بهرام را — وگر برگزید از هوا، کام را
بدو پیرزن گفت، ک:«ای شهره مرد — چرا دیو، چشم ترا تیره کرد
ندانی که بهرام پور گشسپ — چو با پور هرمز برانگیزد اسپ
بخندد بر او هر که دارد خرد — کس او را ز گردنکشان نشمرد»
بدو گفت بهرام: «گر آرزوی — چنین کرد، گو، می خور اندر کدوی
برین گونه غربیل بر، نان جو — همی‌دار در پیش تا جو درو»[4]
بران‌هم خورش یک‌شب آرام یافت — همی کام دل جست و ناکام یافت[5]
چو خورشید، بر چرخ بگشاد راز — سپهدار جنگی بزد تبل باز[6]
بیاورد چندانکه بودش سپاه — گرانمایگان برگرفتند راه[7]
به ره بر یکی نیستان بود، نو — بسی اندرو مردمِ نی‌درو

---

* – مَشک (پوست گوسفند، یا گاو) بجای دستار خوان (=سفره)
۱ – باژگونهٔ سخن پسین است.
۲ – سخن نادرست، زیرا که دانه‌های کدو را بایستی از آن را بیرون کشیدن، و آنرا خشک کردن، تا بکار نگهداشتن «می» آید! از کدوهای کوچکتر نمکدان و فلفل‌دان... برمی‌آوردند، که هنوز در خانهٔ من، یکی از آنها هست.
۳ – بر کفِ چه‌کس؟ بایستی از بهرام یاد شود: «بهرام یک جام می نیز به پیرزن داد».
۴ – سخن بی‌پیوند، از آنجا که بهرام، تا جو درو، نزد پیرزن نمی‌ماند!
۵ – سخن پریشان و درهم
۶ – باری بهرام را که دیگر سرِ جنگ نبود!
۷ – سپاه را کجا بیاورد؟

چو از دور دیدند بهرام را ... چنان لشکر گشن و خودکام را
ببهرام گفتند: «انوشه بَدی ... ز راه نیستان چرا آمدی؟
که بی‌مر سپاه است پیش اندرون ... همه جنگ را دست شسته به خون»
چنین گفت بهرام ک :«ایدر سوار ... نباشد جز از لشکر شهریار
فرود آمدند اندران نیستان ... همه جنگ را تنگ بسته میان
شنیدم که چون ماز پرده‌سرای ... پسیچیدن راه کردیم رای[1]
جهاندار بگزید نستود را ... جهانجوی بی‌تاز و بی‌پود را[2]
ابا سه هزار از سواران مرد ... کجا پای دارند روز نبرد[3]
بدان تا بیاید پسِ ما دمان ... چو بینم مر او را سرآرم زمان[4]
همه اسپ را تنگ‌ها برکشید ... همه گرد این بیشه لشکر کشید»[5]
سواران سبک برکشیدند تنگ ... گرفتند شمشیر هندی به چنگ[6]
همه نیستان آتش اندر زدند ... سپه را یکایک بهم بر زدند
نیستان سراسر شد افروخته ... یکی کشته و دیگری سوخته
چو نستوه را دید بهرام گرد ... عنان بارهٔ تیزتگ را سپرد
ز زین برگرفتش به خمِ کمند ... بیاورد کردش هم‌آنگه به بند[7]
همی خواست نستوه، زو؛ زینهار ... همی گفت ک :«ای نامور شهریار
چرا؟ ریخت خواهی، همی خون من! ... ببخشای بر بخت واروَن من
مکش مر مرا، تا دوان پیش تو ... بیایم، بَوَم زار، درویش تو»
بدو گفت بهرام: «من، چون تو مرد ... نخواهم که باشد به دشت نبرد
نبرّم سرت را که ننگ آیدم ... که چُون تو سواری، بجنگ آیدم
چو یابی رهایی ز دستم؛ بپوی ... ز من هر چه دیدی به خسرو بگوی»
چو بشنید نستوه، روی زمین ... ببوسید و بسیار کرد آفرین
اُزان بیشه○، بهرام شد؛ تا به رَی ... ابا او دلیران فرخنده‌پی

۱ - بهرام سپیده دمان آهنگ گریز کرد، و پس از گریز وی آگاهی بخسرو رسید، پسان، خسرو نستوه را فرمان برفتن داد، پس چگونه آگاهی نستوه ببهرام رسیده بود؟

۲ - در نمونه‌ها «نستود» آمده است، و هیچ ایرانی نیست و نبوده است که نام «ناستوده» بر فرزند خویش نهد.

۳ - سواران مرد چگونه بوده‌اند؟

۴ - میان لت دویم و لت نخست پیوند بایسته نیست.

۵ - **یک:** سواران، بهنگام بامداد، و پیش از جنبش، تنگ اسب‌ها را می‌کشند. **دو:** برای کشیدن تنگ؛ کنش برکشید با پیشوندِ بر (= اَبَر؛ بالا) نادرخور است.

٦ - دنبالهٔ گفتار پیشین.

۷ - **یک:** چون سواری را از زین برگیرند، با سر بر زمین میخورد، و جانش بدر می‌رود... و جایی برای آنکه او را (بیاورند) نمی‌ماند! **دو:** بند کردن او نیز نادرست است، زیرا که بهرام که خود بدو زینهار می‌دهد، تا برود و داستان را بخسرو گوید، چرا بایستش به بند کردنِ او.

○ - «دشت» درست می‌نماید.

نیرنگ بندوی و خسرو ۳۳۵

ببود و برآسود و، زانجا برفت — به نزدیک خاقان خرامید، تفت

*

ازین* روی، خسرو، بدان رزمگاه — بیامد، که بهرام بُد، با سپاه
همه رزمگاهش به تاراج داد — سپه را همه بدره و تاج داد[1]
یکی بارهٔ تیزرو برنشست — میان را ز بهر پرستش ببست[2]
به پیش اندر آمد یکی خارستان — پیاده ببود اندران کارستان[3]
بغلتید در پیش یزدان به خاک — همی گفت ک:«ای داور داد و پاک[4]
پی دشمن از بوم برداشتی — همه کار ز اندیشه بگذاشتی[5]
پرستنده و ناسزا بنده‌ام! — بفرمان و رایت سر افکنده‌ام»[6]
اُزان جایگه شد به پرده‌سرای — بیامد به نزدیک او رهنمای[7]
بفرمود تا پیش او شد دبیر — نوشتند زو نامه‌ای بر حریر[8]
ز چیزی که رفت اندران رزمگاه — به قیصر نوشت اندران نامه، شاه[9]
نخست آفرین کرد بر دادگر — کزو دید مردیّ و بخت و هنر[10]
دگر گفت ک:«ز کردگار جهان — همه نیکوی دیدم اندر نهان[11]
به آذرگشسپ آمدم با سپاه — دوان پیش‌باز آمدم کینه‌خواه[12]
بدان گونه تنگ اندر آمد به جنگ — که بر من ببُد کار پیکار تنگ[13]
چو یزدان پاکش نبد دستگیر — بمرد آن دم آتش و دار و گیر[14]
چو بیچاره برگشت و لشکر نماند — گریزان به شبگیر زانجا براند[15]

* – نمونه‌ها: «از این روی»، «ازین سوی»، اما پیدا است که **«از آنسوی»** درست است، زیرا که در سخن پسین نیز بدان (= به آن) رزمگاه یاد شده است.

۱ – **یک:** رزمگاه را نشاید بتاراج دادن، زیرا که آن دشتی فراخ است... آنرا که شاید تاراج کردن، لشکرگاه است. **دو:** لت دویم نیز بر روال همیشگی افزایندگان «بدره و تاج» است، و چنین نیز نشاید.

۲ – سوار بر بارهٔ تیزرو، پرستش و نیایش!

۳ – خارستان را چگونه کارستان توان خواندن؟

۴ – یزدان را پیشگاه نیست، و نیایش نیز با غلتیدن بر روی خاک نشاید.

۵ – لت دویم را پیوند درست نیست.

۶ – این سخنان، نیایش نیست پرستش نیز بشمار نمی‌آید.

۷ – رهنمای یاد شده در لت دویم، کیست؟

۸ – چون «از او» نامه نوشتند، بایستی روشن شود که به چه‌کس نوشته شده است: «به قیصر».

۹ – چیزی که رفت نادرست است، و دو بار بکارگرفتن «آن» در یک سخن، آنرا سست می‌گرداند.

۱۰ – پیوند لت دویم نادرست است، و از شاهنامه برگرفته شده است: «کزویست مردی و بخت و هنر».

۱۱ – **یک:** «گفت» با «نوشت» آغازین ناهمخوان است. **دو:** نیکویی در نهان نبود... اگر پیروزی نامردانهٔ او را بر پهلوان، نیکی خداوند در شمار آوریم، پیروزی «آشکار» بود نه «پنهان».

۱۲ – سخن بایستی چنین بوده باشد، به آذرگشسب رفتم، زیرا که نشاید هم بدانجا «آمدن» و هم از آنجا «آمدن»!

۱۳ – سخن نادرخور است، زیرا که دولشکر جنگجوی را بایستی بیکدیگر نزدیک شدن.

۱۴ – لت دویم بی‌پیوند و نادرخور است. «دم آتش» نمی‌میرد، آن خودِ آتش است که می‌میرد، دار و گیر «او» باید.

۱۵ – بیچاره گشت، نه بیچاره برگشت.

همه لشکرش را بهم بر زدیم — به لشکرگهش آتش اندر زدیم[1]
به فرمان یزدان پیروزگر — ببندم بر او نیز راه گذر»[2]
نهادند بر نامه بر مُهر شاه — فرستادگان برگرفتند راه[3]

*

فرستاده با نامهٔ شهریار — بشد تا برِ قیصر نامدار[4]
چو آن نامه بر خواند قیصر ز تخت — فرود آمد آن مرد بیداربخت[5]
به یزدان چنین گفت که:«ای رهنمای — همیشه توی جاودانه بجای[6]
تو پیروز کردی مرآن بنده را — کِشنده توی مرد افکنده را»[7]
فراوان به درویش دینار داد — همان خوردنی‌های بسیار داد[8]
مرآن نامه را نیز پاسخ نوشت — بسان درختی به باغ بهشت[9]
سر نامه کرد از جهاندار یاد — خداوند پیروزی و فرّ و داد[10]
خداوند ماه و خداوند هور — خداوند پیل و خداوند مور[11]
بزرگی و نیک‌اختری زو شناس — وزو دار تا زنده باشی سپاس[12]
جز از داد و خوبی مکن در جهان — چه در آشکار و چه اندر نهان[13]
یکی تاج کز قیصران یادگار — همی داشتی تا کی آید به کار[14]
همان خسروی توغ با گوشوار — سد و شست تا جامهٔ زرنگار[15]
دگر سی شتربار دینار بود؟ — همان درّ و یاقوت بسیار بود
صلیبی فرستاد گوهرنگار — یکی تخت پر گوهر شاهوار

---

۱ – **یک:** چنین نیست، و سپاهیان بهرام، شبانه بنزد خسرو رفته بودند. **دو:** خرد نمی‌پذیرد که لشکرگاهی را که از آنِ ایرانی است و بدست خسرو میرسد، آتش زنند.

۲ – «نیز» در لت دویم نادرخور است.

۳ – فرستادگان، نشاید: «فرستاده».

۴ – فرستادگان، به «فرستاده» دگرگون شد!

۵ – «آن مرد» لت دویم، با «قیصر» لت نخست ناهمخوان است.

۶ – دنبالهٔ گفتار

۷ – کِشنده» نادرخور است «برکشیدن» باید.

۸– درویش نادرست است: «درویشان»: «خوردنی‌های بسیار داد» نیز...

۹ – نامه را به «درخت» نشاید مانَنده کردن.

۱۰ – دنبالهٔ گفتار

۱۱ – سخن سخت کودکانه است! فردوسی چنین گفته است:

خداوند رخشنده، خورشید و ماه — پی مور، بر هستی او گواه

*

خداوند کیهان و گردان سپهر — فروزندهٔ ماه و ناهید و مهر

۱۲ – خرد نمی‌پذیرد که قیصر، خود و سپاه روم را در آن پیروز، در شمار نیاورد، و پیروزی را از سوی خداوند داند.

۱۳ – نیز درست نمی‌نماید که قیصر بخسرو، همچون فرزند خویش پند دهد!

۱۴ – تاج هر پادشاه ویژهٔ خود او بوده است، و نشاید از تاج قیصران یاد کردن، زیرا که اگر تاج، از قیصران پسین بدو رسیده بود، باز بایستی آن تاج بر سر قیصر باشد، و بفرزند او رسد، و چنین تاج را نشایستی بخسرو دادن.

۱۵ – نیز خرد نمی‌پذیرد که قیصر که با فرستادن سپاه و بنه و جنگ‌افزار، بخسرو یاری رسانده بود، پس از پیروزی نیز، توغ و جامه و دینار و درّ و یاقوت و چلیپا(؟) و تخت و خفتان زربافته [اما خفتان سبزرنگ چگونه است]، و فیلسوف رومی نیز بنام دستخوش برای او بفرستد!

یکی سبز خفتان به زر بافته — بسی شوشهٔ زر بر او تافته
ازان فیلسوفان رومی چهار — برفتند با هدیه و با نثار
چو زان کارها شد به شاه آگهی — ز قیصر شدش کار با فرهی[1]
پذیره فرستاد خسرو سوار — گرانمایگان گرامی هزار[2]
بزرگان به نزدیک خسرو شدند — همه پاک با هدیهٔ نو شدند[3]
چو خسرو نگه کرد و نامه بخواند — ازان خواسته در شگفتی بماند[4]
به دستور فرمود پس شهریار — که: «آن جامه روم گوهرنگار[5]
به آیین پرمایه دهقان بود — کجا جامه جاثلیقان بود[6]
چو بر جامهٔ ما چلیپا بود — نشست اندر آیین ترسا بود[7]
و گر خود نپوشم بیازارد اوی — همانا دگرگونه پندارد اوی[8]
و گر پوشم این نامداران همه — بگویند کاین شهریار رمه[9]
مگر کز پی چیز ترسا شده‌ست — که اندر میان چلیپا شده‌ست»[10]
به خسرو چنین گفت پس رهنمای — که: «دین نیست شاها به پوشش بپای[11]
تو بر دین زردشت پیغمبری — اگر چند پیوستهٔ قیصری»[12]
بپوشید پس جامهٔ شهریار — بیاویخت آن تاج گوهرنگار[13]
برفتند رومی و ایرانیان — ز هر گونه‌ای مردم اندر میان[14]
کسی که‌ش خرد بود چون جامه دید — بدانست کاو رای قیصر گزید[15]
دگر گفت ک: «این شهریار جهان — هماناکه ترسا شد اندر نهان»[16]

---

۱ - لت دویم بی‌پیوند و گزارش است.
۲ - گرانمایهٔ گرامی آمیزه‌ای نادرست است، زیرا که پیدا است که گرانمایگان، گرامی نیز هستند شمار نیز نادرست است: «هزار گرانمایه».
۳ - **یک:** کدام بزرگان؟ قیصر چهار تن (از آن فیلسوفان رومی) با پیشکشی‌ها همراه کرده بود. **دو:** «پاک» در لت دویم نیز نادرخور است، زیرا که پیشکشی‌ها از آنان نبود، و از سوی قیصر بود.
۴ - دنبالهٔ گفتار
۵ - کدام دستور؟ هنوز خسرو برای خویش «وزیر» برنگزیده است.
٦ - **یک:** بآیین دهقان ایرانی است؟ یا بآیین جاثلیقان (= کاتولیکان)؟ کدامیک. **دو:** افزایندهٔ ناآگاه نمی‌دانسته است که باشد که هزاران هزار کاتولیک جهان، تهیدست و رنجبر بوده باشند، که آنانرا جامهٔ گرانبها نبوده!
۷ - **یک:** در گفتار نخست از سدوشست (تا) جامهٔ زرنگار [و در نمونه‌ها، هزار و سد و شست، سد و بیست] یاد شده بود، نه جامهٔ گوهرنگار. **دو:** «جامهٔ چلیپا» نیز نادرخور است، و چنین جامه در جهان پدیدار نیست، مگر آنکه گفته شود جامه‌ای که «نگارهٔ چلیپا بر آن بافته بودند»! **سه:** لت دویم نیز بی‌گزارش و پیوند است.
۸ - دنبالهٔ گفتار
۹ - همچنین
۱۰ - در میان چلیپا شدن، چگونه است؟
۱۱ - «دستور» در این رج «رهنمای» شد!
۱۲ - دنبالهٔ گفتار
۱۳ - تاج را کجا آویخت؟ افزاینده در گفتار فردوسی خوانده است که تاج را می‌آویخته‌اند، اما نمیدانسته است که تاج را در کاخ، برفراز تخت با زنجیرهای نازک زرین می‌آویخته‌اند، و چون شاه بر تخت می‌نشست تاج نیز برفراز سرش جای داشت. اما خسرو هنوز در آذربایجان و لشکرگاه است، و جایی برای آویختن تاج نداشته است.
۱۴ - **یک:** رومی را «ایرانی» باید نه ایرانیان. **دو:** لت دویم نیز بی‌گزارش است.
۱۵ - گفتار در این رج...
۱٦ - ...با این گفتار یکی است، و رودرروی هم نیست، و چنین گفتار را نشاید با «یکی چنین گفت، و دیگری چنان گفت» آوردن.

*

دگر روز خسرو بیاراست گاه — به سر بر نهاد آن کیانی کلاه[1]

نهادند در گلشن سور، خوان — چنین گفت پس: «رومیان را بخوان»[2]

بیامد نیاتوس با رومیان — نشستند با فیلسوفان به خوان[3]

چو خسرو فرود آمد از تخت بار — ابا جامهٔ روم گوهرنگار[4]

خرامید خندان و برخوان نشست — بشد نیز بندوی بَرسَم به دست[5]

جهاندار بگرفت واژ نهان — به زمزم همی رای زد با مهان[6]

---

۱ - افزاینده فراموش کرد که تاج را بر فراز سرِ خسرو آویخته بود.

۲ - **یک:** گلشن گلشن است، و نمیتوان از «گلشن سور»، یا «گلشن سوگ» نام بردن. **دو:** به چه کس گفت؟

۳ - به خوان (=میز در گفتار امروز) نشاید گفتن، چون خورندگان پیرامون خوان می‌نشینند.

۴ - **یک:** سخن سخت پریشان است، هنگام بار نبود، و هنگام سور بود، و بهنگام سور همگان را بایستی پیرامون خوان نشستن...! **دو:** جامهٔ روم نیز نادرست است جامهٔ رومی.

۵ - افزاینده، خسرو را بر خوان (روی خوان) نشاند، و برسم (دسته گیاه سبز) را تنها بدست بندوی داد، باز آنکه همگان نخست برسم بدست می‌گرفتند.

٦ - **یک:** واژ نهان سخنی سخت نادرخور است «واژ خوردن» که در پیشگفتار درباره آن سخن گفته‌ام. **دو:** افزایندهٔ ناآگاه نمیدانسته است که بهنگام خوان واژ باکسی نشاید سخن گفتن و رای زدن.

با چنین پیشگفتار نادرخور، دربارهٔ مهمانی دادن خسرو... چهل رج داستان کودکانه‌ای آورده‌اند که نیاتوس از «واژ گرفتن» خسرو بخشم آمد و نان را از دست [بنداخت]، و چون چنین کرد، بندوی با پشت دست بروی مهمان! سیلی زد و خسرو غمی [غمگین] رخساره‌اش چون (گل) شنبلید شده [در داستان پیشین نادرستی آنرا آورده‌ام] و به خال خویش دشنام می‌دهد، و هنوز نان نخورده سخن از مستی بندوی می‌رود، [ایرانیان برای آنکه بهنگام خوراک سخن نگویند، می را پس از خوراک می‌نوشیدند]، و هنوز خوردن آغاز نشده، نیاتوس نیم مست بلشکرگاه خویش می‌رود و آهنگ رزم با خسرو را میکنند، و پیام درشت برای سپردن بندوی بدو، میفرستد و پاسخ خسرو بدین درخواست آنستکه من دین نیاکان را نمی‌هلم که دین مسیح را پذیرم!!!

مریم پا در میان می‌نهد و با بندوی بدیدار نیاتوس می‌رود [و یکباره نیاتوس برادر پدر مریم و برادر قیصر می‌شود] و مریم با سخنان تند نیاتوس را پند میدهد، و نمونهٔ گفتار آشفتهٔ وی چنین است:

«دل (او) سراسر پر ازکین (او)ست / زبانش پر از (رنج) و نفرین (او)ست، و آندو را آشتی می‌دهد!

| | |
|---|---|
| نیاتوس کان دید بنداخت نان | از آشفتگی بازپس شد ز خوان |
| همی گفت: «واژ و چلیپا بهم | ز قیصر بود بر مسیحا ستم» |
| چو بندوی دید آن بزد پشت دست | به خوان بر به روی چلیپاپرست |
| غمی گشت زان کار خسرو چو دید | به رخساره شد چون گل شنبلید |
| به گستهم گفت: «این گو بی‌خرد | نباید که بی‌داوری می خورد |
| ورا با نیاتوس رومی چه کار | تن خویش را کرد امروز خوار» |
| نیاتوس زان جایگه برنشست | به لشکرگه خویش شد نیم مست |
| بپوشید رومی زره رزم را | ز بهر تبه کردن بزم را |
| سواران رومی همه جنگ‌جوی | به درگاه خسرو نهادند روی |
| هم‌آنگه ز لشکر سواری چو باد | به خسرو فرستاد رومی‌نژاد |
| که: «بندوی ناکس چرا پشت دست | زند بر رخ مرد یزدان‌پرست؟ |
| گر او را فرستی به نزدیک من | اگر نه ببین شورش انجمن |
| ز من بیش پیچی کنون کز رهی | که جوید همی تخت شاهنشهی» |
| چو بشنید خسرو برآشفت و گفت | که: «کس دین یزدان نیارد نهفت |
| گیومرث و جمشید تا کیقباد | کسی از مسیحا نکردند یاد |
| مبادا که دین نیاکان خویش | گزیده سرافراز و پاکان خویش |
| گذارم به دین مسیحا شوم | نگیرم به خوان واژ و ترسا شوم |

۴۶۲۴۰

۴۶۲۴۵

۴۶۲۵۰

تو تنها همی کژّگیری شمار — هنر دیدم از رومیان روز کار»
به خسرو چنین گفت مریم که: «من — به پا آورم جنگ این انجمن
به من ده سرافراز بندوی را — که تا رومیان از پی روی را
ببینند و باز آرمش تندرست — کسی بیهده جنگ هرگز نجست»
فرستاد بندوی را شهریار — به نزد نیاتوس با ده سوار
همان نیز مریم زن هوشمند — که بودی همیشه لبانش به پند
بدو گفت: «رو با برادر پدر — بگو: ای بداندیش پرخاشخر
ندیدی که با شاه قیصر چه گفت — ز بهر بزرگی ورا بود جفت
ز پیوند خویشیّ و زِ خواسته — ز مردان و زِ گنج آراسته
تو پیوند خویشی همی برکنی — همان فرّ قیصر ز من بفکنی
ز قیصر شنیدی که خسرو ز دین — بگردد چو آید به ایران زمین؟
مگو ایچ گفتار ناداپذیر — تو بندوی را سر به آغوش گیر
ندانی که دهقان ز دین کهن — نپیچد چرا خام گویی سخن
مده رنج و کردار قیصر به باد — بمان تا بباشیم یک چند شاد
به کین پدر من جگر خسته‌ام — کمر بر میان سوک را بسته‌ام
دل او سراسر پر از کین اوست — زبانش پر از رنج و نفرین اوست
که او از پی واژ شد زشت‌گوی — تو از بی‌خرد هوشمندی مجوی»
چو مریم برفت این سخن‌ها بگفت — نیاتوس بشنید و کینه نهفت
هم از کار بندوی دل کرد نرم — کجا داشت از روی بندوی شرم
بیامد به نزدیک خسرو چو گرد — دل خویش خوش کرد زان گفته مرد
نیاتوس گفت: «ای جهاندیده شاه — خردمندی از مست رومی مخواه
تو بس کن به دین نیاکان خویش — خردمند مردم نگردد ز کیش»
برین گونه چون شد سخن‌ها دراز — به لشکرگه آمد نیاتوس باز
به خرّاد برزین بفرمود شاه — که: «رو عرض‌گه ساز و دیوان بخواه[1]
همه لشکر رومیان عرض کن — هر آن کس که هستند نو گر کهن[2]
درم‌شان بده رومیان را ز گنج — به دادن نباید که بینند رنج»[3]

---

۱ - عَرَض نادرست است: «عَرَض» [که گونه‌ای تازه شده از [illegible] اَرِزْ(۴) اوستایی است که برابر است با انجام دادن، کردن، کوشیدن بنگرید بفرهنگ واژه‌های اوستایی (۱۱۵-۱)، که در واژه‌های آمیختهٔ [illegible] ستونی از ارتش که برای پیکار بسیج می‌شوند، و [illegible] اَرِزَیَ میدان جنگ، پهنهٔ نبرد (همان ۱۱۶-۱) آمده است.] ← بنگرید به پیشگفتار
واژهٔ آمیختهٔ نخست در مهر یشت کردهٔ ۳٦، و واژهٔ دویم در فروردین یشت، کردهٔ ۱۰۷ آمده است.

۲ - دوباره همان نام بگونهٔ نادرست

۳ - «دادن» از سوی خرّاد برزین، و رنج دیدن از سوی رومیان، نادرست است.

آغاز کار خسرو ۳۴۱

کسی کاو به خلعت سزاوار بود — کجا روز جنگ ازدرِ کار بود[۱]
⇐ بفرمود تا خلعت آراستند — ز در، اسپ پرمایگان خواستند
نیاتوس را داد چندان گهر — چه* اسپ و پرستار زرّین کمر؛
کز اندازهٔ هدیه برتر گذاشت — سرش را ز پرمایگان برفراشت
هر آن شهر کز روم بستد قباد — چه هرمز چه کسریّ فرخ‌نژاد[۲]
نیاتوس را داد و بنوشت عهد — بر آن جام حنظل بَرآکند شهد[۳]
برفتند پس رومیان سوی روم — بدان مرز آباد و آباد بوم[۴]
دگر هفته برداشت با ده سوار — که بودند بینادل و نامدار[۵]
ز لشکرگه آمد به آذرگشسپ — به گنبد نگه کرد و بگذاشت اسپ[۶]
پیاده همی رفت و دیده پر آب — به زردی دو رخساره چون آفتاب[۷]
چو از در به نزدیک آتش رسید — شد از آب دیده رخش ناپدید[۸]
دو هفته همی خواند، استا و زند — همی گشت بر گرد آذر نژند[۹]
به هشتم بیامد ز آتشکده — چو نزدیک شد روزگار سده[۱۰]
به آتش بداد آنچه پذرفته بود — سخن هر چه پیش ردان گفته بود[۱۱]
ز زرّین و سیمین گوهرنگار — ز دینار و ز گوهر شاهوار[۱۲]
به درویش بخشید گنج درم — نماند اندران بوم و بر کس دژم[۱۳]
اُزان جایگه شد به اندیو شهر — که بر دارد از روز شادیش بهر[۱۴]

---

۱ – از «خلعت» در رج پسین یاد می‌شود.
* – نمونه‌ها، همه «چه» آورده‌اند، اما پیدا است که گفتار فردوسی چنین بوده است: **«ز اسپ و پرستار زرین کمر»**
۲ – «بسته» در لت نخست نادرست است: «بستده بود» و نیز کنش «بودن برای قباد هرمز و کسری نادرخور است: «بودند».
۳ – **یک:** چگونه شهرهای یاد شده را به نیاتوس داد، باز آنکه نیاتوس هنوز در ایران بسر می‌برد. **دو:** اگر جام هَنْزَل بوده است، «شهد» تنها، زهر را شیرین میسازد، و زهر شیرین نیز، زهر است و کشنده!
۴ – **یک:** دو بار بکار بردن واژهٔ «آباد» در یک سخن، آنرا سست می‌کند. **دو:** و آباد بوم نیز پاژنام ایران بوده است.
۵ – برداشت، بجای «رفت» نادرخور است. لت دویم نیز سست می‌نماید: «باد سوارِ نامدار».
٦ – بگذاشت اسپ در گفتار فردوسی. «اسب را بگذراند» است و سخن چنین می‌نماید که اسپ را از (گنبد) بگذراند... افزاینده را، رای بر آن بوده است که بگوید: «از اسپ پیاده شد» یا چون گنبد را بدید، اسپ را همانجا بماند، و پیاده بآتشکده رفت».
۷ – رخسارهٔ چون آفتاب «درخشنده» است، و «زرد» نیست.
۸ – دنبالهٔ گفتار
۹ – **یک:** اُستا نادرست است. **دو:** خواندن اوستا؛ خویشکاری موبدان بود، نه خسرو. **سه:** دو هفته اوستا خواند...
۱۰ – و روز هشتم(!) بیامد؟ «جشن سده» نیز یک روز است و روزگار ندارد. اما افزاینده را، برای پساوا، بدان نیاز بوده است.
۱۱ – **یک:** کدام ردان؟ **دو:** سخن چنین می‌نماید که (سخن) را بآتشکده بداد.
۱۲ – افزاینده سخن را اندکی آراست.
۱۳ – درویش نیز نادرست است: «درویشان».
۱۴ – «اندیو شهر» در جهان شناخته نشد، چه رسد به آذربایجان! نویسنده شاهنامهٔ خاورشناسی مسکو چنین آورده است: «از آنجا شد آنکه بدیوان شهر»، و پیدا است که برای بهره گرفتن از «روز شادی» لت دویم، بدیوان نشاید رفتن، زیرا که دیوان، جای کارگزاران است.

کجا کشور شورستان بود مرز — کسی خاک او را ندانست ارز[1]
به ایوان که نوشین‌روان کرده بود — بسی روزگار اندران برده بود[2]
گرانمایه کاخی بیاراستند — همان تخت زرّین بپیراستند[3]
بیامد به تخت پدر برنشست — جهاندار پیروزِ یزدان‌پرست
بفرمود تا پیش او شد دبیر — همان راهبر، موبد تیزویر
نوشتند منشور ایرانیان — برای بزرگان و فرّخ مهان
بدان کار، بندوی بُد کدخدای — جهاندیده و راد و فرخنده‌رای
خراسان سراسر به گستهم داد — بفرمود تا نو کند، رسم و داد[4]
بهر کار دستور بُد برزمهر — دبیری جهاندیده و خوبچهر[5]
چو بر کام او گشت گردنده چرخ — ببخشید داراب‌گرد و صطرخ[6]
به منشور بر مُهر زرّین نهاد — یکی در کف رام برزین نهاد[7]
بفرمود تا نزد شاپور برد — پرستنده و خلعت او را سپرد[8]
دگر مهر خسرو سوی اندیان — بفرمود بردن به رسم کیان[9]
دگر کشوری را به گردوی داد — بران نامه بر مُهر زرّین نهاد[10]
به بالوی داد آن زمان شهر چاج — فرستاد منشور با تخت آج[11]
کلید در گنج‌ها بر شمرد — سراسر به پور تخواره سپرد[12]
بفرمود تا هر که مهتر بدند — به فرمان خرّاد برزین شدند[13]
به گیتی رونده بود کام او — به منشورها بر بود نام او[14]

---

۱ - **یک:** کشور شورستان نیز شناخته نمی‌شود. میانرودان که از چندی پیش بنام عراق خوانده می‌شود، در بخش‌بندی‌های پیشین «آسورستان» خوانده می‌شد. **دو:** ندانست نیز نادرخور است، «نمی‌دانست».

۲ - **یک:** «کرده بود» را با «بُرده بود» پساوا نیست. **دو:** بایوان آغازین نادرخور است: «بدان ایوان که».

۳ - اگر بدان ایوان که نوشروان ساخته بود، رفتند، «گرانمایه کاخی» نادرخور است.

۴ - **یک:** چون نام از خراسان می‌رود، افزودن «سراسر» بدان، نادرخور است. **دو:** برخی نمونه‌ها به جای رسم «رزم» آورده‌اند، و رزم را نو کردن، فرمان بجنگ کردن است، اما جنگ با چه کس؟ و کدام کشور؟

۵ - افزاینده بدین زودی فراموش کرد که: «بدینکار، بندوی بد کدخدای».

۶ - **یک:** تازه بکام رسید؟ **دو:** سخن را پیوند «راه باید. «دارابکرد و ستخر». **سه:** و نه سترخ.

۷ - «یکی» در آغاز لت دویم نادرخور است، و چنین می‌نماید که یک یا چند منشور دیگر نیز برای آن دو شهر نوشته بوده‌اند.

۸ - شاپور کیست؟

۹ - سخن آشفته است، و نام از شهری دیگر بمیان نیامده است.

۱۰ - **یک:** کدام کشور؟ **دو:** (آن) نیز در آغاز لت دویم نادرخور است: «برنامهٔ او...». **سه:** سخن نیز ناراست است، زیرا که در آینده خواهیم دیدن که «گُردوی» (برادر خرد بهرام چوبینه) همواره نزد خسرو است، و بشهری دیگر نرفته است.

۱۱ - **یک:** آن زمان نادرخور است، زیرا که منشورها را هم در یکزمان نوشتند. **دو:** تخت آج ویژهٔ پادشاهان بوده است.

۱۲ - تخواره پیشتر «تخوار» بود، و پسان به «تخواره» نامبردار شد.

۱۳ - «هر که مهتر بدند» نادرست است: «همهٔ مهتران».

۱۴ - **یک:** کام چه کس؟ کام خراد برزین؟ یا کام هر که مهتر بود! **دو:** بر منشورها، تنها نام پادشاه بوده است نه کسان دیگر.

ز لشکر، هر آنکس که هنگام کار / بماندند با نامور شهریار[1]
همی خلعت خسروی دادشان / به شاهی به مرزی فرستادشان[2]
همی گشت گویا منادیگری / خوش آواز و، بیداردل مهتری*
که: «ای زیردستان شاه جهان / مخواهید جز آفرین در نهان
مجویید کین و مریزید خون / مباشید بر کار بد رهنمون
گر از زیردستان بنالد کسی / گر از لشکری، رنج یابد بسی
نیابد، ستمکاره؛ جز دار، جای / همان رنج و آتش، بدیگر سرای
همه پادشاه‌اند بر گنج خویش / کسی را که گرد آمد از رنج خویش[3]
خورید و دهید آنکه دارید چیز / همان کز شما هست درویش نیز[4]
چو باید خورش بامداد پگاه / سه من می بیابد ز گنجور شاه[5]
به پیمان، که خواند بران آفرین / که کوشد که آباد دارد زمین[6]
گر ایدونکه زین سان بود پادشا / به از دانشومند ناپارسا»[7]

## گفتار فردوسی
## در
## سوگ فرزند

مرا سال بگذشت بر شست و پنج / نه نیکو بود، گر بیازم به گنج
مگر بهره بر گیرم از پند خویش / براندیشم از مرگ فرزند خویش
مرا بود نوبت، برفت آن جوان / ز دردش منم، چون تنی بی‌روان
شتابم همی تا مگر یابمش / چو یابم به پیغاره بشتابمش؛
که نوبت مرا بود، بی کام من / چرا؟ رفتی و بردی آرام من!
ز بدها تو بودی مرا دستگیر / چرا؟ راه جستی ز همراه پیر
مگر همرهان جوان یافتی / که از پیشِ من، تیز بشتافتی

۱ – سخن نادرست است: «از سپاهیان، آنانکه بهنگام گریز با شهریار بماندند».
۲ – «همی داد» نادرست است. نمونهٔ دیگر «همه دادن که آن نیز بی‌پیوند است: «همه (را) بداد».
* –لت دویم راگزارش چنین است: منادیگری خوش آواز، بهمراه مهتری بیداردل.
۳ – پیوند بایسته میان لت دویم با لت نخست نیست: «هرانکس که گنجی با رنج خویش فراهم کرده است».
۴ – «آنکه دارید» نیز در این رج نادرخور است: «آنانکه چیز دارند».
۵ – برگرفته از داستان بهرام گور است.
۶ – درویش را چگونه توان آباد کردن زمین هست؟
۷ –سنجش نادرخوری است.

جوان را چو شد سال بر سی و هفت ... نه بر آرزو یافت گیتی و رفت
همی بود همواره با من درشت ... بر آشفت و یکباره بنمود پشت [1]
برفت و غم و رنجش ایدر بماند ... دل و دیدهٔ من بخون در نشاند
کنون او سوی روشنایی رسید ... پدر را همی، جای خواهد گزید
بر آمد چنین روزگار دراز ... کزان همرهان کس نگشتند باز [2]
همانا مرا چشم دارد همی ... ز دیر آمدن خشم دارد همی [3]
مرا شست و پنج و ورا سی و هفت ... نپرسید زین پیر و تنها برفت
وی اندر شتاب و من اندر درنگ ... ز کردارها تا چه آید بچنگ
روان تو، دارنده، روشن کناد ... خرد پیش جان تو جوشن کناد [4]
همی خواهم از کردگار جهان ... ز روزی‌ده آشکار و نهان [5]
که یکسر ببخشد گناه مرا ... درخشان کند تیره‌گاه مرا [6]

## رفتن بهرام پورگشسب
### بنزد
## خاقان

کنون داستان‌های دیرینه گوی ... سخن‌های بهرام چوبینه گوی
که چون او سوی شهر ترکان رسید ... بنزدِ دلیران و شیران رسید؛
ز گردان بیداردل، ده هزار ... پذیره شدندش، گزیده سوار
پسر با برادرش پیش اندرون ... ابا هر یکی، موبدی، رهنمون [7]
چو آمد برِ تختِ خاقان فراز ... بر او آفرین کرد و بردش نماز

۱ - افزایندهٔ بی‌شرم را چگونه یارای آن هست که پس از خواندنِ «ز بدها تو بودی مرا دستگیر»، و در کنارِ «برفت و غم و دردش ایدر بماند /دل و دیدهٔ من بخون درفشاند» این گفتار نادرخور را بگفتار پدر سوگوار بیفزاید؟

۲ - فرزند فردوسی تازه درگذشته است، و روزگار دراز بر مرگ وی نگذشته است.

۳ - و... فرزند بر پدر خشم نینگیزد... و این گفتار، در رج دویم پیشین گذشت.

۴ - **یک:** «روشنروان» پاژنام «زنده» است، برای درگذشتگان «شادی روان» می‌خواهند. **دو:** «خرد» نیز برای پیشبرد کار جهان است، و روان‌ها با خرد مینوی می‌آمیزند.

۵ - آشکار و نهان چگونه است؟

٦ - در چنین سوگ، کس بیاد گناهان خویش نمی‌افتد... و روانِ بیدارِ ایران، فردوسی را بجز از کوششی دراز آهنگ برای زنده نگاهداشتن داستانِ راستانِ ایران نبوده است، هرچه بر تن و روان وی رفت، فروغ بود و شکوه بود... همه نیکی و نکوکاری بود. روانِ آن جوان، شاد باد که در مینو جهان، بیاری پدر بیدار خویش شتافت.

۷ - **یک:** پسر و برادرِ چه کس؟ **دو:** پیش را (اندرون) نیست.

رفتن بهرام پورگشسپ بنزد خاقان ۳۴۵

چو خاقان ورا دید، بر پای جست — بپرسید و بستَرد رویش؛ بدست
بپرسید بسیارش از رنج راه — ز کار و ز پیکارِ شاه و سپاه[1]
هم ایزدگشسپ و یلان‌سینه را — بپرسید و خرّاد برزینه را[2]
چو بهرام بر تخت سیمین نشست — گرفت آن زمان، دستِ خاقان بدست[3]
بدو گفت کـ:«ای مهتر بافرین — سپهدار ترکان و سالار چین
تو دانی که از شهریار جهان — نباشد کسی ایمن، اندر نهان[4]
برآساید از گنج و بگزایدش — تن آسان کند رنج بسفزایدش[5]
گر ایدونکه ایدر، پذیری مرا — به هر نیک و بد، دست‌گیری مرا؛
بدین مرز با ارز، یار توام — بهر نیک و بد، غمگسار توام[6]
اُگر هیچ رنج آیدت، بگذرم — زمین را سراسر به پی بسپرم
گر ایدونکه باشی تو همداستان — از ایدر شوم تا به هندوستان»[7]
بدو گفت خاقان که: «ای سرفراز — بدین روز، هرگز، مبادت نیاز
بدارم ترا همچو پیوند خویش — چه پیوند، برتر ز فرزند خویش[8]
همه بوم با من بدین یاورند — اگر کهترانند اگر مهترند[9]
ترا بر سران، سرفرازی دهم — هم از مهتران بی‌نیازی دهم»
بدین نیز بهرام، سوگند خواست — زوان بود بر جان او بند خواست[10]
بدو گفت خاقان: «به برتر خدای — که هست او مرا و ترا رهنمای[11]
که تا زنده‌ام ویژه یار توام — به هر نیک و بد غمگسار توام»[12]
ازانپس دو ایوان بیاراستند — ز هر گونه‌ای جامه‌ها خواستند[13]
پرستنده و پوشش و خوردنی — ز چیزی که بایست گستردنی
ز سیمین و زرّین که آید بکار — ز دینار و از گوهر شاهوار
فرستاد خاقان بنزدیک اوی — درخشنده شد جان تاریک اوی
به خوان و به چوگان، به دشت شکار* — نرفتی، مگر کاو بُدی غمگسار

---

۱ – «بپرسید» در رج پیشین گذشت. ۲ – وابسته برج پیشین. و کسی بنام «برزینه» شناخته نمی‌شود.
۳ – «چو» آغازین بند زمان است (= بدانگاه که بر تخت نشست)، و «آنزمان» در لت دویم با آن همخوان نیست.
۴ – وابسته برج پسین ۵ – سخن را پیوند و گزارش نیست.
۶ – سخن لت دویم دوباره‌گویی لت دویم از رج پیشین است.
۷ – **یک:** رفتن از ترکستان بهندوستان راگذرِ دوباره از خاک ایران باید. **دو:** سخن درست در رج پیشین گذشت.
۸ – فرزند، نیز «پیوند» است، و لت دویم سست می‌نماید. ۹ – «کهتران» را در لت دویم «مهتران» باید.
۱۰ – لت دویم بی‌گزارش و پیوند است. ۱۱ – «او» در لت دویم نادرخور است. ۱۲ – دنبالهٔ گفتار.
۱۳ – چهار رج ایوان و جامه و پوشش زرین و سیمین افزایندگان...
* – نمونه‌ها گونه‌گون‌اند، و از برابر نهادن همهٔ آنها چنین بر می‌آید.

۳۴۶
خسروپرویز

برین گونه بر بود خاقان چین / همی خواند بهرام را آفرین[1]

*

یکی نامبردار بُد، یارِ اوی / برزم اندرون، دست بُردارِ اوی
ازو، مِه بگوهر، مقاتوره نام / که خاقان، ازو یافتی نام و کام
بشبگیر، نزدیک خاقان شدی / دو لب را، به انگشت خود، بر زدی
برآنسان که کهتر کند آفرین / بدان نامبردار، سالار چین
هم آنگه ز دینار، دادی هزار / ز گنجش، جهاندیدهٔ نامدار
همی دید بهرام، یک چند گاه / بخاقان همی کرد خیره؛ نگاه
بپرسید یک روز و، گفت: «ای بلند! / تویی در جهان، بر مهان، ارجمند
به هر بامدادی بهنگام بار / چو این مرد، دینار خواهد هزار؛
بچین، گر بود سر بسر، کان زر / همه بهرِ روزِ تو، ناید بسر!○
بدو گفت خاقان که: «آیین ما / چنین است و آرایش دین ما
که از ما، هر آنکس که جنگی‌تر است؛ / بهنگام سختی، درنگی‌تر است؛
چو خواهد فزونی، نداریم باز / ز مردانِ رزم‌آورِ جنگساز
فزونی، مر او را است بر ما، کنون / بدینار خوانیم، بر وی فسون!
چو زو باز گیرم، بجوشد سپاه / ز لشکر شود، روزِ روشن، سیاه»!

*

جهانجوی گفت: «ای سرِ انجمن / تو کردی ورا، چیره بر خویشتن!
چو باشد جهاندار بیدار و گرد / عنان را، بکهتر نباید سپرد
اگر زو رهانم ترا؟ شایدت! / اُگر ویژه، آزرمِ او، بایدت!»
بدو گفت خاقان که: «فرمان ترا است / بدین آرزو، رای و پیمان ترا است
مرا گر توانی رهانید ازوی / سر آورده باشی همه گفت و گوی»
بدو گفت بهرام ک:«اکنون پگاه / چو آید مقاتوره، دینارخواه؛
مخند و بر او هیچ، مگشای چشم / مده پاسخ و گر دهی، هم بخشم»!

*

گذشت آن شب و بامداد پگاه / بیامد مقاتوره نزدیک شاه
جهاندار خاقان بدو ننگرید / نه گفتار آن ترکِ جنگی شنید

---

۱ - «بر اینگونه بر بود» نادرست است.

○ - برابر با شاهنامه سپاهان، نمونه‌های دیگر: با دگرگونیهای فراوان چنین آورده‌اند: «ببخشش، گر این بیستگانی بود / همه بهرِ او، زر کانی بود»، که هیچ پیوند با سخن بهرام ندارد.

هنرنمایی بهرام

ز خاقان، مقاتوره آمد بخشم — یکایک برآشفت و بگشاد چشم
به خاقان چنین گفت ک:«ای نامدار — چرا؟ گشتم امروز، پیش تو خوار!
همانا که این مهترِ پارسی — که آمد بدین مرز با یار سی [1]
بکوشد همی تا بپیچی ز داد — سپاه ترا، داد خواهد، بباد» [2]
بدو گفت بهرام ک:«ای جنگجوی — چرا؟ تیز گشتی، بدین گفت و گوی
چو خاقان برد راه و فرمان من — خرد را، نپیچد ز پیمان من؛
نمانم که آیی تو هر بامداد — تن‌آسان، دهی گنج او را بباد!
برآن نِه، که هستی تو سیسد سوار — به رزم اندرون، شیر جویی، شکار
نیرزد که هر بامدادِ پگاه — بخروار، دینار خواهی ز شاه»

*

مقاتوره بشنید گفتار اوی — سرش گشت پرکین ز آزار اوی
بخشم و بتندی بیازید چنگ — ز ترکِش برآورد، تیری خدنگ
ببهرام گفت: «این، نشان من است — برزم اندرون، ترجمان من است
چو فردا بیایی بدین بارگاه — همی دار پیکان ما را نگاه»
چو بشنید بهرام شد تیزچنگ — یکی تیرِ پولاد پیکان، خدنگ
بدو داد و گفتا که: «این یادگار — بدار و ببین تا کی آید بکار»
مقاتوره از پیش خاقان برفت — بیامد سوی خرگه خویش، تفت

## کشته شدن مقاتوره
### بر دست
## بهرام چوبینه

چو شب، دامنِ تیره، اندر کشید — سپیده، ز کوه سیه بر دمید
مقاتوره پوشید خفتان جنگ — بیامد یکی تیغ هندی بچنگ [3]
چو بهرام بشنید، بالای خواست — یکی جوشن خسروآرای خواست [4]

۱ - «یار سی» نادرست است: «سی یار». ۲ - وابسته برج پیشین.
۳ - سخن از نبرد باشمشیر نبود، و پیمان به نبرد با تیر و کمان بسته بودند.
۴ - سخن چنان بُد که هر دوان، فردا بمیدان روند، نه آنکه پس از شنیدن آمدن مقاتوره اسب خواهد!

گزیدند جایی که هرگز پلنگ … بران شخ بی‌آب ننهاد چنگ[1]
چو خاقان شنید این سخن بر نشست … برفتند، ترکانِ خسروپرست[2]
بدان کار، تا زان دو شیر دمان … که را، پیشتر، خواهد آمد زمان؟[3]
مقاتوره چون شد*، بدشت نبرد … ز هامون به ابر اندر آورد گرد
به بهرام گردنکش آواز داد … که: «اکنون ز مردی چه؟ داری بیاد!
تو باشی؟ بدین جنگ بر، پیشدست! … اُگر، شیردل، ترکِ خاقان‌پرست!»
بدو گفت بهرام: «پیشی تو کن … کجا، پی تو افکنده‌ای، این سخن»

*

مقاتوره کرد از جهاندار یاد … دو زاغ کمان را، بزه بر، نهاد[4]
زه و تیر بگرفت شادان بدست … چو شد غرقه پیکانش، بگشاد شست
بزد بر کمربندِ مرد سوار … نسُفت آهن، از آهن آبدار○
زمانی همی بود بهرام دیر … که تا شد مقاتوره از رزم سیر[5]
مقاتوره پنداشت کاو شد تباه … خروشید و برگشت زان رزمگاه
بدو گفت بهرام که :«ای جنگجوی … نکُشتی مرا، سوی خرگه مپوی
تو گفتی سخن، باش و پاسخ شنو … اگر بشنوی زنده مانی برو»[6]
نگه کرد، جوشن‌گذاری خدنگ▣ … که آهن، شدی پیش او نرم و، سنگ□
بزد بر میان سوار دلیر … سپهبد شد از رزم و دینار سیر

*

مقاتوره چون جنگ را برنشست … برادر؛ دو پایش بزین بر، ببست
بروی اندر آمد، دو دیده پرآب … همان زین توزی◙ شدش جای خواب

*

بخاقان چنین گفت که :«ای کامجوی … همی گورکَن خواهد آن نامجوی»

---

۱ - چرا بایستی بر روی تخته سنگی که پلنگ بر آن گام ننهاده است بروند؟ اگر چنین می‌بود، می‌بایستی فرسنگها بدور از شهر روند، پیمان پیشین بر آن بس بود که در میدان شاه (= میدان روبروی کاخ شاه) با یکدیگر بجنگند.

۲ - **یک:** کدام سخن؟ گزیدن میدان، سخن نیست. **دو:** لت دویم را نیز پیوند بایسته با لت نخست نیست.

۳ - سخن چنین می‌نماید که یکی از آندو زودتر، و دیگری دیر خواهد مرد! و چنین نیست، زیرا که در آن پیکاره یکی از آن دو می‌میرد!

* - **«مقاتوره آمد»** درست می‌نماید.

۴ - کمان را پیش از رفتن بمیدان بزه می‌کنند.

○ - پیکان آبدار مقاتوره، آهنِ کمرِ بهرام را سوراخ نکرد.

۵ - **یک:** زمانی دیر بود، نادرست است. **دو:** در لت دویم نیز کنش «شد» نادرخور است: «شود».

٦ - پاسخ بهرام «شنیدنی» نبود، و «بشنوی» در لت دویم، و «شنو» در لت نخست نادرخور است.

▣ - تیر خدنگی که از جوشن گذر کند.

□ - آهن و سنگ از آن نرم می‌شد!

◙ - زین را از چوب توز نشاید ساختن! شاید بودن که **«زین توری»** بوده باشد.

بدو گفت خاقان که: «بهتر ببین — کجا زنده خفته‌ست بر پشت زین»[۱]
بدو گفت بهرام ک: «ای برمنش — هم اکنون به خاک اندر آید تنش[۲]
تن دشمن تو چنان خفته باد — که او خفت بر اسپ توری‌نژاد»
سواری فرستاد خاقان دلیر — بنزدیک آن نامبردار شیر
ورا بسته و کشته دیدند، خوار — برآسوده از گردش روزگار
بخندید خاقان، به دل در؛ نهان — شگفت آمدش زان سوار جهان●
پر اندیشه بُد تا به ایوان رسید — کلاهش ز شادی، بکیوان رسید[۳]
سلیح و درم خواست و اسپ و رهی — همان تاج و هم تخت شاهنشهی[۴]
ز دینار و از گوهر شاهوار — ز هر گونه‌ای آلت کارزار
فرستاده از پیش خاقان ببرد — به گنجور بهرام جنگی سپرد

## کشتن بهرام چوبینه شیر را و دادن خاقان دختر خود را باو

چو چندی برآمد برین روزگار — شب و روز آسایش آموزگار[۵]

**و از اینجا یک داستان پنداری در نود و سه رج آمده است که دربارهٔ کشته شدن شیری است بر دست بهرام، که چنان شیر بی‌نشان، با تنی برتر از اسپ وگیسوان سیاه رسن مانند، و تن زرد وگوش و دهانِ سیاه، که سنگ را با دَم (= نفس) خود فرو میکشید. و روزی از روزها که دختر خاقان، ←**

۱ - مگر کسیرا که در یک میدان بر روی اسپ مرده، و خونش بر زمین ریخته باشد نمیتوان از خوابیده بازشناختن؟
۲ - «مِنِش» را با «تَنِش» پساوا نیست.
● - «سوار جهان» پاژنام رستم بوده است: گفتار پشوتن است به اسفندیار، دربارهٔ رستم:

سوار جهان، پور دستان سام — ببازی سر اندر نیارد بدام

و پس از چند هزار سال پس از رستم پهلوان، این پاژنامِ بزرگ شایستهٔ بهرام پورگشسپ بود که با نیرنگ خسرو، و خزّاد برزین کشته شد! روانش شاد باد. این پاژنام بگونهٔ «جهان‌پهلوان» نیز برای رستم روایی داشت که پیش از او «سام پهلوان» را بدان می‌خواندند:

جهان‌پهلوان سام، بر پای خاست — چنین گفت کای مهترِ راد و راست

در تاجگذاری منوچهر

جهان‌پهلوان، رخش را تیز کرد — ز خون فرومایه پرهیز کرد

نبرد هاماوران

بهرام که پاژنام سوار جهان را از خاقان می‌گیرد، پس از پیروزی بر ساوه شاه پاژنام جهان پهلوان را از هرمز گرفته بود:

فرستاده را خلعت آراستند — پس، اسپ جهان‌پهلوان خواستند

۳ - کلاه از شادی بکیوان نمی‌رسد، کلاه را از سربلندی بماه میرسانند.
۴ - سه رج دریوزه‌گری افزایندگان.
۵ - لت دویم بی‌گزارش است...

←پیاده و تنهابدشتی رفته بود، که شیر در آنجا کنام داشت، ازکوه فرود آمد، و با آنکه ویرا، دهان سیاه بود، و دهان، اندام خوردن است و دختر را بدَم ( = نفس) خود فروکشید!!... و خاتون که از پهلوانی بهرام آگاه شده بود از خاقان بخواست که از بهرام بخواهد، تا با شیر بجنگد، و چنین شد و بهرام، با پنج تیر بر، بر و سر و دهانش بزد، وکمند را از میان بگشاد، و با نیزه بمیان شیر زد؟!! پس با شمشیر تن اژدها(؟) را بدو نیمه کرد!!

در این داستان دروغ که برای بخواب بردن‌کودکان ساخته و پرداخته شده است، بر همهٔ رج‌های آن، از دیدگاه زبان فارسی نیز انگشت توان نهادن، مگر یک رج که در ستایش زیبایی دختر خاقان آمده است، و آن برگرفته از داستانهای دیگر شاهنامه است:

| | |
|---|---|
| یکی دختری داشت خاقان چو ماه | اگر ماه دارد دو زلف سیاه |

برگرفته از:

| | |
|---|---|
| یکی دختری داشت دهقان چو ماه | ز مشک سیه، بر سرش بر، کلاه |

| | |
|---|---|
| چنان بُد که در کوه چین آن زمان | دد و دام بودی فزون از گمان |
| ددی بود مهتر ز اسپی به تن | فرو هشته چون مشک، گیسو رسن |
| به تن زرد و گوش و دهانش سیاه | ندیدی کس او را مگر، گرمگاه |
| دو چنگش بکردار چنگ هژبر | خروشش همی برگذشتی ز ابر |
| همی سنگ را در کشیدی به دم | شده روز ازو، بر بزرگان، دژم |
| ورا شیر کپّی همی خواندند | ز رنجش، همه بوم، در ماندند |
| یکی دختری داشت خاقان چو ماه | اگر ماه دارد دو زلف سیاه! |
| دو لب سرخ و بینی چو سیمین قلم | دو بیجاده خندان و، نرگس دژم |
| برآن دخت لرزان بُدی مام و باب | اگر تافتی بر سرش آفتاب |
| چنان بُد که روزی پیاده به دشت | همی گرد آن مرغزاران بگشت |
| جهاندار خاقان ز بهر شکار | به دشتی دگر بود زان مرغزار |
| همان نیز خاتون به کاخ اندرون | همی رای زد با یکی رهنمون |
| چو آن شیر کپّی ز کوهش بدید | فرود آمد او را به دم در کشید |
| به یک دم شد او از جهان در نهان | سرآمد بران خوبچهره جهان |
| چو خاقان شنید آن سیه کرد روی | همان مادرش نیز برکند موی |
| ز دردش همه ساله گریان بُدند | چو بر آتش تیز بریان بُدند |
| همی چاره جستند زان اژدها | که تا چین کی آید ز چنگش رها |
| چو بهرام جنگ مقاتوره کرد | اُزان مرد جنگی برآورد گرد |
| همی رفت خاتون به دیدار اوی | به هر کس همی گفت کردار اوی |

سخنان افزوده ۳۵۱

چنان بُد که یک روز دیدش سوار    از ایران همان نیز سد نامدار
پیاده فراوان به پیش اندرون    همی راند بهرام با رهنمون
بپرسید خاتون که: «این مرد کیست؟    که با برز و با فرّهٔ ایزدی‌ست»
بدو گفت کهتر که: «دوری ز کام    که بهرام یل را ندانی به نام
به ایران یکی چندگه شاه بود    سر تاج او برتر از ماه بود
بزرگانش خوانند بهرام گرد    که از خسروان نام مردی ببرد
کنون تا بیامد ز ایران به چین    بلرزد همی زیر اسپش زمین
خداوند خوانند همی مهترش    همی تاج شاهی نهد بر سرش»
بدو گفت خاتون که: «با فرّ اوی    سزد گر بنازیم در پرّ اوی
یکی آرزو زو بخواهم درست    چو خاقان نگردد بدان کار سست
بخواهد مگر ز اژدها کین من    بر او بشنود درد و نفرین من»
بدو گفت کهتر: «گر این داستان    بخواند بر او مهتر راستان
تو از شیر کپّی نیابی نشان    مگر کشته و گرگ پایش کشان»
چو خاتون شنید این سخن شاد شد    ز تیمار آن دختر آزاد شد
همی تاخت تا پیش خاقان رسید    یکایک بگفت آنچه دید و شنید
بدو گفت خاقان که: «عاری بود    به جایی که چون من سواری بود
همی شیر کپّی خورد دخترم    بگوییم و ننگی شود گوهرم
ندانند کسان اژدهای دژم    همی کوه آهن رباید به دم
اگر دختر شاه نامی بود    همان شاه را جان گرامی بود»
بدو گفت خاتون که: «من کین خویش    بخواهم ز بهر جهانبین خویش
اگر ننگ باشد و گر نام من    بگوییم برآید مگر کام من»
برآمد برین نیز روز دراز    نهانی ز هرکس همی داشت راز
چنان بُد که خاقان یکی سور کرد    جهان را بران سور پر نور کرد
فرستاد بهرام یل را بخواند    چو آمدش بر تخت زرّین نشاند
چو خاتون پس پرده آوا شنید    بشد تیز و بهرام یل را بدید
فراوانش بستود و کرد آفرین    که: «آباد بادا به تو ترک و چین
یکی آرزو خواهم از شهریار    که باشد بران آرزو کامکار»
بدو گفت بهرام «فرمان تراست    برین آرزو کام و پیمان تراست»
بدو گفت خاتون که:«ز ایدر نه دور    یکی مرغزار است زیبای سور
جوانان چین اندران مرغزار    یکی جشن سازند گاه بهار

ازان بیشه پرتاب یکی تیروار　　یکی کوه بینی سیه‌تر ز قار
بران کوه خارا یکی اژدهاست　　که این کشور چین ازو در بلاست
یکی شیر کپّی‌ش خوانند همی　　دگر نیز نامش ندانند همی
یکی دخترم بُد ز خاقان چین　　که خورشید کردی بر او آفرین
از ایوان بشد نزد آن جشنگاه　　که خاقان به نخچیر بُد با سپاه
بیامد ز کوه اژدهای دژم　　کشید آن بهار مرا او به دم
کنون هر بهاری بران مرغزار　　چنان هم بیاید ز بهر شکار
برین شهر ما را جوانی نماند　　همان نامور پهلوانی نماند
شدند از پی شیر کپّی هلاک　　برانگیخت از بوم آباد خاک
سواران چینیّ و مردان کار　　بسی تاختند اندران کوهسار
چو از دور بینند چنگال اوی　　بر و پشت و گوش و سر و یال اوی
بغرّد بدرّد دل مرد جنگ　　مر او را چه شیر و چه پیل و نهنگ
کس اندر نیارد شدن پیش اوی　　چو گیرد شمار کم و بیش او»
بدو گفت بهرام: «فردا پگاه　　بیایم ببینم من این جشنگاه
به نیروی یزدان که او داد زور　　بلند آفرینندهٔ ماه و هور
بپردازم از اژدها جشنگاه　　چو شبگیر ما را نمایند راه»
چو پیدا شد از آسمان گرد ماه　　شب تیره بفشاند گرد سیاه
پراکنده گشتند و مستان شدند　　اُزان جای هرکس به ایوان شدند
چو پیدا شد آن فر خورشید زرد　　بپیچید زلف شب لاژورد
قزآکند پوشید بهرام گرد　　گرامی تنش را به یزدان سپرد
کمند و کمان برد و شش چوبه تیر　　یکی نیزه دو شاخ نخچیرگیر
چو آمد به نزدیک آن برز کوه　　بفرمود تا باز گردد گروه
بران شیر کپّی چو نزدیک شد　　تو گفتی بر او کوه تاریک شد
میان اندران کوه خارا ببست　　به خمّ کمند از بر زین نشست
کمان را بمالید و بر زه نهاد　　ز یزدان نیکی‌دهش کرد یاد
چو بر اژدها بر شدی موی تر　　نبودی بر او تیرکس کارگر
شد آن شیر کپّی به چشمه درون　　بغلتید و برخاست و آمد برون
بغرّید و برزد بران سنگ دست　　همی آتش از کوه خارا بجست
کمان را بمالید بهرام گرد　　به تیر از هوا روشنایی ببرد
خدنگی بینداخت شیر دلیر　　برِ شیر کپّی شد از جنگ سیر

پیوند خاقان با بهرام ۳۵۳

دگر تیر بهرام زد بر سرش / فرو ریخت چون آب خون از برش
سیوم تیر و چارم بزد بر دهانش / که بر دوخت بر هم دهان و زبانش
به پنجم بزد تیر بر چنگ اوی / همی دید نیروی و آهنگ اوی
به هشتم میانش گشاد از کمند / بجست از بر کوهسار بلند
بزد نیزه‌ای بر میان دده / که شد سنگ خارا به خون آزده
اُزان پس به شمشیر یازید مرد / تن اژدها را به دو نیم کرد
سر از تن جدا کرد و بفگند خوار / ازان پس فرود آمد از کوهسار
ازان بیشه خاقان و خاتون برفت / دمان و دنان تا برِ کوه تفت
خروشی برآمد ز گردان چین / کز آواز گفتی بلرزد زمین
به بهرام بر آفرین خواندند / بسی گوهر و زر برافشاندند
چو خاتون بشد دست او بوس داد / برفتند گردان فرخ‌نژاد
همه هم‌زبان آفرین خواندند / ورا شاه ایران زمین خواندند
گرفتش سپهدار چین در کنار / اُزان پس ورا خواندی شهریار

*

⇐ چو خاقان چینی به ایوان رسید / فرستاده‌ای مهربان برگزید
فرستاد ده بدره گنجی درم / همان برده و گوهر از بیش و کم[1]
که: «رو پیش بهرام جنگی بگوی / که: نزدیک ما، یافتی آبِ روی
پس پردهٔ ما یکی دختر است / که بر تارک اختران افسر است
کنون، گر بخواهی ز من؛ دخترم / سپارم بتو، لشکر و کشورم»
بدو گفت بهرام، کـ:«اری روا است / جهاندار، بر بندگان، پادشا است»
ببهرام داد آن زمان، دخترش / بفرمانِ او شد، همه کشورش
بفرمود تا پیش او شد دبیر / نوشتند منشور نو بر حریر[2]
بدو گفت: «هر کس کز ایران سرست / به بخشش نگر تا که را در خورست»
بر آیین چین خلعت آراستند / فراوان کلاه و کمر خواستند

*

جز از داد و خورد و شکارش نبود / غم گردش روزگارش نبود
بزرگان چینیّ و گردنکشان / ز بهرام یل داشتندی نشان
همه چین همی گفت: «ما بنده‌ایم / ز بهر تو اندر جهان زنده‌ایم»[3]

---

۱ – **یک:** بدره گنجی درم نادرست است. **دو:** کم چگونه باشد؟
۲ – سه رج افزودهٔ آشکار.
۳ – سخن سستی که برداشت از رج پیشین است.

همی خورد بهرام و بخشید چیز    بر او بر بسی آفرین بود نیز[1]

# آگاه شدن خسرو
### از کار بهرام
## و نامه نوشتن بخاقان

چنین، تا، خبرها به ایران رسید    برِ° پادشاه دلیران رسید
که: «بهرام را پادشاهی و گنج    از آنِ تو بیش است، نابرده رنج»
پر از درد و غم شد ز تیمار اوی    دلش گشت پیچان ز کردار اوی
همی رای زد با بزرگان بهم    بسی گفت و انداخت*، از بیش و کم
ازآنپس بفرمود تا شد دبیر    سر خامه را کرد؛ پیکان تیر
به خاقان چینی یکی نامه کرد    تو گفتی که از خنجرش خامه کرد[2]
نخست آفرین کرد بر کردگار    توانا و دانا و بروزگار
برآرندهٔ هور و کیوان و ماه    نشانندهٔ شاه، بر پیشگاه
گزایندهٔ هرکه جوید بدی    فزایندهٔ دانش ایزدی
ز نادانی و دانش و راستی    ز کمیّ و کژّی و از کاستی[3]
بیابی چو گویی که یزدان یکی‌ست    ورا یار و همتا و انباز نیست[4]
بیابد هرآن کس که نیکی بجست    مباد آنکه او دست بد را بشست[5]
یکی بنده بُد، شاه● را ناسپاس    نه مهترشناس و نه یزدانشناس
یکی خُرد و بیکار و بی‌نام بود    پدر برکشیدش که هنگام بود
نهان نیست کردار او در جهان    میان کهان و میان مهان
کس او را نپذرفت کش مایه بود    اُگر در خرد برترین پایه بود[6]
بنزد تو آمد بپذرفتیش    چو پرمایگان، دست بگرفتیش
کس این راه، برگیرد؟ از راستان!    نیم من بدین کار همداستان!

---

۱ - همچنین...    ○ - «سوی پادشاه...» درست می‌نماید.    * - انداختن، در زبان پهلوی هَنداختن: طرح ریختن.
۲ - یکث: تو گفتی... دو: اگر سر خامه همچون پیکان تیر، تیز و برنده شد، دوباره همانند کردن آن به خنجر نادرخور است.
۳ - نادانی و دانش را نشاید در یک رده آوردن، و در لت دویم نیز کمی و کاستی هر دو یکی است.
۴ - سخن سست را پیوند با رج پیشین نیست.
۵ - «بیابد» در این رج، با «بیابی» در رج پیشین همخوانی ندارد، و گفتار را نیز گزارش نیست.    ● - شاه: هرمز
۶ - سخن بی‌پیوند و بی‌گزارش است.

نیرنگ خسرو در کار بهرام ۳۵۵

چو این نامه آرند نزدیک تو ‌‌ پر اندیشه کن، رایِ باریکِ تو [1]
گر آن بنده را پای کرده ببند؛ ‌‌ فرستی برِ ما، بَوی سودمند! ○
اُگرنه فرستم ز ایران سپاه ‌‌ بتوران کنم، روزِ روشن، سیاه!

*

چو آن نامه نزدیک خاقان رسید ‌‌ بران گونه گفتار خسرو شنید
فرستاده را گفت: «فردا پگاه ‌‌ چو آیی به در، پاسخ نامه خواه»
فرستاده آمد دلی پرشتاب ‌‌ نبود، آن شبش جای آرام و خواب [2]
همی بود تا شمع رخشان بدید ‌‌ بدرگاه خاقان چینی دوید [3]
بیاورد خاقان همآنگه دبیر ‌‌ ابا خامه و مشک و چینی حریر
به پاسخ نوشت: «آفرین مهان ‌‌ ز من بنده، بر کردگار جهان
دگر گفت ک:«ان نامه بر خواندم ‌‌ فرستاده را پیش بنشاندم
تو با بندگان گوی، زینسان؛ سخن ‌‌ نزیبد ازآن خاندان کهن
که مه را ندارند، یکسر به مِه ‌‌ نه کِه را شناسند بر جای کِه
همه چین و توران سراسر مرا است ‌‌ به هیتال بر نیز، فرمان، مرا است
نی‌ام تا بُدم، مردِ پیمان شکن ‌‌ تو با من چنین داستان‌ها مزن
چو من دست بهرام گیرم بدست ‌‌ اُ زان پس به مِهر ● اندر آرم شکست؛
نخواند مرا داور، از آبِ پاک □ ‌‌ جز از پاک ایزد مرا نیست باک
ترا گر بزرگی بیفزایدی ‌‌ خرد، بیشتر؛ گر بُدی، شایدی»

*

بر آن نامه بر، مُهر بنهاد و گفت ‌‌ که: «با باد باید که باشید جفت» [4]
فرستاده آمد بنزدیک شاه ‌‌ بیک ماه کمتر بپیمود راه [5]
چو برخواند آن نامه را شهریار ‌‌ بپیچید و ترسان شد از روزگار
فرستاد و ایرانیان را بخواند ‌‌ سخن‌های خاقان سراسر براند
همان نامه بنمود و برخواندند ‌‌ بزرگان به اندیشه درماندند [6]
چنین یافت پاسخ، از ایرانیان ‌‌ که: «ای فرّ و اورند و تاج کیان

---

۱ - **یک**: «رای» (= آهنگ کاری کردن) را نشاید پر اندیشه کردن. **دو**: رای باریک تو نیز نادرست است. رای باریک (خود را).

○ - نمونه‌ها چنین‌اند، اما «**ارجمند**» درست می‌نماید.

۲ - دلی پر شتاب را پیوند «با» باید.

۳ - خورشید را به شمع همانند کردن، کار افزایندگان است.

● - مهر: ایزد پیمان و راستی

□ - آب (= نطفه)

۴ - روی سخن در لت دویم با چه کسان است، باز آنکه در رج پسین، تنها از یک فرستاده نام میرود.

۵ - لت دویم را پیوند «را» باید: «راه را در کمتر از یکماه بپیمود».

۶ - دوباره گویی سستِ رج پیشین.

چنین کارها بردل آسان مکن / مکن تیره این فرّ و شمع کهن[1]
گزین کن از ایران یکی مرد پیر / خردمند و بیدار و گرد و دبیر
کز ایدر بنزدیک خاقان شود / سخن گوید و رای او بشنود
بگوید که بهرام، روزِ نخست / که؟ بود و پس از پهلوانی چه؟ جست!
همی بود تا کار او گشت راست / خداوند را زان سپس بنده خواست
چو نیکو نگردد به یک ماه کار / تمامی به سالی برد روزگار[2]

*

چو بهرام داماد خاقان بود / ازو بد سرودن، نه آسان بود
بخوبی سخن گفت باید، بسی / نهانی، نباید که داند کسی»

*

ازانپس چو بشنید، بهرامِ گُرد / کز ایران بخاقان کسی نامه برد
بیامد دمان، پیش خاقان چین / بدو گفت ک:«ای مهتر بافرین
شنیدم که آن ریمن بدهنر / همی نامه سازد، یک اندر دگر
سپاهی دلاور ز چین برگزین / بدان، تا ترا گردد، ایرانزمین
بگیرم بشمشیر، ایران و روم / ترا شاه خوانم، بدان مرز و بوم
بنام تو بر، پاسبانان بشب / به ایران و توران گشایند لب
ببرّم سر خسرو بی‌هنر / که مه پای ماناد، از؛ او، مه سر
چو من کهتری را ببندم میان / ز بُن، بر کَنَم، تخم ساسانیان»

*

چو بشنید خاقان، پر اندیشه شد / ورا؛ در دل، اندیشه چون بیشه شد
بخواند آن کسان را که بودند پیر / سخنگوی و داننده و یادگیر
بدیشان بگفت آنچه بهرام گفت / همه رازها برگشاد از نهفت
چنین یافت پاسخ ز فرزانگان / ز خویشان نزدیک و بیگانگان
که: «این کار، خوار است و، دشوار نیز! / که بر تخم ساسان پُر آید قفیز*
ولیکن چو بهرام رانَد سپاه / نماید خردمند را، رای و راه
به ایران بسی دوستدارش بود / چو خاقان یکی خویش و یارش بود

---

۱ – یک: آسان مگیر باید. دو: شمع کهن چه باشد؟
۲ – سخن را هیچ پیوند با رج‌های پیشین و پسین نیست.
* – قفیز گونهٔ تازهٔ ورهوه کَپِیچ پهلوی است که پیمانه باشد، این واژه بگونهٔ کوچکتر کپِچَک، و کفچک و کفچه نیز درآمده است که بگونهٔ «قاشق» درآمد. سخن در لت دویم چنین گزارش می‌شود: «که پیمانهٔ پادشاهی دودمان ساسانی، پر شود».

برآید، ببخت تو، این کار، زود — سخن‌های بهرام باید شنود»

*

چو بشنید بهرام، دل تازه گشت — بخندید و بردیگر اندازه گشت
بران بر، نهادند، یکسر گوان — که بگزید باید دو مرد جوان
که زیبد، بران هر دو بر، مهتری — همان رنج کِش باید و لشکری(؟) [۱]
به چین مهتری بود چینوی نام — دگر سرکشی بود زنگوی نام
فرستاد خاقان یلان را بخواند — به دیوان دینار دادن نشاند
چنین گفت مهتر، بدان هردو مرد — که: «هشیار باشید، روز نبرد
همیشه به بهرام دارید چَشم — چه هنگام شادی چه هنگام خَشم
گذرهای جیهون بگیرید، پاک — ز جیهون، بگردون برآرید، خاک» [۲]
سپاهی دلاور بدیشان سپرد — همه نامداران و شیران گرد [۳]
برآمد ز درگاه بهرام کوس — رخ خور شد از گرد، چون آبنوس [۴]
ز چین روی، یکسر بایران نهاد — به روز سفندارمذ بامداد [۵]

*

چو آگاهی آمد به شاه بزرگ — که: «از بیشه بیرون خرامید گرگ [۶]
سپاهی بیاورد بهرام گرد — که از آسمان روشنایی ببرد» [۷]

## فرستادن خسرو، خُرّاد برزین را
### برای چاره‌گری
## در کارِ بهرام

بخرّاد برزین، چنین گفت، شاه — که: «بر خانه بگزین، کنون، رنجِ راه [*]
یکی، سوی خاقانِ بیمایه پوی — سخن هر چه دانی که باید، بگوی
به ایران و توران، تو داناتری — همان بر زبان بر، تواناتری»
در گنج بگشاد و چندان گهر — بیاورد و، شمشیر و زرّین کمر

---

۱ - لت دویم راگزارش نیست.
۲ - نبرد آنان با سپاه خسرو پیش‌بینی می‌شد، نه با جیهون!
۳ - در یک سپاه، همه «نامدار» نتوانند بودن.
۴ - هنوز نبرد آغاز نشده.
۵ - سپندارمز روز، از چه ماه؟
٦ - **یک:** آنان هنوز در ترکستان‌اند، و بیرون نیامده‌اند. **دو:** جنبش گرگ را با خرامیدن نشاید نمودن.
۷ - دوباره‌گویی
* - برابر با شاهنامهٔ سپاهان. نمونه‌های دیگر همه درهم و آشفته است: رنج راه را بر آسایش در خانه برگزین.

که خرّاد برزین، بدان خیره ماند … همی در نهان، نام یزدان بخواند
چو با هدیه‌ها، راهِ چین برگرفت … به جیهون یکی راهِ دیگر گرفت[۱]
چو نزدیک درگاه خاقان رسید … نگه کرد و گوینده‌ای برگزید
بدان تا بگوید که از نزد شاه … فرستاده آمد بدین بارگاه
چو بشنید خاقان بیاراست گاه … بفرمود تا برگشادند راه
فرستاده چون شد بتنگی فراز … زبان کرد کوتاه و بردش نماز[۲]
بدو گفت: «هرگه که فرمان دهی … بگفتن، زبان برگشاید، رهی»
بدو گفت خاقان: «به شیرین‌زبان … دل مردم پیر، گردد جوان
بگو آن سخن‌ها که سود اندروست … سخن؛ گفته، مغز است و ناگفته؛ پوست»

*

چو خرّاد برزین شنید آن سَخُن … به یاد آمدش گفته‌های کهُن
نخست آفرین کرد بر کردگار … توانا و دانا و پروردگار
که: «چرخ و زمین و زمان آفرید … توانایی و ناتوان آفرید[۳]
همان چرخ گردندهٔ بی‌ستون … چرا، نه به فرمان او در، نه چون[۴]
بدان آفرین کاو جهان آفرید … بلند آسمان و زمین گسترید
توانا و دانا و دارنده او است … سپهر و زمین را نگارنده او است
به چرخ اندرون آفتاب آفرید … شب و روز و آرام و خواب* آفرید
توانایی او را و ما بنده‌ایم … همه راستی‌هاش گوینده‌ایم[۵]
یکی را دهد تاج و تخت بلند … یکی را کند بنده و مستمند
نه با اینَش مهر و، نه با آنَش، کین … نداند کس این، جز جهان آفرین
کِه و مه همه، خاک را زاده‌ایم … به بیچاره●، تن، مرگ را داده‌ایم
نخست اندر آیم ز جمّ برین … جهاندار تهمورثِ بافرین[۶]
چنین هم برو تا سر کیقباد … همان نامداران که داریم یاد[۷]

---

۱ – چون افزاینده در رج‌های پیشین گذرهای جیهون را بسته بود، اینجا از «راه دیگر» نام میبرد، اما روشن نیست که آن راه دیگر از کجا بوده است.
۲ – **یک:** فرستاده را نشاید «بتنگی فراز» رفتن. **دو:** با (زبان کوتاه) نمیتوان گفتار رج پسین را گفتن.
۳ – در گفتارهای پیشین، و نیز در پیشگفتار یادآور شده‌ام که ایرانیان، زمان را «خود آفریده» می‌خواندند، و این گفتار، با اندیشهٔ ایرانی هماهنگ نیست.
۴ – لت نخست را پایان نیست.
* – در «یسنا» (خوابِ آرامش‌بخش مزداداده)، ستایش شده است.
۵ – سخن بی‌پیوند و سست است.
● – از روی بیچارگی.
۶ – «اندر آیم» نادرخور است. و اگر از نخستین شاه یاد باید کردن همان کیومرس است نه تهمورث و نه جم که پس از همهٔ آنانست.
۷ – **یک:** چه کس برود؟ تا سر کیقباد چگونه توان رفتن؟ افزاینده خواسته است بگوید «همچنین تا بهنگام کیقباد»! **دو:** لت دویم نیز بی‌پیوند است.

برین هم نشان تا به اسفندیار / چو کیخسرو و رستم نامدار[۱]
ز گیتی یکی دخمه‌شان بود بهر / چشیدند بر جای تریاک زهر[۲]
کنون شاه ایران، به تن، خویشِ تست / همه شاد و غمگین، به کم بیشِ تست[۳]
به هنگام شاهان باآفرین / پدر مادرش بود خاقان چین[۴]
بدین روز، پیوندِ ما تازه گشت / همه کار، بر دیگر اندازه گشت[۵]
ز پیروزگر آفرین بر تو باد / سر نامداران، زمین تو باد»
همی گفت و، خاقان بدو داده گوش / چنین گفت ک :«ای مرد دانش‌فروش[۶]
به ایران اگر نیز چون تو کس است / شناسندهٔ آسمان او، بس است[۷]
بدان گاه، جایی بپرداختش / بنزدیکی خویش بنشاختش[۸]
به فرمان او هدیه‌ها پیش برد / یکایک، بگنجور او بر، شمرد
بدو گفت خاقان که: «بی‌خواسته / مبادی تو اندر جهان کاسته[۹]
گر از من پذیرفت خواهی تو چیز / بگو تا پذیرم من این چیز، نیز[۱۰]
أ گرنه ز هدیه تو روشن‌تری / به دانندگان جهان افسری»[۱۱]
یکی جای خرّم بپرداختند / ز هرگونه‌ای، جامه‌ها؛ ساختند
به خوان و شکار و ببزم و به می / بنزدیک خاقان بُدی، نیک‌پی

*

همی جُست و، روزیش، جایی بیافت / بمردی، بگفتار، اندر شتافت
بدو گفت: «بهرام بدگوهر است / از اهریمن بدکنش، بدتر است
فروشد جهاندیدگان را بچیز / که آن چیز، گفتن نیرزد، پشیز
ورا هرمز تاجور برکشید / به ارجش ز خورشید، برتر کشید
ندانست کس در جهان نام اوی / ز گیتی بر آمد همه کام اوی[۱۲]
اگر با تو بسیار خوبی کند / بفرجام پیمان تو بشکند[۱۳]

---

۱ - کیخسرو نیز پیش از اسفندیار بوده است. ۲ - همه زهر نچشیده بودند.

۳ - «کنون» نادرخور است، و پیوند انوشیروان با دختر خاقان سالها پیش رخ داده بود.

۴ - روشن نیست که شاهان با آفرین کدام شاهانند؟ ۵ - و پیوند تازه‌ای میان آنان رخ ننموده بود.

۶ - پس از پایان یافتن سخن «همی گفت» نادرخور است.

۷ - مگر خراد برزین چه گفته بود؟ که شایستی چنین داوری دربارهٔ وی کردن!

۸ - «بدان گاه» نادرخور است، و «جایی» در لت نخست، با «بنزدیک خویش» در لت دویم ناهمخوان است.

۹ - سخن را گزارش نیست.

۱۰ - پس از شمردن بگنجور، و دادن پیشکشی‌ها، اکنون از پذیرفتن یا نپذیرفتن آن سخن نشاید گفتن.

۱۱ - این سخن را نیز پیوند با گفتار پیشین نیست. ۱۲ - ندانست، نادرخور است: «نمیدانست».

۱۳ - **یک:** کُند را با بشکَند پساوا نیست. **دو:** آن، خاقان بود که با بهرام نیکی کرده بود، نه بهرام.

چنان هم که با شاه ایران شکست — نه خسروپرست و نه یزدان‌پرست[1]
گر او را فرستی بنزدیک شاه — سرِ شاه اُیران برآری، بماه!
ازان‌پس همه چین و ایران تراست — نشستنگه آنجا کنی که‌ت هواست»[2]

*

چو خاقان شنید این سخن، خیره شد — دو چشمش ز دیدار* او تیره شد
بدو گفت: «زینسان سخن‌ها مگوی — که تیره کنی نزد ما، آبِ روی
نیَم من، بداندیش و پیمان‌شکن — که پیمان‌شکن، خاک! یابد کفن»

*

چو بشنید خرّاد برزین سَخُن — بدانست کان تازگی●، شد کَهُن
چو بهرام دادش به ایران امید — سخن گفتن من، شود باد و بید
چو امّید خاقان بدو تیره گشت○ — به بیچارگی سوی خاتون گذشت
همی جست تا کیست نزدیک اوی — که روشن کند جان تاریک اوی
یکی کدخدایی به دست آمدش — همان نیز با او نشست آمدش
سخن‌های خسرو بدو یاد کرد — دل مردِ بی‌بر، بدان شاد کرد
بدو گفت: «خاتون، مرا، دستگیر — بود؟ تا شوم، بر درش بر؛ دبیر»
چنین گفت؛ با چاره‌گر، کدخدای — ک:«زو، آرزوها؛ نباید بجای
که بهرام چوبینه داماد اوست — اُز اویست بهرام را مغز و پوست
تو مردی دبیری، یکی چاره‌ساز — اُ زین نیز، بر باد، مگشای راز»
چو خرّاد برزین شنید این سخن — نه سر دید پیمان او را نه بن[3]

## چاره‌جویی خُرّاد برزین

### درکشتن بهرام

یکی ترک بُد پیر، نامش قلون — که ترکان، ورا داشتندی زبون
همه پوستین بود پوشیدنش — ز کشک و ز ارزن بُدی خوردنش□

---

1 – دنبالۀ همان گفتار است، و لت دویم را پیوند بایسته نیست.
2 – افزوده‌ای ناسزاوار است.

* – دیدار: رخ و چهره است. در برخی نمونه‌ها، گفتار آمده است، اما پیدا است که سخن (= گفتار) در لت نخست گذشت، و دوباره نباید از آن یاد کردن. ● – تازه‌رویی خاقان ○ – چون امیدش از خاقان بریده شد.

3 – آن مرد با خراد برزین پیمان نبسته بود که آنرا سر، یا بُن بوده باشد.

□ – این گونه خوراک؛ یکی از دو گونه خوراکست که ابن بطوطه، در ترکستان دیده است... گونۀ دیگر؛ جوشاندن خمیر در دوغ بوده ←

کسی را فرستاد و او را بخواند ... بدان نامور جایگاهش نشاند
مر او را درم داد و دینار داد ... همان پوشش و خوردِ بسیار داد
چو بر خوان نشستی، ورا خوانْدی ... برِ نامدارانش بنشانْدی
پر اندیشه بُد، مردِ بسیار دان ... شکیبادل و زیرک و کاردان
اُزان روی، با کدخدای سرای ... ز خاتون چینی، همی گفت* رای
همان، پیش خاقان، بروز و بشب ... چو رفتی، همی داشتی بسته؛ لب

*

چنین گفت روزی بدو، مرد پیر ... که: «چون تو سرافراز مردی دبیر؛
اگر در پزشکیت، بهری بُدی ... اُگر نامت از دورشهری●، بُدی
یکی تاج نو بودی‌ای بر سرش ... بویژه که بیمار شد دخترش»
بدو گفت که: «این دانشم نیز هست ... چو گویی، پسایم بدین کار؛ دست»
بشد پیش خاتون، دوان؛ کدخدای ... که: «دانا پزشکی نو، آمد بجای»
بدو گفت: «شادان زی و نوش خوَر ... بیارش، مخار؛ اندرین کار، سر»
بیامد بخرّاد بُرزین بگفت ... که: «این راز؛ باید که داری نهفت
برو پیش او، نام خود را مگوی ... پزشکی کن از خویشتن، تازه‌روی»

*

بنزدیکِ خاتون شد آن چاره‌گر ... تبه دید بیمار او را، جگر
بفرمود تا آبِ نار آورند ... همان ترّهٔ جویبار آورند
کجا تره، کِه‌ش کاسنی خواندش ... تبش خواست، کز مغز، بنشاندش[1]
بفرمان یزدان، چو شد، هفت روز ... شد آن دخت، چون ماهِ گیتی‌فروز
بیاورد دینار، خاتون؛ ز گنج ... یکی بدره و تای زربفت پنج[2]
بدو گفت که: «این ناسزاوار چیز ... بگیر و بخواه آنچه بایدت نیز»[3]

---

→ است، و وی میگوید که درسرتاسر ترکستان گشتم، و بجز از این دو گونه خوراک ندیدم.

* - **«همی راند رای»** درست‌تر می‌نماید. ● - دورشهر، در پهلوی [illegible] دورشتر: شهرِ غریبه.

۱ - **یک:** اگر کاسنی بود، می‌بایستی در رج پیشین گفته آید، وکاسنی در جویبار (کنار جوی نمی‌روید). **دو:** تب ویژهٔ مغز نیست، و همهٔ پیکر را میگدازد.

۲ - شمارش بازگونه است «پنج تا» توان گفتن و تای (= یک) و پنج نادرست است.

۳ - یک بدره دینار (؟!) برای دستمزد یک پزشک، بس گزافه می‌نماید!
در وندیداد مزد درمان پزشکان چنین آمده است: «[درمان] موبد را برای خواندن یک آفرینگان درمان کند. بزرگ خانه را برای ارزش کوچکترین ستور (گوسفند) درمان کند. کدخدای روستا را باندازهٔ بهای یک ستور میانه (خر)، شهردار را برای مزدی برابر بزرگترین ستور (اسب)، و پادشاه را برای مزد یک گردونه با چهار جانور درمان کند [وندیداد - ترجمه داعی‌الاسلام محمدعلی حسنی، چاپ دانش، تهران ۱۳۶۱، رویهٔ ۶۳ با اندکی دگرگونی بشیوهٔ نوشتار این دفتر] و نیز پس از آن مزد درمان زنان چنین آمده است: زن پادشاه و زن شهردار، و زن کدخدا، و زن کدبانو، از آغاز، باندازهٔ بهای یک شتر ماده، یک مادیان، یک ماده گاو، یک خر ماده و بر این بنیاد، دختر خاقان را (اگر
←

خسروپرویز ۳۶۲

| | |
|---|---|
| چنین داد پاسخ که: «این را بدار | بخواهم، هر آنگه، که آید بکار»[1] |

*

| | |
|---|---|
| ازان روی بهرام شد، تا به مرو | بیاراست لشکر، چو پرّ تذرو |
| کس آمد بخاقان که: «از ترک و چین | ممان، تا شود، کس، بایران‌زمین |
| ۴۶۷۲۰ که آگاهی ما، بخسرو برد | وُرا، زان سخن، هدیهٔ نو برد» |
| منادی بفرمود خاقان چین | که: «بی‌مُهر ما، کس بایران‌زمین*؛ |
| شود، من میانش کنم بر دونیم | بیزدان، که نفروشم او را بسیم» |

*

| | |
|---|---|
| همی بود؛ خرّاد بُرزین، سه ماه | همی داشت این رازها را نگاه |
| بتنگی‌دل اندر، قلون را بخواند | بدان نامور جایگاهش نشاند |
| ۴۶۷۲۵ بدو گفت: «دانی، که کس در جهان | ندارد دلی، کش نباشد، نهان° |
| تو نان جو و، ارزن و پوستین | فراوان بجُستی ز هر در، به چین |
| کنون خوردنی‌هات، نان و برّه است | همان پوششت جامه‌های سره است! |
| چنان بود یکچند و، اکنون چنین | که نفرین شنیدی، و چند؛ آفرین |
| کنون روزگار تو بر سد گذشت□ | بسی روز و شب دیدی و کوه و دشت |
| ۴۶۷۳۰ یکی کار دارم ترا، بیمناک | اگر تخت یابی، اُگر تیره خاک□ |
| ستانم یکی مهر خاقان چین | چنان رو، که اندر نوردی زمین[2] |
| بنزدیکِ بهرام باید شدن | به مَروَت فراوان بباید بُدن |
| بپوشی همان پوستین سیاه | یکی کارد بستان و بنورد راه |
| نگه‌دار، از ماه، بهرام روز | برو تا درِ مروِ گیتی‌فروز |
| ۴۶۷۳۵ وی آن روز را، شوم دارد بفال | نگه داشتستیم بسیار سال |
| نخواهد که انبوه باشد برش | به دیبای چینی بپوشد سرش |
| چنین گوی، کز دخت خاقان، پیام | رسانم بدین مهترِ شادکام |

---

← همتراز مادرش در شمار آوریم) بایستی بهای یک ماده شتر دادن، و چون یک ماده شتر را با دو سه دینار بهای آن زمان توانستند خریدن. گزافهٔ افزایندگان خود را بیشتر نشان می‌دهد! ← بنگرید به پیشگفتار.   ۱ - دنبالهٔ گفتار.

\* - همه نمونه‌ها «که، بی‌مُهر ما» آورده‌اند، و پیوندِ این لَت با رج پسین «چو» است: «چو بی‌مُهر ما، کس بایران‌زمین؛ شود...».

° - کسی نیست که در دلش سپاهان، رازی نهانی نباشد.   □ - برابر شاهنامه سپاهان، دیگر نمونه‌ها بر سد رسید.

□ - شاهنامه مسکو، خاورشناسی و دیگر نمونه‌ها: «اگر تخت یابی، اگر تیره خاک». نمونه‌های I و IV: «وگر تیره خاک». شاهنامه سپاهان: «اگر تخت یابی، ازین تیره‌خاک»، با در کنار هم نهادن نمونه‌ها، سخن درست چنین بر می‌آید: «که زان، تخت یابی، اُگر تیره خاک»: (= که از آن کار بیمناک یا تخت می‌یابی، یا بزیر خاک می‌روی).

۲ - مهر را برای گریختن خود می‌خواست، نه برای قلون که ببزد بهرام می‌رفت.

همی● کارد در آستین، برهنه / همی‌دار، تا خواندت، یک‌تنه
چو نزدیک چوبینه رفتی فراز / چنین گوی کـ:«ان دختر سرفراز
مرا گفت، چون راز، گویی بگوش / سخن‌ها ز بیگانه مردم بپوش
چو گوید چه راز است با من بگوی! / تو بشتاب و نزدیک بهرام پوی
بدان کارد، نافش سراسر بدر / اُزان پس بِجِه* گر بیابی گذر
هر آنکس که آواز او بشنود / ز پیش سپهبد، به آخُر دود
یکی سوی فرش و یکی سوی گنج / نیاید ز کشتن به روی تو رنج
اُگر خود کشندت جهاندیده‌ای / همه نیک و بدها پسندیده‌ای
همانا بتو، کس نپردازدی / که با تو، بدانگه، بدی سازدی[1]
گر ایدونکه یابی ز کشتن رها / جهان را خریدی و دادی بها
ترا شاه پرویز، شهری دهد / همان از جهان نیز، بهری دهد»

*

چنین گفت با مردِ دانا، قلون / کـه: «اکنون ببایـد یکی رهنمون
همانا مرا سال، بر سر رسید / به بیچارگی چند؟ خواهم کشید[2]
فدای تو بادا تن و جان من / به بیچارگی بر، جهانبان من»○

*

چو بشنید خرّاد برزین دوید / ازآن خانه، تا پیش خاتون رسید
بدو گفت کـ:«امد گهِ آرزوی / بگویم ترا، ای زن نیکخوی
به بند اندرند این دو کس‌های من / سزد گر گشاده کنی پای من[3]
یکی مُهر بستان ز خاقان مرا / چنان دان که بخشیده‌ای جان مرا»
بدو گفت خاتون که: «خفته است مست / مگر گِل نهم از نگینش بدست»!
ز خرّاد برزین گِل مُهر خواست / به بالین مست آمد از هُجره؛ راست
گِل اندر زمان، برنگینش نهاد / بیامد، بدان مرد جوینده داد
بدو آفرین کرد مرد دبیر / بیامد سپردش، بدان مرد پیر

---

● - «همان» درست می‌نماید.
* - بِجِه؛ بگریز، جَستن، بجای گریختن هنوز در خراسان کاربرد دارد.
۱ - سخن دوباره
۲ - بیچارگی در رج پسین دوباره می‌آید.
○ - تن و جان من برخی (= فدای) تو باد که در روزگار بیچارگی، مرا در جهان نگاهداری کردی.
۳ - دو کس‌ها نادرست است.

## کشتن قلون
## پهلوان ایران را

قلون بستد آن مُهر و، تازان چو غَرو — بیامد ز شهر کُشان، تا بمرو
همی بود، تا روز بهرام بود — که بهرام را آن، نه پدرام بود
بخانه درون بود، با یک رهی — نهاده برش نار و سیب و بهی
قلون رفت تنها بدرگاه اوی — به دربان چنین گفت کـ:«ای نامجوی
من از دخت خاقان فرستاده‌ام — نه جنگی سوارم، نه آزاده‌ام
یکی راز گفت آن زن پارسا — بدان، تا بگویم بدین پادشا
ز مهر ورا ازدرِ بستن است — همان نیز بیمار و آبستن است[1]
گر آگه کنی، تا رسانم پیام — بدین تاجور؛ مهترِ نیکنام!»

*

بشد پرده‌دار گرامی*، دوان — چنین تا در خانهٔ° پهلوان
چنین گفت کـ:«امد یکی بدنشان — فرستاده و پوستینی کشان
همی گوید از دخت خاقان پیام — رسانم بدین مهتر شادکام»
چنین گفت بهرام کـ:«او را بگوی — که هم زان درِ خانه بنمای روی»
بیامد قلون تا بنزدیک در — ز کاف□ درِ خانه، بنمود سر
چو دیدش، یکی پیر بُد، سست و زار — بدو گفت: «گر نامه داری بیار»
قلون گفت: «شاها پیام است و بس — نخواهم که گویم سخن، پیش کس»
ورا گفت: «زود اندر آی و بگوی — به گوشم نهانی، بهانه مجوی»[2]
قلون رفت با کارد در آستی — پدیدارِ شد کژی و کاستی[3]
همی رفت تا راز گوید بگوش — بزد دشنه، وز خانه برشد خروش!

*

چو بهرام گفت: «آه مُردم!»، ز راه — برفتند، پویان، بنزدیک شاه
چنین گفت کـ:«این را بگیرید زود — بپرسید زو، تا؛ که؟ راهش نمود»
برفتند هر کس که بُد در سرای — مر آن پیرسر را شکستند پای[4]
همه کهتران، زو برآشوفتند — به سیلیّ و مشتش بسی کوفتند

۱ - سخن سست   * - پرده‌دار بهرام   ° - درگویش امروز: اتاق.   □ - کاف: شکاف.
۲ - بهانه در کار نبود!   ۳ - هنوز پدیدار نشده است.
۴ - دست و پایش پسان شکسته می‌شود.

کشته شدن پهلوان ایران ۳۶۵

همی خورد سیلی و نگشاد لب    هم از نیمهٔ روز تا نیم شب[1]
چنین، تا شکسته‌شدش دست و پای    فکندندش اندر میان سرای
بنزدیک بهرام باز آمدند    جگرخسته و پر گداز آمدند

*

همی رفت خون از تنِ خسته مرد    لبان پر ز باد و رخان، لاژورد
بیامد هم اندر زمان خواهرش    همه پاک، برکند، موی، از سرش
نهاد آن سر خسته را بر کنار    همی کرد با خویشتن کارزار○
همی گفت: «زار! ای سوار دلیر    که از جنگ تو، بیشه بگذاشت، شیر؛
که؟ برد این ستون جهان را ز جای!    بر اندیشهٔ بَد، که؟ بُد رهنمای!
الا ای سوار سپهبدتنا    جهانگیر و ناباک و شیراوژنا[2]
نه خسروپرست و نه ایزدپرست    تن پیلوار سپهبد که خست؟[3]
الا ای برآورده کوه بلند    ز دریای جوشنده بیخت که کند؟[4]
که؟ کند اینچنین سبز سروِ سهی!    که؟ افکند خوار، این کلاه مهی!
که آکند ناگاه دریا بخاک؟    که افکند کوه روان در مغاک؟[5]
غریبیم و تنها و بی‌دوستدار    به شهر کسان در، بماندیم خوار
همی گفتم ای خسرو انجمن    که شاخ وفا را تو از بن مکن[6]
که از تخم ساسان اگر دختری    بماند به سر برنهد افسری[7]
همه شهر ایرانش فرمان برند    ازان تخمه، هرگز بدل، نگذرند[8]
سپهدار، نشنید پند مرا    سخن‌گفتن سودمند مرا
برین کرده‌ها بر، پشیمان شوی    گنهکاره جان، پیش یزدان شوی[9]
بد آمد بدین خاندان بزرگ    همه میش گشتیم و دشمن چو گرگ»[10]

*

چو آن خسته بشنید گفتار اوی    بدید آن دل و رای هشیار اوی
به ناخن رخان خسته و کنده‌موی    پر از خون دل و، دیده؛ پر آب روی

---

۱ – بهرام تا نیمه شب، زنده نماند...    ○ – خویشتن را می‌زد، و رُخان را می‌خَست.
۲ – چون «الا» در آغاز سخن آمده است «آ» پایانین که روی ببهرام دارد، نادرخور است. چنانکه شود «الا، خدایا»، «الا شاها».
۳ – لت نخست راگزارش نیست.    ۴ – ستون جهان، به کوهِ برآورده دیگر شد، که ریشهٔ آن کوه نیز در دریا است!!
۵ – سخن سست است، و در هر دو لت، پیوند «را» باید.
٦ – یک: بهرام خسرو نبود، و خسرو انجمن را نیز گزارش نیست. دو: شاخ (وفا) را از بن کندن چندان نیست و بیخ (وفا) را نشاید کندن.
۷ – وابسته برج پسین    ۸ – لت دویم سست است.
۹ – چه هنگام پشیمان میشود؟ اگر پشیمانی باید، گاهِ آن همین زمان است.    ۱۰ – بهرام را در ترکستان دشمنی نیست.

۳۶۶
خسروپرویز

بـه زاریّ و سسـتی زبـان* بـرگشاد — چنین گفت کـ:«ای خـواهـر پـاک و راد
ز پـند تـو کـمّی نـبُد هـیچ چیز — ولیکـن، مـرا خـود، پُـرآمـد قـفیز[1]
هـمی پـند بـر مـن نـبُد کـارگر — ز هـر گـونه چـون دیـو بُـد راهـبر[2]
نـبُد خسـروی بـرتر از جـمّشید — کـزو بـود گـیتی بـه بـیم و امـید[3]
کـجا، شـد بگـفتارِ دیـوان ز راه — جـهان کـرد بـر خـویشتن بـر سـیاه[4]
هـمان نـیز بـیدار کـاووس کـی — جـهاندار نـیک‌اخـتر و نـیک‌پی[5]
تـبه شـد بگـفتار دیـو پـلید — شـنیدی بـدی‌ها کـه او را رسـید[6]
هـمان بآسـمان شـد کـه گـردان سپهر — بـبیند پـراکـندن مـاه و مـهر[7]
مـرا نـیز هـم دیـو بـیراه کـرد — ز خـوبی هـمان، دست کـوتاه کـرد[8]
پشـیمانم از هـر چـه کـردم ز بـد — کـنون گـر بـبخشد ز یـزدان سـزد[9]
نـوشته بـرین گـونه بُـد بـر سـرم — غـم کـرده‌های کـهن چـون خـورم![10]
ز تـارک کـنون آب بـرتر گـذشت — غـم و شـادمانی، هـمه بـاد گشت
نـوشته چـنین بـود و بـود آنچه بـود — نـوشته نکـاهد، نـه هـرگز، فـزود
هـمان پـند تـو یـادگار مـن است — سـخن‌های تـو گـوشوار مـن است[11]
سـرآمـد کـنون کـار بـیداد و داد — سخن‌هات، بـر مـن، مکـن نـیز، یـاد○
شـما روی را سـوی یـزدان کـنید — هـمه پشت بـربخت خـندان کـنید[12]
ز بـدها، جـهاندارتـان یـار، بس — مگـویید ز انـدوه و شـادی، بکس[13]
نـبودم بگـیتی، جـزین، نـیز؛ بـهر — سـرآمـد کـنون، رفـتنی‌ام ز دهـر»
یـلان‌سینه را گـفت: «یکسـر سـپاه — سـپردم تـرا، بـختِ بـیدار، خـواه
نگـه کـن● بـدین خـواهـر پـاک‌تـن — ز گـیتی، بس او؛ مـر تـرا، رایـزن

---

* – **سخن برگشاد**، درست می‌نماید. — ۱ –لت نخست آشفته است.

۲ –بهرام پهلوان ما پیرو دیو نبوده است بلکه با دیو (خسروپرویز) می‌جنگید.

۳ – **یک:** «جمشید» از گروه «خسروان» نبود. وی از پیشدادیان بود. **دو:** در آغاز، از جمشید هیچگونه بیم نبود، و تنها در پایان بیم از وی پدیدار شد. — ۴ –جمشید بگفتار دیوان از راه بدر نشد، و خود «منی» کرد.

۵ – کاووس را هیچگاه «بیدار» نخوانده‌اند. — ۶ – **یک:** کاووس بر دست دیو تباه نشد. **دو:** لت دویم نیز سست است.

۷ – **یک:** پس از تبه شدن بآسمان رفت؟ **دو:** پراکندن ماه و مهر، چگونه است؟

۸ – «نیز» و «هم» یکی است، و با «همان» در لت دویم سخن سست‌تر می‌شود.

۹ – از بهرام پهلوان ایران هیچ بدی سر نزده بود. — ۱۰ – سخن از «نوشته»، در گفتار پسین می‌آید.

۱۱ – چون پهلوان؛ می‌میرد، چگونه پند خواهر را یادگار کند؟ بویژه آنکه در رج پسین از خواهر می‌خواهد دیگر چنان سخنان را نگوید.

○ – این گفتار، نشان میدهد که بهرام نمی‌خواهد از آن دست سخنانِ پندگونهٔ خواهر بشنود.

۱۲ – **یک:** روی را سوی یزدان کردن نادرست است: «رویْ بیزدان کنید». **دو:** لت دویم که آینده‌ای تیره برای بازماندگان پیش‌بینی میکند،... — ۱۳ – ...با آنچه که در رج این آمده است همخوان نیست.

● – «نگه کن» آنست که در زبان امروز گویند (مواظبش باش).

مباشید یک تن ز دیگر جدا — جدایی مبادا میان شما[1]
برین بوم دشمنممانید دیر — که رفتیم و گشتیم از گاه سیر[2]
همه یکسره پیش خسرو شوید — بگویید و گفتار او بشنوید[3]
گر آمرزش آید شما را ز شاه — جز او را مخوانید خورشید و ماه[4]
مرا دخمه در شهر ایران کنید — به ری، کاخ بهرام، ویران کنید[5]
بسی رنج دیدم ز خاقان چین — ندیدم که یک روز کرد آفرین[6]
نه این بود زان رنج پاداش من — که دیوی فرستد به پرخاش من[7]
ولیکن همانا که او این سخن — اگر بشنود سر نداند ز بن[8]
نبود این جز از کار ایرانیان — همی دیو بُد رهنمون در میان»[9]
بفرمود پس تا بیامد دبیر — نویسد یکی نامه‌ای بر حریر
بگوید به خاقان که: «بهرام رفت — بزاریّ و خواریّ و بیکام رفت
تو این ماندگان را، ز من یاد دار — ز رنج و بدِ دشمن، آزاد دار
که من با تو هرگز نکردم بدی — همی راستی جستم و بخردی»
بسی پندها خواند بر خواهرش — به بر در گرفت آن گرامی سرش[10]
دهن بر بناگوش خواهر نهاد — دو چشمش پر از خون شد و جان بداد

*

بر او بر، همه زار بگریستند — بدرد دل اندر همی زیستند[11]
همی خون خروشید خواهر ز درد — سخن‌های او یک بیک یاد کرد[12]
ز تیمار او شد دلش بر دونیم — یکی تنگ تابوت کردش ز سیم[13]
به دیبا بیاراست جنگی‌تنش — قصب کرد در زیر پیراهنش[14]

---

۱ – «دیگر» نادرخور است «یکی از دیگری».
۲ – خاقان با بهرام دشمنی نکرده بود، و در گفتار پسین، از نامهٔ بهرام بخاقان یاد می‌شود.
۳ – لت دویم راگزارش نیست، مگر همه سپاهیانرا که همراه بهرام بودند بنزد خسرو، بار می‌دهند!
۴ – شاه را نشاید خورشید و ماه خواندن. ۵ – ویران کردن کاخ در آیین ایرانیان نبوده است.
٦ – **یک:** سخن باژگونه است، که بهرام را از سوی خاقان، همه؛ نوازش بود. **دو:** «کرد» در لت دویم نیز نادرخور است: «کند».
۷ – قلون با وی پرخاش نکرد، او را بکشت. ۸ – سخن، باژگونه در پسین می‌آید...
۹ – که همهٔ آن گفتار را ناراست می‌نمایاند.
۱۰ – **یک:** بهنگام مرگ نشاید بسی پند(ها!) گفتن و نه (خواندن). **دو:** در سخن پسین دهان بر بناگوش خواهر می‌نهد و در این رج، سر او را دربر می‌گیرد! ۱۱ – لت نخست، پیوسته بهمان زمان درگذشتن بهرام است، و لت دویم پیوسته به همهٔ زمان آنانست.
۱۲ – «خون خروشیدن» در زبان فارسی روایی ندارد.
۱۳ – «همه» در گفتار پیشین به «او» در این گفتار، گردید.
۱۴ – **یک:** درگذشتگان را با پارچهٔ پنبه کفن می‌کردند، نه دیبا. **دو:** لت دویم را نیز گزارش نیست.

همی ریخت کافور گرد اندرش      بدین گونه بر، تا نهان شد سرش[1]
چنین است کار سرای سپنج      چو دانی که ایدر نمانی مرنج[2]

## آگاهی خاقان از کشته شدن بهرام و بر باد دادن خان و مان قلون را

چو بشنید خاقان که بهرام را      چه آمد بروی، از پی نام را[3]
چو آن نامه نزدیک خاقان رسید      شد از درد گریان، هر آن، کاو شنید[4]
ازآن آگهی شد دلش پر ز درد      دو دیده پر از خون و رخ لاژورد
ازآن کار او، در شگفتی بماند      جهاندیدگان را همه پیش خواند[5]
بگفت آن، که بهرام یل را رسید      بشد زار و گریان هر آن کاو شنید[6]
همه چین بر او زار و گریان شدند      ابی آتش تیز بریان شدند[7]
یکایک؛ همه کار او، باز جست      نگه کرد، تا بر که گردد درست
قلون را بتوران دو فرزند بود      ز هرگونه‌ای خویش و پیوند بود
چو دانسته شد آتشی برفروخت      سرای و همه برزن او بسوخت[8]
دو فرزند او را بر آتش نهاد      همه چیز او را بتاراج داد
ازآن پس چو نوبت بخاتون رسید      ز پرده بگیسوش بیرون کشید
کشیدند از ایوان، همه گنج اوی      نکرد ایچ، یاد، از درِ رنج اوی
فرستاد هر سو هیونان مست      نیامدْش خرّاد برزین، بدست
همه، هر چه در چین، ورا بنده بود      بپوشیدشان جامه‌های کبود
بیک چند با سوگ بهرام بود      که خاقان، از آن کار؛ بدنام بود

---

۱ - **یک:** انجامِ چنین کارها نه در ایران باستان، که امروز نیز کار زنان نیست. **دو:** «بدینگونه بر» نیز نادرست است.
۲ - پندهای همیشگی...
۳ - لت دویم نادرخور است، زیرا آنچه که بهرام را رسیده بود از نیرنگ خراد برزین بود، نه از برای نام.
۴ - نام نزد خاقان می‌رسد و دیگران از درد گریان می‌شوند؟!
۵ - در داستان پسین، از گفتار جهاندیدگان یاد نمی‌شود، و خاقان خود، فرمان میدهد.
۶ - لت دویم، دوباره‌گویی است.
۷ - «همه چین» نادرست است: «همه چینیان».
۸ - چرا بایستی برزنی را که قلون در آن خانه داشت بسوزانند؟

## آگاه شدن خسرو از کشته شدن بهرام و نواختن وی خراد برزین را!*

چو خراد برزین، بخسرو رسید　　بگفت آن کجا کرد و دید و شنید
دل شاه‌پرویز ازآن شاد شد!　　کزان بدگهر(!) دشمن آزاد شد![○]
به درویش بخشید چندی درم　　ز پوشیدنی‌ها و از بیش و کم[1]
به هر پادشاهی و خودکامه‌ای　　نوشتند بر پهلوی نامه‌ای[2]
که: «دادار دارنده، یزدان چه کرد　　ز دشمن چگونه برآورد گرد!»[3]
به قیصر یکی نامه بنوشت شاه　　چنانچون بود در خور پیشگاه[4]
به یک هفته مجلس بیاراستند　　به هر برزنی رود و می خواستند[5]
به آتشکده هم فرستاد چیز　　بران موبدان خلعت افکند نیز[6]
به خراد برزین چنین گفت شاه　　که: «زیبد ترا، گر دهم، تاج و گاه»[7]
دهانش پر از گوهر شاهوار　　بیاکند و، دینار چون سدهزار[8]
همی ریخت گنجور، در پای اوی　　برین گونه تا تنگ شد جای اوی[9]
بدو گفت: «هرکس که پیچد ز راه　　شود روز روشن، بر او بر، سیاه[10]
چو بهرام گردد به دشت نبرد　　کزو پیر ترکی، برآورد گرد»[11]
همه موبدان خواندند آفرین　　که «بی‌تو مبیناد کهتر زمین[12]
چو بهرام باد آنکه با مهر تو　　نخواهد که رخشان بود چهر تو»[13]

---

* - پانزده رج که میان داستانِ خاقان، جدایی می‌افکند.

○ - برخی از نویسندگان شاهنامه، اینجا سخن خسرو را گردانده و «پرهنر دشمن» آورده‌اند: روانشان شاد!

۱ - **یک:** «درویش» نادرست است: «درویشان». **دو:** کم را چگونه گزارش توان کردن؟

۲ - کدام خودکامگان، ایران ساسانی بجز از بهرام گور، همواره یک خودکامه داشت، و آن؛ شاه بود.

۳ - دادار و یزدان را با بهم نشاید آوردن.

۴ - به قیصر را «نیز» باید.

۵ - «هر برزنی» نادرست است: «در همهٔ کوهها و برزن‌ها».

۶ - بر کدام موبدان؟

۷ - سخن نابجا! که شاهان هیچگاه چنین نکرده‌اند.

۸ - **یک:** «دهانش پر گوهر بیاکند» نادرست است. **دو:** (چون) در میان شمارش نادرخور است. **سه:** شیوهٔ شمارش نیز باژگونه است: «سدهزار». **چهار:** سدهزار در این رج...

۹ - با «تا تنگ شد جای» همخوان نیست، زیرا که سدهزار، یک اندازه است و در تنگ شدن جای، شمار؛ روشن نیست، بایستی چندان بریزند که جای تنگ شود.

۱۰ - به چه کس گفت.

۱۱ - بهرام در دشت نبرد کشته نشد!

۱۲ - دنباله.

۱۳ - با مهر تو رخشان نباشد را پیوند درست نیست.

## خواستار شدن خاقان گُردیه را

ازانپس چو خاقان بپرداخت دل / ز خون شد همه کشور چین، چو گِل [1]
چنین گفت یک روز ک:«ز مردِ سُست / نیاید، مگر، کارِ ناتندرست
بدان نامداری که بهرام بود / مرا زو همه، رامش و کام بود
کنون من ز کس‌های* آن نامدار / چرا؟ باز ماندم، چنین سست و خوار!
نکوهش کند هر که این بشنود / اُزین پس، بسوگند من نگرود
نخوردم غم خُرد فرزند اوی / نه اندیشهٔ خویش و پیوند اوی
چو با ما بفرزند پیوسته شد / به مهر و خرد جان و دل، بسته شد
بفرمود تا شد برادرْش پیش / سخن گفت با او ز اندازه بیش
که: «کس‌های○ بهرام یل را ببین / فراوان بر ایشان بخوان آفرین
بگو آنکه من، خود، جگرخسته‌ام / بدین سوگ تا زنده‌ام، بسته‌ام
بخون روی کشور بشستم ز کین / همه شهر نفرین بُد و آفرین [2]
بدین درد، هر چند کین آورم / اُگر آسمان بر زمین آورم؛
ز فرمان یزدان کسی نگذرد / چنین داند آن کس که دارد خرد!
که◘ او را زمانه بران گونه بود / همه تُنبلِ دیوِ وارونه□ بود
برآن زینهارم، که گفتم سَخُن / بران عهد و، پیمان‌های کَهُن»

*

سوی گُردیه نامه‌ای بُد جدا / که: «ای پاکدامن زن پارسا
همه راستیّ و همه مردمی / سرشتت فزونیّ و دور از کمی
ز کار تو اندیشه کردم دراز / نشسته، خرد، با دل من براز
به از خود ندیدم ترا، کدخدای / بیارای ایوان ما را، به رای
بدارم ترا همچو جان و تنم / بکوشم که پیمان تو نشکنم
اُزان پس بدین شهر فرمان ترا است / گروگان کنم دل بدانچه‌ت، هوا است [3]

---

۱ – خاقان سه‌کس را بیش نکشته بود و با خون آنان کشور «چین» پر از گل نمی‌شود.

* –کس‌ها، آمیزه‌ای نادرست است. شاید بودن که «**خویشان**» بر گفتار فردوسی گذشته است.   ○ – همان داوری...

۲ –لت دویم راگزارش نیست.

◘ – «که» آغازین دوباره‌گویی «که» در رج پیشین است، و پیوند «چو» درست می‌نماید.

□ –خسروپرویز و خرادبرزین را می‌گوید.

۳ –لت دویم این گفتار، از لت دویم گفتار افزودهٔ فرانک و پرستار گاو پرمایه برگرفته شده است:

←

خواستاری خاقان ازگردیه

کنون هر که داری همه گرد کن … به پیش خردمند، گوی این سخن
اُزانپس ببین، تا چه؟ آیذت رای! … به روشن روان و خرد برگرای
خرد را بران مردمان، شاه کن … مرا زان سگالیده آگاه کن»[1]
همی رفت برسان قمری ز سرو … بیامد برادرْش تازان، بمرو[2]

*

جهانجوی با نامه و نام شد* … بنزدیک کس‌های[▣] بهرام شد
بگفت آنچه خاقان بدو گفته بود … که از کین آن کشته، آشفته بود
ازآنپس چنین گفت ک:«ای بخردان … پسندیده و کاردیده ردان
شما را ازو، مزدِ بسیار باد … ورا داورِ دادگر، یار باد
یکی ناگهان مرگ بود، آن نه خُرد … که کس در جهان، زان گمانی نبرد»[3]

*

پس آن نامه، پنهان؛ بخواهرْش داد … سخن‌های خاقان همه کرد یاد
ز پیوند و از پند و نیکو سخن … چه از نو چه از روزگار کهن[4]
ز پاکیّ و از پارسایی زن … که هم غمگسار است و هم رایزن[5]
جوان گفت و آن پاکدامن شنید … ز گفتار او خامشی برگزید
اُزانپس چو برخواند آن نامه را … سخن‌های خاقان خودکامه را[6]
خرد را چو با دانش انباز کرد … به دل پاسخ نامه را ساز کرد
بدو گفت ک:«این نامه برخواندم … خرد را برِ خویش بنشاندم
چنان کرد خاقان که شاهان کنند … جهاندیده و پیشگاهان کنند
بدو، باد روشن، جهانبین من … که چونین بجوید همی کین من
دل او ز تیمار خسته مباد … امید جهان زوگسسته مباد
مباد ایچ گیتی ز خاقان تَهی … بدو شاد بادا کلاه مهی

---

→ وگر پاره خواهی، روانم ترا است … گروگان کنم دل، بدانچه‌ت هوا است

۱ – دوباره آوردن «خرد» روا نباشد، ویژه آنکه خرد را شاه کردن گزارش نیست.

۲ – پرواز قمری چندان تیز نیست که شتاب او را بدان همانند کنند.

* – بیگمان، واژهٔ «برادرْش» رج پیشین جای جهانجوی را میگیرد، زیرا که برادر خاقان جهانجوی نبوده است: برادر خاقان با خاقان (نامور) رام شد **«برادزش با نامور، رام شد»!** ▣ – **«خویشان»** درست می‌نماید.

۳ – **یک:** گفتار با رج پیشین «ورا داورِ دادگر یار باد» پایان می‌پذیرد. **دو:** گمانی نیز نادرست است.

۴ – چون در رج نخستین سخن‌های خاقان را یاد کرده بود، این گفتار که در لت دویم نیز بی‌گزارش است افزوده می‌نماید.

۵ – و این گفتار را پیوند درست با خواستاری نیست.

٦ – «چو» در لت نخست، با «چو» در رج پسین همخوان نیست، و خاقان نیز، خودکامه نبوده است.

کنون چون نشینیم با یکدگر — بخوانیم نامه، همه سر بسر[۱]
بدان، کاو، بزرگ است و دارد خرد! — یکایک بدین آرزو بنگرد؛
کنون دوده را، سر بسر شیون است — نه هنگامهٔ این سخن گفتن است
چو سوگ چنان مهتر آید بسر — ز فرمان خاقان نباشد گذر
مرا خود به ایران شدن روی نیست — زنِ پاک را، بهتر از شوی، نیست
اگر من بدین زودی آیم به راه — چه گوید مرا آن خردمند شاه[۲]
خردمند بی‌شرم خواند مرا — چو خاقان بی‌آزرم داند مرا[۳]
بدین سوگ چون بگذرد چار ماه — سواری فرستم به نزدیک شاه[۴]
همه بشنوم هر چه باید شنید — به گویندگان تا چه آید پدید[۵]
بگویم یکایک به نامه درون — چو آید به نزدیک او رهنمون[۶]
تو اکنون از ایدر، بشادی خرام — به خاقان بگو آنچه دادم پیام»
فراوان فرستاده را هدیه داد — جهاندیده از مرو برگشت شاد[۷]

## رای زدن گُردیه

### با

## بزرگان سپاه

اُزانپس جوان و خردمند زن — بآرام، بنشست؛ با رایزن
چنین گفت کـ:«امد یکی نو سَخُن — که جاوید، بردل، نگردد کَهُن
جهاندار خاقان، مرا خواستست — سخن‌ها، ز هرگونه آراستست
ازو نیست آهو، بزرگ است و شاه — دلیر و خداوندِ تورانسپاه
[ولیکن چو با ترک، ایرانیان — بکوشد که خویشی بود در میان؛*]
[ز پیوند و از بندِ او، روزگار — غم و رنج بیند بفرجام کار]
نگر تا سیاوش از افراسیاب — چه؟ برخورد، جز تابش آفتاب!

---

۱ - گردیه در رج پسین، خود؛ پاسخ میگوید، و پاسخ را به‌سگالش با یاران پیوند نمی‌دهد. ۲ - گفتار دوباره
۳ - بی‌آزرم خواندن خاقان، دور از خرد است، سخن درست پیش از این آمد که: «بدان، کاو بزرگ است و دارد خرد».
۴ - وابسته به رج پسین ۵ - لت دویم بی‌پیوند و بی‌گزارش است. ٦ - دنبالهٔ همان گفتار
۷ - دریوزه‌گری افزاینده، که در چنان روزگار، با آن سوگ بزرگ (هدیه) دادن را جای نیست.
* - ایرانیان را «بکوشند» باید. چنین پیدا است که این دو رج بر گفتار فردوسی چنین گذشته است:

**«ولیکن ز پیوند او، روزگار — غم و رنج باشد، بفرجام کار»**

انجمن مهیستان سپاه ۳۷۳

سر خویش داد از نخستین به باد — جوانی که چون او ز مادر نزاد[1]
همان نیز، پور سیاوش چه کرد؟ — ز توران و ایران برآورد گرد!
بسازید تا ما، ز ترکان؛ نهان — به ایران بریم، این سخن؛ ناگهان
به گُردوی من نامه‌ای کرده‌ام — هم از پیش تیمارِ این خوَرده‌ام
که بر شاه پیدا کند کار ما — بگوید ز رنج و ز تیمار ما[2]
به نیروی یزدان چنو بشنود — بدین چرب گفتار من بگرود»[3]
بدو گفت هر کس که: «بانو تویی — به ایران و چین پشت و بازو تویی
نجنباندت کوهِ آهن ز جای — یلان را، بمَردی؛ تویی رهنمای
ز مرد خردمند بیدارتر — ز دستور دانده هشیارتر
همه کهترانیم و فرمان ترا است — برین آرزو، رای و پیمان ترا است»
چو بشنید زیشان عرض را بخواند — درم داد و، او را به ایوان نشاند[4]
بیامد سپه سر بسر بنگرید — هزار و سد و شست یل برگزید[5]
کزان هر سواری به هنگام کار — نبرگاشتندی سر از ده سوار[6]
درم داد و آمد سوی خانه باز — چنین گفت با لشکر رزمساز
که: «هر کس که دید او دوال رکیب — نپیچد دل اندر فراز و نشیب[7]
نترسد ز انبوه مردمکُشان — گر از ابر باشد بر او سرفشان[8]
بتوران غریبیم و بی‌پشت و یار — میان بزرگان، چنین؛ مست و خوار
همی رفت خواهم چو تیره شود — سر دشمن، از خواب، خیره شود
شما، دل به رفتن مدارید تنگ — گر از چینیان لشکر آید بجنگ!
که خود بیگمان از پس ما، سران — بیایند با گرزهای گران
همه جان یکایک به کف بر، نهید — اگر لشکر آید دمید و دهید
اُگر بر چنین روی‌تان، نیست رای — از ایدر مجنبید یک تن ز جای»

*

به آواز گفتند: «ما کهتریم — ز رای و ز فرمان تو نگذریم»

---

۱ - **یک:** سخن در رج پیشین بپایان رسیده بود... سر سیاوخش را بریدند و پیکرش را بر شخی خشک افکندند! **دو:** «از نخستین» یاد کردن درست نمی‌نماید، زیرا که، نخست؛ افراسیاب با سیاوخش مهربانی کرده بود.
۲ - «پیدا (پدیدار) کند کار ما» در لت نخست با «بگوید» در لت دویم یک سخن است.
۳ - «بنیروی یزدان» نادرخور است: «بامید یزدان».
۴ - چنانکه در پیشگفتار گذشت عرض (= ارِز) اوستایی، کس نیست، که او را بخوانند.
۵ - سخن نادرست است، و دنبالهٔ همان گفتار... ۶ - همچنین...
۷ - دوال و رکیب را دیدن نادرخور است، زیرا که باشد که کودکان، در بازار؛ دوال و رکیب را ببینند. ۸ - دنبالهٔ همان گفتار

برین بر، نهادند و برخاستند — همه جنگِ چین را بیاراستند
یلان‌سینه و مهتر ایزدگشسپ — نشستند با نامداران بر اسپ[1]
همی گفت هرکس که: «مردن بنام — به از زنده و چینیان شادکام»[2]
همآنگه سوی کاروان برگذشت — شتر خواست، تا پیشِ او شد، ز دشت
گزین کرد زان اشتران سه هزار — بدان، تا بنه بر نهادند و بار[3]
چو شب تیره شد گردیه برنشست — چو گُردی سرافراز و گرزی بدست
برافکند پرمایه برگستوان — ابا جوشن و تیغ و ترگ گوان[4]
همی راند، چون باد، لشکر براه — برخشنده روز، و شبان سیاه

## آگاه شدن خاقان
## از
## گریختن گردیه و ایرانیان

ز لشکر بسی زینهاری شدند — به نزدیک خاقان به زاری شدند
برادر بیامد بنزدیک اوی — که: «ای نامور مهتر جنگجوی
سپاه دلاور به ایران کشید — بسی زینهاری برِ ما رسید
ازین ننگ تا جاودان بر درت — بخندد همی لشکر و کشورت»[5]
سپهدار چین کان سخن‌ها شنید — شد از خشم، رنگ رخش ناپدید
بدو گفت: «بشتاب و برکش سپاه — نگه کن که لشکر کجا؟ شد، براه!
بدیشان رسی، هیچ تندی مکن — نخستین، فراز آر، شیرین‌سخن
ازیشان نداند کسی راه ما — مگر بشکنی پشت بدخواه ما[6]
بخوبی سخن گوی و بنوازشان — بمردانگی، سر؛ برافرازشان
اُگر هیچ سازد کسی با تو جنگ — تو مردی کن و دور باش از درنگ
ازیشان یکی گورستان کن بمرو — که گردد زمین همچو پرّ تذرو»

۱ - هنوز «شتر» برنگزیده‌اند، آندو بر اسپ نشستند؟
۲ - سخن از شاهنامه برگرفته شده است بجای چینیان، «دشمن بدو»:
«مردن بنام - به از زنده، دشمن بدو شادکام»
۳ - سه هزار شتر، بس گزافه می‌نماید، لت دویم را نیز پیوند درست نیست: «برنهند».
۴ - پس از برنشستن (سوار بر اسب شدن) هنگام برگستوان پوشاندن بر اسپ نیست، و چنین کار بهنگام زین برنهادن، انجام می‌پذیرد.
۵ - سخن برگرفته از داستان بیژن و منیژه است. ۶ - سخن را هیچ گزارش و پیوند نیست.

رزم گُردیه با تُبُرگ

*

بیامد سپهدار با شش هزار / گزیده ز ترکان جنگی، سوار
بروزِ چهارم، بدیشان رسید / زن شیردل، چون سپه را بدید؛
ازیشان، بدل بر، نکرد ایچ یاد / ز لشکر سوی ساربان شد چو باد
یکایک، بنه؛ از پسِ پشت کرد / بیامد نگه کرد جای نبرد
سلیح برادر بپوشید زن / نشست از بر بارهٔ گامزن[1]
دو لشکر برابر کشیدند صف / همه، جان‌ها[⊡]؛ بر نهاده بکف
به پیش سپاه اندر آمد تُبُرگ / که خاقان ورا خواندی، پیر گرگ
به ایرانیان گفت که:«آن پاک زن / مگر نیست؟ با این بزرگ انجمن!»
بشد گردیه، با سلیح گران / میان بسته، برسان جنگاوران
دلاور تُبُرگش ندانست باز / بزد پاشنه[○] شد برِ او فراز
چنین گفت که:«آن خواهرِ کشته شاه / کجا؟ جویمش در میان سپاه!
که با او، مرا هست؛ چندی سخن / چه از نو، چه از روزگار کهن»
بدو گردیه گفت: «اینک! منم / که بر شیر درّنده اسپ افکنم»!
چو بشنید آواز او را تبرگ / بران اسپ جنگی، چو شیرِ سترگ
شگفت آمدش، گفت: «خاقان چین / ترا کرد، زین پادشاهی؛ گزین؛
بدان، تا تو باشی ورا، یادگار / ز بهرام شیر، آن گزیده سوار!
همی گفت پاداش آن نیکوی / بجای آورم، چون سخن بشنوی[2]
مرا گفت: بشتاب و او را بگوی / که گر، زانکه گفتم، ندیدی تو روی
چنان دان، که این خود، نگفتم ز بُن / که من نیز، باز آمدم؛ زان سخن
ازین مرز رفتن، ترا؛ روی نیست / مکن، گر ترا، آرزو؛ شوی نیست
سخن‌ها برین گونه پیوند کن / اُگر پند نپذیردت بند کن[3]
همان را که او را بدان داشته‌ست / سخن‌ها ز اندازه بگذاشته‌ست»[4]
بدو گردیه گفت که:«ز رزمگاه / بیکسو شویم از میان سپاه
سخن هر چه گویی تو، پاسخ دهم / ترا، اندرین، رای فرّخ نهم»!

---

۱ - **یک:** بیگمان جنگ‌افزار پهلوان بزرگی چون بهرام بر تن یک دختر برازا نیست. **دو:** مگر پیش از آن سوار بر اسپ نبود؟
⊡ - **«جانِ خود»** درست می‌نماید.
○ - برای برانگیختن اسب به تندتر رفتن بایستی پاشنه‌های پا را به دو سوی سینهٔ اسب فروکوبند.
۲ - «همی گفت» نادرست است و سخن بشنوی در لت دویم را نیز روی نیست: «فرمان کنی».
۳ - خاقان چنین فرمان نداده بود، و فرمان به نبرد بود.
۴ - سخن سست بی‌پیوند و بی‌گزارش.

ز پیش سپاه اندر آمد، تبرگ — بیامد بر نامدار سترگ[1]
چو تنها بدیدش، زن چاره‌جوی — ازآن مغفر تیره، بگشاد روی
بدو گفت: «بهرام را دیده‌ای؟ — سواری و رزمش پسندیده‌ای؟
مرا بود هم مادر و هم پدر — کنون روزگار وی آمد بسر
کنون من ترا آزمایش کنم — یکی سوی رزمت نمایش کنم
اگر ازدرِ☐ شوی یابی، بگوی — همانا مرا، خود پسندست؛ شوی»
بگفت این، وزانپس برانگیخت اسپ — پس او همی تاخت ایزدگشسپ
یکی نیزه زد بر کمربند اوی — که بگسست خفتان و پیوند اوی
یلان‌سینه با آن گزیده سپاه — برانگیخت اسپ اندران رزمگاه
همه لشکر چین بهم برشکست — بسی کشت و افکند و چندی بخست
دو فرسنگ لشکر همی شد ز پس — بر اسپان نماندند بسیار کس
سراسر همه دشت شد رود خون — یکی، بی‌سر و، دیگری سرنگون

*

چو پیروز شد، سوی ایران کشید — برِ شهریار دلیران کشید
بروز چهارم، به آموی شد — ندیدی زنی کاو جهانجوی شد[2]
به آموی یکچند بنشست و بود — به دلش اندرون، داوری‌ها فزود[3]

## نامهٔ گردیه به گردوی برادر خود
## و
## کشتن خسرو بندوی را

یکی نامه سوی برادر به درد — نوشت و ز هر کارش آگاه کرد:
نخستین سخن؛ گفت: «بهرامِ گُرد — به تیمار و درد برادر بمرد
ترا و مرا مزد بسار باد — روان وی از ما، بی‌آزار باد»
دگر گفت: «با شهریار بلند — بگوی آنچه از من شنیدی ز پند
پس ما بیامد سپاهی گران — همه نامداران و جنگاوران
بران گونه برگاشتم‌شان ز رزم — که نه رزم بینند زان پس، نه بزم

---

1 - لت دویم نیز نادرخور است؛ سترگ.
☐ - ازدر، سزاوار، شایسته، درخور.
2 - لت دویم نادرخور است.
3 - «بنشست» با «بود» یکی است.

گریز گردیه به ایران ۳۷۷

بسی نامور مهتران با من‌اند		نباید که آید بریشان گزند
نشستم به آموی، تا پاسخم		بیارد مگر اختر فرّخم»

*

چو برخاست بهرام جنگی ز راه		ازآنپس به آرام بنشست شاه
ندید از بزرگان کسی کینه‌جوی		که با او، بروی اندر آرند، روی
بدستورِ پاکیزه، یک روز گفت		که: «اندیشه تا کی؟ بود در نهفت!
کشنده‌ی پدر، هر زمان پیش من		همی بگذرد، چون بود خویشِ من!
چو روشن‌روانم پر از خون بود		همی پادشاهی کنم، چون؟ بود!»
نهادند خوان و میی چند خوَرد		هم آن روز بندوی را بند کرد
ازآنپس چنین گفت با رهنمای		که: «او را ببُر، در زمان، دست و پای»
بریدند و، هم در زمان، او بمرد		پر از خون روانش* به خسرو سپرد

*

اُ زانپس بسوی خراسان کسی		گُسی کرد و اندرز دادش بسی
بدو گفت: «با کس مجنبان زبان		از ایدر برو تا درِ مرزبان
به گستهم گو، ایچ گونه مپا		چو این نامهٔ من بخوانی بیا»
فرستاده چون در خراسان رسید		بدرگاهِ مردِ تن‌آسان رسید
بگفت آنچه فرمان پرویز بود		که شاهی جوان بود و، خونریز بود
چو گستهم بشنید، لشکر براند		پراکنده لشکر همه باز خواند
چنین، تا بشهرِ بزرگان رسید		ز ساریّ و آمل به گرگان رسید○
شنید آنکه شد، شاه ایران درشت		برادرش را، شب، بمستی بکشت!
چو بشنید، دستش بدندان بکند		فرود آمد از پشتِ اسپ سمند[1]
همه جامهٔ پهلوی کرد چاک		خروشان، به سر بر؛ همی ریخت خاک
بدانست کاو را جهاندار شاه		بکین پدر، کرد خواهد تباه
خروشان ازآن جایگه بازگشت		تو گفتی که با باد، انباز گشت[2]
سپاه پراکنده کرد انجمن		همی تاخت، تا بیشهٔ نارون
چو نزدیکی کوه آمل● رسید		سپه را بدان بیشه اندر کشید

---

* - «روان را» درست می‌نماید.

○ - شهر بزرگان: کوس (نزدیک آمل) پایتخت فریدون، و آمل پایتخت منوچهر است.

۱ - **یک:** لت نخست سست می‌نماید. **دو:** فرود آمد از اسپ بس است از پشت اسپ دوباره گویی است.

۲ - تو گفتی...

● - این آمل، آمل چارجوی، نزدیک آمودریا است، که امروز در مرزی بنام ترکمنستان جای دارد.

۳۷۸ خسروپرویز

همی برد، بر هر سویی تاختن / بدان تاختن بود، کین آختن[1]
بهر سو که بیکار مردم بُدند / سراسر، همی بندهٔ او شدند[2]
بجایی، کجا، لشکر شاه بود / که گستهم ازآن لشکر آگاه بود؛[3]
بشب، بر سران‌شان فرود آمدی / سپه را سراسر، بهم بر زدی[4]
اُزانپس، چو گردوی، شد نزد شاه / بگفت آن کجا، خواهرش با سپاه
بدان مرزبانان خاقان چه کرد! / که در مرو، زیشان برآورد گرد!

*

از اینروی گستهم بشنید نیز / که بهرام یل را، پُر آمد قفیز
همان گُردیه با سپاه بزرگ / برفت از برِ نامدار سترگ
پسِ او سپاهی بیامد بکین / چه کرد او بدان نامداران چین!
چو گستهم دید آن سپه را ز راه / برانگیخت اسپ از میان سپاه
بیامد برِ گردیه، پر ز درد / فراوان ز بهرام تیمار خوَرد
همان دردِ بندوی، او را بگفت / همی بآستین، خون مژگان برفت[5]
یلان‌سینه را دید و ایزدگشسپ / فرود آمد از دور، گریان ز اسپ
بگفت آنکه: «بندوی را شهریار / تبه کرد و، بد شد مرا، روزگار
تو گفتی نه از خواهرش زاده بود! / نه از بهر او، تن بخون داده بود
به تارک مر او را روا داشتی / روان پیش خاکش فدا داشتی[6]
نخستین ز تن دست و پایش برید / برآنسان که از گوهر او سزید
شما را بدو چیست؟ اکنون امید! / که هرگز نروید، بر؛ از شاخ بید
ابا همگنان‌تان بتر زان کند / به شهر اندرون گوشت ارزان کند[7]
چو از دور بیند یلان‌سینه را / برآشوبد و، نو کند کینه را
که سالار بودی تو بهرام را / ازو یافتی در جهان کام را[8]
ازو هرکه داندش، پرهیز، به / گلوی ورا دشنهٔ تیز، به
گر ایدونکه باشید با من بهم / زنیم اندرین، رای بر بیش و کم»
پذیرفت ازو، هرکه بشنید، پند / همی جَست هر کس، ز راه گزند
زبان، تیز، با گُردیه برگشاد / همی کرد، کردار بهرام یاد

---

۱ – لت دویم بی‌پیوند است. ۲ – مردمان بیکار را به گستهم چه سود.
۳ – لشکریان خراسان، همگی بفرمان گستهم بودند.
۴ – **یک:** سران‌شان نادرست است: «بر سر ایشان». **دو:** شبیخونْ در آیین ایران گناه بشمار میرفت.
۵ – از درد بندوی در گفتار پسین یاد می‌شود. ۶ – سخن سخت پریشان و بی‌گزارش است.
۷ – سخن پست... که مگر گوشت مردمان را می‌فروختند؟! ۸ – روی سخن بهمگان بود، و به «تو» بازگشت.

ز گفتار او گُردیه گشت سست — شد اندیشه‌ها بر دلش بر، درست
ببودند یکسر، بنزدیک اوی — درخشان شد آن رای تاریک اوی

*

یلان‌سینه را گفت کـ:«این زن، بشوی — چه گوید؟ بجوید؟ بدین، آب‌روی»!
چنین داد پاسخ که: «تا گویمش — بگفتار بسیار، دل، شویمش»
یلان‌سینه با گردیه گفت: «زن! — بگیتی، ترا دیده‌ام رایزن!
ز خاقان کرانه گزیدی سزید — که رای تو آزادگان را گزید
چه گویی؟ ز گستهمِ یل، خال شاه؛ — توانگر، سپهبد، یلی با سپاه!
بدو گفت: «شویی کز ایران بود — ازو تخمهٔ ما، نه ویران بود»
یلان‌سینه او را به گستهم داد — دلاور، گوی بود فرخ‌نژاد[1]
همی داشتش چون یکی تازه سیب — که اندر بلندی ندیدی نشیب[2]
سپاهی که از نزد خسرو شدی — بر او روزگار کهن، نو شدی[3]
هر آنگه که دیدی شکست سپاه — کمان را برافراشتی، تا بماه[4]

## برانگیختن خسرو و گُردوی
### گُردیه را
## بکشتن شویش گستهم

چنین، تا برآمد برین، چندگاه — ز گستهم، پر درد شد●، جانِ شاه
برآشفت روزی، به گردوی گفت — که: «گستهم، با گردیه، گشت جفت!
سوی او شدند آن بزرگ انجمن — برآنم که او بودشان رایزن
از آمل کس آمد ز کارآگهان — همه فاش کرد آنچه بُد در نهان»
همی گفت زین‌گونه، تا تیره گشت — ز گفتار، چشم یلان خیره گشت[5]

---

۱ - **یک:** در رج پیشین گردیه همرایی خویش را با زناشویی، آشکار کرد. و یلان سینه؛ پدر گردیه نبود که وی را به گستهم دهد! **دو:** در لت دویم روشن نیست که از نژاد چه کس سخن میرود.

۲ - لت نخست از گفتار دربارهٔ انوشه‌روان منصور پشتیبان فردوسی برگرفته شده است:

همی داشتم چون یکی تازه سیب — که از باد بر من نیاید نهیب

۳ - سخن پریشان و بی‌پیوند

۴ - همچنین

● - همهٔ نمونه‌ها چنین آورده‌اند اما پیدا است که جان وی پر درد بود، و گفتار فردوسی چنین بوده است:

**«ز گستهم پر درد بُد، جان شاه»**

۵ - **یک:** از گفتار، چشم خیره نمی‌شود. **دو:** و سخن نیز میان خسرو و گردوی بود یلان در میان نبودند.

چو سازندگان شمع و می خواستند    همه کاخ او را بیاراستند[1]
ز بیگانه مردم بپردخت جای    نشست از برِ تخت، با رهنمای[2]
همان نیز گردوی و خسرو بهم    همی رفت از گردیه، بیش و کم[3]
بدو گفت «ز ایدر فراوان سپاه    به آمل فرستاده‌ام کینه‌خواه[4]
همه خسته و کشته باز آمدند    پر از ناله و با گداز آمدند[5]
کنون اندرین رای ما را یکی‌ست    که از رای ما تاج و تخت اندکی‌ست[6]
چو بهرام چوبینه، گم کرد راه    همیشه بُدی، گردیه، نیکخواه[7]
کنون چاره‌ای هست نزدیک من    مگو، هیچ از آن، بر سر انجمن!
سوی گردیه، نامه باید نوشت    چو جویی پر از می، بباغِ بهشت
که: «با تو همی دوستدرای کنم    به هر جای و هر کار، یاری کنم
برآمد برین روزگاری دراز    زبان بر دلم هیچ نگشاد راز
کنون روزگار سخن گفتن است    که گردوی، ما را، چو جان در تن است
نگر؛ تا چگونه؟ کنی چاره‌ای!    کزان، گم کنی؛ زشت پتیاره‌ای؛
که گستهم را زیر سنگ آوری    دل و خانهٔ ما، بچنگ آوری
چو این کرده باشی سپاه ترا    همان در جهان نیکخواه ترا[8]
مر آن را که خواهی دهم کشوری    بگردد بران کشور اندر سری[9]
تو● آیی بمشکوی زرّین من    سرآورده باشی همه کین من
برین بر، خورم، سخت سوگند نیز    فزایم برین بندها، بند نیز
اگر سر بپیچیم ز سوگند، من    مبادا ز مَن، شاد، پیوندِ من»

*

بدو گفت گردوی: «انوشه بَوی    چو ناهید در برج خوشه بَوی
تو دانی که من جان و فرزند خویش    بر و بوم آباد و پیوند خویش

---

۱ - **یک:** سازندگان چه کسان بودند؟ **دو:** با می نمی‌توان کاخ را آراستن.

۲ - اگر رهنمای...

۳ - ...همان گردوی است که پیش از این از گفت‌وگوی آنان یاد شده بود.

۴ - سخن را، روی به گردوی بود، و «بدو گفت» دوباره گویی است.

۵ - گیریم که خستگان بازآمدند، باری؛ کشتگان چگونه بازآمدند؟

٦ - سخن بی‌پیوند و بی‌گزارش

۷ - سخن را پیوند به گفتار پیشین و پسین نیست.

۸ - لت دویم را پیوند درست نیست نیکخواهان ترا... که همان سپاهیان‌اند و دوباره گویی است.

۹ - سخن سست و بی‌پیوند است.

● - نمونه‌ها چنین آورده‌اند، اما این سخن در رج سیوم پیشین آمده بود «دل و خانهٔ ما بچنگ آوری». پیدا است که اگر پیوند «چو» بجای «تو» بیاید لت دویم را نیز گزارش میکند:

**چو آیی بمشکوی زرین، من    سرآورده باشی همه‌کین، من**

بجای سرِ تو، ندارم بچیز … -گر این چیزها ارجمند است نیز-
بدین، کس؛ فرستم بنزدیک اوی … درفشان کنم جان تاریک اوی [1]
یکی رقعه خواهم، بر او، شهرِ شاه … همان خدّ او چون درخشنده ماه [2]
بخواهر فرستم، زن خویش را … کنم دور، ازین در، بداندیش را
که چونین سخن، نیست جز کار زن! … بویژه زنی کاو بود رایزن
برین نیز، هر چون همی بنگرم … پیام تو باید، برِ خواهرم!
برآید بکامِ تو، این کار، زود … برین، بیش‌تر، بر نباید فزود»

*

چو بشنید خسرو، ازآن شاد گشت … همه رنج‌ها، بر دلش باد گشت
هم‌آنگه ز گنجور کرتاس خواست … ز مشک سیه، سوده انفاس خواست*
یکی نامه بنوشت، چون بوستان … همان بوستان، چون رخ دوستان
پر از عهد و پیوند و سوگندها … ز هرگونه‌ای لابه و پندها
چو برگشت عنوان آن نامه خشک … نهادند مُهری، بر او بر، ز مشک [3]
نگینی بر او نام پرویز شاه … نهادند بر مُهر مشک سیاه [4]
یکی نامه بنوشت گردوی نیز … بگفت اندرو پند و بسیار چیز
سر نامه گفت: «آن؛ که بهرام کرد … همه دوده و بوم، بدنام کرد
که بخشایش آراد، یزدان بر اوی … مبادا پشیمان، ازآن گفت و گوی [5]
هرآنکس که جانش ندارد خرد … کم و بیشی کارها ننگرد
گر او رفت، ما از پس او رویم … به داد خدای جهان بگرویم
چو جفت من، آید، بنزدیک تو … درخشان کند جان تاریک تو
ز گفتار او هیچ‌گونه مگرد … چو گردی، شود بخت را، روی، زرد» [6]
نهاد آن خط خسرو اندر میان … بپیچید، بر نامه بر، پرنیان
زن چاره‌گر بستد آن نامه را … شنید آن سخن‌های خودکامه را
همی° تاخت تا بیشهٔ نارون … فرستادهٔ زن، بنزدیکِ زن

---

۱ - از فرستادن خواهر در گفتار پسین یاد شده و لت دویم نیز دوباره‌گویی لت ۴۷۱۲۷ است.

۲ - **یک:** «نامه» بهتر می‌زیبد! **دو:** در سخن آینده از پیام خسرو یاد می‌شود.

* - انفاس: مرکب.

۳ - خشک برگشت راگزارش نیست.

۴ - «مهر» یاد شده در رج پیشین همان «نگین» است.

۵ - لت دویم باژگونهٔ سخن در لت نخست است، و چنین می‌نماید که بهرام روانشاد از کار خویش پشیمان مباد پس بخشایش ایزدی با او همراه است.

۶ - لت نخست برگرفته از گفتار جهان پهلوان سوفزای است بشاپور رازی:

ز گفتار او هیچگونه مگرد … چو پیرایه دان بند، بر پای مرد

° - **برون تاخت** درست می‌نماید.

*

ازو گــردیه شــد چــو خـرّم بــهار　　هــمان رخ، پــر از بـوی و رنگ و نگـار
ز بــهرام چــندی ســخن رانــدند　　هــمی آب مــژگان بــرافشــاندند
پس آن نـامهٔ شـوی بـا خـط شـاه　　نــهانی بـدو داد و بـنمود راه
چـو آن شـیرزن نـامهٔ شـاه دیـد　　تـو گـفتی بـه روی زمـین مـاه دیـد[1]
بخندید و گـفت: «ایـن سـخن را بـه رنـج　　نـدارد کسـی، کـه‌ش بـود یـار پـنج»[2]
بـخوانـد آن خـط شاه بـر پـنج تـن　　ـنـهان داشت زان نـامدار انـجمن-
چـو بگشـاد لب زود پـیمان بـبست　　گـرفت آن زمـان دست ایـشان، بـدست[3]
هـمان پـنج تـن را بـر خـویش خـوانـد　　بــنزدیکیِ خــوابگــه، بــرنشاند
چـو شب تـیره شد، روشنایی بکُشت　　لب شـوی بگـرفت، نـاگـه، بمشت
ازآن مـردمان نـیز یـار آمـدند　　بــه بــالین آن نـامدار آمـدند
بکـوشید بسـیار، بـا مـرد مست　　سـرانـجام گـویا زبـانش بـبست
سـپهبد، بـتاریکی انـدر، بـمرد　　شب و، روزِ روشــن، بـخسرو سـپرد

*

بـه شـهر انـدرون بـانگ و فریاد خاست　　بـه هـر بـرزنی آتش و بـاد خـاست[4]
چــو آواز بشــنید نـاباک زن　　بــخفتان رومــی بـپوشید تــن
شب تــیره ایـرانـیان را بـخوانـد　　سـخن‌های آن کشـته چندی بـراند
پس آن نــامهٔ شــاه بـنمودشان　　دلیــریّ و تــندی بــیفزودشان
هــمه ســرکشان، آفـرین خـوانـدند　　بـران نـامه بـر، گـوهر افشـاندند[5]

## رفتن گردیه بنزد خسرو
## و
## بزنی خواستن خسرو، وی را

دوات و قـلم خـواست نـاباک زن　　ز هــرگـونه انـداخت*، بـا رایـزن

1 - تو گفتی... 　　۲ - در رج پسین نامهٔ شاه، تازه، خوانده می‌شود.
۳ - لت نخست سست می‌نماید.
۴ - **یک:** «فریاد یاری است، و بانگ نیست. **دو:** چگونه در شب تیره مردمان از آن کار آگاه شدند؟ **سه:** در رج پسین آگاهی کشتن گستهم را خود به ایرانیان می‌دهد. 　　**۵** - تیره شب گوهر از کجا یافتند؟ 　　* - انداختن: طرح کردن.

پیوند خسرو باگردیه ۳۸۳

یکی نامه بنوشت نزدیک شاه        ز بدخواه، و ز مردم نیکخواه[1]
سر نامه کرد آفرین از نخست        بر آنکس که او، کینه از دل بشست
دگر گفت: «کاری که فرمود شاه        برآمد، بکامِ دلِ نیکخواه
پراکنده گشت آن سپاه سترگ        به بخت جهاندار شاه بزرگ
ازین پس کنون، تا چه فرمان دهی        چه آویزی از گوشوار رهی!

*

چو آن نامه نزدیک خسرو رسید        ازان زن ورا، شادی نو رسید
فرستاده‌ای خواست شیرین‌سَخُن        که داند همه داستان کَهُن
یکی نامه برسان ارژنگ چین        نوشتند و کردند چند آفرین
گرانمایه زن را، بدرگاه خواند        بنامه، ورا، افسر ماه خواند
فرستاده آمد برِ زن، چو گرد        سخن‌های خسرو بدو یاد کرد
زن شیر، زان نامهٔ شهریار        چو رخشنده گل شد بگاهِ بهار
سپه را، به در خواند و، روزی بداد        چو شد روز روشن، بنه برنهاد
چو آمد بنزدیکی شهریار        سپاهی، پذیره شدش، بیشمار
ز ره چون به درگاه شد، بار یافت        دل تاجور، پر ز تیمار یافت
بیاورد زانپس، نثاری گران        هر آن کس که بودند با او سران[2]
همان گنج و آن خواسته پیش برد        یکایک بگنجورِ او، برشمرد[3]
ز دینار و از گوهر شاهوار        کس آن را ندانست کردن شمار
ز دیبای زربفت و تاج و کمر        همان تخت زرّین و زرّین سپر
نگه کرد خسرو، بدان زاد سرو        به رخ چون بهار و، به رفتن، تذرو
برخساره روز و، بگیسو چو شب        همی در بباریدِ گویی ز لب[4]
ورا در شبستان فرستاد شاه        ز هر کس، فزون شد، ورا پایگاه
فرستاد نزد برادرش کس        همان نزد دستور فریادرس
بر آیین زرتشت او را بخواست        بپذرفت و با جان همی داشت راست
بیارانش بر، خلعت افکند نیز        درم داد و دینار و هرگونه چیز

---

۱ – چگونه در نامهٔ خویش از سوی بدخواهان نیز توان نوشتن؟

۲ – **یک:** پس از بار یافتن «بیاورد» نادرخور است. **دو:** لت دویم را با لت نخست پیوند نیست.

۳ – سه رج دنبالهٔ همان گفتار        ۴ – لت دویم سست می‌نماید.

## هنر نمودن گُردیه
### پیش خسرو

دو هفته برآمد، بدو گفت شاه ::«به خورشید و ماه و بتخت و کلاه
که پیدا کنی جنگ خاقانیان ::ببندی کمر، همچنان؛ بر میان»
بدو گفت: «شاها، انوشه بَوی ::روان را، بدیدار توشه بَوی
بفرمای تا اسپ و زین آورند ::کمان و کمندِ گزین آورند
همان نیزه و خود و خفتان جنگ ::یکی ترکش، آکنده تیرِ خدنگ»
پرستنده‌ای را بفرمود شاه ::که: «در باغِ گلشن، بیارای گاه»
برفتند بیداردل بندگان ::ز ترک و ز رومی پرستندگان[1]
ز خوبانِ خسرو، هزار و دوست ::تو گفتی به باغ اندرون راه نیست[2]
چو خورشید، شیرین، به پیش اندرون ::خرامان ببالای سیمین ستون[3]
بشد گردیه تا بنزدیک شاه ::که آید بنزدیک اسپ سیاه[4]
بیامد خرامان ز جای نشست ::کمر بر میان بست، نیزه به دست
به شاه جهان گفت: «دستور باش ::یکی چشم بگشا ز بد دور باش»[5]
بدان پرهنر زن بفرمود شاه ::زن آمد به نزدیک اسپ سیاه[6]
بن نیزه را بر زمین بر، نهاد ::ببالای زین، اندر آمد چو باد
بباغ اندر، آوردگاهی گرفت ::چپ و راست بیگانه راهی گرفت[7]
همی هر زمان باره برگاشتی ::وز ابر سیه نئره بگذاشتی
بدو گفت: «هنگام جنگ تُبُرگ ::بدینگونه بودم، چو غرنده گرگ»[8]
چنین گفت شیرین که: «ای شهریار ::بدشمن دهی آلت کارزار
تو با جامهٔ پاک، بر تخت زر ::ورا هر زمان بر تو باشد گذر»
بخنده، بشیرین چنین گفت شاه ::که:«زین زن، جز از دوستداری مخواه»
همی تاخت گرد اندرش گردیه ::بر آوردگاهی برش گردیه[9]

---

۱ – «بندگان» لت نخست، همان پرستندگان لت دویم‌اند.
۲ – برابر شاهنامهٔ سپاهان. دیگر نمونه‌ها: خوبانِ رومی آورده‌اند. ویرایشگران شاهنامه مسکو با آوردن این سخن از شاهنامهٔ بنداری، «حَضَرت شیرین... و وراءها الف و مثتان من الجوار...» نشان داده‌اند که نمی‌توان «خوبان رومی» را درست دانستن... باری خوبان خسرو همان بندگان و پرستندگان رج پیشین‌اند.
۳ – پیش را (اندرون) نیست.
۴ – «بشد» (=برفت) در این رج با «بیامد» رج پسین همخوان نیست.
۵ – بشاه جهان نشاید گفتن که «وزیر باش»!
٦ – چه فرمان به چه داد؟
۷ – لت دویم بی‌گزارش است.
۸ – پیدا است که خسرو نمایش جنگ با تبرگ را از گردیه خواسته بود.
۹ – سخن سست است.

بدو مانده بُد خسرو اندر شگفت ... بدان برز و بالا و آن یال و کفت[1]
چنین گفت با گردیه: شهریار ... که: «بی عیبی از گردش روزگار
کنون تا ببینم که با جام می ... یکی سُست باشی، وگر سخت‌پی!
بگِردِ جهان، چار سالار من ... که هستند بر جان، نگهدار من
ابا هر یکی زان ده و دو هزار ... از ایرانیانند، جنگی سوار
چنین هم، بمشکوی زرّین من ... چه در خانهٔ گوهرآگین من
پرستار باشد ده و دو هزار ... همه پاک با توغ و باگوشوار
ازین پس، نگهدار ایشان تویی ... که با رنج و تیمارِ خویشان تویی
نخواهم که گویند ازیشان سَخُن ... جز از تو، اگر نو بود گر کَهُن»
شنید آن سخن گردیه شاد شد ... ز پیغارهٔ دشمن آزاد شد[2]
همی رُفت روی زمین را به روی ... همی آفرین خواند بر فرّ اوی[3]

## فرستادن خسرو
### مرزبان بدسرشت را به ری
## و تنگ کردن او زندگی را بر مردمان

بر آمد برین، روزگاری دراز ... نَجَست* اختر نامور، جز فراز
شبی مَی همی خورد با بخردان ... بزرگان و رزم‌آزموده ردان
بدان مجلس اندر یکی جام بود ... نوشته بران، نام بهرام بود
بفرمود تا جام بنداختند ... اُزان هرکسی دل بپرداختند[4]
گرفتند نفرین، به بهرام بر ... برآن جام و آرندهٔ جام بر
چنین گفت که:«اکنون بَر و بومِ رَی ... بکوبند پیلان جنگی به پَی
همه مردم از شهر بیرون کنند ... همه ری، به پی، دشت و هامون کنند»[5]

*

۱ – کار افزایندگان است که همواره کتف را برای پساوای شگفت، به «کفت» می‌گردانند.
۲ – **یک:** سخن را پیوند، «چون» در آغاز باید. **دو:** پیغارهٔ کدام دشمن؟ ۳ – همی رُفت نادرست است: «برُفت».
* – نمونه‌ها «برفت اختر»، «نرفت اختر» «نگشت اختر» «بخت اختر» [ویرایندگان شاهنامه مسکو، آنرا بگونهٔ «نجُست اختر» آوانویسی کرده‌اند]، اما پیدا است که «نَجَست» درست است، زیرا که در اخترماری ایران، بویژه در نوشته‌های پهلوی، همواره از «اَپَر جَشتَنِ» اختران سخن رفته است، و در این گفتار نیز که «اختر بفراز» روی دارد، بایستش جَستن.
۴ – بنداختند، نادرست است، و لت دویم نیز سست می‌نماید. ۵ – کُنند را با کَنند پساوا نیست.

گـرانـمایه دسـتور بـا شـهریار　　چـنین گـفت کـ:«ای از کـیان یـادگار
نگـه کـن کـه شهری بـزرگ است ری　　نشـاید کـه کـوبند پـیلان، بـه پـی°
کـه یـزدان، دریـن• کـار هـمداستان　　نـباشد، نـه هـم؛ بـر زمـین، راسـتان»
بـدستور گـفت آن زمـان شـهریار　　کـه:«بـدگوهری بـاید و نـابکار
کـه یک چند بـاشد، بـه ری، مـرزبان　　یکـی مـرد بـی‌دانش و بـد زبـان»
بـدو گـفت بـهمن؛ کـه: «گـر شـهریار　　بگـوید نشـانِ چـنین نـابکار
بـجوییم و ایـن را بـجای آوریـم　　نـباید، کـه بـی‌رهنمای آوریـم»

*

چـنین گـفت خسرو کـه:«بسیارگوی　　نـژنداختری بـایدم سـرخ‌موی
تـنش سـرخ و بـینی کـژ و روی زشت　　هـمان دوزخـی رویِ دور از بـهشت
یکـی مـرد بـدنام و رخسـاره زرد　　بـداندیش و کـوتاه و دل پـر ز درد
هـمان بـددل و سـفله و بـی فـروغ　　سـرش پـر ز کـین و زبـان پـر دروغ
دو چشمش کژ و سبز و، دنـدان بـزرگ　　به راه انـدرون کـژ رو و، هـمچو گـرگ»
هـمه مـهتران مـانده زو در شگـفت　　که تا یاد خسرو، چنین، چون؟ گرفت!

*

هـمی جُست هـر کس، بگـردِ جـهان　　ز شـهر کسـان، از کـهان و مـهان
چـنان بُـد کـه روزی، یکـی؛ نـزد شـاه　　بـیامد، کـ:«زیـن گـونه، مـردی بـراه؛
بـدیدم، بـیارم؟ بـفرمان کـی!　　بـدان، تـا فـرستذْش خسرو بـه ری!»
بـفرمود تـا نـزد او آورنـد　　اُ زیـنگونه او را ز کـوه آورنـد[1]
بـبردند زیـن‌گونه مـردی بـرش　　بـخندید، زو، کشـور و لشکـرش
بـدو گـفت خسـرو: «ز کـردار بـد　　چـه داری؟ بـه یـاد، ای بـدِ بـی‌خرد!»
چـنین گـفت بـا شاه کـ:«ز کـار بـد　　نـیاسایم و نـیست بـا مـن خـرد
سـخن هـر چـه گـویم، دگـرگون کـنم　　تـن و جـان پـرسنده، پـر خـون کـنم!
سـرِ مـایهٔ مـن، دروغ است و بس　　سـوی راسـتی، نـیستم دسـترس»
بـدو گـفت خسـرو کـه: «بـد اخـترت　　نـوشته مـبادا، جـز ایـن بـر سـرت»
بـدیوان نـوشتند⊡، مـنشورِ ری　　ز زشـتی، بـزرگی شـد، آن شـوم پـی
سـپاه پـراکـنده او را سـپرد　　بـرفت از در و، نـامِ زشـتی بـبرد[2]

---

○ – نمونه‌ها چنین آورده‌اند اما پیدا است که پیوند «آنرا» «آن شهر را» باید، و اندیشهٔ من چنین رهنمون می‌شود که **«نشایدش، کوبند؛ پیلان به پی».**　● – **«بدین»** درست می‌نماید.　۱ – «او» را با «کوه» پساوا نیست.
⊡ – **«نوشتنذش»** درست می‌نماید.　۲ – چرا سپاه پراکنده؟ لت دویم نیز بی‌پیوند است.

چو آمد به ری مردِ ناتندرست — دل و دیده از شرم یزدان بشست
بفرمود تا ناودان‌های بام — بکندند و او شد برآن شادکام!
اُزانپس همه گُربکان را بکشت — دل کدخدایان ازو شد درشت
به هرسو همی رفت با رهنمای — منادیگری پیش او بر، بپای
همی گفت: «گر ناودانی بجای — بماند، و گر گربه‌ای در سرای؛
بدان بوم و بر آتش اندر زنم — زبرشان همی سنگ بر سر زنم»
همی جُست جایی که بُد یک درم — خداوند او را فکندی به غم
همه، خانه؛ از موش، بگذاشتند — دل از بوم آباد برداشتند
چو باران بُدی ناودانی نبود — به شهر اندرون پاسبانی نبود
ازآن زشتِ بدکامهٔ شوم‌پی — که آمد ز درگاه خسرو به ری؛
شد آن شهر آباد یکسر خراب — به سربر، همی تافتی آفتاب
همه شهر یکسر پر از داغ و درد — کس اندر جهان یاد ایشان نکرد

## بازی ساختن گردیه
### و بخشیدن خسرو
## مردمان ری را

چنین تا بیامد مهِ فَروَدین — بیاراست، گلبرگ، روی زمین
جهان از نمِ ابر، پر ژاله گشت — همه کوه و هامون، پر از لاله گشت
بزرگان، ببازی° بباغ آمدند — همان؛ میش و آهو، براغ آمدند
چو خسرو، گشاده؛ در باغ دید — همه چشمه‌ها را، پر از ماغ* دید
بفرمود تا در دمیدند بوق — بیاورد پس جام‌های خلوق[1]
نشستند و، بر سبزه؛ مَی خواستند — بشادی، روان را، بیاراستند
بیاورد پس، گردیه؛ گُربَکی — که پیدا نبُد گربه از کودکی
بر اسپی نشانده، ستامی به زر — به زر اندرون، چندگونه گهر
فرو هشته از گوش او گوشوار — بناخن بر، از لاله، کرده نگار

---

° - بازی، در زبان پهلوی واچیک ، برابر با رقص است.

* - گونه‌ای مرغابی.

۱ - لت دویم سخت نادرخور است، و در پیشگفتار، دربارهٔ آن سخن گفته‌ام.

به دیده چو قار و، به رخ چون بهار / چو میخواره بُد چشم او پرخمار[1]
همی تاخت چون کودکی گردِ باغ / فرو هشته از باره، زرّین جناغ
لب شاه ایران پر از خنده شد / پرستنده، آن خنده را بنده شد
ابا گردیه گفت که:«ز آرزوی / چه باید؟ بگوی، ای زن خوبروی!»
زن چاره گر برد پیشش نماز / بدو گفت که:«ای شاه گردنفراز
بمن بخش، ری را، خرد یاد کن / دلِ غمگنان، از غم آزاد کن
ز ری، مردک شوم را بازخوان / ورا مرد بدکیش و بدساز دان
که او گربه از خانه بیرون کند / همه ناودانها، ز بن برکند،[2]
بخندید خسرو ز گفتارِ زن / بدو گفت که:«ای ماه لشکرشکن
ز ری، بازخوان آن بداندیش را / چو اهریمن آن مرد بدکیش را»
فرستاد کس، زشت‌رخ را بخواند / همانْ خشمِ بهرام*، با او براند
بکشتند او را، بزاری و درد / کجا بُد بداندیش و بدکیش مرد[3]
همی هر زمانش فزون بود بخت / ازان تاجور خسروانی درخت[4]

## بخش کردن خسرو
### سپاهیان را
## بر چهار سوی کشور

ازآنپس چو گسترده شد دست شاه / سراسر، جهان شد، ورا نیکخواه
همه تاجدارانش، کهتر شدند / همه کهتران، زو توانگر شدند
گزین کرد از ایران چل و هشت هزار / جهاندیده گردانِ جنگی سوار
درِ گنج‌های کهن برگشاد / که بنهاد پیروز و فرخ قباد[5]
جهان را ببخشید بر چار بهر / یکایک، همه؛ نامزد کرد، شهر[6]
ازآن نامداران ده و دو هزار / گزین کرد شایستهٔ کارزار
فرستاد خسرو سوی مرز روم / نگهبانِ آن، فرّخ آباد بوم

---

۱ -گربهٔ چشم سیاه، در جهان پدیدار نیست.
۲ -بشکَند را باکَند پساوا نیست سخن نیز سست می‌نماید: «گربه‌ها را از خانه‌ها».
* -خشم و دردی که از کشته شدن بهرام در دل داشت.
۳ -لت دویم، سست می‌نماید.
۴ - پیوسته بگفتار نیست.
۵ - بنهاد، برای دو کس نادرخور است: «که نهاده بودند».
۶ -لت دویم بی‌گزارش است.

گسیل سپهیان به چهارسوی ۳۸۹

بدان تا ز روم، اندر ایران، سپاه / نیاید، که کشور شود زو□ تباه
که هر کس همی بس کند، مرز خویش / بداند سرِ مایه و ارز خویش[1]
هم از نامداران ده ودو هزار / سواران هشیار خنجرگزار
بدان، تا سوی زابلستان شوند / ز بوم، آن سپه در گلستان شوند
بدیشان چنین گفت: «هر کاو ز راه / بگردد ندارد زبان را نگاه[2]
بخوبی مر او را، براه آورید / اُگر نشنود، بند و چاه آورید[3]
به هر سو فرستید، کارآگهان / بدان تا نماند سخن در نهان[4]
طلایه بباید به روز و شبان / مخسپید در خیمه بی پاسبان»[5]
ز لشکر ده و دو هزارِ دگر / دلاور سواران پرخاشخر
بخواند و، بسی هدیه‌ها دادشان / به راه الانان فرستادشان[6]
بدیشان سپرد آن؛ در باختر / بدان تا نباشد ز دشمن گذر
بدان سرکشان گفت: «بیدار بید / همه در پناه جهاندار بید»[7]
ده و دو هزار دگر برگزید / ز مردان جنگی، چنانچون سزید
بسوی خراسان فرستادشان / بسی پند و اندرزها دادشان
که: «از مرز هیتال تا مرز چین / نباید که کس پی نهد برزمین
مگر بآگهیّ و، بفرمان ما / روان، بسته دارد، به پیمان ما

*

بهر کشوری، گنجِ آکنده هست / که کس را نباید شدن دوردست[8]
چو باید، بخواهید و خرّم بوید / خردمند باشید و بی‌غم بوید»[9]
درِ گنج بگشاد و چندی درم / که بودی ز هرمز، بر او بر، رقم[10]
بیاورد و گریان به درویش داد / چو درویش پیوسته بُد بیش داد[11]

---

□ - نمونه‌ها «زو» آورده‌اند، اما پیدا است که **«زان»** درست است.

۱ - «که» آغازین در این رج با «که» لت دویم رج پیشین همخوان نیست.

۲ - از کدام راه برگشتن؟ افزاینده در لت دویم تنها با تندزبانی، یا گشاده‌زبانی، را ناستوده و بیراه می‌شمارد. باز آنکه هزاران کار ناشایست را می‌توان از زمرهٔ «بازگشتن از راه» بشمار آوردن.

۳ - بسا از چنان کارها شایستهٔ مرگ بود نه تنها به بند و زندان.

۴ - دنبالهٔ گفتار

۵ - «خیمه» را در گفتار فردوسی جای نیست.

٦ - **یک:** لشکریان را «هدیه» دادن درست نمی‌نماید، زیرا که آنان «روزی» (مزد) خویش را سالانه می‌گرفتند. **دو:** براه فرستادن نیز نادرخور است. سخن درست در رج پسین می‌آید: «در باختر» (= دروازه شمال) «دربند قفقاز».

۷ - سخن سست است، زیرا که بایستی بدیگر سپاهیان نیز چنین گفتن، نه تنها بآنانکه نگهبان «باختر»اند.

۸ - بیگمان گنج ویژهٔ هر سپاه در دست سپهسالار بوده است نه «در هر کشوری».

۹ - لت دویم نادرخور می‌نماید.

۱۰ - نیز لت دویم...

۱۱ - درویش نه: «درویشان»، چرا گریان؟

ازان‌کس که او یار بندوی بود     به نزدیک گستهم و زنگوی بود[1]
که بودند یاران به خون پدر     ز تن‌های ایشان جدا کرد سر[2]

از اینجا ۲۶ رج سخنان افزوده است که در آن شبانروز را به چهار بخش کرد:
۱- یکچهارم آن نشستن با موبدان، و انجام کار سپاه [موبدان را با کار سپاه کار نبوده است، و برای چنان کار می‌بایستی با سپهسالاران نشستن.]
۲- یکچهارم پرداختن به شادی با رامشگران
۳- یک بهر، گاه نیایش [که آن می‌بایستی همراه با موبدان بانجام میرسید]
۴- و یک بهر، با ستاره‌شماران
اما افزایندگان تنگریسته‌اند که با چهار بخش کردن ماه، چهار بخش یاد شده در روز بیکار می‌شود. اینچنین:
۱- یکچهارم از ماه، در میدان چوگان و تیر
۲- یکچهارم در کوه و دشت و شکار
۳- یکچهارم ویژهٔ شترنگ و نرد
۴- زمانی ویژهٔ نشستن با دانشمندان
۵- زمانی، ویژهٔ پذیرفتن فرستادگان کشورها و پاسخ دادن بنامه‌ها
[افزاینده ماه را به چهار بخش کرد، و چون بپایان ماه رسیدیم، پنج بخش دیدیم]

چو از کین و نفرین بپرداخت شاه     به دانش یکی دیگر آورد راه
ازانپس، شب و روزِ گردنده دهر     نشست و ببخشید، بر چار بهر
ازان چار یک، بهر موبد نهاد     که دارد سخن‌های نیکو بیاد
ز کار سپاه و ز کار جهان     بگفتی بشاه، آشکار و نهان
چو در پادشاهی، بدیدی شکست     ز لشکر، گر از مردم زیردست
سبک دامنِ داد برتافتی     گذشته بجستیِ و دریافتی
دگر بهر شادی و رامشگران     نشسته به آرام با مهتران
نه گفتی، نه اندیشه کردی ز بد     چنان کز ره نامداران سزد
سیوم بهره گاه نیایش بُدی     جهان‌آفرین را ستایش بُدی
چهارم شمار سپهر بلند     همی برگرفتی چه و چون و چند
ستاره‌شمر، پیش او بر، بپای     که بودی بدانش، ورا رهنمای

۱ - یک: (آن) آغازین با (او) در همان لت، ناهمخوان است. دو: یار(ان) بندوی را چکار با گستهم؟
۲ - یک: «بودنده در این رج با «بود» (دو بار) در رج پیشین همخوان نیست. دو: لت دویم سست می‌نماید.

اَزین بهره نیمی شب دیریاز ‌‌‌   نشستی همی با بتان طراز
همان نیز یک ماه بر چار بهر   ببخشید تا شاد باشد ز دهر
یکی بهره میدان چوگان و تیر   یکی نامور پیش او یادگیر
دگر بهره زو کوه و دشت شکار   کزان تازه گشتی ورا، روزگار
هر آنگه که گشتی ز نخچیر باز   برخشنده روز و شبِ دیریاز
هر آن کس که بودی ورا پیشِ گاه   ببستی بشهر اندر آیین و راه
دگر بهره شترنج بودی و نرد   سخن گفتن از روزگار نبرد
سدیگر هر آن کس که داننده بود   فزایندهٔ چیز و خواننده بود
بنوبت ورا پیش بنشاندی   سخن‌های دیرینه بر خواندی
چهارم فرستادگان را ز راه   هم خواندندی بنزدیک شاه
نوشتی همه پاسخ نامه باز   بدادی بدان نامداران، فراز
فرستاده با خلعت و کام خویش   ز در بازگشتی، به آرام خویش
همه روز منشور هر کشوری   نوشتی سپردی به هر مهتری
چو بودی سر سال نو فَرودَین   که رخشان شدی در دل از هور دین
نهادی یکی گنج خسرو نهان   که نشناختی کهتری در جهان

## زادن شیرویه
### فرزند خسرو
## از دختر قیصر

چو بر پادشاهیش شد پنج سال   به گیتی نبودش سراسر همال[1]
ششم سال از دخت قیصر ز شاه   یکی کودک آمد چو تابنده ماه
نبود آن زمان رسم بانگ نماز   بگوش چنان پروریده به ناز[2]

---

۱ - لت نخست نادرست است چون از پادشاهیش پنج سال گذشت.

۲ - **یک:** سخن نادرست که در همان زمان نیز ایرانیان را نماز بود، و بانگ نماز را نیز با آوای تبیره و نقاره و گاودُم و نای، از کاخ شاه بلند می‌کردند، و چون نماز ایرانی در پنج گاه خوانده می‌شد، در پنج گاه نیز این آوا برای آگاهی مردمان از گاهِ نماز بلند می‌شد، تا آنجا که پس از یورش مغولان و بهنگام ایلخانان نیز چنین می‌کردند، و سرودهٔ سعدی گواه آنست:

گر پنج نوبت، بدرِ قصر می‌زنند   نوبت بدیگران بگذاری و بگذری

از اینکار، تا زمان ما، تنها در سر در کاخ امام رضا در خراسان یادگار برجای مانده است، که بهنگام برآمدن آفتاب [گاهِ نماز بامدادین ایران باستان] و بهنگام فرورفتن آن [گاه نمازِ شام] نای و نقاره می‌زنند. **دو:** کدام پروریده بناز؟ کودک تازه بجهان چشم گشوده را پرورش نیست.

| | |
|---|---|
| ۴۷۳۳۰ | یکـی نـام گـفتی بـگوشش پـدر | نـهانی دگـر، آشـکارا دگر ۱ |
| | نـهانی بـگفتی بـه گـوش انـدرون | هـمی خـواندی آشکارا بـرون ۲ |
| | بـه گـوش انـدرون، خـواند خسرو، قباد! | دگـر گـفت شـیروی فـرخ‌نژاد ۳ |
| | چـو شب کـودک آمـد گـذشته سـه پاس | بـیامد بـر خـسرو اخـترشناس ۴ |
| | از اخـترشناسان بـپرسید شـاه | -هـرآنکس کـه دارنـد اخـتر نگاه- |
| ۴۷۳۳۵ | چـه بـینید؟ و فـرجام ایـن کـار، چیست | ز زیـج اخـتر ایـن جـهاندار چیست؟» |
| | چـنین داد پـاسخ سـتاره‌شمر | کـه: «بـر چـرخ گـردان نـیابی گذر |
| | ازیـن کـودک آشـوب گـیرد زمین | نـخواند سـپاهت بـر او آفرین |
| | هـم از راه یـزدان بـگردد بـنیز | ازیـن بـیشتر چـون سـراییم چیز» ۵ |
| | دل شـاه غـمگین شـد از کـارشان | أ زان نـاسزاوار گـفتارشان ۶ |
| ۴۷۳۴۰ | چـنین گـفت بـا مـرد دانـنده شاه | کـه: «نـیکو کـنید انـدر اختر نگاه ۷ |
| | نـگر تـا نـگردد زبـانتان بـرین | بـه پـیش بـزرگان ایـران زمین» ۸ |
| | هـمی داشـت آن اخـتر بـد، نـگاه | نـهاده، بـران بـسته بـر، مهر شاه ۹ |
| | پـر انـدیشه بُـد زان سـخن شهریار | بـدان هـفته کـس را نـدادند بار ۱۰ |
| | ز نـخچیر و از مـی بـه یکسو کشید | بـدان، چـندگه، روی کـس را نـدید |
| ۴۷۳۴۵ | هـمه مـهتران سـوی مـوبد شـدند | ز هـرگونه‌ای داسـتان‌ها زدند |
| | بـدان؛ تـا چـه بُـد؟ نـامور شاه را | کـه بـر بـست، بـر کـهتران، راه را! |
| | چـو بـشنید مـوبد، بـشد نـزد شاه | بـدو داد یـکسر پـیام سـپاه |
| | چـنین داد پـاسخ ورا شـهریار | کـه: «مـن تـنگدل گـشتم از روزگار |
| | ز گـفتار ایـن مـرد اخـترشناس | ز گـردون گـردان شـدم نـاسپاس» ۱۱ |
| ۴۷۳۵۰ | بـگنجور فـرمود، کـان پـرنیان | بـیاورد؛ بـا رقـعه انـدر میان» ۱۲ |
| | بـیاورد گـنجور و مـوبد بـدید | دلـش تـنگ شـد، خـامشی بـرگزید ۱۳ |

---

۱ - لـت دویـم سـخت نادرخور اسـت.   ۲ - دوباره‌گویی همان گفتار اسـت، اما باز سخن بخوبی آراسته نشد.

۳ - سخن سست می‌نماید.

۴ - **یک**: زمان سنجی نادرست: «چون پس از زایش کودک شب شد، و سه پاس از آن‌گذشت. **دو**: در این رج از یک اخترشناس یاد می‌شود، باز آنکه در گفتار پسین از اخترشناسان!

۵ - «بنیز» واژهٔ نادرستی است که تنها در گفتار افزایندگان بشاهنامه دیده می‌شود، و در زبان فارسی پیشینه ندارد.

۶ - چرا گفتار ناسزاوار؟ آنان آنچه را که دریافتند، گفتند!

۷ - سخن از یک مرد نبود، و اخترشناسان بودند.

۸ - باز سخن از یک مرد نبود، و اخترشناسان بودند.

۹ - باز سخن از یک کس «نگر» به گروه (زبان‌تان) روی می‌کند.

۱۰ - اختر بد را در «بسته نگاه داشتن باره» بار چه روی دارد؟

۱۱ - یک اخترشناس نبود: «اخترشناسان».

۱۲ - سخن از گفتار اخترشناسان بود، نه از پرنیان و رُقعه!

۱۳ - دنبالهٔ همان گفتار

نامهٔ خسرو به قیصر ۳۹۳

ازآنپس بدو گفت*: «یزدان بس است  کجا، برتر از دانشِ هر کس است
گر ایدونکه ناچار، گردان سپهر  دگرگون نماید، به جوینده، چهر؛
به تیمار، کی؟ باز گردد ز بد!  چنین گفته از دانشی کی○ سزد؟
جز از شادمانیت هرگز مباد  ز گفتار ایشان مکن هیچ یاد»
ز موبد چو بشنید خسرو سَخُن  بخندید و کاری نو افکند بُن
دبیر پسندیده را خواند پیش  سخن گفت با او، ز اندازه بیش[۱]

*

به قیصر یکی نامه فرمود شاه  که: «بر نِه سزاوارِ شاهی، کلاه
که مریم پسر زاد، زیبا، یکی  که هرگز ندیدی چنو کودکی
نشاید، مگر دانش و تخت را  اُگر در هنر، رامش و بخت را
چو من شادمانم، تو شادان بزی  که شاهیّ و گردنکشی را سزید»
چو آن نامه نزدیک قیصر رسید  نگه کرد و، توقیع▣ پرویز دید
بفرمود تا گاودُم بر درش  دمیدند و، پر بانگ شد کشورش
ببستند آیین▣، به بیراه و راه  بر آوازِ شیرویِ پرویز شاه
برآمد هم آواز رامشگران  همه شهر روم از کران تا کران[۲]
به درگاه بردند، چندی صلیب  نسیم گلان آمد و بوی طیب[۳]
به یک هفته، زین‌گونه؛ با رود و می  ببودند شادان ز شیروی کی
به هشتم بفرمود تا کاروان  بیامد به درگاه با ساروان

*

سد اشتر ز گنج درم بار کرد  چو پنجه شتر بار دینار کرد[۴]
ز دیبای زربفت رومی دویست  که گفتی ز زر جامه با زر یکیست
چهل خوان زرّین پایه بسد  چنان کز در شهریاران سزد
همان چند زرّین و سیمین دده  به گوهر بر و چشم‌شان آزده
به مریم فرستاد چندی گهر  یکی نرّه تاووسِ کرده به زر

---

* - «بدو گفت موبد که» درست می‌نماید.  ○ - «چون سزد؟» درست می‌نماید.

۱ - سخن بیش از اندازه نبود، و گزارشی گزیده که در گفتار آینده می‌آید.

▣ - «توقیع» در کار نبوده است، و تنها آگهی به قیصر داده بود. چنین می‌نماید که سخن فردوسی بدینگونه بوده است:

**«نگه کرد و آن مهر او را بدید»**

▣ - «آذین» درست می‌نماید.  ۲ - لت دویم را پیوند بایسته، با لت نخست نیست.

۳ - یک: چند (صلیب) راگزارش نیست. دو: و لت دویم سخت سست است، زیرا که از چلیپا، نسیم گل بر نمی‌آید.

۴ - چند رج، دریوزه‌گری افزایندگان.

۳۹۴ خسروپرویز

چه از جامهٔ نرم رومی حریر ز درّ و زبرجد یکی آبگیر
همان باژ کشور که تا چار بار ز دینار رومی هزاران هزار

*

فرستاده چون مرد رومی چهل کجا هر چهل بود بیداردل [۱]
گوی پیشرو نام او خانگی که همتا نبودش به فرزانگی [۲]
همی شد بر این گونه با ساروان شتربار دینار ده کاروان [۳]
چو آگاهی آمد به پرویز شاه* که پیغمبر قیصر آمد ز راه
به فرخ بفرمود تا برنشست یکی مرزبان بود خسروپرست [۴]
که سالار او بود بر نیمروز گرانمایه گردیّ و گیتی‌فروز [۵]
برفتند با او سواران شاه به سر بر نهادند زرّین کلاه [۶]
چو از دور دید آن سپه خانگی به پیش اندر آمد به بیگانگی [۷]
چنین تا به نزدیک شاه آمدند بدان نامور پیشگاه آمدند
چو دیدند، زیبا رخِ شاه را بدان گونه، آراسته گاه را
نهادند هموار، سر بر زمین بر او بر همی خواندند آفرین
بمالید پس خانگی رخ به خاک همی گفت ک:«ای داور داد و پاک [۸]
ز پیروزگر آفرین بر تو باد مبادی همیشه مگر شاه و راد» [۹]
بزرگانش از جای برخاستند به نزدیک شه جایش آراستند [۱۰]

---

۱ - **یک:** «چون» را در لت نخست گزارش نیست. **دو:** شیوهٔ شمارش نیز نادرست است: «چهل مرد رومی». **سه:** هر چهل راکنش «بودند» می‌باید.

۲ - نام «خانگی» بر یک مرد نهادن بیشتر به ریشخند می‌ماند، اما افزاینده را برای پساوای فرزانگی، بدان نیاز بوده است!

۳ - افزاینده فراموش کرده بود که پیشتر یکسد شتر درم، و پنجاه شتر دینار همراه کاروان کرده بود.

* - نمونه‌ها همه چنین آورده‌اند، اما پیدا است که پیوند «چو» سخن را بی‌پایان میکند، و پس و پیش این رج، سخنان بی‌پیوند است، اما اگر بجای «چو»، «پس» آید، گفتاری دیگر بدان نباید افزودن:

**«پس آگاهی آمد به پرویز شاه...»**

۴ - فرخ کیست؟ بایستی روشن شود که «بدستور فرمود»، به سپهسالار... به یلان! و چون افزاینده چنین نکرده است، بناچار در لت دویم فرخ را می‌شناساند...

۵ - و چون او را نیک، نشناساند، ناچار، دنبالهٔ آنرا بدین رج افکند!... اما چگونه سالار سپاه نیمروز بپذیرهٔ او فرستاد، و او؛ چنین راه دور را چگونه پیمود؟ مگر در مرز روم سالارلشکر نبود که بیدرنگ در مرز روم وی را پذیره شود؟

۶ - سواران را کلاه زرین نبود!

۷ - چرا به بیگانگی؟ فرستادهٔ کشورها همه در زینهار کشور میزبان بودند، و بیگانه نمودن آنان نادرخور بود...

۸ - **یک:** چنین سخن در رج پیشین گذشت. **دو:** روی سخن بخداوند است...

۹ - ...و بسوی خسرو برگشت.

۱۰ - بزرگان چه‌کس؟ بایستی روشن شود که بزرگان ایران... اما چنین کار، خویشکاری (وظیفهٔ) بزرگان نیست و سالاربار را بایستی چنین کردن.

چنین گفت پس شاه را خانگی … که: «چون تو که باشد به فرزانگی[1]
ز خورشید بر چرخ تابنده‌تر … ز جان سخنگوی پاینده‌تر[2]
مبادا جهان بی‌چنین شهریار … برومند بادا بر او روزگار[3]
مبیناد کس روز بی‌کام تو … نوشته به خورشید بر نام تو[4]
جهان بی‌سر و افسر تو مباد … بر و بوم بی‌لشکر تو مباد[5]
ز قیصر درود و ز ما آفرین … برین نامور شهریار زمین[6]
کسی کاو درین سایهٔ شاه شاد … نباشد ورا روشنایی مباد[7]
ابا هدیه و باژ روم آمدم … برین نامبردار بوم آمدم[8]
برفتیم با فیلسوفان بهم … بران تا نباشد کس از ما دژم[9]
ز قیصر پذیرد مگر باژ و چیز … که با باژ و چیز آفرین است نیز»[10]
بخندید ازان، پرهنر مرد شاه … نهادند زرّین یکی پیشگاه[11]
فرستاد پس چیزها سوی گنج … بدو گفت: «چندین نبایست رنج»
به خرّاد برزین چنین گفت شاه … که: «این نامه برخوان به پیش سپاه»
به عنوان نگه کرد مرد دبیر … که گوینده او بود و، هم یادگیر
چنین گفت ک:«این نامهٔ مهتر است؛ … سرافراز، پرویز یزدان‌پرست*
جهاندار و بیدار و پدرام شهر … که یزدانش تاج و خرد داد بهر[12]
جهاندار فرزند هرمزد شاه … که زیبای تاج است و زیبای گاه
ز قیصر پدر مادر شیر نام … که پاینده بادا بدو نام و کام[13]
ابا فرّ و با برز و پیروز باد … همه روزگارانش نوروز باد[14]
به ایران و تورانش بر، دسترس … به شاهی مباداش، انباز؛ کس

---

۱ - پس از آفرین... سخن گفتن، از آیین باریابی بنزد شهان نیست.

۲ - لت نخست، گزافه‌ایست سخت، و لت دویم راگزارش نیست.

۳ - روزگار براومند باشد؟ یا شهریار؟

۴ - سخن بسوی خسرو برگشت، و بدنبال آن در لت دویم به گزافه‌ای سخت دگرگون شد، که خود باژگونهٔ سخن پیشین است که خسرو را از خورشید تابنده‌تر در شمار آورد!

۵ - لت دویم نادرخور است.

۶ - آفرین دوباره

۷ - «این» در لت نخست نادرخور است: «در سایهٔ شاه».

۸ - **یک:** روم را چرا بایستی باژ دادن بخسرو؟ که در پیمان آنان نه چنین گذشت! **دو:** لت دویم نیز سست می‌نماید. **سه:** «آمدم» در این رج.

۹ - با «برفتیم» در این رج ناهمخوان است.

۱۰ - باز؛ سخن از باژ روم می‌رود که نادرست است.

۱۱ - آفرین سدیگر بار.

* - نامه از سوی قیصر به پرویز نوشته شده بود، و چنین درست نمی‌نماید اما در همهٔ نمونه‌ها چنین آورده‌اند، و گونهٔ درست چنین می‌نماید:

**چنین گفت کاین نامهٔ قیصر است … سوی شاه پرویز یزدانپرست**

۱۲ - **یک:** از «جهاندار» در رج آینده سخن میرود. **دو:** در لت دویم نمونه‌ها [«پدرام شهر»، بهرام شهر»، «پدرام دهر»، «پدرام بهر»] را گزارش نیست.

۱۳ - «شیروی» را نشاید «شیر» خواندن.

۱۴ - رومیان، نوروز را نمی‌شناختند.

۳۹۶ خسروپرویز

همیشه به دل شاد و روشنروان — همیشه خرد پیر و دولت جوان

*

گرانمایه شاهی گیومرثی — همان پور هوشنگ تهمورثی[1]

و از اینجا بیست و چهار رج افزوده، بهمراه ستایش‌های نادرخور، نه چون تو خزان[؟] و نه چون تو بهار! خداوند، ایران و توران و هندوستان و روم و جادوستان را بپادشاهی بتو داد!! فریدون با سپردن پادشاهی بایرج از سلم و تور نام مردی ببرد[!] انوشیروان از دریای ژرف پی برآورد، و دیوار کشید، تازیان و هندوان و ایرانیان و مرز خزر و ارمینیه تا در باختر کمربستهٔ وی بودند. هیتال و ترک و سمرقند و چاچ کهتران شما بوده‌اند [سمرقند و چاچ، شهرهای بزرگ و کهن ایرانی را کنار ترکان آوردن نشاید و هیتالیان را نیز که نژاد آریایی داشتند، نباید در کنار ایشان نام بردن] آن پادشاهان که از تخم فریدون بودند همه دادگر بوده‌اند، و دیگران [از آنمیان خودِ قیصر] بیدادگر بوده‌اند... «تشنه» را به آب شاد خوانده‌اند، [باز آنکه تشنه نیازمند آب است، بی‌شکیب به آب است] و نیز سبزهٔ تیره[؟] بآفتاب شاد است...

افزون بر این، بر سراپای گفتار از دیدگاه زبان نیز انگشت توان نهادن.

پدر بر پدر بر پسر بر پسر — مبادا که این گوهر آید به سر
برین پاک یزدان کند آفرین — بزرگان ملک و بزرگان دین
نه چون تو خزان و نه چون تو بهار — نه چون تو به ایوان چین بر نگار
همه مردمی و همه راستی — مبیناد جانت بد کاستی
به ایران و توران و هندوستان — همان ترک تا روم و جادوستان
ترا داد یزدان به پاکی نژاد — کسی چون تو از، پاک مادر، نزاد
فریدون چو ایران به ایرج سپرد — ز روم و ز چین نام مردی ببرد
بر او آفرین کرد روز نخست — دلش را ز کژّی و تاری بشست
همه بی‌نیازی و نیک‌اختری — بزرگیّ و مردیّ و افسونگری
تو گویی که یزدان شما را سپرد — اُزان دیگران نام مردی ببرد
هنرپرور و راد و بخشنده گنج — ازین تخمه هرگز نبُد کس به رنج
نهادند بر دشمنان باژ و ساو — بداندیش‌تان بارکش همچو گاو
ز هنگام کسریّ نوشیروان — که بادا همیشه روانش جوان
که از ژرف دریا برآورد پی — بران گونه دیوار بیدار کی
ز ترکان همه بیشهٔ نارون — بشستند و بی‌رنج گشت انجمن

۱ - «کیومرث» را با «تهمورث» پساوا نیست.

خواهش قیصر از خسرو ۳۹۷

ز دشمن بپرستند چندی جهان / بر او آفرین از کهان و مهان
ز تازیّ و هندیّ و ایرانیان / ببستند پیشش کمر بر میان
روارو چنین تا به مرز خزر / ز ارمینیه تا درِ باختر
ز هیتال و ترک و سمرقند و چاج / بزرگان با فرّ و اورند و تاج
همه کهتران شما بوده‌اند / برین بندگی بر گوا بوده‌اند
که شاهان ز تخم فریدون بُدند / دگر یکسر از داد بیرون بُدند
بدین خویشی اکنون که من کرده‌ام / بزرگی به دانش برآورده‌ام
بدان گونه شادم که تشنه بر آب / اُگر سبزهٔ تیره برآفتاب
جهاندار بیدار فرخ کناد / مرا اندرین روز پاسخ کناد

*

⇐ یکی آرزو خواهم از شهریار / کجا، آن سخن، نزد او هست، خوار
که دار مسیحا، بگنجِ شما است / چو بینید، دانید؛ گفتارِ راست
برآمد بر این، سالیان° دراز / سزد، گر فرستد به ما، شاه؛ باز
بدین آرزو شهریار جهان / ببخشاید از ما کهان و مهان[1]
ز گیتی بر او بر، کنند آفرین / که بی‌تو مبادا زمان و زمین[2]
بدان، من، ز خرو پذیرم سپاس / نیایش کنم روز و شب در سه پاس[3]
همان هدیه و باژ و ساوی که من / فرستم به نزدیک آن انجمن[4]
پذیرد پذیرم سپاسی بدان / مبیناد چشم تو روی بدان[5]
شود فرخ این جشن و آیین ما / درخشان شود در جهان دین ما[6]
همان روزهٔ پاک یک شنبدی / ز هر در پرستندهٔ ایزدی[7]
بر او* سوگواران بمالند روی / بر او بر، فراوان بسوزند، بوی
شود آن زمان بر دل ما درست / که از کینه، دل‌ها، بخواهیم شست
که بود از گهِ آفریدون فراز / که با تور و سلم اندر آمد به راز[8]

---

○ - **سالهای** درست می‌نماید.

۱ - لت دویم را پیوند درست با لت نخست نیست، و پدر زن، هیچگاه خویش را کهتر از داماد نمی‌شمارد، ویژه آنکه امپراتور روم بخسرو یاری نیز کرده بود.

۲ - «او» در لت نخست، با «تو» در لت دویم **همخوان** نیست.

۳ - آیین کیش مسیحا، نماز روز یکشنبه است نه سه پاس در شبانروز.

۴ - پیمان میان خسرو و امپراتور روم چنان بسته شد، که روم بایران باژ ندهد.

۵ - **یک:** لت نخست درهم و بی‌گزارش است. **دو:** «بِدان» (= به آن) را با «بَدان» پساوا نیست.

٦ - آیین را با جشن نشاید همراه کردن، و هر دو را فرّخ شمردن.

۷ - این رج را پیوند با گفتار نیست.

* - نمونه‌ها چنین‌اند، اما پیدا است که سخن درست: **«بر آن»** است.

۸ - **یک:** «فراز» را در گفتار جای نیست: «[کینه‌ای] که از زمان فریدون بازمانده بود». **دو:** آفریدون!

شود کشور آسوده از تاختن　　به هر گوشه‌ای کینه‌ها ساختن[1]
زن و کودک رومیان برده‌اند　　دل ما ز هر گونه آزرده‌اند[2]
برین خویشی ما، جهان؛ رام گشت　　همه کارِ بیهوده، پدرام گشت
درود جهان آفرین بر تو باد　　روانِ مسیحا، ز جانِ تو شاد!

✻

چو آن نامهٔ قیصر آمد به بن　　جهاندار بشنید، چندان سَخُن
ازان نامه شد شاه، خرّم، نهان　　بر او تازه شد روزگار مهان[3]
بسی آفرین کرد بر خانگی　　بدو گفت: «بس کن ز بیگانگی»[4]
گرانمایه را جایگه ساختند　　دو ایوان خرّم بپرداختند
ببردند چیزی که بایست برد　　بنزدیک آن مرد بیدار گرد[5]
بیامد بدید آن گزین جایگاه　　اُزان پس همی بود نزدیک شاه[6]
به خوان و نبید و شکار و نشست　　همی بود با شاه، مهترپرست[7]
برین گونه یک ماه نزدیک شاه　　همی بود شاداندل و نیکخواه[8]

✻

چو یک ماه شد، نامه پاسخ نوشت　　سخن‌های با مغز و فرّخ نوشت
سرِ نامه گفت: «آفرین مهان　　بران باد، کاو، پاک دارد؛ نهان
بد و نیک، داند ز یزدانِ پاک　　اُزو دارد اندر جهان، بیم و باک[9]
کند آفرین، بر خداوندِ مهر　　کزین گونه بر پای دارد سپهر
نخست آنکه کردی ستایش مرا　　به نامه نمودی نیایش مرا
بدانستم و شاد گشتم بدان　　سخن گفتنِ تاجوَر بخردان
پذیرفتم آن نامور گنج تو　　نخواهم که چندان بود رنج تو[10]
ازیرا جهاندار یزدان پاک　　برآورد بوم ترا بر سماک[11]
ز هند و ز سقلاب و چین و خزر　　چنین ارجمند آمد آن بوم و بر[12]

---

۱ - کشور، نیز نادرست است: «درکشور شوند».　　۲ - اگر بردگانی از روم به ایران برده بوده‌اند بهنگام یاری‌دهی بازگشته بودند.
۳ - سخن بی‌پیوند است.
۴ - **یک:** نامه قیصر بپایان رسید، و آفرین به «خانگی» سزاوار نیست. **دو:** کدام بیگانگی؟ او که به پیامبری آمده است!
۵ - «خانگی» مرد گرد نبود، و فرستاده بود، و فرستادگان را از میان دبیران برمی‌گزینند.
٦ - **یک:** بیامد؟ یا برفت. **دو:** اگر برای او و همراهانش دو ایوان ویژه کردند، چرا وی را شایستی همواره نزدیک شاه بوده باشد؟
۷ - همان سخن　　۸ - نیز...　　۹ - بدی از سوی یزدان نیست.
۱۰ - کدام گنج؟... افزاینده، پیشکشی‌های افزودهٔ خویش را میگوید.
۱۱ - سماک، ستاره‌ای سخت کم‌فروغ است در گروه هفتورنگ (= دبّ اکبر و اصغر) که نشاید از برای بزرگداشت؛ از آن یاد کردن.
۱۲ - **یک:** سخن را پیوند درست نیست: «سرزمین شما را، از هند و سقلاب و چین و خزر ارجمندتر دارم». **دو:** باری سقلاب بخشی از

←

پس‌زدنِ خسرو، خواهش قیصر را ۳۹۹

چـه مـردی، چـه دانش، چـه پـرهیز و دیـن	ز یـــزدان شـمـا را رسـیـد آفـریـن[1]
چو کـار آمـدم پـیش، یـار آمـدی	بـه هـر دانشـی غـمگسار آمـدی
چـنان شـاد گشـتم ز پـیوند تـو	بـدین پـرهنر پـاک فـرزند تـو؛[2]
کـه مـهتر نـباشد، بـفرزند خـویش	بـه بـوم و بـر و، پـاک پـیوند خـویش[3]
هـمه مـهتران پشت بـرگاشتند	مـرا در جـهان، خـوار؛ بگـذاشـتند
تـو تـنها بـجای پـدر بـودی‌ام	هـمان از پـدر، بـیشتر° بـودی‌ام
تـرا هـمچنان دارم اکـنون، کـه؛ شاه	پـدر بـیند، آزاده و نـیکخواه
دگـر هـر چـه گـفتی ز شیروی مـن	ازآن پـاک‌تـن پشت و نـیروی مـن
بـدانسـتم و آفـرین خـوانـدم	بـران دیـن، تـرا پـاکدین؛ خـوانـدم
دگـر هـر چـه گـفتی ز پـاکیزه دیـن	ز یـک شـنبدی روزهٔ بآفـریـن[4]
هـمه خـوانـد بـر مـا، یکـایک، دبـیر	سـخن‌های بـایسته و دلپـذیر[5]
بـما بـر، ز دیـن کـهن نـنگ نـیست	بـه گـیتی بـه از دیـن هـوشنگ نیست[6]
هـمه داد و نـیکی و شـرم است و مـهر	نگـه کـردن انـدر شـمار سـپهر[7]
بـه هسـتیِ یـزدان نـیوشان‌ترم	هـمیشه سـوی داد کـوشان‌ترم[8]
نـدانـیم انـباز و پـیوند و جـفت	نگـردد نـهان و نگـردد نـهفت[9]
در انـدیشهٔ دل نگـنجد خـدای	بـه هسـتی هـماو بـاشدت رهـنمای[10]
دگـر کـه‌ت ز دار مسیحا سخن	بـه یـاد آمـد از روزگـار کـهن
هـران دیـن، کـه بـاشد بـه خوبی بپای	بـدان دیـن، نـباشد خـرد رهـنمای[11]

---

← سرزمین روم بوده است، و افزاینده ناآگاهی خویش را با چنین سخن نمایان می‌سازد.

**۱** - باز سخن بی‌پیوند است! افزاینده را، رای بر آن بوده است که بگوید، از خداوند برای پاکی و دانش و پرهیز و دینتان آفرین [باد]».

**۲** - «از» در لت نخست را با «به» (بدین) در لت دویم همخوان نیست.

**۳** - **یک:** که رودرروی پیوند، در این رج، ایستاده است. **دو:** «مهتر» را نیز در این گفتار جای نباشد، زیرا کهتر را نیز شاید چنین اندیشیدن! **سه:** این دو رج میان گفتار یاری قیصر جدایی می‌افکند.

○ - پیدا است که «**پیش تو**» درست‌تر است.

**۴** - قیصر در نامهٔ خویش از دین خود سخن نرانده بود،... یا وی را بدین خویش نخوانده بود...

**۵** - دنبالهٔ گفتار.

**۶** - **یک:** که خسرو بگوید من از دین کهن ننگ ندارم! **دو:** «دین» ایرانی در زمان هوشنگ پدید نیامد، که در سخنان افزوده؛ پیدایی دین، بهنگام تهمورث بازمیگردد... اما نخستین دین ایرانی (که در زبان اوستایی از آن با نام پئوئیریو تکَئش [illegible] یاد می‌شود) بهنگام جمشید، پدیدار شد که در زبان پهلوی [illegible] و در زبان فارسی «دین نخستین» خوانده می‌شود.

**۷** - چنین نیست، و اخترماری نیز در پایان هنگام جمشید، پدیدار شد.

**۸** - نیوشان واژه‌ای نادرخور است: «نیوشا». همچنین کوشان در لت دویم! شگفتا که اگر افزاینده هر دو واژه را بگونهٔ درست، می‌آورد، آهنگ گفتار بر هم نمی‌ریخت.

**۹** - سخن را پیوند و گزارش نیست.

**۱۰** - «اندیشه»، در «دل» نیست.

**۱۱** - سخن راگزارش نیست، و گفتار در لت دویم؛ رودرروی لت نخست ایستاده است در یکی از نمونه‌های شاهنامه مسکو (۷-۲۰۹) بجای نشد لت دویم نباشد آمده است، که پیوند این رج را درست می‌نماید، اما پیوندش با گفتار پیشین و پسین گسسته است.

کسی را که خوانی ورا، سوگوار          که کردند پیغمبرش را به دار [1]
که گوید که فرزند یزدان بُد اوی          بر آن دار بر، کشته، خندان بُد اوی [2]
چو پور پدر رفت سوی پدر          تو اندوه این چوبِ پوده، مخور [3]
ز قیصر چو بیهوده آمد* سَخُن          بخندد برین کار، مرد کَهُن
همان دار عیسی نیرزد به رنج          که شاهان نهادند آن را به گنج
از ایران چو چوبی فرستم به روم          بخندد به ما بر، همه مرز و بوم
به موبد نماید که؛ ترسا شدم          گر از بهر مریم، سکوبا شدم
دگر آرزو هرچه باید بخواه          شما را سوی ما گشاده است راه
پسندیدم آن هدیه‌های تو نیز          کجا رنج بردی ز هر گونه چیز [4]
به شیروی بخشیدم این برده رنج          پی افکندم او را یکی تازه گنج [5]
ز روم و ز ایران پر اندیشه‌ام          شب تیره اندیشه شد پیشه‌ام [6]
بترسم که شیروی گردد بلند          رساند به روم و به ایران گزند [7]
نخست اندر آید ز سلم بزرگ          ز اسکندر آن کینه‌دار سترگ [8]
ز کین نوآیین و کین کهن          مگر در جهان تازه گردد سخن [9]
سخن‌ها که پرسیدم از دخترت          چنان دان که او تازه کرد افسرت
به دین مسیحا بکوشد همی          سخن‌های ما کم نیوشد همی [10]
به آرام، شاد است و پیروزبخت          بدین خسروانی، نو آیین، درخت
همیشه جهاندار یار تو باد          سر اختر اندر کنار تو باد»
نهادند بر نامه بر مُهر شاه          همی داشت خرّاد برزین نگاه

*

گشادند زان پس درِ گنج باز          کجا گرد کرد او به روز دراز [11]
نخستین سدوشست بنداوسی          که بنداوسی خواندش پارسی
به گوهر بیاکنده هر یک چو سنگ          نهادند بر هر یکی مُهر تنگ

---

۱ - گفتار بی‌پیوند است.
۲ - دنبالهٔ همان سخن است.
۳ - سخن از «گوید» به «تو» باز میگردد.
* - «**بیهوده آید**» درست می‌نماید.
۴ - **یک**: «پذیرفتم» بجای «پسندیدم» باید. **دو**: قیصر برای فراهم کردن آن پیشکشی‌ها رنج نبرده بود.
۵ - باز سخن از رنج می‌رود!
۶ - چرا پر اندیشه باید بودن که هنگامهٔ آشتی است.
۷ - به روم؟ یا بایران؟
۸ - نخست از «سلم» اندر آید(؟) یا از اسکندر(؟)
۹ - اگر چنان کین پیش آید، سخن (تازه) نیست که سخن نیز از کین دیرین خواهد بودن.
۱۰ - این گفتار، بازگونهٔ گفتار، در رج‌های پیشین و پسین است.
۱۱ - «او» در لت دویم نادرخور است، و بر خسرو نیز هنوز «روز دراز» نگذشته است و از اینجا ۱۸ رج گفتارهای دریوزه گرانِ افزاینده دربارهٔ پیشکشی‌های خسرو به قیصر که همه از دیدگاه دستورِ زبان نیز نادرست است...

بران هر یکی دانه‌ها سدهزار / بها بود بر دفتر شهریار
بیاورد سیسد شتر سرخ‌موی / سیه چشم و آراسته راه‌جوی
مرآن هر یکی را درم دو هزار / بها داده بُد نامور شهریار
ز دیبای چینی سد و چهل هزار / ازان چند زربفت گوهرنگار
دگر پانسد دُرّ خوشاب بود / که هر دانه‌ای قطرهٔ آب بود
سد و شست یاقوت چون ناردان / پسندیدهٔ مردم کاردان
ز هندیّ و چینیّ و از بربری / ز مصریّ و از جامهٔ پهلوی
ز چیزی که خیزد ز هر کشوری / که چونان نبُد در جهان دیگری
فرستاد سیسد شتروار بار / از ایران برِ قیصر نامدار
یکی خلعت افکند بر خانگی / فزون‌تر ز خویشیّ و بیگانگی
همان جامه و تخت و اسپ و ستام / ز پوشیدنی‌ها که بردیم نام
ببخشید بر فیلسوفان درم / ز دینار و هر گونه‌ای بیش و کم
برفتند شادان ازان مرز و بوم / به نزدیک قیصر ز ایران به روم
همه مهتران خواندند آفرین / بران پرهنر شهریار زمین
کنون داستان کهن نو کنیم / سخن‌های شیرین و خسرو کنیم

## داستان
# خسرو و شیرین

کهن گشته این نامهٔ باستان / ز گفتار و کردار آن راستان[1]
همی نو کنم گفته‌ها زین سخن / ز گفتار بیدار مرد کهن
بود بیست شش بار بیور هزار / سخن‌های شایسته و غمگسار
نبیند کسی نامهٔ پارسی / نوشته به ابیات سد بار سی
اگر بازجویی درو بیت بد / همانا که کم باشد از پانسد
چنین شهریاریّ و بخشنده‌ای / به گیتی ز شاهان درخشنده‌ای
نکرد اندرین داستان‌ها نگاه / ز بدگوی و بخت بد آمد گناه
حسد کرد بدگوی در کار من / تبه شد برِ شاه بازار من
چو سالار شاه این سخن‌های نغز / بخواند ببیند به پاکیزه مغز

1 - ...و دوازده رج سست، درستایش (؟!) محمود.

ز گنجش من ایدر شوم شادمان / کزو دور بادا بدِ بدگمان
اُزان پس کند یاد بر شهریار / مگر تخم رنج من آید به بار
که جاوید باد افسر و تخت اوی / ز خورشید تابنده‌تر بخت اوی

*

⇐ چنین گفت داننده دهقان پیر / که: «دانش بود، مرد را، دستگیر
غم و شادمانی بباید کشید / ز هر شور و تلخی بباید چشید
جوانان داننده و باگهر / نگیرند بی‌آزمایش، هنر»
چو پرویز ناباک بود و جوان / پدر زنده و پور، چون پهلوان
وراء در زمین، دوست؛ شیرین بُدی / بر او بر، چو روشن جهانبین بُدی
پسندش نبودی جز او، در جهان / ز خوبان و از دختران مهان

*

ز شیرین جدا بود یک روزگار / بدانگه که بُد در جهان شهریار
بگردِ جهان در، بی‌آرام بود / که کارش همه رزم بهرام بود
چو خسرو بپرداخت چندی بمهر* / شب و روز گریان بُدی خوبچهر

## آیین شکار خسرو
### و دیدن او
## شیرین را

چنان بُد که یک روز، پرویزشاه / همی آرزو کرد نخچیرگاه
بیاراست برسان شاهنشهان / که بودند ازو، پیشتر، در جهان
چو بالای سیسد به زرّین ستام / ببردند با خسرو نیکنام[1]
هزار و سد و شست خسروپرست / پیاده همی رفت، ژوپین به دست[2]
هزار و چهل مرد، شمشیر داشت / که دیبای در بر، زره، زیر داشت[3]

---

* - نمونه‌ها چنین‌اند. شاهنامه سپاهان، «چو خسرو نپرداخت چندی بمهر»، و درست، چنین می‌نماید، **«چو خسرو بپردخت چندی ز مهر»** (=چون خسرو، چندی به شیرین مهر نورزید...».

۱ - «چو» در آغاز گفتار نادرست، و خسرو را یک اسپ بود، بنام «شبدیز» که همواره بر آن برمی‌نشست، نه بر اسبان دیگر!

۲ - شمارِ شگفت ژوپین بدستان از شمار کشته‌شدگان در افزوده‌های داستان نخستین نبرد رستم با افراسیاب گرفته شده است:

هزار و سد و شست گرد دلیر / بیک حمله شد کشته در جنگ شیر

۳ - **یک:** همچنین این شمار... از آنجا که افزاینده می‌توانست از هزار مرد ناببرد. **دو:** در روز شکار، چرا بایستشان زره زیر دیبا پوشند؟

←

پس اندر، دوان؛ هفتسد بازدار جز از واشه و چُرغ و شاهینِ کار[1]
ازآن پس برفتند سیسد سوار پس بازدارانِ او، یوزدار[2]
به زنجیر هفتاد شیر و پلنگ به دیبای چین اندرون بسته تنگ[3]
پلنگان و شیران آموخته به زنجیرِ زرّین، دهن دوخته[4]
قلاده به زر، هفتسد یوز و سگ که در دشت آهو گرفتی، به تگ[5]
پس اندر، ز رامشگران دو هزار همه ساخته، رودِ روزِ شکار[6]
به زیر اندرون هر یکی اشتری به سر بر نهاده ز زر افسری[7]
ز کرسیّ و خرگاه و پرده‌سرای همان خیمه و آخُر چارپای[8]
شتر بود پیش اندرون پانسد همه کرده، آن بزم را، نامزد[9]
ز شاهان برنای سیسد سوار همی راند با نامور شهریار[10]
ابا یاره و توغ و زرّین‌کمر به هر مهره‌ای در نشانده گهر[11]
دو سد برده، تا مجمر افروختند بر او اود و انبر همی سوختند[12]
دو سد مرد برنای فرمانبران ابا دستهٔ نرگس و زعفران[13]
همه پیش بردند تا باد بوی چو آید ز هر سو رساند بدوی[14]
همه پیش آن‌کس که با بوی خوش همی رفت با مشک سد آب‌کش[15]
که تا ناورد ناگهان گرد باد نشاند بران شاه فرخ‌نژاد[16]

**برای آگاه شدن از آیین شکار شاهان بنگرید به پیشگفتار.**

*

چو بشنید شیرین که آمد سپاه به پیش سپاه، آن جهاندار شاه

---

← **سه:** برای یکهزار و چهل کس کنش «داشتند» باید.

**۱** - پس را «اندرون» نیست.

**۲** - «برفتند» را، در این رج با «همی رفت» پیشین همخوان نیست.

**۳** - خرد نمی‌پذیرد که شیران و پلنگان را درون دیبا ببندند...

**۴** - ... و دهانشان را نیز با زنجیر بدوزند!

**۵** - **یک:** یوزپلنگ را نیز همچون شیر و پلنگ به نخچیر بردن نشاید. **دو:** هفتسد یوز و سگ را کنش «می‌گرفتند» باید. **سه:** با «تگ» آهو می‌گرفتند؟ یا با چنگ و دندان؟

**۶** - پس را «اندرون» نیست.

**۷** - **یک:** «زیر» را، (اندرون) نیست. **دو:** «اُشتُر» را با «اَفسَر» پساوا نیست.

**۸** - **یک:** «ز» آغازین پیوند درستی میان این رج و رج پسین نیست. **دو:** خیمه!

**۹** - پیش را اندرون نیست.

**۱۰** - «برنا» کودک پنج ساله تا ده ساله است.

**۱۱** - پیوسته بگفتار پیشین

**۱۲** - «افروختند» لت نخست را با «همی سوختند» لت دویم همخوانی نیست.

**۱۳** - **یک:** برنا کودک است. **دو:** زئفران و نرگس، با هم در یکزمان نمی‌شکفند. **سه:** نرگس را توان دسته کردن. اما زئفران را نشاید.

**۱۴** - پیش بردند، نادرخور است: «پیش می‌بردند».

**۱۵** - **یک:** سخن ناهموار است. **دو:** «آن کس» نادرست است: «آنکسان».

**۱۶** - دنبالهٔ همان گفتار

یکی زرد پیراهن مشکبوی    بپوشید و گلنارگون کرد روی[1]

یکی از برش سرخ دیبای روم    همه پیکرش گوهر و زرّ بوم[2]

به سر بر نهاد افسر خسروی    نگارش همه پیکر پهلوی[3]

از ایوان خرّم برآمد ببام    به روز جوانی بسُد شادکام○

همی بود تا خسرو آنجا رسید    سرشگش ز مژگان برخ بر، چکید[4]

چو روی ورا دید برپای خاست    به پرویز بنمود، بالای راست

زبان کرد گویا، بشیرین‌سخن    همی گفت، زان روزگارِ کهن

به نرگس گل و ارغوان را بشست    که بیمار بُد نرگس و گل درست[5]

بدان آبداریّ و آن نیکوی    زبان تیز بگشاد بر پهلوی[6]

که: «تهما! هژبرا! سپهبدتنا!    خجسته کَیا! گُردِ شیراوژنا!

کجا؟ آن همه مِهر و خونین سرشگ!    که دیدار شیرین بُد او را پزشگ!

کجا آن همه روز کردن بشب    دل و دیده گریان و خندان دو لب؟[7]

کجا؟ آن همه بند و پیوند ما!    کجا؟ آن همه عهد و سوگند ما!»

همی گفت و از دیده خوناب زرد    همی ریخت بر جامهٔ لاژورد[8]

*

به چشم اندر آورد، زو، خسرو، آب    بزردی، رخش گشت، چون آفتاب

فرستاد بالای زرّین ستام    ز رومی، چهل خادم* نیکنام

که او را بمشکوی زرّین برند    سوی خانهٔ گوهرآگین برند

ازآنجایگه شد، بدشت شکار    ابا باده و رود و با میگسار

چو از کوه و از دشت برداشت بهر    همی رفت شادی‌کنان سوی شهر

ببستند آذین، بشهر و، براه    که شاه آمد از دشتِ نخچیرگاه

---

۱ - پیراهن را تا بمشک نیالایند، خود مشکبوی نیست.

۲ - **یک:** روم را دیبا نبوده است. **دو:** گفتار هموارهٔ افزایندگان است، که چون «بوم» جامه‌ای از زر بوده باشد، چگونه می توان آنرا دیبا نامیدن؟ **سه:** در گفتار درست آینده خواهیم دیدن که جامهٔ شیرین لاژوردین بوده است.

۳ - پیکر پهلوی راگزارش نیست.

○ - در همهٔ نمونه‌ها «بروزِ» یا «ز روزِ» و درست نمی‌نماید، و «**که روزِ**» درست است (=که روزگار جوانی در آن (در کنار پرویز) شادکام بود).

۴ - در گفتارِ درست شاهنامه، از سخن شیرین او یاد می‌شود، نه از گریستن او.

۵ - **یک:** از سرشگ، در گفتار پیشین یاد شده بود. **دو:** پیوند «که» آغازین لت دویم نادرخور است.

۶ - سخن گفتن پیش این، آغاز شده بود.

۷ - لب خندان را با دیدهٔ گریان پیوند نیست، و دل را نیز گریان نشاید خواندن: «دل خونین».

۸ - «خونابه» را رنگ سرخ است، نه زرد!

* - «**بنده**» درست‌تر می‌نماید.

| | |
|---|---|
| ز نالیدن بوق و بانگ سرود | هوا گشت ز آواز، بی تار و پود[1] |
| چنان خسروی برز و شاخ بلند | ز دشت اندر آمد به کاخ بلند[2] |
| ز مشکوی*، شیرین بیامد برش | ببوسید پای و زمین و برش |
| بموبد چنین گفت شاه، آن زمان | که: «بر ما مبر، جز بنیکی گمان |
| مرین خوبرخ را به خسرو دهید | جهان را بدین مژدهٔ نو دهید» |
| مر او را به آیین پیشین بخواست | که آن رسم و آیین بُد آنگاه راست[3] |

۴۷۵۹۰

## پند دادن بزرگان خسرو را
### در کار
## شیرین

| | |
|---|---|
| چو آگاهی آمد ز خسرو براه؛ | بنزدِ بزرگان و پیش سپاه؛ |
| که شیرین، بمشکوی خسرو شده است | کهن بوده، کارِ جهان، نو شده است! |
| همه شهر، زان کار، غمگین شدند | پر اندیشه و درد و نفرین شدند |
| نرفتند، نزدیک خسرو، سه روز | چهارم چو بفروخت گیتی‌فروز؛ |
| فرستاد خسرو، مهان را بخواند | بگاهِ گرانمایگان برنشاند |
| بدیشان چنین گفت که: «این روز چند؛ | ندیدم شما را، شدم مستمند* |
| بیازردم از بهر آزارتان | پر اندیشه گشتم ز تیمارتان» |

۴۷۶۰۰

*

| | |
|---|---|
| همی گفت و پاسخ نداد ایچ کس | ز گفتن زبان‌ها ببستند و بس! |
| هر آنکس، کزو داشت، آزار و خشم | یکایک به موبد نمودند چشم[4] |
| چو موبد چنان دید برپای خاست | به خسرو چنین گفت که: «ای راد و راست |
| به روز جوانی شدی شهریار | بسی نیک و بد دیدی از روزگار |
| شنیدی بسی نیک و بد، در جهان | ز کارِ بزرگان و کارِ مهان[5] |
| کنون، تخمهٔ مهتر، آلوده شد | بزرگی، ازین تخمه، پالوده شد |

۴۷۶۰۵

---

۱ - از نالیدن؟ یا از آواز؟ ۲ - سخن را پیوند بایسته نیست.

● - نمونه‌ها همه «ز» آورده‌اند، و درست «بمشکوی» است (=در مشکوی، شیرین بکنار خسرو آمد).

۳ - گفتار درست در رج پیشین گذشت. * - مستمند: موست‌اُومند 𐭬𐭥𐭮𐭲 𐭠𐭥𐭬𐭭𐭣 در زبان پهلوی: گِله گزار، شاکی.

۴ - «هر آنکس» را در لت نخست، «نمود» در لت دویم باید.

۵ - این رج را با گفتار پیشین و پسین پیوند نیست.

پدر پاک و، مادر بود، بدهنر — چنان دان که پاکی نیاید ببر
ز کژّی نجوید کسی راستی — گر، از راستی، برکَنی آستی[1]
دل ما غمین شد ز دیوِ سترگ — که شد یار، با شهریار بزرگ
به ایران اگر زن نبودی جز این — که خسرو بر او خواندی آفرین؛
نبودی چو شیرین، بمشکوی او — بهر جای، روشن بُدی روی او
نیاکانت آن دانشی راستان — نکردند یاد از چنین داستان»
چو گشت آن سخن‌های موبد دراز — شهنشاه پاسخ نداد ایچ باز؛
چنین گفت موبد که: «فردا پگاه — بیاییم یکسر بدین بارگاه[2]
مگر پاسخ شاه یابیم باز — که امروزمان شد سخن‌ها دراز»[3]

## پاسخ خسرو با ایرانیان

### دربارهٔ

## شیرین

دگر روز، شبگیر، برخاستند — همه بندگی را بیاراستند
یکی گفت کاو را، نبایست گفت — دگر گفت کان، با خرد بود جفت
سیوم گفت کامروز پاسخ دهد — سزد زو که آواز فرخ نهد[4]
همه موبدان برگرفتند راه — خرامان برفتند نزدیک شاه[5]
بزرگان گزیدند، جای نشست — بیامد یکی مرد، تشتی بدست
به تشت اندرون، ریخته خونِ گرم* — چو نزدیک شد، تشت بنهاد نرم
از آن تشت، هر کس؛ بپیچید روی — همه انجمن گشت پر گفت و گوی
همی کرد هر کس بخسرو نگاه — همه انجمن، خیره؛ از بیم شاه
به ایرانیان گفت ک:«این خون کیست؟ — نهاده به تشت اندر از بهر چیست؟»[6]

---

۱ - لت دویم را گزارش نیست. ۲ - وابسته برج پسین.
۳ - **یک:** پاسخ (بازیافتنی) نیست، (شنیدنی) است. **دو:** سخن دراز نبود، و با کوتاهترین گفتار؛ دیدگاه بزرگان ایران دربارهٔ شیرین گشوده شد.
۴ - چون از سه گونه داوری، دربارهٔ گفتار موبد، یاد می‌شود. درست آنستکه گفته شود: «گروهی چنین می‌گفتند» و «گروهی چنان».
۵ - گفتار درباره رفتن بزرگان بود، نه موبدان.
* - در نامه‌های دیگر، از خون و پارچهٔ دشتانِ زنان یادکرده شده است که اندر آیین ایران بس ناپاک بشمار می‌رفت.
۶ - **یک:** خون کیست نشاید گفتن. **دو:** خون را در تشت نشاید «نهادن».

بدو گفت موبد که: «خون پلید / کزو، دژمَنش گشت هرکه‌ش که دید»[1]
چو موبد چنین گفت، برداشتند / همه دست بر دست بگذاشتند[2]
ز خون، تشت پرمایه کردند پاک / بشستند روشن، به آب و بخاک
چو خورشید رخشنده پالوده گشت / یکایک بران مهتران برگذشت
چو روشن شد و پاک، تشت پلید / بکرد آنکه او شسته بُد پرنبید[3]
به می بر پراکند مشک و گلاب / شد آن تشتِ، رخشنده، چون آفتاب[4]
ز شیرین، بران تشت بُد رهنمون / که آغاز چون بود و فرجام چون[5]
بموبد چنین گفت خسرو که: «تشت؛ / همانا بدیدن، دگرگونه؛ گشت؟»
بدو گفت موبد، که: «انوشه بَوی / پدیدار شد، نیکوی از بَدی
بفرمان، ز دوزخ تو کردی بهشت! / همان؛ خوب کردی، تو، کردارِ زشت»
چنین گفت خسرو که: «شیرین بشهر / چنان بُد که آن، بی‌منش تشتِ زهر»
کنون تشتِ مَی شد بمشکوی ما / برین گونه، پر بو شد از بوی ما
ز من گشت بدنام، شیرین، نخست / ز پرمایگان، دوستداری نجست»[6]
همه مهتران خواندند آفرین / که: «بی‌تاج و تختت مبادا زمین
بهی آن فزاید که تو، به کنی / مِه آن شد بگیتی، که تو مه کنی
که هم شاه و هم موبد و هم ردی / مگر بر زمین سایهٔ ایزدی»[7]

## کشتن شیرین، مریم را
### و بندکردن خسرو
## شیروی را

ازآنپس فزون شد بزرگیّ شاه / که خورشید شد، آن، کجا؛ بود ماه
همه روز با دخت قیصر بُدی / هماو بر شبستانش مهتر بُدی[8]
ز مریم همی بود شیرین، به درد / همیشه ز رَشکش، دو رخساره؛ زرد
بفرجام، شیرین ورا زهر داد / شد آن نامور، دخت قیصرنژاد

---

۱ - از دیدن خون «بداندیش» نشاید شدن. ۲ - چه کسان دست بر دست گذراندند؟ سخن از یک مرد بود با تشتی بدست!
۳ - **یک:** از پاک شدن و روشن شدن آن در رج‌های پیشین سخن رفت. **دو:** لت دویم نیز سست است و پیوند (آنرا) بایدش.
۴ - چنین کار نادرست است، زیرا که می را با چیزی نشاید آمیختن. ۵ - سخن درست در رج‌های آینده می‌آید.
۶ - سخن نادرست است که شیرین پیش از آشنایی با خسرو بدنام بوده است.
۷ - پیدا است که خسرو، موبد نبوده‌است. ۸ - پیشتر، سخن از آن رفت که کارِ دوازده هزار زنِ خسرو به گُردیه سپرده شد!

ازآن چاره آگه نبُد هیچکس — که او داشت آن راز، تنها و بس
چو سالی برآمد که مریم بمرد — شبستان زرّین به شیرین سپرد
چو شیرویه را سال شد بر دو هشت — ببالا، ز سی سالگان، برگذشت
بیاورد فرزانگان را پدر — بدان، تا شود، نامور، پرهنر
همی داشت موبد، مر او را؛ نگاه — شب و روز، شادان؛ بفرمان شاه
چنان بُد که یک روز موبد ز، تخت — بیامد بنزدیک آن نیکبخت [1]
چو آمد بنزدیکِ شیرویه، باز* — همیشه ببازیش دیدی نیاز
یکی دفتری دید پیش اندرش — نوشته، کلیله بران دفترش [2]
بدستِ چپ آن جوانِ سترگ — بریده، یکی خشک چنگال گرگ [3]
شُرویِ سرِ گاومیشی، به راست — همی این، بران برزدی، چونکه خواست [4]
غمین شد● دل موبد از کار اوی — ز بازیّ و بیهوده کردار اوی
بفالش بد آمد چنان چنگ گرگ — شخِ گاو و رای جوان سترگ [5]
ز کار زمانه غمی گشت سخت — ازان بدمنش کودک شوربخت [6]
کجا طالع زادنش دیده بود — ز دستور و گنجور بشنیده بود [7]
سوی موبدان موبد، آمد بگفت — که: «بازیست، با آن گرانمایه، جفت»
بشد زود، موبد؛ بگفت آن بشاه — همی داشت خسرو، زبانرا، نگاه
ز فرزند، رنگِ رُخش زرد شد — ز کار زمانه، پر از درد شد
ز گفتارِ مردِ ستاره‌شمر — دلش بود پر درد و، پیچان جگر
همی گفت: «تا؛ کردگار سپهر — چگونه نماید بدین کار، چهر»
چو بر پادشاهیش بیست و سه سال — گذر کرد شیرویه بفراخت یال
بیازَرد زو، شهریار بزرگ — که پور جوان بود، گشته سترگ

۱ – موبد را «تخت» نبوده است.

* – «چو آمد» را در لت نخست، با همیشه در لت دویم، سازگاری نیست، و بر این بنیاد گفتار درست فردوسی چنین می‌نماید:

**«چو میرفت نزدیک شیرویه باز — همیشه.............................»**

۲ – دوبار نام بردن از دفتر؛ گفتار راست می‌نماید. ۳ – سخن را پایان نیست.

۴ – پیدا است که سروی (= شاخ) ازآنِ سر است، و دوباره یاد کردن از سر درست نمی‌نماید.

● – نمونه‌ها «غمین شد» و «همیشه» (شاهنامه مسکو ۲۱۸–۹). نمونهٔ دویم نادرخور است، در نمونه نخست نیز غمین شد، با «همیشه ببازیش دیدی نیاز» سازگار نیست و سخن درست شاهنامه چنین می‌نماید:

**«غمین بُد دلِ موبد از کار اوی...».**

۵ – بفالش بدآمد نادرست است: «فال بد زد». ٦ – غم از کار جوان بود، نه از کار زمانه.

۷ – **یک:** «طالع» را در گفتار فردوسی راه نیست، و بهنگام زادن شیرویه، ستاره‌شناسان، اختر وی را دیده بودند، و سخن نیز چون راز میان آنان و خسرو بماند! و دستور از آن آگاه نبود... **دو:** گیریم که دستور راز را میدانست گنجور را در این میان چه کار؟

پر از درد شد جان خندان اوی — اُز ایوان او کرد زندان اوی
هم، آنها که پیوستهٔ او بدند — گهِ رای جستن برِ او بدند[1]
بسی دیگر از مهتر و کهتران — که بودند با او به بند گران[2]
همی برگرفتند زیشان شمار — کِه و مِه، فزون آمد از سه هزار[3]
همه کاخ‌ها، راه اندر دگر — بزندان شیرویه بُد، سر بسر[4]
ز پوشیدنی‌ها و از خوردنی — ز بخشیدنی هم ز گستردنی[5]
به ایوان‌هاشان بیاراستند — پرستنده و بندگان خواستند[6]
همان، می فرستاد و، رامشگران — همه کاخ، دینار بُد، بیکران[7]
بهنگامشان رامش و خورد بود — نگهبان ایشان چهل مرد بود[8]

از اینجا ۳۴ رج بشاهنامه افزوده‌اند که در آن تخت تاقدیس را دراسپریس [میدان اسب‌دوانی] نهادند، از فریدون بگونهٔ آفریدون یاد می‌شود، و از مردی یاد می‌شود بنام جهن برزین که نه پیش از این در شاهنامه از وی یاد شده است، و نه در هیچیک از نوشته‌های باستانی پهلوی و اوستا... وکام او [به هر کشور رسیده بود]، اما درگر، و تخت‌ساز بود، و مزد ساختن تخت سی هزار درم بود [و از سوی فریدون که خود، در کوس؛ آمل پایتخت داشت]، مرزبانی آمل و ساری بوی داده شد. افزاینده، ایران را به ایرج می‌رساند، باز آنکه آشکار است که پادشاهی ایران پس از فریدون به منوچهر رسیده است [دوباره از فریدون یاد می‌شود که تخت و [آن] گرزهٔ گاوسار، و [هفت چشمه گوهر] که نام آن دادگر(؟!) بود بر آن بیفزود... و باز یاد از ایرج می‌شود، و همهٔ آن کسان که آن تخت را پسودند(؟!) چیزی بر آن بیفزودند، تا بکیخسرو رسید، و او بالای تخت را فراوان بیفزود! و پس ازلهراسب به گشتاسپ رسید و وی از جاماسپ درخواست که چیزی بدان بیفزاید، و وی «برو بر، شمار سپهر بلند / همی‌!کرد پیدا، چه و چون و چند [چه و چون و چند در داستان آموزش سیاوخش آمده است:

سواری و تیر و کمان و کمند — عنان و رکیب و چه و چون و چند
همان «داد و بیدادِ» تخت و کلاه — سخن گفتن رزم و راندن سپاه

←

۱ - **یک:** شیرویه را پیوسته‌ای نبود. یک مادر داشت که با بدخواهی شیرین بمرده بود. **دو:** رای (جستنی) نیست (زدنی) است.
۲ - «کهتران» را «مهتران» باید، و چه‌کس از فرزند شاه، مهتر بود؟
۳ - پسر بی‌پیوندی که بیش از سه هزار پیوسته داشته باشد!؟
۴ - «راه اندر دگر» نادرست است: «بیکدیگر راه داشتند».
۵ - پوشیدنی و خوردنی و بخشیدنی...
٦ - ...آراستنی نیست.
۷ - **یک:** «می» فرستاد نادرست است «می و رامشگر» می‌فرستاد. **دو:** کاخ دربسته را که در خرید و فروش نشایستی دینار بیکران به چه کار می‌آمد؟
۸ - چهل مرد نگهبان برای سه هزار کس؟ در خرد نمی‌گنجد!

← نگارنده در دفتر پنجم داستانهای رستم پهلوان، گزارش این گفتار را آورده است که در آن «چه» برابر است با چیستی جهان (آنچه که امروز فلسفه می‌نامند)، «چون»؛ چگونگی است (که امروز دانش طبیعیات خوانند)، و «چند» دانش اندازه است (که امروز ریاضیات نامیده می‌شود)، و افزایندگان چه و چون و چند را. نادانسته به ساختمان تخت افزوده‌اند] و شمار سپهر بلند نیز در دیدگاه افزاینده، از کیوان تا ماه بوده است، و از دیگر ستارگان و برج‌ها و خورشید یاد نشده است. پس نام اسکندر می‌آید، و باز به پیش از اسکندر می‌نگرند، و چون اسکندر آنرا پاره کرد، اردشیر از آن نشان نیافت... .

چنانکه پیدا است افزون بر همهٔ نادرستی، از دیدگاه سخن نیز گفتاری سست و بی‌پیوند است.

کنون داستان‌گوی در داستان — ازان یک‌دل و یک‌زبان راستان
ز تختی که خوانی وراتاقدیس — که بنهاد پرویز در اسپریس
سر مایهٔ آن ز ضحاک بود — که ناپارسا بود و ناپاک بود
بگاهی که رفت آفریدون گرد — اُزان تازیان نام شاهی ببرد
یکی مرد بُد در دماوند کوه — که شاهش، جدا داشتی از گروه
کجا جهن بُرزین بُدی نام اوی — رسیده، بهر کشوری، کام اوی
یکی، نامور شاه، را تخت ساخت — گهر، گرد بر گرد او، در نشاخت
که شاه آفریدون بدو شاد بود — که آن تخت پرمایه آزاد بود
درم داد مر جهن را سی هزار — یکی تاج زرین و دو گوشوار
همان عهد ساریّ و آمل نوشت — که بُد مرز منشور او چون بهشت
بدانگه که ایران، به ایرج رسید — که از نامداران، وی آمد پدید
جهاندار شاه آفریدون سه چیز — بران پادشاهی برافزود نیز
یکی تخت و آن گرزهٔ گاوسار — که ماندست زو در جهان یادگار
سدیگر کجا هفت چشمه گهر — همی خواندی نام او دادگر
چو ایرج بشد زو بماند این سه چیز — همان شاد بُد زو منوچهر نیز
هر آن کس که او تاج شاهی پسود — بران تخت چیزی همی برفزود
چو آمد به کیخسرو نیکبخت — فراوان بیفزود بالای تخت
برین هم نشان تا به لهراسپ شد — اُزو همچنان تا به گشتاسپ شد
چو گشتاسپ آن تخت را دید گفت — که: «کار بزرگان شاید نهفت»
به جاماسپ گفت: «ای گرانمایه مرد — فزونی چه داری بدین کارکرد
یکایک ببین تا چه خواهی فزود — پس از مرگ ما را که خواهد ستود»

چو جاماسپ آن تخت را بنگرید    بدید از درِ گنج دانش کلید
بر و بر شمار سپهر بلند    همی کرد پیدا چه و چون و چند
ز کیوان همه نقش‌ها تا به ماه    بران تخت کرد او به فرمان شاه
چنین تا به گاه سکندر رسید    ز شاهان هر آن‌کس که آن گاه دید
همی برفزودی بر او چند چیز    ز زرّ و ز سیم و ز آج و زشیز
مر آن را سکندر همه پاره کرد    ز بی‌دانشی کار یکباره کرد
بسی از بزرگان نهان داشتند    همی دست بر دست بگذاشتند
بدین گونه بُد تا سر اردشیر    کجا گشته بُد نام آن تخت پیر
ازان تخت جایی نشانی نیافت    بران آرزو سوی دیگر شتافت
بمرد او و آن تخت ازو باز ماند    ازان پس که کام بزرگی براند
بدین گونه بُد تا به پرویز شاه    رسید آن گرامی سزاوار گاه
ز هر کشوری مهتران را بخواند    اُزان تخت چندی سخن‌ها براند
ازیشان فراوان شکسته بیافت    به شادی سوی گرد کردن شتافت

## ساختن خسرو
### تختِ تاقدیس را

⇐ بیاورد پس تخت شاه اردشیر    ز ایران، هر آن کس که بُد تیزویر؛
بهم بر زدند آن سزاوار تخت    به هنگام آن شاه پیروزبخت
ورا، درگر آمد ز روم و ز چین    ز مکران و بغداد و ایران زمین[1]
هزار و سد و بیست استاد بود    که کردار آن تخت‌شان یاد بود[2]
که او را بنا شاه گشتاسپ کرد    به رای و به تدبیر جاماسپ کرد[3]
ابا هر یکی مرد شاگرد سی    ز رومیّ و بغداد و پارسی
بفرمود تا یک زمان دم زدند    به دو سال، تا تخت بر هم زدند[4]

---

۱ – بغداد را که روستایی خُرد در ایران باستان بوده است، نشاید برابر با مکران و چین و ایران آوردن.
۲ – **یک:** تختی را که ندیده‌اند، چگونه آنرا در یاد دارند؟ **دو:** «کردار تخت» نیز نادرخور است: «ساختن تخت».
۳ – **یک:** افزاینده فراموش کرده است که تخت فریدون را بگشتاسپ رساننده است. **دو:** بنا کردن، ویژهٔ ساختمان و خانه است، نه تخت! **سه:** افزاینده همه کار را از جاماسپ یادکرد، نه از گشتاسپ.
۴ – **یک:** شمارش نادرست: «سی شاگرد». **دو:** رومی و پارسی را «بغدادی» باید.

چو بر پای کردند تخت بلند درخشنده شد، رویِ بختِ بلند[1]
برش بود بالای سد شاه‌رش چو هفتاد رش بر نهی از برش[2]
سد و بیست رش نیز پهناش بود که پهناش کمتر ز بالاش بود[3]
بلندیش پنجاه و سد شاه‌رش چنان بُد که بر ابر سودی سرش[4]
همان شاه‌رش هر رشی زو سه‌رش کزان سر بدیدی بن کشورش[5]
بسی روز، در ماه، هر بامداد یکی فرش بودی به دیگر نهاد[6]
همان تخت بدوازده لخت بود جهانی سراسر همه تخت بود[7]
بر او بش زرّین سد و چل هزار ز پیروزه، بر زرّ کرده نگار
همه نقرهٔ خام بُد میخ بش[8] یکی سد به مثقال با شست و شش[9]
چو اندر بره، خور؛ نهادی چراغ* پسش، دشت بودیّ و در پیش، باغ
چو هنگامهٔ تیرماه آمدی گه میوه و جشنگاه آمدی
سوی میوه و باغ بودیش روی بدان، تا بیابد ز هر سوی، بوی
چو خورشید در شیر گشتی درشت● مرآن تخت را سوی او بود پشت⊡
زمستان که بودی گهِ باد و نم برآن تخت بر، کس نبودی دژم
همه تاق‌ها بود، بسته ازار ز خزّ و سمور، ازدرِ شهریار
همان گوی زرّین و سیمین، هزار بر آتش همی تافتی جامه‌دار

---

۱ - تخت را ساختند؟ یا بر هم زدند؟

۲ - **یک:** «برش بود بالا» راگزارش نیست، یا «برش» یا «بالایش». **دو:** افزایندهٔ خام گفتار خواسته است بگوید «یکسد و هفتاد شاه ارش». **سه:** ارش، سنجهٔ اندازه‌گیری باستان بر دو گونه بوده است، یکی «ارش» یا «رش» کوچک که باندازه از آرنج تا نوک انگشتان یا نیم گز (= نیم متر). دیگر؛ «شاه ارش» که درازای آن برابر دستهای گشودهٔ یک مرد تا نوک انگشتان هر دو دست، نزدیک به دو گز (= دو متر)، و بر این بنیاد، «برِ» آن تخت نزدیک به سیسد و بیست تا سیسد و چهل گز می‌شد، و آن چگونه تختی بوده است...

۳ - **یک:** با پهنای دویست و چهل گز! **دو:** سخن کودکانه که پیدا است که پهنای هر چیز از درازای (نه بالا) آن کمتر است.

۴ - افزاینده «بالا» و «بلندی» را جدا از هم درشمار آورده است، و اکنون که به بلندی تخت میرسد، با شماری نادرخور یکسد و پنجاه شاه ارش یا پیرامون سیسدگز، از بلندی آن یاد می‌کند [نزدیک به بلندی یک ساختمان ۱۰۸ اشکوبه، با بلندای ۲۸گز در هر اشکوب!!]

۵ - افزاینده، خواننده را بریشخند گرفته است آنجا که در رج پسین می‌گوید، از سرِ آن تخت بُنِ (؟) کشورش را میدید!! اما شمار لت نخستین نیز بسخنان جادوگران می‌ماند!

۶ - سخن بی‌پیوند است، و (فرش) را نیز پیوند با تخت نیست.

۷ - سخن بدآهنگ و نادرخور است... و نادرخورتر از این گفتار نیست که تخت باندازهٔ سراسر جهان بود!!

۸ - بَش: بند، میخ دوسر، که دو بخشِ چوب یا چینی یا هر چیز دیگر را بی‌آنکه بر روی هم نهند، بهم می‌پیوندد. نمونه‌ها، همه چنین‌اند، اما درست «میخ (و) بش» است. و از آنجا که بَش را بایستی با چکشی روی چوب کوبیدن، نشاید که نگار پیروزه بر آن کرده باشند.

۹ - از آنجا که هر ۱٦ درمسنگ (مثقال) یک سیر است ۱٦٦ در مسنگ اندکی بیش از یک چارک (باندازهٔ امروزین ۷۵۰گرم) می‌شود، و چنین میخ را چون به تخته کوبند، تخته را از هم می‌دَرد، و چون یکسد و چهل هزار بش را در شمار آوریم ۷۵۰× ۰۰۰ر۱۴۰ برابر می‌شود با ۰۰۰ر۰۰۰ر۱۰۵ گرم، یا یکسد و پنج هزار کیلو، یا یکسد و پنج تن تنها میخ و بش در یک تخت بکار رفته است برای ساختمانهای چند اشکوبهٔ امروز که با تیرآهن ساخته می‌شود این اندازه آهن بکار نمی‌رود! از آتش در رج پسین یاد می‌شود، و گفتار را پیوند درست نیز نیست.

* - فرودینماه. ● - امردادماه.

⊡ - پشت بخورشید داشت.

تخت تاقدیس ۴۱۳

بمثقال، ازآن، هر یکی؛ پانصد — کز آتش شدی سرخ، همچون بُسد
یکی نیمه زو□ اندر آتش بُدی — دگر، پیش گردان سرکش بُدی
شمار ستاره، ده و دو و هفت — همان ماه تابان، به برجی که رفت[1]
چه زو ایستاده چه مانده بجای — بدیدی بچشم سر، اخترگرای[2]
ز شب نیز دیدی که چندی گذشت — سپهر از برِ خاک، بر چند؟ گشت![3]

❊

ازآن تختها، چند، زرّین بُدی — چه مایه، ز زر گوهرآگین بُدی[4]
شمارش ندانست کردن کسی — اگر چند بودیش دانشی بسی[5]
هر آن گوهری کهش بها خوار بود — کمایش هفتاد دینار بود[6]
بسی نیز بگذشت بر هفتصد — همی گیر زینگونه از نیک و بد[7]
بسی سرخ گوگرد بد کهش بها — ندانست کس مایه و منتها[8]
که روشن بدی در شب تیره چهر — چو ناهید رخشان شدی بر سپهر[9]
سه تخت از برِ تختِ پرمایه بود — ز گوهر بسی مایه بر مایه بود[10]
کهین تخت را نام بد میشسار — سر میش بودی بر او بر نگار[11]
مهین تخت را خواندی لاژورد — که هرگز نبودی بر او باد و گرد[12]
سدیگر سراسر ز پیروزه بود — بدو هر که دیدیش دلسوزه بود[13]
ازین تا بدان پایه بودی چهار — همه پایه زرّین و گوهر نگار[14]
هر آن کس که دهقان بُد و زیردست — ورا میش سر بود جای نشست
سواران ناپاک روز نبرد — شدندی بران گنبد* لاژورد

---

□ «**زان**» درست می‌نماید.

۱ - **یک:** سخن را پیوند، و پایان نیست. **دو:** ماه؛ همواره تابان نیست! **سه:** برج ویژهٔ جنبش خورشید است نه ماه!

۲ - ستارگان، چه ایستا باشند، و چه روان، در پهنهٔ آسمان می‌چرخند، و از دیدِ نگرندهٔ زمینی، جنبش دارند.

۳ - چه‌کس می‌دید؟ تخت؟!

۴ - از کدام تخت‌ها؟ لت دویم نیز بی‌پیوند است.

۵ - شمار تخت را بیدانشان نیز توانند کردن.

۶ - میان لت دویم با لت نخست پیوند درست نیست.

۷ - لت دویم سخت نادرخور است، و نیک و بد را در آن، گزارش نیست.

۸ - گوگرد برای آتش افروختن است، نه از برای آرایش تخت.

۹ - **یک:** گوگرد را، در تاریکی شب درخشش نیست. **دو:** شب تیره چهر نیز نادرست و نادرخور است.

۱۰ - لت دویم راگزارش نیست.

۱۱ - میان لت دویم و لت نخست پیوند «که» باید.

۱۲ - **یک:** چه‌کس خواند؟ **دو:** جلو جنبش باد را نمی‌توان گرفتن، و چون باد بر دیگر تخت‌ها بروَزَد بر تخت لاژوردین نیز می‌گذرد. **سه:** گرد نیز در هوا هست و چون بر دیگر تخت‌ها نشیند، بر آن نیز می‌نشیند.

۱۳ - **یک:** تخت را نشاید سراسر از پیروزه ساختن. **دو:** لت دویم نادرخور است.

۱۴ - **یک:** از کدام تا بکدام؟ **دو:** «بودی چهار»، چه را خواهد گفتن؟

* - در همهٔ نمونه‌ها گنبد آمده است، و بیگمان یکی از نویسندگان بهنگام نوشتن این رج در اندیشهٔ گنبد لاژوردین آسمان افتاده، و چنین نوشته است، اما پیدا است که سخن فردوسی چنین بوده است:

←

خسرو پرویز

به پیروزه بر، جای دستور بود — که از کدخداییش رنجور بود
چو بر تخت پیروزه بودی نشست — خردمند بودیّ و مهترپرست[1]
چو رفتی به دستوری رهنمای — مگر یافتی نزد پرویز جای[2]
یکی جامه افکنده● بُد زرّبفت — برش بود و بالاش پنجاه و هفت
به گوهر همه رشته‌ها بافته — زبَر، شوشهٔ زر، بر او تافته
بدو کرده پیدا نشان سپهر — چو بهرام و کیوان و چون ماه و مهر[3]
ز کیوان و تیر و ز گردنده ماه — پدیدارکرده ز هر دستگاه[4]
همان هفت کشور، بر او بر، نشان — ز دهقان و، از رزم گردنکشان[5]
بر او بر، نشان چل و هشت شاه — پدیدار، کرده، سر تاج و؛ گاه
بر او بافته تاج شاهنشهان — چنان جامه هرگز نبُد در جهان[6]
به چین در یکی مرد بُد بی‌همال — همی بافت آن جامه را هفت سال[7]
سر سال نو، هرمز فَرَوَدین — بیامد بر شاه ایران زمین[8]
ببرد آن کیی فرش نزدیک شاه — گرانمایگان بر گرفتند راه[9]
بگسترد روز نو آن جامه را — ز شادی جدا کرد خودکامه را[10]
بر آن جامه بر، مجلس آراستند — نوازندهٔ رود و می خواستند[11]
همی آفرین خواند سرکش به رود — شهنشاه را داد چندی درود[12]
بزرگان بر او گوهر افشاندند — که فرش بزرگش همی خواندند[13]

---

→ «شدندی اَبَر کرسی لاژورد»

۱ – سخن دوباره و بی‌پیوند ۲ – همچنین! ● – جامهٔ افکندنی: قالی، فرش، گستراک
۳ – نشان سپهر بر تاق و گنبد تخت تاقدیس بود. ۴ – همچنین... ۵ – دنباله گفتار.
۶ – از تاج پادشاهان در رج پیشین یاد شده است.
۷ – افزایندهٔ نادان، بافتن قالی را که ویژهٔ ایرانیان بود، به چینیان پیوند می‌دهد!؟ ۸ – وابسته برج پسین
۹ – **یک:** از فرش کیانی در جهان، آوازی نیست. **دو:** چون فرش را نزدیک شاه برد، گرانمایگان از کجا راه را برگرفتند؟!
۱۰ – گستردن چنان جامه، کار یک کس نیست. ۱۱ – چگونه بر روی نگارِ چهرِ شاهان، و تاج شاهنشهان نشستند(؟!).
۱۲ – هنوز، از نام سرکش آگاهی نداریم. ۱۳ – بزرگان بر جامه گوهر افشاندند؟ یا بر سرکش؟

## داستان باربدِ خنیاگر

همی هر زمان، شاه؛ برتر گذشت — چو شد سال شاهیش بر بیست‌وهشت
کسی را نبد بر درش کار، بد — ز درگاه، آگاه شد، باربد
بدو گفت هرکس که: «شاه جهان — گزیده‌ست رامشگری در نهان[1]
اگر با تو، او را؛ برابر کند — ترا بر سرِ سرکش، افسر کند»[2]
چو بشنید مرد؛ آن، بجوشیدش آز — اُگر چه نبودش به چیزی نیاز[3]
ز کشور بشد، تا بدرگاهِ شاه — همی کرد رامشگران را نگاه
چو بشنید سَرکَش، دلش تیره گشت — بزخم سرود، اندرو، خیره گشت
بیامد بنزدیکِ سالار بار — درم کرد و دینار، چندی؛ نثار
بدو گفت: «رامشگری بر در است — که از من بسال و هنر برتر است
نباید که در پیش خسرو شود — که ما کهنه گشتیم و او نو شود»
ز سرکش چو بشنید دربانِ شاه؛ — ز رامشگر ساده بر بست راه[4]
چو رفتی به نزدیک او باربد — همش کار بد بود و هم بار بد[5]
نه، دادی ورا بار، سالار بار — نه، کردی از او یک سخن، خواستار!

*

چو نومید برگشت، زان بارگاه — ابا بربت آمد سوی باغ شاه
کجا، باغبان بود، مردوی نام — شد از دیدنش، باربد شادکام
بدان باغ رفتی، بنوروز؛ شاه — دو هفته ببودی بدان جشنگاه
سبک باربد نزد مردوی شد — هم آن روز با مرد، همبوی شد*
چنین گفت با باغبان، باربد — که: «گویی، تو جانیّ و من، کالبد
کنون آرزو خواهم از تو یکی — کجا؛ هست، نزدیک تو اندکی
چو آید بدین باغ، شاه جهان — مرا راه ده، تا ببینم نهان؛
که تا چون بود شاه را، جشنگاه — ببینم نهفته، یکی، روی شاه»
بدو گفت مردوی ک:«ایدون کنم — ز مغز تو اندیشه بیرون کنم»

---

1 -گزینش پنهانی نبود!
2 - هنوز، سرکش را نمی‌شناسیم، و نشاید از او نام بردن.
3 - به پایگاه بلند دیگران چشم دوختن «رشگ» خوانده می‌شود، نه آز!
4 - سخن از دربان نبود، سرکش، از سالاربار خواهش کرد.
5 - سخن سست است، و گفتار درست؛ در رج پسین می‌آید.
* - «بوی» در زبان پهلوی همتراز اندریافت (= احساس و ادراک) است، چنانکه هنوز در زبان فارسی در «بو بردن» و «بو کشیدن»، و «بویه» روایی دارد.

چو خسرو همی خواست کاید بباغ / دل میزبان شد، چو روشن چراغ
برِ باربد شد، بگفت آنکه شاه / همی رفت خواهد بدان جشنگاه
همه جامه را، باربد سبز کرد / همان بربت و رودِ روزِ نبرد[1]
بشد تا بجایی که خسرو شدی / بهاران نشستنگهی نو شدی[2]
یکی سرو بُد، سبز و، برگش گَشَن / برو شاخ، چون نیزه‌های پشن[3]
برآن○ سرو شد، بربت اندر کنار / زمانی همی بود تا شهریار
ز ایوان بیامد بدان جشنگاه / بیاراست پالیزبان، جای شاه
بیامد پریچهرهٔ میگسار / یکی جام بر کف، برِ شهریار[4]
جهاندار بستد ز کودک نبید / بلور از میِ‌سرخ شد ناپدید[5]
بدانگه که خورشید، برگشت زرد / همی بود تا گشت شب، لاژورد[6]
زننده برآن سرو، برداشت رود / همان ساخته پهلوانی سرود؛
یکی نغز دستان بزد بر درخت / کزان خیره شد مرد بیداربخت
سرودی به آواز خوش برکشید / که اکنون تو خوانیش داد آفرید[7]
بماندند، یک مجلس، اندر شگفت / همی هر کسی، رای دیگر گرفت[8]
بدان نامداران بفرمود شاه / که جویند سرتاسر آن جشنگاه
فراوان بجستند و باز آمدند / بنزدیک خسرو فراز آمدند
جهاندیده‌ای این سخن برگرفت / که: «از بخت شاه، این نباشد شگفت؛
که گردد گل سرخ، رامشگرش / که جاوید بادا سر افسرش»
بیاورد جامی دگر میگسار / چو از خوبرخ بستد آن شهریار[9]
زننده، دگرگون؛ بیاراست رود / برآورد ناگاه، دیگر سرود□
که پیکار کردش همی خواندند / چنین نام ز آواز او راندند[10]
چو آن دانشی گفت و خسرو شنید / به آواز او جام می در کشید[11]

---

۱ - **یک:** بربت؟ یا رود؟ **دو:** جشنگاه را با روز نبرد پیوند نیست.
۲ - **یک:** پیدا است که بایستی بدان باغ رود... **دو:** لت دویم نیز ناهماهنگ و نادرخور است.
۳ - نیزه‌های پَشَن راگزارش نیست.
○ - چون رج پیشین افزوده می‌نماید، «بر آن سرو» در این رج نادرخور است و گفتار درست: «**ابر سرو شد**».
۴ - سخن را پایان نیست. **۵** - پریچهرهٔ میگسار، به «کودک» گردید، و لت دویم نیز سخت نادرخور است.
۶ - این گفتار نیز نادرخور است، زیرا که بند زمان (= قید زمان) را بایستی در آغاز گفتار آوردن!
۷ - **یک:** سرود برکشیدن نادرست است. **دو:** و در لت دویم روی سخن از باربد به «تو» بازگشت!
۸ - **یک:** یک مجلس نادرخور است: «همهٔ آن انجمنیان». **دو:** لت دویم را نیز گزارش نیست.
۹ - «آن» در لت دویم نادرخور است: «آنرا». □ - در گفتار امروز: کوک ساز را دیگر کرد.
۱۰ - لت دویم را پیوند و گزارش نیست. **۱۱** - باربد، دانشی (= دانشمند) نبود و خنیاگر بود.

بفرمود کـ :«این را، بـجای آوریـد — هـمه بـاغ، یکسر، بـپای آوریـد»
بـجستند بسیار، هر سوی بـاغ — بـبردند زیر درختان چراغ
نـدیدند چیزی جز از بـید و سرو — خـرامان، بـزیر گـل انـدر، تـذرو
شـهنشاه، پس جـام دیگر بـخواست — بـر آواز آن، سـر بـرآورد، راست
بـرآمـد دگـر بـاره بـانگ سـرود — دگـرگونه‌تر سـاخت آوای رود□
هـمی سبز در سبز خـوانـی کـنون — بـدینگونه سـازند مکـر و فسـون[1]
چـو بشـنید، پرویز؛ بر پای خاست — بـه آواز او بـر، یکـی جـام خـواست
که بـود انـدر آن جام، یک مـن نـبید* — بـه یک دم مـی روشـن انـدر کشید
چـنین گـفت کـ :«ایـن گر فرشته بُدی — ز مشک و ز انـبر سـرشته بُـدی[2]
اُ گـر دیـو بـودی، نگـفتی سـرود — هـمان نـیز نشـناختی زخـمِ رود[3]
بـجویید در بـاغ تـا ایـن کـجاست — هـمه بـاغ و گـلشن چپ و دست راست[4]
دهـان و بـرش، پـر ز گـوهر کـنم! — بـرین رودسـازانش، مـهتر کـنم»[5]
چـو بشـنید رامشگـر آواز اوی — هـمان خـوب گـفتارِ دمسـاز اوی[6]
فـرود آمـد از شـاخِ سـروِ سـهی — هـمی رفت بـا رامش و فـرهی[7]
بـیامد، بـمالید بـر خـاک، روی — بدو گفت خسرو: «چه مردی؟ بگوی!»
بـدو گـفت: «شـاها یکـی بـنده‌ام — بـه آوازِ تـو، در جـهان زنـده‌ام»
سـراسـر بگـفت آنـچه بـود از بـنه — کـه رفت انـدر آن یک‌دل و یک‌تـنه[8]
بـه دیـدار او شـاد شـد شـهریار — بسـان گـلستان بـه مـاه بـهار[9]
بـه سرکش چـنین گـفت کـ :«ای بدهنر — تـو چـون حـنظلی بـارید چـون شکر[10]

---

□ - دگر باره ساز (= کوک) را دگرگون کرد.

۱ - **یک:** سخن، روی بخواننده میکند... **دو:** سرود و آواز را مکر و افسون خواندن نادرخور است. **سه:** افزاینده نمی‌داند که افسون؛ چاره‌گری است و همتراز افسون نیست.

* - اندازه‌ها برای سنجشِ «می» با سنجهٔ گندم، دیگر بوده است.

۲ - «فرشته» در زبان پهلوی و نیز فارسی «فرستاده» است، نه آنچه که پس از اسلام بجای «مَلَک» بکار گرفته شد. **دو:** فرشته یا مَلَک نیز از مشک و انبر سرشته نشده است. این سخن نیز از گفتار افزودهٔ هنگام فریدون برگرفته شده است:

«فـریدون فـرخ فـرشته نـبود — ز مشگ و ز انبر سرشته نـبود».

۳ - **یک:** پیوند درست میان این رج با رج پیشین نیست. **دو:** سرود نیز گفتنی نیست؛ سرودنی است.

۴ - **یک:** «این» در لت نخست نادرخور است: «این سراینده». **دو:** چپ و دست راست نیز نادرست است! یا «دست چپ و دست راست»، یا «چپ و راست».

۵ - **یک:** کسی که بر و آغوشش را پر از گوهر می‌کنند شایسته نمی‌نماید که از پر کردن دهان وی نیز یاد شود. **دو:** افزاینده نشان می‌دهد که ساختن رود (= کوک کردن امروزین) را نمی‌شناخته است، وگرنه این سخن را نمی‌گفت: «رودنوازان».

۶ - دنبالهٔ گفتار

۷- «رامش و فرهی» را برای «رفتن» گزارش نیست.

۸ - **یک:** «بُنه» را با «تنه» پساوا نیست. **دو:** بُنه خود نادرست است: «از بُن».

۹ - ماه بهار نادرست است: «هنگام بهار».

۱۰ - پیدا است که سخن سست است.

چرا دور کردی تو او را ز من / دریغ آمدت او درین انجمن»[1]
به آواز او، شاد؛ می در کشید / همان جام یاقوت بر سر کشید[2]
برین گونه تا سر سوی خواب کرد؛ / دهانش پر از درّ خوشاب کرد[3]
بُبد باربد، شاه رامشگران / یکی نامداری شد از مهتران
سرآمد کنون قصهٔ باربد / مبادا که باشد ترا یار بد[4]

*

از ایوان خسرو کنون داستان / بگویم که پیش آمد از راستان
جهان بر کهان و مهان بگذرد / خردمند مردم چرا غم خورد
بسی مهتر و کهتر از من گذشت / نخواهم من از خواب بیدار گشت
همانا که شد سال بر شست و شش / نه نیکو بود مردم پیرکش
چو این نامور نامه آید به بن / ز من روی کشور شود پر سخن
ازان پس نمیرم که من زنده‌ام / که تخم سخن را پراکنده‌ام
هر آن‌کس که دارد هش و رای و دین / پس از مرگ بر من کند آفرین
کنون از مداین سخن نو کنم / صفت‌های ایوان خسرو کنم

## ساختن خسرو
### ایوان مداین را

چنین گفت روشن دلی پارسی / که بگذاشت با کام‌دل، چارسی[5]
که: «خسرو فرستاد کس‌ها، به روم / به هند و به چین و به آباد بوم[6]
برفتند کاریگران سه هزار / ز هر کشوری آنکه بُد نامدار
ازیشان هر آن‌کس که استاد بود / ز خشت و ز گچ بر دلش یاد بود؛[7]

---

۱ – «او» در لت دویم نادرخور است. ۲ – جام را نشاید از یاقوت، ساختن.
۳ – پس از بخواب رفتن، دهانش را هر از درّ کرد؟
۴ – یار بد، پساوایی نادرخور است.
از اینجا هشت رج نادرخور افزوده شده، که بخشی از آن از پایان شاهنامه برگرفته شده است، و نیاز بگزارش آن نمی‌بینم.
۵ – **یک:** آن روشندل که بوده است؟ **دو:** نمونه‌ها چنین آورده‌اند، اما پیدا است که پیوند «چو» باید.
٦ – «کس‌ها» نادرست است: «کسان».
۷ – **یک:** «از ایشان» در رج دویم پسین یاد می‌شود. **دو:** کار رازگری (خانه‌سازی؛ معماری) تنها با گچ و خشت پایان نمی‌پذیرد. **سه:** یاد، نیز وابسته به مغز است نه به دل.

ایوان خسرو (مداین) ۴۱۹

چو سد مرد بیرون شد از رومیان ز ایران و اهواز و ز هر میان[1]
ازیشان، دلاور؛ گزیدند سی ازآن سی، دو رومیّ و یک پارسی
برِ خسرو آمد جهاندیده مرد بر او، کار و زخم□ بنا یاد کرد
گرانمایه رومی● که بُد هندسی بگفتار، بگذشت، بر پارسی
بدو گفت شاه: «این ز من در پذیر سخن هر چه گویم، ز من؛ یادگیر
یکی جای خواهم که فرزند من همان تا بسی سال، پیوند من
نشیند بدو در، نگردد خراب ز باران و از برف و از آفتاب»
مهندس بپذرفت ایوان شاه بدو گفت «من دارم این دستگاه»
فرو برد بنیاد ده شاه‌رش همان شاه‌رش پنج کرده برش
ز سنگ و ز گچ بود بنیاد کار چنین باید آن کاو دهد داد کار
چو دیوار ایوانش آمد بجای بیامد به پیش جهان کدخدای
که: «گر شاه بیند، یکی کاردان گذشته بر او سال و، بسیاردان
فرستاد باید، بدین کارگاه پسندیده، با موبد○ نیکخواه»

*

بدو داد زان گونه مردم که خواست برفتند و دیدند، دیوار، راست
بریشم بیاورد تا انجمن بتابند باریک، تایی، رسن
چو بالای آن تابداده رسن بپیمود، در پیشِ آن انجمن
رسن سوی گنج شهنشاه برد ابا مُهر، گنجورِ او را سپرد
اُزان پس بیامد به ایوان شاه که: «دیوارِ ایوان برآمد بماه
چو فرمان دهد خسرو زودیاب نگیرم بدین کار کردن شتاب
چهل روز تا کار، بنشیندم ز کارِیگران، شاه؛ بگزیندم
چو هنگامهٔ زخم ایوان بَوَد بلندی ایوان، چو کیوان بَوَد؛
بدان زخم، خشمت نباید نمود مرا نیز رنجی نباید فزود»
بدو گفت خسرو که: «چندین زمان چرا؟ خواهی از من، تو ای بدگمان!
نباید که داری ازین، دست، باز بزرّ و بسیمت، نباید نیاز
بفرمود تا سی هزارش درم بدادند تا او نباشد دژم
بدانست، کاریگرِ راستگوی که عیب آوَرَد، مرد دانا؛ بر اوی

---

۱ - **یک:** سه هزار مرد به «یکسد مرد رومی» بازگشت. **دو:** لت دویم نیز نادرخور است.
□ - زخم، ضربه: زخم ضربی ایوان، تاق ایوان. ● - رومی: از آسیای کوچک.
○ - «**موبدی**» درست می‌نماید.

که□ گیرد بدان زخم ایوان شتاب — اگر بشکند، کم کند نان و آب▣
شب آمد، بشد کارگر ناپدید — چنان شد، کزان پس، کس او را ندید
چو بشنید خسرو که فَرغان گریخت — به گوینده بر، خشمِ فرغان بریخت

❋

چنین گفت که:«ان را؛ که دانش نبود — چرا؟ پیش ما، در؛ فزونی نمود!»
بفرمود، تا کارِ او بنگرند — همه رومیان را، بزندان برند
دگر، گفت: «کاریگران آورید◙ — گچ و خشت و سنگِ گران آورید»
بجَستند، هر کس که دیوار دید — ز بوم و برِ شاه، شد، ناپدید
به بیچارگی دست ازآن بازداشت — همی گوش و دل سوی اهواز داشت
کزان شهر، کاریگر آید کسی — نماند، چنان کار، بی‌بر، بسی!
همی جُست، استادِ آن، تا سه سال — ندیدند کاریگری را، همال

❋

بسی یاد کردند زان کارجوی — بسال چهارم پدید آمد اوی
یکی مرد بیدار با فرّهی — بخسرو رسانید، زو، آگهی
هم‌آنگاه رومی بیامد چو گرد — بدو گفت شاه: «ای گنهکار مرد!
بگو؛ تا چه؟ بود اندرین، پوزشت! — بگفتار، پیش آر، آموزشت»*
چنین گفت رومی، که: «گر شهریار — فرستد مرا با یکی استوار●
بگویم، بدان کاردان، پوزشم — بپوزش، بجای آید؛ افروزشم»
فرستاد و رفتند از ایوان شاه — گرانمایه استاد، با نیکخواه
همی برد دانای رومی، رسن — همان مرد را نیز، با خویشتن[1]
بپیمود، بالایِ «کار» و بَرَش — کم آورد «کار» از رسن، هفت‌رش
رسن، باز بردند؛ نزدیک شاه — بگفت آنکه با او بیامد براه!
چنین گفت فرغان، که: «ار؛ زخم کار○ — برآوردمی بر سر، ای شهریار
نه دیوار ماندی نه تاق و نه کار — نه من ماندمی، بر درِ شهریار»
بدانست خسرو، که او راست گفت — کسی، راستی را؛ نیارد نهفت

❋

□ - پیوند «**چو**» باید.
▣ - همهٔ نمونه‌ها چنین است، و درست چنین می‌نماید: «**نام وِ آب**» (= نام [آوازه]: و آب [آبِ روی]).
◙ - گفت که: کاریگران دیگر را بیاورید. * - برابر شاهنامهٔ سپاهان. ● - استوار: معتمد.
1 - **یک:** همی برد نادرست است: «ببرد». **دو:** همان مرد، بجای استوار، نادرخور می‌نماید.
○ - زخمِ کار: ضربی ایوان.

رها کرد هر کاو بزندان بُدند / بداندیش گر بی‌گزندان بُدند[1]
مر او را یکی بدره دینار داد / بزندانیان چیز بسیار داد
بر آن کار، شد، روزگار دراز / بکردارِ آن، شاه را؛ بُد نیاز
چو شد هفت سال، آمد ایوان بجای / پسندیدهٔ خسروِ پاکرای
مر او را بسی آب داد و زمین / درم داد و دینار و، کرد آفرین
همی کرد هر کس به ایوان نگاه / به نوروز رفتی بدانجای، شاه
کس اندر جهان زخم چونان ندید / نه از نامور، کاردانان شنید
یکی حلقه زرّین بدی، ریخته / ازآن چرخِ کار اندر، آویخته؛
فرو هشته زو، سرخ زنجیر زر / به هر مهره‌ای در نشانده گهر
چو رفتی شهنشاه، بر تختِ آج / بیاویختندی ز زنجیر، تاج

از اینجا بیست و سه رج در آیین نشستن خسرو بر تخت آمده است که نادرخور می‌نماید چونان؛ فروتر از موبد مهان را بود [چه بود؟] پس از آن از «زیر مهان» یاد می‌شود که نادرخور است، و بازاریان را نیز در دربار جای نبوده است، جای فرومایه [چگونه جای تواند بود] که جای درویشان [و نه درویش] بوده است، [و درویشان را هیچگاه بکاخ شاهی راه نبود و آنکس که خوردش از کار خویش باشد، درویش نیست]، پس از آن بسیار دست و پای بریده و بسیار کشته که با خرد سازگار نیست، و همهٔ این گفتارها از برای آنست که هر کس روزگار بدتر از روزگار خویش را ببیند، و آهنگ تخت شاهی نکند... دوباره از تن‌کشتگان در راه سخن میرود که بکاخ و تخت و دربار پیوند ندارد، و در میانهٔ کارِ بار، به ارزانیان جامه‌ها داد نیز!!
دوباره درویشان را در ایوان می‌نشانند و درم‌های گنجی(؟) را برمی‌افشاندند، و گنهکاران از وی پر بیم بودند و گوینده‌ای در سرای، گاه بازگشتن برفت(؟) که ای سرکشان نشان بیشی مجویید و پندهای نادرخور از دیدگاه درزیگران، و هشدار بآنکه ببینید تا از شمار زیر تر کیست(؟!!)... همراه با نادرستی‌های آشکار از دیدگاه دستورزبان.

نوروز، چون برنشتی بتخت / بنزدیک او موبد نیکبخت
فروتر ز موبد، مهان را بُدی / بزرگان و، روزیِ‌دهان را بُدی
به زیر مهان جای بازاریان / بیاراستندی همه کارِ آن
فرومایه‌تر جای درویش بود / کجا خوردش از کوشش خویش بود
فروتر بریده بسی دست و پای / بسی کشته افکنده، پیش سرای
از ایوان، ازانپس خروش آمدی / کز آوازها، دل، بجوش آمدی

[1] [illegible] را پایانیست.

که‌ای زیردستان شاه جهان / مباشید تیره‌دل و بدگمان
هر آن کس که او سوی بالا نگاه / کند، گردد اندیشهٔ او تباه
ز تخت کیان، دورتر بنگرید / هر آن کس که کهتر بود، بشمرید
اُزانپس تن کشتگان را براه / کزان بگذری، کرد باید نگاه
اُزان پس گنهکار و گر بی‌گناه / نماندی کسی نیز در بند شاه
به ارزانیان جامه‌ها داد نیز / ز دیبا و دینار و هرگونه چیز
هر آن کس که درویش بودی به شهر / که او را نبودی ز نوروز، بهر
به درگاه ایوانش بنشاندند / درمهای گنجی برافشاندند
پر از بیم بودی گنهکار، ازوی / شده مردم خفته بیدار ازوی
منادیگری دیگر اندر سرای / برفتی گهِ بازگشتن بجای؛
که: «ای نامور پرهنر سرکشان / ز بیشی چه جویید؟ چندین نشان!
بکار اندر، اندیشه باید نخست / بدان، تا شوید، ایمن و تندرست
سگالید هر کار و، زانپس کنید / دل مردم کم سخن مشکنید
برانداخت* باید، پس آنگه، برید / سخنهای داننده باید شنید
ببینید تا از شما زیر کیست / که بر جان بدبخت باید گریست
هرآن کس که او، راه دارد نگاه / بخسپد بدرگاه، ایمن ز شاه
دگر هر که یازد به چیز کسان / بود خشم ما سوی آن کس رسان»

## گفتار دربارهٔ خسروپرویز

کنون، از بزرگیِ خسرو سخن / بگوییم کنم تازه روز کهن[1]
برآنسان بزرگی، کس اندر جهان / ندارد بیاد از کهان و مهان[2]
هر آنکس، که او، دفتر شاه خواند / ز گیتیش دامن بباید فشاند
سزد گر بگوییم یکی داستان / که باشد خردمند همداستان[3]
مباداکه گستاخ باشی بدهر / که از پایِ‌زهرش فزون است زهر[4]

* - انداختن: طرح کردن.
۱ - وابسته برج پسین
۲ - کهان راکه بزرگی نبوده است و نیست که دربارهٔ آن سخن گفته شود.
۳ - لت دویم را پیوند «با آن» باید.
۴ - سخن از خردمند، روی بخوانتده کرد.

مسا ایچ با آز و با کینه دست — ز منزل مکن جایگاه نشست[1]
سرای سپنج است، با، آی و رو — تو گردی کهن، دیگر آرند نو[2]
یکی اندر آید، دگر بگذرد — زمانی بمنزل چمد گر چرد[3]
چو برخیزد آوازِ طبل رحیل — بخاک اندر آید، سر مور و پیل[4]
ز پرویز چون داستانی شگفت — ز من بشنوی یاد باید گرفت[5]
که چندان سزاواری و دستگاه — بزرگیّ و اورنگ و فرّ و سپاه[6]
کزان بیشتر، نشنوی در جهان — اگر چند پرسی، ز دانا مهان[7]
ز توران و از هند و از چین و روم — ز هر کشوری، کان بُد آباد بوم[8]
همی باژ بردند نزدیک شاه — برخشنده روز و شبان سیاه
غلام و پرستنده از هر دری — ز درّ و ز یاقوت و هر گوهری
ز دینار و گنجش، کرانه نبود — چنو خسرو، اندر زمانه نبود
ز شاهین و از باز و پرّان عقاب — ز شیر و پلنگ و نهنگ اندر آب[9]
همه برگزیدند پیمان اوی — چو خورشید، روشن بُدی جان اوی
نخستین که بنهاد گنج اَروس* — ز چین و ز بلغار، و از روم و روس
دگر گنج، پر درّ خوشاب بود — که بالاش یک تیر پرتاب بود
که خضرا نهادند، نامش، ردان — همان تازیان، نامور بخردان[10]
دگر گنج بادآورش خواندند — شمارش بکردند و در ماندند
دگر آنکه نامش همی بشنوی — تو گویی همه دیبه خسروی[11]
دگر نامور گنج افراسیاب — که کس را نبود آن بخشکی و آب[12]
دگر گنج که‌ش خوانْدی سوخته — کزان گنج بُد کشور افروخته

---

۱ - **یک:** «دست ساییدن» با «آز و کینه» راگزارش نیست. **دو:** لت دویم راگزارش نیست.
۲ - آی و رو، سخت سست است.
۳ - افزاینده دریافت که رج پیشین را بایستی اندکی آراستن! اما «یکی» را «دیگری» باید.
۴ - آواز طبل رحیل در گفتار فردوسی شنیده نمی‌شود، و یکبار نیز آواز آن برنمی‌خیزد که در هر زمان، زندگان با مرگ روبرو هستند.
۵ - سخن بی‌پیوند است.
۶ - «که» آغازین این رج...
۷ - **یک:** با که (کزان) در این رج همخوان نیست. **دو:** لت دویم نیز سست می‌نماید.
۸ - لت دویم بی‌پیوند است، و آباد بوم؛ پاژنام ایران بوده است.
۹ - شاهین همان عقاب است، و نهنگام دریا را پروای پرویز نبوده است.
* - اروس، واژه‌ای ایرانی است، از ریشهٔ «اَرِزَ» اوستایی، برابر با سپید و زیبا و راست که چون پاژنام بر دختران شوی کرده می‌نهادند. این واژه در زبان تازی ریشه ندارد.
۱۰ - مروارید سپید را نشاید «سبز» خواندن، و سخن نیز بی‌پیوند است.
۱۱ - سخن بی‌پیوند، و نادرست دیبهٔ خسروی ناشناخته است، و دیبا راگنج نشاید نهادن، زیراکه در زمان پریشان می‌شود.
۱۲ - از زمان افراسیاب تا هنگام پرویز دو هزار سال گذشته بود.

دگر آنکه بُد شادوردِ بزرگ — که گویند، رامشگرانِ سترگ [1]

به زر، سرخ گوهر، بر او بافته — به زر اندرون رشته‌ها تافته [2]

ز رامشگران سرکش و باربد — که هرگز نگشتیش، بازار؛ بد!

بمشکوی زرّین ده و دو هزار — کنیزک، بکردار خرّم بهار

دگر پیل جنگی هزار و دویست — که گفتی ازآن، بر زمین، جای نیست [3]

فغستان چینیّ و پیل و سپاه — که بر زین زرّین بُدی سال و ماه [4]

دگر اسپ جنگی ده و شش هزار — دو سد بارگی، کان نبُد در شمار [5]

ده و دو هزار اشتر بارکش — عماری‌کش و گامزن، شست و شش [6]

اگر تخت، کش نام بد، تاقدیس — که نوروز بنهاد، در اسپریس [7]

دگر، نرم زر، آنک برسانِ موم — که هرگز ندیدند، در چین و روم [*]

دگر اسپ شبدیز، کز تاختن — نماندی، بهنگامِ کین آختن

چو شیرین، زن اندر شبستان او — که روشن بدی زو، گلستان او

که هرگز، کس، اندر جهان، آن ندید — نه از پیرسر کاردانان شنید [8]

چنویی بدستِ یکی پیشکار — تبه شد، تو تیمار و تنگی مدار! [9]

---

**۱** - افزایندگان شادورد = شایورد را از روی شادروان (= چادروان = پرده) برگرفته‌اند که پردهٔ بزرگ ایوان مداین بود.

اینست همان صفّه، کزو هیبت او بردی — بر شیرِ فلک حمله، شیر تن شادروان

خاقانی شروانی

شادر = چادر از ریشهٔ چا 𐬗𐬁𐬛 برگرفته شده است که پنهان کردن باشد! از این ریشه با پسوند «تَر» 𐬙𐬀𐬭، کننده (فاعل) برمی‌آید 𐬗𐬁𐬛𐬙𐬀𐬭 پنهان کننده، که گزارش چاتَر و چادَر بوده باشد، و امروز چادُر خوانده می‌شود.

در شاهنامه و نیز در سخن سعدی، این واژه چادَر خوانده می‌شد:

و گر شد، همه زیر یک چادَریم — بمردی، همه؛ یار همدیگریم

شاهنامه

بس قامت خوش که زیر چادَر باشد — چون باز کنی، مادرِ مادر باشد

سعدی

همانند این واژه از ریشهٔ سا 𐬯𐬁𐬛 است که بریدن و تکه کردن است و با پسوند تَر، واژهٔ ساتَر 𐬯𐬁𐬛𐬙𐬀𐬭 از آن برمی‌آید که «تکه کننده» باشد، و امروز آنرا ساتور (بنادرست ساطور) می‌خوانیم.

بر این بنیاد شادروان همان چادَروان یا پردهٔ بزرگی بوده است که دیدگاه میان ایوان را از بیرون می‌پوشانده است، و شایورد نام نادرست آنست،... باری پرده را نشاید گنج نامیدن.

**۲** - دنبالهٔ همان سخن

**۳** - گفتی...

**۴** - سخن درهم و پریشان که هیچ گزارش از آن برنمی‌آید.

**۵** - لت دویم را پیوند با لت نخست نیست، و گزارشش نیز نباشد.

**۶** - همچنین در این رج

**۷** - تخت را در میدان اسبدوانی نمی‌نهادند.

***** - در نامه‌های دیگر نیز آمده است که پرویز، زرِ نابی داشت که همچون موم، نرم بود و همواره در دست با آن بازی میکرد.

**۸** - سخن را پیوند با رج پیشین نیست: «که هرگز کسی زن بدانْ زیبایی ندیده بود».

**۹** - **یک:** سخن، روی بخواننده کرد، و لت دویم را نیز گزارش نیست. **دو:** پنج رج بدنبال این گفتار می‌آید که همه گفت‌وگو با خواننده است، و میان رج پیشین و گفتار پسین جدایی می‌افکند.

تو بی‌رنجی از کارها برگزین … چو خواهی، که یابی، به داد، آفرین
که نیک و بد اندر جهان بگذرد … زمانه دم ما همی بشمرد
اگر تخت یابی اگر تاج و گنج … اُ گر چند، پوینده باشی، برنج
سرانجام جای تو خاک است و خشت … جز از تخم نیکی نبایدت کشت

✻

بدان، نامور، تخت و تاج مهی … بزرگّی و دیهیم شاهنشهی؛
جهاندار، همداستانی نکرد؛ … از ایران و توران برآورد گرد!
چو آن دادگر شاه، بیداد گشت … ز بیدادیِ کهتران، شاد گشت؛
بیامد فرخ‌زادِ آذرمهان … دژم‌روی با زیردستان ژکان[1]
ز هر کس همی، خواسته بستدی … همی این برآن، آن برین، بر زدی
بنفرین شد آن آفرین‌های پیش … که: چون گرگِ بیدادگر گشت، میش
بیاراست بر خویشتن رنج نو … نکرد آرزو هیچ، جز گنجِ نو
چو بی‌آب و بی‌نان و بی‌تن شدند … از ایران سوی شهر دشمن شدند[2]
هر آن‌کس کزان بتّری یافت بهر … همی دود نفرین برآمد ز شهر[3]

✻

یکی بی‌هنر بود، نامش، گراز … کزو یافتی خورد و، آرام و ناز[4]
که بودی همیشه نگهبان روم … یکی دیوسر بود، بیداد و شوم[5]
چو شد شاهِ باداد، بیدادگر … از ایران، نخست او، بپیچید سر[6]
دگر زادفرخ، که نامی بُدی … بنزدیک خسرو گرامی بُدی[7]
نیارست رفتن، کسی نزدِ شاه … مگر، زادفرّخ بُدی بارخواه
شهنشاه را، چون پُرآمد، قفیز … دل زادفرّخ، تبه گشت؛ نیز
یکی گشت، با سالخورده گراز … ز کشور به کشور، بپیوست راز
گُرازِ سپهبَد، یکی نامه کرد … بقیصر، ورا نیز، بدکامه کرد
بدو گفت: «برخیز و ایران بگیر … نخستین، من آیم ترا، دستگیر»
چو آن نامه برخواند قیصر، سپاه … فراز آورید ازدرِ رزمگاه

---

۱ - سخن را پیوند بگفتار نیست.
۲ - **یک:** چه کسان بی‌آب و نان شدند؟ **دو:** بی‌آب و نان شاید شدن، اما بی‌تن نشاید!
۳ - پیوند با گفتار ندارد.
۴ - «که» در آغاز لت دویم (کز) را، با...
۵ - **یک:** «که» در آغاز این رج همخوان نیست. **دو:** آنچه که در لت دویم آمده است نیز با «بی‌هنر» رج پیشین رج پیشین سازگار نیست.
۶ - دنبالهٔ همان گفتار
۷ - **یک:** «نامی بدی» سخن را پایان درست نمی‌بخشد. **دو:** کار زاد فرخ در رج پسین، روشن می‌شود.

بیاورد لشکر، هم‌آنگه ز روم     بیامد سوی مرز آباد بوم[1]
چو آگاه شد زان سخن شهریار     همی داشت، آن کار دشوار، خوار
بدانست کان هست، کار گراز     که گفته است با قیصرِ رزمساز

## فریب خسرو
### در کار
## گراز و قیصر

همی‌خواندش شاه و، او چاره جُست     همی داشت او، نامهٔ شاه، سُست[2]
ز پرویز، ترسان بُد آن بدنشان     ز درگاه او، هم، ز گردنکشان[3]
شهنشاه بنشست با مهتران     هرآنکس که بودند ز ایران، سران[4]
به اندیشهٔ پاک دل را بشست     فراوان ز هر گونه‌ای چاره جست[5]
چو اندیشهٔ روشن آمد فراز     یکی نامه بنوشت نزد گراز
که: «از تو پسندیدم این کارکرد     ستودم ترا، نزدِ مردانِ مرد
ز کردارها برگزیدی فریب     سر قیصر آوردی اندر نشیب
چو این نامه آرند نزدیک تو     پر اندیشه کن، رایِ باریک تو[6]
همی باش تا من بجنبم ز جای     تو با لشکر خویش بگزار پای
چو زینروی و زانروی باشد سپاه     شود در میان؛ رای قیصر تباه*
به ایران ورا دستگیر آوریم     همه رومیان را اسیر آوریم»

*

ز درگه یکی چاره گر برگزید     سخندان و گویا، چنانچون سزید
بدو گفت که: «این نامه اندر نهان     همی بر بکردار کارآگهان
چنان کن که رومیت، بیند؛ کسی     بره بر، سخن پرسد از تو بسی
بگیرد ترا، نزد قیصر برد     گرت، نزدِ سالارِ لشکر برد

---

۱ - دوباره گویی سست رج پیشین است.     ۲ - نگهبان مرز روم را بهنگام لشکر کشیدن رومیان نشاید بدرگاه خواندن.
۳ - دنبالهٔ همان گفتار است با لت دویم سست.     ۴ - فریب خسرو در انجمن مهیستان گشاده نشد.
۵ - نیرنگی را که پرویز پس از این بکار میبرد نمیتوان با اندیشهٔ پاک، و دل را شستن همخوان دانستن.
۶ - «رای باریک تو» در پایان لت دویم نادرست است: «رای باریک خود را».
* - همهٔ نمونه‌ها «شود در **سخن** رای قیصر تباه»، آورده‌اند، مگر شاهنامهٔ امیرکبیر (: امیربهادری) که چنین آورده‌اند، و همین درست است.

بپرسد ترا، کز کجایی؟ بگوی!    بگویش که من کهتری چاره‌جوی
بپیمودم این رنج و راه دراز    یکی نامه دارم بسوی گراز
تو این نامه بر بند بر دست راست    گر ایدونکه بستاند از تو، رواست!»

*

برون آمد از پیش خسرو، نوند    ببازو، مر آن نامه را کرد؛ بند
بیامد، چو نزدیک قیصر رسید    یکی کار جویش، بره بر، بدید
سوی قیصرش برد، سر پر ز گرد    دو رخ زرد و، لب‌ها شده لاژورد
بدو گفت قیصر که: «خسرو کجاست؟    بباید نمودن، بمن، راه، راست»
ازو خیره شد کهترِ چاره‌جوی    ز بیمش بپاسخ، دژم کرد روی
«بجویید» گفت: «این بلاجوی را    بداندیش و بدکام و بدگوی را»
بجُستند و آن نامه از دست اوی    گشاد آنکه دانا بُد و راه‌جوی
ازآن مرز، داناسری را بجست    که آن پهلوانی، بخواند درست
چو آن نامه برخواند مرد دبیر    رخِ نامور شد بکردار قیر
به دل گفت ک:«این، بُد، کمینِ گراز    دلیر آمدستم بدامش فراز
شهنشاه و لشکر، چو سیسد هزار    کس از پیل جنگش نداند شمار[1]
مرا خواست، افکند، در دام اوی    که تاریک بادا سرانجام اوی»
اُزان جایگه، لشکر اندر کشید    شد آن آرزو بر دلش ناپدید

*

چو آگاهی آمد بسوی گراز    که آن نامور شد، سوی روم، باز
دلش گشت پر درد و رخساره زرد    سواری گزید از دلیران مرد
یکی نامه بنوشت با باد و دم    که: «بر من، چرا؟ گشت، قیصر، دژم!
از ایران چرا؟ بازگشتی بگوی    مرا کردی اندر جهان چاره‌جوی!
شهنشاه داند، که من کردم این    دلش گردد از من، پر از درد و کین»
چو قیصر نگه کرد و آن نامه دید    ز لشکر گرانمایه‌ای برگزید
فرستاد تازان بنزدِ گراز    ک:«زین، ایزدت، کرده بُد، بی‌نیاز؛
که ویران کنی تاج و گاه مرا    به آتش بسوزی سپاه مرا
کز آن نامه، جز، گنج دادن بباد    نیامد مرا، از تو؛ ای بدنژاد
مرا خواستی تا بخسرو دهی    که هرگز مبادت بهی و مهی!

---

۱ - **یک:** چو سیسدهزار نادرست است، و سپاهیان خسرو در چهار سوی ایران چهل و هشتهزار مرد بوده‌اند. **دو:** لت دویم نیز سخت نادرخور است.

به ایران نخواهند بیگانه‌ای ❊ «نه قیصرنژادی نه فرزانه‌ای»[1]
به قیصر بسی کرد پوزش، گراز ❊ بکوشش، نیامد، بدامش فراز[2]

❊

گزین کرد خسرو، پس؛ آزاده‌ای ❊ سخنگوی و دانا فرستاده‌ای
یکی نامه بنوشت سوی گراز ❊ که: «ای بی‌بها؛ ریمن دیوساز!
ترا چند خوانم بدین بارگاه ❊ همی دور مانی ز فرمان و راه
کنون آن سپاهی○ که نزد توأند ❊ بسال و بماه، اورمزدِ توأند
به رای و بدِل، ویژه با قیصرند ❊ نهانی به اندیشهٔ دیگرند
برِ ما فرست آنکه پیچیده‌اند ❊ همه سرکشی را پسیچیده‌اند»

❊

چو آن نامه آمد، بنزدِ گراز ❊ پر اندیشه شد، کهتر دیوساز⊡
گزین کرد زان نامداران سوار ❊ از ایران، دلاور، ده و دو هزار[3]
بدان مهتران گفت: «یکدل شوید ❊ سخن گفتنِ هرکسی مشنوید
بباشید یکچند زین روی آب ❊ مگیرید، یکسر؛ به رفتن شتاب
چو هم پشت باشید با همرهان ❊ ز بُن، کندنِ کوهِ خارا، توان»
سپه رفت، تا خرّهٔ اردشیر ❊ هرآن کس که بودند برنا و پیر[4]
کشیدند لشکر بدان رودبار ❊ بدان تا چه فرمان دهد شهریار[5]
چو آگاه شد خسرو از کارشان ❊ نبود آرزومند دیدارشان
بفرمود تا زادفرّخ برفت ❊ بنزدیکِ آن لشکر شاه، تفت
چنین بود پیغام نزد سپاه ❊ که: «از پیش، بودی مرا؛ نیکخواه
چرا راه دادی که قیصر، ز روم ❊ بیاورد لشکر بدین مرز و بوم
که؟ بود آنکه از راه یزدان بگشت! ❊ ز راه و ز پیمان ما برگذشت!»

❊

چو پیغام خسرو شنید آن سپاه ❊ شد از بیم رخسار ایشان سیاه[6]
کس آن راز، پیدا نیارست کرد ❊ بماندند با درد و رخساره زرد[7]

---

۱ - سخن سست است.
۲ - بنیاد بر این نبود که قیصر بدام گراز افتد.
○ - «آن کسان راه» درست می‌نماید.
⊡ - نمونه‌ها چنین آورده‌اند، اما «ریوساز» درست می‌نماید.
۳ - همهٔ سپاهیان ایران در مرز روم دوازده هزارکس بوده‌اند، و از میان آنان نشاید دوازده هزار سوار دلاور برگزیدن!
۴ - لت دویم نادرست است.
۵ - آنان سرکشی کرده بودند و گوش بفرمان خسرو نبودند.
۶ - هنوز پیامبر بنزدیک سپاه نیامده است، پس چگونه سپاه آن پیام را شنید؟ باری سپاه برآشوفته بر شاه را از شنیدن پیام نشایستی رخسارگان سیاه کردن!
۷ - و رخسارهٔ سیاهشان، به زرد دیگر شدن!

انجمن مهیستان ۴۲۹

پیمبر یکی بُد، بدِل، با گراز* / همی داشت، از آب و از باد، راز
بیامد نهانی بنزدیکشان / برافروخت جان‌های تاریکشان
«مترسید!» گفت: «ای بزرگان که شاه / ندید از شما، آشکارا، گناه!
مباشید جز یکدل و یکزبان / بگویید کز ما، که؟ شد بدگمان!
اُگر شد، همه زیر یک چادَریم / بمردی، همه یار همدیگریم»
همان چون شنیدند آواز اوی / بدانست هر مهتری راز اوی؛
مهان یکسر از جای برخاستند / بران همنشان پاسخ آراستند
برِ شاه شد، زادفرّخ، چو گرد / سخن‌های ایشان همه یاد کرد
بدو گفت: «رو، پیشِ ایشان بگوی / که اندر شما، کیست؟ آزارجوی!
که بفریفتش قیصر شوربخت / بگنج و سلیح، و بتاج و بتخت!
که نزدیک ما، او گنهکار شد / وز او، تاج و اورنگ، بیزار شد
فرستید یکسر بدین بارگاه / کسی را که بودست از ایشان، گناه»

*

بشد زادفرّخ بگفت این سَخُن / رخِ لشکرِ نو، ز غم شد کَهُن
نیارست لب را گشود، ایچ کس / پر از درد، خامُش بماندند و بس!
سبک؛ زادفرّخ، زبان برگشاد / همی کرد گفتار ناخوب یاد
کَ:«زین سان سپاهی دلیر و جوان / نبینم کس اندر میان، ناتوان؛
شما را، چرا؟ بیم باشد ز شاه! / بگیتی پراکنده دارد، سپاه
بزرگی نبینم، بدرگاه اوی / که روشن کند اختر و ماه اوی
شما؛ خوار دارید، گفتار من / مترسید یکسر، ز آزار من
بدشنام، لب را گشایید باز / چه بر من، چه بر شاهِ گردنفراز»

*

هرآنکس که بشنید زو، این سَخُن / بدانست کان بختِ نو، شد کَهُن
همه، یکسر از جای برخاستند / بدشنام، لب‌ها بیاراستند
بشد زادفرّخ به خسرو بگفت / که: «لشکر همه یار گشتند و جفت
مرا بیم جان است اگر نیز؛ شاه / فرستد به پیغام، نزد سپاه»
بدانست خسرو که آن کژّه گوی / همی آب و خون، اندر آرد بجوی
ز بیم برادرْش چیزی نگفت / همی داشت، آن راستی؛ در نهفت
که پیچیده بُد، رستم، از شهریار / بمرزی، ابا تیغ‌زن ده هزار [1]

---

* - باگراز همدل بود.

1 - بکدام مرز؟

دل زادفرّخ نگه داشت نیز — سپه را همه روی برگاشت نیز[1]

## رهاکردن سران
### شیرویه را

بدانست هم، زادفرّخ، که شاه — ز لشکر، همه، زو؛ شناسد گناه
چو آمد برون آن بداندیشِ شاه — نیارست شد؛ نیز، در پیشگاه
به در بر، همی بود، تا هر کسی — همی کرد، زان، آزمایش، بسی[2]
همی ساخت همواره، تا آن سپاه — بپیچید، یکسر، ز فرمان شاه
همی راند با هر کسی داستان — شدند اندر آن کار همداستان
که شاهی دگر برنشیند بتخت — کزو، دور شد، فرّ و آیین و بخت
برِ زادفرّخ یکی پیر بود — که در کارها سخت آژیر بود
چنین گفت با زادفرّخ که: «شاه — همی از تو بیند، گناهِ سپاه
کنون، تا یکی شهریاری پدید — نیاری! فزون زین، نباید چخید
که این بومِ آباد، ویران شود — از آشوب، ایران چو نیران شود[3]
نگه کرد باید، که، فرزندِ اوی — کدامست؟ با شرم و بی‌گفت و گوی
ورا شاد، بر تخت باید نشاند — برآن تاج، دینار باید فشاند
چو شیروی بیدار، مهتر پسر — بزندان بود، کس، نباید دگر»
همی رای زد، زین نشان، هر کسی — برین، روز و شب، بر نیامد بسی
که برخاست، گردِ سپاه تَخوار — همه کارها، زو گرفتند خوار
پذیره شدش زادفرّخ، براه — فراوان برفتند با او سپاه
رسیدند پس، یک بدیگر فراز — سخن رفت، چند؛ آشکارا و راز
همان زادفرّخ زبان برگشاد — بدی‌های خسرو همه کرد یاد
بدو گفت: «لشکر، بمردیّ و رای — همی کرد خواهند، شاهی، بپای»

*

سپهبد چنین داد پاسخ بدوی — که: «من نیستم ازدرِ گفت و گوی!
اگر با سپاه، اندر آیم بجنگ — کنم بر بَدانِ جهان، جای، تنگ

۱ - سخن در لت نخست دوباره‌گویی است، و در لت دویم بی‌گزارش.
۲ - لت دویم را گزارش نیست.
۳ - نیران را بجای انیران آوردن، شیوهٔ گفتار فردوسی نیست.

آزاد ساختن شیرویه

گرامی بُد این شهریار جوان / بنزدِ کنارنگ و هم پهلوان
چو روزِ چنان شاه، گردد سیاه / مبادا، که بیند کسی، تاج و گاه[1]
نژند آن زمان شد، که بیداد شد / ببیدادگر بندگان، شاد شد»○

*

سخن‌هاش چون زادفرّخ شنید / مر او را ز ایرانیان برگزید
بدو گفت کـ:«اکنون به زندان شویم / بنزدیک آن مستمندان شویم
بیاریم، بیدار شیروی را / جوان و دلیر جهانجوی را
سپهبد، نگهبان زندان اوست / کزو، بیشتر داشتی مغز و پوست[2]
ابا شش هزار آزموده سوار / همی دارد آن بستگان را، به زار»[3]
چنین گفت با زادفرّخ، تخوار / که کار سپهبد گرفتیم خوار
گر این بختِ پرویز، گردد جوان / نماند به ایران، یکی؛ پهلوان
مگر، دار؛ دارند، گر، چاه و بند / نماند به ایران، کسی بی‌گزند»
بگفت این و از جای برکند اسپ / همی تاخت برسان آذرگشسپ
سپاه اندر آورد یکسر، بجنگ / سپهبد پذیره شدش بیدرنگ[4]
سر لشکر نامور گشته شد / سپهبد به جنگ اندرون کشته شد[5]
پراکنده شد لشکر شهریار / سیه گشت روز و، تبه گشت کار
بزندان چو تنگ، اندر آمد تخوار / بدان چاره، با جامهٔ کارزار؛
به شیروی گردنکش آواز داد / سبک، نامور؛ پاسخش باز داد[6]
بدانست شیروی، کان سرفراز / بدانگه، بزندان، چرا؟ شد فراز!
چو روی تخوار او فروزان بدید / از اندوه، جان و دلش بردمید!
بدو گفت گریان، که: «خسرو کجا است؟ / رها کردن من، نه کارِ شما است»
چنین گفت با شاهزاده، تخوار / که گر مردمی؟ کام شیران مخار
اگر تو بدین کار همداستان / نباشی، شوی کم، ازین راستان؛
یکی کم بود، شاید، از شانزده / برادر بماند ترا، پانزده[7]
که شایند هر یک به شاهنشهی / بدیشان بود، شاد، تختِ مهی»
فرو ماند شیروی، گریان؛ بجای / ازآن خانهٔ تنگ، بگذارد پای!

---

۱ - پیوند با گفتار پیشین و پسین ندارد.
○ - با برگزیدنِ کارگزارانی (که بر مردمان بیداد روا می‌داشتند) شادگردید.
۲ - **یک:** کدام سپهبد؟ **دو:** لت دویم سست و بی‌گزارش است.
۳ - آنان بسته نبودند، و در کاخ میزیستند.
۴ - جنگ با چه‌کس؟
۵ - تخوار در گفتار پسین زنده است.
۶ - این رج میان سخن جدایی می‌افکند.
۷ - شمارش بازگونه است: «پانزده برادر».

# غوغا کردن
بر
# پادشاهی شیروی

همان؛ زادفرّخ، بدرگاه بر، همی بود و، کس را ندادی گذر؛
که آگه شدی زان سخن، شهریار به درگاه بر بود چون پرده‌دار [۱]
چو پژمرده شد، چادرِ آفتاب همی ساخت هر مهتری، جای خواب؛
بفرمود تا پاسبانان شهر هر آنکس که از مهتری داشت بهر؛
برفتند یکسر، سوی بارگاه بدان جایِ شادیّ و آرامِ شاه
بدیشان چنین گفت که:«امشب خروش دگرگونه‌تر کرد؛ باید ز دوش
همه پاسبانان بنام قباد همی کرد باید، به هر پاس؛ یاد [۲]
چنین داد پاسخ که: «ایدون کنم ز سر نام پرویز بیرون کنم» [۳]
چو شب چادر قیرگون، کرد؛ نو ز شهر و ز بازار، برخاست؛ غَو
همه پاسبانان -به° نام قباد چو آواز دادند- کردند، یاد!

*

شب تیره، شاه جهان، خفته بود که شیرین، ببالینش آشفته بود
چو آواز آن پاسبانان شنید غمین گشت و، زیشان؛ دلش بردمید
بدو گفت: «شاها! چه؟ شاید بُدن! برین، داستان؛ بر چه؟ باید زدن!»
از آواز او شاه بیدار شد دلش زان سخن پر ز آزار شد
بشیرین چنین گفت، که:«ای ماهروی چه‌داری؟ به خواب اندرون گفت‌وگوی!»
بدو گفت شیرین، که: «بگشای گوش! خروشیدن پاسبانان نیوش»
چو خسرو بدانگونه آوا شنید برخساره شد، چون گل شنبلید
چنین گفت که:«ز شب گذشته، سه پاس؛ بتابید، گفتار اخترشناس [۴]

---

۱ - سخن را پیوند بایسته نیست، و خسرو نیز هنوز از کار آنان آگاه نشده بود.
۲ - گفتار درست در رج ۴۸۱۴۰ می‌آید. ۳ - آنان چندکس بوده‌اند، وکنش «پاسخ داد» برای چندکس نادرخور است.
○ - **«ز نام قباد»** درست می‌نماید.
۴ - **یک:** آغاز شب بود، نه سه پاس از شب گذشته. **دو:** لت دویم را نیز گزارش نیست.

گرفتار شدن خسرو ۴۳۳

که این بدگهر، تا ز مادر بزاد / نهانی ورا نام کردم قباد[1]
به آواز شیرویه گفتم همی / دگر نامش اندر نهفتم همی[2]
ورا نام شیروی بُد آشکار / قبادش همی خواند این پیشکار[3]
شب تیره باید شدن سوی چین / اُگر سویِ ماچین و مکران زمین[4]
بشیرین چنین گفت ک:«آمد زمان! / بر افسونِ ما، چیره شد؛ بدگمان»
بدو گفت شیرین ک:«انوشه بَوی / همیشه ز تو دور، دستِ بَدی
به دانش، کنون؛ چارهٔ خویش ساز / مبادا کت آید، بدشمن؛ نیاز
چو روشن شود، دشمنِ چاره‌جوی / نهد بیگمان سوی این کاخ، روی»
همآنگه زره خواست از گنج، شاه / دو شمشیر هندیّ و رومی کلاه[5]
همان ترکش تیر و زرّین سپر / یکی بندهٔ گُرد و پرخاشخر[6]
شبِ تیره‌گون، اندر آمد بباغ / بدانگه که برخیزد از خواب، زاغ
بباغ بزرگ اندر، از بس درخت / نبُد شاه را در چمن جای تخت[7]
بیاویخت از شاخ، زرّین‌سپر / بجایی کزو دور بودی، گذر
نشست از بر نرگس و زئفران / یکی تیغ؛ در زیر زانو، گران[8]
چو خورشید برزد، سِنان، از فراز / سوی کاخ شد، دشمن دیوساز
یکایک بگشتند، گرد سرای / تهی بُد ز شاه، آن دلارای جای!
بتاراج دادند گنج ورا / نکرد ایچ کس یاد، رنج ورا
همه بازگشتند، دیده پرآب / گرفته ز کار زمانه شتاب[9]
چه جوییم ازین گنبد تیزگرد / که هرگز نیاساید از کارکرد
یکی را همی تاج شاهی دهد / یکی را به دریا به ماهی دهد
یکی را برهنه سر و پای و سفت / نه آرام و خورد و نه جای نهفت
یکی را دهد نوشه و شهد و شیر / بپوشد به دیبا و خزّ و حریر
سرانجام هر دو به خاک اندرند / به تاریک دام هلاک اندرند
اگر خود نزادی خردمند مرد / نبودی ورا روز ننگ و نبرد
ندیدی جهان از بنه به بُدی / اگر کِه بُدی مرد اگر مه بُدی

---

۱ - گفتار پنهان و آشکار از افزوده‌های شاهنامه است. ۲ - همان داوری ۳ - سخن پریشان!
۴ - این سخن با گفتار پسین همخوان نیست. ۵ - **یک:** دو شمشیر به چه کار آید؟ **دو:** ایرانیان را کلاهخود رومی نبود.
۶ - و نیز بنده‌ای بهمراه خسرو نرفت. ۷ - گفتار کودکانهٔ بی‌گزارش گنج‌های پادشاهان در کاخ نبود.
۸ - **یک:** روی نرگس و زئفران نشاید نشستن. **دو:** تیغ را نیز زیر زانو نتوان گرفتن! **سه:** در گفتار درست پایکار، کمان در دست خسرو است.
۹ - تاراجگران را چه جای گریستن بر خسرو شایست؟ از اینجا هشت رج گفتارهای همیشگی دربارهٔ جهان و گردش چرخ...

کنون رنج در کار خسرو بریم — به خواننده آگاهی نو بریم

## گرفتار شدن خسرو

همی بود خسرو، بدان مرغزار — درخت بلند از برش، سایه‌دار
چو بگذشت نیمی ز روز دراز — بنان آمد آن پادشا را، نیاز
بباغ اندرون بُد، یکی پایکار — که نشناختی چهرهٔ شهریار
پرستنده را، گفت، خورشیدفش — که: «شاخی گهر، زین کمر، بازکش [1]
بران شاخ بَر، مهرهٔ زرّ پنج — ز هرگونه مهره بسی برده رنج» [2]
چنین گفت با باغبان، شهریار — که: «این مهره‌ها، تا، که‌ت آید بکار؛
ببازار شو، بهره‌ای گوشت خر — دگر نان و، بیراه جایی، گذر

❊

مر آن گوهران را، بها؛ سی‌هزار — درم بُد، کسی را که بودی بکار
سوی نانبا شد، سبک، باغبان — بدان شاخ زرّین ازو خواست، نان
بدو نانبا گفت که :«این را، بها — ندانم، نیارمْش، کردن؛ رها»
ببردند گوهر، به گوهرفروش — که: «این را بها کن، بدانش بکوش»
چو دانده آن مهره‌ها را بدید — بدو گفت که :«این را، که؟ یارد خرید!
چنین شاخ در گنج خسرو بُدی — برین گونه هر سال سد نو بُدی [3]
تو این گوهران از که؟ دزدیده‌ای! — گر از مهتری خفته، ببریده‌ای!»

❊

سوی زادفرّخ شدند آن سه مرد — ابا گوهر و زرّ و با کارکرد
چو آن گوهران زادفرّخ بدید — سوی شهریارِ نو، اندر کشید
بشیروی بنمود، زانسان، گهر — بریده یکی شاخ زرّین کمر [4]
چنین گفت شیروی، با باغبان — که: «گر زین خداوندِ گوهر، نشان؛
نگویی هم اکنون ببرّم سرت — هم، آنرا که او؛ باشد از گوهرت»
بدو گفت: «شاها بباغ اندر است — زره‌پوش مردی، کمانی بدست

---

۱ - شاخِ گوهر را گزارش نیست.
۲ - بر کدام شاخ؟ سخن از گوهر بود، نه مهرهٔ زر!
۳ - لت دویم بی‌گزارش است.
۴ - سخن دوباره است.

ببالا چو سرو و برخ چون بهار     بهر چیز مانندهٔ شهریار[1]
سراسر همه باغ، زو، روشن است     چو خورشید تابنده در جوشن است[2]
فروهشته از شاخ، زرّین سپر     یکی بنده در پیش او، با کمر
برید، این چنین شاخ گوهر، ازوی     مرا داد و گفتا که:«ز ایدر بپوی
ز بازار نان آور و نانخورش     هم اکنون برفتم چو باد از برش»
بدانست شیروی کاو خسروست     که دیدار او در زمانه نوست
ز درگاه رفتند سیصد سوار     چو بادِ دمان، تا لب جویبار
چو خسرو ز دور آن سپه را بدید     بپژمرد و شمشیر کین برکشید
چو روی شهنشاه دید آن سپاه     همه بازگشتند گریان ز راه
یکایک بر زادفرخ شدند     بسی هر کسی داستانی زدند
که: «ما بندگانیم و او خسروست     بدان شاه روز بد اکنون نوست
نیارد بر او زد کسی بادِ سرد     چه در باغ باشد چه اندر نبرد»

*

بشد زادفرّخ بنزدیک شاه     ز درگاه او برد، چندی سپاه
چو نزدیک او رفت، تنها ببود     فراوان سخن گفت و خسرو شنود[3]
بدو گفت: «اگر شاه، بارم دهد     برین کردهها، زینهارم دهد
بیایم بگویم سخن هر چه هست     اُگر نه، بپویم بسوی* نشست
بدو گفت خسرو: «چه؟ گویی، بگوی!     نه اندهگساری نه پیکارجوی»
چنین گفت پس، مردِ گویا: بشاه     که: «در کار، هشیارتر کن نگاه
بران نِه که کُشتی تو جنگی، هزار     سرانجام سیر آیی از کارزار!
همه شهر ایران ترا دشمنند     به پیکار تو، یکدل و یکتنند
بیا تا چه خواهد نمودن سپهر     مگر کینهها، باز گردد، بمهر»
بدو گفت خسرو که: «آری روا است     همه بیمم از مردم ناسزا است
که پیش من آیند و خواری کنند     بمن بر، مگر کامکاری کنند»

---

۱ - سخن از شاهنامه است، از داستان فریدون.

۲ - دنبالهٔ همان ستایش است که با «زره‌پوش مردی، کمانی بدست» همخوان نیست. از اینجا ده رج نادرخور که خسرو گوهر را از شاخِ بنده برید و سیصد سوار (از کاخ بباغ) میبرند تا او را بگیرند و سواران می‌گریند و بازمی‌گردند... با آنکه در گفتار پسین زادفرخ بتنهایی نزد خسرو می‌رود.

۳ - **یک**: سخن از نزدیک رفتن، در رج پیشین گذشت. **دو**: و سخنانی که میان آن دو رفت کوتاه است که در گفتار پسین می‌آید.

* - «**بجای نشست**» درست می‌نماید.

۴۳۶ خسروپرویز

چو بشنید از زادفرخ سخن / دلش بَد شد از روزگارِ کهن[1]
که او را ستاره‌شمر گفته بود / ز گفتار ایشان، بر آشفته بود
که: «مرگ تو باشد میان دو کوه / بدستِ یکی بنده، دور از گروه
یکی کوه زرّین یک کوه سیم / نشسته تو اندر میان، دل، به بیم
زبر آسمان تو زرّین بود / زمین آهنین بخت پرکین بود»
کنون این زره چون زمین من است / سپر آسمان زرین من است
دو کوه این دو گنج نهاده به باغ / کزین گنج‌ها بُد دلم چون چراغ
همانا سرآمد کنون روز من / کجا اختر گیتی‌افروز من
کجا آن همه کام و آرام من / که بر تاج‌ها بر بُدی نام من

*

ببردند پیلی بنزدیک اوی / پر از درد شد جان تاریک اوی
برآن کوههٔ پیل بنشست شاه / ز باغش بیاورد، لشکر براه
چنین گفت زان پیل، بر پهلوی: / که: «ای گنج! اگر دشمنِ خسروی؛
مکن دوستی نیز، با دشمنم / که امروز در دست اهریمنم
بسختی، نبودیم فریادرس○ / نهان باش و، منمای رویت بکس!»

بدستور، فرمود زانپس، قباد□ / که:«زو هیچ بر بد، مکن نیز، یاد
بگو تا سوی تیسفونش برند / بدان خانهٔ رهنمونش برند[2]
بباشد بآرامِ ما روز چند / نباید نماید کس او را گزند[3]
بر او بر موکل کنند استوار / گلینوش را با سواری هزار»[4]
چو گردنده گردون بسر بر، بگشت / شد آن شاه را، سال بر سی و هشت
کجا؛ ماه آذر بُد و روزِ دَی / گهِ آتش و مرغِ بریان و مَی
قباد آمد و تاج بر سر نهاد / به آرام، بر تخت بنشست شاد[5]
ز ایران بر او کرد بیعت سپاه / درم داد یک ساله از گنج شاه[6]

---

۱ - از اینجا نُه رج دربارهٔ پیشگویی ستاره‌شناسان و زایچهٔ شیروی آمده است، سخنانی بی‌بنیاد که در گفتار ستاره‌شمر نیز نیامده بود، زیرا که ستاره‌شمر تنها چنین گفته بود:

ازین کودک، آشوب گیرد زمین / نخوانند سپاهت، بر او آفرین

○ - ای گنج! در روزگار سختی فریادرس من نبودی.
□ - قباد، شاه، همان شیرویه است.
۲ - آنان در تیسفون بودند!
۳ - «روزِ چند» نادرست است: «چند روز» یا «روزی چند».
۴ - «موکّل» را در گفتار فردوسی راه نیست.
۵ - از نشستن قباد بر تخت، در فرگرد آینده سخن می‌رود.
۶ - همچنین «بیعت» را.

۴۸۲۴۰ نبد پادشاهیش جز هفت ماه — تو خواهیش ناچیز خوان خواه شاه[۱]

چنین است رسم سرای جفا — نباید کزو چشم داری وفا[۲]

۱ - لت دویم را پیوند درست نیست.

۲ - «سرای جفا» راگزارش نیست.

## پادشاهی شیرویه

چو شیروی بنشست، بر تخت ناز / بسر بر، نهاد آن کیی تاجِ آز
برفتند، گوینده ایرانیان / بر او خواندند، آفرین کیان
چنین گفت، هر یک، ببانگ بلند / که: «ای پر هنر خسرو ارجمند
چنان هم که یزدان ترا داد، تاج / نشستی بآرام بر تختِ آج[1]
بماناد گیتی بفرزند تو / چنین هم به خویشان و پیوند تو»

*

چنین داد پاسخ بدیشان قباد / که: «همواره پیروز باشید و شاد
نباشیم تا جاودان، بدکنش / چه نیکو بود، شاهِ نیکومنش
جهان را بداریم با ایمنی / ببرّیم کردار اهریمنی
ز بایسته آیینِ پیشینِ مرا / که افزون کند فره و، دین مرا
پیامی فرستم بنزد پدر / بگویم بدو، این سخن در به در
ز ناخوب کاری که او رانده است / ببد در جهان، نام او مانده است
بیزدان کند پوزش او، از گناه / گراینده گردد، بآیین و راه[2]
بپردازم آنگه به کار جهان / بکوشم بداد، آشکار و نهان[3]
به جای نکوکار، نیکی کنم / دل مرد درویش را نشکنم[4]
دو تن بایدم، راد و نیکوسخن / کجا یاد دارند، کارِ کهن»

*

بدان انجمن گفت که: «این، کارِ کیست؟ / ز ایرانیان پاک و بیدار کیست؟»
نمودند گُردان، سراسر، بچشم / دو استاد را، گر نگیرند خشم
بدانست شیروی کایرانیان / که را برگزیدند پاک از میان!
چو اشتاد و خراد برزین پیر / دو دانا و گوینده و یادگیر[5]
بدیشان چنین گفت، که: «ای بخردان / جهاندیده و کارکرده ردان

---

۱ - چنان آغازین در این رج با «چنین» در رج‌های پیشین و پسین همخوان نیست.
۲ - روشن نیست که خسرو چنین می‌کند یا نه!
۳ - هنوز پیام بخسرو نداده است.
۴ - کُنم را با نشکَنم پساوا نیست.
۵ - «چو» پیش از نام نادرخور است.

مدارید کار جهانرا، برنج / که از رنج، یابد، سرافراز، گنج»[1]
دو داننده، بی‌کام، برخاستند / پر از آب، مژگان بیاراستند[2]
چو، خراد برزین و، اشتاگشسپ / بفرمان نشستند هر دو بر اسپ[3]
بدیشان چنین گفت ک:«ز دل کنون / بباید گرفتن ره تیسفون[4]
پیامی رسانید نزد پدر / سخن یادگیری همه در به در
بگویید: «ما را نبُد این گناه / نه ایرانیان را بُد این دستگاه
که پادافره ایزدی یافتی / چو از نیکوی، روی بر تافتی
یکی آنکه ناباک، خونِ پدر / نریزد ز تن، پاکزاده پسر
نباشد همان نیز همداستان / که پیشش کسی گوید این داستان!
دگر آنکه گیتی پر از گنج تست / رسیده، بهرکشوری، رنج تست
نبودی بدین نیز همداستان / پر از درد کردی دل راستان
سدیگر که چندان دلیر و سوار / که بودند از ایران، همه؛ نامدار
نبودند شادان، بفرزند خویش / ز بوم و بر و پاک پیوند خویش
یکی سوی چین بُد، یکی سوی روم / پراکنده گشته، بهر مرز و بوم
دگر آن که، قیصر؛ بجای تو کرد / ز هرگونه از تو، چه تیمار خورد!
سپه داد و دختر ترا داد نیز / همان گنج و، با گنج؛ بسیار چیز[5]
همی خواست دار مسیحا، بروم / بدان تا شود تازه، آن مرز و بوم
بگنج تو، از دارِ عیسی چه سود؟ / که قیصر بخوبی همی* شاد بود
ز بیچارگان، خواسته بستدی / ز نفرین، بروی تو آمد بدی
ز یزدان شناس آنچه آمدْت پیش / براندیش، زان زشت کردار خویش
بدان بد که کردی، بهانه منم / سخن را نخست، آستانه، منم
بیزدان! که از من نبُد، این گناه / نجُستم، که ویران شود، گاهِ شاه
کنون پوزش این همه باز جوی / بدین نامداران ایران بگوی[6]
زهر بد که کردی، بیزدان گرای / کجا، هست، بر نیکوی رهنمای[7]
مگر مر ترا او بود دستگیر / بدین رنجها که بودت گزیر[8]

---

۱ - سخن از گنج و رنج در میان نیست آنانرا پیام بایستی بردن.
۲ - لت دویم راگزارش و پیوند نیست.
۳ - چو...
۴ - باز سخن از تیسفون می‌رود.
۵ - دو بارکنش «دادن» در یک سخن، آنرا سست می‌نماید.
* - نمونه‌ها: «همی». اما «**بدان**» درست می‌نماید (=چه سود از آنکه تو آن دار را **که قیصر بدان شاد بود**، در گنج پنهان کردی؟).
۶ - **یک**: در گفتار پیشین سخن از پوزش بیزدان رفته بود. **دو:** هنوز گفتار بپایان نرسیده است، و سخنان دیگر پیش می‌آید که برای آنها نیز پوزش بایسته است.
۷ - دنبالهٔ همان گفتار.
۸ - همچنین...

دگر آنکه، فرزند بودت دو هشت　　شب و روزِ ایشان، بزندان گذشت
به در بر، کسی ایمن از تو، نخفت　　ز بیم تو بگذاشتندی نهفت» ●
چو بشنید پیغام او این دو مرد　　برفتند دل‌ها پر از داغ و درد [1]
برین گونه تا کشور تیسفون　　همه دیده پر آب و دل پر ز خون [2]
نشسته به در بر گلینوش بود　　که گفتی زمین، زو، پر از جوش بود [3]
همه لشکرش یکسر آراسته　　همه، تیغ‌ها را بپیراسته [4]
ابا جوشن و خود بسته میان　　همان تازی اسپان به برگستوان [5]
بچنگ اندرون، گرز پولاد داشت　　همه دل پر از آتش و باد داشت [6]
چو خرّاد برزین و اشتاگشسپ　　فرود آمدند این دو دانا از اسپ [7]

*

گلینوش، بر پای جست، آنزمان　　ز دیدار ایشان ببُد شادمان
بجایی که بایست، بنشاندشان　　همی مهترِ نامور، خواندشان
سخنگوی خرّاد برزین نخست　　زبان را به آب دلیری بشست
گلینوش را گفت: «فرّخ قباد　　به آرام، تاجِ کیی بر نهاد
به ایران و توران و روم آگهی است　　که شیروی بر تخت شاهنشهی است
تو این جوشن و خود و گبر و کمان　　چه داری همی؟ کیستت؟ بدگمان!»
گلینوش گفت: «ای جهاندیده مرد　　بکام تو بادا، همه کارکرد
که تیمار بردی، ز نازک تنم　　کجا آهنین بود○ پیراهنم
برین مهر بر، آفرین خوانمت!　　سزایی که گوهر برافشانمت
نباشد بجز خوب، گفتار تو　　که خورشید، بادا، نگهدار تو
بکاری، کجا، آمدستی بگوی　　پسآنگه سخن‌های من بازجوی»

*

چنین داد پاسخ که: «فرّخ قباد　　بخسرو، مرا، چند پیغام داد
اگر بازخواهی بگویم همه　　پیام جهاندار شاه رمه»
گلینوش گفت: «ای گرانمایه مرد　　که؟ داند سخن‌ها، چنین، یاد کرد!
ولیکن مرا شاه ایران، قباد　　بسی اندرین پند و اندرز داد

---

● - از بیم تو خانه و کاشانهٔ خویش را می‌نهادند و می‌گریختند.

۱ - **یک:** دو مرد را «بشنیدند» باید. **دو:** «دلها» نیز در لت دویم نادرخور است: «با دلی پر داغ و درد».

۲ - تیسفون، پایتخت ساسانیان (و پیشتر اشکانیان) بوده است نه کُشور. ۳ - گفتی.

۴ - «همه» و «یکسر» یک سخن است. ۵ - دنبالهٔ همان گفتار ٦ - آتش و باد در دل!؟

۷ - «این دو دانا» در لت دویم نابجا است. ○ - همه نمونه‌ها «بود» اما «**است**» درست می‌نماید.

پیام شیروی بخسرو

که همداستانی مکن روز و شب ‌ ‌ ‌ ‌ که کس پیش خسرو گشاید دو لب؛
مگر آنکه گفتار او بشنوی! ‌ ‌ ‌ ‌ اگر پارسی گوید، ار پهلوی»[*]

✻

چنین گفت اشتاد ک:«ای شادکام ‌ ‌ ‌ ‌ من، اندر نهانی ندارم پیام
پیامیست کان، تیغ، بار آورد ‌ ‌ ‌ ‌ سرِ سرکشان، در کنار آورد[1]
تو اکنون ز خسرو، بدین؛ بار خواه ‌ ‌ ‌ ‌ بدان، تا بگویم پیامش ز شاه!
گلینوش بشنید و بر پای جست ‌ ‌ ‌ ‌ همه بندها را، بتن در، ببست
برِ شاه شد، دست کرده بکَش ‌ ‌ ‌ ‌ چنانچون بباید، پرستارفش!
بدو گفت: «شاها؛ انوشه بَوی ‌ ‌ ‌ ‌ مبادا دل تو نژند از بَدی
چو○ اشتاد و خرّاد برزین بشاه ‌ ‌ ‌ ‌ پیام آوریدند ازان بارگاه»
بخندید خسرو، به آواز گفت ‌ ‌ ‌ ‌ که: «این رای تو، با خرد نیست جفت
گر او شهریارست؟ پس من کیم؟ ‌ ‌ ‌ ‌ درین تنگ زندان ز بهر چیم؟
که از من همی بار، بایدْث خواست ‌ ‌ ‌ ‌ اگر کژّه گویند، اُگر راه راست»
بیامد گلینوش، نزد گوان ‌ ‌ ‌ ‌ بگفت: «این سخن گفتن خسروان
کنون دست کرده بکش، در شوید ‌ ‌ ‌ ‌ بگویید و گفتار او بشنوید»

✻

دو مرد خردمند و پاکیزه گوی ‌ ‌ ‌ ‌ به دستار چینی ببستند، روی
چو دیدند، بردند، پیشش نماز ‌ ‌ ‌ ‌ ببودند هر دو، زمانی دراز
جهاندار بر شادْوَردِ بزرگ ‌ ‌ ‌ ‌ نوشته همه پیکرش میش و گرگ[2]

---

* - این نخستین گفتار دربارهٔ زبان فارسی است که اندکی دگرگونی از پهلوی دارد.

۱ - پیوند با گفتار ندارد، و بار تیغ نیز ندارد، و سر سرکشان را نیز نمی‌برد!

○ - نمونه‌ها «چو» آورده‌اند و «**که**» درست‌تر می‌نماید.

۲ - **یک**: خسرو بر (شادورد بزرگ) که نگارهٔ میش و گرگ بر آن باشد ننشسته بود، زیرا که در گفتار پسین از نهالی (= تشک) زردرنگ یاد می‌شود و بالشی لاژوردین، که پشت بدان داشت. **دو**: «نوشته» در زبان فارسی برابر است با پیچیده، لوله شده، که گونهٔ دیگرش درنوردیده است.

این واژه در زبان فارسی باستان از یک پیشوند «نی»، و یک ریشهٔ «پَئیش» برآمده است... «نی» جنبش بسوی پایین را میرساند، همچون نیهوفتن (= نهفتن فارسی)، نیهاتن (= نهادن) نی شستن (= نشستن)، و پَئیش نیز پیچاندن است.

از آنجاکه چون نامه‌ای نگاشته شود، آنرا می‌پیچانند، تا بگونهٔ تومار پیچیده شده درآید نی‌پیشتن (= نوشتن) که لوله کردن آن و پیچاندن کاغذ، یا چرم، یا پارچه است جای نگاشتن را در زبان فارسی گرفت.

نوشتن، در زمان روان (= مضارع!) نوردیدن خوانده می‌شود، و هنوز در خانه‌های ایرانی ابزاری هست که آنرا «وَردنه» خوانند که بر روی خمیر می‌پیچد، و دستگاههای چاپ را نیز میله‌ای هست که «نورد»ش خوانند،... تومار زندگی کسی را پیچیدن، یا درنوردیدن نیز از همین داستان سخن میگوید. در داستان بیژن و منیژه نیز آنجاکه منیژه مرغ پیچیده درون نان و دستار را برای بیژن می‌برد، خواندیم:

نوشته بدستار، چیزی که برد ‌ ‌ ‌ ‌ چنان همچو بستد، به بیژن سپرد

و بر این بنیاد، «نوشته» در این گفتار، نادرخور است، و اگر گمان بر آن بریم که در نمونهٔ کهن «نگاشته» بوده است و یکی از پچین‌برداران

←

همان زرّ و گوهر بر او بافته  سراسر، یک اندر دگر، تافته
نهالیش در زیر، دیبای زرد  پسِ پشت او، مسندی لاژورد[1]
بهیّ تناور گرفته بدست  دژم، خفته بر جایگاهِ نشست[2]
چو دید آن دو مرد گرانمایه را  بدانایی اندر، سرِ مایه را[3]
ازآن خفتگی، خویشتن؛ کرد راست  جهان آفریننده را یار خواست[4]
ببالین نهاد آن گرامی بهی  بدان، تا بپرسد ز هر دو رهی[5]
بهی، زان دو بالش، بنرمی گذشت  بی‌آزار، گردان، بمرقد گذشت
بدینگونه، بر شادوردِ مهین  همی گشت تا شد، بروی زمین
بپویید، اشتاد و آن، بر گرفت  بمالیدش از خاک و بر سر گرفت
جهاندار از اشتاد، برگاشت روی  بدان، تا ندید از بهی رنگ و بوی[6]
بهی را نهادند بر شادورد  همی بود بر پای پیش این دو مرد
پر اندیشه شد نامدار، از بهی  ندید از بهی، هیچ فال بهی[7]
همانگه، سوی آسمان کرد، روی  چنین گفت ک:«ای داور راستگوی
که؟ برگیرد آن را، که تو بفکنی!  که؟ پیوندد آن را، که تو بشکنی
چو از دوده‌ای، بختِ روشن، بگشت  غم آورد چون روز شادی گذشت»[8]
به اشتاد گفت: «آنچه○ داری پیام  ازآن بی‌منش، کودکِ زشتکام؛
اُزان بدسگالان، که بی‌دانش‌اند؛  ز بی‌دانشی، ویژه بی‌رامش‌اند؛[9]
همان از گنهکار، بد بندگان  بداندیش و بدگو، پرستندگان
بخواهد شدن بخت زین دودمان  نماند درین تخمه کس شادمان
سوی ناسزایان شود تاج و تخت  تبه گردد این خسروانی درخت
نماند بزرگی به فرزند من  نه بر دوده و خویش و پیوند من
همه دوستان ویژه دشمن شوند  بدین دوده بدگوی و بدتن شوند

---

← آنرا بگونهٔ نوشته درآورده است، آنگاه سخن بدآهنگ می‌شود.
۱ - «مسند» را در گفتار فردوسی جای نیست.
۲ - بهی (= به) را تناور نشاید خواندن.
۳ - آنان بدو نماز برده زمانی دراز ایستاده بودند، پس «چو دید» در این گفتار نادرخور است.
۴ - پیش از راست کردن خویش(!) می‌بایستی خداوند را یار خواستن!
۵ - نه رج دنبالهٔ داستانِ بهی.
۶ - این داستان در دیگر نامه‌های ایرانی آمده است و افزاینده با آگاهی از آن، بخامهٔ خویش بشاهنامه افزوده است.
۷ - از جنبش و افتادنِ «به» فال نیک نزد.
۸ - **یک:** هنوز از دودمان خسرو بخت برنگشته و تنها بختِ خودِ وی برگشته بوده. **دو:** «چون» و «چو» را در یک گفتار نشاید آوردن.
○ - نمونه‌ها چنین آورده‌اند، اما سخن درست چنین می‌نماید:

**به اشتاد گفتا: چه داری؟ پیام**

۹ - هشت رج نادرخور که میان رج پیشین و «سخن هرچه بشنیدی» جدایی می‌افکند.

۴۴۳

۴۸۳۵۰ نهان آشکارا بکرد این بهی  که بی تو شود تخت شاهی تهی
سخن هرچه بشنیدی، اکنون بگوی  پیامش، مرا، کمتر از آبِ جوی»

## پاسخ خسرو
## مر شیرویه را

گشادند گویا زبان، آن دو مرد  —برآورد پیچان یکی باد سرد—

*

بدان نامور گفت «پاسخ شنو  یکایک ببر سوی سالار نو
بگویش که: «عیب کسان را، مجوی  جز آنگه، که برتابی از ننگ روی
۴۸۳۵۵ سخن هرچه گفتی نه گفتار تست  مماناد گویا، زبانت درست
مگوی آنچه، بدخواه تو بشنود؛¹  ز گفتار بیهوده، شادان شود
بدانند که، چندان نداری خرد  که مغزت، بدانش، سخن پرورد²
بگفتار بی‌بر، چو نیرو کنی  روان و خرد را، پر آهو کنی
کسی کاو، گنهکار، داند ترا؛  ازآن‌پس جهاندار، خواند ترا
۴۸۳۶۰ نباید که یابد، بر تو، نشست  بگیرد کم و بیشِ چیزی، بدست
میندیش زین پس براینسان پیام  که دشمن شود، بر تو بر، شادکام³
بیزدان، مرا کار، پیراسته است  نهاده، بدان گیتی‌ام خواسته است*
بدین جستن عیب‌های دروغ  بنزد بزرگان، نگیری فروغ
بگویم کنون پاسخ آن، همه  بدان تا بگویید، پیشِ رمه
۴۸۳۶۵ پس از مرگِ من، یادگاری بود  سخن گفتن راست باری بود⁴
چو پیدا کنم بر تو، انبوه رنج  بدانی، که از رنجِ ما، خاست، گنج⁵
نخستین که گفتی ز هرمز سَخُن  به بیهوده، از روزگارِ کَهُن
ز گفتار بدگوی، بر ما؛ پدر  برآشفت و، شد کارِ زیر و زبر
از اندیشهٔ او چو آگه شدیم  از ایران، شب تیره، بیره شدیم
۴۸۳۷۰ همان راه جستیم و بگریختیم  بدام بلا، در، نیاویختیم

---

۱ - لتِ نخست بی‌پیوند است: «آنچه (راکه چون) بدخواه تو بشنود».  ۲ - وابسته برج پیشین
۳ - پیام (اندیشیدنی) نیست، (دادنی) و (گزاردنی) است.
۴ - لتِ دویم را گزارش نیست.  * - از پیش بجهان مینو، چیز فرستاده‌ام!!!
۵ - سخن از گنج در میان نبود.

از اندیشهٔ او گناهم نبود / جز از، جَستن؛ از شاه، راهم نبود
شنیدم که بر شاه من بد رسید / ز بردع برفتم چو گوش آن شنید[1]
گنهکار بهرام، خود با سپاه / بیاراست در پیشِ من، رزمگاه
ازو نیز بگریختم، روزِ جنگ / بدان، تا نیایم مراو را بچنگ
ازآنپس دگرباره باز آمدم / دلاور، بجنگش فراز آمدم
نه پرخاش بهرام یکباره بود / بجنگ اندرون، آهنین باره[2]
بفرمانِ یزدانِ نیکیفزای / که اویست، بر نیک و بد رهنمای[*]
چو ایران و توران، به آرام گشت / همه کار بهرام، ناکام گشت[3]
چو از جنگ چوبینه پرداختم / نخستین، بکین پدر تاختم
که بندوی و گستهم، خالان بُدند / بهر کشوری بیهمالان بُدند؛
فدا کرده جان را همی، پیش من / بدل هم زبان و، بتن خویشِ من
چو خون پدر بود و درد جگر / نکردیم سستی به خون پدر
بریدیم بندوی را دست و پای / کجا کرد بر شاه، تاریک جای[4]
چو گستهم شد در جهان ناپدید / ز گیتی یکی گوشهای برگزید[5]
بفرمان ما، ناگهان کشته شد / سر و رای خونخوارگان، گشته شد[6]
دگر آنکه گفتی تو از کار خویش / از آن تنگ زندان و آزارِ خویش
ازآن، تا ز فرزند من، کارِ بد / نیاید، کزان، بر سرش بد رسد
بزندان، نبُد بر شما، تَنگ و بند / همان نیز، خواریّ و بیم گزند
بدان روزتان خوار نگذاشتم / همه گنج؛ پیش شما داشتم
بر آیینِ شاهان پیشین، بُدیم / نه بیکار و، بر دیگر آیین بُدیم[7]
ز نخچیر و از گوی و رامشگران / ز کاری که بُد، درخورِ مهتران
شمارا بچیزی نبودی نیاز / ز دینار و از گوهر و یوز و باز
یکی کاخ بُد، کرده زندانْش نام / همی زیستید، اندران، شادکام
همان نیز گفتار اخترشناس / که ما را همی از تو دادی، هراس

---

۱ - سخن بیگزارش    ۲ - سخن را پیوند درست نیست، و از نمونههای دیگر، نیز، ره بجایی نتوان بردن.

* - پیدا است که کسی چون خسرو پرویز بایستی انبوهٔ کارهای زشت و بد خویش را نیز از فرمان یزدان بشمار درآوَرَد. اما این نیز پیدا است که در فرهنگ ایران، خداوند، رهنمای بدیها نیست. گفتار درست چنین مینماید: «**که اویست بر نیکوی رهنمای**».

۳ - از توران پس از بهرام، نزد ما آگهی نیست.    ۴ - لت دویم بیگزارش است.

۵ - چگونه ناپدید شده بود که همواره با سپاهیان خسرو می جنگید!

۶ - لت دویم راگزارش نیست. و گَشته را نیز باکُشته پساوا نباشد!    ۷ - میان گفتار جدایی میافکند.

پاسخ خسرو ۴۴۵

که از تو، بد آید، بدینسان که هست — نینداختیم اخترت را، ز دست[1]
اُ زانپس، نهادیم مهری بر اوی — بشیرین سپردیم، آن گفت و گوی![2]
چو شاهیم شد سال بر سی و شش — میان چنان روزگاران خوش
تو داری به یاد این سخن بی‌گمان — اگر چند بگذشت بر ما زمان
مرا نامه آمد ز هندوستان — بُدم من بدان نیز همداستان
ز رای برین نزد ما نامه بود — گهر بود و هر گونه‌ای جامه بود
یکی تیغ هندیّ و پیل سپید — جز این هرچه بودم به گیتی امید
ابا تیغ دیبای زربفت پنج — ز هر گونه‌ای اندرو برده رنج
سوی تو یکی نامه بُد بر پرند — نوشته چو من دیدم از خط هند
بخواندم یکی مرد هندی دبیر — سخنگوی و داننده و یادگیر
چو آن نامه را او به من بر بخواند — پر از آب دیده همی سرفشاند
بدان نامه در بُد که شادان بزی — که با تاج زر خسروی را سزی
که چون ماه آذر بُد و روزی دی — جهان را تو باشی جهاندار کی
شده پادشاهی پدر سی و هشت — ستاره برین گونه خواهد گذشت
درخشان شود روزگار بهی — که تاج بزرگی به سر بر نهی
مرا آن زمان این سخن بُد درست — ز دل مهربان نبایست شست
من آگاه بودم، که از بختِ تو — ز کار درخشیدن تخت تو
نباشد مرا بهره جز درد و رنج — ترا، گردد این، لشکر و تاج و گنج
ز بخشایش و دین و پیوند و مهر — نکردم دژم، هیچ، زان نامه، چهر
بشیرین سپردم چو برخواندم — ز هر گونه اندیشه‌ها راندم
برِ اوست، با اخترِ تو، بهم — نداند کسی زان سخن بیش و کم
گر ایدونکه خواهی که بینی بخواه — اگر خود کنی، بیش و کم را نگاه
برانم که بینی پشیمان شوی — اُ زین کرده‌ها سوی درمان شوی

*

دگر آنکه گفتی ز زندان و بند — گر آمد ز ما، بر کسی بر، گزند
چنین بود تا بود، کار جهان — بزرگان و شاهان و رای مهان[3]

---

۱ - لت دویم راگزارش نیست.

۲ - بگفتار «مُهری نهادن» روا نباشد.

**از اینجا بیست و یک رج داستانی نادرست آمده است که پرویز بشیروی نیز می‌گوید: «تو داری بیاد این سخن بیگمان»! اما از چنین داستان، در شاهنامه نشان نیست...گفتار نیز در این داستان افزوده؛ سست و بی‌پیوند است.**

۳ - لت دویم را پیوند شایسته با لت نخست نیست.

اگر تو ندانی به موبد بگوی / کند زین سخن، مر ترا، تازه‌روی [1]
که هرکس که او دشمنِ ایزد است / ورا در جهان زندگانی بد است [2]
بزندانِ ما، ویژه، دیوان بُدند / که نیکان، ازیشان غریوان بُدند [3]
چو ما را نبُد پیشه، خون ریختن / بدان کار، تنگ اندر آویختن [4]
بدان را بزندان همی داشتیم / گزندکسان، خوار، نگذاشتیم
بسی گفت هرکس که آن دشمن‌اند / ز تخم بدان‌اند و آهرمن‌اند [5]
چو اندیشهٔ ایزدی داشتیم / سخن‌ها، همی خوار بگذاشتیم [6]
کنون من شنیدم، که کردی رها / مرآن را که بُد، بتّر از اژدها
ازین بد، گنهکارِ یزدان شدی / بگفتار و کردارِ، نادان شدی *
چو مهتر شدی کار هشیار کن / ندانسی تو، داننده را یار کن [7]
مبخشای بر هر که رنج است زوی / اگر چند امّید گنج است زوی [8]
برآنکس، کزو، در جهان جز گزند / نبینی، مر او را، چه؟ کمتر ز بند!
دگر آنکه از خواسته، گفته‌ای / خردمندی و رای بنهفته‌ای
ز کس ما نجستیم، جز باژ و ساو / هر آنکس که او داشت، با باژ، تاو
ز یزدان پذیرفتم آن تاج و تخت / فراوان کشیدم ازآن، رنجِ سخت
جهان‌آفرین، داورِ داد و راست / همی، روزگاری دگرگونه خواست!
نیم دژمنش نیز در خواست او / فزونی نجوییم در کاست او [9]
بجستیم خشنودی دادگر / ز بخشش، بکوشش، نباشد گذر
چو پرسد ز من کردگار جهان / بگوییم بدو آشکار و نهان
بپرسد که او از تو داناتر است / به هر نیک و بد بر تواناتر است [10]
هم این پرگناهان که پیش تواَند / نه تیماردار و، نه خویش تواَند
ز من هر چه گویند، زین پس، همان / شوند این گُرُه بر تو بر بدگمان [11]

---

۱ - **یک:** «اگر تو ندانی» را «ز موبد بپرس» باید. **دو:** لت دویم را نیز پیوند «تا» باید.
۲ - این رج را بگفتار پیشین پیوند نیست. **۳** - پیدا است که «دیو» در زندان او نبوده است.
۴ - در لت دویم؛ بکدام کار؟ **۵** - «دشمن‌اند» را «آنان» باید.
٦ - **یک:** خوار گذاشتن نادرست است: «خوار داشتن». **دو:** کدام سخن‌ها؟
* - گوش بگفتار نادانان دادی و زندانیان را رها کردی.
۷ - **یک:** کار هشیار کن نادرست است: «با هشیار کار کن». **دو:** ندانی تو را نیز پیوند «اگر» باید.
۸ - **یک:** سخن سست است. **دو:** «اگر چند» نادرست است: «اگرچه».
۹ - **یک:** سخن بدآهنگ است. **دو:** «درخواست او» نیز نادرست است: «با خواست او» و شگفت اینست که افزاینده می‌توانست چنین آوردن، اما چنین نکرد. **۱۰** - برابر نهادن خداوند، با فرزند را هیچ روی نیست.
۱۱ - با گفتار پیشین و پسین پیوند ندارد.

همه بندهٔ سیم و زرّند و بس | کسی را نباشند، فریادرس
ازیشان، ترا دل، پر آرایش است | گناه مرا نیز، پالایش است
نگنجد° ترا این سخن در خرد | نه جان تو زین داستان، برخورد
ولیکن من از بهر خودکامه را | که برخواند آن پهلوی نامه را[۱]
همان در جهان یادگاری بود | خردمند را غمگساری بود[۲]
پس از ما، هر آنکس که گفتار ما | بخوانند دانند بازار ما[۳]
ز برطاس و ز چین سپه راندیم | سپهبد به هرجای بنشاندیم[۴]
ببردیم بر دشمنان تاختن | نیارست کس گردن افراختن[۵]
چو دشمن ز گیتی پراکنده شد | همه گنج ما، یکسر آکنده شد
همه بوم شد نزد ما کارگر | ز دریا کشیدند، چندان گهر[۶]
که ملاح گشت، از کشیدن ستوه | مرا بود هامون و دریا و کوه[۷]
چو گنج درمها، پراکنده شد | ز دینارِ نو، بدره، آکنده شد[۸]
ز یاقوت و ز گوهر شاهوار | همان آلت و جامهٔ زرنگار[۹]
چو دیهیم ما بیست و شش ساله گشت | ز هر گوهری، گنجِ ما ماله● گشت
درم را یکی میخ نو ساختم | سوی شادی و مهتری آختم
بدان سال تا باژ جستم شمار | چو شد باژ دینار بر سدهزار[۱۰]

---

° – در همهٔ نمونه‌ها چنین آمده است اما پیدا است که چون در لت دویم «نه» آمده است. این لت را نیز «نه» باید:

**نه؛ گنجد ترا، این سخن؛ در خرد | نه؛ جان تو، زین داستان برخورد**

۱ – سخن را گزارش نیست. **۲** – همچنین...

**۳** – هر آنکس را در لت نخست، «بخواند و داند» در لت دویم شاید.

**۴ – یک:** گفتار ناراست است. **دو:** جایی بنام برطاس شناخته نشد. **۵** – دنبالهٔ گفتار

**۶ – یک: بوم (= زمین) را چگونه «کارگر» توان شدن؟ دو: افزاینده «کارگر» را با کاربردِ تازه بکار گرفته است، باز آنکه کارگر (= کاریگر) در زبان فارسی (= سازندهٔ خانه، معمار) است:**

بیاور کاریگران سد هزار | ز هر کشوری، هر که بُد، نامدار

**سه:** «بوم» از «دریا کشیدن» را چه گزارش است.

**۷** – ملاح را کار، «کشیدن» نیست که نگرش بکارِ پاروزنان و بادبان و کشتی است.

**۸ – یک:** گنج درمها نادرست است: «گنج»، زیرا که در گنج، درم و دینار و گوهر، با هم است. **دو:** «درمها» نیز نادرخور است گنج درم.

**سه:** پراکنده شد، بازگونهٔ گفتاری است که در رج پسین می‌آید. **چهار:** «پراکنده شد از»، نادرست است.

**۹ – یک:** یاقوت نیز، گوهر است. **دو:** آلتِ چه؟

● – ماله واژه‌ای ایرانی است بجای «پُر» در گفتار امروز، اما بجز از همین نمونه، در جای دیگر ندیده‌ام. از این واژه، واژهٔ آمیختهٔ «مالامال» هنوز برزبان می‌رود. تازیان نیز از آن «مملو» را ساخته‌اند، که در آن زبان، ریشه ندارد.

**۱۰ – یک:** دو بار، نام بردن از «باژ»، در یک گفتار، آنرا سست میکند. **دو:** بندِ «تا» در لت نخست با بندِ «چو» در لت دویم ناهمخوان است. **سه:** «باژ دینار بر سدهزار» نیز نادرخور است.

**از اینجا، یازده رج نادرخور دربارهٔ دارایی خسروپرویز و گنج‌های وی که در گفتارهای پیشین بگونهٔ درست آمده بود افزوده‌اندکه واژهٔ نادرخور «پند او سی» (!)... در آن آمده است واژهٔ آمیختهٔ «روز بوس»...که ویژهٔ گفتار افزایندهٔ داستان اسکندر است...**

پراکنده افکند پنداوسی — همه چرم پنداوسی پارسی
به هر بدره‌ای در ده و دو هزار — پَرآکنده دینار نُد شاهوار
جز از باژ و دینار هندوستان — جز از کشور روم و جادوستان
جز از باژ و ز ساو هر کشوری — ز هر نامداریّ و هر مهتری
جز از رسم و آیین نوروز و مهر — از اسپان و ز بندهٔ خوبچهر
جز از جوشن و خود و گوپال و تیغ — ز ما این نبودی کسی را دریغ
جز از مشک و کافور و خزّ و سمور — سیاه و سپید و ز کیمال بور
هرآن‌کس که ما را بُدی زیردست — چنین باژها بر هیونان مست
همی تاختندی به درگاه ما — نپیچید گردن‌کس از راه ما
ز هر در فراوان کشیدیم رنج — بدان تا بیاکند زین‌گونه گنج
دگر گنج خضرا و گنج اروس — کجا داشتیم از پی روز بوس

*

چنین، بیست‌وشش سال تا سی‌وهشت — بجز بآرزو، چرخ، بر ما نگشت
همه مهتران، خود، تن‌آسان بُدند — بداندیش یکسر هراسان بدند[1]
همان چون شنیدم ز فرمان تو — جهان را بد آمد ز پیمان تو[2]
نماند کس اندر جهان رامشی — نباید گزیدن بجز خامشی[3]
همی کرد خواهی جهان پر گزند — پراز درد کاری و ناسودمند[4]
همان پرگزندان که نزد توأند — که تیره شبان اورمزد توانند[5]
همی داد خواهند تختت به باد — بدان تا نباشی به گیتی تو شاد[6]

1 - «مهتران» در لت نخست را «بداندیشان» در لت دویم باید.
2 - کدام فرمان؟
3 - رامشی در لت نخست نادرخور است: «با رامش».
4 - لت دویم بی‌گزارش است و پیوند نیز با لت نخست ندارد.
5 - یک: پیشتر از پر گناهان یاد شده بود:

همان پر گناهان که پیش توأند — نه تیماردار و، نه خویش توأند

دو: لت دویم را نیز هیچ گزارش نیست.
6 - دبالهٔ همان گفتار

چو بودی خردمند نزدیک تو　　که روشن شدی جان تاریک تو[1]
به دادن نبودی کسی را زیان　　که گنجی رسیدی به ارزانیان[2]
ایا پور گُم بوده* و اندک خرد　　روانت ز اندیشه رامش برد
چنان دان که آن گنج ما، پشتِ تست　　زمانه کنون، پاک، در مشت تست
هم آرایش پادشاهی بود　　جهان، بی‌درم، در تباهی بود[3]
شود بی‌درم شاه بیدادگر　　تهیدست را نیست هوش و هنر[4]
به بخشش نباشد ورا دستگاه　　بزرگان فسوسیش خوانند شاه[5]
ار ایدونکه از تو به دشمن رسد　　همی بت به دست برهمن رسد[6]
ز یزدان پرستنده بیزار گشت　　ورا نام و آواز تو خوار گشت[7]
چو بی‌گنج باشی، نپاید سپاه　　ترا زیردستان، نخوانند شاه
سگ آن به که خواهندهٔ نان بود　　چو سیرش کنی دشمن جان بود[8]
دگر آنکه گفتی ز کارِ سپاه　　که در بوم‌هاشان، نشاندم براه
ز بی‌دانشیت، آن؛ نیامد پسند　　ندانی همی، راهِ سود، از گزند
چنین است پاسخ که از رنج من　　فراز آمد این نامور گنج من
ز بیگانگان شهرها بستدیم　　همه دشمنان را به هم بر زدیم
بدان؛ تا به آرام بر تخت ناز　　نشینیم بی‌رنج و گُرم و گداز
سواران، پراکنده کردم، بمرز　　پدید آمد اکنون، ز نا ارز، ارز
چو از هر سویی بازخوانی سپاه　　گشاده ببیند، بداندیش، راه○
که ایران چو باغیست، خرّم بهار　　شکفته، همیشه گلِ کامکار[9]
پر از نرگس و نار و سیب و بهی!　　چو پالیز، گردد ز مردم تهی؛[10]
سپرغم یکایک، ز بن برکنند　　همه شاخ نار و بهی بشکنند[11]

---

۱ – سخن راگزارش نیست.
۲ – و این رج را نیز پیوندی با گفتار نباشد.
* – گم بوده: گمشده؛ در گور رفته. گمشو: بگور برو.
۳ – «هم» در لت نخست را «هم» در لت دویم باید.
۴ – **یک:** خسرو پرویز، با چندان درم بیدادگر بود. **دو:** بسا از دانشمندان جهان، که روزگار را با تهیدستی گذراندند.
۵ – سخن به تهیدست لت دویم از رج پسین بازمی‌گردد. باز آنکه افزاینده را رای آن بوده است که گفتار را بشاه بی‌درم بازگرداند.
٦ – سخن بی‌گزارش و بی‌پیوند
۷ – سخن پریشان
۸ – نادرست‌ترین گفتار است که:

سگی را لقمه‌ای هرگز فراموش　　نگردد گر زنی سد نوبتش سنگ!

سعدی

○ – بداندیش: دشمن، دشمنان راه را، باز ببینند.
۹ – **یک:** «باغ خرم بهار» راگزارش نیست. **دو:** «گل» کامکار نباشد. **سه:** پیوند «که» آغازین با گفتار پیشین **هماهنگ** نیست.
۱۰ – پیوند درست میان لت **نخست**، با لت دویم نیست.
۱۱ – چه کسان سپرغم را از بُن می‌کَنند.

سپاه و سلیح است، دیوار اوی — به پرچینش بر، نیزه‌ها، خار اوی[1]
اگر بشکنی خیره، دیوارِ باغ — چه باغ و چه دشت و، چه دریا چه راغ[2]
نگر تا تو دیوار او نشکنی — دل و پشت ایرانیان نشکنی[3]
کزان* پس بود غارت و تاختن — خروش سواران و کین آختن
زن و کودک و بوم ایرانیان — به اندیشهٔ بد، منه در میان[4]
چو سالی چنین، بر تو بر، بگذرد — خردمند، خواند ترا، بیخرد[5]
من ایدون شنیدم کجا، تو، مهی؛ — همه مردم ناسزا را دهی[6]
چناندان که نوشیروان قباد — باندرز، این کرد، در نامه یاد[7]
که: هر کاو سلیحش به دشمن دهد — همی خویشتن را به کشتن دهد[8]
که چون باز خواهد، کَه‌ش آید بکار — بداندیش با او کند کارزار[9]
دگر آنکه دادی ز قیصر پیام — مرا خواندی دودل و خویشکام
سخن‌ها، نه از یادگار تو بود — که گفتارِ آموزگارِ تو بود[10]
وفا کردن او و از ما جفا! — تو خود کی‌شناسی؟ جفا از وفا![11]
بدین، پاسخ، آنست، ای کم‌خرد — نگویم جز آن چیز، کاندر خورد[12]
تو دعوی کنی، هم تو باشی گوا — چنین، مردِ بخرد، ندارد روا[13]
چو قیصر زگردِ بلا رخ بشست — بمردی، چو پرویز، داماد جست!
هر آنکس که گیتی، ببد نسپرد؛ — بمغز اندرون، باشد او را خرد؛[14]
بداند که بهرام، بسته میان — ابا او، یکی گشته ایرانیان[15]
به رومی سپاهی نشاید شکست — تو گفتی، فلک، دست ایشان ببست[16]

---

۱ – دیوار اوی نادرست است: «دیوار آن»... همچنین در لت دویم. ۲ – دنباله گفتار.

۳ – **یک:** دوباره از دیوار سخن می‌رود. **دو:** این رج میان گفتار، در رج‌های پیشین و پسین جدایی می‌افکند. **سه:** خسرو پرویز را که بر روی پیل ایرانیان را دشمن خود خوانده بود، چگونه شاید در اندیشهٔ دل و پشت ایرانیان درشمار آوردن؟

* – نمونه‌ها چنین آورده است و **«از آنپس»** درست می‌نماید تا با رج پیشین شاهنامه ۴۸۴۹۳ پیوندِ درست یابد.

۴ – همچنین! ۵ – خود پرویز چند بار ورا بیخرد خوانده است، و برای چنین داوری نیاز، بگذر یکسال نیست.

۶ – در اندرون زندان، از کجا آگاهی بوی رسید؟

۷ – **یک:** «این کرد» در لت دویم نادرخور است. **دو:** «اندرز»، را با «نامه» یکی نشاید داشتن.

۸ – چنین سخن آشکار را نیاز نیست از اندرز نوشیروان خواندن، که کودک چند ساله نیز آنرا می‌داند.

۹ – پس از کشته شدن، نشاید جنگ‌افزار را خواستن. ۱۰ – «سخن از یادگار تو» راگزارش نیست.

۱۱ – وفا و جفا... دو بار بکار گرفتن واژه‌ها در یک سخن آنرا نادرست می‌نماید.

۱۲ – **یک:** سخن برابر شاهنامهٔ سپاهان، نمونه‌های دیگر آشفته می‌نماید. **دو:** سخن در این رج چنین می‌نماید که پاسخ‌های پیشین نادرخور بوده است. ۱۳ – شیروی نگفته بود که من بدان داستان گواه بوده‌ام.

۱۴ – بید نسپردن جهان را چه پیوند باپرسش دربارهٔ قیصر! ۱۵ – سخن را پیوند نیست.

۱۶ – **یک:** سخن بی‌پیوند است. **دو:** تو گفتی...

بدان رزم یزدان، مرا یار بود | سپاه جهان نزد من خوار بود
شنیدند ایرانیان آنچه بود | ترا نیز، زیشان بباید شنود
مرا نیز، چیزی که بایست کرد؛ | بجای نیاتوس، روز نبرد!
ز خوبیّ و از مردمی کرده‌ام | بپاداش او، روز بشمَرده‌ام
بگوید ترا زادفرّخ همین | جهان را بچشم جوانی مبین [1]
گشسپ آنکه بُد نیز گنجور ما | همان موبد و پاک دستور ما [2]
که از گنج ما بدره بُد سدهزار | که دادم بدان رومیان یادگار [3]
نیاتوس را مُهره دادم هزار | ز یاقوت سرخ ازدرِ گوشوار [4]
کجا سنگ هر مهره‌ای بُد هزار! | ز مثقال گنجی چو کردم شمار [5]
همان درّ خوشاب بگزیده سد | درو مرد دانا ندید ایچ بد [6]
که هر مهره‌ای را چو پنجه هزار | بدادی درم مرد گوهرشمار [7]
سد اسپ گرانمایه پنجه به زین | همه کرده از آخُر ما گزین [8]
دگر ویژه با جُلّ دیبه بُدند | که در دشت با باد همره بُدند [9]
به نزدیک قیصر فرستادم این | پس از خواسته خواندمش آفرین [10]
ز دار مسیحا که گفتی سخن | به گنج اندر، افکنده چوبی کهن
نبد زان مرا هیچ سود و زیان | ز ترسا شنیدی تو آواز آن
شگفت آمدم زانکه چون قیصری | سرافراز مردیّ و نام‌آوری [11]
همه گرد بر گرد او بخردان | همش فیلسوفان و نامی ردان [12]
که یزدان چرا خواند؟ آن کشته را!! | گر، این خشک چوبِ تبه گشته را [13]

---

۱ – لت دویم از گفتار فرانک به فریدون برگرفته شده است. ۲ – «گنجور» را نشاید دستور نامیدن.

۳ – سخن درست در گفتار پیشین گذشت: «بپاداش او، روز بشمرده‌ام».

۴ – **یک:** دوباره نام نیاتوس می‌آید. **دو:** شیوهٔ شمارش نادرست است؛ «**هزار مهره**». **سه:** خرد نمی‌پذیرد که بیک کس، یکهزار مهره؟ یاقوت سرخ برای گوشواره بدهند...

۵ – ... که هر مهرهٔ آن نیز یکهزار درمسنگ (= مثقال) باشد!! سنگینی چنین مهره ۶۲/۵ سیر = نزدیک به یک و نیم من، و ۴/۵ کیلو است! پس چگونه شاید که کسی چنین مهره را که بیگمان می‌باید بر گوشواره‌ای زرین یا سیمین که بر سنگینی آن می‌افزاید، از گوش بیاویزد؟ آیا در جهان چنین یاقوت تاکنون پیدا شده است؟! افزایندگان اینچنین اندیشهٔ مردمان، و شاهنامهٔ ایران را ببازی گرفته‌اند.

۶ – **یک:** باز شیوهٔ شمارش نادرست است: یکسد درّ خوشاب. **دو:** لت دویم سست می‌نماید.

۷ – پیش از این سخن از هقه (= حقّه؟) نرفته بود، که اکنون از آن یاد شود.

۸ – چرا یکسد اسپ بدو دهند، که پنجاه اسب آن را زین بوده باشد؟

۹ – افزاینده از پنجاه اسب دیگر در این رج یاد می‌کند، اما سخن بدآهنگ و سست است، و «جُل» (= پالان) را نشاید از ابریشم بافتن. بهترین گونهٔ جُل، بافته‌ای همچون قالی، یا گلیم. ۱۰ – «این» در پایان لت نخست نابجا است. ۱۱ – وابسته برج پسین

۱۲ – همه با همش در یک گفتار سخن را سست می‌نماید.

۱۳ – مسیحیان چلیپا را یزدان نخوانده‌اند، که عیسی مسیح را پسر خدا و خدا می‌دانند.

گر آن دارِ بیکار، یزدان بُدی؛ سرِ مایهٔ اورمزد، آن بُدی؛[1]
برفتی، خود از گنجِ ما ناگهان! مسیحا شد، او، نیستی در جهان[2]
دگر آنکه گفتی که پوزش بگوی کنون توبه° کن، راه یزدان بجوی
ورا* پاسخ اینست: «ریزنده باد زبان و دل و دست و پای قباد
مرا تاج، یزدان، بسر بر نهاد پذیرفتم و بودم از تاج شاد[3]
بیزدان سپردیم، چون باز خواست ندانم زبان در دهانت چراست(؟)[4]
بیزدان بگوییم، نه با کودکی که نشناسد او، بد، ز نیک، اندکی[5]
همه کار یزدان پسندیده‌ام همان شور و تلخی بسی دیده‌ام[6]
مرا بود شاهی سی و هشت سال کس از شهریاران، نبودم، همال[7]
کسی کاین جهان داد دیگر دهد نه بر من سپاسی همی بر نهد[8]
بر آن پادشاهی کنم آفرین که آباد دارد، بدانش، زمین[9]
چو یزدان بود یار و فریادرس نیازد به نفرین ما هیچکس![10]
بدان کودکِ زشت و نادان بگوی که ما را کنون تیره گشت آبروی[11]
که پدرود بادی تو، تا جاودان سر و کار ما باد، با بخردان[12]
شما ای گرامی فرستادگان سخنگوی و پرمایه آزادگان
ز من، هر دو پدرود باشید، نیز! سخن، جز شنیده، مگویید چیز
کنم آفرین بر جهان سر بسر که او را ندیدم مگر بر گذر[13]

**از اینجا سی و دو رج بازگویی داستان شاهان ایران و بزرگداشت خود، تا آنجاکه از فرشتهٔ جان‌ستان می‌خواهد که جانش را آسان ستاند [گفتاری نه همراه با آیین باستان].**

---

۱ - همان گفتار ۲ - لت دویم بی‌گزارش است و پیوند با لت نخست ندارد.

○ - پایان زمان ساسانیان است و «توبه» بجای «پتیت» در اندیشه‌ها روان گشته.

* - همهٔ نمونه‌ها چنین آورده‌اند، اما پیدا است که روی سخن با شیرویه است و سخن درست چنین است:

**«ترا پاسخ اینست»**

۳ - سخن را بدان نفرین، که پایان گفتار است پیوند نیست. ۴ - لت دویم سخت نادرخور است.

۵ - «او» در لت دویم با «کودکی» در لت نخست همخوان نیست. ۶ - کار یزدان؟ یا «فرمان یزدان».

۷ - این سخن نیز آشکار بوده است. ۸ - سخن بی‌گزارش و سست است.

۹ - «پادشاهی» در لت نخست نادرخور است: «بر آن پادشاه». ۱۰ - اگر چنین است چرا نفرین کرد؟

۱۱ - آبرو تیره نمی‌شود، «می‌ریزد».

۱۲ - بدان‌کس که آرزو میکند زبان و دل و دستش فرو ریزاد، نشاید پدرود گفتن، که برابر است با «تندرست بادی»!

۱۳ - خسرو پرویز که ایرانیان را دشمن خویش شمرد، و چنان نفرین سخت بر فرزند راند، چگونه به سربسرِ جهان آفرین می‌خوانَد؟

## پاسخ خسرو

|  |  |
|---|---|
| بمیرد کسی کاو ز مادر بزاد | ز کیخسرو آغاز تا کیقباد |
| چو هوشنگ و تهمورث و جمشید | کزیشان بُدی جای بیم و امید |
| که دیو و دد و دام فرمانش برد | چو روزش سرآمد برفت و بمرد |
| ۴۸۵۵۵ فریدون فرّخ که او از جهان | بدی دور کرد آشکار و نهان |
| ز بدْ دست ضحّاک تازی ببست | به مردی ز چنگ زمانه نجست |
| چو آرش که بُردی به فرسنگ تیر | چو پیروزگر قارن شیرگیر |
| قباد آنکه آمد ز البرز کوه | به مردی جهاندار شد با گروه |
| که از آبگینه همی خانه کرد | ازان خانه گیتی پر افسانه کرد |
| ۴۸۵۶۰ همه درّ خوشاب بُد پیکرش | ز یاقوت رخشنده بودی درش |
| سیاوش همان نامدار هژیر | که کشتش به روز جوانی دبیر |
| کجا کنگ دز کرد جایی به رنج | ازان رنجِ بُرده ندید ایچ گنج |
| کجا رستم زال و اسفندیار | کزیشان سخن ماندمان یادگار |
| چو گودرز و هفتاد پور گزین | سواران میدان و شیران کین |
| ۴۸۵۶۵ چو گشتاسپ شاهی که دین بهی | پذیرفت و زو تازه شد فرّهی |
| چو جاماسپ کاندر شمار سپهر | فروزنده‌تر بُد ز گردنده مهر |
| شدند آن بزرگان و دانندگان | سواران جنگی و مردانگان |
| که اندر هنر این ازان بِه بُدی | به سال آن یکی از دگر مِه بُدی |
| بپرداختند این جهان فراخ | بماندند میدان و ایوان و کاخ |
| ۴۸۵۷۰ ز شاهان مرا نیز همتا نبود | اگر سال را چند بالا نبود |
| جهان را سپردم به نیک و به بد | نه آن را که روزی به من بد رسد |
| بسی راه دشوار بگذاشتیم | بسی دشمن از پیش برداشتیم |
| همه بوم‌ها پر ز گنج من است | کجا آب و خاک است رنج من است |
| چو زین‌گونه بر من سرآید جهان | همی تیره گردد امید مهان |
| ۴۸۵۷۵ نماند به فرزند من نیز تخت | بگردد ز تخت و سر آیدش بخت |
| فرشته بیاید یکی جان‌ستان | بگویم بدو جانم آسان ستان |
| گذشتن چو بر چینود پل بود | به زیر پی اندر همه گل بود |
| به توبه دل راست روشن کنیم | بی‌آزاری خویش جوشن کنیم |
| درست است گفتار فرزانگان | جهاندیده و پاک دانندگان |
| ۴۸۵۸۰ که چون بخت بیدار گیرد نشیب | ز هر گونه‌ای دید باید نهیب |
| چو روز بهی بر کسی بگذرد | اگر باز خواند ندارد خرد |

پیام من این است سوی جهان      به نزد کهان و به نزد مهان
شما نیز پدرود باشید و شاد      ز من نیز بر بد مگیرید یاد

*

⇐ چو اشتاد و خرّاد برزینِ گَو      شنیدند پیغام آن پیشرو؛
ز اندُه، دلِ هر دو دانا، بخَست      بسر بر زدند آن زمان، هر دو، دست
ز گفتار هر دو پشیمان شدند      به رخسارگان بر تپانچه زدند [1]
به بربر همه جامه‌شان چاک بود      سر هر دو دانا پر از خاک بود [2]
برفتند گریان ز پیشش، به در      پر از درد، جان و؛ پر اندوه، سر
به نزدیک شیرویه رفت این دو مرد      پر آژنگ رخسار و دل پر ز درد [3]
یکایک بدادند پیغام شاه      بشیرویِ بی‌مغز و بی‌دستگاه

## رای زدن قباد
## با بزرگان
### دربارهٔ خسرو

چو بشنید شیروی، بگریست سخت      دلش گشت ترسان، ازآن تاج و تخت
چو از پیش، برخاستند آن گروه      که او را همی داشتندی ستوه؛
بگفتار زشت و بخون پدر      جوان را همی سوختندی جگر
فرود آمد از تخت شاهی قباد      دو دست گرامی، بسر بر، نهاد
ز مژگان همی بر برش خون چکید!      چو آگاهی او به دشمن رسید؛
ببودند ترسان، ز بیم گناه      پر از بیم گشتند، یکسر، سپاه
چو برزد سر از تیره کوه، آفتاب      بداندیش را سر برآمد ز خواب؛
برفتند یکسر سوی بارگاه      چو بشنید، بنشست، برگاه؛ شاه
برفتند گردنکشان پیش او      ز گردان بیگانه و خویش او [4]
نشستند، با رویِ کرده دژم      زبانشان نجنبید بر بیش و کم

*

۱ - **یک:** «زَدند» را با «شُدند» پساوا نیست. **دو:** رخسارگان نیز نادرست است: «رخسار».
۲ - چاک بود؟ یا چاک کردند؟      ۳ - دو مرد را «برفتند» باید.
۴ - **یک:** «برفتند» در رج پیشین گذشت. **دو:** لت دویم سخت نادرخور است.

بدانست، کایشان بدانسان دژم    نشسته، چرایند؟ با درد و غم!
بدیشان چنین گفت ک :«ان شهریار؛    کجا، باشد از پشتِ پروردگار؛
که○ غمگین نباشد ز دردِ پدر    نخوانمش، جز بدتن و بدگهر»
نباید که دارد بدو کس امید    که او پوده‌تر باشد از پوده بید»[1]
چنین یافت پاسخ، ز مرد گناه    که: «هر کس که گوید: پَرستَم دو شاه
تو او را بدل، ناهشیوار خوان    اُگر ارجمندی بود، خوار خوان»

*

چنین داد شیروی پاسخ، که «شاه    چو بی‌گنج باشد، نیابد سپاه
سخن چرب رانیم، یک ماه؛ نیز    ز راه درشتی نگوییم چیز
مگر شاد گردیم، ز اندرز او    که گنج است سر تا بسر، مرز او»*
چو پاسخ شنیدند برخاستند    سوی خانه‌ها رفتن آراستند

*

به خوالیگران شاه شیروی گفت    که: «چیزی ز خسرو نباید نهفت
به پیشش همه خوان زرّین نهید    خورش‌ها، بر او، چرب و شیرین نهید»
برنده همی برد و خسرو، نخوَرد    ز چیزی که دیدی بخوان گرم و سرد[2]
همه خوردش از دست شیرین بُدی    که شیرین، بخوردنْش غمگین بُدی[3]

## زاری کردن باربد

### بر خسرو

کنون شیون باربد گوش دار    سر مهتران را به آغوش دار[4]
چو آگاه شد باربد، زانکه شاه    بپرداخت، بی‌داد و بی‌کام، گاه
ز جهرم بیامد سوی تیسفون    پر از آب، مژگان و دل، پر ز خون[5]
بیامد بدان خانه او را بدید    شده لیل رخسارِ او، شنبلید[6]

---

○ - پیوند «چو» درست‌تر می‌نماید.    ۱ - سخن سست نادرخور.

* - اندرز: وصیت... شاید که او اندرز کند، و در اندرز خویش، نشانِ گنج‌هایش را بدهد!

۲ - «همی برد» را «خسرو نمی‌خورد» باید.    ۳ - شیرین در زندان خسرو نبود.

۴ - **یک:** روی سخن بخوانده برگشت. **دو:** لت دویم سخت نادرخور است.

۵ - **یک:** باربد در جهرم نبود، و همواره در تیسفون کنار شاه بود. **دو:** «بیامد» در این رج با «بیامد» در رج پسین ناهمخوان است.

۶ - خسرو در زندان بود، نه در خانه! و چون فرستادگان شیرویه آنچنان بنزد وی بردند باربد؛ از که پروانهٔ دیدار خسرو راگرفته بود...

۴۵۶ شیرویه

زمانی همی بود، در پیشِ شاه    خروشان بیامد، سوی بارگاه[1]
بدلْش، آتشِ مهرِ او برفروخت    ز تیمار خسرو، دل و جان بسوخت[2]
ببارید چشمش چو ابر بهار    کنارش ز دیده، چو دریا کنار[3]
بسازید «ره، را، برآوازِ رود    ببربَت همی، «مویه» زد با سرود●
همی پهلوانی بر او مویه کرد    دو رخساره زرد و دلی پر ز درد[4]
چنان بُد که زاریش، بشنید شاه    هم آن کس، که میداشت، او را نگاه[5]
نگهبان او، جمله گریان شدند    چو بر آتش تیز، بریان شدند[6]
همی گفت: «شاها، ردا، خسروا!    بزرگا سترگا○، تناور گوا!
کجات؟ آن بزرگیّ و آن دستگاه    کجات؟ آن همه فرّ و تخت و کلاه
کجات آن همه برز و بالا و تاج    کجات آن همه یاره و تخت آج[7]
کجات؟ آن همه مردی و زور و فر    که گیتی، تهی کردی از بدگهر![8]
کجات؟ آن شبستان و رامشگران    کجا آن بر و بارگاه سران[9]
کجات؟ افسر و کاویانی درفش    کجا آن همه تیغهای بنفش[10]
کجات؟ آن دلیران و جنگ‌آوران    کجا؟ آن رد و موبد و مهتران
کجات؟ آن همه بزم و ساز شکار    کجا؟ آن خرامیدن کارزار
کجا آن غلامان زرّین‌کمر    کجا آن همه رای و آیین و فر[11]
کجات؟ آن سرافراز جانوسپار    که با تخت زر بود و باگوشوار
کجا آن همه لشکر و بوم و بر    کجا آن سرافرازی و تخت زر[12]
کجات؟ آن سرِ خود و زرّین زره    ز گوهر فکنده، گره بر گره
کجا؟ اسپ شبدیز و زرّین رکیب    که زیر تو اندر، بُدی ناشکیب
کجات؟ آن سوارانِ زرّین‌ستام    که دشمن بدی، تیغشان را، نیام

---

۱ - ...و از پیش شاه، به بارگاه چگونه رفت؟    ۲ - دل و جان را نشاید سوختن، که در غم، دل؛ خود می‌سوزد.

۳ - بباريد نادرخور است، می‌بارید... لت دویم را پایان نیست.

● - رود را در «دستگاه» (کوک) کرد، و با نوای بربت، درگوشهٔ «مویه» سرود خواند.

۴ - گوشهٔ «مویه» پهلوانی نیست.    ۵ - سخن سست است: «زندانبانان».

۶ - افزاینده دریافت که سخن یاوه گفته است، و در این رج آنرا دیگرگون کرد، و نگهبان راکنش «شد» باید، و چون آنان گروه بوده‌اند «نگهبان» نادرخور است.    ○ - نمونه‌ها چنین آورده‌اند، اما «**بزگا و گردا...**» درست می‌نماید.

۷ - برز و بالا، برز و بالا است و آنهمه دربارهٔ آن گفتن، نادرخور است.    ۸ - دربارهٔ «فرّ» پیش از این سخن گذشت.

۹ - **یک:** باربد، خود رامشگر شاه بود. **دو:** بارگاهِ او؟ یا بارگاه سران؟ **سه:** بر و بارگاه راگزارش نیست.

۱۰ - آن همه تیغ نادرخور است، زیراکه شاهان را یک شمشیر ویژه بیش نبوده است.

۱۱ - غلام را همپایهٔ رای و آیین و فرّ نشاید آوردن.

۱۲ - **یک:** لشکریان و بوم و بر بر سر جای خود هستند. **دو:** از تخت؛ پیش از این یاد شد!

زاری باربد بر خسرو

کجا آن همه رازوان بخردی … کجا آن همه فرّهٔ ایزدی[1]
کجات؟ آن همه بخششِ روز بزم … کجا؟ آن همه کوششِ روز رزم
کجا آن همه راهوار استران … عماری زرّین و فرمانبران[2]
همیونان و بالا و پیل سپید … همه گشته، از جان تو، ناامید[3]
کجا؟ آن سخن‌ها، بشیرین زبان … کجا؟ آن دل و رای و روشنروان
ز هر چیز تنها چرا؟ مانْدی! … ز دفتر چنین روز، کی؟ خواندی!
مبادا که گستاخ باشی به دهر … که زهرش فزون است، از پای زهر
پسر خواستی تا بود یار و پشت … کنون از پسر، رنجت آمد بمشت!
ز فرزند، شاهان؛ بنیرو شوند … ز رنج زمانه، بی‌آهو شوند
شهنشاه را چون؟ که نیرو بکاست؛* … چو بالای فرزند او گشت راست!
هر آنکس که او کار خسرو شنود … به گیتی نبایدش گستاخ بود[4]
همه بوم ایران، تو ویران شمر … کنام پلنگان و شیران شمرد[5]
سر تخم ساسانیان بود شاه … که چون او نبیند دگر، تاج و گاه
شد این تخمه ویران و، ایران همان … برآمد همه؛ کامهٔ بدگمان
فزون زین نباشد کسی را سپاه … ز لشکر که آمدش فریادخواه[6]
گزند آمد از پاسبان بزرگ … کنون اندر آید سوی رخنه گرگ[7]
نباشد سپاه تو هم پایدار … چو برخیزد از چار سو کارزار[8]
روان ترا، دادگر یار باد! … سر بدسگالان نگونسار باد!
بیزدان و، نام تو ای شهریار … به نوروز و مهر و به خرّم بهار

۱ - **یک:** رازوان بخردی راگزارش نیست. **دو:** فرّ ایزدی نیز «فرّ» است و نشاید با، آن همه از آن یاد کردن.

۲ - از کوشش روز رزم، نشاید به «استران» پرداختن!

۳ - افزاینده می‌خواهد که سخن را بیاراید، اما پیل و اسپ را «امید» نیست که از جان کسی ناامید شوند. «امید» در فرهنگ ایرانی ویژهٔ مردمان است:

«دادار اورمزد برای بازداشتن این چند دروغ، بیاری مردمان چند چیزِ نگاهدارِ مینوی آفرید: آسن خرد (= خرد ذاتی) گوشان سرود خرد (= خرد اکتسابی)، خیم و امید، و خرسندی، و دین و، همپرسی با دانا» (متن‌های پهلوی، همان رویهٔ ۹۰)

* - همه نمونه‌ها «چونکه» آورده‌اند، اما روشن است که اگر چنین بخوانیم پیوند با لت دویُم از دست می‌رود! پیدا است که **«چون»**؟ (= چگونه) درست است (= همهٔ شاهان با فرزند نیرومند می‌شوند. شاهنشاه را چگونه است؟ که چون بالای فرزندش راست گردید، نیرویش کاستی پذیرفت).

۴ - همین سخن در رج ۴۸۶۴۶ گذشت!

۵ - **یک:** سخن درست در گفتار پسین می‌آید. **دو:** لت دویم از شاهنامه برگرفته شده است:

دریغ است ایران، که ویران شود … کنام پلنگان و شیران شود

۶ - سخن بی‌پیوند است.

۷ - پاسبان بزرگ کیست؟

۸ - سخن را با گفتار پسین پیوند نیست.

که گر دست من، زین سپس نیز، رود پساید، مبادا بمن بر، درود!
بسوزم همه آلت خویش را بدان تا نبینم بداندیش را»[۱]
بببرّید هر چار انگشت خویش بریده همی داشت در مشت خویش
چو در خانه شد، آتشی برفروخت همه آلتِ خویش یکسر بسوخت![۲]

## کشته شدن خسرو
## بر دست
## مهرهرمزد

هر آنکس که بُد، گِرد با شهریار شب و روز، ترسان بُد از روزگار
چو شیروی، ترسنده و خام بود؛ همان تخت، پیش اندرش*؛ دام بود
بدانست اخترشمر هر که دید که روز بزرگان نخواهد رسید[۳]
برفتند، هر کس که، بد کرده بود؛ بدان کار، تاب اندر آورده بود
ز درگاه، یکسر؛ بنزد قباد ازآن کارِ بیداد، کردند یاد
که یکبار گفتیم و این دیگر است ترا خود، جز این، داوری در سر است
نشسته بیک شهر، بی‌بر، دو شاه یکی گاه دارد، یکی زیر گاه
چو خویشی فزاید پدر، با پسر همه بندگان را بببرّند سر
نِییم اندرین کار، همداستان مزن زین سپس پیش ما داستان»
بترسید شیروی و ترسنده بود که در چنگ ایشان یکی بنده بود
چنین داد پاسخ که: «سر؛ سوی دام نیارد، مگر مردمِ زشت نام
شما را سوی خانه باید شدن بدین اندرون، رای باید زدن[۴]
بجویید تا کیست؟ اندر جهان که این رنج؛ بر ما سرآرد، نهان»
کشنده همی جست، بدخواهِ شاه بدان، تا کنندش نهانی تباه[۵]

*

کس اندر جهان زهرهٔ آن نداشت ز مردی، همان؛ بهرهٔ آن نداشت؛

---

۱ – «آلت خویش» نادرخور است، و آنکس را که انگشتان خویش را می‌برد، به رود نیاز نیست.
۲ – چون افزاینده، باربد را بزندان شاه فرستاده بود، بیگمان می‌بایستی او را بخانه برد.
* – پیش اندرا نادرست است و گفتار فردوسی چنین می‌نماید: **«همان تخت، او را، چنان دام بود».**
۳ – سخن بی‌پیوند و بی‌گزارش است. ۴ – این رج میان سخنان پیش و پس جدایی می‌افکند.
۵ – گفتار درست در رج سیوم پسین می‌آید.

کشته شدن خسرو ۴۵۹

که خونِ چنان خسروی؛ ریختی  همی کوه در گردن آویختی
ز هر سو همی جُست، بدخواه؛ شاه  چنین، تا بدیدند مردی براه؛
دو چشمش کبود و دو رخساره زرد  تنی خشک و، پرموی و، رخ؛ لاژورد
پر از خاک پای و شکم گرسنه  سرِ مرد بیدادگر برهنه
ندانست کس نام او در جهان  میان کهان و میان مهان
برِ زادفرّخ شد آن مردِ زشت  که هرگز مبیناد خرّم بهشت
بدو گفت که:«این رزم، کار منست  چو سیرم کنی، این؛ شکار منست»
بدو گفت:«روگر توانی بکن  اُ زین راز مگشای، لب، بر سخن
یکی کیسه دینار، دارم ترا  چو فرزند او، یار، دارم ترا»*
یکی خنجری○ تیز دادش چو آب  بیامد کشنده، سبک، پرشتاب
چو آن بدکُنش رفت نزدیک شاه  ورا دید، با بنده، در پیشگاه[1]

*

بلرزید خسرو چو او را بدید  سرشکش ز مژگان برخ بر، چکید
بدو گفت که:«ای زشت، نام تو چیست؟  که زاینده را بر تو باید گریست!»
«مرا، مهرهرمزد خوانند» گفت  «غریبم بدین شهر، بی‌یار و جفت»
چنین گفت خسرو که:«آمد زمان  بدست فرومایهٔ بدگمان
به مردم نماند همی چهر او  بگیتی نجوید کسی مهر او»
یکی ریدکی پیش او بُد، بپای  به ریدک چنین گفت، که:«ای رهنمای[2]
برو تشتِ آب آر و مُشک و ابیر  یکی پاک‌تر جامهٔ دلپذیر»[3]
پرستنده بشنید آواز اوی  ندانست کودک همی راز اوی[4]
ز پیشش بیامد پرستار خُرد  یکی تشت زرّین برِ شاه برد[5]
ابا جامه و آبدستان و آب  همی کرد خسرو، ببردن شتاب[6]
چو برسم بدید اندر آمد به واژ  نه گاه سخن بود و گفتار ژاژ[7]

---

* - فرزند او؛ قباد (: شیروی) را، یار تو خواهم کردن.
○ - خنجری همان خنجرِ است، یادگار زبان پهلوی در فارسی، که هنوز در تاجیکستان، سپاهان و کردستان بر زبان می‌رود.
۱ - از آمدن او بنزد خسرو در رج پیشین یاد شد.  ۲ - «ریدک» را «رهنمای» نشاید خواندن.
۳ - آب را با تشت نمی‌آورند، که با «آبدستان» می‌آورند، و چون دست و روی را با آبِ آبدستان شویند، پساب آن در تشت ریخته می‌شود.  ۴ - پرستنده و کودک، هر دو یکی است.
۵ - افزاینده، بجز از تشت، آب و مشک و ابیر نیز از ریدک خواسته بود!...
۶ - پس در این رج به آرایش سخن پرداخت، اما خسرو چنان چیزها را نمی‌برد که «شتاب همی کند»!
۷ - برسم افزوده شد... و واژ را بهنگام خوردن می‌خواندند، نه بهنگام مردن...

چو آن جامه‌ها را بپوشید شاه / به زمزم همی توبه کرد از گناه[1]
یکی چادرِ نو، بسر در کشید / بدان تا رخ جان‌ستان را ندید[2]
بشد مهرهرمزد، خنجر بدست / درِ خانهٔ پادشا را ببست
سبک رفت و جامه، ازو در کشید / جگرگاه شاه جهان بر درید
بپیچید و برزد یکی سرد باد / به زاری برآن جامه بر، جان بداد
برین‌گونه گردد جهان جهان / همی راز خویش از تو دارد نهان[3]
سخن سنج بی‌رنج گر مرد لاف / نبیند ز کردار او جز گزاف
اگر گنج داری و گر گرم و رنج / نمانی همی در سرای سپنج
بی‌آزاری و راستی برگزین / چو خواهی که یابی به داد آفرین

*

چو آگاهی آمد، ببازار و راه / که خسرو بر آنگونه بر، شد تباه
همه بدگمانان، بزندان شدند / به ایوانِ آن، مستمندان شدند[*]
گرامی، ده و پنج فرزند بود / بایوان شاه، آنکه در بند بود
بزندان بکشتندشان، بیگناه / بدانگه که برگشته شد بخت شاه
جهاندار، چیزی نیارست گفت / همی داشت، آن انده اندر نهفت[4]
چو بشنید شیرویه چندی گریست / ازانپس نگهبان فرستاد بیست[5]
بدان، تا زن و کودکانشان، نگاه / بدارد، پس از مرگِ آن، کشته شاه[6]
شد آن پادشاهی و چندان سپاه / بزرگیّ و مردیّ و آن دستگاه
که کس را ز شاهنشهان آن نبود / نه از نامداران پیشین شنود
یکی گشت با آنکه نانی فراخ / نیابد نه بیند بر و بوم و کاخ
خردمند گوید نیارد بها / هرآن کس که ایمن شد از اژدها
جهان را مخوان جز دلاور نهنگ / بخاید به دندان چو گیرد به چنگ
سرآمد کنون کار پرویز شاه / شد آن نامور تخت و گنج و سپاه

---

۱ - ...زمزم همان واژ است، نه توبه از گناه.
۲ - تا رخ جان ستان را نبیند!
۳ - چهار رج گفتارهای همیشگی درخوارداشت جهان.
* - آغاز افتادگی یک برگ از شاهنامهٔ سپاهان.
۴ - افزاینده بجای گفتن، در رج پسین او را می‌گریاند...
۵ - شیوهٔ شمار نادرست است: «بیست نگهبان»!
۶ - آنان را زن و کودک نبود، تنها یک پسر شیرین، بنام مردانشاه فرزندی بیرون از زندان داشت که بنام یزدگرد که پسان شاه شد. از اینجا، شش رج درنکوهش جهان...

## کشتن شیرین خود را
## و
# کشته شدن شیرویه

چو آوردم این روز خسرو به بن      ز شیروی و شیرین گشایم سخن[1]
چو پنجاه و سه روز بگذشت زین      که شد کشته آن شاه با آفرین[2]
بشیرین فرستاد، شیروی، کس      که: «بر جادویی، مر ترا، دسترس؛
همه جادوی دانی و بدخوی      به ایران، گنهکارتر کس، توی[3]
به تُنبل همی داشتی شاه را      به چاره فرود آوری ماه را[4]
بترس ای گنهکار و نزد من آی      به ایوان، چنین، شاد و ایمن مپای»

*

برآشفت شیرین ز پیغام او      اُزان پرگنه، زشت دشنام او
چنین گفت کـ :«ان کس که خون پدر      بریزد، مباداش؛ بالا و بر
نبینم من آن بدکنش را ز دور      نه هنگام ماتم، نه هنگام سور»
دبیری بیاورد، دانا، سری      همان ساخته پهلوی دفتری
بدان مرد دانده، اندرز° کرد      همه خواسته پیش او، ارز کرد
همی داشت لختی، به صندوق زهر      که زهرش نبایست جُستن، بشهر[5]
همی داشت آن زهر با خویشتن      همی دوخت سرو چمن را کفن[6]
فرستاد پاسخ، به شیروی، باز      که: «ای تاجور شاه گردنفراز
سخن‌ها که گفتی تو، برگ است و باد*      دل و جان آن بدکنش پست باد؛
کجا در جهان، جادویی؛ جز بنام      شنوده‌ست و بوده‌ست زان، شادکام
اُگر شاه ازین رسم و اندازه بود      که رای وی از جادوی تازه بود[7]
که جادو بُدی کس به مشکوی شاه      به دیده بدیدی همان روی شاه[8]
مرا از پیِ فرّخی داشتی      که شبگیر چون چشم بگماشتی؛

---

۱ – این روز خسرو را به بن آوردن چگونه باشد؟ روزگار خسرو را «مهرهرمزد» بسر آورد نه «به بن».
۲ – «زین» (– ازین داستان) همانست که در لت دویم دوباره می‌آید.
۳ – لت نخست دوباره‌گویی رج پیشین است.
۴ – سخن بی‌پیوند است.
○ – اندرز: وصیت
۵ – دوبار یاد کردن از «زهر» در یک گفتار آنرا سست می‌نماید.
٦ – در چنتوک (= صندوق) داشت؟ یا با خود داشت؟
* – چونان برگی است که باد، آنرا بدینسوی و آنسوی می‌کشاند.
۷ – «از این رسم و اندازه بود» راگزارش نیست.
۸ – این سخن را پیوند باگفتار نیست.

ز مشکوی زرّین مرا خواستی / بدیدارِ من، جان بیاراستی
ز گفتارهای چنین، شرم دار / چه بندی سخن کژّ، اَبَر شهریار
ز دادار نیکی‌دهش یاد کن / بیندیش و زین پس مگوی این سخن!»

*

ببردند پاسخ بنزدیک شاه / برآشفت شیروی، زان بیگناه
چنین گفت ک:«ز آمدن چاره نیست / چو تو، در زمانه، گنه کاره نیست»
چو بشنید شیرین پر از درد شد / بپیچید و رنگِ رخش زرد شد
چنین داد پاسخ که: «نزد تو، من / نیایم، مگر، با یکی انجمن
که باشند پیش تو دانندگان / جهاندیده و چیز خوانندگان»
فرستاد شیروی، پنجاه مرد / بیاورد داننده و سالخَورد
اُ زانپس بشیرین فرستاد کس / که: «برخیز و پیش آی، گفتار بس!»
چو شیرین شنید، آن کبود و سیاه / بپوشید و آمد به نزدیک شاه[1]
بشد تیز تا گلشن شادگان / که بُد جای گوینده آزادگان
نشست از پس پردهٔ پادشا / چنان چون بود مردم پارسا

*

به نزدیک او کس فرستاد شاه / که: «از سوک خسرو برآمد دو ماه[2]
کنون جفت من باش تا بر خوری / بدان تا سوی کهتری ننگری
بدارم ترا هم بسان پدر / اُزان نیز نامی‌تر و خوب‌تر
بدو گفت شیرین که: «دادم نخست / بده وانگهی جانِ من پیش تست
وزن پس نیاسایم از پاسخت / ز فرمان و رای و دل فرخت»

*

بدان گشت شیروی همداستان / که بر گوید آن خوبرخ داستان
زنِ مهتر، از پرده آواز داد / که: «ای شاه، پیروز بادیّ و شاد
تو گفتی که من بدتن و جادواَم / ز پاکیّ و از راستی یک‌سواَم»
بدو گفت شیرویه: «بود این چنین / ز تیزی، جوانان، نگیرند کین»
چنین گفت شیرین به آزادگان / که بودند در گلشن شادگان:

---

۱ - **یک:** «آن» در لت نخست نادرخور است، زیرا که خواننده «کبود و سیاه» را نمی‌شناسد. **دو:** پوشش سیاه در ایران باستان ناشایست بوده است... چنانکه تا چندی پیش نیز؛ دینیاران آنرا (مکروه) میِ خواندند...

۲ - شیرین پشت پرده نشسته، کس فرستادن بنزد او را چه گزارش است؟ و چهار رج پسین دوباره‌گویی گفتار شیرویه است، پس از دیدنِ روی شیرین.

از اینجا پنج رج افزوده در خواستاری شیرویه از شیرین، که چنین کار پس از سخنان شیرین و دیدنِ چهره و گیسوی شیرین، روی میدهد.

«چه؟ دیدید از من، شما، از بدی! ... ز تاریّ و کژّیّ و نابخردی
بَسی سال، بانوی ایران بُدم ... بهر کار، پشت دلیران بُدم
نجُستم همیشه جز از راستی ... ز من دور بُد، کژّی و کاستی
بسی کس به گفتار من شهر یافت ... ز هرگونه‌ای از جهان بهر یافت
به ایران که؟ دید از بُنه، سایه‌ام ... اُگر سایهٔ تاج و پیرایه‌ام!
بگوید هر آن کس که دید و شنید ... همه کار ازین پاسخ آمد* پدید»

*

بزرگان که بودند در پیش شاه ... ز شیرین، بخوبی، نمودند راه
که: «چون او زنی نیست اندر جهان ... چه در آشکار و چه اندر نهان»

*

چنین گفت شیرین که: «ای مهتران! ... جهان گشته و کاردیده سران
به سه چیز باشد زنان را بهی ... که باشند زیبای گاهِ مهی
یکی آنکه با شرم و با خواسته است ... که جفتش بدو خانه آراسته است
دگر آنکه فرّخ پسر زاید او ... ز شوی خجسته بیفزاید او
سدیگر که بالا و رویش بود ... به پوشیدگی نیز، مویش بود
بدانگه که من جفت خسرو بُدم ... به پیوستگی در جهان نو بُدم
چو بیکام و بیدل بیامد ز روم ... نشستش نبود اندرین مرز و بوم
ازانپس، بدان کامکاری رسید ... که کس در جهان، آن؛ نه دید و شنید
اُ ز او نیز، فرزند، بودم؛ چهار ... بدیشان چنان شاد بُد شهریار
چو نستوه و چون شهریار و فرود ... چو مردان شه آن تاج چرخ کبود[1]
ز جمّ و فریدون چو ایشان نزاد ... زبانم مباد ار بپیچم ز داد!»
بگفت این و بگشاد چادر ز روی ... همه روی، ماه و، همه پشت، موی
سدیگر چنین است رویم که هست ... یکی، گر دروغ است، بنمای دست!
مرا از هنر موی بُد در نهان ... که آن را ندیدی، کس؛ اندر جهان
نمودم همه، پیشت، این جادویی ... نه از تُنبل و مَکر و از بدخویی[2]
نه کس موی من پیش ازین دیده بود ... نه از مهتران نیز بشنیده بود[3]

* - **یک:** همه نمونه‌ها «آمد»، و درست «**آید**» است: (= از پاسختان، کارِ [من] پدیدار می‌شود). **دو:** همهٔ نمونه‌ها آمد پدید، تنها شاهنامه امیرکبیر «**آید پدید**» آورده است که درست است.

۱ - «چو» پیوند شایسته‌ای برای پیوستن بگفتار پیشین نیست. اما این رج از سوی کسی افزوده شده است، که نام فرزندان شیرین را در دیگر نامه‌ها خوانده بوده است. بنداری این سخن را نیاورده است.

۲ - لت دویم را پیوند درست با لت نخست نیست.

۳ - پیش از آنکه بمشکوی خسرو آید آوازهٔ مویش در جهان پراکنده بود!

| | |
|---|---|
| ز دیـدار، پـیران؛ فـرو مـاندند | خَـیو● زیـر لب‌هـا بـرافشـاندند |
| چـو شیروی، رخسـار شیرین بدید | روان نـهانش، ز تـن، بـر پـرید |
| ورا گـفت: «جز تـو، نـباید کسم | چـو تـو جفت یابم، ز ایران؛ بَسَم» |
| زن خـوبرخ پـاسخش داد بـاز | کـه: «از شاه ایـران، نـیم بـی‌نیاز |
| سه⊡ حاجت بخواهم چو فرمان دهی | کـه بـر تـو بـماناد شاهنشهی» |
| بـدو گفت شیروی: «جانم ترا است! | دگر آرزو، هـر چه خواهی، روا است» |

*

| | |
|---|---|
| بـدو گفت شیرین کـه: «هر خواسته | کـه بـودم، بـدین کشـور آراسته؛* |
| ازیـن پس یکـایک سپاری بـمن | هـمه، پـیشِ ایـن نـامور انـجمن |
| بـدین نـامه انـدر نـهی خط خویش | کـه بـیزارم از چـیز او کـمّ و بـیش» |
| بکـرد آنـچه فـرمود، شیروی، زود | زن از آرزوهـا چـو پـاسخ شـنود؛ |
| بـه راه آمـد از گـلشن شـادگان | ز پـیش بـزرگان و آزادگـان |
| بـه خـانه شد و بـنده آزاد کرد | بـدان خـواسته بـنده را شـاد کـرد |
| دگـر هـر چـه بـودش، بـدرویش داد | بـدان کـاو، ورا خـویش، بُـد بیش داد[1] |
| بـبخشید چـندی بـه آتشکـده | چـه بـرجای نـوروز و جشـن سـده[2] |
| دگـر بـر کـنامی کـه ویـران بُـدی | ربـاطی کـه آرام شـیران بُـدی[3] |
| بـه مـزد جـهاندار خسـرو بـداد | بـنیکی، روان ورا کـرد شـاد |
| بـیامد بـدان بـاغ و بگشـاد روی○ | نشست از برِ خاک، بی‌رنگ و بوی⊡ |
| هـمه بـندگان را بـرِ خـویش خـوانـد | مـرآن هـر یکـی را بـه خـوبی نشـاند[4] |
| چـنین گفت زان پس به بـانگ بـلند | که: «هر کس که هست از شما، ارجمند |
| هـمه گـوش داریـد گـفتار مـن | نـبیند کسـی نـیز، دیـدار مـن |
| مگـویید یکسـر جـز از راسـتی | -نـباید ز دانـندگان کـاستی-□ |
| که، زانپس کـه مـن، نـزد خسرو شدم | بـمشکوی زرّیـن او نـو شـدم |
| سـرِ بـانوان بـودم و فـرّ شـاه | ازانـپس چه؟ پیدا شد، از من گناه! |

● - خَیو: خَدو: آب دهان.

⊡ - «**دو حاجت**» درست‌تر می‌نماید.

* - که مرا بود؛ خواسته‌ای که داشتم.

۱ - **یک:** درویش نادرست است: «درویشان». **دو:** لت دویم نادرخور.

۲ - «جای نوروز و جشن سده» راگزارش نیست.

۳ - کنام، خانهٔ ددان است، و ویران و آباد ندارد.

○ - نمونه‌ها همه بگشاد روی آورده‌اند، اما «**بگشاد موی**» (= گیسوان خویش را بُرید) درست می‌نماید.

⊡ - بی‌آرایش

۴ - لت دویم سست و بی‌پیوند است.

□ - نمونه‌ها «نباید»، و «نیاید» آورده‌اند، اما پیدا است که گفتار فردوسی چنین بوده است:

**«نشاید ز دانندگان کاستی»**

نباید سخن، هیچ؛ گفتن بروی● چه روی؟ آید اندر زنی چاره‌جوی!»
همه یکسر از جای برخاستند زبان‌ها به پاسخ بیاراستند[1]

*

که «ای نامور بانوی بانوان سخنگوی و دانا و روشن‌روان[2]
بیزدان که هرگز تراکس ندید نه نیز ازپس پرده، آوا شنید
همانا ز هنگام هوشنگ باز چو تو نیز ننشست بر تخت ناز»
همه خادمان و پرستندگان جهانجوی و بیداردل بندگان

*

به آواز گفتند ک:«ای سرفراز ستوده به چین و به روم و تراز
که؟ یارد، سخن گفتن از تو، به بد بدی کردن از روی□ تو، کی؟ سزد!
چنین گفت شیرین که: «این بدکُنش که چرخ بلندش کند سرزنش
پدر را بکشت از پی تاج و تخت کزین پس، مبیناد شادیّ و بخت
مگر مرگ را، پیش دیوار کرد که جان پدر را، به تن، خوار کرد[3]
پیامی فرستاد نزدیک من که باریک شد، جان تاریک من
بدان گفتم این را، که من، زنده‌ام جهان‌آفرین را پرستنده‌ام
پدیدار کردم همه راه خویش پر از درد بودم ز بدخواه خویش
پس از مرگِ من، بر سرِ انجمن زبانش، مگر؛ بد سراید ز من»
ز گفتار او ویژه گریان شدند هم از درد پرویز، بریان شدند

*

برفتند گویندگان نزد شاه شنیده بگفتند ازآن بیگناه[4]
بپرسید شیروی ک:«ای نیکخوی سدیگر چه چیز؟ آمدت آرزوی!
فرستاد شیرین، بشیروی، کس که: «اکنون یکی آرزو ماند و بس
گشایم درِ دخمهٔ شاه؛ باز بدیدار او آمدستم نیاز!»
چنین گفت شیروی ک:«این هم رواست بدیدار آن مهتر، او؛ پادشاست»*
نگهبان، درِ دخمه را باز کرد زن پارسا، مویه آغاز کرد

---

● – شما را «رو در بایستی» نباید. ۱ – **یک:** زبانها را «را» باید. **دو:** سخن از پاسخ در رج ۴۸۸۱۵ می‌آید.
۲ – چهار رج نادرست که کس؛ از زمان هوشنگ، کسی را بیاد ندارد... گفتاری که میان رج پیشین و گفتار پسین جدایی می‌افکند.
□ – نمونه‌های «روی تو» آورده‌اند، و پیدا است که **«از سوی تو»** درست است.
۳ – لت دویم راگزارش نیست.
۴ – چون در رج دویم پسین، شیرین، کس بسوی شیرویه می‌فرستد. این سخن، وپرسش دربارهٔ آرزوی شیرین افزوده می‌نماید.
* – رای شیرین برای دیدار آن پدرِ مهتر، روا است.

بشد، روی؛ بر روی خسرو نهاد          گذشته سخن‌ها بر او کرد یاد
هم‌آنگاه زهر هلاهل بخوَرد          ز شیرین روانش، برآورد، گرد
نشسته بر شاه پوشیده روی          بتن بر، یکی جامه،کافور بوی
به دیوار پشتش نهاد و بمرد          بمرد○ و ز گیتی ستایش ببرد

*

چو بشنید شیروی، بیمار گشت          ز دیدارِ● او، پر ز تیمار گشت
بفرمود تا دخمه دیگر کنند          ز مشک و ز کافورش افسر کنند
در دخمهٔ شاه کرد استوار          برین بر، نیامد بسی روزگار
که شیروی را زهر دادند نیز          جهان را ز شاهان، پُر آمد، قفیز
بشومی بزاد و، بشومی بمرد          همان تخت شاهی پسر را سپرد[1]
کسی پادشاهی کند هفت ماه          به هشتم ز کافور یابد کلاه[2]
به گیتی بهی بهتر از گاه نیست          بدی بتّر از عمر کوتاه نیست[3]
کنون پادشاهیِ شاه اردشیر          بگویم که پیش آمدم ناگزیر[4]

## پادشاهی اردشیر شیروی[5]

چو بنشست بر تخت شاه اردشیر          از ایران برفتند برنا و پیر[6]
بسی نامداران گشته کهن          بدان، تا چگونه سراید؛ سخن[7]
زبان برگشاد اردشیر جوان          چنین گفت ک:«ای کاردیده گوان[8]
هر آن کس که برگاهِ شاهی نشست          گشاده زبان باد و یزدان‌پرست[9]
برآیین شاهان پیشین رویم          همان از پیِ فرّه و دین رویم[10]

○ - «برفت» درست می‌نماید.          ● - از (یاد) روی او...          ۱ - شیروی را پسری نبود.
۲ - سخن را پیوند با گفتار پیشین نیست.          ۳ - سخن کودکانه
۴ - همچنین
شیرویه را از شانزده سالگی بزندان بردند، و در زندان نیز زن نگرفت، و هیچیک از آن ۱۶ پسر خسرو را زن نبود، و بر بنیاد تاریخ تبری. تنها؛ مردانشه پسر شیرین یکبار پیام بمادرش شیرین فرستاد که از این در، سخت درمانده‌ام و وی نیز زنی را بنام خون‌گیری [حجامت] بزندان فرستاد که با وی آمیزش کرد و یزدگرد از آن زن زاده شد.          ۵ - شیرویه را فرزندی نبود.
۶ - برنا کودک پنج ساله تا ده ساله است، که نشاید همراه پیران بوده باشد.          ۷ - دوباره از نامداران کهن یاد می‌شود.
۸ - زبان برگشادن، «دشنام دادن» است.          ۹ - سخن باژگونه است: آنرا که گشاده زبان و یزدانپرست است، پادشاهی باد!
۱۰ - **یک:** سخن را آغازگر «من»، یا «ما» باید. **دو:** لت دویم نادرخور است، «از پی» راگزارش نیست، و «بدنبال فرمان دین» توان گفتن، اما «بدنبال فرّ» نشاید آوردن.

خیزش همراه با آشوب ۴۶۷

ز یزدان نیکی‌دهش، یاد باد        همه کار و کردار ما، داد باد[1]
پرستندگان را همه برکشیم        ستمکارگان را به خون در کشیم»[2]
بسی کس به گفتارش آرام یافت        از آرام او هر کسی کام یافت[3]
به پیروزخسرو سپردم سپاه        که از داد، شاد است و، شادان ز شاه[4]
به ایران چو باشد، چنو پهلوان        بماناد شادان و روشن‌روان[5]

*

پس آگاهی آمد، بنزدِ گراز        که زو، بود خسرو، بگُرم و گداز
فرستاد، گوینده‌ای را ز روم        که: «در خاک شد، تاج شیروی شوم[6]
که جانش، بدوزخ گرفتار باد        سر دخمهٔ او، نگونسار باد[7]
که دانست؟ هرگز، که سرو بلند        بباغ، از گیا، یافت خواهد گزند
چو خسرو که چشم و دل روزگار        نبیند چنو نیز یک شهریار[8]
چو شیروی را شهریاری دهد        همه شهر ایران به خواری دهد[9]
چنو رفت شد تاجدار اردشیر        بدو شادمان جان برنا و پیر[10]
مرا گر ز ایران رسد هیچ بهر        نخواهم که بر وی رسد باد شهر[11]
نبودم من آگه، که پرویز شاه        بگفتارِ آن بدتنان شد تباه[12]
بیایم کنون، با سپاهی گران        ز روم و ز ایران گزیده سران[13]
ببینیم تا کیست؟ این کدخدای        که باشد پسندش، بدینگونه رای[14]
چنان برکنم بیخ او را ز بن        کزان پس نرانند ز شاهی سخن»[15]
نوندی برافکند پویان به راه        بنزدیکِ پیرانِ ایرانسپاه[16]

*

دگرگونه آهنگ، بدکامه کرد        به پیروزخسرو، یکی نامه کرد[17]

---

۱ - سخن زیبا است، اما پیوسته بگفتار است.
۲ - پرستندگان چه کسان‌اند؟
۳ - لت دویم بی‌گزارش است.
۴ - لت دویم راگزارش نیست.
۵ - بماناد، در لت دویم به ایران بازمی‌گردد، و ایران را نشاید شادان و روشنروان خواندن.
۶ - **یک:** گراز، در روم نبود. **دو:** تاج، بخاک نمی‌رود.
۷ - سر دخمه نیز نگونسار نمی‌شود.
۸ - سخن سست است، و چگونه همان خسرو را که گراز بر وی شوریده بود، اکنون که کشته شده است، با چنین بزرگداشت یاد میکند؟
۹ - شیروی را خسرو، شهریاری نداده بود.
۱۰ - برنا و پیر...
۱۱ - سخن سخت آشفته و بی‌گزارش است.
۱۲ - بدتنان چه کسان‌اند؟ همانان‌اند که با گراز همدست و همرای شده بودند، و خرد نمی‌پذیرد که اکنونکه گراز برای گرفتن پادشاهی به تیسفون میرود، هم‌پیمانان خویش را از خود برنجاند.
۱۳ - سران روم نزد گراز چه میکردند؟
۱۴ - **یک:** «بدینگونه را» راگزارش نیست. **دو:** پایانِ افتادگی شاهنامه سپاهان.
۱۵ - بیخ و بن هر دو یکی است.
۱۶ - یازده رج پیش چنین آمده بود: «فرستاد، گوینده‌ای...».
۱۷ - سه رج، وابسته به رج پسین.

که: «شد تیره این تخت ساسانیان — جهانجوی باید، که بندد میان
توانی مگر چاره‌ای ساختن — ز هر گونه اندیشه انداختن
بجوی بسی یارِ برنا و پیر — جهان را بپردازی از اردشیر[1]
ازانپس بیابی همه کام خویش — شوی ایمن و شاد، از آرام خویش
گر ایدونکه این راز بیرون دهی — همی خنجر کینه را خون دهی[2]
من از روم، چندان سپاه آورم — که گیتی بچشمت، سیاه آورم[3]
به ژرفی نگه‌دار گفتار من — مبادا که خوار آیدت، کار من[4]
چو پیروزخسرو چنان نامه دید — همه پیش و پس، رای خودکامه دید؛
دلِ روشنِ نامور، شد تباه — که تا چون کند؟ بد بدان، زادشاه[5]
ورا خواندی هر زمان اردشیر — که گوینده مردی بُد و یادگیر[6]
برآسای دستور بودی ورا — همان نیز گنجور بودی ورا[7]
بیامد شبی تیره‌گون بار یافت — می روشن و چرب گفتار یافت[8]
نشسته به ایوان خویش اردشیر — تنی چند با او ز برنا و پیر[9]
چو پیرو ز خسرو بیامد برش — تو گفتی ز گردون برآمد سرش[10]
بفرمود تا برکشیدند رود — شد ایوان پر از بانگ رود و سرود[11]
چو نیمی، ز تیره شب، اندر کشید — سپهبد می یک منی در کشید[12]
شده مست یاران شاه اردشیر — نماند ایچ رامشگر و یادگیر[13]
بداندیش یاران او را براند — جز از شاه و پیروزخسرو نماند[14]

---

۱ - یار «برنا» یا کودک چند ساله را یارای کشتن اردشیر نیست.
۲ - راز بیرون دادن سخنی سخت سست است: راز را آشکار میکنند.
۳ - در گفتار پسین از آوردن سپاه یاد کرده خواهد شد.
۴ - گفتار نیز (نگه‌داشتنی) نیست، (پذیرفتنی) و (شنیدنی) است.
۵ - زادشاه، در همهٔ گسترهٔ زبان فارسی کاربرد نداشته است.
۶ - پیروزخسرو در گفتار افزاینده سردار سپاه ایران شده بود و گویندگی و یادگیری سخنی نادرخور است.
۷ - **یک:** آسای = همانند همواره پس از نام می‌آید؛ «دیو آسا»، «فرشته آسا»، و برآسای را در زبان فارسی پیشینه نیست. **دو:** افزاینده فراموش کرده است که او را سپهسالاری داده بود. **سه:** چگونه سپهسالاریست که دستور نیز هست، و گنجوری را نیز همو دارد!
۸ - **یک:** لت نخست را پیوند درست نیست. شبی تیره بدرگاه (رفت) و بار یافت. **دو:** لت دویم نیز بی‌گزارش است.
۹ - پیدا است که چون به ایوان شاه رفت، شاه نیز در ایوان خویش بوده است... و برنا را در گروه یاران شاه، جای نیست... اگر افزاینده؛ از پرستندگان یاد خواهد کردن، آنان را از گروه «ریدکان» برمی‌گزیدند، که یازده ساله تا پانزده ساله بوده باشند.
۱۰ - تو گفتی... لت دویم بی‌پیوند است: «سر بگردون برافراشت».
۱۱ - پیشتر از می روشن یاد شده بود، و بی‌بانگ رود، می نمی‌نوشیدند، پس آوای رود، از پیش بلند بوده است.
۱۲ - لت دویم بی‌پیوند است: «جامی یکمنی».
۱۳ - سخن بی‌پیوند است، و یاران را «شده بودند» باید... یادگیران چه کسان‌اند، که در بزم شاه بوده‌اند؟
۱۴ - افزاینده فراموش کرد که در رج پیشین گفته بود و نماند ایچ.

جفاپیشه، از پیش خانه، بجست — لب شاه بگرفت ناگه، بدست[1]
همی داشت تا شد تباه اردشیر — همه کاخ شد پر ز شمشیر و تیر[2]
همه یار پیروخسرو شدند — اگر نو جهانجوی اگر گو بُدند[3]

❋

هیونی برافکند نزد گراز — یکی نامه‌ای نیز با آن دراز[4]
فرستاده چون شد، بنزدیک اوی — چو خورشید شد جانِ تاریکِ اوی
⇐ بیاورد□ زان بوم چندان سپاه — که بر مور و بر پشّه بر بست راه
همی تاخت چون باد تا تیسفون — سپاهش همه دست شسته بخون[5]
ز لشکر نیارست، زد؛ دم، کسی — نبُد خود در آن شهر⊡، مردم؛ بسی

1 - **یک:** از پیش خانه بجست (=بگریخت) راگزارش نیست. **دو:** این گفتار برگرفته از داستان اندوهناک کشته شدن گستهم است، اما در آن داستان، پنج مرد پهلوان، سر، و دستها و پاهای او راگرفتند، تا گُردیه بتواند او را خفه کند، و در این داستان، چگونه یک کس را توانِ خپه کردن دیگری است؟

2 - کاخی که از یاران اردشیر تهی شده بود، چگونه یکباره پر از شمشیر و تیر گشت؟...

3 - ...و همه نیز یار پیروزخسرو شدند؟ 4 - دنبالهٔ داستان افزوده. □ -گراز بیاورد.

5 - **یک:** بیاورد در رج پیشین؛ نشان از آوردن سپاه به تیسفون دارد، و سخن دوباره نشاید. **دو:** سپاهیان او نیز، دست بخون ایرانیان نشسته بودند، زیرا که وی بی‌پتیاره (= مخالف) بر تخت نشست. ⊡ - تیسفون راگوید.

# پادشاهی گراز
## نامبردار به
# فرایین

فرایین چو تاج کیان برنهاد    همی گفت چیزی که آمدش یاد[1]

*

همی گفت: «شاهی کنم یک زمان    نشینم برین تخت بر شادمان[2]
به از بندگی توختن شست سال    برآورده رنج و فرو برده یال
پس از من پسر برنشیند به گاه    نهد بر سر آن خسروانی کلاه»
نهانی بدو گفت مهتر پسر    که: «اکنون به گیتی تویی تاجور
مباش ایمن و گنج را چاره کن    جهانبان شدی کار یکباره کن
چو از تخمهٔ شهریاران کسی    بیاید نمانی تو ایدر بسی»
اُزان پس چنین گفت کهتر پسر    که: «اکنون به گیتی توی تاجور
سزاوار شاهی سپاه است و گنج    چو با گنج باشی نمانی به رنج
فریدون که بُد آتبینش پدر    مر او را که بد پیش او تاجور
جهان را به سه پور فرخنده داد    که اندر جهان او بُد از داد شاد
به مرد و به گنج این جهان را بدار    نزاید ز مادر کسی شهریار»
ورا خوش نیامد بدین سان سخن    به مهتر پسر گفت: «خامی مکن»

*

«اَرز» را به دیوان شاهی نشاند    سپه را، سراسر، بدرگاه خواند
شب تیره و روز، دینار داد    بسی خلعتِ ناسزاوار داد
به دو هفته از گنجِ شاه اردشیر    نماند از بهایی، یکی پرِ تیر[3]
هرآنگه که رفتی به می، سوی باغ    نبردی جز از شمعِ انبر، چراغ
همان تشت، زرّین و سیمین بُدی    چو زرّین بدی گوهرآگین بُدی[4]
چو هشتاد در پیش و هشتاد پس    پسِ شمع یاران فریادرس
همه شب بُدی، خوردن، آیین اوی    دل مهتران پر شد از کین اوی[5]

---

۱ - **یک:** تاج کیان برنهاد، نادرست است: «تاج کیان را بر سر نهاد». **دو:** لت دویم نیز نادرخور است.
۲ - همی گفت، در رج پیشین آمده بود... از اینجا یازده رج بی‌پیوند، در پند دو پسر گراز است به او که پیوند را در آن راه نیست.
۳ - لت دویم سست است، و ناراست، زیرا که در رج پسین نه چنین آمده است.
۴ - لت دویم نادرخور است.
۵ - سخن بگونه‌ای دیگر در رج پسین می آید.

شب تیره همواره گَردان بُدی … به پالیزها، گر؛ بمیدان بُدی
نماندش به ایران، یکی دوستدار … شکست اندر آمد، به آموزگار
فرایین، همان، ناجوانمرد گشت … ابی داد و بی‌بخشش و خورد گشت[1]
همی زرّ بر چشم بردوختی … جهان را به دینار بفروختی[2]
همی ریخت، خونِ سرِ بیگناه … ازانپس برآشفت، بر وی، سپاه
بدشنام، لب‌ها* بیاراستند … جهانی همه مرگ او خواستند
شبی تیره، هرمزدِ شهران گراز … سخن‌ها همی گفت چندی به راز
گزیده سواری ز شهر صطخر … که آن مهتران را بدو بود فخر[3]
به ایرانیان گفت ک :«ای مهتران … شد این روزگار فرایین؛ گران
همی دارد او مهتران را سبک … چرا؟ شد، چنین، مغز و دل‌تان تُنُک!
همه دیده‌ها زو شده پر سرشک … جگر پر ز خون شد بباید پزشک»[4]
چنین داد پاسخ، مر او را؛ سپاه … که:«چون، کس، نماند از درِ پیشگاه
نه کس را همی آید از رشگ یاد … که پردازدی دل، بدین بدنژاد»
چو بشنید آن گرد خسروپرست … همی جُست بر شاه بیمایه، دست[5]
بر آراست یکروز پس شهریار … شد از شهر بیرون، ز بهر شکار
هر آنگه که زی شهر گشتند باز … نگه کرد، بیباک؛ شهران گراز[6]
بدیشان چنین گفت شهران گراز … که:«این کار ایرانیان شد دراز
گر ایدونکه بر من نسازید بد … کنید آنچه، از داد و مردی سزد؛
هم‌اکنون بنیروی یزدان پاک … مر او را، ز باره، درآرم بخاک»
چنین یافت پاسخ ز ایرانیان … که:«بر، تو مبادا، که آید زیان!
همه لشکر امروز، یار توایم … گرت زین بد آید، حصار توایم»[7]

*

چو بشنید زیشان، ز ترکش؛ نخست … یکی تیرِ پولاد پیکان، بجُست
برانگیخت، از جای، اسپ سیاه … همی داشت لشکر، مر او را نگاه
کمان را، ببازو همی در کشید … گهی در بر و گاه بر سر کشید

---

۱ - **یک**: «همان» در لت نخست، نادرخور است. **دو**: چگونه «بی‌خورد» گشت که با چنان دستگاه پالیز و باغ میرفت!
۲ - سخن بدآهنگ، و نادرخور است. * - **«لب را»** درست می‌نماید.
۳ - باز صطخر بجای استخر و فخر برای پساوای آن. ۴ - لت دویم بی‌پیوند و سست است.
۵ - خسرو، مرده بود، وخسروپرست نادرخور است.
۶ - هر آنگه نادرخور است، و نام شهران‌گراز در رج پسین می‌آید. ۷ - ایرانیان به «لشکر» دگرگون گشت.

به شورشگری° تیر، با زه، ببست — چو شد غرقه پیکانْش، بگشاد شست
بزد تیر، ناگاه؛ بر پشت اوی — بیفتاد تازانه از مشت اوی
همه تیر، تا پرّ در خون گذشت — سرِ آهن از ناف، بیرون گذشت[1]
ز باره در افتاد، شد، سرنگون — روان گشت، زان زخمِ او، جوی خون
بپیچید و برزد یکی باد سرد — بزاری برآن خاک، دل؛ پر ز درد
سپه تیغها برکشیدند پاک — برآمد شب تیره از دشت خاک[2]
همه شب همی خنجر انداختند — یکی از دگر باز نشناختند[3]
همی این ازان بستد و آن ازین — یکی یافت نفرین دگر آفرین[4]
پراکنده گشت آن سپاه بزرگ — چو میشان بددل، که بینند گرگ[5]
فراوان بماندند بی‌شهریار — نیامد کسی، تاج را؛ خواستار
بجُستند، فرزند شاهان، بسی — ندیدند زان نامداران کسی

---

° - نمونه‌ها همه شورشگری آورده‌اند، و «**بازیگری**» درست می‌نماید.

**۱** - **یک:** گفتار بدآهنگ است. **دو:** همین سخن در رج پیشین گذشت. **سه:** بیرون گذشت در لت دویم نادرست است: «بیرون رفت».

**۲** - سپاهیان را که با شهران گراز پیمان بسته بودند، چرا می‌بایستی تیغ برکشیدن؟

**۳** - **یک:** تیغ؟ یا خنجر؟ **دو:** خنجر انداختنی نیست.

**۴** - **یک:** چه چیز را از هم بستدند؟ نفرین و آفرین نیز یافتنی نیست.

**۵** - میش بددل را گزارش نیست.

# پادشاهی پوراندخت

یکی دختری بود، پوران، بنام … چو زن شاه شد، کارها گشت خام؛[1]
برآن تخت شاهیش بنشاندند … بزرگان، بر او، گوهر افشاندند[2]
چنین گفت پس دخت پوران که «من … نخواهم پراکندنِ انجمن[3]
کسی را که درویش باشد ز گنج … توانگر کنم، تا نماند به رنج[4]
مبادا ز گیتی کسی مستمند … که از درد او بر من آید گزند[5]
ز کشور کنم دور بدخواه را … بر آیین شاهان کنم گاه را»[6]
نشانی ز پیروزخسرو بجست … بیاورد ناگاه مردی درست[7]
خبر چون به نزدیک پوران رسید … ز لشکر بسی نامور برگزید
ببردند پیروز را پیش اوی … بدو گفت ک:«ای بدتن کینه‌جوی[8]
ز کاری که کردی بیابی جزا … چنان چون بود درخور ناسزا
مکافات یابی ز کرده کنون … برانم ز گردن ترا جوی خون»
ز آخُر، همآنگه، یکی کرّه خواست … به زین اندرون، نوز؛ نابوده راست
ببستش بدان باره بر، همچو سنگ … فکنده بگردن درون پالهنگ
چنان کرّهٔ تیزِ نادیده زین … بمیدان کشید، آن خداوندِ کین
سواران به میدان فرستاد چند … به فتراک بر، گرد کرده کمند
که تا کرّه او را همی تاختی … زمان تا زمانش، برانداختی
زدی هر زمان خویشتن بر زمین … بران کرّه بر، بود، چند آفرین
چنین تا، بر او بر، بدرّید چرم … همی رفت خون از برش نرم نرم
سرانجام جانرا، بخواری بداد … چرا جویی از کار بیداد داد
همی داشت این زن جهان را بمهر … نجَست از برِ خاک، بادِ سپهر[9]

---

۱ - **یک:** در رج هفتم پسین، آگاهی بپوران می‌رسد. **دو:** داوری درباره او در رج نوزدهم پس از این می‌آید که: «همی داشت این زن، جهان را بمهر»، پس چگونه چنین سخن سست را، که پیوند بگفتارش نیز نیست، توان پذیرفتن!

۲ - بر آن تخت نادرست است: «اَبَر تخت شاهیش».

۳ - پوران؟ یا دختِ پوران؟

۴ - وابسته برج پیشین

۵ - همچنین

۶ - گاه را بر آیین شاهان کردن، گزارش ندارد.

۷ - لت دویم را، با لت نخستین همخوانی نیست... پیروزخسرو را جست، و ناگاه مردی درست را یافت!!

۸ - یازده رج دربارهٔ پادافره پیروزخسرو، که بداستان افزودهٔ خفه کردنِ اردشیر وابسته است.

۹ - «این زن» نادرخور است.

چو شش ماه بگذشت بر کار اوی — ببُد ناگهان کژّه، پرگار اوی
بیک هفته بیمار گشت و بمرد — ابا خویشتن، نام نیکی° ببرد
چنین است آیین چرخ روان — توانا به هر کار و ما ناتوان[1]

---

° - «نام نیکو» درست می‌نماید.

1 - چرخ...

## پادشاهی آزرمیدخت

یکی دخت دیگر بُد، آزرم نام / ز تاج بزرگان رسیده بکام
بیامد، بتخت کیان برنشست / گرفت این جهان جهان را بدست[۱]
نخستین چنین گفت کـ:«ای بخردان / جهان گشته و، کارکرده ردان
همه کار بر داد و آیین کنیم / کزین پس همه، خشت بالین کنیم[۲]
هر آن کس که باشد مرا دوستدار / چنانم مراو را، چو، پروردگار
کسی کاو ز پیمان من بگذرد / بپیچد، از آیین و راه خرد[۳]
بخورای تنش را برآرم به دار / ز دهقان و تازی و رومی شمار»[۴]
همی بود، بر تخت بر، چار ماه / به پنجم شکست اندر آمد، بگاه
از آزرم، گیتی؛ بی‌آزرم گشت / پیِ اخترِ رفتنش نرم گشت[○]
شد او نیز و، آن تخت؛ بی‌شاه ماند / بکامِ دلِ مردِ بدخواه ماند
همه کار گردنده چرخ این بود / ز پروردهٔ خویش پرکین بود[۵]

---

۱ - لت دویم نادرخور است.
۲ - سخن را پیوند شایسته نیست.
۳ - راهِ خرد نادرخور است: از خرد و آیین بپیچد.
۴ - لت دویم را پیوند و گزارش نیست.
○ - اسبی که با شتاب می‌رود، چون بخواهد ایستادن، بایستی گام (= پی) را نرم و کوتاه بردارد.
۵ - دشنام بچرخ!...

## پادشاهی فرخزاد

ز جهرم، فرخزاد را خواندند    بر آن تختِ شاهیش، بنشاندند
چو بر تخت بنشست، کرد آفرین    ز نیکی‌دهش، بر جهان آفرین[1]
«منم» گفت: «فرزند شاهنشهان    نخواهم جز از ایمنی در جهان
ز گیتی هرآن کس که جوید گزند    چو من شاه باشم، نگردد بلند
هرآنکس که جوید بدل، راستی؛    نیارد، بکار اندرون، کاستی؛
بدارمْش چون جانِ پاک، ارجمند    نجویم اَبَر بی‌گزندان، گزند»
چو یک ماه بگذشت بر تخت اوی    بخاک اندر آمد سرِ بخت اوی
همین بودش از روزِ آرام، بهر    یکی بنده، با مَی، برآمیخت زهر
بخورد و یکی هفته، زانپس بزیست    هرآنکس که بشنید، بر وی گریست
چو آن پادشاهی، بپایان رسید    ز هرگوشه‌ای، دشمن آمد پدید
چنین است کردار گردنده دهر    نگه کن کزو چند یابی تو بهر[2]
بخور هر چه داری به فردا مپای    که فردا مگر دیگر آیدش رای
ستاند ز تو دیگری را دهد    جهان خوانیش بی‌گمان برجهد
بخور هر چه داری فزونی بده    تو رنجیده‌ای بهر دشمن منه
هر آنگه که روز تو اندر گذشت    نهاده همه باد گردد به دشت

---

۱ - نیکی دهش، و جهان آفرین یکی است، و نشاید از یکی از آنان بر دیگری آفرین (کردن).
۲ - پنج رج درنکوهش جهان...

# پادشاهی یزدگرد

چو بگذشت زو، شاه شد، یزدگرد — به ماه سپندارمذ روز ارد
چه گفت آن سخنگوی مرد دلیر — چو از گردش روز برگشت سیر [1]
که باری نزادی مرا مادرم — نگشتی سپهر بلند از برم
به پرگار تنگ و میان دو گوی — چه گویم جز از خامشی نیست روی
نه روز بزرگی نه روز نیاز — نماند همی برکسی بر دراز
زمانه زِ ما نیست چون بنگری — ندارد کسی آلت داوری
بیارای خوان و بپیمای جام — ز تیمار گیتی مبر هیچ نام
اگر چرخ‌گردان کشد زین تو — سرانجام خاک است بالین تو
دلت را به تیمار چندین مبند — بس ایمن مشو بر سپهر بلند
که با پیل و با شیر بازی کند — چنان دان که از بی‌نیازی کند
تو بی‌جان شوی او بماند دراز — درازست گفتار چندین مناز
تو از آفریدون فزون‌تر نه‌ای — چو پرویز با تخت و افسر نه‌ای
به ژرفی نگه کن که با یزدگرد — چه کرد این برافراخته هفت گرد

*

چو بر خسروی گاه، بنشست شاد — کلاه بزرگی، بسر بر؛ نهاد
چنین گفت ک:«ز دور چرخ روان — منم پاک فرزند نوشیروان
پدر بر پدر، پادشاهی مرا است — خور و خوشه و ماه و ماهی، مرا است [2]
بزرگی دهم هر که کهتر بود — نیازارم آنرا، که مهتر بود [3]
نجویم بزرگیّ و فرزانگی — همان رزم و تندیّ و مردانگی
که بر کس نماند همی، زور و بخت — نه گنج و نه دیهیم شاهی، نه تخت
همی نام، جاوید باید، نه کام — بیناز کام و، برافراز نام [4]
برین گونه تا سال شد بر دو هشت — همی ماه و خورشید بر سر گذشت [5]

---

۱ - این مرد دلیر، که سخن بدین درازی میگوید کیست؟ دوازده رج پندهای همیشگی و سخنان بی‌پیوند...

۲ - **یک:** سخنِ لت نخست در رج پیشین گذشت... **دو:** و در سنجش نشاید که خورشید را با برج خوشه آوردن. **سه:** این گمان نادرست هندیان بوده است که زمین را بر پشت گاوی، و گاو را بر پشت ماهیی در دریا می‌پنداشتند، و ماه و ماهی را روبروی هم، و زیر و زبَرِ جهان می‌دانستند.

۳ - همهٔ کهتران را نتوان مهتری بخشیدن.

۴ - روی سخن به «تو» برگشت.

۵ - ماه و خورشید بر سر چه کس گذشت؟

## تاخت کردن سعد وقّاص بایران
## و فرستادن یزدگرد
# رستم فرخزاد را بجنگ او

عـمر، سـعد وقّـاص را بـا سـپاه — فـرستاد، تـا جـنگ جـوید ز شـاه
چـو آگـاه شـد زان سـخن، یـزدگرد — ز هـر سـو سـپاه، انـدر آورد؛ گـرد
بـفرمود تـا پـور هـرمزد، راه — بـپیماید و بـرکشد بـا سـپاه
کـه رسـتم بُـدش نـام و بـیدار بـود — خـردمند و گـرد و جـهاندار بـود[1]
سـتاره‌شمر بـود و بسـیارهوش — بـه گـفتار مـوبد نـهاده دو گـوش[2]
بـرفت و گـرانـمایگان را بـبرد — هـر آن‌کس کـه بـودند بـیدار و گـرد[3]
بـرین گـونه تـا مـاه بگـذشت سـی — هـمی رزم جسـتند در قـادسی[4]
بسـی کشـته شـد لشکـر از هـر دو سـوی — سـپه یـک ز دیگـر نـبرگاشت روی[5]
بـدانست رسـتم شـمار سـپهر — سـتاره‌شمر بـود و بـا داد و مـهر[6]
همی° گفت کـ:«این رزم را روی نیست — ره آب شـاهان بـدین جـوی نیست»
بـیاورد صـلّاب و اخـتر گـرفت — ز روز بـلا دست بـر سـر گـرفت[7]
یکـی نـامه سـوی بـرادر، بـه درد؛ — نـوشت و سـخن‌ها هـمه یـاد کـرد
نـخست آفـرین کـرد بـر کـردگار — کـزو دیـد، نـیک و بـد روزگـار[8]
دگـر* گـفت کـ:«ز گـردش آسـمان — پـژوهنده مـردم، شـود بـدگمان
گـنهکارتر، در زمـانه مـنم — ازیـرا گـرفتار اهـریمنم
کـه ایـن خـانه از پـادشاهی تـهیست — نـه هـنگام پـیروزی و فـرّهیست

---

۱ - **یک:** پس از پیمودن راه، و برکشیدن سپاه، نام او را آوردن، نادرخور است. **دو:** جهاندار نیز پاژنام پادشاهان بوده است.
۲ - خردمند و گرد و جهاندار، را نشاید از کار پهلوانی به اخترماری پرداختن! و گوش بگفتار موبد داشتن!
۳ - «بودند» در لت دویم با هر آنکس همخوان نیست: «هر آنکس که بود».
۴ - **یک:** شیوهٔ شمارش نادرست است: سی ماه. **دو:** هنوز نامه سعد وقاص بسپاه ایران نرسیده، چگونه سی ماه رزم جستند...
۵ - ...و بسی لشکر (لشکریان) از دو سوی کشته شد(ند)؟
۶ - دوباره از ستاره‌شماری رستم یاد می‌شود.. اما ستاره‌شماری را چه پیوند، با داد و مهر؟
○ - در نمونه‌ها «همی» آمده است، اما اگر «چنین» بیاید، گفتار با رج ۴۹۰۲۰ و نیز با رج ۴۹۰۲۹ پیوند می‌یابد.
۷ - صلاب تازی شده استرلاب ایرانیست، و بگفتار فردوسی اندر نمی‌شود.
۸ - ایرانیان «بدی» را از سوی خداوند در شمار نمی‌آوردند! .
* - چون افزایندگان رج پیشین را بشاهنامه افزودند، ناچار این رج را با «دگر گفت» آغاز کردند، اما پیدا است که گفتار شاهنامه چنین بوده است:

**«چنین گفت، کزگردش آسمان»**

ز چارم، همی بنگرد آفتاب ... کزین جنگ، ما را بد آید شتاب [1]
ز بهرام و زهره‌ست ما را گزند ... نشاید گذشتن ز چرخ بلند [2]
همان، تیر و کیوان برابر شده‌ست ... عطارِد، به برجِ دوپیکر شده‌ست [3]
چنین است و کاری بزرگ است پیش ... همی سیر گردد دل از جان خویش [4]
همه بودنی‌ها ببینم همی ... اُزآن، خامشی، برگزینم همی
بر ایرانیان زار و گریان شدم ... ز ساسانیان نیز بریان شدم
دریغ این سرِ تاج و این داد و تخت ... دریغ این بزرگیّ و این فرّ و بخت
کزین پس، شکست آید از تازیان ... ستاره نگردد مگر بر زیان
برین، سالیان چارسد، بگذرد ... کزین تخمه کس تخت را نسپَرد○

❉

ازیشان فرستاده آمد به من ... سخن رفت هرگونه در انجمن
که از قادسی، تا لبِ رودبار ... زمین را ببخشیم، با شهریار
اُزانسو، یکی، برگشاییم راه ... بشهری، کجا هست، بازارگاه*
بدان تا خریم و فروشیم چیز ... ازین پس، فزونی نجوییم، نیز
پذیریم ما، ساو و باژ گران ... نجوییم، دیهیمِ گنداوران
شهنشاه را نیز فرمان بریم ... گر از ما بخواهد، گروگان بریم
چنین است گفتار و، کردار نیست! ... جز از گردشِ کژّه پرگار، نیست!

---

۱ – جایگاه آفتاب در چرخ چهارم است، و همواره از همان چرخ می‌نگریسته و می‌نگرد، پس این چه دگرسانی است از نگرش همواره یکسان آفتاب؟

۲ – ستارهٔ زهره در زبان فارسی ناهید خوانده می‌شود، و فردوسی همواره «ناهید»ش خوانده است، و آن دو ستاره که بسیار ازیکدیگر نیز دورند، چگونه با یکدگر همدست و همیار شدند، تا از آنان، بر ایران گزند رسد؟

برای روشنی افکندن بدین سخن بایستی افزودن که بهرام (=که یونانیان آنرا مارس، و تازیان مریخش می خوانند) یک ستاره پس از زمین بخورشید است، و دوری آن از زمین چنانست که هر دویست و پنجاه سال یکبار بزمین نزدیک می‌شود... پس اینچنین ستاره دور را با ناهید که نزدیک بخورشید است چه پیوند؟

۳ – **یک:** تیر ستاره کوچکی را که همواره نزدیک خورشید است. نشاید با کیوان که از بزرگترین ستاره‌های گروه خورشیدی و بسا دورتر از زمین و بهرام و اورمزد است برابر کردن. **دو:** افزاینده را چندان آگاهی نبوده است که «عطارد» که در لت دویم از آن یاد می‌شود، همان «تیر» است، و اگر او را با کیوان برابر (!) کرده بود. نشایدش بتنهایی به برج دو پیکر فرستادن.

آن چیز که رستم فرخزاد را آزار میداد، پیش‌بینی های نه از روی خردِ موبدان دستگاه ساسانی است که در آن هزاره از شکست ایران برابر نیروی سپاه اهریمن [رویداد زمانرا، از سوی دشت نیزه‌وران] آگاهی داده بودند. [بنگرید به زند بهمن یشت]

۴ – لت دویم نادرست است: «دل از جانم».

○ – **یک:** این سخن را فردوسی از روی درد، بشاهنامهٔ پیشین افزوده است، تا سال چهارسدم هجری را که سال پایان یافتن شاهنامهٔ فردوسی، و همزمان با فرمانروایی محمود سبکتکین است یادآور شود، تا در جای دیگر (رج ۴۹۱۰۰) بگوید: «شود بنده بی‌هنر (**محمود**) شهریار/نژاد و بزرگی نیاید بکار». **دو:** بجای سالیان نیز «**سالها**» درست می‌نماید.

❉ – در زبان پهلوی: [illegible] خوچیستان واچار: بازارِ خوزستان؛ اهواز.

برین نیز جنگی بود هر زمان ... که کشته شود سد هژبر دمان[1]
بزرگان که با من به جنگ اندرند ... به گفتار ایشان همی ننگرند[2]
چو میروی طبری و چون ارمنی ... به جنگ‌اند با کیش اهریمنی[3]
چو کلبوی سوریّ و این مهتران ... که گوپال دارند و گرز گران[4]
همی سر فرازند کایشان کی‌اند؟ ... به ایران و مازندران بر چی‌اند[5]
اگر مرز و راه است، اگر نیک و بد ... بگرز و بشمشیر، باید ستد[6]
بکوشیم و مردی بکار آوریم ... بریشان جهان تنگ و تار آوریم[7]
نداند کسی راز گردان‌سپهر ... دگرگونه‌تر گشت، بر ما، بمهر[8]
چو نامه بخوانی، خرد را مران ... بپرداز و برساز با مهتران[9]
همه گرد کن خواسته هر چه هست ... پرستنده و جامهٔ برنشست[10]
همی تاز، تا آذرآبادگان ... بجای بزرگان و آزادگان[11]
همیدون گله هر چه داری ز اسپ ... ببر سوی گنجور آذرگشسپ[12]
ز زاولستان گر ز ایران سپاه ... هر آن کس که آیند زنهارخواه[13]
بدار و بپوش و بیارای مهر ... نگه کن بدین کار گردان سپهر[14]
ازو شادمانیّ و زو در نهیب ... زمانی فرازست و روزی نشیب[15]
سخن هر چه گفتم به مادر بگوی ... نبیند همانا مرا نیز، روی[16]
درودش ده از ما و بسیار پند ... بدان تا نباشد، بگیتی نژند[17]
گر از من بدآگاهی آرد کسی ... مباش اندرین کار، غمگین بسی[18]
چنان دان که اندر سرای سپنج ... کسی کاو نهد گنج با دسترنج،[19]
چو گاه آیدش زین جهان بگذرد ... ازآن رنج او، دیگری برخورد[20]

۱ - **یک:** هنوز نبرد رخ نداده است. **دو:** سخن سخت سست است که در همهٔ آن نبردها همواره یکسد کس کشته شود، نه بیشتر، نه کمتر!
۲ - سخن راگزارش نیست. ۳ - «چو» پیش از نام نادرخور است. ۴ - همچنین
۵ - لت دویم سخت نادرخور است، که تازیان؛ آنزمان بمازندران نرسیده بودند!
۶ - «نیک و بد» را نشاید با «مرز و راه» سنجیدن. ۷ - این گفتار نه بر روال گفتارهای پیشین است.
۸ - همچنین...
۹ - **یک:** خرد را مران، سخنی نادرخور است بویژه که پس از مران، بپرداز آمده است. **دو:** «برساز» نیز نادرست است: «بساز».
۱۰ - «خواسته» تنها جامهٔ گستردنی (= قالی) نیست، و پرستنده را نیز نشاید «خواسته» در شمار آوردن.
۱۱ - **یک:** آسیب و نبرد از سوی تازیان است، چرا بایستی بسوی آذربایجان تاختن؟ **دو:** همی تاز نیز نادرست است: بتاز!
۱۲ - گلهٔ اسپ را چگونه بگنجور شاید سپردن؟ ۱۳ - از ایران و زابلستان(!) چرا بایستی بنزد او زنهارخواه آید؟
۱۴ - سخنی درهم است. «بدار» به زنهارخواهان بازمیگردد، و بپوش به برادر رستم! ۱۵ - وابسته بگفتار
۱۶ - سخنان یاد شده را که دربارهٔ نبرد بود، با مادر نشاید در میان نهادن. ۱۷ - دنبالهٔ همان سخن
۱۸ - «اندرین کار» در لت دویم نادرخور است، و همان آگاهی بد در لت نخستین است.
۱۹ - سخن از گنج نهادن نیست و گفتار درباره جنگ و شکست ایرانیان است. ۲۰ - دنبالهٔ همان سخن

همیشه بیزدان پرستی گرای ‌‌ ‌ بپرداز دل، زین سپنجی سرای[1]
که آمد به تنگ اندرون، روزگار ‌ ‌ نبیند مرا زین سپس شهریار[2]
تو با هر که از دودهٔ ما بود ‌ ‌ اگر پیر اگر مردِ دانا بود[3]
همه پیش یزدان نیایش کنید ‌ ‌ شب تیره او را ستایش کنید[4]
بکوشید و بخشنده باشید نیز ‌ ‌ ز خوردن به فردا ممانید چیز[5]
که من با سپاهی، بسختی دَرَم ‌ ‌ برنج و غم و شوربختی دَرَم[6]
رهایی نیابم سرانجام ازین ‌ ‌ خوشا باد نوشینِ ایرانزمین[7]
چو گیتی شود تنگ بر شهریار ‌ ‌ تو گنج و تن و جان گرامی مدار[8]
کزین تخمهٔ نامدار ارجمند ‌ ‌ نماندست جز شهریار بلند[9]
ز کوشش مکن، هیچ سستی، بکار ‌ ‌ بگیتی، جز او، نیست‌مان یادگار[10]
ز ساسانیان یادگار، است و بس ‌ ‌ کزین پس نبینند، زین تخمه کس[11]
دریغ آن سر و تاج و آن مهر و داد ‌ ‌ که خواهد شد این تخت شاهی بباد![12]
تو پدرود باش و بی‌آزار باش ‌ ‌ ز بهرِ تن شه، بتیمار باش[13]
گر او را بد آید تو شو، پیش اوی ‌ ‌ به شمشیر بسپار پرخاشجوی[14]

*

⇐ چو با تخت منبر برابر کنند ‌ ‌ همه نام بوبکر و عمّر کنند
تبه گردد این رنج‌های دراز ‌ ‌ نشیبی درازست، پیشِ فراز
نه تخت و نه دیهیم بینی نه شهر ‌ ‌ ز اختر همه تازیان راست بهر
چو روز اندر آید، بروز دراز ‌ ‌ شود ناسزا، شاهِ گردنفراز[15]

---

۱ – بیزدان پرستی نادرست است: «بیزدان گرای». ۲ – دنبالهٔ سخن.

۳ – **یک:** در چنان هنگامه شایسته می‌نماید که بگوید تو و همه ایرانیان... **دو:** پیران، دانایند و آن دو گروه را نشاید از یکدیگر جدا در شمار آوردن. ۴ – نیایش تنها شب تیره نادرست است، نیایش را همواره باید کردن.

۵ – در میان این هیاهو، یاد از خوردن کردن سخت ناشایست است، بخورید...

۶ – که من در سختی و شوربختی‌ام!!...

۷ – باد را نشاید نوشین (=شیرین) خواندن! این سخن، از گفتار بیژن برگرفته شده است:

ایا باد، بگذر بایرانزمین ‌ ‌ پیامی ز من بر بشاه گزین

۸ – دوباره گویی آن سخن است که: دگرگونه‌تر گشت بر، بمهر. ۹ – از کدام تخمه؟ بایستی گفتن از تخمهٔ ساسانیان.

۱۰ – **یک:** «زکوشش سستی مکن» نادرست است. **دو:** و از «یادگار» در رج پسین یاد می‌شود.

۱۱ – چون از این **تخمه** «نبینند»، لت نخست نادرخور است، زیرا که داوری آنست که او نیز کشته می‌شود.

۱۲ – دریغ از سر و تاج... که تخت بباد می‌رود! سخن را پیوند شایسته نیست.

۱۳ – بی آزار باش برای یک سپاهبد، نادرخور است، زیراکه در جنگ‌ها بایستی بدشمن آزار رساندن.

۱۴ – **یک:** پس از گفتار دربارهٔ «تو» دوباره بازگشتن به «او» نادرخور است. **دو:** در لت دویم نیز روشن نیست که «پرخاشجوی» کیست.

۱۵ – «روز، بروز دراز» راگزارش نیست.

نه تخت و نه تاج و نه زرّینه کفش — نه گوهر نه افسر نه بر سر درفش [1]
برنجد یکی، دیگری بر خورد — به داد و به بخشش همی ننگرد
شب آید، یکی، چشم رخشان کند — نهفته کسی را خروشان کند [2]
ستانندهٔ روزشان دیگراست — کمر بر میان و کله بر سر است [3]
ز پیمان بگردند و ز راستی — گرامی شود کژّی و کاستی
پیاده شود، مردم جنگجوی — سوار آنکه، لاف آرد و گفت و گوی
کشاورز، جنگی شود؛ بی‌هنر — نژاد و هنر کمتر آید به بر
رباید همی این ازان آن ازین — ز نفرین، ندانند باز، آفرین
نهان بدتر از آشکارا شود — دلِ مردمان سنگ خارا شود
بداندیش گردد پدر، بر پسر — پسر بر پدر، هم چنین؛ چاره‌گر
شود بندهٔ بی‌هنر شهریار — نژاد و بزرگی نیاید به کار
به گیتی کسی را نماند وفا — روان و زبان‌ها شود پر جفا [4]
از ایران و ترکان و از تازیان — نژادی پدید آید اندر میان؛
نه دهقان، نه ترک و، نه تازی بود — سخن‌ها بکردار بازی بود
همه گنج‌ها زیر دامن نهند — بمیرند و، کوشش، بدشمن دهند
بود دانشومند و زاهد بنام — بکوشد ازین تا که آید به کام [5]
چنان فاش گردد غم و رنج و شور — که شادی، بهنگامِ بهرامِ گور
نه جشن، نه رامش، نه بخشش، نه نام! — بکوشش؛ به هر چیز، سازند دام
پدر با پسر کینِ سیم آورد — خورش کشک و پوشش گلیم آورد [6]
زیان کسان از پیِ سود خویش — بجویند و دین، اندر آرند پیش
نباشد، بهار و زمستان پدید — نیارند؛ هنگام رامش نبید *
چو بسیار ازین داستان بگذرد — کسی سوی آزادگان ننگرد
بریزند خون، از پیِ خواسته — شود روزگارِ بد، آراسته
دل من، پر از خون شد و، روی، زرد — دهن خشک و، لب‌ها شده لاژورد؛

---

۱ - سخن از «نه تخت و نه دیهیم» پیش از این رفت.

۲ - سخن را گزارش نیست... اگر گفتار، تنها دربارهٔ یک کس است که غم ندارد و اگر همگان چنان‌اند، یاد کردن از «یکی» نادرخور است.

۳ - **یک:** سخن آشفته است، زیرا که آنکس که در شب ستم میکند، در روز نیز از ستم باز نمی‌ماند. **دو:** تازیان را کلاه بر سر و کمر بر میان نبوده است و نیست. ۴ - «زبانها» را «روان‌ها» باید. ۵ - سخن آشفته است.

۶ - سخن درهم ریخته است، و تازیان را پوشش گلیمین نبوده است.

* - همهٔ نمونه‌ها «نباشد» و «نیارند» آورده‌اند و پیدا است که سخن درست چنین است:

**نه، باشد بهار و زمستان پدید — نه؛ آرند، هنگام رامش نبید**

که تا من شدم پهلوان، از میان — چنین تیره شد، بختِ ساسانیان ●
چنین بی‌وفا گشت گردان سپهر — دژم گشت و ز ما ببرّید مهر [1]
مرا، تیز پیکانِ آهن‌گذار — همی بر برهنه، نیاید بکار
همان تیغ کز گردن پیل و شیر — بگشتی به آورد زان زخم سیر [2]
نبرّد همی پوست بر تازیان — ز دانش زیان آمدم بر زیان [3]
مرا کاشکی این خرد نیستی — گر اندیشهٔ نیک و بد نیستی [4]
بزرگان که در قادسی با من‌اند؛ — درست‌اند و بر تازیان دشمن‌اند؛
گمانند کاین بیش* بیرون شود — ز دشمن، زمین؛ رود جیهون شود
ز راز سپهری کس آگاه نیست — ندانند؛ کاین رنج، کوتاه نیست
چو بر تخمه‌ای بگذرد روزگار — چه؟ سود آید، از رنج و از کارزار!
ترا ای برادر تن‌آباد باد — دلِ شاه ایران، بتو شاد باد
که این قادسی گورگاه من است — کفن، جوشن و، خون، کلاهِ من است
چنین است راز سپهر بلند — تو دل را به درد من اندر، مبند [5]
دو دیده ز شاه جهان بر مدار — فدی کن تن‌خویش در کارزار [6]
که زود آید این روز اهریمنی — چو گردون گردان کند دشمنی [7]
چو نامه، بمُهر اندر آورد، گفت — که: «پوینده، را، آفرین؛ باد جفت!
که این نامه نزد برادر برد — بگوید جزین، هرچه، اندر خورد» [8]

---

● - همهٔ نمونه‌ها «بخت ساسانیان» اما پیدا است که با بدکرداری ساسانیان، «بخت ایرانیان» تیره شد، و سخن درست چنین است:

**«چنین تیره شد بخت ایرانیان»**

۱ - بیوفا خواندن سپهر، در آیین و فرهنگ ایران نبوده است.

۲ - پیل راگردن نیست، و سخن سخت آشفته و بی‌گزارش است.

۳ - دنبالهٔ همان گفتار

۴ - سخن نادرست است: «کاشکی این خرد نباشدی».

* - بیش؛ درد، رنج. بیش در زبان فارسی و پهلوی، بَئش (؟؟اوستا؟؟) در زبان اوستایی، درد و رنج است: آنان چنین می‌اندیشند که این درد و رنج برکنار می‌شود.

۵ - در رج چهارم پیش از این از رازسپهری یاد شد.

٦ - سخن نادرخور...

۷ - گردون گردان را باکس دشمنی نیست.

۸ - «که» آغازین این رج با «که» در آغازلت دویم رج پیشین همخوان نیست.

## نامه رستم فرخزاد
## به
## سعد ابی وقّاص

فرستاده‌ای نیز، چون برق و رعد — فرستاد از اینسو، بنزدیک سعد[1]
یکی نامه‌ای بر حریر سپید — نوشتند؛ پر بیم و، چندی نوید
سوی سعد وقّاصِ جوینده جنگ — جهان کرده بر خویشتن، تار و تنگ
سر نامه گفت: «از جهاندار پاک — ببایدکه باشیم، با بیم و باک
کزویست بر پای، گردان‌سپهر — همه پادشاهیش؛ داد است و مهر
ازو باد بر شهریار آفرین — که زیبای تاج است و تخت و نگین
که دارد بفرّ، اهرمن را، ببند — خداوند شمشیر و تاج بلند[2]

*

به پیش آمد این ناپسندیده کار — ببیهوده این رنج و این کارزار
به من بازگوی؛ آنکه، شاه تو کیست؟ — چه مردیّ و آیین و راه تو چیست؟
بنزدِ که؟ جویی همی دستگاه — برهنه سپهبد، برهنه سپاه!
بنانی، تو سیری و، هم گرسنه — نه پیل و نه تخت و نه بار و بنه
به ایران، ترا زندگانی، بس است! — که تاج و نگین، بهرِ دیگر کس است
که با پیل و گنج است و، بافرّ و جاه — پدر بر پدر، نامبردار شاه[3]
به دیدار او بر فلک ماه نیست — به بالای او بر زمین شاه نیست[4]
هر آنگه که در بزم خندان شود — گشاده لب و سیم دندان شود[5]
ببخشد بهای سر تازیان — که بر گنج او زان نیاید زیان[6]
سگ و یوز و بازش، ده و دو هزار — که با زنگ زرّاند و با گوشوار[7]
بسالی، همه دشت نیزه‌وران؛ — نیابند خورد، از کران تا کران؛[8]
که او را بباید، بیوز و بسگ — که در دشت نخچیر گیرد بتگ[9]

---

۱ - از فرستادهٔ سپاه ایران در رج ۴۹۱۶۳ با نام پیروزشاپور یاد می‌شود.
۲ - اهریمن، در کار خویش، در بند کسی نیست و تاج بلند را نیز گزارش نباشد.
۳ - «که» در لت نخست با «که» در لت دویم از رج پیشین همخوان نیست.
۴ - برگرفته از داستانهای بهرام گور.
۵ - برگرفته از داستان دختران کرمانی:
همه دختران شاد و خندان شدند — گشاده‌رخ و سیم‌دندان شدند
۶ - وابسته به رج پیشین.
۷ - گوش سگ و یوز را شاید به زنگ زرین آراستن، اما باز را چنین نشاید.
۸ - دشت را نشاید خوردن.
۹ - سخن سخت سست و بی‌گزارش است.

| | |
|---|---|
| ۴۹۱۵۰ | سگ و یوز او بیشتر زان خورد / که شاه آن به چیزی همی نشمرد۱ |
| | شما را، بدیده درون، شرم نیست؟ / ز راه خرد، مهر و آزرم نیست؟ |
| | بدان چهر و آن مهر و آن روی و خوی / چنین؛ تاج و تخت آمدت آرزوی! |
| | جهان، گر بر اندازه جویی همی / سخن، برگزافه نگویی همی! |
| | سخنگوی مردی، بر ما فرست / جهاندیده و گرد و زیبا فرست؛ |
| ۴۹۱۵۵ | بدان تا بگوید که رای تو چیست؟ / بتختِ کیان، رهنمای تو کیست؟ |
| | سواری فرستیم نزدیک شاه / بخواهم ازو، هرچه خواهی بخواه |
| | تو جنگ چنان پادشاهی مجوی / که فرجام کار، اندُه آید بروی! |
| | نبیره‌ی جهاندار نوشیروان / که با داد او، پیر؛ گشتی، جوان |
| | پدر بر پدر شاه و خود شهریار / زمانه ندارد چنو یادگار |
| ۴۹۱۶۰ | جهانی مکن پر ز نفرین خویش / مشو بدگمان، اندر آیین خویش* |
| | به تخت کیان تا نباشد نژاد / نجوید خداوند فرهنگ و داد۲ |
| | نگه کن بدین نامهٔ پندمند / مکن چشم و گوش و خرد را به بند» |

※

| | |
|---|---|
| | چو نامه، بمُهر اندر آمد، بداد / به پیروزشاپورِ فرّخ نژاد |
| | بر سعد وقاص شد پهلوان / از ایران بزرگان روشنروان۳ |
| ۴۹۱۶۵ | همه غرقه در جوشن و سیم و زر / سپرهای زرّین و زرّین کمر۴ |

## پاسخ سعد وقاص
## بنامهٔ
## رستم فرخزاد

| | |
|---|---|
| | چو بشنید سعد، آن گرانمایه مرد / پذیره شدش با سپاهی -چو گرد- |
| | فرود آوریدندش اندر زمان / بپرسید سعد، از تن پهلوان |
| | هم از شاه و دستور و از لشکرش / ز سالار بیدار و، از کشورش |
| | ردا، زیرِ پیروز بفکند و گفت / که: «ما نیزه و تیغ داریم جفت! |

---

۱ - سخن دوباره وست.  \* - دشمنِ آیین خویش مشو.
۲ - سخن پریشان و بی‌گزارش است.  ۳ - پیوند درست میان لت دویم ولت نخست نیست.
۴ - همچنین...

ز دیـبا نگـویند مـردان مـرد — ز زرّ و ز سـیم وز خـواب و ز خـوَرد»
گـرانـمایه پـیروز، نـامه بـداد — سخن‌های رستم بـر او کـرد یـاد
سـخن‌هاش بشـنید و نـامه بخواند — بـپاسخ، فـراوان سـخن‌ها بـراند[○]
بتـازی یکـی نـامه پـاسخ نـوشت — پـدیدار کـرد انـدرو، خـوب و زشت
ز جـنّی سـخن گـفت و، از آدمـی — ز گـفتار پـیغمبر هـاشمی
ز تـوحید و قـرآن و وعـد و وعید — ز تأیـید و از رسـم‌های جـدید
ز قـطران و از آتش و زمـهریر — ز فـردوس و از حـور و از جـوی شیر
ز کـافور و، شـیر و، ز مـاء مـعین — درخت بـهشت و مـی و انگـبین

*

اگـر شـاه بـپذیرد ایـن دیـن راست — دو عـالم بشـاهی و شـادی، ورا است
هـمان تـاج دارد هـمان گـوشوار — هـمه سـاله بـا بـوی و رنگ و نگـار[1]
شـفیع از گـناهش مـحمّد بـود — تـنش چـون گـلاب مـصعّد بـود
بـه کـاری کـه پاداش یابی، بـهشت — نـباید بـباغ بـلا، خـار کشت
تـن یـزدگرد و جـهان فـراخ — چـنین بـاغ و مـیدان و ایوان و کـاخ
هـمه تـختگاه و هـمه جشـن و سـور — نـیرزد، بـدیدارِ یک مـوی حـور!
دو چشـم تـو انـدر سرای سـپنج — چـنین خـیره شد از پی تاج و گـنج
بس ایـمن شـده‌ستی بـرین تـختِ آج — بـدین یـوز و بـاز و بـدین مُـهر و تـاج[2]
جـهانی، کـجا، شـربتی آب سـرد — نـیرزد، بـدو، دل، چـه داری بـدرد؟
هر آنکس که پیش من آید به جـنگ — نـبیند بـجز دوزخ و گـور تـنگ
بـهشتست اگـر بگـرود، جـای او — نگـر تـا چـه بـاشد کـنون رای او
بـه قـرتاس، مُـهر عـرب بـرنهاد — درود مـحمد هـمی کـرد یـاد

*

بـه شَـعبَه مُـغَیْرَه بگـفت آن زمان، — کـه آیـد بـرِ رستم پـهلوان
از ایـران یکـی نـامداری ز راه — بـیامد بـرِ پـهلوان سـپاه
کـه: «آمـد فـرستاده‌ای پـیر و سست — نـه اسپ و سلیح و نـه چشمی درست
یکـی تـیغ بـاریک بـر گـردنش — پـدید آمـده چـاک پـیراهـنش!»
چـو رسـتم بـه گـفتار او بـنگرید — ز دیـبا سـراپـرده‌ای بـرکشید[3]

○ - برابر با شاهنامهٔ سپاهان.
۱ - تاج دارد، نادرست است تاج و گوشوار و پادشاهیش بر جای خواهد ماند.
۲ - روی سخن به یزدگرد برگشت.
۳ - سراپرده از پیش بر پای بوده است.

پاسخ سعد ۴۸۷

ز زربفت چینی، کشیدند نخ — سپاه اندر آمد چو مور و ملخ[1]
نهادند زرّین، یکی زیرگاه — نشست از برش پهلوان سپاه
بر او، از ایرانیان شست مرد — سواران و مردان روز نبرد
به زر، بافته، جامه‌های بنفش — به پا اندرون کرده زرّینه کفش[2]
همه توغ‌داران با گوشوار — سراپرده آراسته شاهوار[3]

❋

چو شَعبه، بیامد، بران جامه، ننهاد پای — به بالای پرده‌سرای
همی رفت، بر خاک بر، خوار خوار — ز شمشیر کرده، یکی دستوار
نشست از برِ خاک و کس را ندید — سوی پهلوانِ سپه ننگرید
بدو گفت رستم که: «جان شاد دار — بدانش، روان و تن آباد دار»
بدو گفت شعبه که: «ای نیکنام — اگر دین پذیری، علیک‌السلام!»

❋

بپیچید رستم ز گفتار اوی — برو هاش پرچین شد از کارِ اوی
ازو نامه بستد، بخواننده داد — سخن‌ها بر او کرد، خواننده یاد
چنین داد پاسخ که: «او را بگوی — که: نه شهریاری، نه دیهیم جوی
ندیده، سر نیزه‌ات، بخت را — دلت آرزو کرد، مر تخت را[4]
سخن، نزدِ دانندگان، خوار نیست — ترا، اندرین کار، دیدار نیست
اگر سعد با تاج ساسان بُدی — مرا رزم او کردن آسان بُدی[5]
ولیکن بدان کاخترت بی‌وفاست — چه گوییم، کامروز روزِ بلاست[6]
ترا گر محمد بود پیشرو — ز دین کهن گیرم این، دین نو[7]
همان کژّ، پرگارِ این گوژپشت — بخواهد همی بود، با ما درشت![8]
تو اکنون بدین خرّمی بازگرد — که جای سخن نیست، روز نبرد
بگویش که در جنگ مردن بنام — مرا بهتر آید که گفتار خام»

---

۱ - افزاینده «نخ کشیدن» را که رده بستن سپاهیان بوده است نمی‌شناخته است، و زربفت چینی آورده است.
۲ - میان این رج با رج پیشین پیوند نیست! پیوند چنان باید بودن که جامه‌های بنفش را پوشیده باشند نه بافته.
۳ - سراپرده را چنان که در گفتار ویژهٔ «وار» گزارش کردم نشاید شاهوار خواندن.
۴ - سر نیزه را با بخت چه پیوند؟
۵ - سخنی نادرخور، زیرا که در چنان رزم می‌بایستی رودرروی ایرانیان بجنگد.
۶ - اختر را وفادار و بیوفا خواندن، نادرخور است.
۷ - سخن را پیوند و پایان نیست.
۸ - **یک**: پرگار، با کسی درشت نتواند بودن. **دو**: بخواهد همی بود نیز نادرست است.

## جنگ رستم فرخزاد
## با سعد وقاص
# و کشته شدن رستم!

بفرمود تا برکشیدند نای　　سپاه اندر آمد چو دریا ز جای
برآمد یکی ابر و برشد خروش　　همی کر شد مردم تیزگوش[1]
سنان‌های الماس در تیره گرد　　چو آتش پس پردهٔ لاژورد[2]
همی نیزه بر مغفر آبدار　　نیامد به زخم اندرون پایدار[3]
سه روز اندرآن جایگه بود جنگ　　بر ایرانیان بر، ببود آب، تنگ[4]
شد از تشنگی، دستِ گردان ز کار　　هم اسپ گرانمایه از کارزار[5]
لب رستم از تشنگی شد چو خاک　　دهن خشک، و گویا زبان، چاکچاک[6]
چنان تنگ شد، روزگار نبرد　　گل تر به خوردن گرفت اسپ و مرد[7]
خروشی برآمد بکردار رعد　　ازینروی رستم، ازآنروی سعد[8]
برفتند هر دو ز قلب سپاه　　بیکسو کشیدند ز آوردگاه[9]
چو از لشکر، آن هر دو، تنها شدند　　بزیرِ یکی تند بالا شدند[10]
همی* تاختند اندر آوردگاه　　دو سالار، بر یکدگر کینه‌خواه
خروشی برآمد ز رستم چو رعد　　یکی تیغ زد بر سر اسپ سعد
چو اسپ نبرد اندر آمد به سر　　جدا شد ازو، سعد پرخاشخر؛
برآهیخت رستم یکی تیغ تیز　　بدان تا نماید بدو رستخیز[11]

---

۱ - لت دویم بدآهنگ است.　　۲ - ...و نیز هنوز جنگ آغاز نشده است که گرد تیره برخیزد.

۳ - ...هنوز نبرد آغاز نشده است، سخن نیز پریشان است. نیزهٔ چه کس بر مغفر پایدار نیامد(!).

۴ - هنوز نبرد آغاز نشده است... و چگونه بر ایرانیان آب تنگ بود، که از پیش، سپاه را آنجا نشانده بودند.

۵ - «از کار شد» آمیزه‌ای نادرخور است: «از کار بازماند».　　٦ - وابسته به رج پسین

۷ - در هنگامهٔ نبرد چه جای خوردن بود.　　۸ - خروش از کدامیک برآمد؟

۹ - چرا بیکسو کشیدند؟ نبرد بایستی در آوردگاه انجام گیرد.

۱۰ - **یک:** «از لشکر» نادرست است: «از لشکرگاه»، یا «از دو سپاه». **دو:** در آن دشت گسترده کوهستان سراغ نداریم که تند بالا نیز داشته باشد!

* - چون سخنان پیشین از سوی افزایندگان، بشاهنامه افزوده شد، ناچارکنش این رج را با «همی» همراه کردند، تا دنبالهٔ آن سخن باشد، اما پیدا است که سخن درست چنین است:

**برون تاختند، اندر آوردگاه　　دو سالار، بر یکدگر کینه‌خواه**

۱۱ - پیشتر، تیغ در دست رستم بود، و برآهیختن تیغ تیز دوباره گویی است.

| | |
|---|---|
| همی خواست از تن سرش را برید | ز گرد سپه، این مر آن را، ندید¹ |
| فرود آمد از پشت زین پلنگ | بزد بر کمر بر، سر پالهنگ |
| بپوشید، دیدار رستم، ز گرد° | بشد سعد، پویان بجای نبرد |
| یکی تیغ زد بر سر ترگ اوی | که خون اندرآمد ز ترگش بروی |
| چو دیدار رستم ز خون تیره شد | جهانجوی تازی بدو چیره شد |
| دگر تیغ زد بر بر و گردنش | بخاک اندرافکند، جنگی تنش |
| سپاه از دو رویه، خود آگاه نه | کسی را سوی پهلوان، راه نه² |
| همی جست مر پهلوان را سپاه | برفتند تا پیش آوردگاه |
| بدیدندش از دور پر خون و خاک | سراپای گشته، بشمشیر، چاک! |
| هزیمت گرفتند ایرانیان | بسی نامور کشته شد در میان |
| بسی تشنه بر زین بمردند نیز | پر آمد، ز شاهان، جهان را قفیز |
| سوی شاه ایران بیامد سپاه | شب تیره و روز، تازان براه |
| به بغداد بود آن زمان یزدگرد | که او را سپاه اندر آورد گرد |
| بگفتند با او که: «رستم نماند | از آن غم بدریا درون، نم نماند |
| بکشتند؛ چندی، از ایرانسپاه | دگر بازگشتند از آن رزمگاه |

49235

49240

49245

### رای زدن یزدگرد
# با ایرانیان
### و رفتن بسوی خراسان

| | |
|---|---|
| فرخزاد هرمزد با آب چشم | از اروندرود اندر آمد بخشم |
| به کرخ اندر آمد، یکی حمله برد | که از نیزه‌داران، نماند، ایچ گرد³ |
| همآنگه، ز بغداد بیرون شدند | سوی رزم جستن، بهامون شدند⁴ |
| چو برخاست، گردِ نبرد از میان | شکست اندر آمد، به ایرانیان⁵ |
| فرخزاد برگشت و شد نزد شاه | پر از گرد، با آلت رزمگاه⁶ |

49250

---

۱ - لت دویم بی‌پیوند و سست است.    ° -گرد و خاک چهره و چشم رستم را پوشاند.    ۲ - سه رج بی‌پیوند...

۳ - یورش بردن به کرخ، یورش بردن به ایرانیان است، زیرا که «کرخ» شهری از آنِ ایران بود.

۴ - به کرخ یورش براند، و از بغداد بیرون شدند؟

۵ - کدام شکست است؟ که ایرانیان از قادسیه گریخته بودند.

۶ - در این چند رج افزوده، گردش کار چنین است: فرخزاد به کرخ اندر آمد، از بغداد بیرون شد، و ایرانیان شکست خوردند، و بنزد شاه

فرود آمد از باره، بردش نماز     دو دیده، پر از خون و دل، پر گداز
بدو گفت: «چندین چه پویی؟ همی     که گاه کیی را بشویی همی(؟)[1]
ز تخم کیان کس جز از تو نماند     که با تاج، بر تخت شاید نشاند[2]
توی یک تن و، دشمنت سدهزار     میان جهان، چون کنی کارزار[3]
برو تا سوی بیشهٔ نارون     جهانی شود سر تو بر، انجمن[4]
ازان جایگه چون فریدون برو     جوانی یکی کار برساز نو»[5]
فرخ‌زاد گفت و جهانبان شنید     یکی دیگر اندیشه، آمد پدید[6]

※

دگر روز برگاه، بنشست شاه     بسر بر، نهاد آن کیانی کلاه
یکی انجمن کرد با بخردان     بزرگان و بیداردل موبدان
«چه؟ بینید» گفت: «اندرین داستان!     چه؟ دارید یاد، از گهِ باستان!

**از اینجا چهارده رج، گفتاری آمده است که سست نمی‌نماید اما درست؛ رودرروی گفتار پسین یزدگرد، وگریزش بسوی خراسان است.**

فرخ‌زاد گوید که با انجمن     گذر کن، سوی بیشهٔ نارون
به آمل، پرستندگان توانند     به ساری، همه، بندگان توانند
چو لشکر فراوان شود، بازگرد     به مردم توان ساخت، جنگ و نبرد
شما را پسند آید این گفت و گوی؟»     به آواز گفتند که: «این نیست روی»
شهنشاه گفت «این سخن درخوَر است     مرا در دل، اندیشهٔ دیگر است
بزرگان ایران و چندین سپاه     بر و بوم آباد و تخت و کلاه
سرِ خویش گیرم، نمانم بجای     بزرگی نباشد، نه مردیّ و رای
مرا جنگ دشمن، به آید ز ننگ     یکی داستان زد، برین بر، پلنگ
که خیره، ببدخواه، منمای پشت     چو پیش آیدت روزگار درشت
چنان هم، که کهتر، بفرمان شاه     بد و نیک، باید، که دارد نگاه؛
شهنشاه باید، که او را برنج     نماند بجای و، شود سوی گنج»

→ بازآمد...» گفتار پریستان.
۱ - **یک:** یزدگرد بجایی نپوییده بود. **دو:** سخن بی‌گزارش است.
۲ - «شاید» در لت دویم نادرخور است: «شایدش» باید.
۳ - دشمنان ایران را دوازده هزار کس شمرده‌اند.
۴ - «تا سوی» نادرست است: «بسوی» یا «تا بیشهٔ نارون».
۵ - فریدون از بیشهٔ نارواں بجایی نرفت.
٦ - کدام اندیشه؟

انجمن مهیستان ۴۹۱

بزرگان بر او خواندند آفرین ... که: «این است، آیین تخت و نگین
نگه، کنون؛ تا چه فرمان دهی! ... چه خواهی و با ما چه پیمان نهی»
مهان را چنین پاسخ آورد شاه ... که:«ز اندیشه گردد دل من تباه

❊

همانا که سوی خراسان شویم ... ز پیکار دشمن، تن‌آسان شویم
کزان سو، فراوان مرا؛ لشکر است ... بسی پهلوانانِ گنداور است
بزرگانِ توران و خاقان چین ... بیایند و بر ما کنند آفرین
برآن دوستی نیز، بیشی کنیم ... که با دختِ فغفور، خویشی کنیم
بسیاری بیاید سپاهی گران ... بزرگان و ترکان جنگاوران[1]
کنارنگ مرو است، ماهوی نیز ... ابا لشکر و پیل و هر گونه چیز
کجا پیشکارِ شبانانِ ماست ... برآوردهٔ دشتبانان ماست
ورا برکشیدم، که پوینده بود ... سراینده و گرد و، جوینده بود
چو بی‌ارز را، نام دادیم و ارز ... کنارنگی و پیل و مردان و مرز
اگر چند بی‌مایه و بی‌تن است ... برآوردهٔ بارگاه من است
ز موبد شنیدستم این داستان ... که برخواند از گفتهٔ باستان
که: «پرهیز ازآن، کن که بد کرده‌ای ... که او را، ببیهوده آزرده‌ای
بدان دار امّید، کاو را بمهر ... سر از خواسته، بردی اندر سپهر»
فرخ‌زاد برهم بزد هر دو دست ... بدو گفت ک:«ای شاه یزدان‌پرست
به بدگوهران بر، بس ایمن مشو ... که این را یکی داستان است نو
که هر چند بر گوهر افسون کنی ... بکوشی کزو رنگ بیرون کنی؛
چو پروردگارش چنان آفرید ... تو، بر بندِ یزدان، نیابی کلید
ازیشان نبرّند رنگ و نژاد ... ترا جز بزرگیّ و شاهی مباد»
بدو گفت شاه: «ای هژبرِ ژیان ... ازین آزمایش، ندارم زیان»

❊

ببود آن شب و بامداد پگاه ... گرانمایگان برگرفتند راه
ز بغداد، راه خراسان گرفت ... همه رنج‌ها بردل آسان گرفت[2]

---

۱ - لت دویم را پیوند و پایان نیست.
از اینجا نیز ۱۴ رج داستانِ ساختگی افزوده‌اند که ماهوی سوری، کنارنگ مرو، پیشکار (= نوکر) شبانان ما است!!... [و چگونه شاید اندیشیدن با چنان سختگیری که نمونهٔ آنرا در داستان کفشگر و نوشروان دیدیم، پیشکار شبانان؟!! را بکنارنگی یکی از شهرهای بزرگ خراسان برگماردن؟ که شبان، خود پیشکار است، و پیشکارِ پیشکار چگونه شاید بودن]
۲ - پایتخت ساسانیان تیسفون بود، و بغداد بدانهنگام روستایی بود نزدیک بدان.

بزرگان ایران همه پر ز درد		برفتند با شاه آزادمرد
بر او بر، همی خواندند آفرین		که: «بی‌تو مبادا زمان و زمین»
خروشی برآمد ز لشکر بزار!		ز تیمار و، از رفتن شهریار
ازیشان، هر آن کس که دهقان بُدند		بایران، ز پشتِ بزرگان بدند؛
خروشان برِ شهریار آمدند		همه دیده چون جویبار آمدند
که: «ما را، دل از بوم و آرامگاه		چگونه؟ بود شاد، بی‌رویِ شاه!
همه بوم آباد و فرزند و گنج		بمانیم و با تو گزینیم رنج
زمانه نخواهیم، بی‌تخت تو		مباداکه پیچان شود، بخت تو
همه با تو آییم تا روزگار		چه بازی کند در دم کارزار»[1]
ز خاقانیان آنکه بُد چرب گوی		بخاک سیه بر، نهادند روی[2]
که: «ما بوم آباد بگذاشتیم		جهان در پناه تو پنداشتیم[3]
کنون داغدل، نزد خاقان شویم		ز تازی، سوی مرز ترکان شویم[4]
شهنشاه مژگان پر از آب کرد		چنین گفت با نامداران، بدرد!
که: «یکسر، بیزدان نیایش کنید		ستایش؛ ورا، در فزایش کنید
مگر باز بینم شما را، دگر		شود درد و اندوه، ما را؛ بسر
همه، پاک، پروردگار منید		همان از پدر یادگار منید[5]
نخواهم که آید شما را گزند		مباشید با من، ببد، یارمند
ببینیم، تا رای گردان سپهر		چه فرماید؟ و، بر که گردد؟ بمهر!
شما سازگیرید، با سازِ او		گذر نیست از گردش و رازِ او»

*

اُزانپس، ببازارگانانِ چین		چنین گفت که:«اکنون بایران زمین
مباشید یکچند، کز تازیان		بدین سود جستن، سرآید زیان»[*]
ازو بازگشتند با درد و جوش		ز تیمار، با ناله و با خروش
فرخزادِ هرمزد لشکر براند		از ایران جهاندیدگان را بخواند

---

۱ - یزدگرد را روی بگریز است نه بکارزار.

۲ - **یک:** چربگویی را در آن هنگامه چه روی باشد؟ **دو:** چرا روی را بخاک سیه نهند، که همگان با او آزاد سخن میگفتند!

۳ - مگر ایران، آباد نبود؟

۴ - سوی مرز خود رفتن را دردی نیست، یزدگرد در گفتار آینده، خود به آنان میگوید که از ایران بچین روید.

۵ - پدر یزدگرد پادشاه نبوده است که اینان یادگار او بوده باشند.

* - **یک:** نمونه‌ها «زیان» آورده‌اند، و درست **«زمان»** است: بدانروی که «آید زیان» لت دویُم با «کز تازیان» لت نخست، پساوا ندارد **دو: سرآید زمان:** (=زمان سود جستن تازیان بسر رسد).

همی رفت با ناله و درد، شاه — سپهبد، به پیش اندرون، با سپاه[1]
چو منزل بمنزل، بیامد به رَی — برآسود یک چند با رود و مَی
ز ری سوی گرگان بیامد چو باد — همی بود یک چند ناشاد و شاد
ز گرگان بیامد سوی راه بُست — پرآژنگ رخسار و دل نادرست[2]

### نامهٔ یزدگرد

## بمرزبانان توس

دبیر جهاندیده را پیش خواند — دل آکنده بودش، همه برفشاند
جهاندار، چون کرد، آهنگِ مرو — بماهوی سوری کنارنگِ مرو
یکی نامه بنوشت، با درد و رنج؛ — که آمد برویش ازآن تاج و گنج
نخست آفرین کرد بر کردگار — خداوند دانا و پروردگار
خداوند گردنده بهرام و، هور — خداوند پیل و خداوند مور[3]
کند، چون بخواهد، ز ناچیز، چیز — که آموزگارش نباید بنیز[4]
بگفت آنکه ما را چه آمد بروی! — اُ زین پادشاهی بشد رنگ و بوی!
ز رستم، کجا، کشته شد روز جنگ — ز تیمار، بر ما، جهان گشت تنگ!
به دست یکی سعد وقاص نام — نه بوم و نژاد و نه دانش نه کام[5]
کنون تا درِ تیسفون، لشکر است — همان زاغ پیسه به پیش اندر است
تو با لشکرت رزم را ساز کن — سپه را؛ برین بر، هم آواز کن
من اینک پسِ نامه برسان باد — بیایم، بباشیم از داده شاد[6]
فرستاده‌ای دیگر از انجمن — گزین کرد بینادل و رایزن

---

۱ - پیش را اندرون نیست.
۲ - بُست در بخش پایینِ خراسان (افغانستان امروز) نزدیک به غزنین بوده است. نه بر سر راه گرگان و مرو!
۳ - سخن سستی که از افزوده‌های پیشین برگرفته شده است.
۴ - سخن در لت نخست، سست است، و بنیز در لت دویم نادرست.
۵ - **یک:** لت دویم رج پیشین، میان این سخن، و کشته شدن رستم جدایی می‌افکند. **دو:** برای کشتن دانش و نژاد و کام بایسته نیست.
۶ - بیایم، را با بباشیم هماهنگی نیست.

از اینجا ۸۵رج سخنان بس درهم ریخته آمده است که در آغاز با ستایش از خداوند آغاز می‌شود، و پدر خویش را شهریار بزرگ میخواند [پدر یزدگرد مردانشاه (پسر شیرین) بود، و بهنگام یورش بزندان بهمراه دیگر فرزندان خسرو پرویز کشته شد] که سپهدار یزدان پیروزگر بوده است!؟ و یزدانشناس بوده است، اما برای تاج خویش سپاس از اختر! دارد، نامه بسوی توس نوشته شده بود، و روی به شمیران و رویین دژ و «رابه کوه» وکلات، از دِگردَست(!) و دیگرگروه دارد... بهرام چوبینه را بر خراسانیان نهیب وگزند بود، و شما بر فرازکوههای بلند، خانه ساختید، و آگاهی بشما رسیده است که از تازیان چه بما رسیدکه نوشیروان [این بخواب دیده بود] که از این تخت، رنگ و آب بپراکند!؟ دوباره بخواب دیده بود که یکسدهزار هیونان مستِ گسسته مهار از اروندرود گذشتند [سپاه تازیان را هشت هزار برآورده‌اند] از کشتزارهای ایران و بابل، دود بر چرخ زحل(!؟) بر شد، وکنگرهٔ ایوان شاه جهان بمیدان افتاد... و اکنون خواب او را پاسخ پدیدار شده است، فرخزاد راکه همراه یزدگرد آمده بود، تا او را به ماهوی سوری سپارد، به التونیه، برای رزم با دشمن فرستاد(!) و از فرزند فرخزاد با نام کشمگان(؟) یاد میکند، و نام از شهرهایی چون دژِگنبدین و خرمنه و دژ لاژوردین(؟!) می‌برد... و سرانجام رایش بدان استوار می‌شود که بر چهل هزارگاوگردونکش. زرینه و سیمینه و جامهٔ روم و کشمیر و چین و تاج و تخت و مهر و نگین!! ساخته‌های روم و طایف! و خوردنی بارکنند!
از آنپس دوازده هزار خروار [خروار یکسدمن = سیسد کیلو در دوازده هزار؛ سه میلیون و ششسد هزار کیلوگندم که در خوشه باشد؟!!] آنگاه ارزن و پسته و ناردان [اینها را چه پیوند با یکدیگر] از هر یک ده هزار شتروار [چیزی بیش از آنچه که برای گندم خوشه‌ای در شمار آورده بود... آنگاه چنین اندازه پسته، یا ناردان [ازکجا بدست می آید] یکهزارگردونه نمک که آنرا یک موبدکاردان بیاورد... هزار خرما(!) هزارگردونه شکر!!... دوازده هزار انگبین کندره؟ یا کنگره، کاندر (دستنویس‌ها) [بیگمان افزاینده را رای بر آن بوده است که بگوید دوازده هزار «کندوی» انگبین] چهل هزار گوشت نمکسود(؟)، دوباره سیسد شتروار زربفت شاه... و همه اینها را ازگاه شمیران و رابه کوه بیاورند!!!...؟ و سخنان ناهموار و نادرست از این دست.

یکی نامه بنوشت دیگر بتوس — پر از خون، دل و، روی، چون سندروس
نخست آفرین کرد بر دادگر — کزو دید نیرو و بخت و هنر
خداوند پیروزی و فرّهی — خداوند دیهیم شاهنشهی
پی پشه تا پرّ و چنگ عقاب — به خشکی چو پیل و نهنگ اندر آب
ز پیمان و فرمان او نگذرد — دم خویش بی رای او نشمرد
ز شاه جهان یزدگرد بزرگ — پدر نامور شهریار سترگ

سخنان افزوده ۴۹۵

سپهدار یزدان پیروزگر / نگهبان جنبنده و بوم و بر؟
ز تخم بزرگان یزدان‌شناس / که از تاج دارند ز اختر سپاس
کزیشان شد آباد روی زمین / فروزندهٔ تاج و تخت و نگین
سوی مرزبانان با گنج و گاه / که با فرّ و برزند و با داد و راه
شمیران و رویین‌دژ و رابه کوه / کلات از دگر دست و دیگر گروه
نگهبان ما باد پروردگار / شما، بی‌گزند، از بد روزگار
مبادا گزند سپهر بلند / مه پیکار آهرمن پر گزند
همانا شنیدند گردنکشان / خُنیده شد اندر جهان این نشان
که بر کارزاریّ و مرد نژاد / دل ما پر آزرم و مهر است و داد
بویژه، نژاد شما را، که رنج / فزون است، نزدیک شاهان، ز گنج
چو بهرام چوبینه آمد پدید / ز فرمان دیهیم ما سر کشید
شما را دل از شهرهای فراخ / بپیچید و از باغ و میدان و کاخ
برین داستان راغ و کوه بلند / کده ساختید از نهیب گزند
گر ایدونکه نیرو دهد کردگار / به کام دل ما شود روزگار
ز پاداش نیکی فزایش کنیم / برین پیشدستی نیایش کنیم
هماناکه آمد شما را خبر / که ما را چه آمد، ز اختر بسر!
ازین مارخوار اهرمن چهرگان / ز دانایی و شرم، بی‌بهرگان
نه گنج و نه نام و نه تخت و نژاد / همی داد خواهند، گیتی، بباد
بسی گنج گوهر پراکنده شد / بسی سر، بخاک اندر، آکنده شد
چنین گشت، پرگارِ چرخ بلند / که آید بدین پادشاهی گزند
ازین زاغ‌ساران بی‌آب و رنگ / نه هوش و نه دانش نه نام و نه ننگ
که نوشیروان دیده بود این به خواب / کزین تخت بپراکند رنگ و آب
چنان دید کز تازیان سدهزار / هیونان مست و گسسته مهار
گذر یافتندی به اروند رود / نماندی برین بوم و بر تار و پود
به ایران و بابل نه کشت و درود / به چرخ زحل برشدی تیره دود
هم آتش بمردی به آتشکده / شدی تیره نوروز و جشن و سده
از ایوان شاه جهان کنگره / فتادی به میدان او یکسره
کنون خواب را پاسخ آمد پدید / ز ما بخت گردن بخواهد کشید
شود خوار هر کس که هست ارجمند / فرومایه را بخت گردد بلند
پراکنده گردد بدی در جهان / گزند، آشکارا و، خوبی، نهان

۴۹۶ یزدگرد

بهر کشوری در ستمکاره‌ای      پدید آید و زشت پتیاره‌ای
نشان شب تیره آمد پدید      همی روشنایی بخواهد پدید
کنون ما، بدستوری رهنمای      همان، پهلوانانِ پاکیزه‌رای
بسوی خراسان نهادیم روی      برِ مرزبانان پرخاشجوی
ببینیم تا گردش روزگار      چه بندد، برین بند نااستوار
پس اکنون ز بهر کنارنگِ توس      بدینسو کشیدیم، پیلان و کوس
فرخ‌زاد با ما ز یک پوست است      به پیوستگی نیز، هم، دوست است
به التونیه‌ست او کنون رزمجوی      سوی جنگ دشمن نهاده‌ست روی
کنون کشمگان پور آن رزمخواه      برِ ما بیامد بدین بارگاه
بگفت آنچه آمد ز شایستگی      هم از بندگی هم ز بایستگی
شنیدیم زین مرزها هر چه گفت      بلندیّ و پستی و غار و نهفت
دز گنبدین کوه تا خرمنه      دگر لاژوردین ز بهر بنه
ز هر گونه بنمود آن دلگسل      ز خوبی نمود آنچه بودش به دل
اُ زین جایگه شد به هر جای کس      پژوهنده شد کارها پیش و پس
چنین لشکری گشن ما را که هست      برین تنگ دزها نشاید نشست
نشستیم و گفتیم با رایزن      همه پهلوانان شدند انجمن
ز هر گونه گفتیم و انداختیم      سرانجام یکسر برین ساختیم
که از تاج و ز تخت و مُهر و نگین      همان جامهٔ روم و کشمیر و چین
ز پرمایه چیزی که آمد به دست      ز روم و ز طایف همه هر چه هست
همان هر چه از ما پراکندنی است      گر از پوشش است ار ز افکندنی است
ز زرّینه و جامهٔ نابرید      ز چیزی که آن را نشاید کشید
هم از خوردنی‌ها ز هر گونه ساز      که ما را بیاید بر او بر نیاز
ز گاوان گردونکشان چل هزار      که رنج آورد تا که آید به کار
به خروار زان پس ده و دو هزار      به خوشه درون گندم آرد به بار
همان ارزن و پسته و ناردان      بیارد یکی موبدی کاردان
شتروار زین هر یکی ده هزار      هیوانان بُختی بیارند بار
همان گاو گردون، هزار از نمک      بیارد یکی موبدی کاردان
ز خرما هزار و ز شکّر هزار      بود سخته و راست کرده شمار
ده و دو هزار انگبین کندره      به دزها کشند آن همه یکسره
نمک‌خورده هر گوشت چون چل‌هزار      بیارند تا بر چه گردد فلک

شتروار سیسد ز زربفت شاه   بیارند بر بارها تا دو ماه
بیاید یکی موبدی با گروه   ز گاه شمیران و از رابه کوه
به دیدار پیران و فرهنگیان   بزرگان که‌اند از کنارنگیان
به دو روز نامه به دزها نهند   یکی نامه گنجور ما را دهند
دگر خود بدارند با خویشتن   بزرگان که باشند زان انجمن
همانا بران راغ و کوه بلند   ز ترک و ز تازی نیاید گزند
شما را بدین روزگار سترگ   یکی دست باشد برِ ما بزرگ
هنرمند گوینده دستور ما   بفرماید اکنون به گنجور ما
که هرکس که این را ندارد به رنج   فرستد ورا پارسی جامه پنج
یکی خوب سربند پیکر به زر   بیابند فرجام زین کار بر
بدین روزگار تباه و دژم   بیابد ز گنجور ما چل درم
به سنگ کسی کاو بود زیردست   یکی زین درم‌ها گر آید به دست
ازان شست بر سر شش و چار دان   بیارد نبشته بخواند به بانگ
به یک روی بر نام یزدان پاک   کزویست امّید و زو ترس و باک
دگر پیکرش افسر و چهر ما   زمین بارور گشته از مهر ما
به نوروز و مهر آن هم آراسته‌ست   دو جشن بزرگ است و با خواسته‌ست
درود جهان بر کم‌آزار مرد   کسی کاو ز دیهیم ما یاد کرد
بلنداختری نامجوی سوار   بیامد به کف نامهٔ شهریار

*

ازان جایگه برکشیدند کوس   ز بُست و نشاپور شد، تا به توس[1]
خبر یافت، ماهوی سوری ز شاه   بسوی دَهستان، برآمد، ز راه*
پذیره شدش با سپاهی گران   همه نیزه‌داران و جوشنوران
چو پیدا شد آن فرّ و اورند شاه   درفش بزرگیّ و چندان سپاه[2]
پیاده شد از باره، ماهوی زود   شهنشاه را، بندگی‌ها، فزود
همی رفت نرم از برِ خاک، گرم   دو دیده پر از آب کرده ز شرم

---

۱ - بست نزدیک نشابور نیست، و نزدیک غزنه است.

* - دَهستان، در زبان پهلوی دهیستان، شهری بالاتر از گرگان در کنار آمودریا (آنگاه که آمودریا، از سوی چپ، بدریای گرگان (هیرکانیا، تبرستان، گیلان، خزر) میریخته است. باگردشِ رود: بسوی دریاچهٔ خوارزم، آن شهر کوچکتر گشت، و در یورش مغولان ویران شد. این لت را؛ شاهنامهٔ سپاهان و نمونه‌های G و VI و IV و C چاپ مسکو (۳۴۶-۹) «بسوی دهستان» آورده‌اند. اما **«ز سوی دهستان»** درست می‌نماید. [از شهر مرو به پیشواز آمد و از راه دهستان بسوی یزدگرد رفت]

۲ - **یک:** سخن سست است. شاهِ گریخته را؛ چه فرّ است؟ **دو:** اورند، شیوهٔ کشورداری نیک است، و در میان راه پیدا نمی‌شود.

زمین را ببوسید و بردش نماز — همی بود پیشش، زمانی دراز

*

فرخزاد، چون رویِ ماهوی دید — سراسر، سپاهش، رده برکشید
ز ماهوی سوری دلش گشت شاد — بر او بر، بسی پندها کرد، یاد
که: «این شاه را، از نژاد کیان — سپردم تو را، تا ببندی میان
نباید که بادی بر او بر جهد — اُگر کس، سپاسی، بر او بر، نهد
مرا رفت باید همی، سوی ری — ندانم که کی؟ بینم این تاج کی
که چون من، فراوان به آوردگاه — شد از جنگ آن نیزه‌داران، تباه
چو رستم سواری بگیتی نبود — نه گوش خردمند، هرگز شنود[1]
به دست یکی زاغ‌سر کشته شد — بما بر، چنین، روز برگشته شد[2]
که یزدان ورا جای نیکان دهاد — سیه زاغ را درد پیکان دهاد»[3]
بدو گفت ماهوی ک:«ای پهلوان — مرا، شاه، چشم است و روشن روان
پذیرفتم این زینهار ترا — سپهر مرا، شهریار ترا»
فرخزاد هرمزد، زان جایگاه — سوی ری بیامد بفرمان شاه
برین نیز بگذشت چندی سپهر — جدا شد، ز مغزِ بداندیش○، مهر
شبان را همی تخت کرد آرزوی — دگر شد به رای و به آیین و خوی[4]
تن خویش، یکچند، بیمار کرد — پرستیدن شاه دشوار کرد

## برانگیختن ماهوی سوری بیژن را بجنگ یزدگرد

**در این بخش داستانی از برانگیختن بیژن، و جنگیدن سپاه او با یزدگرد آمده است که خرد، آنرا نمی‌پذیرد، زیراکه بیژن پس از کشته شدن یزدگرد، سپاه را از قجغارباشی [و نه سمرقند] بسوی سپاه ماهوی (که بیگمان همراه یزدگرد بوده است) که در دشت نخشب نزدیک بخارا [امروز قشقه دریا خوانده می‌شود] بوده‌اند، می آورد... پس یزدگرد در آسیاب کشته نمی‌شود، و در میانهٔ همان سپه‌کشی کشته می‌شود! اما بخشی از این داستان افزوده را به روال پیشین گزارش می‌کنم: پیدا است که بخشی از داستان را از شاهنامه برداشته و این داستان را بجای آن افزوده‌اند.**

1 - لت دویم را با لت نخست پیوند نیست. 2 - وابسته برج پیشین 3 - سخن سست است.
○ - ماهوی سوری. 4 - سخن بهم‌ریخته است: «شبان تخت را آرزو کرد».

یکی پهلوان بود گسترده کام — نژادش ز ترخان و، بیژن، بنام[۱]
نشستش، بشهرِ سمرقند بود — بدان مرز، چندیش پیوند بود[۲]
چو ماهوی بدبخت، خودکامه شد — ازو نزد بیژن یکی نامه شد[۳]
که: «ای پهلوانزادهٔ بی‌گزند — یکی رزم پیش آمدت، سودمند[۴]
که شاه جهان با سپاه، ایدرست — ابا تاج و گاه است و با افسرست[۵]
گر آیی، سرِ تاج و گاهش، ترا است — همان گنج و چتر و سپاهش تراست»[۶]

*

چو بیژن نگه کرد و آن نامه دید — جهان، پیشِ ماهوِیِ خودکامه دید؛[۷]
به دستور گفت: «ای سر راستان — چه داری به یاد، اندرین داستان![۸]
بیاریّ ماهوی، گر من، سپاه — برانم، شود؟ کارم ایدر تباه![۹]
بمن بر، کند، شاه چینی فسوس — مرا بی‌منش خواند و چاپلوس[۱۰]
اُگر نه، بگویند، از بیم کرد — همی ترسد از روزگارِ نبرد»[۱۱]
چنین داد دستور، پاسخ بدوی — که «ای شیردل مرد پرخاشجوی[۱۲]
از ایدر ترا ننگ باشد شدن — بیاریّ ماهوی و، بازآمدن[۱۳]
به برسام فسرمای تا با سپاه — بیاری شود، سوی آن رزمگاه[۱۴]
به گفتار سوری شوی سوی جنگ — سبکسار خواند ترا مرد سنگ»[۱۵]

*

چنین گفت بیژن که: «این است رای! — مرا خود نجنبید باید، ز جای»[۱۶]
ببرسام فرمود، تا ده هزار — نبرده‌سواران خنجرگزار؛[۱۷]

---

۱ – «ترخان» پاژنام آن کسان بوده است که هرگاه که میخواستند، می‌توانستند، به پیشگاه شاه برسند، و پرده‌دار و سالاربار نمیتوانستند جلو آنان رابگیرند، چنانکه منوچهری دامغانی در دربار مسعود غزنوی ترخان بود، پس نژاد از ترخان داشتن را، با پهلوانی و مرزبانی پیوند نبود. ۲ – لت دویم نادرخور است: «پیوستگان وی در سمرقند بودند». ۳ – پیوسته بگفتار

۴ – **یک:** «پهلوان» را [که در آغاز داستان از وی بهمین نام یاد شده بود]، پهلوانزاده خواندن، خوارداشتِ وی است. **دو:** بیگزند، چه باشد؟... گزند او بکس نرسیده است؟ یاگزند کس بدو نرسیده؟ و این هر دو، دور از پهلوانی است که سالها در میدان‌های جنگ کسان را کشته. یاکسانش کشته شده‌اند.

۵ – «که» آغازین این لت، با «که» سرآغاز رج پیشین همخوان نیست... پیوندِ بایسته چنین می‌نماید: «آگاه باش...».

٦ – **یک:** تاج راسر هست، و گاه راسر نیست، پایه است. **دو:** یزدگرد، بی‌سپاه بمرو آمده بود زیرا که سپاهیان همراه فرخزّاد با وی به ری بازگشتند. ۷ – «نگه کرد»، و «دید» یکیست. ۸ – بدستور (خویش) باید.

۹ – سپاه در مرو، را چه پیوند با تباه شدن کار در سمرقند است؟ ۱۰ – شاه چین را چه کار با سمرقند و مرو.

۱۱ – لت نخست سخت سست است. ۱۲ – وابسته بگفتار

۱۳ – ماهوی در نامهٔ خود یاری از بیژن نخواسته بود، او را مژده به تخت و تاج یزدگرد داده بود.

۱۴ – باز سخن از «یاری» میرود. ۱۵ – سخن دوباره ۱٦ – وابسته بداستان ۱۷ – وابسته برج پسین

یزدگرد                                                                                                           ۵۰۰

| | |
|---|---|
| به مرو اندرون، سازِ جنگ آورد | مگر گنجِ ایران به چنگ آورد ¹ |
| سپاه از بخارا چو پرانِ تذرو | بیامد بیک هفته تا شهر مرو ² |
| شب تیره هنگامِ بانگِ خروس | از آن مرز برخاست آوازِ کوس ³ |

۴۹۴۶۰

## شکست یزدگرد و گریختن او اندر آسیا

| | | |
|---|---|---|
| جهاندار، زین، خود نه آگاه بود | که ماهوی سوریش بدخواه بود ⁴ | |
| بشبگیر، گاهِ سپیده‌دمان | سواری سوی خسرو آمد دوان ⁵ | |
| که «ماهوی گوید که آمد سپاه | ز ترکان، کنون بر چه رای است شاه ⁶ | ۴۹۴۶۵ |
| سپهدارِ خان است و فغفورِ چین | سپاهش همی بر نتابد زمین» ⁷ | |
| برآشفت و جوشن بپوشید شاه | شد از گرد، گیتی سراسر سیاه ⁸ | |
| چو نیرویِ پرخاشِ ترکان بدید | بزد دست و، تیغ از میان برکشید ⁹ | |
| به پیش سپاه اندر آمد چو پیل | زمین شد بکردارِ دریایِ نیل ¹⁰ | |
| چو بر لشکرِ ترک بر، حمله برد | پس پشتِ او در، نماند ایچ گرد ¹¹ | |
| همه پشت بر تاجور، گاشتند | میانِ سوارانش بگذاشتند ¹² | ۴۹۴۷۰ |
| چو برگشت ماهوی، شاهِ جهان | بدانست، نیرنگِ او در نهان ¹³ | |
| چنین بود ماهوی را رای و راه | که آید بدانسان، گرفتار، شاه ¹⁴ | |
| شهنشاه در جنگ شد ناشکیب | همی زد به تیغ و به پای و رکیب ¹⁵ | |

---

۱ - «سازِ جنگ» جنگ‌افزار است، و آورَد نیز نادرخور است.

۲ - **یک:** بیژن را نشست در سمرقند بود، نه بخارا. **دو:** از بخارا نیز بیکهفته نتوان سپاه را بمرو بردن. افزاینده را با راه‌ها و شهرهای ایرانی آشنایی نبوده است.      ۳ - هنگامِ بانگ خروس، شب تیره نیست.

۴ - **یک:** «خود» در لتِ دویم نابجا است: «آگاه نبود». **دو:** در لت دویم کنش بود نادرخور است: «بدخواه است».

۵ - **یک:** دوباره از گاهِ سپیده‌دم یاد می‌شود. **دو:** گاه سپیده‌دمان نادرست است یا «گاه سپیده‌دم»، یا «سپیده‌دمان». **سه:** سوار را نشاید «دوان» آمدن: «تازان».         ۶ - سخن پریشان است.

۷ - **یک:** بیژن به «خان» و «فغفور چین» بازگشت. **دو:** «سپهدار آنان» باید.     ۸ - با پوشیدن زره، گیتی پر از گرد نمی‌شود.

۹ - سخن در دو سوی، رودرروی هم می‌ایستد. چون نیرویِ پرخاشِ دشمن را بدید راگزارش نیست «چون یورش آنان»، «چون پرخاش آنان»...     ۱۰ - پیشتر گیتی از گرد سیاه شده بود، دوباره‌گویی است.

۱۱ - پادشاه را در در جنگ‌ها، نشاید پیشتاز سپاهیان بودن، در میدان جنگ شاهان از دو سوی، بر روی تپه‌ای بلند می‌نشستند، تا میدان نبرد را از همه سوی ببینند، و فرمان‌های بایسته بدهند.

۱۲ - **یک:** «گاشتند» نادرست است. «برگاشتن» باید: برگاشتند، سخن باژگونه است. «پشت بر تاجور» برگاشتند، بر رویهم «روی بتاجور کردن» است.         ۱۳ - ماهوی بتنهایی برنگشته بود، همه سپاه وی چنین کرده بودند.

۱۴ - **یک:** رای را با راه نشاید آوردن. **دو:** گرفتار نیز (آمدنی) نیست، (شدنی) است.

۱۵ - سخن در لت دویم چنین گزارش می‌شود که باشمشیر به شمشیر و پای و رکاب خود میزد.

داستان گریز به آسیا

فراوان ازان نامداران بکشت / چو بیچاره ترگشت بنمود پشت[1]

ز ترکان بسی بود در پشتِ اوی / یکی کابلی تیغ در مشت اوی[2]

همی تاخت، همچون شبِ تیره برق / یکی آسیا بُد بر آبِ زرق[3]

فرود آمد از باره شاه جهان / ز بدخواه، در آسیا شد نهان[4]

سواران بجُستن، نهادند روی / همه زرق ازو شد پر از گفت و گوی[5]

ازو باز ماند اسپ زرّین‌ستام / همان گرز و شمشیر زرّین نیام[6]

به جستنش ترکان خروشان شدند / ازان باره و ساز جوشان شدند[7]

نهان گشته در خانهٔ آسیا / نشست از بر خشک لختی گیا[8]

چنین است رسم سرای فریب / فرازش بلند و نشیبش نشیب

بدان‌گه که بیدار بُد بخت اوی / به گردون کشیدی فلک تخت اوی

کنون آسیایی بیامدش بهر / ز نوشش فراوان فزون بود زهر

چه بندی دل اندر سرای فسوس / که هزمان به گوش آید آواز کوس

خروشی برآید که بربند رخت / نبینی بجز دخمهٔ گور تخت

دهان ناچریده، دو دیده پرآب / همی بود، تا برکشید آفتاب[9]

گشاد آسیابان درِ آسیا / به پشت اندرون بار و، لختی گیا[10]

فرومایه‌ای بود، خسرو بنام / نه هوش و نه نام و نه چیز و نه کام[11]

خورِ خویش زان آسیا ساختی / به کاری جزین خود نپرداختی[12]

گوی دید برسان سرو بلند / نشسته بَرِ سنگ، چون مستمند[13]

❊

۱ – **یک:** کدام نامداران؟ **دو:** «بیچاره‌تر» نادرست است: «بیچاره».

۲ – **یک:** لت نخست را با لت دویم پیوند نیست. **دو:** «بسی» را «بودند» باید.

۳ – لت نخست را پیوند درست نیست: «همچون برق، در شب تیره».

۴ – **یک:** «شاه جهان» نادرخور است، زیرا که پیدا است که همو یزدگرد است. **دو:** «ز بدخواه» در لت دویم نادرخور است. از ترس یا از دست دشمنان، یا بدخواهان.

۵ – جستن، کُنشی درست است، و «روی نهادن بجُستن» نادرست است.

٦ – شمشیر را بر کمر می‌بندند، نه بر اسب.

۷ – دوباره سخن از جُستن می‌رود، با گفتاری سست.

۸ – **یک:** این رج را پیوند بایسته با رج پیشین نیست. **دو:** خشگ لختی گیا نیز نادرست است: لختی گیاه خشگ از اینجا پنج رج گفتارهای همیشگی در خوارداشت جهان آمده است.

۹ – **یک:** پس روشن شد که آمادگی جنگ و خیزش و یورش و چندان نبرد و گریز... همه در سپیده‌دم رخ داده است، زیرا که آفتاب هنگامی برآمد که یزدگرد در آسیاب نشسته است. **دو:** «برکشید آفتاب» نادرست است: «آفتاب تیغ برکشید».

۱۰ – **یک:** آسیابان را چرا بایستی با خود، گیاه بدرون آسیا بردن؟ آسیا که جای آخور چهارپایان نیست. **دو:** پشت را «اندرون» نیست.

۱۱ – سخن را با لت پیشین پیوند بایسته نیست.

۱۲ – سخن سست است، و پیدا است که کار آسیابان همانست که در آسیا کار کند.

۱۳ – **یک:** پیشتر از نشستن بر روی «خشگ لختی گیا» یاد شده بود. **دو:** مستمند؛ «گله‌مند» است و از کجا پیدا شد که او مستمند است، که هنوز سخنی نگفته است.

یکی افسری خسروی بر سرش  درفشان ز دیبای چینی برش[۱]
به پیکر یکی کفش زرّین به پای  ز خوشاب و زر آستین قبای[۲]
نگه کرد خسرو بدو، خیره ماند  بدان خیرگی نام یزدان بخواند[۳]
بدو گفت ک: «ای شاه خورشیدروی  بدین آسیا، چون رسیدی؟ بگوی!»[۴]
چه جای نشستت بود آسیا  پر از گندم و خاک و چندین گیا[۵]
چه مردی بدین فرّ و این برز و چهر  که چون تو نبیند همانا سپهر»[۶]
«از ایرانیانم» بدو گفت شاه  «هزیمت گرفتم ز تورانسپاه»[۷]
بدو آسیابان به تشویر گفت  که «جز تنگدستی مرا نیست جفت[۸]
اگر نان کشکینت آید بکار  ور این ناسزا ترّهٔ جویبار؛[۹]
بیارم، جزین نیز چیزی که هست  خروشان بود مردم تنگدست»[۱۰]
به سه روز شاه جهان را ز رزم  نبود ایچ پردازش خوان و بزم[۱۱]
بدو گفت شاه: «آنچه داری بیار  خورش نیز، با برسم آید بکار»[۱۲]
سبک مرد بی‌مایه چپّین* نهاد  بر او ترّه و نان کشکین نهاد
به برسم شتابید و آمد به راه  بجایی که بود، اندران، باژگاه[۱۳]
برِ مهتر زرق شد، زان کنار  که برسم کند زو، یکی خواستار[۱۴]
به هر سو فرستاد ماهوی کس  ز گیتی همی شاه را جست و بس[۱۵]
ازآن آسیابان بپرسید، مه  که «برسم که را خواهی ای روزبه؟»[۱۶]
بدو گفت خسرو که: «در آسیا  نشسته‌ست، گنداوری، بر گیا[۱۷]

۱ – دنبالهٔ گفتار  ۲ – لت نخست را هیچ گزارش نیست.  ۳ – دنبالهٔ گفتار.  ۴ – دنبالهٔ گفتار
۵ – آسیا جایی است سخت پاکیزه، و خاک و گیاه در آن نیست.  ٦ – سپهر هم او را دیده است.
۷ – توران چند هزار سال پیش از میان رفته بود، و دشمنان یزدگرد، بگفتهٔ افزایندگان، خاقانیان بوده‌اند.
۸ – آسیابانان از زمان باستان، تا این هنگام که چند آسیای آبی در ایران می‌چرخد، بهری از گندم آرد شده [پنج درسد] مزد می‌گرفتند، و هیچگاه آسیابان تنگدست نبوده است.
۹ – ترهٔ جویبار نیز ناسزا نیست! کنار جویها؛ پونه، گزنه، و شِنگ بفراوانی میروید که بویژه پونه (= پودنه) بس گوارا و بمزه است.
۱۰ – جز این نیز چه بوده است، که در رج پیشین از آن یاد نشد!
۱۱ – افزاینده دروغپرداز، زمان رزم را از سپیده‌دم، تا پیش از برآمدن آفتاب، گفته بود.
۱۲ – خورش با برسم بکار نمی‌آید، برسم با خورش بکار می‌آید.  * – چَپّین: سبد.
۱۳ – افزاینده آگاه نیست که برسم سه شاخه، یا هفت شاخهٔ سبز است، و از کنار آسیا فراهم می‌شود، و نبایستی برای بدست آوردن آن بد «باژگاه» رفتن، که در آن درخت نیست...
۱۴ – **یک**: ...وبرسم را از درخت می‌چینند، و از مهتر زرق نمی‌گیرند. **دو**: ...وبرسم (یکی) نیست که سه شاخه یا هفت شاخهٔ کوچک سبز است... از بوتهٔ «مورد»، و اگر بوتهٔ مورد در دسترس نباشد، از شمشاد، وگرنه از انار، یا هر شاخهٔ سبزِ در دسترس.
۱۵ – این رج را با گفتار، پیوند نیست.  ۱٦ – دنبالهٔ داستان
۱۷ – افزاینده یزدگرد را نخست بار بر گیاه نشاند، دودیگر بار بر سنگ، و اکنون به گیاه بازمیگردد.

داستان گریز به آسیا

ببالا، بکردار سرو سهی — بدیدار خورشیدِ با فرّهی[1]
دو ابرو کمان و دو نرگس دژم — دهن پر ز باد ابروان پر ز خم[2]
به برسم همی واژ خواهد گرفت — سزد گر بمانی ازو در شگفت[3]
یکی کهنه چیتن نهادم به پیش — بر او نان کشکین سزاوار خویش»[4]
بدو گفت مهتر که:«ز ایدر بپوی — چنین هم، بماهوی سوری بگوی[5]
نباید که آن بدنژاد پلید — چو این بشنود گوهر آرد پدید»[6]
سبک، مهتر، او را بمردی سپرد — سزاوار، تا پیش ماهوی برد[7]
بپرسید ماهوی ازآن چاره‌جوی — که: «برسم که را خواستی؟ راست‌گوی»[8]
چنین داد پاسخ ورا ترسکار — که: «من بار، کردم همی خواستار[9]
درِ آسیا را گشادم به خشم — چنان دان، که خورشید دیدم بچشم![10]
دو نرگس چو نرّ آهو اندر هراس — دو دیده چو از شب گذشته سه پاس[11]
چو خورشید گشته‌ست زو آسیا — خورش نان خشک و نشستش گیا[12]
هرآنکس که او فرّ یزدان ندید — بباید گرفت، آسیا را، کلید[13]
پر از گوهر ناپسود افسرش — ز دیبای چینی فروزان برش[14]
بهاری‌ست گویی در اردیبهشت — به بالای او سرو، دهقان نکشت»[15]

*

چو ماهوی دل را برآورد گرد — بدانست کاو نیست جز یزدگرد[16]

---

۱ - برای خورشید «فرّ» در شمار نیاورده‌اند.
۲ - **یک:** لت نخست را برای نگار رویِ اختران می‌آورند. **دو:** ابروان کمان؟ یا پُر زِ خَم؟
۳ - به برسم نادرست است: «با برسم». ۴ - به پیش نادرخور است «پیش». ۵ - دنبالهٔ گفتار...
۶ - اگر بدنژاد پلید است، چرا بایستی آسیابان را بنزد وی فرستادن؟
۷ - **یک:** مرد سزاوار را چه گزارش باشد، کسی را رهنمای وی کرد... **دو:** کنش پایانی «بُرد» نادرخور است. او را سپرد، تا نزد ماهویش «برد». ۸ - آسیابان، چاره‌جوی نبود.
۹ - **یک:** چه ترس در میان بود؟... در شاهنامه از (راهبان عیسوی با پاژنام «ترسکار») یاد شده است. **دو:** لت دویم بی‌پیوند است.
۱۰ - گفتار پیشین چنین نمی‌نمود:

گشاد آسیابان، درِ آسیا — به پشت اندرون، بار و لختی گیا!

اما افزاینده را برای پساوای «چشم» در لت دویم، «خشم» بایسته می‌نمود!
۱۱ - **یک:** هراس را «اندرون» نیست. **دو:** سخن بی‌پیوند است...: «چشمانش چون چشمان آهوی هراسناک می‌نمود». **سه:** «دیده»؟ یا «نرگس»؟ ۱۲ - آسیا را چون خورشید نشاید شدن. که از چهرهٔ خورشیدسان(!) وی، «روز» تواند شد.
۱۳ - **یک:** ندید، نادرست است «ندیده است». **دو:** فرّ یزدان نادرخور است: «فرّ ایزدی».
۱۴ - دربارهٔ گوهر ناپسود، که سخت نادرخور است، پیشتر، سخن به‌گذشت.
۱۵ - اردیبهشت در بهار است، نه بازگونهٔ آن. لت دویم از شاهنامه برگرفته شده است اما در این گفتار کنش «نکشت» نادرخور است: «نکشته است». ۱۶ - «دل راگرد برآوردن» چگونه باشد؟!

بدو گفت: «بشتاب زین انجمن / هم اکنون جدا کن سرش را ز تن[1]
اُگرنه هم اکنون ببرّم سرت / نمانم کسی زنده از گوهرت»[2]
شنیدند ازو این سخن مهتران / بزرگان بیدار و گندآوران[3]
همه انجمن گشت ازو پر ز خشم / زبان پر ز گفتار و، پر آب، چشم[4]
یکی موبدی بود رادوی نام / به جان و خرد، بر نهاده لگام[5]

**با این گفتار نادرخور ۹۲ رج گفتارهای همانند، در سرزنش ماهوی، از سوی موبدان و مهتران بارگاه(!) وی آمده است که بجز از یکی دوگفتار، که برگرفته از شاهنامه است، بر همه می توان انگشت نهادن، که ازگزارش آن چشم می‌پوشم.**

بماهوی گفت: «ای بداندیش مرد / چرا؟ دیو چشم ترا تیره کرد!
چنان دان که شاهیّ و پیغمبری / دو گوهر بود در یک انگشتری
ازین دو، یکی را همی بشکنی / روان و خرد را، بپا افکنی
نگر تا چه گویی بپرهیز ازین / مشو بدگمان با جهان‌آفرین
نخستین ازین، بر تو آید گزند / بفرزند مانی، یکی کشتمند؛
که بارش کبست آید و برگ، خون / بزودی سر خویش بینی نگون
همی دین یزدان شود زین، تباه / همان بر تو نفرین کند تاج و گاه
برهنه شود در جهان زشت تو / پسر بدرود بی‌گمان کشت تو»
یکی دیوری بود، یزدان‌پرست / که هرگز نبردی به، بد کار، دست
که هرمزد خرّاد بُد نام اوی / به دین اندرون بود آرام اوی
به ماهوی گفت: «ای ستمکاره مرد / چنین از رهِ پاک یزدان، مگرد!
همی تیره بینم دل و هوش تو / همی خار بینم، در آغوش تو
تنومند و بی‌مغز و جان نزار / همی دود، ز آتش کنی خواستار
ترا زین جهان سرزنش باشدت / همی، هر زمان رنج بفزایدت
کنون زندگانیت ناخوش بود / چو رفتی، نشستت در آتش بود»
نشست او و، شهروی بر پای خاست / به ماهوی گفت «این دلیری چرا است؟

---

۱ - هم‌اکنون، شایسته نمی‌نماید، از آنجا که «هم‌اکنون» آسیابان نزد ماهوی است!

۲ - **یک:** باز از هم اکنون سخن میرود. **دو:** مگر ماهوی برای کشتن یزدگرد، هیچکس دیگر را ندارد که چنین کار را از آسیابان بخواهد؟ و اگر آسیابان چنین نکند، همهٔ فرزندان و نوادگان وی را بکشد!

۳ - مهتران و بزرگان، یکی است.

۴ - دنبالهٔ گفتار

۵ - لت دویم ناخردمندانه‌ترین افزوده است. «لگام بر خرد» نهادن چگونه باشد؟ همچنین «لگام بر جان» نهادن را چه گزارش است؟

گفتارهای افزوده

شهنشاه را کارزار آمدی
ز خان و ز فغفور یار آمدی!

ازین تخمه، بی‌کس، بسی یافتند
که هرگز به کشتنش نشتافتند

تو گر بنده‌ای خون شاهان مریز
که نفرین بود بر تو تا رستخیز»

بگفت این و بنشست گریان به درد
پر از خون دل و، مژه پرآبِ زرد

چو بنشست گریان، بشد، مهرنوش
پر از درد با ناله و با خروش

بماهوی گفت «ای بدِ بدنژاد
که نه راهِ فرجام دانی، نه داد

ز خون کیان شرم دارد، نهنگ
اگر کشته بیند، ندرّد پلنگ

ایا بتّر از دد، بمهر و بخوی!
همی گاهِ شاه، آیدت آرزوی؟

چو بر دست ضحاک جم کشته شد
چه مایه سپهر از برش گشته شد

چو ضحاک بگرفت روی زمین
پدید آمد اندر جهان آبتین

بزاد آفریدون فرخ نژاد
جهان را یکی دیگر آمد نهاد

شنیدی که ضحاک بیدادگر
چه آورد، ازان خویشتن را به سر

بر او سال بگذشت مانا هزار
بفرجام کار آمدش خواستار

اُ دیگر که تور آن سرافراز مرد
کجا آز ایران ورا رنجه کرد

همان ایرج پاک‌دین را بکشت
بر او گردش آسمان شد درشت

منوچهر زان تخمه آمد پدید
شد آن بند بد را سراسر کلید

سدیگر سیاوش ز تخم کیان
کمر بست بی‌آرزو در میان

به گفتار گرسیوز افراسیاب
ببرد از روان و خرد شرم و آب

جهاندار کیخسرو از پشت اوی
بیامد جهان کرد پر گفت و گوی

نیا را به خنجر به دو نیم کرد
سر کینه‌جویان پر از بیم کرد

چهارم سخن کین ارجاسپ بود
که ریزندهٔ خون لهراسپ بود

چو اسفندیار اندر آمد به جنگ
ز کینه ندادش زمانی درنگ

به پنجم سخن کین هرمزد شاه
چو پرویز را گشن شد دستگاه

به بندوی و گستهم کرد آنچه کرد
نیاساید این چرخ گردان ز گرد

چو شد تاجور، جان ایشان ببرد
درِ کینه را خوار نتوان شمرد

ترا زود یاد آید این روزگار
بپیچی، از اندیشهٔ نابکار

تو زین هرچه کاری پسر بدرود
زمانه زمانی همی نغنود

بپرهیز زین گنج آراسته
اُ زین مُردری تاج و این خواسته

همی سر بپیچی به فرمان دیو
ببرّی همی راه گیهان خدیو

به چیزی که بر تو، نزیبد همی
ندانی که؟ دیوت فریبد همی!

به آتش، تن و جان خود را مسوز / مکن تیره این تاجِ گیتی‌فروز
سپاه پراکنده را، گرد کن / اُزینسان که گفتی، مگردان سخن
از ایدر به پوزش برِ شاه رو / چو بینی، ورا بندگی ساز، نو
اُزان جایگه جنگ لشکر بسیچ / ز رای و ز پوزش، میاسای هیچ
گزین بد، نشانِ دو گیتی شوی / چو گفتار دانندگان نشنوی
چو کاری که امروز بایدت کرد / به فردا رسد زو برآرند گرد
همی یزدگرد شهنشاه را / بتر خواهی از ترک بدخواه را
که در جنگ شیر است برگاه شاه / درخشان بکردار تابنده ماه
یکی یادگاری ز ساسانیان / که چون او نبندد کمر برمیان
پدر بر پدر داد و دانش پذیر / ز نوشیروان شاه تا اردشیر
بود اردشیرش به هشتم پدر / جهاندار ساسان با داد و فر
که یزدانش، تاج کیان برنهاد / همه شهریارانش فرخ‌نژاد
چو تو بود مهتر، بکشور، بسی / نکرد این چنین رای، هرگز کسی
چو بهرام چوبین که سیصد هزار / عناندار و برگستوان‌ور، سوار
بیک تیر او، پشت برگاشتند / بدو دشت پیکار بگذاشتند
چو از رای شاهان سرش سیر گشت / سر دولت روشنش زیر گشت
فرایین که تخت بزرگی بجست / نبودش سزا، دست بد را بشست؛
برآنگونه بر، کشته شد زار و خوار / گزافه، نه بر گیرد، این روزگار
بترس از خدای جهان‌آفرین / که تخت آفریده‌ست و تاج و نگین
تنِ خویش بر خیره، رسوا مکن / که برتو سر آرند زود، این سخن!
هر آن کس که با تو نگوید درست / چنان دان که او دشمن جان تست
تو بیماری اکنون و، ما چون پزشک / پزشک خروشان، بخونین سرشک
تو از بندهٔ بندگان کمتری / به اندیشهٔ دل مکن مهتری
همی کینه با پاک یزدان نهی / ز راه خرد جوی تخت مهی»
شبان‌زاده را دل پر از تخت بود / ورا، پند آن موبدان، سخت بود
چنین بود تا بود و، این تازه نیست / که کار زمانه براندازه نیست
یکی را برآرد به چرخ بلند / یکی را کند خوار و زار و نژند
نه پیوند با آن، نه با اینش کین / که دانست؟ راز جهان‌آفرین!
همه موبدان تا جهان شد سیاه / برآیین خورشید، بنشست، ماه
بگفتند زین‌گونه با کینه‌جوی / نبد سود، یک موی، زان گفت و گوی

چو شب تیره شد گفت با موبدان «شما را بباید شد ای بخردان
من امشب بگردانم این با پسر ز هر گونه‌ای دانش آرم به بر؛
ز لشکر بخوانیم دانده بیست بدان تا بدین بر نباید گریست»
برفتند داننده‌گان از برش بیامد یکی موبد از لشکرش
چو بنشست ماهوی با راستان «چه بینید» گفت «اندرین داستان؟
اگر زنده ماند تن یزدگرد ز هر سو بر او لشکر آیند گرد
برهنه شد این راز من در جهان شنیدند یکسر کهان و مهان
بیاید مرا از بدش جان به سر نه تن ماند ایدر نه بوم و نه بر»
چنین داد پاسخ خردمند مرد که «این خود نخستین نبایست کرد
اگر شاه ایران شود دشمنت ازو بد رسد بی‌گمان برتنت
اگر خون او را بریزی بد است که کین‌خواه او در جهان ایزد است
چپ و راست رنج است و اندوه و درد نگه کن کنون تا چه بایدت کرد»
پسر گفت ک :«ای باب فرخنده‌رای چو دشمنش کردی، بپرداز جای
سپاه آید او را، ز ماچین و چین بما بر، شود تنگ، روی زمین
تو این را چنین خرد کاری مدان چو چیره شدی کام مردان بران
گر از دامن او درفشی کنند ترا با سپاه از بنه برکنند»

*

چو بشنید ماهوی بیدادگر سخن‌ها کجا گفت او را پسر [1]
چنین گفت با آسیابان که «خیز سواران ببر خون دشمن بریز» [2]
چو بشنید ازو آسیابان سخن نه سر دید ازان کار پیدا نه بن [3]
شبانگاه نیران خرداد ماه سوی آسیا رفت نزدیک شاه [4]
ز درگاه ماهوی چون شد برون دو دیده پر از آب دل پر ز خون [5]
سواران فرستاد ماهوی زود پس آسیابان بکردار دود [6]
بفرمود تا تاج و آن گوشوار همان مُهر و آن جامهٔ شاهوار [7]

---

۱ - لت دویم را پیوند درست نیست. ۲ - در داستان آینده، آسیابان، خود خون یزدگرد را میریزد.

۳ - لت دویم از شاهنامه برگرفته شده است.

۴ - **یک:** نمونه‌ها نیران، انیران، تیران، ایران، یبران آورده‌اند، روز سی‌ام هر ماه را نام «انیران» است که در اوستایی (؟؟اوستایی؟؟؟؟؟؟؟؟؟؟؟) اَنَغرَ رَئوچَ؛ روشنایی بی‌پایان نامیده می‌شده است. اما این گفتارها همه در بامداد، رخ نمود، پس؛ چگونه است که شبانگاه به آسیا برگشت؟ **دو:** اگر گفتار ماهوی را نه سر دید و نه بن، چرا...

۵ - ...با دیدهٔ پر آب و دل خونین، برای کشتن یزدگرد رفت!

٦ - سواران را نشایستی «بکردار دود»، از پس آسیابان رفتن. بدانروی که آسیابان، پیاده بسوی آسیا می‌رفت، آنانرا نیز می‌بایستی آهسته رفتن. ۷ - وابسته به رج پسین

نباید که یکسر پر از خون کنند    ز تن، جامهٔ شاه، بیرون کنند[1]

*

بشد آسیابان، دو دیده پر آب    بزردی دو رخساره، چون آفتاب[2]
همی گفت کـ:«ای روشن کردگار    توی برتر از گردش روزگار[3]
تو زین ناپسندیده فرمان او    هم‌اکنون بپیچان تن و جان او»[4]
برِ شاه شد دل پراز شرم و باک    رخانش پرآب و دهن پُر ز خاک[5]
به نزدیکِ او، اندر آمد، بهوش!    چنانچون کسی، راز، گوید بگوش[6]
یکی دشنه زد بر، تهیگاهِ شاه    رها شد، بزخم اندر، از شاه، آه[7]
بخاک اندر آمد سر افسرش    همان نان کشکین، بپیش اندرش![8]

*

اگر راه یابد کسی زین جهان    بباشد ندارد خرد در نهان[9]
ز پرورده سیر آید این هفت گرد    شود کشته بر بی‌گنه یزدگرد
برین گونه بر تاجداری بمرد    که از لشکر او سواری نبرد
خرد نیست با گرد گردان سپهر    نه پیدا بود رنج و خشمش ز مهر
همان به که گیتی نبینی به چشم    نداری ز کردار او مهر و خشم

*

سواران ماهوی شوریده بخت    چو دیدند، کان خسروانی درخت[10]
ز تخت و ز آوردگه آرمید    بشد، هر کسی، روی او را بدید؛[11]
گشادند بند قبای بنفش    همان افسر و توغ و زرّینه کفش[12]
فکنده تن شاه ایران به خاک    پر از خون و پهلو به شمشیر چاک[13]

---

۱ – یکسر پر از خون نکردن، چنان می‌نماید که بخشی از هر یک را، خونین کنند!

۲ – دوباره از دیدهٔ پر آب آسیابان سخن میرود... رخ زرد را نشاید به آفتاب مانند کردن.

۳ – «روشنِ کردگار» راگزارش نیست.

۴ – **یک:** اگر چنین است، چرا بایستی یزدگرد راکشتن؟ **دو:** «هم اکنون» نیز نادرخور است، زیرا که اگر «هم‌اکنون» (= همان زمان که او بسوی آسیا میرود) ماهوی بمیرد، باز، برای انجام فرمان وی، یزدگرد کشته می‌شود.

۵ – چنین گفتار برای دشت نبرد شایسته می‌نماید، از آنجا که خاک آوردگاه بر رخسار ودهانِ سپاهیان می‌نشیند! اما کسیرا که راه کاخ ماهوی تا آسیا را می‌پیماید، چرا بایستی دهان پر خاک بودن!

٦ – «بهوش» در لت نخست نادرخور است.

۷ – افزاینده «زخم» را با کاربرد تازه‌اش آورده است که همانا «ریش» (= جراحت) بوده باشد، اما در گفتار فردوسی زخم (= ضربه) است، و زخم را (اندرون) نباشد.

۸ – اندر آمد نیز نادرخور است: «اندر افتاد».

۹ – بدنبال این رج، پنج رج؛ در خوارداشت و دشنام به جهان و چرخ و سپهر... آورده‌اند.

۱۰ – وابسته برج پسین

۱۱ – هر کسی نادرست است: «همه رفتند».

۱۲ – **یک:** پس قبای یزدگرد، سرتاپای خونین شد، و فرمان ماهوی بر زمین زده شد! **دو:** «همان» در لت دویم نادرخور است، و چنین می‌نماید که «بند افسرِ» وی رانیز گشوده‌اند، باز آنکه افسر را بند نیست.

۱۳ – پهلوی او با دشنه شکافته شده بود، نه باشمشیر.

ز پیش شهنشاه برخاستند — زبان را به نفرین بیاراستند[1]
که «ماهوی را باد تن همچنین — پر از خون فکنده به روی زمین»[2]
بنزدیک ماهوی رفتند زود — ابا یاره و گوهر ناپسود[3]
بماهوی گفتند، ک:«ان شهریار — برآمد ز آرام و از کارزار»[4]
بفرمود کاو را، بهنگام خواب — ازان آسیا افکنند، اندر آب[5]
بشد تیز بدمهر دو پیشکار — کشیدند پر خون تن شهریار[6]
کجا ارج آن کشته نشناختند — بگردابِ زرق، اندر انداختند[7]
چو شب روز شد مردم آمد پدید — دو مرد گرانمایه آنجا رسید[8]
ازآن سوگوارانِ پرهیزگار — بیامد یکی بر لب جویبار[9]
تن او برهنه بدید اندر آب — بشورید و آمد هم اندر شتاب[10]
چنین تا درِ خان راهب رسید — بدان سوگواران بگفت آنچه دید[11]
که «شاه زمانه به غرق اندرست — برهنه به گرداب زرق اندرست»[12]
برفتند، زان سوگواران، بسی — سکوبا و رُهبان ز هر در کسی[13]
خروشی برآمد ز راهب به درد — که: «ای تاجور شاهِ آزادمرد»[14]
چنین گفت راهب که: «این کس ندید — نه پیش از مسیح این سخن کس شنید[15]
که بر شهریاری زند بنده‌ای — یکی بدنژادی و افکنده‌ای[16]

---

۱ – ز پیش شهنشاه نادرخور است: «از کنار پیکر شاهنشاه».
۲ – وابسته بگفتار
۳ – گوهر ناپسود نادرخور است، و در پیشگفتار دربارهٔ آن سخن گفته‌ام.
۴ – «برآمد» را در لت دویم گزارش نیست: «برآسود».
۵ – بر بنیاد سخن افزودهٔ پیشین، آسیابان در شبانگاه انیران خرداد، بآسیا بازگشته بود، پس؛ هنگام خواب نادرخور است و «همانگاه» درست است.
٦ – **یک:** بشد برای دو تن نادرست است: شدند. **دو:** «بدمهر» را نیز در زبان فارسی پیشینه نیست، از آنجا که مهر (= پیمان و راستی) هیچگاه «بد» نشاید بودن.
۷ – در روستا، «گرداب» پدیدار نیست، که گرداب ویژهٔ دریا است.
۸ – **یک:** مردم را پدید «آمدند» باید. **دو:** و دو مرد را در لت دویم «بدیدند».
۹ – **یک:** از کدام سوگواران؟ چون «آن» آورده‌اند، خواننده را باید با «آنان» آشنایی باشد! **دو:** افزاینده فراموش کرد که او را بگرداب افکنده بود، و بزودی آنرا به «جویبار» برگرداند!
۱۰ – «آمد» در لت دویم، با «آمد» در رج پیشین همخوان نیست، در این گفتار، «برفت» باید.
۱۱ – **یک:** «خان راهب» نشان از خانهٔ یک راهب می‌دهد، و در لت دویم از «سوگواران» یاد می‌شود. **دو:** آن سوگواران نیز نادرست است، زیرا که ما آنان را نمی‌شناسیم.
۱۲ – **یک:** آن سوگوار، که پیکری برهنه در آب دیده بود، چگونه «شاه جهان» را شناخت. **دو:** «به غرق اندر» نادرست است. **سه:** دیگر بار، «جویبار» به «گرداب» گردید.
۱۳ – **یک:** لت دویم آشفته است، اگر آنان سکوبا (=اسقف) و رهبان بوده‌اند، «ز هر در» نشاید گفتن! **دو:** رهبان نیز نادرست است: «رهبانان».
۱۴ – «راهبان» باید.
۱۵ – **یک:** دنبالهٔ گفتار را بایستی آوردن و «چنین گفت» بدنبال «ای شاه آزادمرد» افزوده است. **دو:** لت دویم نیز بی‌پیوند و بی‌گزارش است.
۱٦ – سخن سست و پریشان است.

بپرورد تا بر سرش بد رسد ازین، بهرِ ماهوی، نفرین سزد[1]
دریغ آن سر و تاج و بالای تو دریغ آن دل و دانش و رای تو[2]
دریغ این سرِ تخمهٔ اردشیر دریغ این جوان و سوار هژیر[3]
تنومند بودی، خرد با روان ببردی خبر زین، بنوشیروان[4]
که: در آسیا ماهروی ترا جهاندار و دیهیم‌جوی ترا[5]
به دشنه جگرگاه بشکافتند برهنه به آب اندر انداختند»[6]
سکوبا، ازان سوگواران، چهار برهنه شدند اندران جویبار[7]
برهنه، تنِ شهریارِ جوان نبیره جهاندار نوشیروان[8]
بخشکی کشیدند زان آبگیر بسی مویه کردند برنا و پیر[9]
بباغ اندرون دخمه‌ای ساختند سرش را، بابر اندر، افراختند[10]
سرِ زخم آن دشنه کردند خشک به دبق و به قیر و به کافور و مشک[11]
بیاراستندش، به دیبای زرد قصب زیر و دستی زبر لاژورد[12]
می و مشک و کافور و چندی گلاب سکوبا بیندود، بر جایِ خواب[13]

---

۱ – چه کس، چه کس را بپرورد؟ سخن بایستی روشن باشد.
۲ – «آن» در این رج...

۳ – ...با «این» در این رج همخوان نیست... و نیز «این» با «آن» در لت دویم.

۴ – لت نخست بی‌گزارش است، و لت دویم را نیز هیچ پیوند با آن نیست.

۵ – **یک:** «ماهروی» نام یک ابزار فلزی است که از دو، سه پایه ساخته می‌شود، که بر فراز آن، دو تیغهٔ کمانی چون کمان ماه است و دستهٔ بَرسَم را روی آن می‌نهند... و هیچ نشاید که آنرا برای، کسی بکار بردن... در چنین هنگام «ماهرخ» باید گفتن! پیدا است که یکبار. واژهٔ ماهروی، در شاهنامه بکار رفته است، اما همچون گون (= صفت) همراه با نام [ریدک] در داستان زال و رودابه:

پرستنده با ریدکِ ماهروی بخندید و گفتش که چونین مگوی

و ماهروی بتنهایی «نام» است، و همانست که گفته شد. **دو:** کدام جهاندار، که از پیش گروهی پای برهنه گریخته است تا «با دخت فغفور خویشی» کند!!؟ **سه:** چون کسی شاه باشد، «دیهیم‌دار» است نه «دیهیم جوی».

۶ – «جگرگاه» را بایستی پیش از ماهرخ آوردن «جگرگاه پور ترا».

۷ – **یک:** «سکوبا و چهار سوگوار» باید. **دو:** شیوهٔ شمارش نیز نادرست است. **دو:** جویبار «کنارِ جوی» است... و «بار» در زبان فارسی آنست که در زبان تازی (ساحل) گویند، و هنوز در سه واژهٔ آمیخته روان است. دریابار (= کنار دریا)، رودبار (= کنار رود)، و جویبار (= کنار جوی) و افزاینده را که در گفتار پیشین از «ترهٔ جویبار» نام برده بود، شایستی دانستن که تره از میان جوی نمی‌روید، و از کنار آن می‌روید... پس برهنه شدن آن پنج کس را، اندر (= اندرون) جویبار، گزارش نیست.
۸ – دنبالهٔ گفتار

۹ – افزاینده، در این سخن «جویبار» را به «آبگیر» می‌گرداند، و آبگیر؛ آبزن (= آبدان؛ آوازن ارمنی، حوض تازی شده) است نه جویبار، نه گرداب!

۱۰ – **یک:** «دخمه» را در باغ نمی‌سازند، که در سنگ کوهستان می‌کنند... **دو:** باری دخمه را بدان تندی وتیزی که یکروزه بتوان پیکر درگذشته را در آن نهادن، نمی‌توانستند کندن که چنین کار را نیاز به روزها و ماهها زمان است.

۱۱ – **یک:** باز افزاینده زخم را بجای ریش بکار گرفته است. **دو:** و سر زخم را گزارش نباشد، از آنجا که سر دشنه باندرون شکم میرود، و نمیتوان آنرا خشک کردن. **سه:** دبق و قیر را چه پیوند با کافور و مشک؟ **چهار:** با کافور و مشک نمیتوان چیزی را خشک کردن.

۱۲ – **یک:** «بیاراستند» نادرخور است «بپوشاندند». **دو:** قصب چیست که در زیر پوشاندند؟ **سه:** «دستی زبر لاجورد» سخت بی‌گزارش است. **چهار:** رنگ زرد لت نخست به لاژوردین در لت دویم، دگرگون شد.

۱۳ – **یک:** دوباره از مشک و کافور یاد می‌شود... و اگر این دو را با می و گلاب بیامیزند، خمیری سیاهرنگ پدیدار می‌شود... **دو:** جای

چه گفت آن گرانمایه دهقان مرو — که بنهفت بالای آن زادسرو[1]
ز بخشش، بود، کوشش، اندر نهان — که خشنود بیرون شود زین جهان[2]
دگر گفت: «اگر چند، خندان بود — چناندان که از دردمندان بود؛[3]
که زاین چرخ گردان پذیرد فریب — که او را نماید فراز و نشیب[4]»
دگر گفت ک:«ان را تو دانا مخوان — که تن را پرستد بجای روان[5]
همی خواسته جوید و نام بد — نترسد روانش، ز فرجام بد»[6]
دگر گفت: «اگر شاه را لب ببست — نبیند همی تاج و تخت نشست[7]
نه مُهر و پرستندهٔ بارگاه — نه افسر نه کشور نه تاج و کلاه[8]
دگر گفت ک:«ز خوب گفتار اوی — ستایش ندارم سزاوار اوی[9]
همی سرو کِشتی به باغ بهشت — ببیند روانش، درختی که کشت»[10]
دگر گفت: «یزدان، روانت ببرد — تنت را بدین سوگواران سپرد[11]
روان ترا سودمندی بود — تن بدکنش را گزندی بود[12]
کنون در بهشت است بازار شاه — به دوزخ کند جان بدخواه راه»[13]
دگر گفت ک:«ای شاه دانش‌پذیر — خردمند و از گوهرِ اردشیر[14]
درودی، همان بر، که کِشتی بباغ! — درفشان شد آن خسروانی چراغ[15]
دگر گفت ک:«ای شهریار جوان — بخفتیَ و، بیدار بودت، روان[16]
لبت خامش و جان به چندین گله — برفت و تنت ماند ایدر یله[17]
تو بیکاری و جان، بکار اندرست — تنِ بدسگالت، به بار اندرست[18]
بگوید روان، گر زبان بسته شد — بیاسود جان، گر تنت خسته شد[19]

---

← خواب چه باشد؟: تابوت!

۱ – کدام دهقان گرانمایه؟

۲ – این رج را هیچ پیوند و گزارش نیست.

۳ – **یک:** دگر گفت نادرست است: «دیگری گفت». **دو:** گفتار را نیز گزارش نیست.

۴ – دنبالهٔ همان گفتار

۵ – **یک:** ...«دیگری گفت». **دو:** روان پرستیدنی نیست.

٦ – این گفتار را چه پیوند با مرگ یزدگرد؟

۷ – چه‌کس شاه را لب ببست؟ افزاینده را رای بر آن بوده است که بگوید: اگرچه لب شاه بسته شد.

۸ – این گفتار را هیچ پیوند با رج پیشین نیست.

۹ – مگر گفتار وی را شنیده بود؟

۱۰ – این سخن را نیز پیوند با رج پیشین نیست.

۱۱ – یزدان روان‌کس را نمی‌برد، که روان از تن جدا می‌شود.

۱۲ – **یک:** سخن آشفته است. **دو:** «تو» در (ترا)...

۱۳ – ...با «شاه» در این رج همخوان نیست.

۱۴ – **یک:** دگری گفت. **دو:** زمان دانش‌پذیری یزدگرد گذشته بود.

۱۵ – سخن، نه در ستایش یزدگرد است، و چنین می‌نماید که بدنبال بدی‌ها که کردی، کُشته شدی.

١٦ – «دگری گفت بیدار بودت روان» نادرست است: «روانت بیدار است».

۱۷ – **یک:** دیگر چه جای گله است؟ **دو:** «گِلَه» را با «یَلَه» پساوا نیست.

۱۸ – جان نیز با درگذشتن تن از میان میرود.

۱۹ – روان و زبان را بایستی بگونه «روانت»، «زبانت» آوردن، همچنین جان در لت دویم.

اگر دست بیکار گشت از عنان　　روانت به چنگ اندر آرد سنان[1]
دگر گفت ک:«ای نامبردارِ گو　　تو رفتیّ و کردار، شد پیشرو[2]
ترا در بهشت است تخت این بس است　　زمین بلا بهر دیگر کس است»[3]
دگر گفت ک:«ان کس، که او، چون تو کشت　　ببیند کنون روزگار درشت»[4]
دگر گفت: «ما بندگان توایم　　نیایش‌کنِ پاکِ جان توایم[5]
که این دخمه پر لاله باغ تو باد　　کفن دشتِ شادیّ و راغ تو باد»[6]
بگفتند و تابوت برداشتند　　ز هامون سوی دخمه بگذاشتند[7]
بدان خوابگه رفت، ناکام، شاه　　سرآمد بر او، رنج و تخت و کلاه[8]

＊

چنین داد خوانیم بر یزدگرد　　اُگر کینه خوانیم ازین هفت گرد[9]
اگر خود نداند همی کین و داد　　مرا فیلسوف ایچ پاسخ نداد
اُگر گفت دینی همه بسته گفت　　بماند همی پاسخ اندر نهفت
اگر هیچ گنج است ای نیک رای　　بیارای و دل را به فردا مپای
که گیتی همی بر تو بر بگذرد　　زمانه دم ما همی بشمرد
در خوردنت چیره کن بر نهاد　　اگر خود بمانی دهد آنکه داد
مرا دخل و خرج ار برابر بُدی　　زمانه مرا چون برادر بُدی
تگرگ آمد امسال برسان مرگ　　مرا مرگ بهتر بُدی از تگرگ
در هیزم و گندم و گوسفند　　ببست این برآورده چرخ بلند
می آور که از روزمان بس نماند　　چنین بود تا بود و برکس نماند

---

۱ – **یک:** دستت بجای دست. **دو:** «دست از عنان برداشتی» باید. **سه:** روان را با نبرد و سنان کار نیست.
۲ – دگری گفت... لت دویم بی‌پیوند است. افزاینده خواسته است بگوید که کردارهای نیکت پیش از تو بجهان مینو رفته است.
۳ – سخن سست است و زمین بلا راگزارش نیست.
۴ – **یک:** دگری گفت. **دو:** پیوند «را» باید: «چون ترا کشت».
۵ – دگری... نیایش کن سخت نادرخور است، باز آنکه افزاینده را توان آن بود که بگوید «نیایشگر»!　　٦ – سخن سست
۷ – تابوت در هامون نبود، و در باغ بود.　　۸ – دنبالهٔ گفتار
۹ – ده رج سراپا آشفته، و در پایان دریوزه گری افزاینده

## بر تخت نشستن
# ماهوی سوری

⇐ کس آمد به ماهوی سوری بگفت — که: «شاه جهان، خاک دارد، نهفت
سکوبا و قسّیس و رهبان روم — همه سوکواران آن مرز و بوم[1]
برفتند با مویه برنا و پیر — تن شاه بردند زان آبگیر[2]
یکی دخمه کردند او را به باغ — بلند و، بزرگیش، برتر ز راغ»[3]
چنین گفت ماهوی بدبخت و شوم — که «ایران نبُد پیش ازین خویش روم»[4]
فرستاد تا هر که آن دخمه کرد — هم، آن کس، کزان کار، تیمار خورد[5]
بکشتند و تاراج کردند مرز — چنین بود ماهوی را، کام و ارز[6]
ازانپس، بگردِ جهان بنگرید — ز تخم بزرگان کسی را ندید[7]
همان تاج با او بُد و، مُهرِ شاه — شبانزاده را آرزو کرد، گاه![8]
همه رازدارانْش را، پیش خواند — سخن، هر چه بودش به دل در، براند[9]
بدستور گفت: «ای جهاندیده مرد — فراز آمد آن روزِ ننگ و نبرد
نه گنج است با من، نه نام و نژاد — همی داد خواهم، سرِ خود، بباد
برانگشتری، -یزدگرد- است نام — بشمشیر، بر من، نگردند رام
همه شهر ایران ورا بنده بود — اگر خویش بود ار پراکنده بود[10]
نخواند مرا، مردِ داننده، شاه — نه بر مهرم آرام گیرد سپاه
جزین بود چاره مرا در نهان — چرا ریختم خون شاه جهان
همه شب ز اندیشه پر خون بُدم — جهاندار داند که من چون بُدم»[11]
بدو، رایزن گفت، که:«اکنون گذشت — ازین کار، گیتی پر آواز گشت
کنون بازجویی همی کار خویش — که بگسستی آن رشتهٔ تار خویش

---

۱ - رهبان روم را در مرو چه کار بوده است؟ ۲ - برنا کودکانِ تا ده ساله‌اند، و همراه پیرانشان نشایستی رفتن.

۳ - **یک**: چند بار دخمه کَردند؟ **دو**: لت دویم سخن گزافه است، زیرا که بهیچ روی نشاید دخمه‌ای برتر از کوه ساختن.

۴ - سخن را گزارش نیست، از «خویش روم» چه را خواهند گفتن؟ ایرانیان و رومیان خویش یکدیگر بودند، و هستند... گفتار هرمز را بهنگام گریز خسرو بروم بیاد آوریم:

فریدون نژادند و خویش تواند — چو کارت شود سخت، پیش تواند

۵ - سخن در لت نخست بی‌پیوند است. **یک**: چه را فرستاد؟ **دو**: هر که آن دخمه (را) کرد. **سه**: چنان دخمه را که در باغ بسازند، یک کاریگر می‌سازد، و «هر که» با... ۶ - «بکشتند» در این رج همخوان نیست.

۷ - در مرو، چگونه به گرد جهان بنگریست؟ ۸ - دوباره از «شبان‌زاده» یاد می‌شود.

۹ - روی سخن آینده، با دستور است نه با رازداران!

۱۰ - «بنده بودند» درست است، و لت دویم را نیز گزارش نیست. ۱۱ - از اندیشه «پر خون» نشاید بودن.

کنون او، به دخمه درون، خاک شد / روان ورا، زهر، تریاک شد*
جهاندیدگان را همه گرد کن / زبان تیزگردان، بشیرین سخن
چنین گوی کاین تاج و انگشتری / مرا شاه داد، از پیِ مهتری
چو دانست کامد ز ترکان سپاه / چو شب تیره شد، مر مرا خواند، شاه
مرا گفت: چون خاست، باد نبرد / که داند، به گیتی، که بر کیست گرد○
تو این تاج و انگشتری را بدار / بود روز، کاین تاجت؛ آید بکار
مرا نیست چیزی جزین، در جهان / همانا، که هست او، ز تازی نهان[1]
تو زین پس، به دشمن مده، گاهِ من / نگه‌دار، هم زین نشان، راه من
من این تاج میراث دارم ز شاه / به فرمان او بر نشینم به گاه
بدین چاره، گیری همانا فروغ! / که؟ داند، که این راست است، ار، دروغ»
چو بشنید ماهوی، گفتا که: «زه / تو دستوری و بر تو بر، نیست مه»
همه مهتران را ز لشکر بخواند / اُزین‌گونه چندین سخن‌ها براند
بدانست لشکر، که این، نیست راست / بشوخی ورا، سر بریدن سزاست[2]
یکی پهلوان گفت ک: «این کار تست / سخن گر درست است، گر نادرست»[3]
چو بشنید، بر تخت شاهی نشست / به افسون، خراسانش آمد بدست![4]
ببخشید روی زمین بر مهان / «منم» گفت: «با مُهر شاه جهان»
جهان را سراسر به بخشش گرفت / ستاره نظاره بر او ای شگفت[5]
به مهتر پسر داد بلخ و هری / فرستاد بر هر سویی لشکری
بداندیشگان را همه برکشید / بدانسان که از گوهر او سزید[6]
بدان را، بهر جای، سالار کرد / خردمند را، سر نگونسار کرد
بزیر، اندر آمد، سرِ راستی / پدید آمد از هر سویی کاستی
چو لشکر فراوان شد و خواسته / دل مرد بی‌بُن شد آراسته؛
سپه را درم داد و آباد کرد / سر دودهٔ خویش، پر باد کرد[7]
به آموی شد، پهلو پیشرَو / ابا لشکری، جنگسازانِ نَو

---

* -زهر، داروی روانِ وی گشت!

○ - روشن نیست که در روز نبرد، باد، گرد را بر روی کدامیک از دو سوی می‌افشاند (کدامیک از دو لشکر شکست می‌خورد).

۱ - چگونه ماهوی مرزبان مرو را، چیزی بجز از تاج و انگشتری نبوده است. ۲ - لشکریان بدانستند...

۳ - سخن به راز با دستور بود نه با پهلوانان. ۴ - پس از سخن راندن «بشنید» نادرخور است.

۵ - **یک:** از بخش کردن سرزمین در رج پیشین یاد شد. **دو:** لت دوم نیز گزافه می‌نماید.

۶ - سخن درست در رج آینده می‌گذرد. ۷ - از سپه و درم در رج پیشین یاد شده بود.

طلایه به پیش سپاه اندرون
جهاندیده‌ای نام او گرسیون[1]

بشهرِ بخارا، نهادند روی
چنان ساخته لشکر جنگجوی

بدو○ گفت: «ما را سمرقند و چاج
بباید گرفتن، بدین مُهر و تاج

به فرمان شاه جهان یزدگرد
که سالار بُد او بر این هفت گرد[2]

ز بیژن، بخواهم، بشمشیرِ کین
کزو تیره شد، بختِ ایرانزمین»[3]

## آگاه شدن بیژن از کشته شدن یزدگرد
## و لشکر کشیدن او
### بجنگ ماهوی سوری

چنین، تا به بیژن رسید آگهی
که: «تیره شد آن فرّ شاهنشهی

بماهوی دادست، مُهر و نگین
همی رام گردد، بر او بر، زمین

کنون سوی جیهون نهاده‌ست روی
بپرخاش، با لشکری جنگجوی»

بپرسید بیژن «که تاجش که داد؟
بر او کرد، گوینده، آن کار یاد[4]

بدو گفت برسام ک :«ای شهریار
چو من بردم از چاچ، چندان سوار

بیاوردم از مرو چندان بنه
بشد یزدگرد از میان یک تنه

ترا گفته بد تخت زرّین اوی
همان یارهٔ گوهرآگین اوی

همان گنج و تاجش فرستم به چاج
تو را باید اندر جهان تختِ آج

بمرو اندرون، رزم کردم سه روز
چهارم چو بفروخت گیتی‌فروز

شدم تنگدل رزم کردم درشت
جفاپیشه ماهوی بنمود پشت

چو ماهوی، گنجِ خداوند خویش
بیاورد بیرنج و، بنهاد پیش

چو آکنده شد، مرد بی‌بُن، بچیز!
مرا خود، تو گفتی ندیده‌ست، نیز

بمرو اندرون بود لشکر، دو ماه
بخوبی نکرد ایچ بر ما نگاه

بکشت او خداوند را، در نهان
چنان پادشاهی بزرگ جهان

---

۱ - **یک:** پیش را اندرون نیست. **دو:** و گرسیون نیز نامی ایرانی بشمار نمی‌رود.

○ - با چه کس گفت؟ نمونه‌ها چنین آورده‌اند، اما سخنِ درست چنین می‌نماید: «**چنین گفت**...».

۲ - لت دویم سخت نادرخور است.

۳ - در گفتار پیشین از گرفتن سمرقند و چاچ سخن رفته بود.

۴ - سخن پیشتر از این گذشت که: «بماهوی داده است مهر و نگین».

از اینجا شانزده رج سخنان برسام است دربارهٔ جنگ با یزدگرد و یاری رساندن به ماهوی که چون افزوده بودن آن بخش روشن است، از
گزارش این سخنان چشم می‌پوشم.

سواری که گفتی میان سپاه     همی بر گذارد سر از چرخ ماه
ز ترکان کسی پیش گرزش نرفت     همی زو دل نامداران بکفت
چو او کشته شد پادشاهی گرفت     بدین گونه، ناپارسایی گرفت
طلایه همی گوید آمد سپاه     نباید که بر ما بگیرند راه
چو بدخواه جنگی به بالین رسید     نباید ترا، با سپاه آرمید
چنین گل به پالیز شاهان مباد     چو باشد نیاید ز پالیز یاد»

*

⇐ چو بشنید بیژن سپه گرد کرد     ز ترکان، سواران روز نبرد
ز قُجغارباشی بیامد دمان     نجُست ایچ گونه، به ره بر، زمان
چو نزدیک شهر بخارا رسید     همه دشتِ نخشب، سپه گسترید
به یاران چنین گفت که:«اکنون شتاب     مدارید تا او بدین روی آب؛
به پیکارِ ما، پیش؛ آرد سپاه     مگر بازخواهیم زو، کینِ شاه»
ازانپس بپرسید کز«ز نامدار     نماند ایچ فرزند؟ کاید بکار![1]
جهاندار شه را برادر بُده‌ست؟     پسر گر نبود ایچ دختر بُده‌ست[2]
که او را بیاریم و یاری دهیم     بماهوی بر، کامکاری دهیم؟»[3]
بدو گفت برسام که:«ای شهریار     سرآمد برین تخمه بر، روزگار[4]
بران شهرها تازیان راست، دست     که نه شاه ماند و نه یزدان‌پرست»[5]
چو بشنید بیژن، سپه برگرفت     ز کار جهان دست بر سر گرفت[6]
طلایه بیامد، که: «آمد سپاه     به پیکند، سازد همی، رزمگاه
سپاهی بکشتی، برآمد ز آب     که از گرد پیدا نبُد آفتاب[7]

*

سپهدارْ بیژن به پیش سپاه     بیامد که سازد همی رزمگاه»
چو ماهوی سوری سپه را بدید     تو گفتی که جانش ز تن بریرید[8]
زبس جوشن و خود و زرّین سپر     زبس نیزه و گرز و چاچی تبر[9]

---

۱ – چنین پرسش بهنگام جنبش سپاه، نادرخور است، و جای ندارد.

۲ – سخن سخت سست است، و دوباره گویی رج پیشین است.

۳ – اگر تاج و نگین را یزدگرد، خود بماهوی داده باشد (چنانکه در داستان ساختگی میگذرد) جای آن ندارد که آنان بفرزند یا بازماندهٔ یزدگرد یاری رسانند.     ۴ – باز نام برسام می‌آید.

۵ – این گفتار را پیوند، با رج پیشین نیست، و باپرسش نیز پیوند ندارد.

۶ – **یک:** سپه برگرفت نادرست است. **دو:** بیژن خود فرمان داده بود که شتاب مکنید، تا ماهوی بدینسوی آب آید.

۷ – پس از آمدن، و رزمگاه ساختن، سخن از گرد سپاهی که از رود گذشته بوده است، زیبنده نمی‌نماید.

۸ – تو گفتی...     ۹ – سپر زرین را در جنگ کارآیی نیست، زیرا که با نخستین زخم می‌شکند.

غمی شد برابر صفی برکشید  هوا نیلگون شد زمین ناپدید[1]

## گرفتار شدن ماهوی سوری
### وکشته شدنش
## بفرمان بیژن

چو بیژن سپه را همه راست کرد  به ایرانیان بر، کمین خواست کرد
بدانست ماهوی و از قلبگاه  خروشان برفت از میان سپاه[2]
نگه کرد بیژن درفشش بدید  بدانست کاو جَست خواهد گزید
به برسام فرمود که: «ز قلبگاه  بیکسو گذار، آنچه داری سپاه
نباید که ماهوی سوری ز جنگ  بترسد، به جیهون کشد، بیدرنگ
به تیزی ازو چشم خود بر مدار  که با او دگرگونه سازیم کار»
چو برسام چینی درفشش بدید  سپه را ز لشکر به یکسو کشید
همی تاخت تا پیشِ ریگِ فرب  پرآژنگ رخ پر ز دشنام لب
مر او را به ریگ فرب در، بیافت  رکابش گران کرد و اندر شتافت
چو نزدیک ماهو برابر ببود  نزد خنجر او را دلیری نمود
کمربند بگرفت و او را ز زین  برآورد و آسان بزد بر زمین
فرود آمد و دست او را ببست  به پیش اندر افکند و خود برنشست
همانگه رسیدند یاران اوی  همه دشت ازو شد پر از گفت و گوی
به برسام گفتند که: «این را مبر  بباید زدن گردنش را تبر»
چنین داد پاسخ که: «این راه نیست  نه زین تاختن بیژن آگاه نیست»

*

هم آنگه به بیژن رسید آگهی  که: «آمد به دست آن بدآیین رهی؛
جهانجوی ماهوی شوریده‌هش  پر آزار و بی‌دین، خداوندکش!»
چو بشنید بیژن ازآن شاد شد  ببالید و ز اندیشه آزاد شد[3]

---

۱ - چون سپاهیان رده بندند، و بر جای ایستند، چرا بایستی هوا نیلگون گردد؟
۲ - از اینجا چهارده رج بی‌پیوند افزوده‌اند که روشن نیست چرا ماهوی بگریز روی آورد [جست خواهد گزید!] و برسام از سوی بیژن به ریگ فرب(؟) میرود و با دشنام ماهوی را میگیرد.
۳ - در شاد شدن بیژن، گمان نیست، اما بالیدنش نادرخور و ناسزاوار است.

شراعی زدند از برِ ریگ نرم ‌‌ همی رفت ماهوی چون باد گرم[1]
گنهکار، چون روی بیژن بدید ‌‌ خرد شد ز مغزش، همه ناپدید[2]
شد از بیم همچون تن بی‌روان ‌‌ به سر بر پراکند ریگ روان
بدو گفت بیژن که: «ای بدنژاد! ‌‌ که چون تو پرستار، کس را، مباد
چرا؟ کشتی، آن دادگر شاه را! ‌‌ خداوند پیروزی و گاه را!
پدر بر پدر شاه و خود شهریار ‌‌ ز نوشیروان در جهان یادگار!»
چنین داد پاسخ که: «از بدکنش ‌‌ نیاید مگر کشتن و سرزنش[3]
بدین بد کنون گردن من بزن ‌‌ بینداز در پیش این انجمن»[4]
بترسید که‌ش پوست بیرون کشد ‌‌ تنش را بدان کینه در خون کشد[5]
نهانش بدانست مرد دلیر ‌‌ به پاسخ زمانی همی بود دیر[6]
چنین داد پاسخ که: «ایدون کنم ‌‌ که کین از دل خویش، بیرون کنم[7]
بدین مردی و دانش و رای و خوی ‌‌ همی تاج و تخت آمدت آرزوی؟»
بشمشیر دستش ببرّید و گفت ‌‌ که: «این دست را دربدی نیست جفت»
چو دستش ببرّید گفتا: «دو پا ‌‌ ببرّند، تا ماند ایدر بجا»
بفرمود تا گوش و بینیش پست ‌‌ بریدند و خود بارگی برنشست[8]
بفرمود که: «این را برین ریگ گرم ‌‌ بدارید تا خوابش آید ز شرم»[9]
منادیگری گرد لشکر بگشت ‌‌ بدرگاه هر خیمه‌ای برگذشت[10]
که: «ای بندگان خداوندکش ‌‌ مشورید بیهوده هر جای هش[11]
چو ماهوی باد آنکه برجان شاه ‌‌ نبخشود هرگز مبیناد گاه[12]
سه پور جوانش، بلشکر بُدند ‌‌ همان هر سه با تخت و افسر بُدند[13]
همان جا، بلند آتشی برفروخت ‌‌ پدر را و هر سه پسر را بسوخت[14]
ازآن تخمه، کس در زمانه نماند ‌‌ اُگر ماند هر کاو بدیدش براند[15]

---

۱ - سخن سست و بی‌پیوند است. ۲ - لت دویم سست می‌نماید.
۳ - **یک:** بدکنش کیست؟ **دو:** «کُنِش» را با «زَنِش» پساوا نیست. ۴ - دنبالهٔ گفتار
۵ - سخن نادرست نیست، اما می‌بایستی پیشتر از «گردن من بزن»، آمده باشد.
۶ - «همی بود دیر» نادرخور است: «دیر کرد». ۷ - کدام کین؟ ماهوی یزدگرد را کشته بود، نه کسی از پیوند بیژن را.
۸ - لت دویم بهیچ روی پیوند با لت نخست ندارد.
۹ - **یک:** «این را» نادرخور است، پیکرش را. **دو:** لت دویم نیز سست است. ۱۰ - «خیمه» در گسترهٔ سخن فردوسی برپای نمیشود.
۱۱ - **یک:** کدامیک از آنان خداوندکش بودند، که چنین فرمانِ بر آنان روا باشد. **دو:** لت دویم نیز آشفته و بی‌گزارش است.
۱۲ - همچنین... ۱۳ - هیچیک از آنان را نشایستی تخت و افسر داشتن، از آنجا که ماهوی، خود؛ تاج یزدگرد را داشت.
۱۴ - فرمان پیشین وی بر آن بود که پیکر ماهوی را بر ریگ گرم افکنند.
۱۵ - اگر بر بنیاد لت نخست‌کس نماند... لت دویم را گزارش چیست؟!

کشتن بیژن ماهوی را ۵۱۹

بزرگان بران دوده نفرین کنند       سر از کشتن شاه پرکین کنند[1]
که نفرین بر او باد و هرگز مباد       که او را نه نفرین فرستد به داد[2]
کنون زین سپس دور عمرّ بود       چو دین آورد تخت منبر بود[3]

**از اینجا هجده رج گفتارهای خام و ناسزاوار افزوده‌اند، تا شاهنامهٔ ما را بنام ناستودهٔ محمودِگم بوده نام، پیایان رسانند، که ارزشِ گزارش ندارد.**

چو بگذشت سال از برم شست و پنج       فزون کردم اندیشهٔ درد و رنج
به تاریخ شاهان نیاز آمدم       به پیش اختر دیرساز آمدم
بزرگان و با دانش آزادگان       نبشتند یکسر همه رایگان
نشسته نظاره من از دورشان       تو گفتی بُدم پیش مزدورشان
جز احسنت ازیشان نبُد بهره‌ام       بگفت اندر احسنت‌شان زهره‌ام
سر بدره‌های کهن بسته شد       اُزان بند روشن دلم خسته شد
ازین نامور نامداران شهر       علی دیلمی بود کاو راست بهر
که همواره کارش به خوبی روان       به نزد بزرگان روشن‌روان
حسین قتیب است از آزادگان       که از من نخواهد سخن رایگان
ازویم خور و پوشش و سیم و زر       اُزو یافتم جنبش و پای و پر
نیم آگه از اصل و فرع خراج       همی غلتم اندر میان دواج
جهاندار اگر نیستی تنگدست       مرا بر سر گاه بودی نشست
چو سال اندر آمد به هفتاد و یک       همی زیر بیت اندر آرم فلک
همی گاه محمود آباد باد       سرش سبز باد و دلش شاد باد
چنانش ستودم که اندر جهان       سخن باشد ار آشکار و نهان
مرا از بزرگان ستایش بود       ستایش ورا در فزایش بود
که جاوید باد آن خردمند مرد       همیشه به کام دلش کارکرد
همش رای و هم دانش و هم نسب       چراغ عجم آفتاب عرب

*

۱ - کدام بزرگان؟
۲ - افزاینده با این گفتار سست خواسته است بگوید که آنکس که بر ماهوی نفرین نکند [نه نفرستد] در جهان مباد.
۳ - سخن سست است.

| | |
|---|---|
| سرآمد کنون قصهٔ* یزدگرد | به ماه سپندارمذ، روزِ اِرد |
| ز هجرت شده پنج هشتاد بار | که پیوستم این نامهٔ نامدار |
| چو این نامور نامه، آمد ببُن | ز من روی کشور، شود پر سخُن |
| بناهای آباد گردد خراب | ز باران و از تابش آفتاب[1] |
| پی افکندم از نظم، کاخی بلند | که از باد و باران نیابد گزند[2] |
| نمیرم از این پس، که من زنده‌ام | که تخم سخن را پراکنده‌ام[3] |
| هرآن‌کس که دارد هُش و رای و دین | پس از مرگ، بر من کند، آفرین! |

49860

49865

---

بپایان رسید؛ گزارش بر شاهنامه فردوسی بفرخی و خجستگی شب دهم بهمن ماه، با چنین سرفرازی و شادمانی به پذیرهٔ جشن فرخندهٔ سدهٔ سال ۱۳۸۵ خیامی میروم، با درود بروان نیاکانِ خردمند، بمادرِ ایران، بروانِ فردوسی، بروانِ افشینکم که دم بدم یاور من در بفرجام رسیدن این خویشکاری بزرگ بوده است.

فریدون!

---

نگرش پایانین به نمونه‌های چاپی در زامیادروز و اسفندماه (۲۲ اسفند) ۱۳۸۷ (خیامی) بپایان رسید! اگر ایرانیانِ خردمند بپذیرند که چنین کار، بزرگترین خویشکاری فرهنگی ایرانی در هزارهٔ پس از فردوسی است، از آنجاکه در هر کارِ بزرگ، لغزش و فراموشی پیش می‌آید. این کار نیز از لغزش و کاست و فزود بدور نتواند بودن. پس به نامه‌های خردمندان چشم دارم، تا مرا از چنین نکته‌ها آگاه کنند؛ بیاری یزدان.

---

* ـ «نامهٔ یزدگرد» درست می‌نماید، زیراکه در دو رج پسین نیز از نامه یاد می‌شود.

1 ـ یک: لتِ دویم برگرفته از داستان ساختن ایوان خسروپرویز برگرفته شده است:

| | |
|---|---|
| یکی جای خواهم که فرزند من | همان تا بسی سال، پیوند من |
| نشیند بدو در، نگردد خراب | ز باران و از برف و از آفتاب |

دو: «بنا» در این رج...

2 ـ یک: ...با کاخ بلند در این رج ناهمخوان است. دو: بنا یا کاخ بلند سخن فردوسی در اینجا بپایان رسیده است، باز آنکه تازه، از پی افکندن آن سخن می‌رود.

3 ـ یک: «نمیرم» در این رج، با گفتارِ پسین همخوان نیست، زیرا در رج پسین از سرفرازی همواره پس از «مرگ» یاد می‌شود. دو: دو بار بندِ «که» در یک گفتار، آنراست می‌نماید. سه: تخم سخن بهنگام آغاز سخنگویی مردمان (فرواک) پراکنده شد، نه بهنگام پایان یافتن شاهنامه.

فهرست نام‌های این دفتر

## فهرست نام‌های این دفتر

آذرآبادگان (آذربایجان)، ۳۸، ۳۹، ۴۱، ۲۳۰، ۳۱۳، ۳۱۵، ۳۱۸، ۳۲۰، ۳۳۷، ۳۴۱، ۴۸۰
آذربایجانیان، ۳۸
آذرگشسپ (آذرگشسب)، ۳۹، ۴۱، ۱۲۶، ۲۱۰، ۲۳۰، ۲۳۱، ۲۳۷، ۲۴۴، ۲۴۹، ۲۸۱، ۲۹۱، ۳۱۵، ۳۲۷، ۳۳۵، ۳۴۱، ۴۳۱، ۴۸۰
آریایی، ۱۰
آزرمیدخت، ۴۷۵
آسیا، ۱۰
آفریدون، ۲۹۴، ۳۹۷، ۴۱۰، ۵۰۵
آمل، ۳۷۷، ۳۷۹، ۳۸۰، ۴۱۰، ۴۹۰
آمل چارجوی، ۳۷۷
آموی، ۱۱، ۳۳، ۳۵، ۳۷۶، ۳۷۷، ۵۱۴
آهرمن، ۳۶، ۲۳۹، ۴۴۶، ۴۹۵
آیین‌گشسپ (آیین‌گشسب)، ۲۰۸، ۲۰۹، ۲۲۹، ۲۳۱، ۲۳۲، ۲۳۳، ۲۳۴، ۲۳۵، ۲۴۴، ۲۶۱
اران، ۲۰
ارجاسپ (ارجاسب)، ۱۰، ۱۴، ۱۵، ۱۶، ۳۵، ۳۶، ۱۵۹، ۱۶۷، ۲۰۶، ۵۰۵
اردبیل، ۱۵۷، ۱۶۳، ۲۳۷، ۲۶۴، ۲۸۳
اردشیر ۱ (موبد انوشیروان)، ۱۳، ۱۶، ۲۱
اردشیر ۲ (اردشیر بابکان)، ۱۴۰، ۲۵۳، ۲۵۴، ۲۶۱، ۲۹۹، ۳۰۶، ۳۱۶، ۴۱۱، ۴۷۰، ۵۰۶، ۵۱۰، ۵۱۱
اردشیر ۳ (اردشیر شیروی)، ۴۶۶، ۴۶۷، ۴۶۸، ۴۶۹
اردوان، ۲۵۳، ۳۱۶
ارژنگ چین (کتاب)، ۱۰، ۳۸۳
ارمنی، ۴۸۰
اروندرود، ۴۸۹
استخر (ستخر)، ۱۵۴، ۲۱۴، ۳۴۲، ۴۷۱
اسفندیار، ۱۵۹، ۱۶۷، ۲۲۷، ۲۳۰، ۲۵۴، ۲۹۲، ۳۴۹، ۳۵۹، ۴۵۳، ۵۰۵
اشتاد (روز، ایزد)، ۳۲۷، ۴۳۸، ۴۴۱، ۴۴۲، ۴۵۴
اصطخر (صطخر)، ۱۵۴، ۲۱۴، ۴۷۱
افراسیاب، ۱۰، ۱۴، ۱۵، ۱۶، ۲۳، ۳۵، ۲۰۶، ۲۷۷، ۲۹۹، ۳۳۰، ۳۷۲، ۳۷۳، ۴۲۳، ۵۰۵
الان‌شاه، ۲۴۷، ۲۴۸
التونیه، ۴۹۶

امیرکبیر، امیربهادر (شاهنامه)، ۴۹، ۶۴، ۷۱، ۷۸، ۲۴۹، ۲۵۱، ۲۹۴، ۴۲۶، ۴۶۳
اندیان، ۲۴۲، ۲۶۳، ۲۹۲، ۲۹۳، ۳۰۳، ۳۰۵، ۳۰۶، ۳۱۶، ۳۲۵، ۳۲۶، ۳۲۷، ۳۴۲
اندیوشهر، ۳۴۱
انوشیروان (نوشیروان، نوشروان)، ۹، ۱۰، ۱۲، ۱۳، ۱۴، ۱۷، ۱۸، ۲۰، ۲۱، ۲۲، ۲۳، ۲۴، ۲۵، ۲۶، ۲۷، ۲۸، ۲۹، ۳۴، ۳۵، ۳۶، ۳۸، ۴۲، ۴۵، ۴۹، ۵۴، ۵۵، ۵۷، ۵۹، ۸۸، ۸۹، ۹۲، ۹۳، ۹۶، ۹۷، ۹۸، ۹۹، ۱۰۲، ۱۰۳، ۱۰۵، ۱۰۶، ۱۰۹، ۱۱۱، ۱۱۲، ۱۱۳، ۱۱۶، ۱۱۷، ۱۲۴، ۱۲۶، ۱۳۱، ۱۳۲، ۱۳۵، ۱۴۰، ۱۴۱، ۱۴۶، ۱۴۹، ۱۵۳، ۱۵۷، ۱۶۲، ۱۸۹، ۲۲۵، ۲۳۹، ۲۹۹، ۳۳۰، ۳۴۲، ۳۵۹، ۳۹۶، ۴۵۰، ۴۷۷، ۴۸۵، ۴۹۱، ۴۹۵، ۵۰۶، ۵۱۰، ۵۱۸
اوریغ، ۲۸۹
اوستا (کتاب)، ۱۱۴، ۲۵۰، ۲۷۶، ۳۱۵، ۳۴۱
اوستایی (زبان)، ۱۸، ۱۹۰، ۲۰۳، ۲۰۴، ۳۰۴، ۳۴۰، ۳۷۳، ۳۹۹، ۴۲۳، ۴۸۳، ۵۰۷
اهریمن (اهرمن)، ۱۴، ۴۳، ۴۴، ۱۱۰، ۱۱۲، ۱۳۴، ۱۵۰، ۲۳۱، ۳۵۹، ۳۸۸، ۴۷۹، ۴۸۴، ۴۹۵
اهواز، ۱۶۶، ۴۱۹، ۴۲۰، ۴۷۹
ایران، ۱۰، ۱۴، ۱۵، ۱۶، ۱۷، ۱۸، ۲۰، ۲۳، ۲۴، ۲۵، ۲۶، ۳۲، ۳۳، ۳۴، ۳۶، ۳۸، ۴۰، ۵۳، ۵۴، ۵۶، ۵۷، ۵۸، ۶۰، ۶۱، ۶۲، ۱۰۲، ۱۰۳، ۱۰۵، ۱۰۸، ۱۰۹، ۱۱۰، ۱۱۱، ۱۱۲، ۱۲۴، ۱۲۵، ۱۲۶، ۱۲۷، ۱۲۸، ۱۳۱، ۱۳۲، ۱۳۳، ۱۴۴، ۱۵۰، ۱۵۱، ۱۵۲، ۱۵۴، ۱۵۷، ۱۵۸، ۱۵۹، ۱۶۱، ۱۶۲، ۱۶۵، ۱۶۸، ۱۷۳، ۱۷۴، ۱۷۵، ۱۷۸، ۱۷۹، ۱۸۱، ۱۸۳، ۱۸۴، ۱۸۷، ۱۸۸، ۱۸۹، ۱۹۰، ۱۹۲، ۱۹۴، ۱۹۵، ۱۹۶، ۱۹۷، ۱۹۹، ۲۰۲، ۲۰۴، ۲۰۵، ۲۰۸، ۲۱۰، ۲۱۱، ۲۱۴، ۲۱۵، ۲۱۹، ۲۲۰، ۲۲۳، ۲۲۴، ۲۲۵، ۲۲۶، ۲۲۷، ۲۲۸، ۲۳۰، ۲۳۵، ۲۳۶، ۲۳۷، ۲۴۲، ۲۴۴، ۲۴۹، ۲۵۱، ۲۵۴، ۲۵۵، ۲۵۶، ۲۵۸، ۲۶۱، ۲۶۶، ۲۶۸، ۲۷۵، ۲۷۶، ۲۷۷، ۲۷۸، ۲۸۰، ۲۸۴، ۲۹۲، ۲۹۳، ۲۹۴، ۲۹۵، ۲۹۶، ۲۹۷، ۲۹۹، ۳۰۰، ۳۰۱، ۳۰۲، ۳۰۳، ۳۰۸، ۳۰۹، ۳۱۰، ۳۱۴، ۳۱۸، ۳۱۹، ۳۲۰، ۳۲۲، ۳۲۷، ۳۳۰، ۳۴۰، ۳۴۱، ۳۴۴

## فهرست نام‌های این دفتر

بامین، ۵۳
بخارا، ۱۱، ۲۶، ۳۵، ۵۰۰، ۵۱۵، ۵۱۶
بردع (برته)، ۲۰، ۱۶۳، ۲۳۷، ۲۶۱، ۲۶۴، ۴۴۴
برزمهر، ۱۴۶، ۱۵۲، ۳۴۲
برزوی، ۸۸، ۹۰، ۹۱، ۹۲، ۹۳، ۲۴۱
برسام، ۴۹۹، ۵۱۵، ۵۱۶، ۵۱۷
بَرَک، ۱۱، ۳۵، ۱۹۳
بزرگمهر (بوزرجمهر)، ۲۷، ۴۲، ۴۴، ۴۵، ۵۲، ۵۳، ۵۵، ۵۶، ۵۷، ۵۹، ۶۰، ۶۱، ۶۲، ۶۳، ۹۳، ۹۵، ۹۶، ۹۷، ۹۸، ۱۰۰، ۱۰۱، ۱۰۲، ۱۰۳، ۱۱۵، ۱۱۶، ۱۲۸، ۱۲۹، ۱۳۰، ۱۳۵، ۱۳۶، ۱۳۷، ۱۳۸، ۱۳۹
بُست، ۴۹۳، ۴۹۷
بستام، ۳۳، ۲۹۱
بغداد، ۱۷۵، ۲۲۹، ۲۳۷، ۲۴۳، ۴۱۱، ۴۸۹، ۴۹۱
بلخ، ۱۱، ۳۵، ۵۳، ۱۱۱، ۱۵۹، ۱۹۴، ۱۹۵، ۲۱۱، ۲۱۶، ۲۱۸، ۲۲۸، ۲۶۰، ۵۱۴
بلغار، ۴۲۳
بلوچان، ۳۸
بلوچستان، ۳۸
بلوچی، ۱۹
بنداری، ۸۹، ۲۷۰، ۲۷۸، ۲۸۴، ۲۹۶، ۳۰۰، ۳۱۹، ۳۲۰، ۳۸۴، ۴۶۳
بندوی، ۲۳۱، ۲۳۵، ۲۳۶، ۲۴۱، ۲۴۲، ۲۴۳، ۲۴۴، ۲۴۶، ۲۵۹، ۲۶۳، ۲۶۵، ۲۶۸، ۲۶۹، ۲۷۰، ۲۷۱، ۲۷۲، ۲۷۳، ۲۷۴، ۲۷۵، ۲۸۰، ۲۸۱، ۲۸۲، ۲۸۳، ۲۸۴، ۳۱۴، ۳۱۶، ۳۲۰، ۳۲۷، ۳۲۹، ۳۳۱، ۳۳۸، ۳۳۹، ۳۴۰، ۳۴۲، ۳۷۶، ۳۷۷، ۳۷۸، ۳۹۰، ۴۴۴، ۵۰۵
بوالفضل، ۹۴
بوبکر، ۴۸۱
بهرام آذرمهان، ۱۵۰، ۱۵۱، ۱۵۲، ۱۵۴
بهرام پور سیاوش، ۲۷۰
بهرام پورگشسپ (بهرام چوبینه)، ۱۶۳، ۱۶۸، ۱۶۹، ۱۷۰، ۱۸۴، ۱۸۹، ۱۹۲، ۱۹۴، ۲۱۲، ۲۲۳، ۲۴۰، ۲۵۰، ۲۵۴، ۲۶۳، ۲۷۹، ۲۸۰، ۲۸۲، ۲۸۴، ۳۱۹، ۳۲۵، ۳۳۰، ۳۴۲، ۳۴۴، ۳۴۹، ۳۶۰، ۳۸۰، ۴۹۵
بهرام سیاوشان، ۲۸۰، ۲۸۴
بهرام گور، ۱۴، ۳۶، ۱۰۹، ۱۱۶، ۱۳۴، ۱۸۸، ۳۴۵، ۳۵۱، ۳۵۳، ۳۵۴، ۳۵۵، ۳۵۶، ۳۵۷، ۳۵۹، ۳۶۰، ۳۶۴، ۳۶۶، ۳۶۷، ۳۶۸، ۳۶۹، ۳۷۲، ۳۷۳، ۳۷۴، ۳۷۶، ۳۷۷، ۳۷۸، ۳۷۹، ۳۸۵، ۳۸۸، ۳۸۹، ۳۹۱، ۳۹۲، ۳۹۴، ۳۹۵، ۳۹۶، ۳۹۷، ۳۹۸، ۴۰۰، ۴۰۱، ۴۰۶، ۴۱۰، ۴۱۱، ۴۱۴، ۴۱۹، ۴۲۳، ۴۲۵، ۴۲۶، ۴۲۷، ۴۲۸، ۴۳۰، ۴۳۱، ۴۳۵، ۴۳۶، ۴۳۹، ۴۴۰، ۴۴۳، ۴۴۴، ۴۴۹، ۴۵۱، ۴۵۷، ۴۶۱، ۴۶۲، ۴۶۳، ۴۶۴، ۴۶۶، ۴۶۷، ۴۶۸، ۴۷۱، ۴۷۸، ۴۷۹، ۴۸۰، ۴۸۲، ۴۸۳، ۴۸۴، ۴۸۵، ۴۸۶، ۴۸۹، ۴۹۰، ۴۹۲، ۴۹۵، ۵۰۰، ۵۰۲، ۵۰۵، ۵۰۷، ۵۰۸، ۵۱۳
ایرانزمین، ۱۲، ۳۶۲، ۴۸۱
ایرانی، ۳۶، ۳۷، ۱۲۶، ۱۲۷، ۱۸۲، ۱۸۴، ۲۰۰، ۲۰۷، ۲۴۴، ۲۷۸، ۳۰۳، ۳۰۴، ۳۰۹، ۳۱۳، ۳۳۲، ۳۳۴، ۳۳۶، ۳۳۷، ۳۵۸، ۳۹۱، ۳۹۹، ۴۲۳، ۴۴۱، ۴۴۷، ۴۵۷، ۵۰۰، ۵۱۵
ایرانیان، ۱۵، ۲۸، ۲۹، ۳۳، ۳۴، ۳۵، ۵۵، ۱۰۶، ۱۰۸، ۱۰۹، ۱۲۸، ۱۵۳، ۱۵۷، ۱۵۹، ۱۶۱، ۱۶۲، ۱۶۵، ۱۷۲، ۱۸۰، ۱۸۱، ۱۸۲، ۱۸۳، ۱۸۴، ۱۸۷، ۱۸۹، ۱۹۰، ۱۹۲، ۱۹۳، ۱۹۴، ۱۹۶، ۱۹۷، ۱۹۸، ۲۰۰، ۲۰۲، ۲۱۴، ۲۱۸، ۲۱۹، ۲۲۰، ۲۲۳، ۲۲۴، ۲۲۵، ۲۳۰، ۲۳۵، ۲۴۵، ۲۴۸، ۲۵۰، ۲۵۱، ۲۵۳، ۲۵۴، ۲۵۵، ۲۶۱، ۲۶۲، ۲۶۳، ۲۶۴، ۲۷۵، ۲۷۸، ۲۷۹، ۲۸۰، ۲۸۱، ۲۹۲، ۲۹۶، ۲۹۷، ۲۹۹، ۳۰۲، ۳۰۳، ۳۰۷، ۳۱۱، ۳۱۲، ۳۱۸، ۳۱۹، ۳۲۰، ۳۲۳، ۳۲۵، ۳۲۶، ۳۲۸، ۳۳۱، ۳۳۲، ۳۳۷، ۳۴۲، ۳۵۵، ۳۵۸، ۳۶۷، ۳۷۲، ۳۷۴، ۳۷۵، ۳۸۲، ۳۹۱، ۳۹۷، ۴۰۶، ۴۱۴، ۴۳۱، ۴۳۳، ۴۳۸، ۴۳۹، ۴۵۰، ۴۵۱، ۴۵۲، ۴۶۹، ۴۷۱، ۴۷۸، ۴۷۹، ۴۸۰، ۴۸۱، ۴۸۳، ۴۸۷، ۴۸۸، ۴۸۹، ۵۱۳، ۵۱۷
ایرج، ۳۰۱، ۳۰۳، ۳۹۶، ۴۱۰
ایزدگشسپ (ایزدگشسب)، ۱۴۶، ۱۴۷، ۱۴۸، ۱۵۲، ۱۶۶، ۱۸۱، ۱۹۶، ۱۹۸، ۲۰۷، ۲۱۵، ۲۲۰، ۳۱۹، ۳۲۲، ۳۲۸، ۳۲۹، ۳۳۲، ۳۴۵، ۳۷۴، ۳۷۶، ۳۷۸
ایسی‌کول، ۱۰، ۱۹، ۳۶
بارید، ۴۱۵، ۴۱۶، ۴۱۷، ۴۱۸، ۴۲۴، ۴۵۵، ۴۵۶، ۴۵۸
بالوی، ۲۹۲، ۲۹۳، ۳۰۵، ۳۰۶، ۳۱۱، ۳۴۲

# فهرست نام‌های این دفتر ۵۲۵

بهرام گور انکلساریا، ۲۹۵
بیژن، ۳۷۴، ۴۴۱، ۴۸۱، ۴۹۹، ۵۰۰، ۵۱۵، ۵۱۶، ۵۱۷، ۵۱۸
بیشهٔ نارون، ۳۷۷، ۳۸۱، ۳۹۶، ۴۹۰
پارس، ۱۶۶، ۱۷۵، ۲۱۴، ۲۵۵، ۲۷۷
پارسی، ۹۴، ۱۵۳، ۱۷۴، ۱۷۵، ۱۷۷، ۱۷۸، ۲۴۷، ۳۰۸، ۳۱۷، ۳۴۷، ۴۰۰، ۴۰۱، ۴۱۱، ۴۱۸، ۴۱۹، ۴۴۱، ۴۴۸، ۴۹۷
پرموده، ۱۹۰، ۱۹۱، ۱۹۳، ۱۹۴، ۱۹۵، ۱۹۶، ۱۹۷، ۱۹۸، ۲۰۱، ۲۰۲، ۲۰۳، ۲۰۴، ۲۰۶، ۲۰۸، ۲۰۹، ۲۱۰، ۲۱۱، ۲۱۹، ۲۲۰، ۲۲۸
پشوتن، ۳۴۹
پوراندخت، ۴۷۳
پهلوی (زبان)، ۱۵، ۲۱، ۴۱، ۴۲، ۴۴، ۶۰، ۸۸، ۹۳، ۹۴، ۱۴۳، ۱۸۱، ۱۸۲، ۱۹۰، ۲۲۱، ۲۴۱، ۲۴۲، ۲۴۸، ۲۵۰، ۲۵۴، ۲۸۲، ۲۹۱، ۲۹۲، ۲۹۵، ۳۰۲، ۳۰۸، ۳۲۰، ۳۵۴، ۳۵۶، ۳۶۱، ۳۶۹، ۳۷۷، ۳۸۵، ۳۸۷، ۳۹۹، ۴۰۱، ۴۰۴، ۴۰۵، ۴۱۵، ۴۱۷، ۴۳۶، ۴۴۱، ۴۴۷، ۴۵۷، ۴۵۹، ۴۶۱، ۴۷۹، ۴۸۳، ۴۹۷
پیروز ۱ (پیروز یزدگرد)، ۱۴، ۱۵، ۳۶، ۳۸۸
پیروز ۲ (پیروزخسرو)، ۴۷۳
پیروزخسرو، ۴۶۸
پیروزِ شاپور فرّخ‌نژاد، ۴۸۵، ۴۸۶
پیکند، ۹، ۵۱۶
تاجیکستان، ۳۵، ۲۳۰، ۴۵۹
تازی، ۲۰، ۲۵، ۴۴، ۴۵، ۹۳، ۹۴، ۱۰۳، ۱۱۴، ۱۲۷، ۱۵۷، ۱۵۹، ۱۷۰، ۲۰۰، ۲۰۳، ۲۲۹، ۲۴۷، ۲۷۷، ۲۸۶، ۲۸۷، ۳۰۰، ۳۰۴، ۳۹۷، ۴۲۳، ۴۵۳، ۴۷۵، ۴۷۸، ۴۸۲، ۴۸۶، ۴۸۹، ۴۹۲، ۴۹۷، ۵۱۰، ۵۱۴
تازیان، ۱۷، ۲۱، ۱۵۷، ۱۵۸، ۲۱۲، ۲۶۷، ۲۶۸، ۳۰۴، ۴۱۰، ۴۲۳، ۴۴۷، ۴۷۹، ۴۸۰، ۴۸۱، ۴۸۲، ۴۸۳، ۴۸۴، ۴۹۲، ۴۹۵، ۵۱۶
تازیکستان، ۲۰، ۲۶۸
تبرستان، ۴۹۷
تبرگ، ۳۷۵، ۳۷۶، ۳۸۴
تخوار، ۲۶۵، ۲۶۶، ۲۹۷، ۳۲۷، ۳۴۲، ۴۳۰، ۴۳۱
ترک، ۱۰، ۱۳، ۱۴، ۳۵، ۳۶، ۴۰، ۴۱، ۱۵۸، ۱۶۱، ۱۶۲، ۱۸۸، ۱۹۱، ۱۹۵، ۱۹۷، ۲۲۶، ۲۴۴، ۲۵۹، ۲۶۴، ۳۴۶، ۳۴۸، ۳۵۱، ۳۶۰، ۳۶۲، ۳۷۲، ۳۸۴، ۳۹۶، ۳۹۷، ۴۸۲، ۴۹۷، ۵۰۰، ۵۰۶
ترکان، ۱۰، ۲۳، ۳۱، ۳۳، ۳۵، ۳۶، ۱۱۱، ۱۶۲، ۱۶۶، ۱۷۵، ۱۷۷، ۱۸۰، ۱۸۶، ۱۸۷، ۱۸۹، ۱۹۱، ۱۹۶، ۱۹۷، ۱۹۸، ۱۹۹، ۲۰۰، ۲۰۱، ۲۱۰، ۲۲۵، ۲۵۶، ۳۴۴، ۳۴۵، ۳۴۸، ۳۶۰، ۳۷۳، ۳۷۵، ۳۹۶، ۴۸۲، ۴۹۱، ۴۹۲، ۵۰۰، ۵۰۱، ۵۱۴، ۵۱۶
ترکمنستان، ۳۷۷
ترمذ، ۱۱
تلخند، ۶۳، ۶۵، ۶۷، ۶۸، ۶۹، ۷۰، ۷۱، ۷۲، ۷۳، ۷۴، ۷۵، ۷۶، ۷۷، ۷۸، ۷۹، ۸۰، ۸۱، ۸۲، ۸۳، ۸۴، ۸۵، ۸۶، ۸۸
توران، ۱۰، ۱۸۱، ۱۸۲، ۱۸۹، ۱۹۱، ۲۷۷، ۳۵۵، ۳۵۶، ۳۵۷، ۳۶۸، ۳۷۳، ۳۹۵، ۳۹۶، ۴۲۳، ۴۲۵، ۴۴۰، ۴۴۴، ۴۹۱، ۵۰۲
توران‌زمین، ۱۳، ۱۹۰، ۱۹۱
تورانیان، ۱۹۱
توری، ۳۴۸، ۳۴۹
تیسفون، ۲۰، ۳۴، ۳۸، ۳۹، ۴۰، ۵۹، ۱۰۴، ۱۳۳، ۱۵۴، ۱۵۸، ۱۶۳، ۱۶۹، ۱۷۰، ۱۷۲، ۱۷۸، ۲۰۷، ۲۲۸، ۲۲۹، ۲۳۰، ۲۳۴، ۲۳۵، ۲۳۷، ۲۶۵، ۲۶۶، ۲۶۷، ۲۷۷، ۴۳۹، ۴۴۰، ۴۵۵، ۴۶۷، ۴۶۹، ۴۹۱، ۴۹۳
جمشید، ۲۷۷، ۳۰۳، ۳۳۹، ۳۶۶، ۳۹۹، ۴۵۳
جمهور، ۶۴، ۶۵، ۶۷، ۶۸، ۶۹، ۷۱، ۷۲
جمهوری آذربایجان، ۲۰
جهرم، ۴۵۵، ۴۷۶
جهنِ بُرزین، ۴۱۰
جیهون، ۹، ۱۰، ۱۷، ۱۹، ۳۳، ۱۵۸، ۱۶۲، ۱۹۱، ۱۹۴، ۲۲۸، ۳۵۷، ۳۵۸، ۴۸۳، ۵۱۵، ۵۱۷
چاچ (چاج)، ۹، ۱۱، ۱۳، ۱۴، ۱۹، ۲۲، ۲۶، ۳۴، ۳۵، ۳۴۲، ۳۹۷، ۵۱۵
چاچی، ۱۸۴، ۱۸۶، ۳۲۶، ۵۱۶
چغانی، ۱۳، ۳۵
چیچَست، ۳۱۴
چین، ۹، ۱۰، ۱۳، ۱۷، ۱۸، ۱۹، ۲۲، ۲۴، ۲۵، ۲۶، ۳۰، ۳۱، ۳۲، ۳۳، ۳۴، ۳۵، ۴۰، ۴۱، ۴۴، ۴۵، ۵۸، ۶۴، ۶۵، ۷۳، ۸۱، ۸۸، ۱۰۰، ۱۲۵، ۱۳۹، ۱۴۰، ۱۵۹، ۱۶۱، ۱۹۰، ۱۹۱، ۱۹۹

## فهرست نام‌های این دفتر

۲۰۱، ۲۱۶، ۲۲۸، ۲۵۵، ۲۵۶، ۲۶۱، ۲۷۱،
۳۴۵، ۳۴۶، ۳۵۰، ۳۵۱، ۳۵۲، ۳۵۳، ۳۵۵،
۳۵۶، ۳۵۷، ۳۵۸، ۳۶۰، ۳۶۲، ۳۶۸، ۳۷۰،
۳۷۳، ۳۷۴، ۳۷۶، ۳۷۸، ۳۸۹، ۳۹۶، ۳۹۸،
۴۰۳، ۴۱۱، ۴۱۴، ۴۱۸، ۴۲۳، ۴۲۴، ۴۳۳،
۴۳۹، ۴۴۷، ۴۶۵، ۴۸۷، ۴۹۲، ۴۹۶، ۴۹۹،
۵۰۷

چینی، ۹، ۱۰، ۱۱، ۱۸، ۲۰، ۲۵، ۲۶، ۳۵، ۳۸،
۴۰، ۴۴، ۴۵، ۵۸، ۸۴، ۸۹، ۱۳۱، ۱۶۱، ۱۷۵،
۲۱۱، ۲۱۲، ۲۴۴، ۲۷۲، ۲۹۲، ۳۰۲، ۳۵۲،
۳۵۳، ۳۵۴، ۳۵۵، ۳۶۱، ۳۶۲، ۴۰۱، ۴۲۴،
۴۴۱، ۴۸۷، ۴۹۹، ۵۰۲، ۵۰۳، ۵۱۷

چینیان، ۱۴، ۳۶۸، ۳۷۳، ۳۷۴، ۴۱۴

حسنی داعی‌الاسلام (محمدعلی)، ۳۶۱

خاتون، ۲۹، ۳۰، ۳۱، ۱۶۱، ۳۵۰، ۳۵۱، ۳۵۳،
۳۶۰، ۳۶۱، ۳۶۳، ۳۶۸

خاقان (خاقان چین)، ۹، ۱۰، ۱۱، ۱۲، ۱۳، ۱۴،
۱۵، ۱۶، ۱۷، ۱۸، ۲۰، ۲۱، ۲۲، ۲۳، ۲۴، ۲۵،
۲۶، ۲۷، ۲۸، ۲۹، ۳۰، ۳۱، ۳۲، ۳۴، ۳۵، ۳۶،
۳۸، ۴۰، ۱۲۴، ۱۲۶، ۱۳۱، ۱۵۲، ۱۵۳، ۱۶۱،
۱۶۲، ۱۹۸، ۲۰۰، ۲۰۱، ۲۰۴، ۲۰۵، ۲۰۷،
۲۰۸، ۲۰۹، ۲۱۰، ۲۱۱، ۲۱۲، ۲۲۷، ۲۴۴،
۲۵۵، ۲۹۷، ۲۹۸، ۳۳۵، ۳۴۴، ۳۴۵، ۳۴۶،
۳۴۷، ۳۴۸، ۳۴۹، ۳۵۰، ۳۵۱، ۳۵۲، ۳۵۳،
۳۵۴، ۳۵۵، ۳۵۶، ۳۵۷، ۳۵۸، ۳۵۹، ۳۶۰،
۳۶۱، ۳۶۲، ۳۶۳، ۳۶۴، ۳۶۷، ۳۶۸، ۳۶۹،
۳۷۰، ۳۷۱، ۳۷۲، ۳۷۴، ۳۷۵، ۳۷۸، ۳۷۹،
۴۹۱، ۴۹۲

خاقانیان، ۲۴۴، ۲۵۹، ۲۶۴، ۳۸۴، ۴۹۲، ۵۰۲

خانگی، ۳۹۴، ۳۹۵، ۳۹۸، ۴۰۱

ختلان، ۳۵

ختن، ۱۰، ۱۳، ۳۵، ۳۶، ۴۰

خرّاد بـرزین، ۱۷۲، ۱۷۳، ۱۷۴، ۱۷۵، ۱۸۰،
۱۸۲، ۱۸۷، ۱۹۵، ۲۰۳، ۲۰۵، ۲۱۶، ۲۱۷،
۲۱۸، ۲۴۴، ۲۶۳، ۲۸۷، ۲۹۲، ۲۹۳، ۲۹۴،
۲۹۵، ۳۰۳، ۳۰۴، ۳۰۶، ۳۰۷، ۳۰۹، ۳۱۱،
۳۴۰، ۳۴۲، ۳۴۹، ۳۵۷، ۳۵۸، ۳۵۹، ۳۶۰،
۳۶۱، ۳۶۲، ۳۶۳، ۳۶۸، ۳۶۹، ۳۹۵، ۴۰۰،
۴۳۸، ۴۳۹، ۴۴۰، ۴۴۱، ۴۵۴

خراسان، ۱۵، ۱۰۸، ۱۴۳، ۱۵۸، ۲۱۹، ۲۲۸،
۲۲۹، ۲۵۴، ۲۷۶، ۲۷۷، ۳۴۲، ۳۶۳، ۳۷۷،
۳۷۸، ۳۸۹، ۳۹۱، ۴۸۹، ۴۹۱، ۴۹۳، ۴۹۶

خراسان سپهبد، ۲۷۶

خرداد (روز، ماه، ایزد)، ۲۹، ۱۱۳

خردادروز، ۳۱۱

خرمنه، ۴۹۶

خرّهٔ اردشیر، ۲۸۷، ۴۲۸

خزر، ۱۵۷، ۱۵۸، ۱۵۹، ۱۶۰، ۴۹۷

خزروان (خزوران)، ۱۵۷، ۲۷۷

خوارزم، ۳۳، ۳۵، ۴۹۷

خورشیدِ خرّاد، ۳۰۳

خوشنواز، ۱۲، ۳۶، ۲۲۴، ۲۷۸، ۲۸۰، ۳۰۱

دامغان، ۳۳

دری، ۹۴، ۲۸۲

دشت دوک، ۳۱۳، ۳۱۵

دشت سواران، ۲۰، ۱۵۷، ۲۶۷

دنبر، ۶۴، ۶۵، ۶۸، ۸۶

دوشنبه، ۳۵

دهستان، ۴۹۷

رادوی، ۵۰۴

رای هند، ۵۴، ۵۵، ۵۸، ۸۹

رودکی، ۱۵، ۹۴

روزبه پارسی، ۹۴

روس، ۴۲۳

روم، ۱۵، ۱۸، ۲۰، ۳۹، ۴۰، ۴۱، ۵۳، ۵۸، ۸۹،
۱۰۰، ۱۰۱، ۱۰۵، ۱۰۸، ۱۲۴، ۱۲۵، ۱۲۶،
۱۲۷، ۱۳۱، ۱۳۲، ۱۳۳، ۱۴۰، ۱۵۷، ۱۵۸،
۱۵۹، ۱۷۸، ۲۱۵، ۲۲۰، ۲۲۸، ۲۶۸، ۲۶۹،
۲۷۰، ۲۷۴، ۲۷۵، ۲۷۸، ۲۸۰، ۲۸۱، ۲۸۴،
۲۸۸، ۲۹۲، ۲۹۳، ۲۹۶، ۲۹۷، ۲۹۹، ۳۰۰،
۳۰۱، ۳۰۲، ۳۰۳، ۳۱۱، ۳۱۳، ۳۱۴، ۳۱۶،
۳۱۷، ۳۱۸، ۳۱۹، ۳۲۲، ۳۲۳، ۳۳۶، ۳۳۷،
۳۳۸، ۳۴۱، ۳۵۶، ۳۸۸، ۳۸۹، ۳۹۳، ۳۹۴،
۳۹۵، ۳۹۶، ۳۹۷، ۳۹۸، ۴۰۰، ۴۰۱، ۴۰۴،
۴۱۱، ۴۱۸، ۴۲۳، ۴۲۴، ۴۲۵، ۴۲۶، ۴۲۷،
۴۲۸، ۴۳۹، ۴۴۰، ۴۴۸، ۴۶۳، ۴۶۵، ۴۶۷،
۴۶۸، ۴۹۶، ۵۱۳

رومـــی، ۳۱، ۳۸، ۵۳، ۸۹، ۹۰، ۱۰۲، ۱۰۵،
۱۱۳، ۱۲۵، ۱۲۶، ۱۲۷، ۱۲۸، ۱۳۱، ۱۴۰،
۱۵۷، ۱۸۰، ۲۹۶، ۲۹۷، ۲۹۹، ۳۰۳، ۳۰۷،
۳۰۸، ۳۱۱، ۳۱۹، ۳۲۰، ۳۲۱، ۳۲۳، ۳۲۷،
۳۳۶، ۳۳۷، ۳۳۸، ۳۳۹، ۳۴۰، ۳۸۲، ۳۸۴،
۳۹۳، ۳۹۴، ۴۰۴، ۴۱۱، ۴۱۹، ۴۲۰، ۴۳۳،
۴۵۰، ۴۷۵

# فهرست نام‌های این دفتر

رومیان، ۳۸، ۱۰۸، ۱۰۹، ۱۲۵، ۱۲۶، ۱۲۷، ۱۲۸، ۱۳۲، ۱۵۸، ۱۶۰، ۲۵۴، ۲۸۸، ۲۹۲، ۳۰۰، ۳۰۳، ۳۰۴، ۳۰۶، ۳۱۰، ۳۱۱، ۳۱۳، ۳۱۸، ۳۱۹، ۳۲۰، ۳۲۲، ۳۲۳، ۳۲۶، ۳۲۷، ۳۲۸، ۳۳۰، ۳۳۸، ۳۴۰، ۳۴۱، ۳۹۵، ۳۹۸، ۴۱۹، ۴۲۰، ۴۲۶، ۴۵۱، ۵۱۳

ریگ فرب، ۵۱۷

زادفرخ، ۱۶۳، ۲۷۷، ۴۲۵، ۴۲۸، ۴۲۹، ۴۳۰، ۴۳۱، ۴۳۲، ۴۳۴، ۴۳۵، ۴۳۶، ۴۵۱، ۴۵۹

زرتشت (زردهشت)، ۱۴۷، ۲۵۲، ۲۵۷، ۳۸۳

زرگل، ۱۰، ۱۹، ۳۶

زم، ۱۱، ۳۵

ساسان، ۲۲۹، ۲۵۸، ۲۵۹، ۳۵۶، ۳۶۵، ۴۸۷، ۵۰۶

ساسانی، ۲۲۹، ۲۵۵، ۲۵۸، ۳۱۲، ۳۵۶، ۳۶۹، ۴۷۹

ساسانیان، ۱۳۳، ۱۵۴، ۱۸۷، ۲۲۴، ۲۵۳، ۲۶۱، ۲۹۶، ۳۱۶، ۳۱۷، ۳۵۶، ۴۴۰، ۴۵۷، ۴۶۸، ۴۷۹، ۴۸۱، ۴۸۳، ۴۹۱، ۵۰۶

سام، ۱۴۶، ۱۸۹، ۱۹۴، ۲۲۳، ۲۳۰، ۲۶۱، ۳۴۹

ساوه شاه، ۱۵۶، ۱۵۸، ۱۵۹، ۱۶۰، ۱۶۴، ۱۶۵، ۱۶۶، ۱۶۹، ۱۷۰، ۱۷۲، ۱۷۳، ۱۷۴، ۱۷۵، ۱۸۲، ۱۸۳، ۱۸۴، ۱۸۵، ۱۸۶، ۱۸۷، ۱۸۸، ۱۸۹، ۱۹۵، ۲۱۹، ۲۶۰، ۲۷۰، ۳۴۹

سپاهان (شاهنامه)، ۷۶، ۸۹، ۱۰۰، ۱۶۷، ۱۸۱، ۱۹۲، ۲۰۰، ۲۲۲، ۲۲۶، ۲۳۱، ۲۴۸، ۲۵۰، ۲۶۳، ۲۷۲، ۲۷۵، ۲۸۲، ۳۰۶، ۳۰۸، ۳۰۹، ۳۱۱، ۳۲۰، ۳۳۱، ۳۴۶، ۳۵۷، ۳۶۲، ۳۸۴، ۴۰۲، ۴۲۰، ۴۵۰، ۴۶۰، ۴۶۷، ۴۸۶، ۴۹۷

سرکش، ۴۱۴، ۴۱۵، ۴۱۷، ۴۲۴

سعد وقاص، ۴۷۸، ۴۸۴، ۴۸۵، ۴۸۸، ۴۹۳

سعدی، ۱۱۱، ۳۹۱، ۴۲۴، ۴۴۹

سغد، ۱۰، ۱۶، ۳۴، ۳۵

سغدی، ۱۱

سقلاب، ۴۰، ۴۱، ۳۹۸

سمرقند، ۳۴، ۳۵، ۴۱، ۱۲۵، ۳۹۷، ۴۹۹، ۵۰۰، ۵۱۵

سنباد، ۲۷۸

سنجه، ۱۱

سندلی، ۶۴، ۶۵، ۶۸، ۶۹، ۷۰، ۷۱

سوفزای، ۲۲۴، ۳۱۶، ۳۸۱

سومان، ۳۵

سیاووش، ۲۰۹، ۲۷۲

سیمای برزین، ۱۵۰، ۱۵۱، ۱۵۲

شاپور، ۳۲۶

شاپور رازی، ۳۸۱

شاپور هرمزد، ۳۶

شادان برزین، ۴۲، ۸۸

شاهک، ۲۱۰

شباهنگ، ۳۰۴

شعبه مغیره، ۴۸۶

شکنان، ۱۱

شمیران، ۴۹۵، ۴۹۷

شومان، ۱۱، ۳۵

شهران گراز، ۱۸۴، ۲۷۵، ۴۷۱، ۴۷۲

شیروی (شیرویه)، ۳۹۱، ۳۹۲، ۳۹۳، ۳۹۵، ۳۹۹، ۴۰۰، ۴۰۸، ۴۰۹، ۴۳۰، ۴۳۱، ۴۳۲، ۴۳۳، ۴۳۴، ۴۳۵، ۴۳۶، ۴۳۸، ۴۴۰، ۴۴۳، ۴۴۵، ۴۵۰، ۴۵۲، ۴۵۴، ۴۵۵، ۴۵۸، ۴۶۰، ۴۶۱، ۴۶۲، ۴۶۴، ۴۶۵، ۴۶۶، ۴۶۷

ضحاک، ۲۵۷، ۲۷۵، ۲۷۷، ۴۱۰، ۴۵۳، ۵۰۵

عطار نیشابوری، ۱۷، ۶۰

عمر (عمر)، ۴۷۸، ۴۸۱، ۵۱۹

غاتفر، ۱۰، ۱۱، ۱۲، ۱۴، ۱۵، ۱۹

غزنه، ۴۹۷

فرات، ۱۵۷، ۱۵۸، ۲۸۵، ۲۸۶

فرخزاد هرمزد، ۴۸۹

فردوسی، ۲۱، ۳۰، ۳۸، ۴۲، ۴۴، ۴۵، ۴۶، ۵۴، ۵۵، ۵۸، ۵۹، ۶۵، ۷۲، ۷۷، ۷۸، ۸۱، ۸۲، ۸۵، ۸۷، ۸۹، ۹۲، ۹۴، ۹۵، ۹۹، ۱۰۴، ۱۱۱، ۱۳۴، ۱۴۰، ۱۴۵، ۱۴۸، ۱۴۹، ۱۵۱، ۱۵۵، ۱۵۶، ۱۵۷، ۱۶۲، ۱۶۴، ۱۶۷، ۱۸۱، ۱۸۲، ۱۸۳، ۱۸۵، ۱۸۶، ۱۹۶، ۲۰۲، ۲۱۰، ۲۳۴، ۲۴۴، ۲۶۰، ۲۷۵، ۲۷۷، ۲۷۹، ۲۸۴، ۲۸۵، ۲۹۴، ۲۹۹، ۳۰۰، ۳۰۴، ۳۱۷، ۳۱۹، ۳۲۰، ۳۳۱، ۳۳۶، ۳۳۷، ۳۴۱، ۳۴۳، ۳۴۴، ۳۷۲، ۳۷۹، ۳۸۹، ۳۹۳، ۴۰۸، ۴۱۳، ۴۲۳، ۴۳۰، ۴۳۶، ۴۴۲، ۴۶۴، ۴۷۸، ۴۷۹، ۵۰۸، ۵۱۸

فرغان، ۴۲۰

فریدون، ۱۳۴، ۱۷۲، ۱۸۹، ۲۲۵، ۲۴۴، ۲۵۸، ۲۶۸، ۲۹۴، ۳۰۳، ۳۱۱، ۳۳۰، ۳۷۷، ۳۹۶، ۳۹۷، ۴۱۱، ۴۱۷، ۴۳۵، ۴۵۱، ۴۵۳، ۴۶۳، ۴۷۰، ۴۹۰، ۵۱۳

فغانیش، ۱۳، ۱۶، ۳۶، ۳۷
فغفور، ۲۲، ۱۶۱، ۱۷۴، ۱۷۵، ۱۸۰، ۱۹۲، ۴۹۱، ۵۰۵، ۵۱۰
فغفور چین، ۱۹، ۲۹، ۷۵، ۱۶۱، ۵۰۰
قادسی، ۴۷۸، ۴۷۹، ۴۸۳
قادسیه، ۴۸۹
قباد، ۱۱۳، ۱۴۱، ۲۲۴، ۲۹۵، ۳۰۳، ۳۱۶، ۳۴۱، ۳۸۸، ۳۹۲، ۴۳۲، ۴۳۳، ۴۳۶، ۴۳۸، ۴۴۰، ۴۵۰، ۴۵۲، ۴۵۳، ۴۵۴، ۴۵۸، ۴۵۹
قجغارباشی، ۱۰، ۳۴، ۵۱۶
قرآن (کتاب)، ۴۸۶
قلون، ۳۶۰، ۳۶۲، ۳۶۳، ۳۶۴، ۳۶۷، ۳۶۸
قندهار، ۴۱
قنوج (قنوج)، ۵۴، ۵۵، ۵۹، ۶۱، ۶۲، ۹۰، ۹۲
قیس بن حارث، ۲۸۶
قیصر، ۳۸، ۳۹، ۹۹، ۱۰۰، ۱۰۱، ۱۰۲، ۱۰۸، ۱۲۴، ۱۲۵، ۱۲۶، ۱۲۷، ۱۳۱، ۱۳۲، ۱۵۷، ۱۵۹، ۲۶۸، ۲۶۹، ۲۸۱، ۲۸۸، ۲۹۰، ۲۹۲، ۲۹۳، ۲۹۴، ۲۹۵، ۲۹۶، ۲۹۷، ۲۹۸، ۳۰۱، ۳۰۲، ۳۰۳، ۳۰۴، ۳۰۵، ۳۰۶، ۳۰۷، ۳۰۹، ۳۱۰، ۳۱۱، ۳۱۲، ۳۱۳، ۳۲۲، ۳۳۰، ۳۳۵، ۳۳۶، ۳۳۷، ۳۳۹، ۳۴۰، ۳۶۹، ۳۹۱، ۳۹۳، ۳۹۴، ۳۹۵، ۳۹۸، ۳۹۹، ۴۰۰، ۴۰۱، ۴۰۷، ۴۲۵، ۴۲۶، ۴۲۷، ۴۲۸، ۴۲۹، ۴۳۹، ۴۵۰، ۴۵۱
قیصران، ۱۳، ۳۳۶
کاووس، ۱۶۷، ۲۲۳، ۲۲۴، ۳۶۶
کسری (خسرو قبادان، نوشیروان)، ۹، ۱۲، ۱۳، ۱۶، ۱۷، ۱۸، ۲۲، ۲۴، ۲۵، ۲۸، ۳۳، ۳۴، ۳۵، ۳۶، ۳۸، ۴۰، ۴۲، ۴۴، ۴۷، ۴۸، ۵۱، ۵۳، ۵۴، ۵۵، ۵۷، ۵۸، ۵۹، ۶۱، ۶۲، ۶۳، ۹۰، ۹۳، ۹۵، ۹۶، ۹۸، ۱۰۱، ۱۰۳، ۱۱۳، ۱۱۷، ۱۲۴، ۱۲۵، ۱۲۶، ۱۳۱، ۱۳۳، ۱۳۵، ۱۴۰، ۱۵۱، ۱۵۳، ۱۸۹، ۲۴۷، ۳۴۱، ۳۹۶
کشمگان، ۴۹۶
کشمیر، ۶۴، ۶۵، ۷۵، ۸۱، ۸۶، ۴۹۶
کلبوی سوری، ۴۸۰
کلیله (کلیله و دمنه) (کتاب)، ۸۸، ۹۱، ۹۲، ۹۳، ۹۴، ۲۴۱، ۴۰۸
کنگ دز، ۴۵۳
کوت رومی، ۳۱۹، ۳۲۲
کوچان، ۳۸

کوه بلوچ، ۳۸
کی، ۱۶۷، ۲۲۴، ۲۵۵، ۲۵۷، ۳۶۶، ۳۸۶، ۳۹۳، ۳۹۶، ۴۴۵، ۴۹۸
کیان، ۲۲، ۲۷، ۳۵، ۶۵، ۹۴، ۱۴۲، ۲۲۳، ۲۲۴، ۲۴۹، ۲۵۳، ۲۵۴، ۲۵۶، ۲۵۷، ۲۷۵، ۲۷۸، ۲۷۹، ۳۰۳، ۳۱۶، ۳۲۷، ۳۴۲، ۳۵۵، ۳۸۶، ۴۲۲، ۴۳۸، ۴۷۰، ۴۷۵، ۴۸۵، ۴۹۰، ۴۹۸، ۵۰۵، ۵۰۶
کیانی، ۳۵، ۱۴۰، ۲۵۴، ۲۷۹، ۳۳۸، ۴۱۴، ۴۹۰
کیانیان، ۶۵، ۱۳۳
کیخسرو، ۳۵، ۲۰۶، ۲۵۶، ۲۷۳، ۳۵۹، ۴۱۰، ۴۵۳، ۵۰۵
کیقباد، ۱۵۳، ۲۲۶، ۲۸۰، ۲۹۴، ۲۹۹، ۳۳۹، ۳۵۸، ۴۵۳
گاثاها (کتاب)، ۲۵۷
گراز، ۴۲۵، ۴۲۶، ۴۲۷، ۴۲۸، ۴۶۷، ۴۶۹، ۴۷۰
گردوی، ۲۴۲، ۲۴۴، ۲۴۵، ۲۶۳، ۲۶۸، ۳۱۶، ۳۲۵، ۳۲۶، ۳۲۷، ۳۲۹، ۳۴۲، ۳۷۳، ۳۷۶، ۳۷۸، ۳۷۹، ۳۸۰، ۳۸۱
گردیه، ۲۲۰، ۲۲۲، ۲۲۳، ۲۲۴، ۲۲۶، ۲۴۴، ۲۵۹، ۳۷۰، ۳۷۲، ۳۷۴، ۳۷۵، ۳۷۸، ۳۷۹، ۳۸۰، ۳۸۲، ۳۸۴، ۳۸۵، ۳۸۷، ۳۸۸، ۴۰۷، ۴۶۹
گرسیوز، ۵۰۵
گرگان، ۱۶، ۱۷، ۲۰، ۳۳، ۳۴، ۳۵، ۳۷، ۱۰۴، ۳۷۷، ۴۹۳، ۴۹۷
گرگین (گرگین میلاد)، ۲۵۰، ۲۵۴، ۲۵۵، ۲۵۶
گستهم، ۲۳۱، ۲۳۵، ۲۳۶، ۲۳۷، ۲۴۰، ۲۴۱، ۲۴۲، ۲۴۳، ۲۴۴، ۲۴۶، ۲۵۹، ۲۶۳، ۲۶۵، ۲۶۶، ۲۶۸، ۲۶۹، ۲۹۱، ۲۹۲، ۲۹۳، ۳۰۳، ۳۰۵، ۳۰۶، ۳۱۰، ۳۱۱، ۳۱۲، ۳۱۴، ۳۱۶، ۳۲۰، ۳۲۶، ۳۲۷، ۳۲۹، ۳۳۹، ۳۴۲، ۳۷۷، ۳۷۸، ۳۷۹، ۳۸۰، ۳۸۲، ۳۹۰، ۴۴۴، ۴۶۹، ۵۰۵
گشتاسپ، ۳۵، ۳۶، ۱۳۴، ۱۵۹، ۲۰۶، ۲۵۲، ۴۱۰، ۴۱۱، ۴۵۳
گلزریون، ۹، ۱۰، ۱۱، ۱۹، ۳۶
گلشن شادگان، ۲۷۹، ۴۶۲، ۴۶۴
گلینوش، ۴۳۶، ۴۴۰، ۴۴۱
گو (برادر تلخند)، ۶۴، ۶۵، ۶۷، ۶۸، ۶۹، ۷۰،

# فهرست نام‌های این دفتر

۷۱، ۷۲، ۷۳، ۷۴، ۷۵، ۷۷، ۷۸، ۷۹، ۸۰، ۸۱، ۸۲، ۸۳، ۸۴، ۸۵، ۸۶

گودرز، ۱۶۷، ۲۲۳، ۲۲۴، ۲۵۴، ۴۵۳

گیلان، ۴۹۷

گیلی، ۱۹

گیومرث، ۳۰۳، ۳۳۹

گیومرّتی، ۳۹۶

لهراسپ، ۱۵۹، ۲۰۶، ۲۵۲، ۴۱۰، ۵۰۵

ماچین، ۴۳۳، ۵۰۷

ماخ، ۴۲، ۱۴۳

مازندران، ۱۱، ۱۲۸، ۴۸۰

مانوی، ۲۸۸

مانوییان، ۲۸۸

ماه‌آذر، ۱۴۶

ماهوی خورشید، ۴۲

ماهوی سوری، ۴۹۱، ۴۹۳، ۴۹۷، ۴۹۸، ۵۰۰، ۵۰۳، ۵۱۳، ۵۱۵، ۵۱۶، ۵۱۷

ماهوی (ماهو)، ۴۹۱، ۴۹۷، ۴۹۸، ۴۹۹، ۵۰۰، ۵۰۲، ۵۰۳، ۵۰۴، ۵۰۵، ۵۰۷، ۵۰۸، ۵۰۹، ۵۱۰، ۵۱۳، ۵۱۴، ۵۱۵، ۵۱۶، ۵۱۷، ۵۱۸، ۵۱۹

ماهیار نوابی (یحیی)، ۲۹۵

مای، ۱۱، ۶۵، ۶۸، ۶۹، ۷۱، ۷۲، ۸۶

مأمون، ۹۴

محمد، ۱۱۲، ۴۸۶، ۴۸۷

محمود (غزنوی)، ۹۴، ۱۱۲، ۱۱۳، ۱۱۶، ۴۰۱، ۴۷۹، ۵۱۹

مداین، ۱۶، ۴۰، ۹۵، ۱۲۷، ۱۵۶، ۴۱۸، ۴۲۴

مردانشاه، ۴۶۰

مردوی، ۴۱۵

مرو، ۳۳، ۱۱۰، ۳۶۴، ۳۷۱، ۳۷۴، ۴۹۹، ۵۰۰، ۵۱۵

مرورود، ۱۵۶، ۱۵۷

مریم، ۱۰۶، ۳۰۸، ۳۱۰، ۳۱۱، ۳۱۲، ۳۳۰، ۳۴۰، ۳۹۳، ۴۰۰، ۴۰۷، ۴۰۸

مسکو (شاهنامه)، ۹، ۲۲، ۲۹، ۴۴، ۴۵، ۴۹، ۷۶، ۱۵۱، ۱۶۳، ۱۶۷، ۱۷۰، ۱۸۷، ۱۹۴، ۲۲۲، ۲۴۹، ۲۵۰، ۲۵۱، ۲۶۳، ۳۲۰، ۳۴۱، ۳۶۲، ۳۸۴، ۳۸۵، ۳۹۹، ۴۰۸، ۴۹۷

مسیح، ۳۰۱، ۴۵۱، ۵۰۹

مسیحا، ۳۰۴، ۳۰۵، ۳۰۸، ۳۳۹، ۳۹۷، ۳۹۸، ۳۹۹، ۴۰۰، ۴۳۹، ۴۵۱

مقاتوره، ۳۴۶، ۳۴۷، ۳۴۸، ۳۵۰

مکران، ۵۸، ۴۱۱، ۴۳۳

منوچهر، ۱۳۴، ۱۴۶، ۲۵۸، ۲۶۱، ۳۴۹، ۳۷۷، ۴۱۰، ۵۰۵

جاماسپ اسانا (منوچهر جی)، ۲۹۵

منوچهری دامغانی، ۴۹۹

موسیل، ۲۸۳، ۲۸۴، ۳۱۴، ۳۱۵، ۳۲۷

مهران‌ستاد، ۲۷، ۲۸، ۲۹، ۳۰، ۳۱، ۳۳، ۳۸، ۴۰، ۱۶۰، ۱۶۱، ۱۶۲، ۱۶۳، ۲۵۶، ۲۸۷

مهرهرمزد، ۴۵۹، ۴۶۰، ۴۶۱

میروی طبری، ۴۸۰

میلاد، ۲۵۴، ۲۵۵

نرسی، ۳۶

نستوه، ۱۲۱، ۱۶۰، ۲۴۰، ۳۳۲، ۳۳۴، ۴۶۳

نشابور (نیشابور)، ۱۷، ۴۹۷

نصر، ۹۴

نوذر، ۲۲۳، ۲۶۱، ۲۷۸

نوشین‌روان (کسری)، ۳۴۲

نهروان، ۲۴۱، ۲۴۳، ۲۴۴، ۲۴۵، ۲۶۲، ۲۶۵، ۲۶۶، ۲۶۷، ۲۶۸

نیاتوس، ۳۱۲، ۳۱۳، ۳۲۳، ۳۳۸، ۳۳۹، ۳۴۰، ۳۴۱، ۴۵۱

وریغ، ۲۸۹، ۲۹۱، ۳۱۲

وندیداد (کتاب)، ۳۶۱

ویسه‌کرد، ۱۱

هاماوران، ۱۶۷، ۲۲۳، ۳۴۹

هرمز، ۱۵۷، ۲۲۸

هرمزد، ۱۱۳، ۱۳۵، ۱۳۶، ۱۳۸، ۱۴۰، ۱۴۱، ۱۴۳، ۱۴۶، ۱۴۸، ۱۵۰، ۲۰۱، ۲۲۹، ۲۵۵، ۳۹۵، ۴۵۸، ۴۷۸، ۴۹۲، ۴۹۸، ۵۰۴، ۵۰۵

هرمزدِ شهران گراز، ۴۷۱

هری، ۱۴۳، ۱۵۶، ۱۷۲، ۱۷۳، ۱۷۴، ۱۷۶، ۱۷۷، ۱۹۰، ۵۱۴

همدان، ۲۳۳، ۳۱۵

همدان‌گشسپ، ۱۶۶، ۱۸۱، ۲۱۹، ۲۲۲

هند، ۱۸، ۲۰، ۴۰، ۵۳، ۵۴، ۵۷، ۵۸، ۵۹، ۶۲، ۶۴، ۶۵، ۶۶، ۷۳، ۸۲، ۸۴، ۸۵، ۸۹، ۹۲، ۱۱۳، ۱۳۱، ۳۰۷، ۳۹۸، ۴۱۸، ۴۲۳، ۴۴۵

هندو، ۵۴، ۶۱، ۳۰۸

هندوان، ۵۷، ۶۴، ۷۶، ۸۹، ۹۱، ۹۲، ۳۰۷

هندوستان، ۵۷، ۵۸، ۵۹، ۶۰، ۶۲، ۶۳، ۶۶، ۷۱، ۹۰، ۳۴۵، ۳۹۶، ۴۴۵، ۴۴۸

هندوی، ۹۲، ۲۴۴

هندی، ۳۲، ۵۴، ۵۷، ۵۹، ۶۰، ۶۲، ۶۳، ۶۴، ۷۲، ۹۲، ۱۲۷، ۱۸۰، ۱۸۷، ۲۰۴، ۲۴۱، ۲۵۱، ۲۷۸، ۳۰۷، ۳۲۵، ۳۳۴، ۳۴۷، ۳۹۷، ۴۰۱، ۴۳۳، ۴۴۵

هندیان، ۶۱، ۶۲، ۳۰۸، ۴۷۷

هیتال، ۱۰، ۱۱، ۱۲، ۱۳، ۱۴، ۱۵، ۱۹، ۳۶، ۵۸، ۱۹۳، ۳۵۵، ۳۸۹، ۳۹۷

هیتالیان (هپتالیان)، ۹، ۱۰، ۱۱، ۱۲، ۱۳، ۱۴، ۲۱، ۱۲۵، ۲۷۸

هیرکانیا، ۴۹۷

هیونان، ۱۰، ۳۵، ۱۲۸، ۳۳۲، ۳۶۸، ۴۴۸، ۴۵۷، ۴۹۵

یادگار بزرگمهر، ۴۲، ۴۴، ۴۵، ۴۶، ۵۰، ۵۱، ۲۲۲

یزدان‌داد، ۴۲

یزدگرد دبیر، ۱۳، ۱۶، ۶۳

یلان‌سینه، ۱۶۵، ۱۸۱، ۱۹۶، ۲۱۵، ۲۲۱، ۲۲۵، ۲۲۶، ۲۴۴، ۲۶۶، ۳۲۰، ۳۲۱، ۳۲۲، ۳۲۸، ۳۳۳، ۳۴۵، ۳۷۸، ۳۷۹

یونان، ۱۳۲

یونانیان، ۲۵۴، ۴۷۹